Ханс Вельман

Грамматика немецкого языка
Звук. Слово. Предложение. Текст

Hans Wellmann

Deutsche Grammatik

Laut. Wort. Satz. Text

Universitätsverlag
WINTER
Heidelberg
2008

Ханс Вельман

Грамматика
немецкого языка

Звук. Слово. Предложение. Текст

Издательство
«Московский Лицей»
Москва
2009

УДК 373.167.1:811.112.2
ББК -7*81.2Нем
В28

Перевод с немецкого:
Т. М. Кондратенко
Л. Ю. Кульпина

Ханс Вельман
Грамматика немецкого языка. Звук. Слово. Предложение. Текст. – М.: Московский Лицей. – 2009. – 568 с.

ISBN 978-5-7611-0465-5

Данная Грамматика предназначена для специалистов в области германистики и призвана помочь в серьезном изучении немецкого языка. Она базируется на опыте преподавания лингвистики в вузах Германии и Австрии, а также преподавания германистики и немецкого языка как иностранного в университетах Северной и Восточной Европы.

Системное изложение материала начинается с минимальных единиц – фонем и графем. Центральное место (главы 3–8) занимает рассмотрение слов, а именно тех правил, закономерностей и моделей, по которым слова в предложении изменяются морфологически, комбинируются и синтаксически соотносятся друг с другом. Главы 9–12 посвящены грамматике разных типов текстов: их формальной структуре и содержательным компонентам, вариативности текстообразования и разнообразным способам языкового выражения. В качестве примеров используются тексты устного повседневного общения, художественной литературы, специальные тексты.

Таким образом, данная Грамматика описывает и объясняет не только «традиционные» для такого рода работ «звуки и формы», но и орфографию, грамматические аспекты словообразования и фразеологии, лингвистику текста. В заключительных главах автор обращается к проблеме «Грамматика и стиль» и предлагает обзор грамматических особенностей функционально-стилистических типов речи.

Логическим завершением является объёмный глоссарий, в котором доступно толкуются используемые в Грамматике термины.

Издательство «Московский Лицей»
129337, Москва, Ярославское ш., д. 2, корп. 1
Тел.: (499) 188-33-10, (495) 726-92-10. Факс (499) 188-96-49
E-mail: mosliceum@pochta.ru
Сайт в Интернете: www.mli.ru

ISBN 978-3-8253-5194-6 (нем.)
ISBN 978-5-7611-0465-5 (рус.)

Оглавление

Предисловие к русскому изданию

Эта Грамматика выходит в свет почти одновременно на немецком и на русском языках. Первый вариант немецкой версии (2002 г.) создавался параллельно с работой над карманным Учебным словарем „Deutsch als Fremdsprache" (далее: TWB) для издательства „Langenscheidt". Поэтому она учитывает взаимосвязи между грамматикой и лексикой языка.

Изначально эта Грамматика предусматривалась как пособие по базовому курсу языкознания для немецких студентов-германистов (будущих учителей и магистров германистики), в связи с чем изложение грамматической системы и структуры определяется, исходя из внутренней перспективы носителя языка.

В процессе работы над Учебным словарем и под влиянием длительного пребывания в зарубежных университетах (особенно в Хабаровске, Сучаве, Пизе и Хельсинки) все большее значение приобретала наряду со взглядом „изнутри", с позиции носителя языка, и перспектива внешняя — немецкого языка как иностранного. На учебных занятиях появилась возможность критически осмыслить ранние варианты Грамматики и проверить альтернативные предложения. При этом постоянно появлялись новые моменты, которые нужно было изменить или дополнить.

Параллельно велась и работа по переводу Грамматики на русский язык. Во время моего семестрового пребывания в Хабаровске в 2005 году хабаровские коллеги Тамара Кондратенко и Лариса Кульпина поставили передо мной массу содержательных вопросов, которые возникли у них при переводе Грамматики на русский язык и которые сделали необходимым ряд уточнений, отдельных информативных правок и поясняющих комментариев. Я глубоко благодарен и признателен моим коллегам за это, а также за их настойчивость признать один из вариантов окончательным[1]. Именно и только это и открыло путь к публикации.

А это было крайне необходимо. Ибо: кто из нас не знаком с искушением, бесконечно дорабатывать и перерабатывать книгу такого рода? К тому же понятие грамматики здесь сформулировано не так узко, как во многих других Грамматиках (с ключевыми областями „Звуки и формы" и „Синтаксис"), а является открытым понятием, которое относится и к использованию грамматических форм и структур в его современном, актуальном речевом употреблении, включая литературу. Принимая во внимание вопросы о форме, „образе" текста и текстообразовании, было ясно, что инвентарь знаков содержания и выражения, модели их соединения необходимо было рассматривать и в коммуникативной (взаимо)связи.

Этим обусловлено строгое разделение между четырьмя основными языковыми единицами (‚звук', ‚слово', ‚предложение' и ‚текст'). Оно позволяет охватить многообразие переходных и смежных форм, характерных для современного немецкого языка.

В связи с этим моя особая благодарность российским коллегам Тамаре Кондратенко и Ларисе Кульпиной за сложную напряженную работу над переводом. Фонд Hertie-Stiftung я благодарю за весомую финансовую поддержку публикации этого русского перевода.

Выражаю благодарность моей немецкой коллеге доктору филологии Марии Вальх за критические замечания по содержанию рукописи. Я также благодарю студентов университета г. Аугсбург Керстин Камман и Корину Кинле за подготовку электронной версии, Веронику Рихтер и Регину Шпиллер за редактирование текста.

Ханс Вельман

---

[1] В основу данного перевода положен немецкий вариант 2006 года. Более поздние правки, внесенные автором в 2007–2008 гг., отражения в русской версии по понятным причинам не нашли.

Условные сокращения

австр. – австрийский
Акк., акк. – аккузатив
англ. – английский
ант. – антоним
в. – век
в отл. – в отличие
в т. ч. – в том числе
верхненем. – верхненемецкий
высок. – высокопарно
г. – год
ген. – генитив
герм. – германский
гл. – глава
гласн. – гласный/ая звук/ буква
голланд. – голландский
дифт. – дифтонг
др.-верх.-нем. –
древневерхненемецкий
ед. ч. – единственное число
ж. род – женский род
и др. – и другие
инф. – инфинитив
и пр. – и прочее
и т. д. – и так далее
и т. п. – и тому подобное
исланд. – исландский
исп. – испанский
итал. – итальянский
л. – лицо (глагольное)
лат. – латинский
мест. – местоимение
мн. ч. – множественное число
МФА – Международная Фонетическая Ассоциация
напр. – например
нем. – немецкий
нидерл. – нидерландский
ниж.-нем. – нижненемецкий

нов.-верх.-нем. – нововерхненемецкий
норв. – норвежский
п. – пункт
пейор. – пейоративный
предлож. – предложение
прил. – прилагательное
прилож. – приложение
прим. – примечание
разг. – разговорный
рум. – румынский
рус. – русский
син. – синоним
стр. – страница
сев.-нем. – северонемецкий
см. – смотри
согл. – согласный/ая звук/ буква
ср. – сравните
ср.-верх.-нем. –
средневерхненемецкий
ср.-нем. – средненемецкий
ср. р. – средний род
сущ. – существительное
т. е. – то есть
т. к. – так как
т. о. – таким образом
тж. – также
франц. – французский
цит. – цитируется, цитата из…
числит. – числительное
швед. – шведский
шутл. – шутливый
юж.-нем. – южнонемецкий
юмор. – юмористический
S. – Seite (страница)
Nr. – Nummer (номер журнала, газеты)
* – аграмматичная конструкция либо форма

Der Mensch knüpft immer an Vorhandenes an.

Wilhelm von Humboldt (1830)

Die Sprache ist Verkehr der Menschen untereinander und nur die sprachlichen Vorgänge, welche wir als Hörende verstanden haben, können uns beim Sprechen als Sprachmittel dienen. Daher muss die Frage nach dem Sprachverstehen im Vordergrund der sprachwissenschaftlichen Untersuchung stehen.

Philipp Wegener (1885)

Die ganze Wissenschaft ist nicht mehr als eine gewisse Verfeinerung von Allerweltsgedanken.

Albert Einstein (1935)

Auch die Philosophen gewinnen ihre Kategorien aus der Grammatik ihrer Sprache.

Fei Tang (2000)

Man kann Sprache nur verstehen, wenn man mehr als Sprache versteht.

Hans Hörmann (1976)

Nichts, was in einer Sprache einmal existiert hat, verschwindet völlig.

Siegmund Brauner (1998)

Введение

Данное пособие по грамматике предназначено для студентов-германистов и других лиц, изучающих немецкий язык. При этом здесь учитывается опыт учителей по подготовке к экзамену по германистике в Баварии, а также опыт по обучению немецкому языку за границами Германии, что повлияло на отбор материала для данной грамматики, его объём и манеру его изложения. Данное пособие должно быть доступным для понимания и легко применимым на практике. Этим обусловлено множество примеров, наглядно иллюстрирующих грамматические правила и легко запоминающихся. Данное пособие базируется на лексике современного литературного языка. Это принципиальный подход. Оно призвано дать ответы на максимальное количество вопросов. В центре внимания данной грамматики находятся правила, закономерности и модели, согласно которым сегодня слова комбинируются и связываются в предложения, а также в тексты и диалоги.

Что значит „комбинируются“? Действительно, бо́льшая часть грамматических рассуждений подводит к этому вопросу. Вирджиния Вульф замечает: „Форма – это некое чутьё, это ощущение того, что одно по праву следует за другим.“ В связи с этим следует выяснить следующие моменты:

Что комбинируется? При сравнении различных языков разграничивают лингвистические единицы, которые связываются друг с другом на отдельном языковом уровне, а именно: отдельный <u>звук</u> (фонема; зачастую изображаемая отдельными буквами); отдельное <u>слово</u> (графически обособленная лексема; во многих языках изменяемая при помощи определённых морфем); отдельное <u>предложение</u> (с набором своих составляющих, членов предложения, сложных форм); <u>текст</u>, возникающий как единое целое в речевом действии в результате соединения отдельных предложений.

Как комбинируются названные единицы, в каких комбинациях они проявляются? В связи с этим различают три типа единиц: (а) <u>свободные</u> (например, свободные распространители); (б) <u>связанные,</u> объединённые в устойчивые единицы (как например, глаголы с предлогами); а также (в) „слившиеся“ языковые единицы (например, дифтонги *ei, au, eu*; словоформы *am, vom* и т. п.; лексемы, обозначающие марки автомобилей, как например, *VW*, как результат слияния инициальных букв) и т. д.

При помощи каких средств осуществляется соединение единиц? Здесь имеются в виду

– графические средства: слитное либо раздельное написание, написание через дефис и т. п.;

– просодические средства: связное произношение, коартикуляция, акцент, разновидность ударения (тж. высота тона), ритм, позволяющие распознавать деление на слоги;

– морфологические средства, а именно:

(а) связанные морфемы: средства для образования грамматических форм, прежде всего, флексии, как например, *-(е)s* в *Haus-es*, а также префиксы типа *ge-* в причастиях (*laufen – gelaufen*), их комбинирование в причастиях, например, *ge-wohn-t*, изменение корневой гласной при помощи умлаута (*hatte – hätte*) либо аблаута (*laufen – liefen*), в результате чего возникают грамматические варианты;

(б) свободные морфемы: формы определённого и неопределённого артикля (*die, eine*) при существительных, варианты форм вспомогательных глаголов *sein, haben, werden*;

– лексические средства: словопроизводные формы (*Haus – häuslich*) и сложные слова (*Hauswand*), позволяющие распознавать процессы словообразования;

– лексико-синтаксические средства, позволяющие распознавать части речи, например, служебные слова благодаря их позиции в предложении и отношению к другим словам, например, предлоги (*vor*), союзы (*wie*), (относительные) местоимения (*das, was*) и т. п.;

– синтаксические средства: управление предлогов при связи слов (*vor* + датив или *vor* + аккузатив), первичная валентность глаголов (*x baut y*), вторичная валентность существительных (*der Bau des y durch x*) и прилагательных (*j-m (x) untreu*), согласование подлежащего со сказуемым при образовании предложений (*er baut es – sie bauen es*);

– семантические средства, а именно (а) в виде внутренних семантических признаков (сем), объединяющих слова, например, в единое лексико-грамматическое поле и служащих в текстообразовании для расширения изотопических цепочек; (б) как внешние семантические признаки – коллокации, т.е. устойчивые и закреплённые в языке отношения слов, например, между словами *beißen* и *Zähne, fahren* и *Auto*; (в) дополнительные средства лексикализации, способствующие превращению групп слов в устойчивые лексемы, словосочетания и идиомы;

– когнитивные средства, позволяющие связывать слова на основе имеющегося опыта, знания либо размышления, например, возникающая связь в истории Гюнтера Кунерта „*Dahinfahren*" между словами *Wagen, Straße, Schienen, eisern* и *Hebel*;

– текстообразующие средства повторов (рекурренция), референции (напр., прономинальной) как средства когезии в тексте; средства непрямой референции на поле образности (метафорические выражения); замещение (субституция) одних слов другими (синонимы, гиперонимы и т. п.) как средства когерентности текста и т. д.

В связи с этим в данном пособии рассматриваются следующие языковые явления: звуки и буквы, слова, словесное ударение, сочетание слов и элементы словоизменения (флексия, грамматические свойства словообразования); предложения и их составляющие, их изменения и возможности расширения; текст, его составляющие, соединительные элементы, его развёртывание и (стилистическое) оформление в результате речевого действия – исходя из внутренней перспективы (из перспективы родного языка) и внешней перспективы (перспективы иностранного языка). Глоссарий в конце пособия поясняет грамматические понятия и термины.

Грамматика немецкого языка действительно в гораздо большей степени, чем предполагают теоретики синтаксиса во главе с Н. Хомским, определяется грамматикой слов и их семантикой, т. е. семантически запрограммированной синтагматикой. То, чем определяется синтагматическая связь слов, я дифференцировал как „канву окружения" слова (Wellmann 1990). На данную канву нанизываются следующие элементы:

– словоизменение/ морфология слова (связанные, свободные морфемы);

– сочетаемостные возможности слова (валентность: устойчивые и вариативные, обязательные и факультативные актанты);

– лексические коллокации (имплицитно подразумеваемые либо отобранные компоненты сочетания) и родственные определения (в т. ч. когнитивно заданные) – „спутники";

– определяющие элементы стилистической и прагматической вариативности (коннотации) как дополнительные условия употребления слова.

Исходя из вышеизложенного, именно слово, точнее, его структура, изменение и связи образуют в данном пособии основу всего изложения.

Данная грамматика исходит из описания слова. В то же время здесь даются ссылки на информацию о слове, задаваемую в словаре. Таким образом, словарь и грамматика дополняют друг друга как в синтаксисе, так и на уровне закономерностей словоизменения. Особо здесь учитывается Аугсбургский словарь „Lernerwörterbuch" (Langendtscheids Großwörterbuch Deutsch als Fremdsprache; далее: LWB), грамматические пояснения в нём включены в тексты отдельных словарных статей. Словарь и данная грамматика являются продукцией одной „лингвистической мастерской", поэтому нет необходимости указывать на это всякий раз в тексте. В словаре описаны модели („patterns") процессов образования продуктивных синтаксических конструкций из отдельных слов, а также словообразовательных моделей и морфем. Он является также своеобразным лексиконом валентности, который полнее, чем словари валентности под редакцией У. Энгеля и Х. Шумахера (1978), а также Г. Хельбига и В. Шенкеля (1991). Данное пособие, в отличие от грамматики Дуден (1998, 2005) и Х. Шумахера (1986), рассматривает только те явления словообразования, которые учитывают грамматические аспекты.

По той же причине в устойчивых словосочетаниях имеются ссылки на LWB (а также TWB), где наряду с их грамматическими структурами приводятся также их эквиваленты (напр., в словосочетаниях с функциональными глаголами: *etw. geht in Druck* ≈ etwas wird gedruckt). Данный словарь служит также справочником грамматических омонимов (напр., *denn* как союз и как модальная частица).

Важнейшей частью пособий по немецкой грамматике является предложение. На первый план выдвигается сочетание из его составляющих-„кирпичиков". Какими бы разными они не были по своему подходу – будь то схемы традиционной грамматики, типы семантики предложения, закономерности генеративной трансформационной грамматики, структурные модели теории зависимостей – все они, имплицитно или эксплицитно, ограничивают рамки синтаксиса, рассматривая в качестве его основной единицы предложение. При таком понимании синтаксис занимается, выражаясь словами В. Адмони, „построением связной речи, как она проявляется в процессе коммуникации, в виде п р е д л о ж е н и я как о с н о в н о й е д и н и ц ы этого процесса, в виде словосочетаний и формальных средств, служащих для образования предложений и словосочетаний" (1982, S. 211; здесь и далее перевод перев.). В устной речи, правда, происходит осознанное либо неосознанное опущение (эллипсис) обязательных членов предложения, вследствие „языковой экономии", как уже упоминал Г. Пауль в своей работе „Prinzipien der Sprachgeschichte" (1880; 1995). Подобными опущениями занималась уже античная риторика – но как идеалом стилистической краткости (brevitas). Сокращение предложения может доходить до того, что остаётся лишь один именной член предложения. Может ли в таком случае оспариваться понятие предложения? Нет. Почему нет? Потому что слова виртуально всегда содержат своё синтаксическое и лексическое окружение („канву"), программу, где заложены актанты и другие элементы окружения слова, которые имплицитно либо явно проявляются в контексте. Предложение не существует изолированно, как это гипотетически представлено в грамматиках З. Харриса (1951), Х. Глинца (1952; 1971–1975), Н. Хомского (1969) и Л. Теньера (1957; 1980); оно является составной частью высказывания, контекста.

Итак, наблюдается тенденция: от слова и предложения к полнозначному языковому действию, прежде всего в виде текста и диалога. В связи с этим в данном пособии учитываются также литературные источники, а заключительная глава (гл. 12) посвящена способам языкового изображения и их реализации.

В 60-ые годы определилась тенденция, согласно которой при описании грамматики язык (Langue), являющийся предметом грамматики (напр., немецкого, английского, русского и др. языков), рассматривался как абстракция, образованная из всех языков (Language) мира. Подобное слияние, выраженное в генеративной грамматике, например, понятием „Competence" (языковая способность) (Chomsky 1957), с одной стороны может показаться интересным, а с другой – сбить с толку. Вследствие этого в данном пособии называются характерные различия между языками, в частности между немецким и другими языками, изучаемыми в качестве иностранных, прежде всего с целью выявления контрастов там, где они позволяют чётче показать особенности и специфические структуры предмета нашего исследования, т. е. немецкого языка. Это будет полезно для изучающих его как иностранный. Путаница и смешивание структур различных языков, прежде всего родного и иностранного (первого либо второго), нередко приводят к известным грамматическим ошибкам. Именно данный аспект объясняет ссылки на различие между языками в данном пособии.

В хорошем словаре проводится чёткая граница между узусом, т. е. тем, что является общепринятым в языке, и нормами устной и письменной речи. В настоящем пособии происходит то же самое. Однако это ни в коем случае не ведёт к растворению единого языка. В центре исследования находятся общепризнанные структуры слов и форм, не маркированные специальными пометами „*gespr.*" (устная речь) либо „*geschr.*" (письменная речь). Соединение реплик в диалоге, однако, осуществляется по несколько иным правилам, чем соединение предложений в полнооформленном тексте с сочинительной и подчинительной связью. Вследствие этого рассмотрению закономерностей текстообразования здесь уделяется особое место. Это означает отказ как от односторонней направленности на синтаксис письменной речи (что знакомо нам по более ранним грамматикам), так и от концентрации на „способностях устного общения" в повседневной речи, что было типично в дидактически ориентированных учебниках в 70-е годы, ознаменовавших „прагматический рубеж" (под влиянием: Austin 1962; Searle 1969).

Плодом усилий сделать грамматику доступной для понимания учащихся должна стать наша „лёгкая грамматика" („leichte Grammatik") – даже если „мы, немцы", по выражению Курта Тухольского и Бертольдта Брехта, „испытываем глубокое недоверие ко всему", что нам легко даётся. Но, может быть, это уже и не так?

При ответе на многочисленные „почему?" приводятся данные и комментарии из истории развития языка – в тех случаях, когда это способствует лучшему пониманию какого-либо явления. Для Шопенгауэра каузальность являлась вообще единственно рациональной категорией научного мышления. Г. Пауль возвёл историческое объяснение явлений в ранг центральной задачи науки о языке. Системное описание современного немецкого языка пострадало бы, если бы совершенно не затрагивался вопрос о возникновении того или иного феномена.

Данное пособие по грамматике призвано стать своего рода „libretto", в котором учитывается всё грамматическое, что относится к области словоупотребления, а, следовательно, к словарному запасу, „*binnen und buten*": с внутренней стороны в результате обобщающего изложения материала в первых главах, с внешней – в результате связи с LWB, с нашим учебным словарём, который отражает многие грамматические свойства слова. На это указывают многочисленные ссылки в тексте.

Оглавление служит указателем при продвижении по структуре немецкой грамматики, глоссарий – ключом к пониманию терминологического инвентаря пособия.

Главы 1–2. Слово

Люди общаются прежде всего при помощи слов. Если кто-то говорит: „*Hans, komm!*", то, употребляя всего два слова, *Hans* и *komm*, он совершает языковое действие. Человек, владеющий языком, знает также, насколько он им владеет: умеет ли он читать и писать либо только говорить на этом языке. И малообразованный человек, и учёный знает, что такое слово. Даже в языках, не имеющих письменности, существуют выражения, означающие понятие слова. Любой владеющий языком человек в состоянии даже без особой подготовки разложить устно сказанные предложения на более мелкие составные части – слова. Однако дальнейшее деление отдельных слов на ещё более мелкие компоненты – звуки – будет для него затруднительным. „Создаётся впечатление, что звук как таковой осознаётся реже, чем слово. Действительно, человечеству понадобилось время, чтобы научиться разлагать слова на звуки, а звуки передавать определёнными буквами на письме, как это принято сегодня в немецкой графической системе". Данная цитата объясняет „смысл и цель" немецкого словаря произношения (Duden, Bd. 6, 1990, S. 9). Таким образом, при дальнейшем изложении материала имеются веские причины отталкиваться от слова как от основной единицы языкового общения.

Глава 1

Слово: его элементы и окружение

Слова являются элементарными частицами любого языка („langue"), образуя в совокупности его словарный запас. Они – кирпичики речи („parole"), которые соединяются в словосочетания и предложения, а затем – в разговоре и тексте – превращаются в наполненные смыслом высказывания. Таким образом, развёртывается цепочка: от **слова** через **предложение** к **тексту**.

Примечание

Понятие „язык" многопланово и объединяет различные аспекты. Важнейшей дифференциацией мы обязаны Гегелю, который сформулировал различие между „речью" и „системой" языка (1830). Следующий шаг сделал Ф. де Соссюр, который в своём труде „Курс общей лингвистики" разграничил три вещи: „langage" – общую способность к говорению, „langue" – язык как систему какого-либо конкретного языка и „parole" – речь (речевое употребление языка).

Система любого языка состоит, прежде всего, из его грамматики и словарного состава. При этом необходимо, согласно концепции Е. Косериу, отличать друг от друга „языковую норму" и „языковую систему". Норма – это то, что описывают и пытаются кодифицировать грамматисты. Делают они это, однако, с различной степенью жёсткости. Так, правила немецкой орфографии, принятые на конференции в 1901 году, просуществовали, за малыми изменениями, вплоть до реформы 1998 года (да и она модифицировала их только частично). Нормы произношения, разработанные Т. Зибсом (19.А. 1969), которые первоначально предусматривались для создания единого кодифицированного/сценического языка, также были очень строгими. С 50-х гг. XX в., благодаря распространению положений дескриптивной лингвистики, разница между нормой и реальным речевым употреблением постепенно уменьшилась. Нормы существуют и на других уровнях языковой системы, не только в произношении и орфографии. Они действуют в области учения о слове (в лексикологии), в грамматике и в лингвистике текста (вплоть до стилистики). Языковые нормы, таким образом, возникают в результате обобщений определённых форм употребления, которые выполняют функцию ориентиров при отборе актуальных репрезентативных языковых элементов.

Слово определяется также как „наименьшая свободная форма" (Bloomfield 1931). Оно может употребляться изолированно (например, в словаре, указателе, в грамматических примерах либо надписях), его можно переставить на другое место в предложении либо заменить другим словом: *Er kennt sie/ Kennt er sie?/ Er kennt sie*. Оно может служить исходным материалом для образования сложных слов. В немецкоязычном тексте оно отделяется от других слов графически (пробелом), а в потоке устной речи выделяется при помощи пауз. Только глаголы с отделяемыми приставками при употреблении в тексте в спрягаемой форме не являются единым целым, разве что в инфинитивной форме, в которой они фиксируются в словарях (*wir reisen morgen ab – abreisen*).

Слова можно считать молекулами языка, которые, соединяясь, образуют макроструктуры. В древних писаниях ацтеков, китайцев и египтян они имели форму рисунков. Правда, эти рисунки дополнялись другими (например, фонетическими) знаками, которые также являются графическими изображениями, однако не выполняют образной функции. С появлением и распространением алфавита всем стало известно, что существуют и более мелкие единицы: буквы для обозначения звуков, своего рода значки для „атомов языка". Среди них улавливается наличие определённой системы (в том числе в отношении количества и употребления элементов), напоминающей Периодическую систему химических элементов. Соотношение возникших на Ближнем и Среднем Востоке букв и **звуков** как минимальных единиц языка определяет сегодня графические системы всех европейских языков.

1.1. Звуковая структура слова: гласные и согласные звуки и их графическое изображение

Что мы слышим? Физики утверждают, что это звуковые волны. Если же речь идёт о сонате, то физик скажет, что на него воздействует ритм, связность, вариации тона различной высоты и т. п. Отдельный тон сам по себе для него не имеет никакого значения. Подобное можно сказать и о слове в тексте. Если Вы что-то сказали, то отдельные звуки ни о чём не скажут слушателю. Звуки воздействуют на нас в определённых комбинациях. Естественно, что при их повторах в стихах, пословицах, поговорках и слоганах они могут вызвать у слушателя определённые ассоциации. Эти ассоциации, в т. ч. эстетические, обусловлены системой языка. Т. е. человек воспринимает не отдельные звуки/ фонемы, а слова как их комбинации. В то же время в потоке речи можно выделить фонемы, т. е. типы звуков, относящихся к определённому классу. Именно поэтому становится возможным декодировать услышанное, т. е. понять его и извлечь из него информацию.

В связи с этим возникает вопрос: как правильно написать услышанное слово? При помощи каких знаков изображаются графически звуковые волны, возникающие в артикуляционном потоке воздуха? Во всех европейских языках для этой цели служат буквы (в древности – „палочки (руны)" = чёрточки на деревянной доске (например, из бука) либо на камне, которые чаще всего состояли из элементов греческого либо латинского алфавита).

Каким образом эти знаки отражают звуки, зависит, однако, от конкретного языка. В английском, например, буквы и звуки нередко не совпадают. Состоящее из трёх звуков слово [θri:] пишется как *three* (три), в то время как соответствующее латинское слово состоит из четырёх звуков [tre:s] и четырёх букв (*tres*).

Форма глагола *(ich) lache* в немецком языке состоит из пяти букв, служащих для отражения четырёх звуков, [lɑχə], соответствующее латинское слово имеет пять букв для пяти звуков *(rideo)*, в английском же варианте пять букв *(laugh)* отражают три звука [la:f].

Насколько точно буквы передают звуковую структуру слова, можно увидеть, транскрибируя его при помощи фонетического алфавита МФА – Международной Фонетической Ассоциации (API – Association Phonetique International). В данной книге используется его упрощённая версия, приведённая в международно признанном Учебном словаре немецкого языка как иностранного (LWB).

Это выглядит так: 29 буквам в выражении „*Wofür die Natur zehn Jahre braucht*" соответствуют 25 либо 26 звуков (в зависимости от того, как рассматривается дифтонг – как один (в данном случае) либо как два звука). Ниже приводится транскрипция слов данного предложения с комментариями к отдельным звукам:

[vo'fy:ɐ] – с позиционно обусловленным (безударным) полудолгим *о*, который в данной позиции возникает в результате редукции долгого [o:];

[di:] – с исторически развившимся знаком долготы *е* для предыдущего гласного *(die)*;

[na'tu:ɐ] – с вокализованным *r* = [ɐ] в конце слова;

[tse:n] – с аффрикатой [ts] в качестве соединения двух согласных, которой в других германских языках соответствует *t*; ср. нем. *zehn*, англ. *ten*, голланд. *tien*, норв. *ti*;

['ja:rə] – с *j*, мягким звонким согласным и редуцированным [ə] в конце слова;

[braʊxt] – с буквосочетанием *ch* для велярного звука [x] и сочетанием *au* для дифтонга.

Существуют пограничные случаи, когда бывает непросто определить характер звука:

а) Как рассматривать звуки [ɐ] и [ə] в безударных слогах: являются ли они редуцированными формами фонем /r/ и /ɛ/ либо это самостоятельные фонемы? Фонетисты приводят при этом пример оппозиции двух начальных слогов с /ɛ/ либо /ə/ в таких словах, как *genial* и *genau* (Stelzig 1982, S. 96). Подобные случаи, однако, не оказывают принципиального влияния на языковую систему. Они квалифицируются как позиционно обусловленные **аллофоны**, которые возникают в результате редукции звуков.

б) Как рассматривать соединения гласных [aɪ], [aʊ], [ɔy]? В корневых слогах они обычно занимают такую же позицию и играют такую же роль, как другие гласные фонемы. Следовательно, каждую из них можно интерпретировать как одну фонему (монофонематический подход), несмотря на то, что они всегда изображаются двумя буквами (что указывает на их особый способ образования).

Явления **аблаута** и **умлаута** функционируют в случаях с дифтонгами так же, как и у простых гласных, ср.:

reiten – ritt – geritten (первый ряд аблаута);

laufen – lief – gelaufen (седьмой ряд) и т. д.

Сравнение языков укрепляет аргументацию в пользу рассмотрения дифтонгов как отдельных сложных фонем: насколько дифтонги в немецком слиты воедино, доказывает сравнение соответствующих слов в различных языках, например, в нем.: *Europa* (с дифт. [ɔy]), в итал.: *europa* либо в нем.: *Ukraine* (с дифт. [aɪ]), в рус.: *Ukra-ine*. Сравнения в историческом аспекте также указывают на монофонематичность дифтонгов. Некоторые долгие гласные современного немецкого языка образовались в процессе развития языка из соответствующих средневерхненемецких дифтонгов, которые частично сохранились в диалектах.

Примечание

От древне- и средневерхненемецкого стандарта (верхненем. *guot* [guɔt]) образовалось современное *gut* [gu:t], от средне- и верхненемецкого *liep* [lɪəp] сохранилось стандартное *lieb* [li:p]. В других диалектах сохранились монофтонги /i:/, /u:/, /y:/, например, в нижненемецком и алеманском, в словах *hus, min, lüte* – со звуками, которые нам известны из грамматики средневерхненемецкого. Однако в современном языке они произносятся как дифтонги [aʊ], [aɪ], [ɔу]: *Haus, mein, Leute*.

Большинство слов в немецком языке состоят из одного, двух либо трех слогов. Наиболее часто из них употребляются 20 слов. 19 из этих 20 слов являются односложными и состоят из двух либо трёх звуков (см. схему 6 в гл. 1.2). Это слова из двух фонем *die, in, zu, sie, er, es, ich, auf, ein* и слова из трёх фонем *der, und, den, das, von, ist, des, sich, mit, dem* (перечислены в порядке их частотности).

Самые короткие слова в литературном кодифицированном немецком языке, как и в английском, состоят из двух звуков: одного гласного и одного согласного (за исключением нем. *eh* (= *ohnehin*) и англ. *I*), например: *so, an, im, bei, um, da, du, am, wo, sei, ja, ob, euch*.

Примечание
Переход от звука к слову в разговорной речи наблюдается в случае с междометиями *ah!* (*Ah, wie schön!*), *i!* (*I, ist das schmierig!*), *oh!* (*Oh, Verzeihung!*).

В письменной речи отдельные буквы встречаются чаще, они являются сокращениями полных слов. В каких случаях? Когда они определены в какой-либо терминологической системе, например, в международной системе химических элементов: C – углерод, J – иод, B – бор, H – водород, W – вольфрам, V – ванадий, O – кислород, P – фосфор, S – сера и т. д. Одной буквой обозначаются автомобильные указатели стран Европы: A = Австрия, B = Бельгия, D = Германия, E = Испания (от исп. *España*), F = Франция, H = Венгрия (лат. *Hungaria*), I = Италия и т. д. Однако это условные обозначения, а не слова (о чём свидетельствует их произношение).

Большинство произносимых слогов имеют следующую звуковую структуру:

→ согласный + гласный + согласный,

→ согласный + гласный + согласный + согласный,

→ согласный + согласный + гласный + согласный.

Подобную структуру имеют свыше 80% немецких слогов. Строение слогов в основе слова (в отличие от окончаний) в немецком и английском языках имеет большое сходство. И там, и тут доминирует форма „согласный + гласный + соглас-ный" – так же, как и в других германских языках.

Чтобы определить звуковой инвентарь данных типов сло-гов, необходимо сделать шаг от фонетики, которая даёт опи-сание места и способа образования звуков, к фонологии, которая определяет значение фонем в системе языка.

В немецком языке насчитывается 40 фонем, которые на письме передаются 30 буквами. Графемы *ä, ö, ü* и *ß* – это особые письменные знаки/ буквы немецкой орфографии (за исключением Швейцарии), которые выходят за рамки клас-сического инвентаря латинского алфавита (23 буквы с допол-нением *w, j, y*).

Примечание

Другие языки также имеют свои особенности. В испанском алфавите, например, 28 букв. 25 из них совпадают с основным инвентарём из 26 букв, отсутствует лишь *w*, как и в латинском. Однако добавляются специфические знаки: *ch* (произносится как *sch* в нем.), *ll* (не удвоенный согласный, а мягкое *l* /lj/) и *ñ* (мягкое *n* /nj/). Северогерманские языки имеют дополнительно *å*, во французском есть *ç* и разновидности ударения `, ´, ^, в румынском же имеются буквы для звуков /ʃ/ и /ts/: *ş* и *ţ*.

Фонемами являются звуки, имеющие системную значи-мость. Они несут ответственность за малейшие различия, ко-торые имеются между похожими по звучанию словами, на-пример, между *Rast, Last, Mast, Gast, Bast, fast, Hast*. Здесь будет уместен следующий пример игры слов на одной из карикатур в книжном магазине: „*Meine Gute, haben Sie die*

Güte, geben Sie mir den Goethe!" Определяют фонемы методом образования минимальных пар. Аллофоны при этом оказываются вариантами одного звука, а не самостоятельными звуками. Они имеют различия в произношении, которые, однако, не являются столь существенными, чтобы выполнять смыслоразличительную функцию.

Примечание

Принципиально можно вслед за Н. Трубецким (1989) выделить два типа аллофонов: „свободные аллофоны", например, [r] и [R], произношение которых зависит от индивидуальных особенностей говорящего, т. е. от произношения звука как переднеязычного либо как язычкового варианта. Также различают „комбинаторно обусловленные аллофоны". При их произнесении качество звука изменяется не индивидуально, а закономерно, в зависимости от окружения звука. Подобные варианты одной фонемы наблюдаются у гуттурального щелевого [x], например, в словах *Dach, doch, Tuch*, который после гласных *a, o, u* произносится как [x], а после гласных переднего ряда *e* и *i* – как [ç] (*Dächer, Tücher, recht, dich*). В некоторых языках (напр., в арабском) данные фонетические различия имеют смыслоразличительное значение. В этих случаях мы имеем дело с самостоятельными фонемами.

Буквы и графемы

Набор букв в немецком языке (кроме *ß, ä, ü ö*) в принципе такой же, как и в других европейских языках. За основу берутся 25 либо 26 латинских букв, которые используют и писатели при игре букв как стилистическом приёме. Поэты-экспрессионисты пытались (после 1910 г.) придать языку новую выразительную силу либо создать атмосферу „отчуждения", дробя слова на мельчайшие составляющие, буквы. Данное направление было очень модным.

Карл Валентин подверг его острой критике в своём юмористическом стихотворении „Экспрессионистский напев":

Expressionistischer Gesang

Wie die Maler heute malen
Wie die Dichter heute dichten
So will ich jetzt humoristen
Ob es gut ist oder nicht.

Kanapee gleicht Meeresfreiheit
Lippen blau aus Abendrot
Stille Nacht in Marmelade
Edle Kunst, behüt dich Gott.
A – b – c – d – e – f – g – h
I – k – l – m – n – o – p
Q – r – s – t – u – v – w – x
Ypsilon – z – f – f – f (drei Pfiffe)

La la la la la la la la
La la la la la la la
Li li li li li li li
Li li li li li li la
(Kiermeyer, Debre, Vögel 1992, S. 50)

Под **графемой** в данном пособии понимается как отдельная буква, так и буквосочетание, обозначающее фонему (напр., *ie* для [i:]). Многие звуки имеют по несколько буквенных вариантов либо передаются на письме сочетаниями из двух или трёх букв. Так звук /k/ передаётся графемами *k, ck* (ср.: *Ekel* и *Ecke*), *ch* (*Chor*), а также *c* (*Computer*). Звук /ʃ/ передаётся *s* перед *p* либо *t* в начале слова/ слога (*Stahl*), буквосочетанием *sch* (*Schal*) либо *sh* (только в заимствованных словах: *Shorts*).

Буквы и графемы следует чётко разграничивать. Следующее задание в одной экзаменационной работе в Мюнхене было неправильно понято большинством экзаменуемых: „Найдите и систематизируйте все встречающиеся в тексте случаи, когда один звук передаётся несколькими графемами".

Текст следующий:

„Die Notwendigkeit, uns selbst zu verstehen, war noch nie dringend wie heute. Eine ideologisch zerstrittene Menschheit ringt um ihr Überleben. Das erstaunliche Geschöpf, das in der Lage ist, Sonden zum Mars und zur Venus zu schicken und Bilder vom Saturn und Jupiter aus dem Weltall zu funken, steht hilflos vor den sozialen Problemen. Es weiß nicht, wie es seine Arbeiter bezahlen soll, und experimentiert mit verschiedenen Wirtschaftssystemen, Verfassungen und Regierungsformen. Es bemüht sich um Frieden und stolpert in immer neue Konflikte. Die Befölkerungskontrolle scheint dem Menschen längst aus der Hand geglitten; gleichzeitig kündigt sich die Erschöpfung vieler Ressourcen, verbunden mit einer Zerstörung der Lebensgemeinschaften, an. Wir müssen das Geschehen rational betrachten, um es in den Griff zu bekommen. Aber sicher nicht mit kaltem Verstand, sondern mit dem warmen Gefühl des engagierten Herzens, dem am Glück kommender Generationen gelegen ist.“ (I. Eibl-Eibesfeld 1997, S. 19)

Слова в задании „один звук – несколько графем" 4/5 студентов поняли как задание найти буквосочетания типа: удвоенный согласный для звуков /t/ (*zerstritten*), /l/ (*Weltall*) и т. д.; буквосочетания типа *ch* в *erstaunlich* для звука [ç], *ck*, как в слове *Glück* для /k/ и т. п., а также сочетание трёх согласных *sch* для звука /ʃ/ (*Mensch*) и т. д.; две буквы для одного гласного звука, как /i:/ (*nie*), /a:/ (*bezahlen*), /y:/ (*Gefühl*).

Однако студентам следовало бы понять, что о разных графемах речь идёт лишь в тех случаях, когда, например, /t/ передаётся в одних случаях через *t*, а в других – через *d* (как в конце слова *Land*), в третьих – через *tt* после краткого гласного (*gelitten*), т. е. один звук имеет различные графемные варианты. Так, звук /i:/ передаётся через графему *ie (nie)*, через графему *ih (ihr)*, а также через простую графему *i (ideologisch)*. Звук /l/ передаётся двумя вариантами: через графему *ll (Kontrolle)* и *l (halten)*. Согласный /ʃ/ передаётся также не только сочетанием *sch*, но и буквой *s* (напр., *verstehen*).

По данным С. Чепика, в немецком языке насчитывается около 5000 смысловых морфем, которые образованы из 40 фонем. „Эти морфемы, комбинируемые друг с другом, создают словарный запас языка" (Žepić 1970, S. 25).

В большинстве языков звуки делятся на гласные и согласные. При образовании гласных поток воздуха проходит беспрепятственно. При артикуляции согласных поток воздуха встречает препятствие (губы, зубы, язык, нёбо). Согласные сами по себе не могут образовывать слоги, поэтому их нередко называют „созвуки", „сателлиты". Для образования слога необходимо ядро – гласный как „самодостаточный звук".

Гласные звуки

Гласные звуки различаются по **месту** и **способу** образования. **Место** образования гласных в полости рта иллюстрирует схема 1, часто называемая треугольником гласных, которая в самом простом виде выглядит следующим образом:

С х е м а 1. **Треугольник гласных**

(передний) i   ü   ↔   u (задний, высокий)

       \   ↕   /

           e   ö ↔ o

       \   ↕   /

                   a   (низкий)

Согласно этой схеме противопоставляются:

↔ гласные переднего и заднего ряда (по участию губ: лабиализованные/ огубленные и нелабиализованные/ неогубленные; лабиализованными считаются *ö, o, ü, u*);

↕ гласные высокого, среднего и низкого подъёма.

Данная схема является, естественно, довольно абстрагированной от многообразия звуков. Она отражает лишь самые существенные различия в артикуляции гласных немецкого литературного языка. Более дифференцированная схема изображается в виде трапеции гласных, которая, в свою очередь, имеет несколько версий. Довольно ясный вариант трапеции гласных (см. схему 2) предлагает Х. Бусман (2002).

С х е м а 2. Классификация немецких гласных по артикуляционным признакам

← горизонтальное положение языка →

	передний ряд		средний/нейтральный ряд	задний ряд
форма губ	не округлены	округлены		округлены
↑ высокий	[ɪ:]	[y:] *füllen*		[u:] *Ruhm* ↑
уровень подъема языка либо челюсти	[i] *bitten* [e:] *beten*	[y] *füllen* [ø:] *Öl*		[u] *Rum* [o:] *rot* степень открытия звука
средний	[ɛ] [ɛ:]		[ə] *murmeln* [œ] *Götter* [ɐ] *Uhr*	[ɔ:] *Rotte* ↓
↓ низкий	[a:] *Ratte*			[a:] *Rat*

Примечание 1

В квадратных скобках [] обычно даётся фонетическое описание звука, в наклонных скобках // – их фонологические соответствия, а в угловых <> – их графическое изображение на письме.

Примечание 2

Большое количество гласных изначально определяется системным противопоставлением долгих и кратких гласных в немецком языке (в отличие от русского языка): *Rate – Ratte, Miete – Mitte* и т. д.

Таким образом, в немецком языке различают 15 гласных звуков (либо 17 – с редуцированными [ɐ] и [ə]). Это больше, чем в романских и славянских языках. Гласные различаются по следующим признакам:

а) по количественному признаку:

краткие ↔ долгие:

напр., краткий (открытый) /ɛ/ ↔ долгий (открытый) /ɛ:/: *der Vetter – die Väter (Pl.)*

б) по качеству:

– открытые ↔ закрытые:

напр., /ɛ:/ ↔ /e:/: *sie gäben – sie geben* либо: (краткий) открытый /ɔ/ ↔ (долгий) закрытый /o:/ (это качественное противопоставление наблюдается и у других пар долгих и кратких гласных)

– переднего ряда ↔ заднего ряда:

напр., *(ich) binde, die Bünde (Pl.) – der Bund*

– высокого ↔ среднего ↔ низкого подъёма:

напр., *das Mus – das Moos – das Maß*

– нелабиализованные/ неогубленные ↔ лабиализованные/ огубленные: напр., *(das) Kissen – (sie) küssen*

в) по ударению/ интенсивности:

ударные (в корневом слоге) – безударные (ср. редуцированные звуки /ɐ/, /ə/).

г) при рассмотрении дифтонгов учитывается также критерий стабильности: долгий стабильный /ɛ:/ ↔ долгий восходящий /aI/ (либо долгий падающий, как ср.-верх.-нем. /Iə/).

Характерным признаком немецкого языка являются умлауты (*ä, ö, ü*). Умлаут *ä* выражается фонемой /ɛ:/. Как долгий звук он служит для выражения оппозиции между одинаково звучащими грамматическими формами индикатива/ конъюнктива I и II, например, *sie nehmen – sie nähmen; sie geben – sie gäben; sie lesen – sie läsen* и т. д. Среди самостоятельных лексем редко встречаются подобные оппозиции *(die Seele -- die Säle; die Ehre – die Ähre).* *„Ein Küßchen in Ähren/ Ehren kann niemand verwehren"*, так озаглавил журнал „Hörzu" картину, на которой были изображены влюблённые на пшеничном поле (Hörzu Nr. 33, 1975, S. 3). В основном же – в отличие от итальянского, испанского, румынского, русского и др. языков – в системе немецкого языка противопоставляются друг другу 7 кратких и 7 долгих гласных фонем:

7 кратких гласных фонем: /a/, /ɛ/, /i/, /o/, /ö/, /u/, /ü/;

7 + 1 долгих гласных фонем: /a:/, /e:/, /i:/, /o:/, /ö:/, /u:/, /ü:/ + /ɛ:/ (см. комментарии выше).

К долгим гласным причисляют также „нисходящие" дифтонги, которые в немецком создают эффект двух слившихся гласных. В большинстве диалектов они возникли в ранненововерхненемецкий период из долгих гласных средневерхненемецкого: /aɪ/ из /i:/, /aʊ/ из /u:/, /ɔy/ из /ü:/. Таким образом, в современном немецком языке сохранились только нисходящие дифтонги.

Примечание

При этом три старых дифтонга, а именно в нисходящих соединениях /ie/, /uo/, /üe/, исчезли из литературного нормированного языка. Однако они сохранились в южнонемецких, австрийских и швейцарских диалектах.

Написание гласных

Нередко краткие и долгие гласные обозначаются на письме по-разному. У большинства **кратких** гласных одной фонеме соответствует одна буква. При обозначении **долгих** гласных на письме наблюдаются некоторые особенности. Для передачи одного гласного существует несколько вариантов написания: во-первых, вариант из одной буквы, во-вторых (в немецком реже, в нидерландском чаще) – удвоение гласной буквы, в-третьих, в немецком имеются буквы-указатели долготы гласного: *h* и *e* (*e* только после *i*). У двух из трёх дифтонгов различают также по два варианта правописания: *ei/ai, eu/äu*. Сказанное выше иллюстрирует следующая таблица.

Т а б л и ц а 1. **Правописание фонем**
(согласно данным Учебного словаря немецкого языка как иностранного (LWB))

Фонема	Графема	Транскрипция	Написание	Примеры
/a/ →	<a>	/mast/	*der Mast*	*die Masse*
/ɛ/ →	<e>	/mɛŋə/	*die Menge*	*messen, die Messe*
→	<ä>	/mɛŋəl/	*die Mängel (Pl.)*	*Pläne*
/ɪ/ →	<i>	/mɪst/	*der Mist*	*die Mitte, im*
/ɔ/ →	<o>	/mɔst/	*der Most*	*die Tonne*
/ʊ/ →	<u>	/mʊnt/	*der Mund*	*ich muss, der Kuss*
/œ/ →	<ö>	/mœnç/	*der Mönch*	*können*
/y/ →	<ü>	/mylɐ/	*der Müller*	*wir müssen, die Hütte*
/a:/ →	<a>	/ma:s/	*das Maß*	*malen, mal*
→	<aa>	/ma:t/	*der Maat*	*der Saal*
→	<ah>	/ma:l/	*das Mahl*	*wir mahnen*
/ɛ:/ →	<ä>	/zɛ:lə/	*die Säle (Pl. zu Saal)*	*die Bären (Pl.)*
→	<äh>	/mɛ:nə/	*die Mähne*	*die Ähre*
/e:/ →	<e>	/me.tɐ/	*der Meter*	*den*
→	<ee>	/me:ɐ/	*das Meer*	*die Seele, die Beeren (Pl.)*
→	<eh>	/me:ɐ/	*mehr*	*die Ehre*
/i:/ →	<i>	/mi:ɐ/	*mir*	*der Stil*
→	<ie>	/mi:tə/	*die Miete*	*viel/fiel, der Stiel*
→	<ieh>	/fi:/	*das Vieh*	*befiehlt (3л., ед. ч.)*
→	<ih>	/i:m/	*ihm*	*ihr*
/o:/ →	<o>	/mo:nt/	*der Mond*	*der Ton, der Tod, das Boot*
→	<oo>	/mo:s/	*das Moos*	*das Boot*
→	<oh>	/mo:n/	*der Mohn*	*der Sohn*

/u:/ →	\<u\>	/mu:t/	der Mut	das Mus
→	\<uh\>	/mu:/	(muh!)	die Kuh
/ø:/ →	\<ö\>	/lø:və/	der Löwe	der König, die Chöre (Pl.),
→	\<öh\>	/mø:rə/	die Möhre	der Föhn, die Söhne (Pl.)
/y:/ →	\<ü\>	/hy:tə/	die Hüte (Pl.)	die Güte
→	\<üh\>	/my:lə/	die Mühle	das Gefühl
[a]+[ɪ]= /ai/→	\<ei\>	/maizə/	die Meise	die Seite, der Reis
→	\<ai\>	/mais/	der Mais	die Saite
[a]+[ʊ]=/au/→	\<au\>	/maus/	die Maus	die Haut
[ɔ]+[y]= /ɔy/→	\<eu\>	/mɔytə/	die Meute	heute
	\<äu\>	/mɔyzə/	die Mäuse	die Häute (Pl.)

Примечание 1

Данная таблица может смутить неспециалиста. Он может спросить, почему для транскрибирования большинства долгих гласных используются буквы алфавита, а гласные *ö* и *ü* передаются соотвевственно знаками /ø:/ (либо /œ/) и /y:/. Это легко объяснить: не все языки имеют буквы ö и ü. Транскрипция же призвана быть общедоступной, понятной, прежде всего при изучении иностранного языка.

Возникает и другой вопрос: Почему краткие гласные звуки не изображаются теми же буквами, что и долгие? Ответ таков: это звуки другого качества. Все немецкие краткие звуки являются открытыми, а долгие – закрытыми, за исключением /ɛ:/, как в следующем примере: *Sie nehmen – Sie nähmen*. Возникает необходимость в фонетической маркировке различий между долгими и краткими гласными, особенно в тех случаях, когда эти различия являются особенно явными. В общепринятой системе Международной Фонетической Ассоциации (транскрипции МФА) с этой целью используются транскрипционные знаки ɛ, ɪ, ɔ, ʊ, y, œ для открытых гласных. Они отобраны таким образом, что пользователь может заметить определённое сходство с соответствующими знаками для закрытых (долгих) гласных. Очевидным является тот факт, что для передачи точного произношения какого-либо высказывания букв алфавита недостаточно. Это наглядно показала система транскрипции МФА.

Что же касается произношения иностранных слов, то следует дополнить один момент: тильда над гласным показывает, что звук является назальным, например, в слове *Bassin* [baˈsɛ̃:].

Примечание 2

Особое качество звука при произношении *e* в безударной позиции обозначается редуцированным звуком /ə/. В некоторых грамматиках он рассматривается как самостоятельная фонема. В результате редукции безударного конечного слога -*er* (и вокализации -*r*) возникает звуковой вариант, который в транскрипции передаётся перевёрнутым а, т. е. [ɐ]. При транскрипции безударных слогов наряду с [ə] и [ɐ] учитывается ещё один вариант редукции: в словах типа *bitten* [bɪtņ] *ņ* сигнализирует о том, что этот согласный слоговой, несмотря на то, что гласный практически не слышен.

Согласные звуки

В немецком языке насчитывается 19 согласных фонем (либо 21 – по данным Duden-Grammatik 2005) – звуков и отдельных звукосочетаний (в качестве квазифонем).

Немецкий отличается от других языков следующими особенностями:

1) наличием щелевого фарингального звука *h*, который представляет определённые трудности для студентов из романо- и славяноговорящих стран (русские произносят его, например, в именах как *g*; *Гейне* вместо *Хайне*, *Ганс* вместо *Ханс*);

2) согласным *j*, который близок *i* и считается полугласным;

3) аффрикатами. Они возникают в результате слияния глухих смычно-взрывных согласных *p* и *t* со щелевыми *f* и *s*, которые сходны с ними по месту образования, в результате чего возникают *pf, ts* (и, кроме того: *tsch*).

В какой мере можно аффрикаты считать квази-фонемами? Начиная с Н. Трубецкого (1939), сочетание звуков чаще всего рассматривается как одна **фонема**, если оба компонента относятся к одному речевому слогу и исторически образовались от **одного** звука (из *p* и *t* в период второго передвижения согласных), если аффриката встречается в таких же позициях, как и другие согласные, и нередко передаётся на письме одной буквой (*ts* передаётся зачастую через *z*). В этом убеждает также наблюдение, что *pf* в разговорной речи (в некоторых регионах) упрощается до *f*; а также тот факт, что аффриката *kch,* сохранившаяся только в южноалеманском диалекте, в принципе исчезла. Таким образом, согласно написанию и произношению аффрикаты можно рассматривать как две – правда, тесно связанные – фонемы. Поэтому здесь они квалифицируются не как самостоятельные фонемы, а как квази-фонемы.

Примечание

Первоначально (в древне- и средневерхненемецком) имелись ещё долгие либо удвоенные согласные („геминаты"). Они возникли в западногерманских языках, например, в раннем немецком и английском, перед *j*, а также частично перед *l, m, n, r* и *w*, напр., в нем. *Wille*, англ. *will*, в отличие от северогерманских языков (швед. *vilja*, исланд. *vilji*). Долгие или удвоенные согласные в древневерхненемецком появлялись и другим образом: во время второго передвижения согласных после гласных возникли удвоенные фрикативные согласные: *ff* образовалось от герм. *p*, как в нем. *Affe* (в отличие от англ. *ape*, швед. *apa*, голланд. *aap*), и *ss* из герм. *t*, как в нем. *hassen* (ср. с англ. *hate*, швед. *hat*, голланд. *haat*). Наряду с геминатами в результате второго передвижения согласных в немецком языке возникли аффрикаты *pf, tz* [ts], а в верхненемецких диалектах также *kch* [kx] – в начале слова/ слога и после согласных. Это отличает немецкий язык от английского и других германских языков.

Древние долгие согласные были, однако, уже на ранней стадии сокращены до простых фонем, и удвоенные согласные сохранились только в правописании как „лингвистические окаменелости".

Согласные резко отличаются от гласных. Это связано с их артикуляцией. Их нельзя описывать по оппозиционным признакам *'открытый – закрытый', 'высокий – низкий', 'долгий – краткий'.*

Если при артикуляции гласных звуков поток воздуха проходит беспрепятственно, то согласные возникают – при активном участии языка – в результате ослабления потока воздуха в пространстве между гортанью и открытым ртом: шумные – в ротовой полости, сонорные – в носовой. Щелевыми являются фрикативные согласные, например, *f* и *v*, смычно-взрывными – *p*, *b* и т. п. Одни звучат вибрирующе и звонко, как *v*, другие – глухо, как *f*.

В зависимости от места образования согласные звуки получили определенные терминологические обозначения:

лабиальный/ губный – произносимый при участии губ;

дентальный/ зубный – произносимый при участии зубов;

альвеолярный – артикулируемый на альвеолах;

палатальный – артикулируемый с участием твёрдого нёба;

велярный – артикулируемый с участием мягкого нёба;

увулярный – язычковый;

глоттальный – артикулируемый с участием голосовой щели;

назальный – произносимый при участии носовой полости.

Это можно проиллюстрировать при помощи схемы 3.

Примечание

[ç] как несколько смещённый вперёд и [x] как смещённый назад являются звуковыми вариантами буквосочетания /ch/; передне-язычный [r] и язычковый [R] – варианты фонемы /r/; [ŋ] является наряду с [n] и [m] третьим носовым звуком, который образовался в ранние периоды развития немецкого языка (видимо, под влиянием французского) из соединения [n] и [g].

[ʃ] – щелевой звук, образовавшийся от др.-верх.-нем. *sk*, а также в результате палатализации древнего [s] на юге, как в нов.-верх.-нем. *schwarz*, в отличие от ср.-верх.-нем. *swarz*, ниж.-нем., голланд., англ. *swart*, швед. *svart*; [ʒ] является соответствующей звонкой формой щелевого звука, встречается в заимствованиях типа *Garage*; на схеме отмечены также аффрикаты [pf] и [ts], которые отличают слова кодифицированного немецкого языка, претерпевшие изменения в результате второго передвижения согласных, от соответствующих диалектальных форм на севере (ниж.-нем. и частично ср.-нем. *appel* вместо *Apfel*; ниж.-нем. *katte* вместо *Katze*), а также от соответствующих форм в других германских языках (англ. *apple* и т. д.). Глухой звук [s] и звонкий [z] – без учёта региональных различий – входят в систему стандартных немецких звуков.

С х е м а 3. Классификация согласных по месту образования

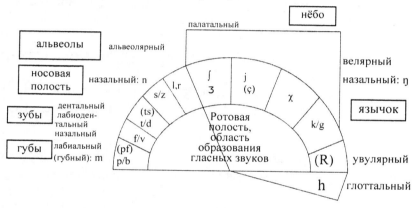

По **способу образования** согласные делятся на следующие группы (с учётом участия голосовых связок в их произношении, когда согласные образуют пары: звонкий (ненапряжённый) – глухой (напряжённый):

Взрывные (смычно-взрывные) /p/, /t/, /k/ (глухие)	/b/, /d/, /g/ (звонкие)
Щелевые (фрикативные) /f/, /s/, /ch/, /sch/ (глухие)	/v/, /z/, /j/ (звонкие) и /h/

Сонорные:
Назальные (носовые) /n/, /ŋ/, /m/

Плавные (дрожащие) /l/, /r/   (итого 19 согласных)

По **месту образования** различают:

Губные (лабиальные) /p/, /f/, аффриката /pf/ (глухие)	/b/, /v/, /m/ (звонкие)
Зубные (дентальные) /t/, /s/, аффриката /ts/ (глухие)	/d/, /z/, /n/, /l/, /r/ (звонкие)
Палатальные/ велярные /k/, /ch/ (глухие)	/g/, /j/, /ŋ/ (звонкие)

Некоторые согласные встречаются в словах только в определённых позициях:

Только в начале слова:	*h* как знак для звука [h], никогда в середине, там -*h*- указывает на границу слога, ср. *ehe* /e:ə/;
Чаще в начале слова:	*j* как для полугласного [j], напр., *Jacke*, однако также (реже) в середине: *Koje, Boje*;
в начале и середине слова: – в начале – в середине	/b/, /d/, /g/, /z/, /v/; напр., *Bank, Dank, Gang, sanken, wanken*; напр., *Leber, Leder, Leser, Möbel, öde, möge, Öse, Möwe*;
только в середине и конце слова:	/ŋ/, /ch/, /s/: /ŋ/ (на письме *ng*); /ch/ (в начале слова только в отдельных именах и иностранных словах типа *China*); напр., *Wange, bang, singen* (в отл. от *sinken* с [ŋk]); *lachen, Bach; wissen, Maße, Haus*;
в любых позициях:	/p/, /t/, /k/ (часто как *b, d, g* в конце слова); /f/, /sch/, /m/, /n/, /r/, /l/;

а именно:

в начале: напр., *Tal, kahl, fahl, Schal, Mal; Pein, kein, fein, Schein, mein, nein, rein; Leim;*

в середине:
после краткого
гласного: напр., *die Kappe, Ratte, Ecke; offen; löschen; die Kammer; innen; der Barren, sollen;*

после долгого
гласного: напр., *die Kaper, Rate, der Ekel; der Ofen; Nische, kamen; ihnen, die Bahre, die Sohle;*

в конце слова: напр., *das Grab* (от *graben*), *das Rad* (ср. *Räder), der Rat, der Sog, das Schaf, der Mensch; ihm, ihn, ihr; die Wahl* и т. д.

В обобщённом виде данные звуко-буквенные соотношения представлены в следующей таблице:

Т а б л и ц а 2. **Написание согласных**[1]

Согласные (фонемы)	Их правописа- ние в начале слова	В середине слова после долгого гласного	В середине слова после краткого гласного – удвоение	В конце слова
1	2	3	4	5
/b/	*das Bein*	*Eben*	*die Ebbe*	-----
/p/	*die Pein*	*die Oper*	*die Kappe*	*das Kap, knapp, das Grab*
/d/	*Sie danken*	*Kader, wieder*	*der Widder*	-----
/t/	*Sie tanken*	*die Rate*	*die Ratte*	*der Rat, das Rad (die Stadt)*
/g/	*gern*	*gegen*	*die Egge*	-----
/k/	*der Kern, der Chor[2], das Café*	*der Ekel*	*die Ecke* -----	*die Lok, der Bock; er bog*

1	2	3	4	5
/k/ перед /s/	(Xylophon)	der Wuchs	wachsen; Hexe	-----
/k/ перед /v/	die Quelle		(bequem)	-----
/v/	die Wand, die Vase³	der Löwe, die Möwe	(das Klavier)	-----
/f/	er fand, vor, die Phase	der Ofen	offen (der Aphorismus)	das Schaf, Schiff; das Luv, der Paragraph
/z/	sie	sie reisen	-----	-----
/s/	[sie (юж.-нем.)]	sie reißen, die Grüße	sie müssen	sie muss, das Mus, der Gruß
/ʃ/	schon; der Stuhl der Chef⁴	lauschen	löschen	der Mensch
/j/	das Jahr (die Yacht)	(die Koje)	-----	------
/h/	das Haar	-----	-----	-----
/ch/	die Chemie	rauchen	kochen	auch; wenig
/m/	mein	sie kamen	die Kammer	sie kam; der Kamm
/n/	nein	ihnen	innen	ihn; das Kinn
/ŋ/	-----	-----	klingen	der Klang
/l/	das Land	die Sohle	sollen	die Wahl; der Wall
/r/; в конце слова вокализуется	der Rand	die Bahre	der Barren	die Bar; der Herr
Аффрикаты: /ts/	der Zahn	die Breze, die Reize (после согласного: einzeln, blinzeln)	die Katze	ganz; der Schatz, bereits
/pf/	das Pfund	-----	der Apfel	der Topf

Примечание 1
Правописание соответствует данным Учебного словаря немецкого языка как иностранного (LWB) и соответствующих справочников (напр., Lühr 2000). Квадратные скобки ([]) указывают на (бифонематические) соединения согласных. Примеры в скобках () представляют редкие случаи.

Примечание 2
В отдельных иностранных словах; ср. *Chrom, Christ, Cholera, Chor* и т. д.; в австр. и юж.-нем. также *Chemie, China, Chirurg.*

Примечание 3
Только в иностранных словах; ср. *Vitrine, violett* и т. д.

Примечание 4
Только в некоторых иностранных словах; ср. *Chance, Chip, Chiffre* и т. д.

Правописание и звучание на примере конкретного текста:
В следующих примерах транскрипция приводится в упрощённом варианте фонетического алфавита МФА. Цель его применения – выяснить наличие в немецком языке случаев несоответствия между орфографией и звуковой стороной слова. Рассмотрим следующий текст:

1 LONDON – Diesmal muß es einfach klappen: Nach den Ehetragö-

2 dien und Scheidungen seiner drei Geschwister ist nur zu hoffen, daß

3 Prinz Edward und Sophie Rhys-Jones diesem Unheil über dem

4 Königshaus entgehen, wenn sie heute auf Schloß Windsor heiraten.

5 Als Mittdreißiger – sie ist 34, er 35 Jahre alt – weisen beide Partner

6 ein „reifes" Alter auf und haben in den Jahren, seitdem sie zu-

7 sammenleben, genügend Zeit gehabt, sich diesen Schritt gründlich

8 zu überlegen. Kennengelernt hatten sie sich 1993, als die blau-

9 äugige Blondine namens einer PR-Agentur ein Tennismatch für

10 wohltätige Zwecke organisierte.

11 Auch Edward nahm an diesem Turnier teil. Danach lud der Prinz

12 die attraktive Frau zum Abendessen in den Buckingham Palast ein,

13 wobei zunächst durchaus berufliches Interesse mitgespielt haben

14 mag. Edward, der gerade seine eigene Fernseh-Produktionsfirma

15 gegründet hatte, ließ sich von der gewieften PR-Frau Tips für eine

16 bessere Öffentlichkeitsarbeit geben. Und dabei blieb es dann

17 bekanntlich nicht.

(Nürnberger Nachrichten 19./20.6.1999, S. 3)

Две первые строки выглядят в упрощённой транскрипции по системе МФА следующим образом:

[lɔndɔn] (также [landn̩]) – [di:sma:l] [mʊs] [ɛs] [aɪnfax] [klapn̩] [na:x] [de:n] [e:ətragø:diən]

[ʊnt] [ʃaɪdʊŋn̩] [zaɪnɐ] [draɪ] [gəʃvɪstɐ] [ɪst] [nu:ɐ] [tsu:] [hɔfn̩] [das]...

Произносительные варианты возникают вследствие стремления сохранить произношение иностранных слов, максимально близкое к языку-оригиналу, как это видно по слову *London* [landn̩]. Варианты возникают также вследствие территориальных различий литературного языка. Пример тому – предлог *nach*, сев.-нем. [nax] наряду с нормой [na:x] либо глагол *klappen*, австр. [klapən] наряду с [klapn̩].

В данной транскрипции сразу бросаются в глаза те случаи, где нельзя говорить о стопроцентных звуко-буквенных соответствиях. Так, долгие гласные чаще всего маркируются, причём разными способами: [i:] – следующим за ним *h* (*ihm*) либо *e*, как в слове *diesmal* (либо сочетанием *ieh*, как в слове *Vieh*). Однако иногда долгие гласные остаются немаркированными, как [i:] в слове *Blondine* (строка 9).

Краткий гласный обычно распознаётся по следующему за ним удвоенному согласному, как в словах *klappen* и *hoffen*, а также по удвоенному *ss* (*muss, dass*) – по новым правилам орфографии.

Глухие конечные согласные в словах и слогах также передаются буквами, служащими для обозначения парных звонких звуков (ср. *und*; *lud* – от *laden*). Исторической причиной данного явления является оглушение конечного согласного в слове, получившего своё распространение в период перехода от древневерхненемецкого к средневерхненемецкому.

Простые звуки [ŋ] и [x] передаются сочетаниями из двух букв, например, _Scheidungen_ либо _einfach_, а иногда даже из трёх букв, как звук [ʃ] – буквосочетанием _sch_. Аффриката же [ts] не всегда передаётся на письме двумя буквами (_Katze_), иногда она передаётся одной буквой (в начале слова – всегда: _Zweck)._

Редукция [ɛ] в безударном слоге доходит до звука [ə] либо до слогового согласного (здесь: [ŋ]).

[h] как фонема встречается только в начале слова, например, _hoffen_, никогда – в середине слова, как в слове _Ehetragödie,_ где _h_ маркирует границу слога.

Примечание

Большинство аббревиатур – как _PR_ в рассмотренном тексте – произносятся как слова из нескольких слогов. Данному сокращению соответствуют четыре звука, что в транскрипции выглядит следующим образом: [pe:'ɛr]. Заимствования, сохранившие в немецком языке своё произношение и правописание родного языка, проявляют несоответствия между звуковой и письменной формой, в данном тексте это слово _Tennismatch_. В то же время правописание заимствований _Agentur, Turnier, Palast_ соответствует правилам немецкого языка.

Принципы орфографии

Фонологическому принципу соответствует тенденция к разграничению на письме долгих и кратких гласных. Понять данный принцип можно только при историческом рассмотрении соответствующих фонем. Краткие гласные распознаются обычно по следующему за ними удвоенному согласному либо по скоплению согласных, как в словах _offen_ (но: _Ofen_); _die Masse_ (но: _die Maße_, ср. употребление слов в рекламном слогане компании British American Tobacco: „_Genießen Sie lieber in Maßen statt in Massen_"); _die Mitte_ (но: _die Miete_); _der Most_ (но: _das Moos_); _der Müller_ (но: _die Mühle_).

У истоков данной закономерности лежат древние геминаты, т. е. удвоенные согласные. Они действительно изначально существовали в немецком языке. Их произношение можно сравнить с долгими согласными, которые наблюдаются в древневерхненемецком, а также в некоторых других языках (напр., в финском и итальянском). Так, ещё в древне-верхненемецком произносились удвоенные согласные *f+f* в слове *Affe* (от германского *p*). Они образовались во время второго передвижения согласных от простых взрывных согласных (*p* как в англ. *ape*, ниж.-нем. *de Aap*). Вследствие западногерманской геминации возникли также подобные геминаты перед последующим *j*, например, *bitten* образовалось от *bidjan*. Однако произношение этих долгих согласных было упрощено уже на ранних стадиях. В правописании же, которое является довольно консервативным, удвоенные согласные после краткого гласного частично сохранились до настоящего времени.

Фонологическому принципу соответствует и то, что многие долгие гласные узнаваемы по правописанию. Ярким примером этого служит *Moos*. Однако многие другие случаи кажутся на первый взгляд непонятными. Почему, например, в слове *wohl* (ср.-верх.-нем. *wol*) долгий гласный маркируется при помощи *h*, а в слове *viel* (ср.-верх.-нем. *vil*) через последующий *e*? Такие слова – это своего рода „перефункционированные письменные знаки". Маркеры долготы были перенесены на данные слова по аналогии с другими, в которых *h* и *e* сохранились исторически, утратив звучание. Это показывает сравнение ср.-верх.-нем. *sëhen* [zɛhən] и нов.-верх.-нем. *sehen* [ze:ən]. Применение буквы *e* в качестве указателя долготы обусловлено влиянием слов, в которых древний дифтонг подвергся монофтонгизации при сохранении исторического правописания, например, в ср.-верх.-нем. *miete* имело дифтонг [iə]; ср. с нов.-верх.-нем. *Miete* с [i:].

Среди принципов правописания, которые объясняют другие особенности орфографии, наиболее важным является **морфологический.** Этот принцип требует писать различные словоформы одной и той же лексемы таким образом, чтобы была узнаваема их общность: *das Rad* (в устной речи [ra:t]) – *des Rades* и т. д.

Согласно этому принципу факт оглушения звонких согласных на конце слова при произношении не отражается при их написании (т. е. требуется одинаковое написание одной и той же корневой морфемы независимо от вариантов её звучания в различных словоформах). Следует писать *Land*, хотя произносится конечный глухой /t/. В средневерхненемецком слово писали по фонологическому принципу: *lant*. В ранненово-верхненемецкий период закрепился вариант с *d*, сделав про-зрачными тождество корня и родственность форм *Land, Landes, Länder*.

При передаче на письме краткого открытого [ε] мы стал-киваемся с двумя вариантами: наряду с древним традицион-ным написанием через *e* (*Eltern* [<*alt*]; *Stelle*) имеется вариант с *ä*, который, собственно, и соответствует морфологическому принципу, например, *ä* в словах *Land – Länder, alt – älter, am ältesten* (в отличие от производного *die Eltern*). Аналогичны-ми причинами обусловлены различия в правописании формы множественного числа *Häute* – от *Haut* и звучащего точно так же наречия *heute* (пишется через *e*).

При написании долгого *e* картина несколько другая: право-писание помогает различать параллельные формы, например, *sie lesen* (индикатив/ конъюнктив I) – *sie läsen* (конъюнк-тив II).

Согласно **грамматическому** принципу правописания все существительные пишутся с большой буквы. Грамматиче-скому, а точнее, **синтаксическому**, принципу соответствует правило, по которому все предложения следует писать с за-главной буквы. На этом же принципе основано установлен-ное ещё в XVIII веке положение различать графически оди-наково звучащие союз *dass/ daß* и форму артикля и место-имения *das*.

Лексическим принципом обусловлено различное написа-ние ряда одинаково звучащих слов – омофонов: *die Wahl – der Wal, wir mahlen – wir malen, das Meer – mehr, die Lerche – die Lärche, wider – wieder, die Mine – die Miene, das Lid – das Lied, die Sohle – die Sole, die Seite – die Saite, die Weise – die Waise, der Leib – der Laib*.

Вежливая форма местоимения *Sie* (форма обращения) гра-фически отличается от формы местоимения 3 лица ед. либо мн. числа (*sie*) также в связи с необходимостью разграничить эти омонимичные формы.

Примечание

В. Ментруп (1979), Р. Люр (2000) объясняют данную диффе-ренциацию прагматическим принципом правописания: „написание с заглавной буквы как знак почтения“.

Нередко, однако, срабатывает принцип сохранения „старого“, исторического правописания, которое противоречит фонологическому принципу (один звук – одна буква), будь то *ie* для звука /i:/ в слове *lieb*, *h* в слове *Gemahl* (ср.-верх.-нем. *gemahel*) либо правописание многих иностранных слов.

В результате действия данных принципов оказалось, что 40 звуков (фонем) в немецком языке имеют примерно 80 различных типичных вариантов правописания, т. е. букв либо буквосочетаний (графем).

Итак, необходимо различать следующие основные принципы правописания:

а) Фонологический и фонетический принцип, согласно которому в орфографии отражается, напр., различие между долгими и краткими гласными.

б) Морфологический принцип, который объясняет написание гласных с умлаутом (*blauäugig* от *Auge*) и отказ от графического обозначения оглушения конечного согласного (как *blieb* для [bli:p]).

в) Лексический принцип, предусматривающий разграничение омонимов (*Seite – Saite*).

г) Грамматический либо синтаксический принцип, который определяет написание существительных с заглавной буквы, а также отличие союза *daß/ dass* от местоимения *das*.

д) Кроме того, выделяется прагматический принцип, по которому местоимения-обращения в письмах пишутся с заглавной буквы: *Sie*, *Du* (по старым правилам). В то же время, согласно последней реформе правописания, в настоящее время рекомендуется писать местоимение *du* в письмах с маленькой буквы.

Примечание

Данный порядок принципов соответствует очерёдности лингвистических величин: звук – форма – слово – предложение – текст. Два первых являются основными, остальные покрывают частные случаи.

Наряду с этим различают диахронически объяснимые случаи правописания. К ним относится историческое *е,* которое сигнализирует долготу гласного и связано со словами, в которых в средневерхненемецкий период произошла монофтонгизация дифтонгов, например, *ließ*. Исторические рефлексы проявляются также у *h* в *Ehe* либо *Fernsehen*, а также в случаях, подобных *wohl* (в настоящее время маркирует в одних случаях границу слога, в других – долготу гласного). Историческим диахроническим принципом объясняется также сохранение правописания иностранных и заимствованных слов, как принято в языке-источнике, например, *Tennismatch* по английскому образцу.

Реформа правописания 1998 г. внесла такие изменения в немецкую орфографию, как удвоенное -*ss*- после краткого гласного (*Schloss* вместо *Schloß*), написание отдельных слов по аналогии с другими, например, *Tipps* (по образцу *tippen*) вместо *Tips* (для слова, заимствованного из английского), а также раздельное написание большого количества слов, которые по старым правилам следовало писать слитно: например, *kennen gelernt* вместо прежнего *kennengelernt* (см. LWB, Tabelle S. 828).

Правила, которые изменились в результате реформы правописания, можно проиллюстрировать на маленьком упражнении. Задание звучит так: „Что следует писать – в отличие от прежних правил – с заглавной, что со строчной буквы, что – слитно, а что – раздельно?"

Предлагается текст без прописных букв:

liebe sabine,

du hast recht, wenn du deine vorbereitungen ernst nimmst. es braucht dir auch nicht angst zu werden, du wirst die prüfung übermorgen nachmittag schon schaffen. auch deine früheren arbeiten sind im allgemeinen nicht schlecht geraten. nimm dich nur vor dem schmidt in acht, alles übrige wird sich finden.

gut, daß es von seiten der prüfer keine einwände gibt, wenn du statt mit der hand maschine schreibst. hast du in bezug auf den stoff noch fragen? als erstes mußt du das kapitel über das ohmsche gesetz und den abschnitt über den viktorianischen stil nochmal durchlesen. die wenigsten können auf englisch darüber schreiben. schieb' mir jedenfalls nicht den schwarzen peter zu, wenn du nichts darüber weißt. wir haben das des langen und breiten besprochen.

auf jeden fall tut es mir leid, daß ich erst um viertel neun zu deiner feier kommen kann. alles weitere dann mündlich, das war im wesentlichen, was ich dir zu sagen hatte.

herzlichst peter

Далее приводится версия, соответствующая новым правилам правописания; моменты, отличающиеся от прежнего правописания, подчёркнуты (написание с большой либо с маленькой буквы, а также слитное либо раздельное написание):

Liebe Sabine,

du hast Recht, wenn du deine Vorbereitungen ernst nimmst. Es braucht dir auch nicht angst zu werden, du wirst die Prüfung übermorgen Nachmittag schon schaffen.

Auch deine früheren Arbeiten sind im Allgemeinen nicht schlecht geraten. Nimm dich nur vor dem Schmidt in Acht, alles Übrige wird sich finden.

Gut, dass es vonseiten (von Seiten) der Prüfer keine Einwände gibt, wenn du statt mit der Hand Maschine schreibst. Hast du in Bezug auf den Stoff noch Fragen? Als Erstes musst du das Kapitel über das ohmsche (Ohm'sche) Gesetz und über den viktorianischen Stil nochmal durchlesen. Die wenigsten können auf Englisch darüber schreiben. Schieb' mir jedenfalls nicht den schwarzen Peter zu, wenn du nichts darüber weißt. Wir haben das des Langen und Breiten besprochen.

Auf jeden Fall tut es mir Leid, dass ich erst um viertel neun zu deiner Feier kommen kann. Alles Weitere dann mündlich, das war im Wesentlichen, was ich dir zu sagen hatte.

Herzlichst Peter

Данный текст показывает, что сомнения, с большой либо с маленькой буквы следует писать слова, возникают лишь в редких случаях (в тех словах, которые редко употребляются на письме и относятся к периферии норм правописания).

Какие же изменения внесла реформа правописания 1998 г.?

1. На самом деле речь идёт лишь об отдельных правилах, об отдельных закономерностях и о паре дюжин отдельных случаев. Прежде всего (но не всегда) это – известные спорные случаи.

Примечание

В первую очередь реформа коснулась графических знаков – но не букв, а знаков препинания – запятых, дефиса, тире. Особую проблему представляет вопрос о раздельном написании компонентов словесных конструкций (термин X. Вельмана, в немецком: Wortverbindungen). Относительно реже реформа затрагивает написание букв алфавита. Само слово *Alphabet* следует, кстати, по мнению политиков, писать, как и прежде, через *ph*.

2. Среди букв изменения коснулись прежде всего специфической особенности немецкого языка – буквы *ß*. В других языках такой буквы нет. Практичные швейцарцы её давно упразднили. Правописание слов со звуком /s/ по новым правилам регулируется фонологическим принципом: после краткого гласного следует писать удвоенное *ss* (т. е. следует писать *Kuss*, как в слове *küssen*, а не как прежде *Kuß*), после долгого гласного следует по-прежнему писать *ß*, например, *das Maß, die Maße* – в отличие от существительного *die Masse*.

3. И ещё о правописании согласных: вместо прежнего *t* следует писать *z* в тех случаях, где он произносится и где существуют однокоренные слова с буквой *z* (например, в словах *differenziell, potenziell* и т. д. вместо *differetiell, potentiell*; по аналогии с *Differenz* и т. д.), в отдельных случаях следует также вместо *c* писать *z (Penizillin)*. Более явной стала тенденция написания *f* вместо *ph: Delfin, Geografie, Saxofon, Grafit*.

Примечание
Данное правило не касается слова *Katastrophe*.
Упрощением является также исчезновение излишнего *h* в иностранных словах *Jogurt, Panter, Katarr*. К сожалению, было упрощено и написание слов *rau* и *Känguru*.
По аналогии с однокоренными словами добавлена буква в корне некоторых слов, например, *nummerieren* как в слове *Nummer*.
Там, где прежде (видимо, по причинам эстетическим) утроенную гласную либо согласную не писали, по новым правилам – согласно морфологическому принципу правописания – их написание обязательно: *Brennnessel, Schifffahrt, Kaffeeersatz*.

4. В правописании гласных изменения незначительные, они коснулись отдельных малочисленных групп слов. В иностранных словах с ударением над *e* теперь следует писать *ee*, подчёркивая тем самым долготу гласного (*Exposee, Kommunikee, Dekolletee*). Вместо прежнего заимствованного из французского сочетания *ai* следует писать *ä (Nessessär)*.
В некоторых старых производных *ä* заменила прежнюю *e*, что сделало прозрачным родственные связи слов: *Bändel*,

Quäntchen, Schänke, verbläuen, schnäuzen, aufwändig, belämmert, behände, а также *Gämse, überschwänglich* и *Stängel,* что вначале вызвало большое волнение. Оба варианта правописания допустимы в словах *Schänke* и *aufwändig.*

А теперь перейдём к более важным изменениям в тех графических знаках, которые используются не для передачи звуков.

5. Запятая. В принципе она сохраняет свою синтаксическую роль в отделении друг от друга главного и придаточного предложений, а также однородных членов предложения. Новое правило не предусматривает обособления инфинитивных оборотов. Они тем самым ставятся в один ряд с простыми инфинитивами: *die Kunst zu malen; die Kunst Aquarelle zu malen.* Аналогичным образом рассматриваются и причастные обороты.

В стилистических целях, однако, в подобных случаях можно ставить запятые. Если на последующий либо предыдущий инфинитивный оборот указывает местоимение, запятая просто необходима. В сложносочинённых предложениях с союзами *und, oder,* а также *weder – noch* и *entweder – oder* запятые обычно не ставятся, кроме как в стилистических целях.

6. Перенос слов. При переносе слов прежде всего учитывается их произношение. Это касается (наконец-то!) сочетаний согласных *st (Kas-ten;* в отличие от прежнего *Ka-sten)* и *ck (Zu-cker;* в отличие от прежнего *Zuk-ker).* По такому же принципу до сих пор оставались неделимыми *ch, sch, ph,* а также слоги, состоящие из одного звука. По новым правилам можно переносить *Ofen* как *O-fen, Nationalität* как *Na-ti-o-na-li-tät,* так как действует принцип: „Дели на слоги так, как произносишь". Данное правило действует и в тех случаях, где оно вступает в противоречие со словообразованием (*wa-rum; da-rauf*). По такому же принципу следует переносить слово *Sig-nal* (а не как прежде: *Si-gnal*).

7. Для членения сложного слова можно также использовать дефис, чтобы подчеркнуть значение исходных составляющих: ср. *Leber-Zirrhose* и *Leberzirrhose.*

Подобным же образом можно писать копулятивные сложные прилагательные типа *süß-sauer.* Такая же свобода в правописании допускается в отношении заимствованных слов: ср. *Job-Sharing* наряду с *Jobsharing.* Однако настоятельно рекомендуется писать через дефис сложные слова, где на стыке наблюдается скопление трёх одинаковых букв, например, *Tee-Ei*. Дефис является обязательным при написании сложных слов, содержащих числительное: *6-mal, 10-prozentig*. Странно только, что подобные же производные прилагательные в других случаях пишутся иначе: *68er, 10%ig*.

8. Пробел в немецком языке, в отличие от английского, обозначает во всех именных частях речи границу слова. Прежде всего это относится к существительным. Лишь иногда, например, в языке рекламы, сложные существительные пишутся раздельно под влиянием английского варианта: *S. Fischer Verlag*. Во всех остальных случаях они, как и прежде, пишутся слитно.

Гораздо проблематичнее правильное написание сочетаний (Verbindungen, Wortverbindungen), состоящих из прилагательных и причастий. В данном случае граница между отдельными словами и/ или компонентами сложного слова расплывчата. Как следует писать: *ein leicht geschürztes* либо *ein leichtgeschürztes Mädchen*? После реформы ответ однозначен: следует писать *leicht geschürzt*, так как можно сказать: *Sie ist sehr leicht geschürzt* (метод включения). Наряду с этим сохраняется слитное написание *leichtgläubig*. Правило гласит: слова пишутся раздельно лишь в тех случаях, если их первый компонент может образовывать степени сравнения либо может быть распространён при помощи добавочных компонентов. Правда, это предписание не всегда „срабатывает" — например, в случаях с абсолютным прилагательным *tot*, которое не имеет степеней сравнения. Если на первом месте стоит причастие, то слово также пишется раздельно (*blendend weiß*). Существительное без артикля и предлога в качестве первого компонента таких образований также пишется отдельно (*Eisen verarbeitende Industrie*). Если второе слово является причастием, то допускаются два варианта: *weit reichende* и *weitreichende Vollmachten*. В спорных случаях предпочтение отдаётся раздельному написанию.

О правописании сложных и производных глаголов: Наряду с глаголами с неотделяемыми приставками *be-, ge-, ver-* и т. д., имеются глаголы с отделяемыми приставками, которые пишутся слитно с основой только в инфинитных формах: *aus-, an-, abfahren*, но: *sie fährt ... ab*. Есть глаголы с двойными вариантами правописания, например, *umfahren (*ср.

umfährt наряду с *fährt ... um)*. Это относится также к глаголам с приставками *durch-, über-, unter-*. Сложные глаголы (*fortfahren* и т. д.) обычно пишутся раздельно. Их прежнее правописание регулировалось произвольно: *radfahren*, но *Auto fahren*. Новые правила более строги. Сочетания 'глагол + глагол' следует писать раздельно (*sitzen bleiben*). Также раздельно пишутся сочетания 'существительное + глагол', а именно: *Acht geben, Dank sagen, Haus halten (!), Hof halten, Kopf stehen, Hohn lachen, Maschine schreiben, Probe laufen, Halt machen*. Слова же *schutzimpfen, notlanden, bausparen, standhalten, teilhaben, teilnehmen* по-прежнему следует писать слитно и с маленькой буквы. Объясняется подобное правописание не тем, что базисом этих словесных конструкций служат существительные с „частично утраченным значением", а тем, что сами композиты являются обратными образованиями (результатом десубстантивации) от соответствующих существительных (*schutzimpfen* от *Schutzimpfung*).

Наибольшие сомнения возникают, как и прежде, при правописании словесных конструкций 'наречие/ прилагательное + глагол'. После реформы сохраняется написание *gesund machen* (в отличие от *gesundschreiben*) и *gesund pflegen* (в отличие от *gesundschreiben*).

Для сочетаний с наречиями действуют следующие правила: стоящие на первом месте в конструкции компоненты *auseinander, aneinander, beieinander* пишутся отдельно от последующего глагола: *aneinander legen* и т. д. Сочетания с глаголом *sein* всегда пишутся раздельно (*dabei sein*, но *dabeisitzen*).

Примечание

В данном случае был упущен шанс в ходе реформы внести бо́льшую ясность. Почему? Потому что тогда следовало бы отказаться от „семантического" (=лексического) принципа правописания, от которого реформаторы не смогли отойти. Однако следует заметить, что существующие расплывчатые границы между словосочетаниями и словообразовательными конструкциями осложняют определение чётких различий между ними.

9. О правописании существительных: их по-прежнему следует писать с большой буквы. Из изменений же, внесённых в слитное либо раздельное написание, становится очевидным, что сейчас в некоторых случаях следует писать с большой буквы слова, которые раньше писали с маленькой. Мы пишем, как и прежде, *infolge*, однако, *auf Grund, außer Stande, in Bezug auf, auf Deutsch, im Allgemeinen.*

Особенно характерным для немецкого языка является следующее:

(а) Грамматические аспекты орфографии: написание существительных с большой буквы.

Этим существительные в немецком языке отличаются от других частей речи. В других же языках с заглавной буквы пишутся только личные имена. Написание слов с большой буквы имеет важное коммуникативное значение – когда существительные стоят рядом со словами других частей речи, имеющими одинаковое с ними звучание, совпадающими с ними по историческим либо семантическим признакам, а также одинаково пишутся (как омонимы), т. е. когда существует вероятность ошибки:

morgen/ (der) Morgen; zeit (предлог)*/ (die) Zeit; abend/ (der) Abend; trotz/ (der) Trotz; rote/ (die) Rote; leid/ (das) Leid; heim/ (das) Heim; tat/ (die) Tat; dank/ (der) Dank; schade(n)/ (der) Schaden; (um) willen/ (der) Wille(n).* Артикль в скобках, однако, показывает, что морфологическое окружение слова для идентификации слова важнее, чем его графика.

(б) Лексические аспекты орфографии: слитное написание как признак отдельного слова

Отдельным словом считается то, что (может быть) написано слитно. Это правило следует из лексического принципа правописания. Исходя из него, слово-лексема и созвучное ей словосочетание являются омонимами. Они могут иметь более либо менее значительные различия в значении; ср.: *soviel/ so viel; sowenig/ so wenig; vielmehr/ viel mehr; soweit/ so weit; sofern/ so fern; j-n freisprechen/ frei sprechen; etwas gutschreiben/ gut schreiben.* Другие варианты существуют параллельно, не имея различий в значении. Их правописание можно было легко изменить в ходе реформы; ср.: *schwer behindert* и *schwerbehindert; sitzen bleiben* и *sitzenbleiben; an Stelle* и *anstelle.*

Реформа правописания 1998 года отменила некоторые случаи слитного написания, которые утвердились в последние десятилетия. Это касается следующих слов и выражений:

Dank sagen (наряду с: *danksagen*); *Hilfe suchend* (прежде: *hilfesuchend*); *Erfolg versprechend* (прежде: *erfolgversprechend*); *voll laden, voll schreiben* и т. д. Однако слитно следует писать *vollgültig, vollklimatisiert* (с аугментативным *voll-*) в отличие от *schwer behindert, schwer beladen, schwer verletzt* и т. д., где значение неизменно как при раздельном, так и при слитном написании. Раздельное написание базируется на грамматической обоснованности, например: можно ли *Dank, Hilfe* и т. д. рассматривать как дополнения в аккузативе (к глаголам *sagen, suchen* и т. д.), можно ли *voll, schwer* рассматривать как обстоятельства.

Вот так правописание!

(в) Взаимосвязь орфографии и синтаксиса на примере написания слов с заглавной и строчной буквы

Итак, пунктуационные знаки в самом общем виде показывают, как следует читать предложение. Когда запятые (согласно новым правилам правописания в немецком языке) синтаксически не обязательны, но важны в ритмико-интонационном плане и, следовательно, сигнализируют коммуникативно значимые паузы, то в таких случаях расстановка знаков препинания определяется риторическим либо стилистическим принципом. В остальных случаях точка и запятая ставятся согласно синтаксическому принципу. Точки, вопросительные знаки разделяют самостоятельные предложения. Запятые делят сложные предложения на части, а также используются при именных или вербальных однородных членах предложения. Двоеточие также обладает коммуникативной функцией – создания эффекта ожидания. После глаголов говорения оно часто маркирует ввод прямой речи и – соответственно – новое высказывание или суждение. Кавычки тоже служат пониманию текста в процессе чтения: они выделяют прямую речь, цитаты и отдельные понятия.

Следующему знаку пунктуации – апострофу – свойственна морфологическая функция. Он может указывать на опущение окончания (Grass' neuer Roman). Под влиянием английского языка все ярче проявляется тенденция выделять апострофом флексию генитива имен собственных -*s*. Это неверно и вызывает недовольство у современных лингвистов. А вот С. Гайзель из газеты „Neue Züricher Zeitung" смотрит на это иначе: „*Willy's Bierstübchen hat etwas, was Willis Bierstübchen nicht hat, nämlich ein augenzwinkerndes ‚take it easy'.*" Но права ли она?

Таким образом, мы рассмотрели основные проблемы наименьших – атомарных – единиц языка, из которых состоят слова („молекулы" языка).

**"Dabei zeigt er andererseits oft eine erstaunliche Intelligenz;
so kann er beispielsweise sämtliche TV-Werbespots auswendig!"**

1.2. Морфологическая структура слова. Деление слов на части речи

Во флективных европейских языках слова не остаются неизменными во всех позициях. В предложении бóльшая их часть изменяет свою форму. Возникает вопрос: как это происходит? В конце концов, их взаимосвязь и взаимозависимость может быть выражена и по-другому, а именно:
– при помощи графических средств (например, связующих элементов – тире, знаков препинания),
– при помощи звуковых средств (например, повышения либо понижения тона голоса, пауз),
– при помощи особых лексических средств (например, определённых относительных слов) и их грамматической запрограммированности (валентности),
– при помощи синтаксических средств: лексического окружения слова (дистрибуции) и порядка слов.

Эти морфологические особенности являются результатом развития из общего индоевропейского языка-основы. Следовательно, имеет смысл обращаться к нему в конкретных случаях, а именно, когда речь идёт о ключевых грамматических формах.

Возникает вопрос: как лучше объяснить и интерпретировать вариативность словоформ, обусловленную грамматическими формами и особыми морфологическими средствами?

Сравнение показывает следующее: в немецком и в других германских языках, для которых типично фиксированное ударение на первом корневом слоге (датском, шведском, норвежском, нидерландском, английском, исландском), эта вариативность словоформ проявляется аналогичным образом. Древние языки (греческий и латинский) обнаруживают хорошо развитую систему вариантов морфологических форм слова, в несколько редуцированном виде она наблюдается также в дочерних романских языках (румынском, итальянском, французском, испанском, португальском, реторроманском), а также в многочисленных славянских языках (русском, польском, чешском, хорватском, болгарском, словенском и др.) и в менее распространённых индоевропейских языках (например, в кельтском и албанском).

Примечание

Эти закономерности и совпадения можно объяснить с исторической точки зрения. Изменения слов наблюдались ещё в индоевропейском языке-основе: внешняя вариативность осуществлялась при помощи добавления к основе дополнительных элементов (прежде всего окончаний), а также при помощи изменения корневой гласной (в т. ч. в результате аблаута). Такие формы мы можем наблюдать в современном немецком, а также в английском, итальянском, румынском языках.

Постичь процесс образования словоформ (морфологию) можно в том случае, если идти от анализа отдельных словоформ к общей систематизации:

а) Элементы словоизменения можно идентифицировать различным образом: перестановки, исключения, подстановки. Они показывают нам **морфы** языка. У существительных в современном немецком языке это прежде всего *-e, -n/-en, -er, -s/-es* в конце слова и изменение корневой гласной *a/ä, o/ö, u/ü*.

б) Как **морфемы** они опознаются в процессе функционального анализа, в результате которого становится явным различие между *-s* как окончанием родительного падежа единственного числа и *-s* как суффиксом множественного числа некоторых существительных, между *-e* как окончанием дательного падежа единственного числа и *-e* как суффиксом множественного числа, между *-n* в качестве суффикса множественного числа и *-n* как окончания генитива/ датива/ аккузатива и т. д.

в) При сравнительном анализе различных частей речи полифункциональность большинства морфем становится более явной. Это объясняется произошедшим ещё в средневерхненемецком ослаблением конечного слога до редуцированного /ə/, в результате чего многие конечные слоги стали омонимичными. В современном немецком языке *-en* либо *-n* является маркером не только множественного числа таких существительных как *der Student, die Tasche, das Herz* и падежным окончанием генитива, датива, аккузатива у существительных *der Student, der Erbe* и других. Эта морфема также выполняет функции окончания при словоизменении различных прилагательных, местоимений и при спряжении глаголов.

Большое многообразие наблюдается и среди морфов *-er* при словоизменении прилагательных, местоимений и существительных (см. гл. 2.2, 2.3, 2.4). Флективные изменения данных слов в современном немецком языке упорядочены настолько, что на основе их дистрибуции можно вывести их чёткое деление на важнейшие **изменяемые части речи** (существительные, прилагательные, местоимения и глаголы).

➤Внутри изменяемых частей речи морфемы упорядочиваются по характерным словообразовательным частеречным моделям и функциям: спряжение глаголов, склонение существительных и местоимений, (сильное и слабое) склонение и образование степеней сравнения прилагательных.

➤ Употребление грамматических форм зависит также от текста, где они взаимодействуют с лексическими и специальными коммуникативными выразительными средствами, о чём пойдёт речь при рассмотрении понятия „лексико-грамматическое поле“ (см. гл. 10.3).

Большинство грамматик по немецкому языку, как и многих грамматик языков-соседей базируется на делении слов на **части речи**. Деление на части речи является простым и надёжным принципом классификации слов. Указывая на часть речи в словаре, лексикограф одновременно снабжает читателя большим объёмом информации. Название части речи заранее задаёт основные правила употребления слова.

Проблема, однако, состоит в их наиболее удачной дефиниции, поскольку только морфологических признаков здесь недостаточно. Многое зависит от того, какие аспекты являются приоритетными для автора: логические, психолого-педагогические либо конструктивные.

Немаловажным является вопрос, для кого в первую очередь предназначена грамматика: для носителей родного языка либо для иностранцев. Добавляются также психолого-педагогические моменты: целесообразность для занятий, частотность употребления, значимость, коммуникативная ценность той или иной формы и т. д. Более важным, однако, представляется вопрос, к какому типу относится описываемый язык, в данном случае немецкий.

Рассмотрение частей речи находится между двух крайностей. С одной стороны, существует „практический“ подход школьной грамматики, предусматривающий сравнение грамматик различных языков и ступеней их развития. Данное деление базируется на прототипических моделях употребления.

При этом обязательно учитываются значение и коммуникативная функция слов. Об этом, например, свидетельствует подход к рассмотрению числительных и междометий у В. Адмони (1982), Г. Хельбига/ Й. Буша (1999) и др. Вычленение числительных и междометий как самостоятельных частей речи имеет давнюю традицию, однако логически не совсем оправдано. Нечто противоположное предлагает, например, современная классификация З. Харриса (1942; 1951), в которой семантика исключается (поэтому Н. Хомский (1957) и перенял её для своей грамматики). Логически убедительной является также бинарная теория частей речи, которую предложил В. Флемиг (1991) и которую затем взяли на вооружение Р. Бергман/ П. Паули (1991), Р. Люр (2000) и др. Их цель – создать последовательную иерархию частей речи, учитывающую бинарный порядок признаков: сначала используются легко узнаваемые, морфологические критерии определения частей речи, затем (в отличие от З. Харриса (1942)) – синтаксические. И лишь в завершение учитываются семантические признаки. Названные критерии, однако, не являются универсальными. Подобная иерархия возможна во флективных, но не в изолирующих и агглютинирующих языках.

При обзоре грамматик современного немецкого языка складывается следующая картина:

Число частей речи	Авторы грамматик
2	Ф. Зоммер (1931)
4	Л. Зюттерлин (1923)
5	Х. Глинц (1968); Й. Эрбен (1959)
6	Э. Хенчел/ Х. Вейдт (2003); как пример исторических грамматик: Р.-П. Эберт/ О. Рейхман (1993) и др.
7	В. Флемиг (1972)
8	Античные грамматики с 8 частями речи („partes orationis")
9	Грамматики средневековья, которые дополнили античные „partes orationis" прилагательным; грамматика Дуден (2005, S. 8); Г. Хельбиг/ Й. Буша (2001)
10	Латинская школьная грамматика; К.-Э. Зоммерфельдт/ Г. Штарке (1992)
12	В. Адмони (1982)
Гораздо больше	Х. Бергенгольц/ Б. Шедер (1977)

(по: Wellmann 1999, S. 242 ff.; дополнено)

Примечание

Многообразие классификаций и названия частей речи находятся под сильным влиянием латинизированной школьной грамматики. В ней различают: имена (существительные) и прилагательные, местоимения, глаголы, наречия, числительные, предлоги, союзы и междометия, а также артикль. Её придерживается В. Адмони (1982), однако он выделяет дополнительно модальные слова, отрицания и частицы как самостоятельные части речи. Для морфологии немецкого языка удобна простая классификация, которую выбрали Й. Эрбен (1980) и Х. Бринкман (1971): глаголы, существительные, приложение (прилагательные + адъективные наречия и числительные), детерминативы + „сопроводители" существительного (местоимения, артикли) и „частицы" в широком понимании этого слова (неизменяемые слова: союзы, предлоги и т. д.). Сравнение с языками соседей вынуждает проводить различие между прилагательными и наречиями, с одной стороны, и между наречиями и частицами – с другой. В дополнение к этому далее будет рассматриваться „коммуникативное слово". В итоге мы подойдём к классификации из 9 частей речи, где учитываются мнения В. Флемига (1972; 1991) и К.-Э. Зоммерфельдта/ Г. Штарке (1998). Их классификация выстроена по бинарному признаку (на каждой новой ступени друг другу противопоставляются две группы слов) и образует строгую иерархию (см. схемы 4а и 4б).

Как видно из схемы, на каждой ступени абстракции в основе бинарной оппозиции лежит лишь <u>один</u> (каждый раз новый) классификационный признак. На первой и второй ступени иерархии действуют морфологические критерии (форма слова и способы словоизменения). Далее следуют синтаксические критерии, т. е. позиция, дистрибуция (окружение) и управление слова в предложении. На данной схеме видно, что семантические признаки не учитываются авторами максимально долго. Они вступают в дело в конце, на самой низшей ступени иерархии, хотя со времён Ф. де Соссюра (1916, 1967) известно, что дефинировать языковой знак можно лишь учитывая наряду с его внешней стороной (планом выражения) **и** содержание знака. Почему же при классификации выпускаются семантические моменты? – Потому что их сложнее понять, выделить, чем морфологические и синтаксические.

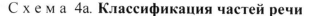

С х е м а 4а. **Классификация частей речи**

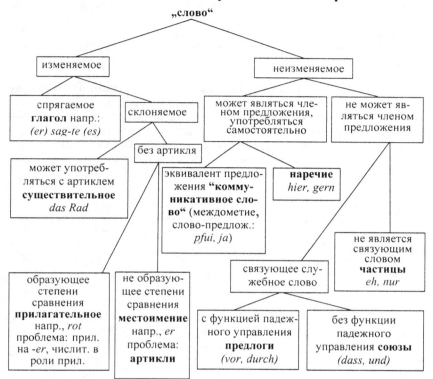

„слово"

изменяемое — неизменяемое

спрягаемое **глагол** напр.: *(er) sag-te (es)*

склоняемое

может являться членом предложения, употребляться самостоятельно

не может являться членом предложения

без артикля

может употребляться с артиклем **существительное** *das Rad*

эквивалент предложения "**коммуникативное слово**" (междометие, слово-предлож.: *pfui, ja*)

наречие *hier, gern*

не является связующим словом **частицы** *eh, nur*

связующее служебное слово

образующее степени сравнения **прилагательное** напр., *rot* проблема: прил. на -*er*, числит. в роли прил.

не образующее степени сравнения **местоимение** напр., *er* проблема: **артикли**

с функцией падежного управления **предлоги** *(vor, durch)*

без функции падежного управления **союзы** *(dass, und)*

В переходных зонах:

Bremer, manche, vier   es, sich   zu, als   so...so nicht и т. д.

Примечание

Вопросами значения слова занимается лексикология. Однако без неё не может обойтись и синтаксис. Это ещё в 1965 г. вынудило Н. Хомского провести ревизию своих „Синтаксических структур" („Syntactic Structures"). На понимании этого выстроена и концепция Ч. Филлмора в работе „Case for case" (1968). П. фон Поленц (1988) применил затем эту концепцию семантики предложения в немецком языке. И по праву: в конце концов, грамматика слов также базируется на ней. Например, вопрос об агенсе либо источнике действия определяет способность глагола образовывать пассив, вопрос об исчисляемости либо о числе (ед./мн. ч.) является решающим при образовании формы множественного числа у существительных, имплицитно либо эксплицитно выраженное сравнение у прилагательного говорит о возможности образования степеней сравнения.

В лингвистике текста также невозможно исключить семантику. Без неё нельзя обойтись при изучении когерентности и смысла текста.

Общепринятое деление на части речи в немецком языке предполагает прежде всего морфологический анализ слов. С его помощью проверяется, как словоформы в тексте можно разложить на их инвариантные части (лексемы) и потенциально возможные вариативные части (флективные элементы) – „морфы“. При актуализации конкретного значения в слове либо предложении они идентифицируются как „морфемы“.

Примечание 1

Эта классификация соответствует (с некоторыми изменениями) предложениям К.-Э. Зоммерфельдта/ Г. Штарке (1998), В. Флемига (1970, 1991), Р. Люр (2000), Р. Бергмана/ Паули/ Шлефер 1991 и др. Вслед за В. Флемигом спряжение и склонение в грамматике объединяется в понятие „флексия“, „словоизменение“ (а также „флективный“, „изменяемый“). Классификация В. Флемига на десятилетия закрепила в немецкой грамматике следующие части речи: глагол, существительное, прилагательное, местоимение, наречие, предлог, союз. В её основу положена классификация Х. Глинца (1952, 1973), которая различает глагол, существительное (имя/ Nomen), прилагательное, „сопроводители и заместители имени“, частицы (как собирательное название для всех неизменяемых классов слов). Левая и верхняя части приведённой схемы содержат черты данной классификации.

Для языков с большим количеством флективных форм это деление подходит больше, для языков с малым количеством флективных форм либо не имеющих их вообще оптимальна синтаксическая классификация. В новой версии „Немецкой грамматики“ под редакцией Г. Хельбига/ Й. Буша (2001) предлагается деление на „классы слов“ (не на части речи), которые изначально различаются по синтаксическому принципу комбинаторных классов: глагол, существительное (+ некоторые группы местоимений), прилагательное (+ некоторые группы местоимений и числительных), наречие, артикль и артиклезаменяющие слова (включая некоторые местоимения), связующие служебные слова (предлоги и союзы), частицы, модальные слова, эквиваленты предложения (+ междометия).

В упрощённом виде данная схема выглядит следующим образом:

С х е м а 4б. **Классификация частей речи**

„классы слов"

Модальные слова (обстоятельства, относящиеся ко всему предложению) в данной классификации – в отличие от классификации К.-Э. Зоммерфельдта/ Г. Штарке (1998) – не рассматриваются как самостоятельная часть речи (см. гл. 2.5(в) и 8.5(б)); местоимения и артикли (в отличие от Lühr 1986, S. 126) сводятся в одну группу, прилагательные и числительные также объединяются в одну группу прилагательных; сводятся вместе также междометия и другие „коммуникативные слова". При определении какой-либо части речи в тексте данная классификация оправдывает себя. Однако она имеет и свои слабые места, которые часто обусловлены исключением семантических аспектов классификации. Там, где семантика слов играет более значимую роль, в самостоятельные части речи выделяются слова-отрицания, модальные слова (Helbig/ Buscha 2001), числительные, междометия (как в школьных грамматиках) и слова-предложения. Компромиссным решением могло бы стать их определение как промежуточных либо переходных категорий: отрицания и модальные слова заняли бы тогда позицию между наречиями и частицами, числительные – между прилагательными и частицами, междометия и слова-предложения – между частицами и отдельными типами предложений.

Приводимая ниже „Грамматическая Башня" представляет собой историческую картину грамматических явлений с дидактической точки зрения преподавания (иностранного) языка.

Abb. 36. Valentin Boltz, Turm der Grammatik. Sie schließt den Lernenden die Thüre auf und führt sie so zur Kenntnis der Redeteile, der Orthographie, Etymologie u. s. w., die durch allegorische Personen dargestellt sind, wie das nebenstehende Gedicht erläutert. Holzschnitt in der Art des Hans Holbein. Einzelblatt. Zürich, Froschauer, 1548. Berlin, Kupferstichkabinet.

66

Схема в атласе немецкого языка (Der dtv-Atlas Deutsche Sprache 2005) даёт представление о 207 наиболее употребительных словоформах в письменном языке (правда, на основе очень старых подсчётов). Данная схема приведена здесь, так как она также даёт информацию о количестве слогов и о размере слов):

С х е м а 6. **Частотность немецких слов и словоформ**

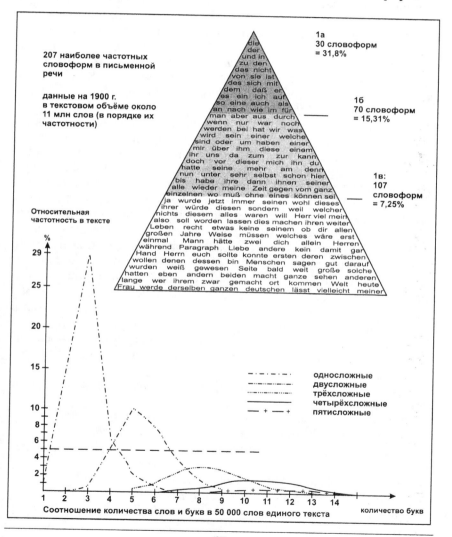

В данной схеме явно заметно, что в немецком языке морфология в бо́льшей степени, чем синтаксис, определяет различия между частями речи. Наиболее употребительные функциональные слова „малых" грамматически активных частей речи – без учёта местоимений и форм артикля – встречаются только в устойчивых формах: напр., *in* (предлог), *und* (союз), *hier* (наречие). Среди грамматически пассивных слов не изменяются частицы (*sehr, gar* и т. д.). Сравнительно реже употребляемые знаменательные слова среди многочисленных активных частей речи – это существительные (*Herr, Herrn, Herren*), глаголы (*machen, macht, gemacht*), прилагательные (*andere, andern, anderen*). Предложенная нами классификация согласуется с данными положениями. Кроме того, здесь становятся очевидными трудности при классификации таких слов, как *zwei, selbst, etwas* и т. д.

По морфологической структуре можно различать лишь знаменательные части речи. Граница между ними, однако, не всегда бывает чёткой. При определении переходных моментов между ними лучше всего помогают синтаксические критерии. Согласно последним, Г. Хельбиг (1991, S. 19) различает „основные части речи" (глагол, существительное, прилагательное, наречие) и функциональные слова (артикли и детерминативы, местоимения, предлоги, частицы, модальные слова, отрицания и „эквиваленты предложения").

По своей языковой форме (план выражения) **амбивалентные** формы слов могут относиться и к другой части речи, определяемой их (семантически детерминированным) употреблением в предложении. Нередко определение части речи того или иного слова возможно лишь на основе его конкретного употребления в предложении. Но и в этих случаях оно иногда остаётся проблематичным. К подобным амбивалентным словоформам относятся:

– глагол (неопределённая форма) и существительное: напр., *am Laufen sein*;

– форма глагола и прилагательное: напр., *befriedigend, interessiert (an), gekonnt*;

– предлог и союз: напр., *als, wie, zu, während*;

– наречие и частица: напр., *vielleicht, wohl, nicht*;

– существительное и прилагательное: напр., *Angst* в выражении *mir ist angst*; *ernst (Ernst), klasse (Klasse)*;

– наречие и союз: напр., *damit, doch*;

– союз и частица: напр., *da, denn, doch*;

– предлог и наречие: напр., *links, oberhalb*;

– существительное и местоимение: напр., *frau* (аналогично с *man*), *jedermann*;

– прилагательное и местоимение: напр., *solch(e), jed(e)*.

В данном случае мы имеем дело с грамматической **омонимией**. Среди служебных частей речи она наблюдается относительно часто. Грамматическая омонимия встречается среди употребительных слов. При склонении в романских языках омонимия встречается, например, среди „малых частей речи", которые могут употребляться и а) как предлог, и б) как указатель падежа, например, в испанском предлог *de*, который указывает на гениитив (происхождение), и предлог направления *a*, указывающий на датив. В немецком языке для сравнения можно привести омонимию между числительным *ein* и неопределённым артиклем *ein*; между указательным местоимением *der* и определённым артиклем *der*. *Sein, werden, haben* могут функционировать как полнозначные глаголы и как (свободные) морфемы глагольных форм. Особой необходимости в графической маркировке различий между омонимами нет, и случай с *das* (как местоимение и артикль) и *daß/ dass* (как союз), является единичным.

Омонимия позволяет чётко увидеть области пересечения различных частей речи.

С х е м а 7. **Области пересечения частей речи**

Союз:
Ob er hier war, wusste niemand.
Dass er hier war, ...
Da er hier war, ...
Er wusste sich zu helfen.
Наречие:
Hier ist das Haus. Jetzt kommt sie.
Da hat er gewohnt.
In England fährt man links.
Предлог:
Vor/ bei dem Haus.
Die Weide liegt links des Waldes.
Sie wollte zu mir.

(Грамматической) омонимии противопоставляется вариативность грамматических морфем (алломорфизм): в разговорной речи в результате выпадения окончаний глаголов образуются краткие формы: *(ich) hab (< habe), schließ (< schließe)* и т. д.; *(er) is (< ist), (wir) ham (< haben)*. В устной речи также подвергаются частичной количественной и/ или качественной редукции личные местоимения: *i (< ich), de (< du), se (< sie), s (< es), wer (< wir)*. Это приводит к тому, что они сливаются в одно слово (энклиза): *sieste (< siehst du), hamwer (< haben wir), gabs (< gab es), wars (< war es)*.

Некоторые двусложные наречия в устной речи часто сокращаются до одного слога: *raus (< heraus), rein (< herein), drauf (< darauf), mal (< einmal)*.

Артикль *ein* в южнонемецком нередко звучит как *a*, артикли *der* и *die* в разговорном варианте на севере страны – как *de*.

В следующем текстовом задании речь идёт прежде всего о морфологических вопросах. Вопрос Б3 предполагает в качестве первого шага сегментацию морфов, а в качестве второго шага их определение (как морфем). В задании В1 требуется выполнение следующего шага, который ведёт к распределению слов на части речи. Вопрос Б2 подводит к функциональным полям, в которых взаимодействуют различные морфемы. В данном случае это формы конъюнктива. В задании Б1, кроме того, предполагается морфологическое определение слова, которое помогает при анализе предложения.

A. Текст: *K. Schlesinger, Berliner Traum*
1 *Zwar war Rachhol nicht der Mann, der an eine höhere Be-*
stimmung glaubte. Das letzte Mal hatte er das Kind während
eines Bombenangriffs gebetet. Seither hatten Erfahrungen und
schulische Erziehung das Bewusstsein in ihm gestärkt, er
5 *lebe in einem wissenschaftlichen Zeitalter, jede Erscheinung*
habe ihre Ursache, und was sich heutzutage nicht erklären
lasse, entziehe
sich lediglich zu dieser Zeit der menschlichen Erkenntnis.
Dennoch sagte er sich, dass es für ihn besser wäre, wenn er
10 *sich vorerst in die unerklärliche Lage schickte – zu vieles war*
hier rätselhaft, als dass man den Gründen nachgehen
könnte.
Außerdem schien ihm, als habe er jegliches Zeitgefühl verlo-
ren, denn obgleich er hätte schwören können, dass er nicht
15 *mehr als eine höchstens zwei Stunden durch diesen Teil der*
Stadt gelaufen sei, begann es zunehmend dunkler zu werden.
Auf den Straßen flackerten die Kunstlichtröhren; in den Fen-
sterhöhlen sprang gelbes Licht.

Б. Задания:
1. Сделайте синтаксический анализ предложения „*seither
hatten ... Erkenntnis*" (строки 3–8) вплоть до уровня членов
предложения.
2. Какие формы конъюнктива встречаются в этом отрывке
(строки 1–18)? Какие функции они выполняют?
3. Какой грамматический статус в ходе морфологического
анализа выявляется у морфов *er* в следующих случаях: в *der*
(строка 15), *er* (строка 2), *erklären* (строка 6), *dieser* (строка 7),
dunkler (строка 16)?
В. Альтернативные задания:
1. Определите, к каким частям речи относятся следующие слова и обоснуйте своё решение, указав Ваши критерии отбора:
zwar (строка 1), *seither* (строка 3), *lediglich* (строка 7), *was*
(строка 6), *dennoch* (строка 9), *es* (строка 9).
2. Какую (синтаксическую) роль они играют при текстообразовании?
К вопросу Б3: Форма *er* в строке 2 проявляется в своём
окружении как „свободная морфема" (Bloomfield 1931). Субституция и перестановка показывают, что форма *er* согласно

парадигме личных местоимений связана с формами *ihm* либо *sie* и *es* и способна ими заменяться.

В слове *der* часть /er/ аналогична частям /ie/ в слове *die* и /as/ в слове *das*. В данном случае /er/ выполняет функцию, подобной в слове *dies/er/*. В слове *dieser* /er/ является морфемой-флексией, которую можно отделить от лексемы (ср. *dies*). В случае с *der* возникает вопрос, оппозицией какого слова оно является в каждом конкретном случае: как форма мужского рода к соответствующим в единственном числе *die* (женский род) и *das* (средний род), к форме множественного числа *die,* либо *der* – это генитив в оппозиции к форме именительного падежа женского рода *die*.

Примечание

Данное описание основывается на принципе вариативности форм. – Формы *der, die, das* и т. д. можно рассматривать и как супплетивные, которые целиком могут заменять друг друга (по типу: "Замени *der* на *die*!").

Морф *-er* в слове *dunkler* многозначен. В предлагаемом контексте это суффикс сравнительной степени к основе *dunkel* (которая произносится уже без [ə]). Словоформа *dunkler* может указывать на несколько флективных форм: на сильное склонение прилагательного в номинативе ед. ч. (*ein dunkler Punkt*), на сильное склонение в генитиве мн. ч. либо на сильное склонение в генитиве и дативе в ж. р. (*eine Sammlung dunkler Punkte; in dunkler Nacht*).

Другие морфы *-er* определяются в ходе выходящего за морфологические рамки лексикологического анализа. В слове *erklären er-* является приставкой, которая семантически модифицирует исходный глагол *klären*.

Примечание

Подобные процессы наблюдаются также у существительных и прилагательных. В формах типа *der Schreib-er -er* является суффиксом агенса, в слове же *Brandenburg-er* - суффиксом, указывающим на происхождение, в словосочетании *Brandenburg-er Tor -er* указывает на принадлежность.

Труднее определить значение элемента *-er-* в сложном слове *Rind-er-braten*. На юге Германии, однако, употребительно *Rind-s-braten*. Речь идёт о соединительном элементе в сложных словах, но не о собственно „морфеме" (тогда её следовало бы классифицировать как „интерфикс"); так как -er- в данном случае не выполняет никакой функции. Об этом же свидетельствуют приводимые в качестве сравнения сложные слова типа *Rind-fleisch*. При морфологическом анализе видно, что первые компоненты сложных слов *Rinder-braten, Rinds-braten, Rind-braten* являются алломорфами определяемого слова *Rind* (ср. Wellmann 1975). Подобные соединительные элементы встречаются только в именных образованиях и никогда – в глагольных.

Только после проведённого функционального анализа можно более уверенно судить о принадлежности определённой словоформы к какой-либо части речи (существительное, прилагательное, местоимение). Там же, где нет возможности морфологического анализа, отправным пунктом анализа становятся синтаксические свойства.

Комментарий к заданию В1:

Слова *zwar* и *seither* легко идентифицируются как наречия. Они являются самостоятельными членами предложения и могут быть переставлены в нём на другое место. В случае же с *lediglich* речь идёт о частице, которая является составной частью именной группы (*zu dieser Zeit*) и может быть перемещена только вместе с ней. *Was* оказывается формой местоимения и функционирует, как и *es*, в качестве самостоятельного члена предложения. Метод перестановки подтверждает также, что *dennoch* является самостоятельным членом предложения и, следовательно, наречием.

Семантика при применении данных методов пока учитывается косвенно, в случаях, когда необходимо решить, изменяется ли при перестановке слов смысл высказывания. Однако она (семантика) становится значимой при интерпретации контекста: в таком случае становится очевидным, что *zwar* выполняет функцию союза, т. е. является союзным наречием, как и *dennoch* в строке 9. Они указывают друг на друга катафорически либо анафорически. Местоимение *was* является относительным и относится катафорически к следующему предложению. Наречие *seither,* напротив, имеет темпоральное значение и указывает анафорически на предыдущее предложение. Поэтому названные наречия в лингвистике текста получили название „коннекторы". Под этим обозначением, однако, не понимается часть речи/ класс слов.

К вопросу В2, где речь идёт о применении форм сослагательного наклонения в модальном значении, см. гл. 10.3.

1.3. Ударение в слове

В некоторых языках, например, китайском, отдельные слова нередко отличаются друг от друга по тону и ударению. Это происходит вследствие различий высоты тона. В данном языке слова, которые звучат, казалось бы, совершенно одинаково и отличаются только высотой тона (2–4), представляют собой различные лексемы. В немецком языке подобное явление не наблюдается.

В немецком главную роль при интонировании, как и в других европейских языках, выполняет акцент (ударение). Каждое слово имеет основное ударение. В немецких словах, состоящих более чем из одного слога, оно, подобно английскому, шведскому и другим германским языкам, падает на первый слог: *Éine lústige Réise.*

Иначе обстоит дело во многих словах, заимствованных из других языков, особенно из романских: *Humanísmus, Renaissánce, Baróck, Novélle, Román; Kalamität, Boléro; legitím, protestíeren* и т. д. В Швейцарии же наблюдается тенденция делать ударение в заимствованиях из французского языка на первом слоге: *Búro, Bálkon* и т. д.

Основное ударение в немецких словах падает на первый слог в тех случаях, когда он является корневым слогом. Некоторые слова, однако, имеют приставки, которые являются безударными. Например, приставки с гласным *e: Gebühr, geráde, gerínnen, erfáhren, entgéhen.* Среди существительных и прилагательных слов с безударными приставками, за исключением *ge-*, немного. У глаголов же такие случаи встречаются очень часто: наряду с приставками *ge- (geléiten)* и *er-* распространены также префиксы *be-, ent-, ver-, zer-.* Приставки с другими гласными являются ударными: *áb-, án-, áuf-, áus-, éin-, zúfahren* и т. д. Приставки *durch-, um-, unter-, über-* могут быть ударными и безударными: *dúrchfahren – (den Tunnel) durchfáhren, (das Kind) úmfahren – (die Verkehrsinsel) umfáhren, (das Fahrrad irgendwo) únterstellen – (jmdm. eine böse Absicht) unterstéllen* и т. д. (ср. гл. 1.4 о морфосинтаксисе).

Сложные слова имеют, как правило, основное и второстепенное ударение. Причём это относится и к существительным, и к прилагательным: *únbeständig, rúhebedürftig; eine Dóppelliterflàsche mit Rhéinwèin als Gebúrtstagsgeschènk*. В немецком языке, богатом на сложные слова, имеется большое количество слов, содержащих в своей структуре основное и второстепенное ударения и безударные слоги.

В каких случаях ударение способствует различию омонимичных морфем? В именных частях речи это наблюдается довольно редко (ср. *blútarm = arm an Blut* в отличие от *blutárm = äußerst arm; Tenór* наряду с *Ténor;* глагол *módern* наряду с прилагательным *modérn*); в упомянутых же ранее амбивалентных глагольных образованиях с *über-, durch-, unter-, um-* – довольно регулярно: *´überfahren (= hinüberfahren)* в отличие от *jmdn. überfáhren, (zu etw.) ´übergehen* в отличие от *etw. übergéhen* и т. д.

1.4. Структура глаголов и существительных: морфологические и морфосинтаксические особенности

В зависимости от структуры все языки в сравнительном языкознании делятся на изолирующие (как китайский), в которых слова не могут изменяться, агглютинирующие (как турецкий), грамматические формы которых чаще всего образуются при помощи словообразовательных суффиксов, и флективные.

Среди флективных имеются языки с большим набором флексий, например, латинский либо русский (с шестью падежами); другие содержат меньшее количество флексий, например, английский (с двумя падежами). Немецкий с четырьмя падежами, которые морфологически мало отличаются друг от друга, занимает промежуточное положение. Аналогичные тенденции наблюдаются и в системе глагольных форм этих языков.

В немецком языке морфемы служат для образования грамматических категорий, а также для маркировки их синтаксических отношений (напр., через согласование). Часть из них образуется синтетически (напр., при помощи окончаний как „связанных морфем"), часть – аналитически (при помощи „свободных морфем"). Оба вида формообразования в совокупности определяют систему глагольных флексий. При словоизменении существительных также отмечается наличие свободных морфем: артикли, детерминативы (аналоги артикля). Падеж и число существительных определяются через взаимодействие связанных морфем-окончаний и артикля *der, ein* либо его аналога (свободных морфем): *der Stuhl, des/ eines Stuhl-s.*

Большинство (флективных) форм **существительного** (см. также гл. 2.2) образуется при помощи согласных *-s* и *-n*, иногда в сочетании с безударным кратким редуцированным гласным *e* [ə] либо они имеют только окончание *-e* [ə]. Некоторые оканчиваются в результате словоизменения на *r*, которое при произношении вокализуется (*Geist* – мн. ч. *Geister* [e̯]: редукция конечного слога!). К названному можно добавить „внутреннюю флексию": вариативность корневой гласной в результате умлаута (*Gast – Gäste*).

В **единственном числе** существительные женского рода не имеют падежных окончаний. Родительный же падеж у существительных мужского и среднего рода чётко маркируется (окончанием *-(e)s*). У немногочисленной группы существительных слабого склонения появляется окончание *–en* (в т. ч. и в дативе и аккузативе).

Примечание
По сильному склонению изменяются все существительные мужского и среднего рода, которые имеют окончание *-(e)s* в генитиве и которые не получают суффикс *-(e)n* во множественном числе. К слабому склонению относятся существительные мужского рода, которые приобретают окончание *-(e)n* во всех падежах, кроме именительного в единственном числе. Под „смешанным" в данной грамматике понимается склонение существительных *Staat, Auge* и т. п., которые в единственном числе в генитиве имеют окончание *–(e)s*, а во множественном числе – суффикс *-en*.

Для образования форм **множественного числа** служат суффиксы *-e, -n/-en, -er, -s*, иногда в сочетании с изменением корневой гласной (умлаут: *a → ä, o → ö, u → ü*). При отсутствии флексии во множественном числе говорят о нулевой морфеме.

Как распределяются названные морфемы? Существуют ли определённые правила?

Суффикс -*er* вызывает перегласовку (умлаут) корневой гласной, где это возможно. Он встречается во множественном числе только у существительных мужского и среднего рода.

Суффикс -*s*, напротив, никогда не вызывает умлаут корневой гласной. Он типичен для слов-сокращений (*die Pkws, Fotos*) и иностранных слов (*die Starts, Parks*).

Суффикс -*en* также не вызывает умлаут. Он типичен для существительных женского рода, для существительных мужского рода слабого склонения (*der Bote* и т. п.), а также для ряда существительных среднего рода: *das Auge, Ende, Interesse, Bett, Leid, Hemd, Ohr*.

Суффикс -*e* встречается у существительных мужского рода (*die Tage*), женского (*die Kenntnisse*) и среднего (*die Brote*), причём у существительных мужского и женского рода очень часто в сочетании с умлаутом корневой гласной: *die Bälle, Söhne, Mäuse, Nächte* и т. п., и очень редко у существительных среднего рода (*die Flöße*).

В некоторых двусложных существительных (на -*el, -er, -en*) множественное число выражается при помощи умлаута корневой гласной (*Kasten → Kästen, Vater → Väter, Mantel → Mäntel*). И только малая часть форм множественного числа никак не маркирована. Это встречается у существительных на -*el, -en* (прежде всего у соответствующих субстантивированных инфинитивов) и -*er* (т. е. у всех существительных, обозначающих действующее лицо на -*er*): *der Esel – die Esel, der Rahmen – die Rahmen, das Schreiben – die Schreiben, der Fehler – die Fehler, der Lehrer – die Lehrer* и т. п.

Примечание

Среди именных частей речи умлаут встречается достаточно регулярно ещё только у некоторых прилагательных при образовании форм сравнительной и превосходной степени (*schmal – schmäler; hoch – die höchste*). Отчасти умлаут является связанным с корнем, прежде всего в словах, производные которых имеют умлаут; ср. *schmal* и глагол *schmälern*, *hoch* и глагол *erhöhen*, *Raum* и глагол *räumen* (а также прилагательные *räumlich, geräumig* и т. д.).

Формообразование у **глаголов** происходит следующим образом: категории лица и числа маркируются окончаниями (*-е, -st, -t, -en* и т. п.). В некоторых случаях к ним добавляется внутренняя флексия в виде умлаута: *ich schlafe, du schläfst, er schläft, wir schlafen* и т. д. (во 2 и 3 лице ед. ч. некоторых сильных глаголов). Отличительным признаком временной формы претерита у слабых глаголов служит суффикс *-te*. У сильных глаголов формообразование не следует этой закономерности, оно осуществляется по соответствующим моделям изменения корневой гласной (аблаут): *lesen – las – gelesen; binden – band – gebunden* (см. далее в гл. 2.1). Полная картина представлена в таблицах Учебного словаря немецкого языка как иностранного, приложение 4 (LWB). Синтетическое формообразование дополняется аналитическим: в результате комбинации неизменяемых (инфинитных) глагольных форм и изменяемых форм вспомогательных глаголов *haben, sein, werden*. Их называют „свободными формами", так как в предложении они могут быть подвергнуты перестановке, не должны стоять обязательно рядом с инфинитной формой, в комплексе с которой они образуют временную форму, и могут быть заменены на другую (свободную либо связанную) морфему.

Морфонология

При лингвистическом анализе грамматики мы различаем дистинктивные лингвистические единицы различных размеров. В ходе их логической классификации выявляется несколько уровней, согласно которым их можно распределить по критериям их идентичности либо различия. Если мы будем при их рассмотрении продвигаться от самых мелких до самых крупных дистинктивных функциональных единиц, то выйдем на пять уровней. Это уровень звуков (и их простого либо комплексного изображения при помощи графем), уровень простых и сложных слов (лексем), которые варьируются при помощи синтетических либо аналитических форм (морфем), уровень (простых, в т. ч. эллиптических, и сложных) предложений; уровень простых (ограниченных в языковом плане) и сложных (тесно переплетённых с компонентами действия) текстов.

Здесь следует назвать некоторые трудности, с которыми сталкиваются грамматисты. Данные уровни необходимо строго разграничивать в понятийно-абстрактном (метаязыковом) плане. Однако они тесно связаны друг с другом в результате многообразного взаимодействия их форм и функций. Это взаимодействие затрудняет задачу последовательного системного описания грамматики.

На данные связи и переходы между уровнями языковой системы мы хотим обратить внимание, а именно при помощи:

(а) отсылок к соответствующим главам/ разделам,

(б) коротких текстов, которые обобщают сказанное на другом уровне и снова вызывают его в памяти, и

(в) собственно маркированных и специально (терминологически и содержательно) выделенных „переходных зон“ на границах уровней. На них указывают обозначения „морфонология“ (для особых феноменов между уровнями звуков и словоформ), „морфосинтаксис“ (для переходов между словоформами и их синтаксическими конструкциями) и „синтаксис текста“ (для связи между уровнями предложения и текста).

Морфонология помогает объяснить определённые фонологические особенности морфем. К ним относится чередование звонких и глухих согласных в словах, в которых происходит оглушение конечного согласного, в то время как в середине слова перед гласным произносится звонкий согласный, например: *das Rad* ([-t]) – *die Räder* ([-d-]); *binden* ([-d-]) – *band* ([-t]); *das Band* ([-t]) – *die Bänder* ([-d-]); *wir schreiben* ([-b-]) – *sie schrieb* ([-p]); *wir lügen* ([-g-]) – *sie log* ([-k]). Перед флексиями либо морфемами, начинающимися с согласной, также наблюдается оглушение согласного в середине слова: *das Bändchen* ([-t-]); *ihr schreibt* ([-p-]); *ihr lügt* ([-k-]). Понятие „морфофонема“ (Trubetzkoy 1939) указывает на то, что в данном случае „глухой“ и „звонкий“ не выполняют смыслоразличительную функцию. Более того, в этой „конечной словесной либо слоговой“ позиции исчезает противопоставление между смычными согласными.

С другой стороны, морфонология может способствовать тому, что вариант звука стабилизируется настолько, что закрепляется в языке в виде самостоятельной фонемы. Это относится к отличиям между фонемами /e:/ и /ɛ:/. В диалектах они являются вариантами фонемы. В стандартном языке они с XVII века противопоставляются как самостоятельные фонемы. Закрепилось данное различие не на основе немногочисленных минимальных пар типа *Ähre – Ehre, Bären – Beeren*, а в результате систематического противопоставления между формами индикатива и конъюнктива у глаголов: *lesen – läsen, nehmen – nähmen, geben – gäben* и т. п. (ср. гл. 1.1).

Морфосинтаксис

В пограничной области между уровнем словоизменения и образованием предложений наблюдаются переходные явления. К ним относятся двойственные глагольные образования с отделяемыми и неотделяемыми приставками *durch-* (*Sie fuhr nach Hamburg durch. Sie durchfuhr den Tunnel.*), *um-* (*Sie fuhr den Baum um. Sie umfuhr die Verkehrsinsel.*), *über-* (*Er überzieht das Land mit Krieg. Er zieht einen Pullover über.*) (ср. LWB: *durch-, um-* и т. д.).

Глагольные сочетания (ср. гл. 7.5), с одной стороны, также относятся к уровню слов и словоформ. Они могут выполнять функции лексем и заменять лексемы (*etwas in Bewegung bringen = etwas bewegen* и т. п.). Поэтому они относятся к лексикону и фиксируются в словаре. С другой стороны, они относятся к грамматическим формообразованиям, так как, например, в основе словосочетаний типа *etwas in Bewegung bringen* и *in Bewegung kommen* лежит противопоставление активного и пассивного залога. Подобное применение функциональных глаголов *bringen* и *kommen* системно обусловлено. Оно представляет собой открытый продуктивный ряд. Грамматически можно интерпретировать также семантическое отличие от простых глагольных форм (*etwas bewegen* и *bewegt werden*), если рассматривать его как (инхоативный либо перфективный) глагольный аспект.

1.5. Слово и его имплицитная семантика (значение)

Общение людей осуществляется при помощи знаков. Самые минимальные из них – это звуки и буквы, сочетания которых передают слова и их смысл. Поэтому отношения взаимодействия между планом выражения и планом содержания языковых знаков и их элементов находятся в центре внимания любой грамматики.

То, что языковые знаки не являются единственным средством коммуникации, знает каждый. Общепринятые знаки языка дополняются иконическими средствами выражения (напр., изображение в виде картины либо жестикуляция) и характерными знаками, которые указывают косвенно, прежде всего с учётом отношений 'причина – следствие', на что-либо другое: крик – на боль, довольное лицо (напр., в рекламе) – на вкусный продукт и т. д. На овцу указывает не только трёхфонемное слово *Schaf*, но и соответствующая пиктограмма (иконический знак) либо типичное звуковое подражание её блеянию (характерный знак). Знание о подобных внеязыковых знаках, а именно о таких средствах выражения, как рисунок и пиктограмма, жесты и мимика, телодвижения, сенсорные формы (азбука Морзе и азбука для слепых) и т. п., является необходимым условием при определении взаимоотношений между словом и его содержанием в языке (langue), с одной стороны, и обозначаемым явлением действительности („референтом") в речи (parole), с другой стороны. Эти отношения отображены в семантическом треугольнике на примере слова *Schaf*:

С х е м а 8. Семантический треугольник

<живое существо *Schaf*>
(в связном тексте)

∧

| „**обозначает**"[5] --------->{Schaf}
| имеющийся в виду предмет,
| тему, референт[6]
| а) через парадигматические +
| синтагматические отношения языка как
| системы) – langue,
| б) в ситуации через дейксис и т. п.
| (язык в речи – parole).[1]
семантические признаки:
[+ одушевлённое]
(а) = (домашнее) животное в значениях *Schaf* **1, 2** (см. ниже)
(б) = человек в значениях *Schaf* **3, 4, 5** (см. ниже)

|

форма слова[2] ------->   „**означает**"[3]   ----------> содержание слова[4]
Schaf   (а) „овца (ягнёнок, баран)"
[ʃa:f]   (б) „человек"

Фонетические свойства:
согласный| гласный| согласный
согласные = щелевые; глухие;
начальный – палатальный,
конечный – лабио-дентальный
звук
гласный – долгий гласный,
низкий

отношения в значениях 1, 2 (см. ниже):
парадигматические отношения:
животные,
домашние животные,
млекопитающие
синтагматические отношения с
Schaf как агенсом: *blöcken*
(блеять)
синтагматические отношения с
Schaf как с пациенсом: *scheren*
(стричь), *füttern* (кормить),
züchten (разводить), *halten*
(держать), *hüten* (пасти).

в значениях 3, 4: коннотативное[7] отношение: „наивный"

Примечания
[1] Здесь ср.: Дж. Лайонз (1977), Е. Косериу (1973) и др.
[2] В семантическом треугольнике К. Одгена/ И. Ричардса (цит. по: Ullmann, Grundzüge der Semantik, Berlin 2. A. 1972, S. 67) обозначено как „Symbol", у Ф. де Соссюра – как „signifiant" (1916).
[3] У К. Одгена/ И. Ричардса: „symbolizes"
[4] У К. Одгена/ И. Ричардса: „thought", у Ф. де Соссюра: „signifié"
[5] У К. Одгена/ И. Ричардса: „refers to"
[6] У К. Одгена/ И. Ричардса: „referent"
[7] Наивная, глупая овца в басне блеет, повторяя всё, что ей подсказывают её недруги, медведь и волк. Имеются в виду ас-социативные отношения слова, противопоставленные его дено-тативно обусловленному употреблению; ср. (а) и (б).

В лексикографии даётся следующее описание данным особенностям и отношениям (приводится с частичным пере-водом на русский язык):

Schaf *das*; *-(e)s, -e*; **1.** ein Tier, aus dessen dichten und lockigen Haaren man Wolle macht /животное, из густой и волнистой шерсти которого делают шерсть/ <die Schafe scheren, hüten; Schafe halten, züchten; e-e Herde Schafe /стричь овец, пасти; держать овец, разводить; стадо овец/>: *Ein junges S. heißt Lamm, ein männliches Widder oder Bock* /молодая особь овцы называется ягнёнок, особь мужского пола – баран/; **Schaf-, -bock, -fell, -fleisch, -herde, -hirt, -weide, -wolle, -zucht; Schaf(s)-, -milch, -käse, -pelz**; **2.** ein weibliches Schaf /особь женского пола/; **3.** *gespr.* */разг./*: j-d, der sehr viel Geduld hat und nie böse wird /терпеливый человек/ <ein geduldiges, gemütliches S.> **4.** *gespr. pej.* */разг. пейор./* ≈ Dummkopf /глупец/ **5. das schwarze S.** j-d, der völlig anders als die anderen Menschen seiner Gruppe und deshalb *oft* als schlecht gilt /в определённой группе не похожий на других человек, к которому, вследствие этого, складывается отрицательное отношение <das schwarze S. (in) der Familie sein> (LWB).

1.6. Слово и его внешняя семантика: лексическая и семантическая сочетаемость слова

Насколько верно утверждение Л. Витгенштейна (1953): „Значение слова есть его употребление"? Употребление слова регулируется его семантическими признаками, как было показано выше на примере слова *Schaf*. Понять их можно через „внешние отношения слова", т. е. через его синтагматику и парадигматику, через его денотативные (также: референциальные) и коннотативные отношения (см. выше). Информацию о них, как показывает приведённый пример, вполне может дать современный толковый словарь. Словарное объяснение уже может проинформировать о **парадигматических** отношениях слова. Информация начинается с называния родового понятия, или гиперонима (слово *Tier* (животное) при дефиниции слова *Schaf*); продолжается приведением примеров синонимов, антонимов и примеров (в данном случае это *Lamm* (ягнёнок), *Widder, Bock* (баран).

При рассмотрении **синтагматических** отношений следует различать грамматические и лексические. О грамматических пойдёт речь в разделе 5.2, прежде всего, в контексте валентности, которая определяет структуру предложений. Лексические отношения на синтагматической оси отражаются в сочетаемости слов друг с другом. В данном смысле они также влияют на построение предложения. В используемом нами словаре они помечены заострёнными скобками (см. выше гл. 1.5). Примеры типичного словоупотребления также дают информацию о коллокациях. Доверие к словарям настолько велико, что грамматисты порой их даже не упоминают.

Некоторые примеры коллокаций следует подчеркнуть особо.

У глаголов эти отношения, насколько они отражены в теории валентности, уже давно известны:

Коллокации[1] *abtreten*:

1. перех. гл. (j-m) etw.< ein Recht, ein Zimmer; etwas, das einem gehört > abtreten

2. перех. гл. etw.< einen Teppich> abtreten

3. < (sich) die Schuhe > abtreten

4. неперех. гл. <von der Bühne> abtreten[2]

Во всех четырёх значениях дополнительным коллокатором является обозначение лица, которое называется в именительном падеже. 4 значение имплицирует <von der Bühne>

Пример к 4.: *Als er 70 geworden war, trat M. W. endlich von der Bühne ab, um mehr Zeit für seine Familie zu finden.*

Примечание 1

<...> = коллокации.

Примечание 2

abtreten употребляется здесь как одновалентное слово, т. к. оно имплицирует <von der Bühne>. Всё выражение *von der Bühne abtreten* является фразеологизмом, когда оно употребляется в переносном смысле (*Er ist von der Bühne des Lebens abgetreten*).

Der Löwe
Als die Mücke zum ersten Male den Löwen brüllen hörte, da sprach sie zur Henne: „Der summt aber komisch.“
„Summen ist gut“, fand die Henne.
„Sondern?“ fragte die Mücke.

„Er gackert", antwortete die Henne. „Aber das tut er allerdings komisch."

(Günther Anders in: Zeit 04.03.1966)

У прилагательных:

У многих именных частей речи, а именно у прилагательных и существительных (но не у местоимений) коллокации закрепляют тип их атрибутивных либо предикативных связей:

kastanienbraun	\<Haar\>	Ср. *rehbraun* \<Augen\>
brünett	\<Haar, Typ\>	
graumeliert[1]	\<Haar\>	Ср. *graublau* \<Augen\>
blond	\<Haar; Mann, Frau\>	Ср. *gelb* с *vergilbt* \<Papier\> *bleich* \<Haut и т. д.\>
lockig	\<Haar\>	
zottig	\<Haar, Fell\>	
struppig	\<Haar, Fell, Gebüsch\>	
seidig	\<Haar, Fell, Schimmer\>	

Примечание

По новым правилам правописания следует писать отдельно: *grau meliert. Grau* более точно определяет слово *meliert. Graublau* же рассматривается как копулятивный композит и пишется, как и прежде, слитно.

У существительных:

Коллокации влияют на образование предложений по многим параметрам. Как это проявляется грамматически, можно посмотреть на примере существительного *Angst.*

Во-первых, коллокации влияют на выбор типа атрибута:

это либо определение-прилагательное (адъективный атрибут) слева от существительного: \<*panische*\> *Angst;*

либо атрибут-существительное справа от существительного – в виде вторичного актанта (адъюнкта), обусловленного именной валентностью: *Angst (um j-d, etwas):* \<um das Leben, den Arbeitsplatz usw.\>; *Angst (vor j-d, etwas):* \<vor der Trennung, einer Gefahr, dem Tod\>.

Во-вторых, коллокации определяют тип предикации. Глаголы требуют наличия соответствующих актантов, в зависимости от возникающего при этом типа предикации, как то:

– предикация состояния: *Angst* \<haben, empfinden\>, *Ängste* \<ausstehen\>, *in tausend Ängsten* \<schweben\> (ID);

– предикация процесса: *Angst* <bekommen>, *vor Angst* <umkommen, vergehen>;

– предикация действия: j-m *Angst* <machen, einflößen, einjagen> (mit etwas).

При этом само слово *Angst* при узуальном употреблении в структуре конкретного предложения семантически может выступать как агенс: *Angst* <befällt, beschleicht, quält j-n>, как источник (первопричина): *vor Angst* <etwas tun>, как объект-результат какого-либо действия: <etwas erzeugt, löst aus> *Angst*.

Примечание

Всё вышесказанное касается общих норм языкового употребления. *Furcht* имеет отчасти те же самые, отчасти другие коллокаторы. Иная картина наблюдается при понятийных ассоциациях. Психологи, например, дифференцируют *Angst* („страх без особых причин") и *Furcht*. В то же время в философии С. Кьеркегора понятие *Angst* предваряет пустое место: *Angst zu etwas* (zu einer neuen Freiheit, zur Entborgenheit).

Наряду с коллокациями на употребление слов оказывают влияние их „коннотативные" компоненты. Словари маркируют их по-разному (напр., „пейоративный"). Они не имеют никакого значения для структуры предложения. Это относится также к пометам, указывающим на ограничения в употреблении слова, обусловленные его принадлежностью к более возвышенному („высокому") либо более сниженному („разговорному") стилю.

Другие виды отношений являются для грамматики менее значимыми, однако не лишёнными значения. Как обстоят дела, например, с референцией какого-либо акта высказывания, который через слово и предложение соотносится с определённой темой, определённым предметом? Существуют слова, которые соотносятся лишь с одним конкретным предметом, но никогда с несколькими (*der Himmel*), либо с одним континуумом (*der Lehm*). Эти особенности проявляются и в грамматике; такие существительные не имеют формы множественного числа и не употребляются с неопределённым артиклем.

1.7. Отражение грамматических характеристик слова в словаре

С х е м а 9. Грамматические характеристики слова в словаре

En·de *das, -s, -n; 1 nur Sg; die Stelle, an der etw. aufhört, nach der es etw. nicht mehr gibt ↔ Anfang <am E. der Straße, der Stadt, des Zuges; am E. des Buches> || K-: **End-, -silbe, -Ziffer** 2 *nur Sg;* der Zeitpunkt, zu dem etw. aufhört, nach dem es etw. nicht mehr gibt <am E. der Woche, des Monats, des Jahres> || K- **End-, -phase, -stadium** 3 *nur Sg. euph;* Tod <ein leichtes, qualvolles E.; sein E. nahen fühlen> 4 das letzte Stück od. der letzte Teil von etw. <das E. e-r Schnur, e-r Wurst> 5 *nordd gespr;* ein kleines Stück von etw. <ein E. Wurst, Käse>. 6 *E. + Zeitangabe* am E. (2) des genannten Zeitraumes: *Er kommt E. nächster Woche, E. Januar; bis, gegen E. des Monats* 7 *E. + Zahl* ungefähr so alt wie die genannte Zahl plus 7-9 Jahre <E. zwanzig, dreißig, vierzig usw sein> || ID *mst es ist noch ein ganzes / ziemliches E.* es ist noch ziemlich weit; *etw. nimmt kein E.* etwas Negatives, Lästiges o.Ä. hört nicht auf; *etw. nimmt ein gutes / schlimmes / trauriges E.* etwas endet (3) auf positive / sehr negative / traurige Weise; *etw. geht zu Ende* etw. endet (3); *am Ende* a) zuletzt, schließlich; b) *gespr;* verwendet, um Erstaunen auszudrücken ≈ etwa (1): *Hast du das am E. selbst gemacht?; etw. zu E. bringen* e-e Aufgabe od. e-e Arbeit (erfolgreich) beenden; *etw. am falschen E. anpacken* bei der Lösung e-s Problems falsch beginnen; *etw. (Dat) ein Ende machen* dem Schluss kommen; *etw. (oft schnellen) Lösung kommen; am E. der Welt* <wohnen> weit weg von e-r größeren Stadt (wohnen); *das E. vom Lied* der (mst negative) Ausgang od. Schluss eines Vorgangs || ID **Weisheit**

End·ef·fekt *der; nur Sg;* das schließliche Ergebnis 2 *im E.* wenn man es vom Ergebnis her sieht ≈ letztlich: *Im E. kommt nichts dabei heraus*

en·den; *endete, hat / ist geendet;* [Vi] 1 *etw. endet irgendwo (hat)* etw. kommt räumlich an ein Ende (1): *Dort endet die Straße; Der Rock endet knapp über dem Knie* 2 *etw. endet irgendwann (hat)* etw. kommt zeitlich zu e-m Ende (2): *Der Kurs endet im Mai* ≈ mehr + wollender + sehr langer + lässt + 3 *etw. endet irgendwie (hat)* etw. kommt irgendwie zum Schluss: *Das Stück endet mit dem Tod des Helden; Das wird nicht gut e.; Unsere Diskussionen enden immer im Streit* 4 *j-d endet irgendwie (hat /ist) geschr euph;* j-d stirbt auf die genannte Art <j-d endet tragisch, durch Selbstmord, durch fremde Hand> 5 *etw. endet auf etw. (Dat) (hat) Ling;* etw. hat den genannten Buchstaben, den genannte Silbe, das genannte Wort o.a. am Schluss stehen: *"Vater" endet auf "r"*

End·er·geb·nis *das;* das endgültige Ergebnis <das amtliche E. (e-r Wahl)>

end·gül·tig *Adj; ohne Steigerung;* <ein Bescheid, ein Entschluss, e-e Entscheidung; e-e Fassung, e-e Version; e- e Niederlage> so, dass sie nicht mehr verändert werden (können): *Ich habe noch nichts Endgültiges gehört* || hierzu **End·gül·tig·keit** *die*

End·hal·te·stel·le *die* ≈ Endstation

En·di·vie [endi:viə] *die; -, -n; e-e Pflanze mit leicht* bitter schmeckenden Blättern, aus denen man Salat macht || K-: **Endiviensalat**

End·kampf *der;* der letzte u. entscheidende Wettkampf, für den sich die Sportler vorher qualifizieren müssen <sich für den E. qualifizieren>

End·la·ger *das;* e-e besonders sichere u. geschützte Deponie, vor allem für chemische und radioaktive Abfälle || *hierzu* **end·la·gern** *(hat) Vt* (nur im Infinitiv u. Partizip Perfekt verwendet); **End·la·ge·rung** *die; nur Sg*

End·lauf *der; Sport;* der letzte u. entscheidende Wettlauf **end·lich** *Adj; nur adv;* verwendet, um (nach e-r langen Wartezeit) Erleichterung auszudrücken: *Gott sei Dank, wir sind e. da! Na e.!* 2 *nur adv;*

генитив ед. ч.

номинатив мн. ч.

антоним

типичные соединения (коллокации)

сложные слова

указания по употреблению (устная речь, прежде всего в северонемецком)

стилистические особенности (эвфемистический)

указание на определённое значение: *enden*

синоним

указание падежа

ссылка на идиоматизированное выражение под словом *Weisheit*

3 л. ед. ч. в имперфекте и перфекте

примеры

дополнительные пояснения в скобках

структурные образцы с указанием падежа

прилагательное не имеет степеней сравнения

производное слово

транскрипция согласно орфографическому словарю Duden

существительное употребляется только в ед. ч.

прилагательное в этом значении употребляется только адвербиально

1.8. Слово в предложении: актанты и свободные распространители как члены предложения

Употребление слова в предложении предопределено характерными условиями его словоупотребления. Как – на это указывает словарь. Через указание части речи либо класса слова (у глаголов: слабые либо сильные глаголы) определяется его ближайшее окружение и тем самым решается вопрос, с какими **связанными** либо **свободными морфемами** оно сочетается в предложении. К связанным морфемам во флективных (германских) языках относятся аффиксы *(Haus → Hauses; sagen → ge-sag-t, sag-te)* и перегласовка корневой гласной (внутренняя флексия) *(Garten → Gärten; lesen → liest, las* и т. д.)*, к свободным морфемам относятся слова, которые могут выступать и в других значениях и/ или конструкциях. Это прежде всего *das, die, der (das Heft → die Hefte)*, которые выступают/ функционируют при существительном как артикль. Структуралисты причисляют к ним и другие сопроводители/ „детерминативы" существительного, имеющие своё собственное значение, „артиклевые слова" (Vater 1979; Bisle-Müller 1991), которые передают информацию об „известности, численности, принадлежности, определённости предметов", обозначаемых существительным (Heringer 1989, S. 109). У глаголов подобную функцию выполняют вспомогательные глаголы *sein, werden, haben* и их формы. Согласно нашей терминологии они относятся к первому либо второму кругу связей слова. Валентность определяет структурный образец (подробнее см. гл. 5.2). Она устанавливает количество и тип **актантов** (распространителей; см. гл. 8.4), которые причисляются к третьему кругу связей. Она также регулирует вопрос об их обязательности (обязательная валентность) либо факультативности (факультативная валентность). Предложение строится также при участии „коллокаторов" слов, с учётом их связей с особыми типами имплицитных или селективных (часто модальных) свободных распространителей (называемых также „спутники", обстоятельства образа действия). Они относятся к четвёртому кругу связей слова, который запрограммирован слабее трёх первых и поэтому обычно не рассматривается в грамматиках. Другие свободные распространители/обстоятельства могут быть обусловлены когнитивно сопутствующими условиями употребления (пятый круг). Шестой круг содержит возможные коннотации, например, аргументативную или эмоциональную оценку тематики (градуальные частицы) или ситуации общения („фокусирующие частицы"). Как такое „программирование" определяет структуру предложения, можно проиллюстрировать следующей схемой, где речь идёт о связях лексем *verkaufen* и *verhökern* в предложении:

Diese Lampe hat mir gestern ein Junge auf dem Flohmarkt ganz billig (либо: teuer, für 10 Mark и т. п.) verkauft. Die ganzen Sachen hat er dort an einem Tag verhökert.

С х е м а 10. **Структурно-семантическая схема предложения**

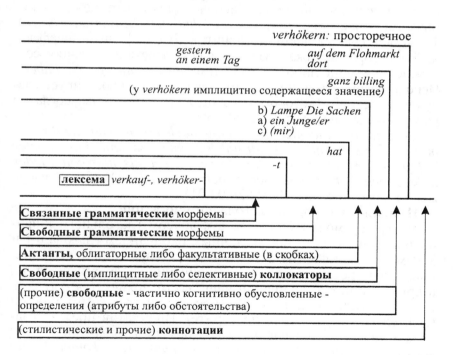

Г л а в а 2. Функциональные классы частей речи

2.1. Глаголы

(а) Глагольные формы
Инфинитив глагола

В немецком языке глаголы в инфинитиве (неопределённой форме) оканчиваются на *-en*. Данная форма является основной, исходной. Именно она приводится в словарях.

Простой инфинитив (инфинитив I) употребляется в активном залоге (реже в пассивном) в презенсе без частицы *zu,* если он является самостоятельным высказыванием (см. ниже: *betreut werden*). В таких случаях он имеет дуративный оттенок значения. В других случаях инфинитив используется с частицей *zu* – как зависимый член предложения (*es lohnt sich, betreut zu werden*). Также встречается форма инфинитива II („инфинитив перфектный“), которая выражает завершённость действия, конечное состояние предмета либо явления (см. ниже: *aufgegeben haben*). Использование различных форм инфинитива иллюстрирует следующий текст, в котором перечисляются „причины, согласно которым сто́ит прожить эту неделю“:

„wegen zu schlechter Bezahlung nach einem Tag kündigen... mal wieder so richtig geheult haben...synchron sein...neue Poster aufhängen...nicht wissen, was kommt...den Fleischboykott wieder aufgegeben haben...von Bernd betreut werden...“ (Süddeutsche Zeitung, приложение „Jetzt“ 26.03.01).

Изменяемые формы глагола в **индикативе**

Морф *-en* может быть как суффиксом глагольного инфинитива (см. выше), так и личным окончанием глагола в 1 и 3 л. мн. ч. Для формы 1 л. ед. ч. в презенсе типично окончание *-e*, а в претерите – нулевое окончание после суффикса *-te*; в других лицах в окончании чаще всего появляется *-t* (в 3 л. ед. ч. в презенсе, 2 л. мн. ч. в презенсе и претерите) либо *-st* (2 л. ед. ч. в презенсе и претерите). Индикатив презенс глагола *kommen* имеет следующие формы: *(ich) komme – (du) kommst – (er/sie/es) kommt – (wir) kommen – (ihr) kommt – (sie) kommen.*

Примечание

В **конъюнктиве I** глагольные формы отличаются от форм индикатива: *-est* соответственно во 2 л. ед. ч., *-et* – мн. ч; *-e* – в 3 л. ед. ч., а также в 1 л. ед. ч. у модальных глаголов (*ich solle*).

В последнее время эти формы конъюнктива употребляются реже (за исключением косвенной речи). В то же время всё чаще употребляются формы конъюнктива-заменителя (**конъюнктив II**), а также аналитические формы с *würde (du habest, ihr habet; du hättest, ihr hättet; du würdest haben, ihr würdet haben)*.

Существуют нормативные варианты названных форм:

– Вместо *-t* употребляется *-et* в глаголах типа *arbeiten, werden* (т. е. если основа глагола заканчивается на смычный зубной согласный *d* либо *t*): *ihr werdet, arbeitet* и т. п.

– Глагольная основа употребляется без окончания в 1 и в 3 л. ед. ч. у модальных (*ich soll, kann* и т. д.) и некоторых других глаголов (*wissen*). Это – нерегулярные формы глагола, поэтому они указаны в Учебном словаре немецкого языка как иностранного (LWB) наряду с инфинитивом и другими основными формами глагола.

Примечание

В устной речи другие глаголы в форме 1 л. ед. ч. также чаще употребляются без личного окончания *-e*, прежде всего в южных частях Германии, в Австрии и Швейцарии: *i(ch) hab, glaub* и т. д.

У некоторых сильных глаголов во 2 и 3 л. ед. ч. наблюдается изменение корневой гласной, что исторически объясняется наличием умлаута в древневерхненемецком языке (ср. *ich nehme – du nimmst, er nimmt*; ср. *ich fahre – du fährst, er fährt*). Данные формы также связаны с корнем глагола и поэтому указываются в словарной статье следом за инфинитивом. Некоторые отклонения следуют древнему аблауту (см. пункт (б)). Это касается претерито-презентных глаголов, которые сегодня функционируют прежде всего как модальные, например, *dürfen: ich darf, du darfst, er darf; können: ich kann* и т. д.; *müssen: ich muss* и т. д.; *mögen: ich mag* и т. д.; (а также: *wissen: ich weiß* и т. д.).

– Нерегулярным является формообразование глагола *sein:* „*Nichts war, nichts wird sein; alles ist, alles hat Wesen und Gegenwart*" (Hermann Hesse 1975). Отклонения от регулярных форм проявляют и некоторые другие глаголы, ср. 2 л. ед. ч. глагола *haben (hast).*

(б) Морфологические классы глаголов

Образование форм претерита и перфекта (партиципа II) чаще всего происходит по образцу правильных (= слабых) глаголов:

sagen – sagte – gesagt;
versagen – versagte – versagt;
absagen – sagte... ab – abgesagt.

Лишь у некоторых из этих глаголов при этом изменяется корневая гласная: *nennen – nannte, genannt; kennen – kannte, gekannt; brennen – brannte, gebrannt; rennen – rannte, gerannt; wenden – wandte/ wendete, gewandt/ gewendet; senden – sandte/ sendete, gesandt/ gesendet.*

Примечание

В истории языка они называются также глаголами с „кажущимся" (фиктивным) обратным умлаутом. Это глаголы, которые на ранней стадии развития языка имели суффикс *-jan* (*brennen < branjan*). Буква *j* обусловила перегласовку (умлаут) гласного *а* в *е* в презенсе, но не в формах претерита (*brannta*), так как германский суффикс *-ta* присоединился непосредственно к корню.

В двух случаях изменение гласного сочетается с изменением согласного: *bringen – brachte, gebracht; denken – dachte, gedacht.* Данные формы также приводятся в Учебном словаре немецкого языка как иностранного (LWB) наряду с инфинитивом.

Остальные глаголы по предложению Якоба Гримма названы сильными. Их формообразование напоминает неправильные глаголы в латинской грамматике. В действительности их формообразование базируется на отношениях, сложившихся ещё в индоевропейском праязыке. Оно следует определяющему принципу аблаута.

Примечание

Аблаутом называется исторически упорядоченное чередование корневых гласных в слове и его производных (ср. *singen – Gesang;*

fahren – Fuhre) либо во временных формах глаголов (*singen – sang – gesungen; fahren – fuhr – gefahren*). В период существования древнего германского языка подобное чередование гласных у сильных глаголов стало системным. Оно наблюдалось и в других индоевропейских языках, о чём свидетельствуют параллели между английским и немецким языками: герм. /eu/-/au/-/u/; ср. англ.: *fly – flow – flown* и нем.: *fliegen – flog – geflogen*;

герм. /i/-/a/-/u/; ср. англ.: *swim – swam – swum* и нем.: *schwimmen – schwamm – geschwommen*;

герм. /e/-/a/-/e/; ср. англ.: *give – gave – given* и нем.: *geben – gab – gegeben*.

Сегодня подобные „образцы неправильности" систематизируют в соответствии с данным принципом (по древнему аблауту). Согласно ему глаголы делятся на семь рядов.

По этим образцам образуют глагольные формы примерно 180 глаголов современного немецкого языка, а также префиксальные производные от них и сложные глаголы. Почти столько же их и в английском языке. Данные глагольные формы можно найти в словаре непосредственно рядом с инфинитивом в словарных статьях либо в приложении в конце словаря (ср. Приложение в Учебном словаре немецкого языка как иностранного (LWB Anhang 5, S. 1249ff.)). В партиципе II у сильных глаголов изменяется не только корневая гласная, но и появляется, в отличие от слабых глаголов, другой суффикс, а именно *-en* вместо *-t* в сочетании с приставкой **ge-** .

При наличии в глаголе суффикса *-ieren* либо неотделяемой приставки префикс **ge-** опускается (ср. *versagen – versagte – versagt*). В глаголах с отделяемыми приставками и сложных глаголах префикс **ge-** сохраняется (*absagen – abgesagt*).

При распределении подобных „неправильностей" по рядам аблаута, который повлиял на формообразование глаголов и в других языках германской группы, выделяются следующие ряды:

1. /**ai**/ - /**i**/ - /**i**/ либо /**ai**/ - /**i:**/ - /**i:**/:

reiten – ritt – geritten

Краткий *i* имеют глаголы *greifen, schneiden, schreiten, streichen, streiten, weichen, kneifen, leiden, beißen, schmeißen, pfeifen, schleichen, schleifen* и др.; долгий *i* – глаголы *schweigen, bleiben, preisen, leihen, meiden, scheinen, scheiden, schreien, speien, steigen, verzeihen, weisen, schreiben, treiben.*

2. /**i:**/ - /**o:**/ - /**o:**/ либо /**i:**/ - /**o**/ - /**o**/:
fliegen – flog – geflogen
с долгим *o* у глаголов *fliehen, frieren, verlieren, biegen, bieten, schieben, wiegen* и с кратким *o* у глаголов *kriechen, schießen, gießen, riechen, schließen.*

3. /**i**/ - /**a**/ - /**o**/ либо /**i**/ - /**a**/ - /**u**/:
schwimmen – schwamm – geschwommen
у глаголов *gewinnen, spinnen, beginnen, rinnen, sinnen* с кратким *o* в причастии II, а также с кратким *u* у глаголов *finden, binden, klingen, singen, ringen, dringen, empfinden, gelingen, misslingen, schlingen, schwinden, schwingen, springen, stinken, trinken, winden, wringen, zwingen.*

Подобные звуковые изменения являются поводом для игры слов: *Was immer man beschließt, ist es nicht längst beschlossen? Was soll er noch genießen? Hat alles längst genossen!*

4. /**e**/ - /**a:**/ - /**o**/ а также /**o:**/ либо /**e**/ - /**a**/ - /**o**/:
nehmen – nahm –genommen
у глаголов *sprechen, brechen, stechen, treffen* с кратким *o* в причастии II либо с долгим – у *stehlen, befehlen, empfehlen,* у всех глаголов с долгим *a* в претерите; а также с кратким *a* в претерите у глаголов *werben, werfen, helfen, schelten, gelten, bergen, bersten, verderben.*

5. /**e:**/ - /**a:**/ - /**e:**/ либо /**e**/- /**a:**/ - /**e**/:
geben – gab – gegeben
у глаголов *treten, geschehen, sehen, lesen* и т. п. с долгим *a* в претерите и долгим *e* в инфинитиве и причастии II; с кратким *e*: *fressen, essen, vergessen, messen.*

6. /**a:**/ - /**u:**/ - /**a:**/ либо /**a**/ - /**u:**/ - /**a**/:
tragen – trug – getragen
у глаголов *graben, schlagen, laden, fahren* и т. п. с долгим *a* в инфинитиве и причастии II; с кратким *a*: *waschen, wachsen.*

7. /**a**/ - /**i:**/ - /**a**/ либо /**a:**/ - /**i:**/ - /**a:**/; а также с /**au**/, /**ai**/, /**o:**/, /**u:**/ в инфинитиве и причастии II (здесь подвергается аблауту только форма претерита):
fallen – fiel – gefallen; аналогично: *lassen, halten*;
у глаголов с долгим *a raten, braten, blasen, schlafen, geraten, heißen, laufen* и т. п.: с долгим *i* в претерите (кроме того: с кратким *i* у *fangen* и *empfangen*)

/**o:**/ - /**i:**/ - /**o:**/ - у *stoßen – stieß – gestoßen*; /**u:**/ - /**i:**/ - /**u:**/ – у глагола *rufen – rief – gerufen.*

Примечание

Имеется еще ряд глаголов с *au* и *ei* в инфинитиве и партиципе II: *laufen, heißen.* Спорным остаётся вопрос о том, насколько исторически обоснованная систематизация является прозрачной и понятной для синхронного описания языковых явлений, целью которого является изложение (актуальных) языковых правил и закономерностей. Определённая часть неправильных глаголов остаётся вне названных рядов, например, *liegen.* Словарь берёт на себя эту задачу грамматики и указывает в словарных статьях все особые формы, „связанные с корнем" глагола. В пользу приведённой выше системы говорит, однако, тот факт, что она, опираясь на историческую систему правил, позволяет проследить связь явлений в немецком языке с аналогичными явлениями в других северо- и западногерманских языках.

(в) Функциональные классы глаголов
(ср. гл. 7.3)

Почти все глаголы являются полнозначными в том смысле, что они могут являться самостоятельным сказуемым. От них отличаются модальные глаголы (*sollen, können, wollen, mögen, dürfen, müssen, lassen*), которые в определённых контекстах являются самостоятельным сказуемым (*das will/ kann/ darf ich nicht*), в большинстве же случаев образуют ядро предикации совместно с полнозначным глаголом, модифицируя его значение. Этим они отличаются от трёх вспомогательных глаголов (*sein, haben, werden*), которые в качестве свободных морфем служат образованию глагольных форм.

Примечание

В отрицательных предложениях в качестве модального глагола может употребляться *brauchen* (с инфинитивом без *zu*), прежде всего в разговорной речи. Критика по поводу опущения *zu* ещё раньше воспринималась как неуместная:

„*Mach nicht son Gesicht – Neschke kann warten; den brauchst du nicht bezahlen!*" „*Zu bezahlen!*" „*Verbesser einen doch nicht immer! Das ist ja schlimmer wie ein Lehrer*" (Tucholsky, Werke Bd. 9, S. 156).

О функциях отдельных глагольных форм

В изолированных предложениях, независимых от контекста, **временные формы** выражают следующее значение (о контекстуальных функциях описания, рассказа либо предположения см. гл. 10):

Презенс является основной временной формой и может выражать различные временные значения:

– (актуальное) настоящее – через временную форму „презенс актуальный" (das aktuelle Präsens): *Max fällt aus dem Bett;*

– что-либо безотносительное во временном значении – через генерализирующий презенс/ вневременное настоящее (das generelle Präsens): *Im November fällt selten Schnee*;

– событие в будущем – через футуральный презенс/ настоящее футуральное (das futurische Präsens): *Morgen fällt Schnee*;

– произошедшее событие – через исторический презенс (das historische Präsens). При этом употребляется особый стилизованный тип актуального презенса: *1453 fällt Konstantinopol.*

– Особой формой актуального презенса является перформативный презенс в предложениях со сказуемым в первом лице, особенностью которых является то, что они называют совершающееся в данный момент действие „*Ich miete die Wohnung ab 1.6.2000*"; „*Ich bestelle das Gerät und erkenne damit die Zahlungsbedingungen an*". В подобные предложения, выражающие обязательства, можно добавить наречие *hiermit*, что подтверждает их перформативный характер.

Претерит является первой (синтетической) формой прошедшего времени. В претерите (по меньше мере в письменной речи) сообщается либо рассказывается что-либо, что более не является актуальным, т. е. то, что происходило ранее: *Dann fiel viel Schnee.*

Примечание

Во „внутреннем монологе" сказанное может относиться по времени к тому, что еще не завершилось, не прошло.

Перфект является второй (аналитической) формой прошедшего времени.

В данной форме констатируется либо описывается событие или действие, которое – с позиций настоящего – считается соответственно уже состоявшимся либо завершённым: *Letztes Jahr ist viel mehr Schnee gefallen.* Кроме того, перфект используется для выражения действия, которое предположительно завершится в будущем: *Morgen habe ich die Arbeit geschrieben* (Завтра я закончу работу).

Примечание

В повседневной разговорной речи при помощи данной формы нередко сообщают или рассказывают о действиях в прошлом, не являющихся актуальными в данный момент, прежде всего на юге Германии, в Швейцарии и Австрии, т. е. в тех регионах, где претерит ещё на исходе средневековья – за исключением форм *war, hatte, wurde* – был утрачен („верхненемецкое исчезновение претерита").

Плюсквамперфект – это аналитическая временная форма для выражения (давно) произошедшего события. Она используется ретроспективно в сочетании с претеритом, а именно для выражения более раннего действия в прошлом (предпрошедшего действия, т. е. предшествования в прошлом): *Als wir nach Innsbruck kamen, hatte es dort schon geschneit* (Когда мы приехали в Инсбрук, там уже прошёл/ выпал снег.).

Футурум I – это аналитическая временная форма для выражения действия в будущем. Оно существует только в представлении говорящего. Поэтому футур I нередко используется для выражения того, что ожидается, предполагается, предусматривается: *Es wird nicht schneien* (Снега не будет). Эта форма может употребляться также для выражения действия в настоящем, если говорящий высказывает своё предположение: *Er ist nicht gekommen, er wird krank sein.* (Он не пришёл, видимо, он болен.)

Примечание

Футур I чаще употребляется в письменной речи, где он также выражает названную выше модальность (ожидание и т. п.). Для выражения будущего действия в повседневной речи чаще используется презенс. Для выражения подобных действий относительно человека используется также модальный глагол (с волюнтативным компонентом значения); в немецком языке это глагол *wollen*, в английском – это *will* (сегодня реже) и *shall*.

Футурум II – очень редко употребляемая форма. Она употребляется в модальном значении. Её используют, исходя из какого-либо воображаемого (фиктивного) момента, для выражения ожидания того, что могло бы наступить после этого момента: *In Innsbruck wird es dann schon geschneit haben* (В Инсбруке к тому времени уже должен выпасть снег).

Примечание

Этот воображаемый момент может относиться к настоящему, прошлому либо будущему: *Er wird morgen um diese Zeit/ jetzt in Innsbruck eingetroffen sein* (Завтра в это время он уже должен приехать в Инсбрук). *Sie wird sich (gestern) erkältet haben* (Она, должно быть, простудилась (вчера)). В разговорной речи встречается редко, чаще употребляется перфект.

Формы глагольного наклонения, если они не зависят от контекста, выражают отношение говорящего к содержанию высказывания: считает ли он его истинным, вероятным либо неистинным (эпистемическая модальность); оценивает ли он его как реальное либо как ирреальное (онтическая модальность); желает ли он этого, требует либо отклоняет это (волюнтативная модальность); как он соотносит его с действием и рассматривает ли он его как возможное либо как необходимое (потенциальная и нецессивная модальность). В центре „модальных микрополей" находятся изменяемые формы полнозначного глагола: индикатив как основная форма, маркированные формы конъюнктива I и II. Сюда следует включить и императив.

Индикатив (изъявительное наклонение). Это основная простая, нейтральная форма глагольного наклонения. Она сигнализирует об отсутствии каких-либо ограничений в действенности сказанного и в позиции говорящего. Выраженное в индикативе является истинным, правдивым, даже если оно происходит не в реальной действительности, а является выдуманным (т. е. фикциональным), как в беллетристике. Эта форма глагола, отражающая действительность, является базовым фоном, на котором „высвечиваются" формы конъюнктива как особые формы модальности: *Du hättest es tun müssen, aber du hast nicht.*

Конъюнктив (сослагательное наклонение) ограничивает значение высказывания в плане его реальности/ реализуемости. Он сигнализирует слушателю, что высказывание не обязательно соответствует действительности, а ирреально либо (потенциально) возможно.

Конъюнктив I (формы презенса и перфекта) указывает на то, что высказывание вербализируется „из вторых рук" и не должно восприниматься как однозначно реальное. Если оно семантически и синтаксически зависит от глагола говорения, выражения мнения либо желания, то оно может также содержать информацию о том, насколько нейтрально либо дистанцированно передаётся сказанное: *Der Nachbar bezeugte/ sagte/ behauptete/ vermutete/ glaubte..., dass die Tür schon vorher offen gewesen sei* (*Сосед заявил/ сказал/ утверждал/ предполагал/ полагал,.. что дверь была открыта уже до того*).

Примечание

Там, где в подобных случаях употребляется форма индикатива, говорящий идентифицирует себя (т. е. выражает своё согласие) со сказанным, во всяком случае, в письменной речи. В повседневном устном общении нейтральное значение может иметь и форма конъюнктива II, в публицистике и художественной литературе в таких случаях доминирует конъюнктив I.

Конъюнктив II (формы претерита и плюсквамперфекта) выражает в письменной речи желаемое, воображаемое и т. п. действие. Во всяком случае, оно не должно восприниматься как реальное. К фразам в конъюнктиве II (всегда) можно добавить: „*Aber es ist nicht so.*": *Wenn es wärmer wäre, könnten wir jetzt baden gehen.* (Подтекст: *Aber es ist nicht wärmer*).

Императив (повелительное наклонение) – наклонение, образование которого ограничено вторым лицом индикатива: *Komm! Kommt! Kommen Sie!* Императив выражает побуждение к выполнению названного действия. Он может иметь значение желания, просьбы, требования либо приказа. Характер и степень категоричности императива зависят от конкретного речевого акта (от названного или предполагаемого глагола говорения, вводящего императив) и других факторов (интонации, ситуации).

Примечание

Императив относится к лексико-грамматическому полю побуждения. При этом он конкурирует с формами конъюнктива, выражающими желание, (*Kämest du doch!*), императивным инфинитивом (*Schnell kommen!*), повествовательными предложениями (*Du kommst jetzt!*), а также конструкциями с модальными глаголами (у врача: *Sie dürfen jetzt hereinkommen!*), вопросительными предложениями (*Können Sie einmal zu mir kommen?*). Т. о., границы между различными формами вежливой просьбы являются гибкими (см. гл. 4.3).

Глагольные формы залога выглядят следующим образом: активный залог (актив) является нейтральной, немаркированной основной формой, которая имеется у всех глаголов. Поэтому система временных форм и наклонения представлена в активном залоге.

Формы пассивного залога (пассива) образуются аналитически при помощи причастия II и форм глагола *werden* либо *sein*. Данный залог отличается от активного как особая, менее употребительная форма, при помощи которой в принципе можно выразить то же самое содержание. Это можно доказать способом трансформации активного залога в пассивный (см. гл. 3.5(е)). Однако не все глаголы могут образовывать пассивный залог. Он является типичным для переходных глаголов с прямым дополнением в аккузативе, реже – с косвенным дополнением (в дативе, генитиве либо дополнением с предлогом). Бессубъектный пассив образуют непереходные глаголы без дополнения, обозначающие человеческую деятельность (*Es/ Hier wurde getanzt und gelacht*).

Примечание

Образование пассивного залога находится в центре лексико-грамматического поля акциональности, где противопоставляются глагольные формы действия, процесса, состояния. Сюда же относятся безличные формы (с местоимениями *sich, man, es*), функциональные сочетания (с неполными глаголами *kommen, geraten*), сочетания с „адресными глаголами" (*bekommen, kriegen*), модально-пассивные сочетания (с *sich lassen* + инфинитив, *sein* + *zu* + инфинитив), а также производные слова (с *-ung, -bar, -lich*) и т. д. (см. тж. гл. 10.5).

Инфинитные (неличные) формы глагола

Инфинитив (неопределённая форма глагола)

Простые предложения чаще всего содержат личную форму глагола. Во многих случаях, однако, они образуются при участии неопределённой формы глагола, а именно:

– при императивном применении инфинитива (*Kommen!*);
– в сочетании с модальным либо вспомогательным глаголом (*Sie soll, will, wird kommen!*; см. гл. 7.5 и 8.7);
– в особых конструкциях (конъюнктив с *würde*);
– в сочетаниях инфинитива с *zu*, как аналога придаточного предложения (*Sie weiß sich zu helfen*; см. гл. 8.7(в));
– во внутреннем монологе, где действующее лицо разговаривает само с собой („*Einmal nicht am Morgen aufstehen müssen!*"). Иногда они могут быть интерпретированы как однородные инфинитивные группы, зависимые от одной глагольной формы (напр., от *sah*, см. пример в гл. 7.5(д)):
„*Weiß er's nicht? Ist es ihm egal? Thomas sah sich in der Leichtigkeit dieses Sommers auch das Spiel mit der Leichtigkeit beenden. Einen Ring nach dem anderen sorgsam zur Seite legen. Helga freundlich sagen, es sei vorbei... Mit Veronika ruhig darüber reden, was wäre, wenn es aus wäre... Jutta erklären, daß fünfzehn Jahre genug seien... Was sollte schwer daran sein, die Ringe wieder aus dem Spiel zu nehmen? Oder doch einen nach dem anderen?*"* (Schlink. Liebesfluchten, 2001, S. 163);
– в субстантивированных инфинитивах в именных и глагольных сочетаниях (*vor dem Aufstehen, am Aufstehen sein*, см. гл. 7.4).

Причастие I (партицип I)

Причастие I образуется при помощи суффикса *-(en)d* и представляет происходящее как незавершённый процесс. При употреблении в роли определения оно склоняется, как прилагательное, по слабому либо сильному типу склонения (*ein schreiendes/ das schreiende Baby*). В остальных случаях оно, как и прилагательное, употребляется в неизменяемой форме: как обстоятельство (*Sie sagte es schluchzend*), как первое определение перед прилагательным (*schreiend komisch*) либо другими причастиями (*die schluchzend vorgebrachte Anklage*), а также как инфинитное ядро партиципиальной группы (*Nervös vor sich hin rauchend, versuchte er sich zu konzentrieren*).

Причастие II (партицип II)

Причастие II выражает завершённость действия. Чаще всего причастие II образуется при комбинации в слове приставки *ge-* и суффикса. У слабых глаголов, подобных *reisen,* это суффикс *-t* (*ge-reis-t*). Производные от них глаголы с отделяемыми приставками образуются таким же способом (*ab-, einreisen* и т. п.). Приставка *ge-*, однако, употребляется здесь как инфикс: *ab-ge-reis-t, ein-ge-reis-t.* В глаголах с неотделяемыми приставками *ge-* отсутствует, и причастие маркируется только суффиксом *-t: Sie hat Indien be-reis-t, ist ver-reis-t.*

У сильных глаголов приставка *ge-* комбинируется с суффиксом *-en* (*ge-fahr-en*). При наличии в них отделяемых приставок *ge-* выступает как инфикс: *ab-ge-fahr-en, ein-ge-fahr-en.* Неотделяемые приставки (*be-, ge-, er-, ver-, zer-*) сохраняются, *ge-* опускается (*versagen – hat versagt*). Вследствие подобных особенностей глаголов причастие II в ряде случаев совпадает с формой инфинитива и образует омонимичные с ним формы: *befahren, zerschlagen.*

Причастие II, как и причастие I, склоняется при атрибутивном употреблении. В остальных случаях оно остаётся без изменения: при образовании аналитических глагольных форм и употреблении в качестве предикатива (*Ich bin gut versorgt*).

(г) Семантические классы глаголов

Различают следующие семантические классы глаголов (ср. гл. 7.4):

– Двухвалентные глаголы, обозначающие **состояние** (дуративные глаголы): *sein, bleiben, leben, stehen, liegen, sitzen* и др., либо описывающие какое-либо соотношение: *sich beziehen auf, abhängen von, etwas enthalten* и др.

– Одно- либо двухвалентные процессуальные глаголы, обозначающие **процесс:** *werden, bekommen, fallen* и т. п.

– Двух- либо трёхвалентные глаголы деятельности, обозначающие **определённое действие** и называющие в аккузативе цель/ объект данного действия (переходные).

Примечание

Подобное тройственное членение соответствует трем „родам глаголов" (Genzmer 1995, S. 135). Так называются видовые группы глаголов, которые по грамматическим правилам транформации прослеживаются от активного залога через процессуальный пассив до пассива состояния (*jemanden beraten – beraten werden – gut beraten sein*). Приставки также оказывают влияние на принадлежность к виду и семантическому типу глагола, например, приставка *be-* служит образованию переходных результативных глаголов от непереходных процессуальных (*reisen – etw. bereisen*).

(д) Типы комбинированных грамматических форм

Образование глагольных форм осуществляется синтетическим либо аналитическим способом.

Синтетические глагольные формы образуются при помощи формообразующих аффиксов, у сильных глаголов также путём изменения корневой гласной (в претерите; в презенсе только у глаголов определённых рядов аблаута; см. гл. 2.1(а)).

Аналитическим способом образуются все остальные глагольные формы, а именно в комбинации с глаголами, которые функционируют как свободные морфемы (*werden, sein, haben*). Для образования форм перфекта и плюсквамперфекта, как правило, используется глагол *haben*. У непереходных процессуальных глаголов употребляется вспомогательный глагол *sein*, если глагол обозначает передвижение либо изменение состояния. Нужный вспомогательный глагол (*haben* либо *sein*) обычно указывается в словаре рядом с инфинитивом каждого глагола. Варианты употребления *sein* либо *haben* наблюдаются у глаголов *gehen, stehen, liegen* (*ist gegangen/ war gegangen, hat gegessen/ hatte gegessen*; но с учётом региональных различий: *ist gegessen/ war gegessen, ...gestanden, gelegen* на юге Германии, в Австрии, Швейцарии).

Наряду с формой в презенсе будущее выражается при помощи формы с глаголом *werden* (футурум I: *dieser Tag wird kommen*). Футурум II, который употребляется исключительно редко, представляет собой комбинацию причастия II с глаголом *werden* (в модальном значении) и *sein/ haben: Sie wird inzwischen eingetroffen sein; sie wird ihn nicht getroffen haben.*

При помощи глагола *werden* образуются также формы презенса и претерита пассивного залога (*sie wird/ wurde angemeldet*), при комбинации с *sein* и *werden* образуются перфект и плюсквамперфект пассивного залога: *Das Auto ist angefahren worden/ war angefahren worden.* Комбинации с участием трёх вспомогательных глаголов встречаются крайне редко.

В предложении инфинитивные группы могут выполнять функции подлежащего либо дополнения, т. е. они могут являться членами предложения, зависимыми от глагола. Конструкциям с причастиями подобные функции не свойственны. Соответственно своему имперфективному (непредельному) значению причастие I употребляется обычно в качестве определения *(bellende Hunde)* либо обстоятельства *(Der Hund lief laut bellend herbei).* Перфективному значению причастия II соответствует его употребление в качестве определения, которое сигнализирует о завершённом действии *(die am Tatort eingetroffene Ärztin),* либо в качестве обстоятельства *(Am Tatort eingetroffen, stellte die Ärztin...fest...).*

(e) Морфологические парадигмы глаголов

Большинство глаголов изменяется по типу слабого спряжения. Их формы изменяются следующим образом:

– по лицам и числам	*-e: ich male*	1 л. ед. ч.
	-st: du malst	2 л. ед. ч.
	- t: er malt	3 л. ед. ч.
	-en: wir malen	1 л. мн. ч.
	-t: ihr malt	2 л. мн. ч.
	-en: sie malen	3 л. мн. ч.
– по временным формам (грамматическое время)	*(ich) male*	презенс
	malte	претерит
	habe gemalt	перфект
	hatte gemalt	плюсквамперфект
	werde malen	футурум I
– по наклонениям	*malt!*	императив
	er malt	индикатив
	er male	конъюнктив I
	er malte/ würde malen	конъюнктив II
– по залогам	*Er fälschte das Bild.*	активный залог
	Das Bild wurde (von ihm) gefälscht.	пассивный залог (процессуальный пассив)
	Das Bild ist gefälscht.	пассивный залог (пассив состояния)

2.2. Существительные

(а) Формы существительных

Американский писатель Марк Твен однажды написал, что он считает написание существительных с большой буквы в немецком языке „хорошей идеей, так как вследствие этого существительные сразу можно распознать". Это правило существует в немецком языке с XVII века. В XX веке на конференции по орфографии его хотели упразднить, так же, как это было сделано в Дании.

Между существительным и другими частями речи существует много переходных форм. На пути к предлогу либо полупредлогу (см. Wellmann 1985) находятся *zeit* (= während: *zeit seines Lebens*), *in Bezug auf* (= bezüglich), *zuliebe* (= für), *zu Gunsten* (= für), *mit Hilfe* (= mit).

Существительные обозначают людей, вещи либо объекты/ предметы мышления и восприятия, которые можно назвать и вычленить, так что к ним можно затем обратиться, на них сослаться, посчитать и употребить их во множественном числе.

Большинство слов являются существительными; они легко узнаваемы в предложении по своему положению и окружению. На них указывает артикль. Перед ними может стоять предлог. Существительные могут замещаться личными местоимениями *er, sie, es* и т. п.

Взаимоотношения существительного с другими словами в предложении определяются одним из четырёх падежей, которые узнаваемы по форме артикля, а иногда также по окончанию. В современном немецком языке чётко маркируется только генитив у существительных мужского и среднего рода (-*(e)s*), кроме небольшой группы существительных мужского рода слабого склонения, которые во всех косвенных падежах имеют окончание -*en*. Во множественном числе маркируется только датив (окончанием -*n*), кроме существительных с суффиксами -*(e)n* либо -*s* во множественном числе.

(б) Формальные классы существительных

Существительные классифицируются по трём родам. Каков грамматический род конкретного слова, в немецком языке можно предсказать лишь в отдельных случаях. В славянских языках, а также в некоторых романских языках, например, в испанском, имеются конкретные правила: окончание существительного указывает на его род.

Примечание

Почти все индоевропейские языки издавна имеют эти три рода существительных: древние индийский, греческий, латинский, кельтский, германский, славянский языки. Со временем грамматические разновидности рода частично слились. В романских языках, а также в литовском сегодня только два рода. Существительные среднего рода распределены между мужским и женским родом. Конечный пункт развития в сторону упрощения демонстрирует английский язык, а также персидский; в них в принципе не существует различий в склонении по грамматическому роду.

Поэты с удовольствием подчёркивают „нерегулярное" в определении грамматического рода. Они имеют в виду произвольный характер данного явления. Р. О. Вимер в своем стихотворении обыгрывает распределение существительных по родам на основе ассоциаций. При этом, чтобы подчеркнуть функцию артикля для выделения/ идентификации существительного либо именной гуппы, он пишет все существительные с маленькой буквы:

maskulin
der schlips der whisky der kontoauszug
der schrebergarten der stammtisch der fußball
der unmensch der mitmensch der massenmensch
der käfer der kapitän der mercedes
der blutfleck der weißmacher der mann von format
der betrieb der bungalow der infarkt

feminin
die strumpfhose die waschmaschine die pille
die boutique die modenschau die bahnhofsmission
die oberweite die diät die zweite frisur
die hörzu die fürstenhochzeit die starparade
die knef die fabiola die jacqueline
die party die migräne die unfähigkeit zu trauern

neutrum
das gemüse das abführmittel das eigenheim
das glück im winkel das wort zum sonntag das brot für die welt
das erste programm das zweite programm das dritte programm
das kochgas das senfgas das cyclon b
das schlafen das beischlafen das wäschewechseln
das woher das wohin das wozu.

Во многих случаях принадлежность слова к мужскому, женскому либо среднему роду определяется не лексически, а грамматически. Однако общих правил нет, есть „маленькие" правила, охватывающие часть лексики, и ряд формальных закономерностей.

В производных словах род определяется по суффиксу:

К мужскому роду относятся слова с суффиксами *-er, -eur, -ier, -iker, -ismus, -ist, -ling, -ator, -and, -ant, -ent*.

К женскому роду относятся существительные с суффиксами *-ei, -erei, -enz/ -anz, -esse, -erie, -heit, -keit, -(at)ion, -ose, -schaft, -tät, -ur, -age, -in, -ung*.

Среднего рода являются существительные с приставкой *ge-* либо с суффиксами *-chen, -lein* (в диалектах также с уменьшительным суффиксом *-el (Büchel))*; *-um, -tum* (кроме: *der Reichtum, der Irrtum), -ment, - át*.

Кроме того, существуют семантически обоснованные правила. Грамматический род одушевлённых существительных, обозначающих человека, соответствует их естественному роду (*der Mann, die Frau, das Kind*), однако не всегда. Иногда род существительных связан с определённой семантической группой слов.

Существительными мужского рода обычно являются названия месяцев и времён года (*der März, der Frühling* и т. п.), а также названия частей света (*der Osten*), природных явлений (*der Sturm*), многих горных пород (*der Kalk*), многих горных вершин (*der Vesuv*), автомобильных марок (*der BMW*) и напитков (*der Wodka, Chianti*).

Названия судов (*die Titanic*), самолётов (*die Boing*), деревьев (*die Birke*), цветов (*die Tulpe*), мотоциклов (*die Kawasaki*), субстантивированные числительные (*die/ eine Drei*) – обычно женского рода.

Средний род обычно эксплицируется в названиях городов, когда они употребляются с определениями (*das alte Rom*), в названиях стран (*das südliche China*), островов (*das kleine Sylt*), континентов (*das riesige Asien*), а также перед субстантивированными инфинитивами и прилагательными, если они обозначают неодушевлённый объект (*das Lesen und Schreiben*).

Если субстантивированное причастие обозначает человека, то его грамматический род совпадает с биологическим (ср. *der Reisende, die Angestellte*); названия продуктов, материалов, красок и предметов обычно среднего рода (*das Gelb, das Gesalzene*).

Грамматический род обусловливает тип **склонения** существительных.

Существительные мужского и среднего рода относятся к одному формальному классу. Лишь небольшая группа существительных мужского рода склоняется по слабому склонению и имеет окончание -*n* в косвенных падежах. Существительные женского рода при склонении не получают никаких дополнительных окончаний. Таким образом, их склонение является довольно простым. Оно осложняется во множественном числе. В немецком языке образование множественного числа сложнее, чем в языках с двумя формообразующими морфемами множественного числа (как в итальянском) либо с одной (как в испанском и английском).

В определённых словах немецкого языка (см. выше) множественное число не маркируется (ср. *der Rahmen/ die Rahmen*). Вообще же существительные во множественном числе имеют суффиксы -*e (Tag-e)*, -*en (Mensch-en)* либо -*n (Birke-n)*, -*er (Bild-er)*, -*s (die Star-s)*; иногда с умлаутом корневой гласной, а именно в случаях с суффиксом -*er (das Haus – die Häuser)*, а также частично с -*e (Gast – Gäste)*. В некоторых словах только умлаут указывает на форму множественного числа: *der Hafen – die Häfen, der Magen – die Mägen* и т. д. (см. ниже (е)).

в) Функциональные классы существительных

Основная функция существительных в предложении состоит в том, что они называют актанты предикации (субъект, объект действия, предикатив, обстоятельства) и, кроме того, так называемые „свободные распространители" („freie Angaben"), которые являются первичными членами предложения. В номинативе употребляются подлежащее и предикатив, в аккузативе – результативные дополнения (называют продукт действия) и дополнения, называющие цель, объект действия. При помощи датива выражаются прежде всего отношения к лицам и „косвенным объектам". Генитив среди первичных членов предложения практически не встречается. Это классический падеж определения (ср. гл. 8.8). Многие существительные употребляются с предлогами, которые определяют их падеж и значение сочетания (*an der Straße, in der letzten Nacht*). В то же время в ряде случаев, когда предлог „привязан" к глаголу, предлог теряет самостоятельное значение, не может варьироваться и становится только частью/ маркером глагольного управления: *warten auf Marianne, hoffen auf ein Wiedersehen*.

В позиции подлежащего существительное называет тему предикации, агенс действия, исходный пункт/ сферу процесса либо носителя качества.

В позиции дополнения существительное называет область, продуктивно-результативный либо процессуальный объект, цель либо результат действия. В дательном падеже оно называет адресата или величину, которая косвенно участвует в действии. Инструментальные и локальные отношения выражаются в других языках при помощи соответствующих суффиксов, в немецком же для этой цели служат предлоги.

(г) Семантические типы существительных

Общим для флективных языков и немецкого языка является то, что большинство нарицательных существительных имеют множественное число, имена собственные употребляются только в единственном числе. Личные имена имеют только окончание -*s* в генитиве ед. ч. Во множественном числе, которое личные имена образуют в исключительных случаях, употребляется такой же суффикс: *die Müllers, die Kohls*.

Набор форм личных имён довольно мал, так как они в письменной речи обычно употребляются без определённого артикля, а неопределённый артикль с ними не употребляется.

Примечание

По-иному обстоят дела с названиями рек и гор/ горных массивов: они употребляются с артиклем (*die Donau, der Don; die Pyrenäen, die Zugspitze*). В разговорной речи на юге Германии, в Австрии и Швейцарии с артиклем употребляются также личные имена: *der Rudi, die Beatrix* и т. п.

Среди нарицательных существительных грамматически наиболее близка к именам собственным подгруппа абстрактных существительных (*die Unterweisung, Schönheit* и т. д.), так как они также редко употребляются во множественном числе. Другие нарицательные существительные объединяются в группу конкретных имён существительных. К ним относятся прежде всего существительные индивидуативные, которые обозначают живые существа, предметы как целое (*Baum, Wagen*) либо его часть (*Ast, Rad*); собирательные существительные (*Gesellschaft, Bürgertum*) и существительные вещественные, обозначающие вещества и материалы (*Sand, Silber; Mehl* и т. д.; как правило, без формы множественного числа и без неопределённого артикля *ein*), а также некоторые абстрактные существительные в конкретном значении (*die Schönheiten Roms besichtigen*). Только нарицательные индивидуальные существительные имеют все грамматические формы. Все остальные группы морфологически частично ограничены.

(д) Комбинаторные возможности существительных

Существительные образуют либо ядро именной группы, либо служат для расширения такой группы, а именно в качестве последующего определения в генитиве или с предлогом. Предлог, как правило, стоит перед именной группой. От этого правила отклоняются только отдельные случаи, например, стоящий в постпозиции предлог *...wegen* либо „охватывающий" группу *um...willen (um des Friedens willen)*. Непосредственно за предлогом следует артикль или отрицательное местоимение *kein* в соответствующей форме либо эквивалентное ему прилагательное, прежде всего местоимённое прилагательное (*dieser, seine* и т. п.), а также прилагательное или причастие I или II в функции определения.

В постпозиции обычно стоят генитивные либо предложные определения, придаточные определительные предложения, а также инфинитивные обороты с *zu* в функции определения. Иногда они обусловлены валентностью существительного: *bei der Ablehnung dieses Angebots, in der Hoffnung auf Versöhnung* и т. д.

В современном немецком языке наблюдается тенденция к расширению именной группы слева при помощи адъективных и причастных определений, а справа – при помощи наречных, генитивных и предложных определений (ср. гл. 8.8). При этом отпадает необходимость употребления придаточных предложений. Данная тенденция часто делает именные группы длинными и сложными для понимания. Структура этих групп такова:

(пред- лог)	+ определения слева | артикль/ эквива- лент (прилага- тельные, имена собственные)	+ существи- тельное- ядро	+ определения справа | существительное (в гени- тиве или с предлогом), наречия, инфинитивы в функции определений

(e) Парадигмы существительных

В немецком языке имеется 4 падежа, но несколько типов склонения.

Примечание

В индоевропейских языках первоначально было только одно склонение. Окончания маркировали до восьми различных падежей. В древнеиндийском языке это были: 1. номинатив, 2. вокатив, 3. аккузатив, 4. генитив, 5. аблатив, 6. датив, 7. локатив, 8. инструментальный. Уже на ранних стадиях развития языка различные падежные окончания слились с гласными буквами в конце корней слов, в результате этого развились „корневые классы" склонений. Данные тенденции стали издавна заметны в индоевропейских языках. Развились различные типы „гласных склонений" (*a-, o-, i-, u-*склонение) наряду с „согласным склонением", из которого в немецком языке позже возникло слабое склонение.

Самым простым является склонение существительных **женского** рода.

В единственном числе они не имеют окончаний:
die Maus (номинатив)
der Maus (генитив)
der Maus (датив)
die Maus (аккузатив)

Во множественном числе все формы также совпадают, если оно образовано при помощи суффикса *-(e)n*: *die Art – die Arten; die Wunde – die Wunden*; соответственно *die Stunden, Wahlen, Fahrten, Frauen, Sicherungen, Feinheiten, Banalitäten, Größen, Demonstrationen, Reparaturen* и т. д. Односложные существительные женского рода, которые имеют во множественном числе суффикс *-e*, получают умлаут: *die Mäuse, Kräfte, Mächte, Würste, Lüste, Hände, Früchte, Nüsse, Nächte*. Их дательный падеж (датив) маркируется окончанием *-n*.

Некоторые существительные женского рода, сокращения либо заимствованные слова, имеют во всех падежах множественного числа суффикс *-s*: *die Loks, Unis, Shows, CDs.*

У существительных **среднего** рода генитив всегда маркируется окончанием *-(e)s*, а датив – иногда *-e*: *das Haus – des Hauses – im Hause/ Haus – das Haus*. Однако *-e* в дативе является факультативным и употребляется редко.

Множественное число образуется при помощи следующих суффиксов:

-er: *die Kinder, Bilder, Eier, Kleider* и т. д. Корневые гласные при этом, где возможно, получают умлаут: *die Wörter, Dörfer, Blätter, Häuser, Löcher, Bücher* и т. д.

-e: в односложных словах: *Feste, Jahre, Schiffe, Stücke, Haare, Meere, Maße*; в двусложных производных словах с неотделяемой приставкой: *die Verbote/ Gebote, Verdienste, Gesetze, Gefühle, Ergebnisse, Verhältnisse*; а также в некоторых иностранных словах (*die Ventile, Formulare, Signale*).

-ø (нулевая морфема): у существительных среднего рода на *-el, -er*: *die Fenster, Monster, Kabel, Drittel*.

Примечание

По-иному ведут себя существительные женского рода на *-el*, они получают суффикс *-n* во множественном числе: *die Zwiebeln, Kartoffeln, Partikeln*. Иначе бы они, имея тот же самый артикль, не отличались от единственного числа (*die Partikel, Zwiebel*).

Дательный падеж множественного числа всегда маркируется окончанием *-n*, за исключением тех случаев, когда *-n* уже имеется в форме множественного числа: *Becken, Märchen, Stündlein* и т. д.

-s: в некоторых существительных-сокращениях и заимствованиях: *die Studios, Radios, Hotels, Docks*.

Большая часть существительных **мужского** рода склоняется, как существительные среднего рода. Однако у них имеется парадигма слабого склонения, в котором существительное во всех падежах, кроме номинатива единственного числа, имеет окончание *-en/n*: *der Bote, Erbe, Student, Demonstrant, Hase* и т. д. В повседневной устной речи окончание нередко опускается: *dem Student begegnen*.

2.3. Адноминальные части речи: прилагательные, неопределённые местоимения и числительные

Прилагательные в предложении относятся к существительным либо глаголам, „стоят при них", поэтому называются также „словами-сопроводителями". Они характеризуют существительные по качеству (качественные прилагательные) либо в количественном отношении (в т. ч. числительные, а также неопределённые прилагательные *einige, viele* и т. п.), а глаголы – по образу действия либо условиям протекания определённого процесса. Прилагательные могут также служить для классификации названных явлений (относительные прилагательные) и их оценки (качественные прилагательные).

(а) Формы прилагательных

Важным свойством прилагательных наряду с их способностью **склоняться** (чем они отличаются от количественных числительных) является их способность образовывать **степени сравнения**. Этим они отличаются от местоименных прилагательных (*einige, manche, alle* и т. д.).

Употребление прилагательных нередко предусматривает сравнение. Эксплицитно оно выражается через формы сравнения. Сравнительная форма (компаратив) образуется при помощи суффикса *-er* (иногда с умлаутом: *jung – jünger*), превосходная степень (суперлатив) – при помощи суффикса *-(e)st* (иногда с умлаутом: *die jüngste*). Данное отношение сравнения выражается также в синтаксической конструкции с *als* и *von: x ist laut-er als y/ der laut-est-e von y, z... / am laut-est-en von allen.*

Подобным образом компаратив и суперлатив как степени сравнения повышают (вторичную) валентность прилагательного на одну единицу (обозначающую объект действительности, с которым осуществляется сравнение). Этот объект в контексте нередко опускается *(Mein Auto ist kleiner)*, а в лексикализованных/ устойчивых сочетаниях практически всегда отсутствует: *eine ältere Dame (*чаще всего моложе, чем *eine alte Dame!); herzlichste Grüße.*

Эти формы склоняются так же, как формы основной – положительной степени, получая окончания *-e- + -r/-n/-m/-s.* Самой распространённой является флексия *-(e)n* как признак слабого склонения.

Примечание

Чаще всего сравнительная и превосходная степени образуются без умлаута. Однако существует группа односложных прилагательных, которая образует степени сравнения с умлаутом. Это преимущественно прилагательные с корневой гласной *a*: *alt, arg, hart, krank, lang, scharf, schwach, schwarz, stark, warm* (оба варианта допустимы у *glatt, nass, blass, schmal*), а также с корневой гласной *o* (*groß, grob*; оба варианта у *rot*) и *u* (*klug, dumm, jung, kurz*).

Сравним формообразование степеней сравнения в немецком и других языках. В отличие от латинского языка-основы в романских языках доминируют аналитические формы. В испанском превосходная степень и элатив образуются при помощи *más* (*más rico = "sehr reich, der reichste"*), сравнительная степень – с *más + que* (*más rico que = "reicher als"*). Наряду с ними есть ещё одна старая аналитическая форма (*-ísimo*), которая употребляется в качестве элатива и сохранилась от латинской превосходной степени (*-issimus*), как в слове *dulcísimo* (*"sehr süß" от dulce "süß"*).

(б) Склонение прилагательных

Прилагательные, зависимые от глагола, употребляются в неизменяемой форме. Если же они зависят от существительного и употребляются в функции определения, то они склоняются и согласуются с существительным в падеже, роде и числе (*mit den alten Freunden*: датив, мн. ч.). Флексия зависит, однако, и от впереди стоящего детерминирующего слова (артикля, прилагательного) либо его отсутствия и называется соответственно **детерминированной (слабой)** либо **детерминирующей (сильной) флексией**.

В то время как прилагательные в английском языке остаются неизменяемыми как в функции определения, так и в функции предикатива, во французском языке они в обеих функциях имеют окончания. Если же они употребляются как обстоятельства, то маркируются, как и в славянских и других романских языках, устойчивыми неизменяемыми суффиксами. Немецкие же прилагательные имеют специфическую особенность:

а) отсутствие суффикса, маркирующего функцию обстоятельства;

б) параллельность двух рядов флексий (см. ниже, п. (е)).

(в) Синтаксические функции прилагательных

Функция определения (атрибутивное употребление) является наиболее распространённой. Прилагательное склоняется, если оно определяет последующее существительное (*ein heißer Tag;* у числительных – иначе: *drei Tage, Wochen*), и остаётся без изменения, если детерминирует следующее прилагательное (часто причастие I: *ein blendend helles Licht; eine laut tönende Stimme*).

Если прилагательное употребляется в качестве **имени**, т. е. субстантивируется, то оно может замещать главные члены предложения. При этом оно склоняется так же, как и в позиции перед существительным, по слабому либо сильному типу склонения.

В **адвербиальной** функции прилагательные имеют нулевой суффикс, т. е. употребляются в краткой форме, не склоняются. Они относятся либо к глаголу, который является ядром предикации, либо к предложению в целом.

В **предикативной** функции прилагательные выступают в сочетании с глаголами *sein, bleiben, scheinen, werden, wirken.* Если глагол при этом является связкой, не несёт смысловой нагрузки (как напр., *sein*), то в некоторых языках он опускается, (ср. в русском: в настоящем времени опускается; в прошедшем – присутствует). В функции предикатива такое прилагательное по смыслу относится к подлежащему.

Примечание

В случаях, когда прилагательное связано с глаголом, обозначающим вид деятельности, и относится к дополнению, говорят об объектном предикативе: *Sie servierte die Suppe kalt* (*...die Suppe, die kalt war*). В подобных случаях прилагательное является „полупредикативом" (термин О. Бехагеля) (Behagel 1923), в другой терминологии – „предикативным определением" либо „определением, относящимся ко всему предложению". При процессуальных глаголах соответственно употребляются полупредикативы, которые семантически относятся к подлежащему, синтаксически же являются обстоятельствами: *Das Laub fällt rot vom alten Baum / und kreist herein durchs offene Fenster* (Trakl, Musik in Mirabell). *In den Büschen rollt der Tau / Rot die Blätter niederfließen* (Trakl, Frauensegen). *Rot* выполняет в данном случае двойственную функцию, находясь семантически под влиянием подлежащего, синтаксически же под влиянием сказуемого (Wellmann 1981, S. 320 ff.).

Большинство прилагательных могут употребляться во всех основных функциях. Некоторые же не столь вариативны. На них распространяются грамматические **ограничения**. Это:

– „предикативы" подобно *fit* (либо *klasse*); они обычно не склоняются, однако в разговорной речи изменяются как определения;

– „атрибутивы", например, производные от числительных с *-lei* (*zweierlei, dreierlei* и т. п.), порядковые числительные (*zweite, dritte* и т. п.), количественные числительные (*zwei, drei* и т. д.), производные по типу имя собственное + *-er* (*Nürnberger Spezialitäten*; с большой буквы, несмотря на то, что речь идёт о прилагательном на *-er*), имя собственное + *-sch/-isch* (*darwinsche Theorie*), наречия времени либо места + *-ig* (*morgig, dortig* и т. п.), относительные прилагательные по типу существительное + *-lich/-isch*, как *betrieblich* (*betriebliche Mitbestimmung*) либо *studentisch* (*studentische Aktionen*);

– „наречия в узком, синтаксическом смысле", например, *oft* и *gern*.

Знаком языковой виртуозности являются те моменты, когда автор играючи чередует грамматические функции слова, как в следующем примере:

„Lisa" – „Eine fröhliche Frau?"... „Auch Lisas Fröhlichkeit war wahr. Lisa war nicht mit den Anderen fröhlich gewesen und mit ihm nicht, war mit den Anderen nicht fröhlicher als mit ihm gewesen. Lisa hatte auf vielfältige Weise fröhlich gegeben, fröhlich genommen und andere fröhlich gemacht. Die Fröhlichkeit, die sie ihm gegeben hatte, war keine geringere...". (Schlink. Liebesfluchten, 2001, S. 148).

(г) Семантические классы прилагательных

Прилагательные употребляются прежде всего для противопоставления качеств, отношений либо свойств (поляризация значений) или для выражения их семантической градации (градуальное противопоставление). Прилагательные-антонимы нередко используются в стилистических целях, среди прочего, в политических выступлениях, в публицистике и поэзии. В публицистике бросаются в глаза противоположные по значению прилагательные, определяющие структуру заголовков:

„Zuviel ist zuwenig" (Die Zeit 12, 1989, S. 65).
„Erste Zeichen, letzte Spuren" (Die Zeit 47, 1988, S. 57).

„*Alte Parolen, neue Parteien*" (Die Zeit 18, 1989, S. 13).

В тех случаях, где прилагательные образуют полярные противопоставления/ оппозиции (*breit – schmal*), они маркируются соответствующими префиксами (*un-, in-, a-* и т. п.) либо сочетанием с *nicht-* (*nicht + katholisch > nichtkatholisch*). Это, правда, не свойственно прилагательным, трансформированным из существительных, которые отражают какие-либо отношения и связи (*sommerliche Temperaturen, betriebliche Mitbestimmung = Mitbestimmung im Betrieb; studentische Ausbildung = Ausbildung der Studenten*) и т. д. Такие прилагательные также не могут изменяться по степеням сравнения, как и прилагательные, производные от вещественных существительных (*lederne Riemen*), либо называющие бросающийся в глаза признак (*ein rotbackiges Mädchen*). Они не имеют ни сравнительной, ни превосходной степени. Редко возможно у них и выражение градации признака по образцу качественных прилагательных *sehr, ziemlich, zu + hell, bunt* и т. п.

Градация и сравнение позволяют обратить внимание на второй семантический признак прилагательных. Их значение – это результат сравнения. Это касается и положительной степени. Предложение: *Dieser Bleistift ist kurz* уже предполагает сравнение с другими карандашами, более длинными либо более короткими. Соответственно этому в арсенале прилагательных много производных (с приставками) и сложных слов, которые способны выразить степень градации признака (ср. аугментативные: *erzkonservativ, supermodern*) либо сравнения (*schneeweiß, rosenrot* и т. п.).

Примечание

В письменной речи прилагательное в сравнительной степени сопровождается союзом *als*, в разговорной речи – зачастую *wie*: „*Verbesser einen doch nicht immer! Das ist ja schlimmer wie ein Lehrer!" „Als". „Wie?" „Als. Schlimmer als ein Lehrer. Nach dem Komparativ...". „Ist hier Grammatik, oder machen wir hier Kasse? Also weiter. Neschke wartet – er ist darin viel kulanter wie die Münchner"*. (Tucholsky, Werke 9, S. 156).

Так как причастия I и II склоняются так же, как и прилагательные, их называют глагольными прилагательными. Грамматически они подобны прономинальным прилагательным (притяжательным, неопределённым местоимениям и т. д.) и трансформированным прилагательным (см. выше). Способность к поляризации и градации значений, столь характерную для прилагательных, они приобретают только в результате лексикализации (*Er ist sehr verschlagen, noch verschlagener als sein Freund*).

Латинскому обозначению „Adjektiv" в немецких грамматиках часто соответствует немецкое „Beiwort" (ср. русское „прилагательное", т. е. слово, которое „прилагается" – прим. перев.). Тем самым подчёркивается наиболее употребительная функция прилагательного – атрибутивная (определение). В школьных учебниках чаще всего используется термин „Eigenschaftswort" (дословно: „качественное слово", „слово, означающее качество"), в результате чего подчёркивается его основная номинативная функция и качественный характер данных прилагательных в отличие от количественных (прежде всего числительных).

Приведём пример: темой одного из номеров журнала „Zeitmagazin", приложения к еженедельной газете „Die Zeit", являлся „типичный немец" (№ 18, 1989). На титульном листе были напечатаны „качественные слова" (прилагательные и употребляемые в функции определений причастия), которые как стереотипы обычно связывают с понятием „немецкий": *„angepaßt, bieder, charakterfest, dogmatisch, effektiv, ehrlich, engstirnig, fleißig, grüblerisch, heimatverbunden, herrschsüchtig, herzensgut, herzlos, ignorant, jähzornig, kleinkariert, konformistisch, korrekt, larmoyant, melancholisch, naturliebend, ordentlich, perfektionistisch, prinzipientreu, penibel, rechthaberisch, redlich, romantisch, sensibel, sauber, spießig, stolz, tierlieb, treu, unterwürfig, vaterlandsliebend, vereinsmeierisch, verträumt, widersprüchlich, zuverlässig".*

(д) Комбинаторные возможности прилагательных

Употребление прилагательных в предложении обусловлено четырьмя функциями (ср. (в)), которые определяют их связь и возможные комбинации: атрибутивной по отношению к последующему имени (чаще существительному, иногда – прилагательному), именной при употреблении в качестве главного члена предложения при отсутствии определяемого существительного, предикативной в сочетании с глаголами *sein, werden* и т. п. и в зависимости от подлежащего (в отдельных случаях – от дополнения в аккузативе), адвербиальной во всех случаях, когда прилагательное относится к сказуемому либо ко всему предложению в целом.

Подобное употребление, однако, семантически ограничено, что бросается в глаза, когда прилагательное выражает противопоставление, сравнение либо отношение или свойство. Многие производные прилагательные употребляются только в атрибутивной функции. Для выражения сравнения подходят конструкции со значениями градаций (*sehr, ziemlich*), а также сравнительная и превосходная степени (*zu schön um wahr zu sein; schöner als sie, so schön wie sie, die schönste Frau von allen*).

Комбинаторные возможности прилагательных определяются также их синтаксической валентностью (см. гл. 5.5): *frei von ...; stolz auf ...; begabt für ...; gespannt auf ...; (einer Sache) wert; würdig* (+ генитив); *ähnlich* (+ датив) и т. д.

Это правила своеобразного ‚лексикона‘, хранящегося в нашей памяти. Поэтому они также указываются в Учебном словаре немецкого языка как иностранного (LWB) в соответствующих словарных статьях как структурные компоненты при ключевом слове. Зависимые величины можно назвать „управляемыми атрибутами“, так как прилагательные „управляют“ объектом в определённом падеже. Они определяют, в каком падеже стоит зависимое слово: в генитиве *(dessen gewiss)*, дативе *(ihm dankbar)*, в аккузативе *(10 Euro wert)*, употребляется ли оно с предлогом *(empfindlich gegen + Akk; besessen von + Dat)*.

Примечание

То, что прилагательные в функции определения всегда стоят перед существительным, является строгим правилом. После существительного может стоять обособленное прилагательное, связанное с другим прилагательным: *Dieser kräftige junge Mann, selbstsicher und etwas aufmüpfig.* Распространёнными являются также обособленные причастные обороты: *Der Held, von Feinden umgeben, weigerte sich...* А „Песня о степной розочке“ („*Röslein rot*“) показывает, что раньше это было иначе. В средневерхненемецком прилагательное могло стоять (в изменяемой форме) перед существительным либо после него (в неизменяемой форме). В романских языках прилагательное также может употребляться перед и после существительного, однако не произвольно: в испанском оно употребляется перед существительным как украшающее приложение, а после – как дифференцирующее.

(e) Парадигмы прилагательных

Как склоняются прилагательные? Формула гласит: -ø (нулевая флексия) + форма сильного склонения + форма слабого склонения + существительное. Форма прилагательного зависит от формы впереди стоящего артикля либо местоимения. Если именная группа употребляется без артикля, либо начинается с числительного, например, *zwei, drei* и т. п., либо с формы местоимения без флексии *solch, welch, viel, mehr* (кроме того, после *dessen, wessen, deren* и частично после *einige, etliche, mehrere*), то форма прилагательного становится детерминирующей (т. е. указывает на род, число, падеж существительного), выполняет функцию артикля *der*, и в этом случае окончания прилагательного соответствуют окончаниям артикля, за исключением генитива единственного числа („сильное" склонение прилагательных).

Если же прилагательному предшествует детерминирующая форма определённого артикля (либо его „заместителей", см. ниже), то прилагательное склоняется по слабому типу, т. е. получает окончание -*en* во всех падежах во множественном числе и частично в единственном (генитив, датив). В номинативе и аккузативе единственного числа прилагательное имеет окончание -*e* (*der helle Stoff, die heiße Suppe, das helle Bier*), и только в аккузативе единственного числа мужского рода – окончание -*en*. Формы слабого склонения употребляются и после „заместителей" артикля, а именно местоимений *dieser, jener, derjenige, derselbe, solcher, (irgend)welcher, jeder*.

А что происходит, если прилагательному предшествуют формы неопределённого артикля (*ein, eine, eines*), отрицательного местоимения *kein* либо притяжательного местоимения *mein, dein, sein* и т. п.? Тогда преобладает слабый тип склонения с окончанием -*en* (во мн. ч. и генитиве/ дативе ед. ч.) и с -*e* (в остальных формах). Лишь в номинативе единственного числа мужского рода (-*er*) и в номинативе и аккузативе единственного числа среднего рода (-*es*) сохраняются окончания сильного склонения.

Примечание

Данный тип склонения традиционно называется самостоятельным, третьим, „смешанным", в чём вовсе нет необходимости. Его можно называть слабым склонением с „сильными" формами номинатива и аккузатива в единственном числе мужского и среднего рода.

В следующей таблице подчёркнуты формы склонения, традиционно называемого „смешанным".

Т а б л и ц а 3. Формы склонения прилагательных

Единственное число
Мужской род:

Артикль	слабое склонение	сильное склонение
der	*hell -e Stoff*	*Ø/ ein hell -er Stoff*
des/ eines	*hell -en Stoffs*	*Ø hell -en Stoffs*
dem/ einem	*hell -en Stoff*	*Ø hell -em Stoff*
den	*hell -en Stoff*	*Ø/ einen hell -en Stoff*

Женский род:

die	*heiß-e Suppe*	*Ø/ eine heiß -e Suppe*
der/ einer	*heiß -en Suppe*	*Ø heiß -er Suppe*
der/ einer	*heiß -en Suppe*	*Ø heiß -er Suppe*
die	*heiß -e Suppe*	*Ø/ eine heiß -e Suppe*

Средний род:

das	*hell -e Bier*	*Ø/ ein hell -es Bier*
des/ eines	*hell -en Biers*	*Ø hell -en Biers*
dem/ einem	*hell -en Bier*	*Ø hell -em Bier*
das	*hell -e Bier*	*Ø/ ein hell -es Bier*

Во **множественном числе** окончания трёх родов совпадают:

die/ (seine)	*blau -en Taschen*	*Ø blau -e Taschen*
der/ (seiner)	*blau -en Taschen*	*Ø blau -er Taschen*
den/ (seinen)	*blau -en Taschen*	*Ø blau -en Taschen*
die/ (seine)	*blau -en Taschen*	*Ø blau -e Taschen*

Примечание

Как объяснить это изменение атрибутивных форм прилагательных? Чем больше в ходе исторического развития языка упрощались либо редуцировались окончания существительных, тем более явной должна была становиться роль артикля в маркировке падежа. Следовательно, там, где прилагательному предшествовал определённый артикль, окончания прилагательного упрощались (до *-e, -en*). В тех же случаях, когда артикль как указатель падежа отсутствовал, данная функция переходила к прилагательному (сильное склонение). Если словосочетание начиналось с неопределённого артикля, то прилагательное указывало на грамматические категории в номинативе и аккузативе единственного числа (через окончания сильного склонения *-er, -e, -es*), что и сохранилось до сих пор.

В случае субстантивации прилагательное продолжает склоняться по свойственным ему правилам.

Примечание
О разграничении прилагательных и числительных: они различаются семантически – как качественные и количественные приложения существительного – и морфологически: количественные и распределительные числительные (напр., *je zwei*) не склоняются, порядковые и производные числительные с *-fach* (а также с *-mal*, в расширенном виде с *-ig-: dreimalige Verwarnung*) могут склоняться. Числительные не имеют степеней сравнения.

2.4. Аналоги артикля: местоимения и другие сопроводители существительного

Местоимения в немецком языке называют „заместителями", так как они способны замещать другие именные части речи. Местоимения соотносятся с другими именами, которые уже названы в контексте либо заданы ситуацией. Именно и только исходя из этого, они получают своё точное значение. Они, как и другие именные части речи (существительные, прилагательные), изменяются по падежам. В отличие от существительных, они не употребляются с артиклем либо определением. В отличие от прилагательных, они не образуют степеней сравнения, не употребляются в качестве обстоятельств. Реже, чем прилагательные, они употребляются в функции предикативов.

Если глагол является самой важной частью речи для построения **предложения** (так как он является носителем предикации), а существительное – для **референции** отражения и восприятия окружающей действительности (так как оно „называет" то, о чём говорится, т. е. даёт названия предметам и явлениям), то местоимение играет важнейшую роль в **текстообразовании** (см. гл. 10–12).

(а) Формы местоимений

В атрибутивной функции местоимения склоняются, как прилагательные (по сильному либо слабому типу склонения), в именной (номинативной) функции (как заместители существительного) они склоняются по собственным моделям (см. ниже (е)).

(б) Типы форм местоимений

Формы местоимений образуют четкие грамматические парадигмы. Данные парадигмы приводятся в пункте (е).

(в) Функциональные классы местоимений

По своим функциям местоимения делятся следующим образом:

Личные местоимения (как самостоятельные члены предложения), указывают на кого-либо или что-либо, кто/ что уже был(о) назван(о), и замещают существительное: *ich, du, er, sie, es, wir, ihr.* Личные местоимения 1 и 2 лица единственного и множественного числа относятся к говорящему либо к адресату („партнёрские местоимения"). Местоимения 3 лица (*er, sie, es; sie*) указывают на предметы, вещи, отношения, темы, а также на лиц, о которых идёт речь („референциальные местоимения").

К этой группе относятся и возвратные местоимения, которые указывают на подлежащее: *„Jeder denkt an sich. Nur ich denke an mich."*

Примечание

Некоторые возвратные местоимения указывают на действующее лицо, другие же грамматикализованы. Примером такого употребления служит следующий шутливый текст:

„Bitte, lieber Vater, lass mir Karussell fahren!" – *Der Vater fragt mit strengem Blick: „Wie heißt es?"* – *Zögernd sagt der Junge: „Wenn ich nun ,mich' sage, läßt du mir dann fahren?"*

Притяжательные местоимения указывают на отношение (часто на принадлежность) субстантивного ядра к другому существительному: *mein, dein, sein, ihr, unser, euer.*

Примечание

Грамматически притяжательные местоимения обычно занимают место артикля. Одновременно с артиклем они не употребляются (грамматически не корректно: *die seine Tasche*), поэтому X. Вейнрих (Weinrich 2005, S. 432) называет их притяжательным артиклем. То же самое относится и к другим местоимённым спутникам существительного, таким как *diese, jene, manche, solche, welche* и т. п. X. Фатер (Vater 1979) объединяет их под общим названием „аналоги артикля“. При этом, однако, стирается различие между артиклем (не имеющим лексического значения) и названными местоимениями. При сравнении с другими языками, прежде всего с теми, где отсутствует артикль, а также с историческими периодами развития немецкого языка данное различие становится явным.

Относительные местоимения (как самостоятельные члены предложения) употребляются в придаточном предложении и указывают на существительное в главном, к которому они относятся: *der, die, das; welcher, welche, welches*, в обобщающем виде *wer, was*.

Примечание

Особая роль относительных местоимений выявляется при анализе предложений. Они вводят придаточные предложения, употребляются номинативно и сами являются членами предложения. Одновременно они имеют свойства союзов (которые не являются членами предложения), так как выполняют их функцию при соединении составных частей в сложном предложении. За подобные „союзные“ свойства их нередко причисляют к юнкторам. При этом их обозначении, однако, стирается основное различие, существующее между местоимениями и союзами как частями речи (см. гл. 2.7).

Определённый артикль и относительное местоимение являются омонимами:

„Genie
Der Mensch, der in die Zukunft springt,
der geht zugrunde.
Und ob der Sprung mißglückt, ob er gelingt, –
der Mensch, der springt,
geht vor die Hunde"
(Erich Kästner, Hausapotheke, S. 173).

Указательные местоимения указывают на определённый референт в предложении, контексте, речевой ситуации: *dieser, diese, dieses, dies; jener, jene, jenes* (употребительно в Австрии); *solcher, solche, solches; derselbe, dieselbe, dasselbe; derjenige, diejenige, dasjenige* (в специальных текстах, в остальных случаях – редко).

Они указывают на человека (*der/ die, dieser/ diese, jener/ jene, derselbe/ dieselbe* и т. п.), предметы и явления действительности либо обстоятельства (*das, dieses, jenes, dasselbe*) или на определённую разновидность либо свойство (*solche, so ein(e), so etwas*).

Примечание

Х.-Й. Херингер (Heringer 1989, S. 125) причисляет сюда же и другую группу слов: наречия, указывающие на временны́е (*jetzt, gerade, nun, dann*) и пространственные отношения (*hier, da, dort*) в речевой ситуации. В тексте они действуют анафорически либо катафорически. В системе языка они всё-таки причисляются к формальному классу наречий. Таким же образом они классифицируются в международной практике, в одно- и двуязычных словарях.

Вопросительные местоимения (как самостоятельные члены предложения) готовят к восприятию последующей информации либо служат для присоединения придаточного предложения, которое легко трансформируется в вопросительное: *wer, was, wessen, wem, wen, welcher* и т. д.

Как при помощи местоимений в прямых вопросах можно дойти до сути вещей, наглядно показывает язык детей. Вопросы относятся к языковым и мыслительным средствам „познания мира“, что нашло своё отражение в литературе. В одном из томов „Немецкой литературы“ под редакцией В. Урбанека (5. A. Bamberg 1984, S. 493) можно найти следующий текст Хайнца Калау:

„Zeitungen
Am Morgen stand in der Zeitung:
Ein Mann wurde verurteilt.
Für wen und gegen wen?
Wer sprach das Urteil?
Für wen und gegen wen?
Der Mann wurde verurteilt
Wem gehörte die Zeitung –
und wem der Mann?“

Известны и „FRAGEN EINES LESENDEN ARBEITERS"
Б. Брехта:
„ *Wer baute das siebentorige Theben?*
In den Büchern stehen die Namen von Königen.
Haben die Könige die Felsbrocken herbeigeschleppt?
Und das mehrmals zerstörte Babylon –
Wer baute es so viele Male auf? In welchen Häusern
Des goldstrahlenden Lima wohnten die Bauleute?
Wohin gingen an dem Abend, wo die Chinesische Mauer fertig
war
Die Maurer? Das große Rom
Ist voll von Triumphbögen. Wer errichtete sie? Über wen
Triumphierten die Cäsaren? (...) "
(B. Brecht. Gesammelte Werke, Frankfurt 1967, Bd. 9, S. 656)

Формы артикля относятся к тому же кругу форм, что и указательные местоимения *diese(r), sein(e)* и т. д. Однако они выполняют другие функции. В предложении формы артикля указывают на падеж, число и род существительного, в тексте же формы определённого и неопределённого артикля *der* и *ein* указывают на известное и новое. Формы определённого артикля *der* имеют свойство идентифицировать и индивидуализировать предмет/ явление, но они обычно опускаются перед именами лиц (*Maria,* в устной речи также: *die Maria; Adenauer,* в устной речи также: *der Adenauer*) и обозначениями материалов, веществ, продуктов питания и т. п. (*Geld stinkt nicht*).

Проблема разграничения:
неопределённые местоимения

В переходной к прилагательным зоне находятся неопределённые местоимения, которые дают общую либо приблизительную количественную характеристику величин: *manche, mehrere, etliche, viele, einige, alle; man, etwas.*
Местоимениям данного типа свойственно неопределённое значение количества (примеры см. выше), объёма и т. п. (в поваренной книге: *etwas, ein bisschen, viel Zucker hinzugeben*), референции (*man, jemand, einer* = относительно человека вообще; *etwas* = относительно вещей и явлений вообще).

Следует ли их рассматривать как местоимения? Решать этот вопрос можно только в контексте. Рассмотрим в качестве примера текст „*Von der Sintflut*" (B. Brecht, Werke 11; S. 215):

Von der Sintflut
Betrachtungen bei Regen
Meine Großmutter sagte oft, wenn es längere Zeit regnete: „Heute regnet es. Ob es wieder aufhört?
Das ist doch ganz fraglich. In der Zeit der Sintflut hat es auch nicht mehr aufgehört." Meine
Großmutter sagte immer: „Was einmal war, das kann wieder sein – und: was nie war." Sie war vierundsiebzig Jahre alt und ungeheuer unlogisch.
Damals sind alle in die Arche gegangen, sämtliche Tiere einträchtig. Das war die einzige Zeit, wo die eschöpfe der Erde einträchtig waren. Es sind wirklich alle gekommen. Aber der Ichthyosaurus ist nicht gekommen. Man sagte ihm allgemein, er solle einsteigen, aber er hatte keine Zeit an diesen Tagen.
Noah selber machte ihn darauf aufmerksam, dass die Flut kommen würde. Aber er sagte ruhig: „Ich glaub's nicht." Er war allgemein unbeliebt, als er ersoff. „Ja, ja", sagten alle, als Noah schon die Lampe in der Arche anzündete und sagte: „Es regnet immer noch, ja, ja, der Ichthyosaurus, der kommt nicht." Dieses Tier war das älteste unter allen Tieren und auf Grund seiner großen Erfahrung durchaus imstande auszusagen, ob so etwas wie eine Sintflut möglich sei oder nicht.
Es ist leider möglich, dass ich selber einmal in einem ähnlichen Fall auch einsteige. Ich glaube, dass der Ichthyosaurus an dem Abend und in der hereinbrechenden Nacht seines Untergangs die Durchstecherei und Schiebung der Vorsehung und die unsägliche Dummheit der irdischen Geschöpfe durchschaut hat, als er erkannte, wie nötig sie wären.

Здесь *alle*, согласно грамматике Дуден (1998, S. 350f.), является неопределённым местоимением. Оно употребляется как существительное („*Ja, ja*", *sagten alle*) и как прилагательное (*alle Tiere*), т. е. так же, как и другие прилагательные, как атрибут (ср. гл. 2.3(в)), но не как обстоятельство либо предикатив. Но служит ли оно повторной номинации, указывает ли оно на другие существительные в тексте, как прочие местоимения? Нет. Если подобные неопределённые местоимения и выполняют указательную функцию, то по иной причине: не потому, что они местоимения, а потому, что они прилагательные. Они являются прилагательными, которые, исходя из относительности своего значения, не только точнее определяют существительное, но и предполагают наличие отнесённости к действию в целом, что синтаксически зачастую не выражается эксплицитно, например, соответствующим определением, как в сочетании „*alle Tiere/ Geschöpfe der Erde*“. Соответственно можно дополнить данную шкалу. Она простирается от *alle, die meisten, viele, manche, einige, etliche, wenige, ein paar Tiere* до *ein, kein (einziges) Tier der Erde*. Таким образом, здесь речь идёт скорее о прилагательных, чем о местоимениях. Поэтому в данной грамматике они причисляются к адноминальным частям речи (гл. 2.3).

Примечание
Приставка *irgend-* усиливает степень неопределённости: *irgendwer, -was, -einer, -eine, -ein*. Суффикс *-lei* подчёркивает разнообразие. Слова с данным суффиксом не склоняются: *mancherlei, vielerlei Fische*.

Местоимения-аналоги существительных функционируют как самостоятельные члены предложения. Притяжательные, указательные и многие неопределённые местоимения в этой функции употребляться не могут (за исключением случаев субстантивированных форм). Поэтому во многих грамматиках, например, в учебниках романских языков, подобные местоимения классифицируются как прилагательные. Согласно грамматической логике построения предложений это правильно, а согласно их роли в организации текста – нет.

Примечание
Их можно было бы рассматривать как „полуприлагательные“. По форме это прилагательные, по функции – местоимения. Отсюда и обозначение: местоименные прилагательные.

Рассмотрим далее **возвратное местоимение**. Действительно ли оно выполняет анафорическую (указывающую на информацию выше в тексте) функцию (Duden-Grammatik 1998,

S. 332)? Только тогда, когда оно относится к подлежащему. Однако тогда оно является одной из форм личного местоимения (*er, sie, es* в номинативе, *sich* в дативе и аккузативе): *Sie gibt sich die Schuld, lobt sich (selbst), vertraut auf sich.*

Подлинным местоимением *sich* является и при выражении взаимообразного действия, что чётко видно во множественном числе: *Sie lieben sich (= x liebt y; y liebt x). Sie treffen sich in der Stadt (= x trifft y; y trifft x).*

Примечание

Наряду с названными имеется ещё рефлексивный вариант *x trifft sich mit y.* И, кроме этого, существует переходный глагол *treffen* со значением „etw./j-n mit einem Schuss o.ä. erreichen" (LWB). На основе рефлексивности и полисемии глагола *treffen* возникла шутка: „*Zwei Jäger treffen sich. Beide tot!*"

Во всех других случаях *sich* представляет собой неотделимую (лексическую) составную часть глагола, не имеющую собственного смысла: *sich freuen über, sich erholen* и т. д.

Оно может быть составной частью медиума – грамматической структуры, занимающей промежуточное положение между активным и пассивным залогом: *Der Saal leert sich* (= *er wird leer*); *das Fenster öffnet sich* (= *wird offen, geöffnet*). В этих случаях *sich* не является заместителем чего-либо (proформой).

Примечание

Связанное возвратное местоимение в словах типа *sich schämen* следует рассматривать **как часть глагола**. В хороших словарях подобные глаголы так и фиксируются. В романских языках, испанском и итальянском, его приписывают к инфинитиву в виде суффикса (*alegrar-se* „sich freuen").

Взаимоотношения между формами и функциями местоимений *es* и *sich* видны из следующих примеров (ср. также гл. 5.2):

(1) *Wo liegt das Buch? Es liegt auf dem Tisch.*	*Es* – местоимение, функционирует как заместитель существительного (pro-форма).
(2) *Es schneit.*	*Es* как формальное подлежащее, употребляется, когда глагол типа „*schneien*" стоит в изменяемой форме.
(3) *Sie hatten es zu zwei Kindern gebracht.*	*Es* как устойчивое местоимение, лексикализированная часть идиомы *es zu etwas bringen.*
(4) *Es hat sich gestern ein schwerer Unfall ereignet.*	*Es* как „фиктивный член синтаксической структуры", местоимение – фиксатор порядка слов в предложении, при перестановке членов предложения опускается.
(5) *Das war es, was ihn immer schon bewegte.*	*Es* как местоимение в позиции предикатива.

Т а б л и ц а 5. **Функции *sich*:**

как часть лексемы (как составная часть глагола)	как местоимение со значением взаимности (reziprok) (только во мн. ч.)	как возвратное (reflexiv) местоимение в функции дополнения (замещается: напр., на *ihn*)
Sie schämen sich. *Es gehört sich so.* Лицо А ↓ Лицо А	*Sie begegnen sich dort.* Лицо А Лицо Б ✕ Лицо А Лицо Б	*Sie zieht sich an.* Лицо А ↓ Лицо А

(см. Hentschel/ Weydt 2003, S. 69)

Т а б л и ц а 6. **Синтаксические пробы с *sich***

Синтаксические пробы	*sie schämen sich*	*sie begegnen sich*	*sie zieht sich an*
Способ замещения	–	– (кроме: *einander*)	+
Задать вопрос	–	–	+
Поставить в начало предложения	–	–	+

Примечание 1

Данные синтаксические пробы позволяют определить, является ли *sich* самостоятельным членом предложения; ср. со способами в гл. 8.1 и 8.2.

Примечание 2

Кроме того, следует различать и четвёртую разновидность применения данного местоимения. В предложениях типа *Sie kaufte sich ein Auto* (кому? *Für sich!*) *sich* стоит в дательном выгоды (Dativ commodi). Он не запрограммирован валентностью глагола *kaufen*. Дательный выгоды указывает не на участника действия, а на „получающего выгоду" в результате действия. Его можно рассматривать как сирконстант (свободный распространитель) (см. гл. 8.4).

(г) Семантические классы местоимений

Личные местоимения (Personalpronomen) делятся на две группы. Местоимения 1 и 2 лица указывают в конкретной речевой ситуации на говорящего и слушающего. Местоимения 3 лица имеют иное назначение. Они относятся ко „всему остальному" и указывают на другие лица и предметы, ранее названные в тексте.

Личные местоимения ставятся в один ряд с существительными по синтаксической функции (они могут являться подлежащим, дополнением и т. п.).

Относительные местоимения (Relativpronomen) указывают на другие именные части речи в главном предложении и замещают какой-либо член предложения или его часть. Их точное значение определяется обычно тем словом, к которому они относятся, либо (иногда) содержанием всего предложения. Последнее происходит в случае с придаточными определительными, когда они относятся к предложению в целом: *Ich will Schauspieler werden, was meine Eltern aber gar nicht gut* *finden.* (LWB, S. 1196). В таком случае говорят об обобщающем относительном местоимении.

Субстантивные вопросительные местоимения (Interrogativpronomen – от латинского *interrogare* ‚спрашивать‘) *wer, was* и т. п. дополняются адъективными местоимениями (*welcher* и т. п.). Они служат для формулировки специальных вопросов либо для присоединения к главному такого придаточного предложения, которое легко трансформируется в вопросительное („косвенные вопросительные предложения“).

Субстантивные неопределённые местоимения (Indefinitpronomen) в качестве самостоятельных членов предложения образуют остаточную группу. Они указывают на лица (*man, jeder, jemand, niemand*, высокопарно: *jederman, ein jeglicher*) либо на предметы и явления (*etwas, nichts;* в разговорной речи часто *was, nix*). В разговорной речи также употребляется *wer* вместо *jemand: Es ist wer an der Tür*). Эти местоимения образуют разнородную группу. Данные слова употребляются вместо существительных либо вместо прилагательных.

Следующие группы местоимений функционально близки к артиклям и прилагательным.

Указательные местоимения (Demonstrativpronomen) – за исключением *solcher* – склоняются, как определённый артикль. Они указывают на нечто только что названное либо следующее за местоимением, а также на то, что является актуальным для речевой ситуации.

Притяжательные местоимения (Possessivpronomen) употребляются подобно прилагательным. Естественно, они могут быть субстантивированы, как и прилагательные: *Jedem das Seine*. В функции прилагательного они называют роль либо принадлежность последующего существительного.

(д) Комбинаторные возможности местоимений

Личные местоимения соединяются прежде всего с глаголами и являются в таких случаях подлежащим либо дополнением.

Относительные и вопросительные местоимения также могут являться членами предложения, а именно подлежащим либо дополнением. Однако они могут выполнять и атрибутивную функцию, тогда в контексте они стоят перед соответствующим существительным.

Притяжательные и указательные местоимения, как и артикль, стоят перед существительным либо указывают на него.

Они склоняются, как прилагательные, даже в случае субстантивации.

Примечание

На дополнения и обстоятельства с предлогами указывают прежде всего местоименные наречия (напр., *darauf* → „auf dem", *wofür* → „für was"). Выступая в качестве наречий, они, естественно, не склоняются.

(e) Парадигмы местоимений

В Учебном словаре немецкого языка как иностранного (LWB) приводятся следующие таблицы парадигм местоимений:

Таблица 7. Личные местоимения

(f-1) Personalpronomen

Singular	1.	2.		3.			Person
Nom.	*ich*	*du*	*Sie*	*er*	*sie*	*es*	
Gen.	*meiner*	*deiner*	*Ihrer*	*seiner*	*ihrer*	*seiner*	
Dat.	*mir*	*dir*	*Ihnen*	*ihm*	*ihr*	*ihm*	
Akk.	*mich*	*dich*	*Sie*	*ihn*	*sie*	*es*	
Plural	1.	2.		3.			Person
Nom.	*wir*	*ihr*	*Sie*	*sie*			
Gen.	*unser*	*euer*	*Ihrer*	*ihrer*			
Dat.	*uns*	*euch*	*Ihnen*	*ihnen*			
Akk.	*uns*	*euch*	*Sie*	*Sie*			

Таблица 8. Притяжательные местоимения

(f-2) Possessivpronomen

Singular: *ich – mein*

        du – dein

        Sie – Ihr

        er/es – sein

        sie – ihr

Plural: *wir – unser*

      ihr – euer

      Sie – Ihr

      sie – ihr

Т а б л и ц а 9. **Относительные местоимения**

(f-3) Relativpronomen

Singular:

der, dessen, dem, den *die, deren, der, die* *das, dessen, dem, das*	*welcher* usw. *welche* *welches*

Plural:

die, deren (ugs. *derer*), *denen, die*	*welche*

Т а б л и ц а 10. **Указательные местоимения**

(f-4) Demonstrativpronomen

Singular:

der, dessen, dem, den *die, deren, der, die* *das, dessen, dem, das*	*dieser* usw., *derjenige* usw. *diese diejenige* *dieses dasjenige*

Plural:

die, deren (*ihre*), *denen, die*	*diese diejenigen*

(f-5) Interrogativpronomen

wer, wessen, wem, wen, was, *von was, für was (wofür, womit* *usw.), was*	Person – Nicht-Person

Неизменяемые части речи

К этой группе относятся наречия, соединительные слова (предлоги и союзы), частицы, остаточная группа коммуникативных[1] и служебных слов.

2.5. Наречия

Наречия, как и прилагательные, являются „открытой" частью речи. Их запас может пополняться за счёт словообразовательных средств. Их функция состоит в назывании и уточнении обстоятельств действия, процесса, положения вещей. Они характеризуют образ действия, его причины, называют место и время действия, взаимосвязи при совершении действия.

---

[1] Прим. перев.: в оригинале: Gesprächswörter (дословно: речевые слова).

(а) Формы наречий

Наречия в немецком языке, как и в других языках, не склоняются. В отличие от языков-„соседей", немецкие наречия не имеют специального адвербиального суффикса, служащего для их образования от прилагательных. Изначально было иначе. В древневерхненемецком отличительным признаком наречий являлся суффикс *-о*, в средневерхненемецком *-е* либо *-lîche/ -lîchen* (ср. с англ. *-ly*), подобно другим европейским языкам (например, в русском, сербо-хорватском и т. д. *-о*, в романских языках *-ement, -mente* и т. д.).

Примечание

Остаточным явлением средневерхненемецкого суффикса является *-е* в немецких словах *gerne* и *lange*. В немецком имеется суффикс *-weise*, который обозначает специальную функцию наречия: он характеризует роль наречия в предложении: *Verständlicherweise hat er geleugnet* (= Es ist verständlich, dass ...); ср. *bedauerlicherweise, merkwürdigerweise* и т. д. (см. LWB: ↑ -weise).

(б) Типы форм наречий

Одно- и двусложные наречия обычно просты по своему составу: *bald, immer, jetzt, gern, kaum, oben, hinten, hier, dort*.

Другие же узнаваемы по своей словообразовательной структуре, прежде всего производные с *-s* (*morgens, abends, links*), *-weise* (см. выше), *-maßen, -falls* (*literweise, bekanntermaßen, anderenfalls* и т. д.) и сложные слова с *hier-* (*-bei, -an* и т. д.), *da-* (*-bei, -ran* и т. д.) и *wo-* (*-bei, -für* и т. д.). Довольно большая группа наречий по форме идентична прилагательным: *schnell (kommen), laut (rufen), sicher (handeln), wahrscheinlich (abreisen)* и т. д.

(в) Синтаксические функции наречий

Основную группу составляют наречия, которые употребляются в функции членов предложения:
– как обстоятельства – второстепенные члены при глагольном сказуемом (включая местоименные наречия): *gern, oft, heute/ morgen/ gestern* и т. д.

Примечание

В производных существительных либо прилагательных от словосочетаний с данными наречиями последние выступают в качестве первого компонента сложного слова: *früh aufstehen* > *Frühaufsteher; leise (auf)treten* > *Leisetreter;*

– как обстоятельства – сентенциальные наречия – т. е. как члены предложения, относящиеся ко всему предложению в целом: *wohl, vielleicht, wahrscheinlich* и т. д. (см. гл. 8.5б).

В функции атрибутов наречия употребляются перед причастиями, ср. *laut* в сочетании *laut singend* либо *frisch* в сочетании *frisch gekocht.*

Примечание

Сочетания подобного типа имеют тенденцию к лексикализации. Как сложные слова они в большинстве случаев пишутся вместе. Согласно реформе 1998 года их следует писать раздельно, если адвербиальный атрибут способен образовывать степени сравнения либо может быть распространен: *neu bearbeitet, frisch gestrichen, tief betrübt* (ср. *ganz neu bearbeitet, sehr tief betrübt*).

В пограничной зоне между наречиями и частицами (2.8) находятся неизменяемые лексемы *sehr, ziemlich, ganz, höchst,* которые употребляются в качестве (интенсифицирующих) атрибутов перед прилагательными и классифицируются как градуальные частицы.

Как переходная форма („полунаречие") рассматривается также отрицание *nicht* (ср. тж. гл. 2.8в и 8.5а). Традиционно оно определялось как наречие, а не частица, поскольку оно может занимать в предложении ту же позицию, что и *gern, oft* и т. д. (см. выше), а также появляться в аналогичных по структуре образованиях: *Nichtraucher, Nichtschwimmer.* Кроме того, *nicht* придаёт высказыванию обратное значение, что не свойственно частицам. Несмотря на это, отрицание в большинстве современных грамматик ставится в один ряд с частицами на том основании, что оно не может, подобно другим членам предложения, употребляться самостоятельно перед изменяемой частью сказуемого в главном предложении. Это действительно так. Всё дело в специфической семантике *nicht*, согласно которой оно является частью предикации и одновременно обусловливает отрицание говорящим всего высказывания. В этом смысле *nicht* близко к наречиям.

И в качестве завершения раздела – афоризм К. Крауза: „*Es genügt nicht nur nicht, kein Konzept zu haben, man muß auch unfähig sein, es umzusetzen.*"

(г) Семантические типы наречий

В качестве партнёров глагольной предикации наречия проявляют следующие категориальные значения:
– локальные,
– темпоральные,
– каузальные (включая условные, уступительные, цели),
– модальные (включая инструментальные),
– реляционные (включая сравнительные).

В случае их соотнесённости не с глагольной предикацией, а со всем предложением в целом, они имеют следующие значения:
– отрицания: *nicht; keineswegs,*
– градации, прежде всего относительно оценки степени вероятности (как комментирующие либо модальные слова): *sicherlich, vielleicht, wahrscheinlich, bestimmt, wohl, leider, gewiss, natürlich, offenbar, kaum.* Они выражают оценку содержания сказанного говорящим. Ниже приводится текст, для которого конституирующими являются темпоральные наречия:

„*Das Altersheim*
(...) Gestern trug man Kinderschuhe.
Heute sitzt man hier vorm Haus.
Morgen fährt man zur ewigen Ruhe
ins Jenseits hinaus.

Ach, so ein Leben ist rasch vergangen,
wie lange es auch sei.
Hat es nicht eben erst angefangen?
Schon ist's vorbei. (...)"

(Erich Kästner, Hausapotheke, S. 66)

(д) Комбинаторные возможности наречий

Наречие + глагол: *oft, gern tanzen* и т. д.;
Наречие + ядро предложения (с глаголом): *sie kommt gewiss wieder/ nicht wieder/ kaum wieder* и т. д.
Наречие + прилагательное: *sehr/ recht/ besonders erfreulich* и т. д.

(e) Парадигмы наречий

Употребляемые в качестве обстоятельств прилагательные типа *schön* либо *laut* и отглагольные прилагательные типа *störend* либо *erschütternd* имеют устойчивую неизменяемую форму. Их словоизменительные потенции реализуются в других синтаксических функциях. Наречия типа *gern, kaum, immer, oft* никогда не изменяются, другие же корневые наречия типа *gestern, heute, morgen, dort* могут быть при помощи суффикса -*ig* преобразованы в прилагательные и, в результате этого, употребляться в качестве согласованных атрибутивных определений (*gestr-ig, morg-ig* usw.).

2.6. Предлоги

Предлоги функционируют в качестве юнкторов, которые служат для выражения отношений между глаголом и его именными партнёрами (дополнениями, обстоятельствами), а также для подчинения одного имени другому (в качестве атрибута). Они стоят перед существительным, определяя его падеж.

Friedrich: „Bist du ooch 'von'?" – „Jawohl – Mutter weeß bloß nich von wem!"

Многие предлоги известны давно и встречаются в родственных языках:

нем. *an* – англ. *on* – нидерл. *ann*;

нем. *auf* – англ. *up* – нидерл. *op* – норв. *opp*;

нем. *in* – англ. *in* – нидерл. *in* – норв. *i*;

нем. *über* – англ. *over* – нидерл. *over* – норв. *over*.

Некоторые предлоги были образованы от других частей речи, прежде всего от существительных (*wegen, dank*), от именных сочетаний (*zuliebe*), а также от глаголов (*vermöge; während*), прилагательных (*anlässlich*), наречий (*rechts*). Заимствованных предлогов в немецком языке совсем немного (*à, pro*). В целом же примерно 120 немецких предлогов образуют замкнутую часть речи, первичной функцией которой является грамматическая, а именно – реляционная. Об их лексических особенностях см. Учебный словарь немецкого языка как иностранного (LWB, S. 797).

(a) Формы предлогов

Предлоги являются неизменяемыми словами, которые вводят именные группы и определяют падеж слова, к которому они относятся. Бо́льшая их часть состоит из одного-двух слогов (*in, neben*), некоторые (как изменившие свою функцию производные) – из трёх (*hinsichtlich, angesichts*) либо четырёх слогов (*gegenüber*). Некоторые предлоги развились в двойные (напр., *auf... hin, von ... ab, um ... willen*). Отдельные предлоги могут стоять в постпозиции: *nach* (*meiner Meinung nach*), *willen* (*um des lieben Friedens willen*), *zu* в значении направления (*dem Walde zu*), а также *entlang* (*die Straße entlang*). Односложные предлоги – прежде всего в разговорной речи – сливаются с формами последующего артикля в дативе либо аккузативе: *in + dem → im; in + das → ins; zu + der → zur; an + das → ans; durch + das → durchs; über + das → übers; an + der* в разговорной речи на севере Германии → *anner* (*anner Straße = an der Straße*), *in + der → inner* (*inner Tasche = in der Tasche*).

(б) Формальные классы предлогов

По форме „управляемого" существительного различают предлоги, управляющие:
– дативом,
– аккузативом,
– дативом либо аккузативом (предлоги с двойным управлением),
– генитивом,
– генитивом либо дативом (параллельные формы с предлогами *wegen, trotz*).

Наибольшую трудность представляют предлоги с двойным управлением. На вопрос „Wohin?" отвечают конструкции из предлога и существительного в аккузативе; на вопрос „Wo?" – конструкции из локального предлога и существительного в дативе. Другими словами, при указании направления употребляется аккузатив: *Ich setze mich schon in das Auto*; при указании местоположения – датив: *Ich sitze schon in dem Auto*. Данное правило определяет употребление предлогов *an, in, vor, auf, hinter, neben, über, unter, zwischen*.

Примечание

Для предлогов, управляющих генитивом либо дативом, такого жёсткого правила нет. Поэтому среди них отмечается много спорных случаев, особенно после *statt, trotz, während, wegen*. В разговорной речи предпочитаются формы с дативом. В письменной речи может употребляться датив (во множественном числе), когда датив является единственной маркированной грамматической формой (а падеж не определяется из-за отсутствия артикля): *Wegen Regenfällen* (вместо: *Regenfälle*), *trotz Protesten* (вместо: *Proteste*), *statt Schüssen* (вместо: *Schüsse*).

(в) Функциональные классы предлогов

При помощи предлогов имена (в широком смысле, т. е. существительные, местоимения, а также наречия) грамматически присоединяются к главному слову, т. е. глаголу либо существительному (в последнем случае в качестве определения). Они служат для выражения причинных, локальных, темпоральных и модальных отношений между двумя языковыми единицами (но не предложениями, как большинство союзов).

От предлогов, которые являются грамматическими юнкторами, следует отличать лексические (устойчивые) предлоги: они связаны с определённым значением глагола, их нельзя опустить либо заменить, они, как правило, не несут семантической нагрузки (являются „семантически пустыми"). Предлог *auf*, например, употребляется с глаголами *liegen, stehen auf etw.* параллельно с конструкциями *liegen, stehen* и т. д. *unter/ neben/ über etw.* в соответствующем локальном значении. Однако при употреблении данного предлога в устойчивых лексических соединениях *warten auf, aufpassen auf, sich freuen auf etw.* и др. он является „семантически пустым", т. е. ничего не означает. В его функции входит только определение падежа следующего за ним существительного. В ряде таких случаев, однако, наблюдается частичная семантическая мотивированность предлога.

(г) Семантические типы предлогов

Некоторые предлоги имеют только одно значение. Это редко употребляемые служебные слова, прежде всего омонимы слов из других частей речи (наречий, прилагательных), таких, как *links, trotz*, а также отдельные предлоги, которые образованы от других частей речи: *zwecks, zuliebe, zugunsten*. Обычно же предлоги имеют несколько значений. Они полисемичны. Конкретные отношения, которые выражает тот либо иной предлог, становятся понятными из контекста, из значения связанных с ним лексем.

Большинство из них относится к семантическим категориям, которые наблюдаются также и у союзов (см. гл. 2.7). Они имеют следующие значения:

– **места** либо **направления** (это считается их первоначальной функцией): *auf, an, aus, bei, hinter, neben, über, unter, durch, ab (der Zug fährt um 9 Uhr ab Bonn); gegen (gegen das Bein treten), nach, um, vor, zu, zwischen, entlang, gegenüber*;

– **времени** (темпоральное): *vor, nach, in (in ein paar Minuten), um (um acht), bis, bei (bei Eintritt der Dunkelheit), von, wie, seit, während, zwischen*;

– **модальное**, часто **инструментальное**: *durch, mit* либо **сравнительное**: *bis (bis zum Äußersten), für (für seine Jugend schon sehr raffiniert), gegenüber*;

– **отрицательное**: *ohne*;

– **агентивное**: *von (von ihm betrogen werden, vom Blitz getroffen sein); durch (durch ihn getötet werden);*

– „**каузальность**" в широком смысле проявляется в следующих значениях:

• **каузальное в узком смысле** (от лат. *causa* „причина"): *wegen, halber* (в постпозиции); *durch, dank (dank ihrer Hilfe); aus (aus Habgier), vor (vor Freude)*;

• **кондициональное** (от лат. *conditio* „условие"): *bei, mit (etw. mit Fleiß erreichen = wenn man fleißig ist)*;

• **отрицательное**: *ohne*;

• **концессивное** (от лат. concedere „уступать"): *trotz*;

• **финальное** (от лат. *finis* „цель"): *für, zu, zwecks, um... willen, aus (aus Liebe handeln)*.

Наконец, имеется ещё одна классификация предлогов по следующим значениям:

– **рестриктивное** (ограничительное): *ohne, außer*;

– **субститутивное** (заместительное): *statt, anstatt, für (für den verletzten Torwart spielen)*;

– **адверсативное** (противительное): *wider, (ent)gegen*;

– **дистрибуционное** (распределительное): *pro, à, zu (zu zweit)*;

– **партитивное**: *von (einer von uns)*;

– **материальное**: *aus (aus Beton)*;

– **соответствия**: *nach (nach diesen Maßstäben beurteilt werden)*.

(д) Комбинаторные возможности предлогов

Можно выделить следующие комбинаторные типы сочетаний с предлогами:

– предлог + (управляемое) существительное либо + местоимение/ наречие + глагол: *in + München, bei + Freundinnen/ ihnen + bleiben/ leben; auf der Burg/ dort + bleiben* и т. д.;
– существительное + предлог + (управляемое) существительное/ местоимение/ наречие: *das Leben + auf + dem Lande, bei Freunden/ bei ihnen + in + der Stadt.*

От них отличаются словосочетания с предложными дополнениями:
– глагол + предлог (связанный с глаголом) + существительное/ местоимение/ наречие: *suchen nach, die Suche nach.*

От комбинаторного типа зависит, употребляется ли с предлогом определение, актант (как предложное дополнение или зависимое обстоятельство) либо сирконстант (свободное обстоятельство): *das Leben auf dem Lande; hoffen auf Hilfe, auf den Retter/ auf ihn; hoffen darauf, dass Hilfe kommt* и т. д. (предлоги здесь не несут семантической нагрузки); *auf/ neben/ hinter dem Hügel wohnen; das Lied auf der Gitarre spielen.*

(е) Парадигмы предлогов, упорядоченные по падежам, представлены в Учебном словаре немецкого языка как иностранного (LWB, S. 798).

2.7. Союзы

В немецком языке насчитывается около 70 слов, которые служат для союзной связи предложений либо их частей, для сочинительной либо подчинительной связи. К союзам нельзя задать вопрос. Они стоят между соединяемыми предложениями и/или их частями. Это объединяет их с относительными местоимениями, которые тоже служат для связи придаточных предложений с главным. Поэтому их объединяют в группу, называемую „коннекторы".

10 союзов омонимичны предлогам: *bis, während, statt, um, zu, ob, ohne, seit, anstatt, außer.*

(а) Форма союзов

Форма союзов не изменяется, что роднит их с предлогами и наречиями. Как и предлоги, союзы выполняют функцию соединения; однако, в отличие от предлогов, они не определяют форму (управление) следующего слова. Подобно относительным местоимениям, они определяют порядок слов в придаточном предложении, которое они вводят.

(б) Типы форм союзов

Простыми союзами являются *als, dass, und, wenn, weil* и др. В результате словосложения возникли *damit, seitdem, nachdem, indem, sofern* и т. д. Некоторые союзы пишутся раздельно (*als ob, ohne dass*). Имеются также двойные союзы: *nicht nur ... sondern auch; entweder ... oder; so ... dass; je ... desto* и т. д.

(в) Функциональные классы союзов

Принципиально различают два класса союзов: сочинительные – *und, oder, denn, jedoch, aber, doch, beziehungsweise* и т. д., связывающие предложения либо их части на одном уровне, и подчинительные, вводящие придаточные предложения, – *da, damit, seit(dem)* и т. д.

Примечание

От них необходимо отличать союзные наречия (*deshalb*) и местоименные наречия (*darauf*), являющиеся членами предложения.

(г) Семантические типы союзов

Отдельные союзы не имеют собственных значений, прежде всего *dass* и *ob*, вводящие придаточные предложения. Некоторые союзы определяют и уточняют значение **координации** (сочинительной связи), а именно как:
– **аддитивное** (присоединение): *und, sowie*;
– **альтернативное**: *oder, entweder... oder, beziehungsweise*;
– **противительное**: *doch, aber, allein, jedoch, sondern*;
– **уточняющее**: *und zwar, außerdem, überdies, geschweige denn* (с отрицательным значением);
– **каузальное**: *denn*; в разговорной речи также *weil*.

При **субординации** (подчинении) выделяются следующие значения союзов:
– **темпоральное**: *als, seit(dem), solange* (при одновременности действия); *bis, ehe, bevor* (при указании следующего действия); *nachdem, als, sobald (als), kaum dass* (при предшествовании);
– **каузальное** (в широком смысле), а именно:
• **обоснования**: *weil, da, zumal*;
• **уступки**: *obwohl, obgleich, wenn auch (...) so doch*; в разговорной речи также: *trotzdem*;
• **следствия**: *so dass, so... dass*; отрицания: *ohne dass, ohne (...) zu*;

- **условия**: *wenn, außer wenn, sofern, falls*;
- **цели**: *damit, um (...) zu, dass*;
- **модальное**: *indem, wie, ohne dass, ohne (...) zu*;
- **сравнения**: *als, als ob, wie* и **пропорциональности**: *je nachdem, was; je ... desto, umso ... als*;
- **противительное**: *während*;
- **рестриктивное** (ограничительное): *außer dass/ wenn; nur dass; soweit*.

(д) Комбинаторные возможности союзов

Союзы соединяют:

– слова, прежде всего глагол с глаголом, существительное с существительным (местоимением);

– предложения: главные и придаточные; словосочетания в них;

– главные предложения с главными, придаточные с придаточными.

(е) Парадигмы союзов

Различают парадигмы каузальности, темпоральности, модальности. Как они подразделяются семантически, см. выше (г).

2.8. Частицы

Тот, кто дарит кому-либо цветы, рассчитывает на жест благодарности и высказывания типа „*Die sind aber schön*" либо „*Das ist aber nett*". „Если подобные условности игнорируются, то это затрудняет взаимопонимание; в итоге оно может быть парализовано" (Harden/ Rösler 1981, S. 74). Частицы, подобные *aber*, повседневны и привычны в нашей речи, даже если они безударны, незначимы и их можно опустить.

Они трудно выделимы, так как многие из них омонимичны прилагательным, союзам и наречиям. Частицы не обозначают что-либо самостоятельное, особое, вследствие этого в речи их легко можно опустить. В их семантические функции не входит описание либо характеристика чего-либо. Они служат для выражения нюансов, оттенков содержания высказывания, т. е. расстановки коммуникативных акцентов, прежде всего в диалоге. В романских языках их немного, как и в английском, в отличие от немецкого и других германских языков.

(а) Грамматическая форма частиц

Частицы относятся к неизменяемым частям речи. Они не склоняются, не образуют степеней сравнения и большей частью безударны. Они не являются членами предложения, к ним нельзя задать вопрос, они не могут функционировать как эллиптичные предложения.

(б) Формальные классы частиц

Несмотря на вышеназванные критерии, частицы иногда трудно отделить от наречий и прилагательных. Они составляют довольно неоднородную группу из простых слов (*eben, noch, schon, ja, doch*) и производных (*einfach, eigentlich, ruhig, sicherlich*). В зависимости от функции можно выделить несколько функциональных классов частиц.

(в) Функциональные классы частиц

– Перед прилагательными употребляются **градуальные/ усилительные** частицы (**Gradpartikeln**): *sehr, ganz, recht, ziemlich, höchst, zutiefst, einfach, echt, direkt, rein, äußerst, ungemein*. Они указывают на степень качества, которое выражает прилагательное – например, усиливают его (*sehr*) либо ослабляют его (*ziemlich, etwas*).

Примечание 1

Gar и *überhaupt* служат для усиления отрицания *(nicht, kein)*. *Viel* и *weitaus* являются усилительными частицами только перед прилагательными и наречиями в сравнительной степени *(viel besser)*. *Erst, schon, noch, wenigstens, höchstens, mindestens* как градуальные частицы также относятся к данной группе. Перед существительными усилительные частицы не употребляются.

Примечание 2

Если они употребляются с глаголами, то переходят в разряд наречий и выполняют функцию обстоятельства: *Ich habe mich sehr (= riesig) gefreut*.

– **Фокусирующие** (тж.: выделительно-ограничительные) частицы (**Fokuspartikeln**) являются частью всего высказывания. Они маркируют часть высказывания, которую говорящий хочет выделить (контекстуально-логическое ядро), и выдвигают её на первый план. Эта часть становится коммуникативно наиболее значимой. Фокусирующие частицы служат выделению (*sogar* и т. п.) либо ограничению (*nur* и т. п.)

последующей информации. Другие возможности тем самым „погашаются“: *dies hatte nur Michael geschafft (kein anderer)*. В других случаях при помощи фокусирующих частиц *erst, auch, besonders, gerade, vor allem* из ряда равноправных явлений выделяется одно, например: *Erst* (фокусирующая частица) *sie* (сфера действия) *hat mich glücklich gemacht*. Частицы служат при этом для выделения значения следующего слова либо его ограничения. К фокусирующим частицам относятся также: *allein, auch, bereits, bloß, nur, schon, eben, noch, selbst, sogar, besonders, gerade*.

– **Модальные (оттеночные)** частицы (**Abtönungspartikeln**) сигнализируют об определённом отношении говорящего к сказанному, прежде всего в разговоре: *aber, auch, bloß, denn, doch, eben, eigentlich, einfach, etwa, erst, halt, ja, mal, ruhig, schon, vielleicht, wohl, also*. Частицы *direkt, echt*, северонемецкие *man, noch, nur, rein, so* также могут рассматриваться как модальные. Все они относятся к предложению в целом:

в повествовательных предложениях употребляются прежде всего *doch, halt, eben, ja, schon*;

в вопросительных предложениях – *denn, wohl, etwa, bloß, doch, nur, schon, eigentlich*;

в побудительных предложениях – *doch, mal, schon, bloß, eben, ja, nur, auch*;

в восклицательных предложениях и предложениях-пожеланиях – *bloß, doch, nur, aber, auch*.

Примечание

Другие германские языки – норвежский, шведский, датский, нидерландский – также имеют многочисленные частицы, употребление которых сходно с модальными частицами в немецком (Hentschel/ Weydt 2003, S. 318).

– **Коммуникативные**[1] либо **выделительные** частицы (**Gesprächs-** oder **Rangierpartikeln**): см. гл. 2.9.

– Синтаксически частицей, коммуникативно наречием является **отрицание** *nicht*. Оно относится к глагольному сказуе-

---

[1] В грамматике Й. Эрбена эта группа частиц обозначается как „Gesprächspartikeln“, в русской версии этой грамматики используется термин „коммуникативные частицы“ (прим. перев.).

мому (отрицает предложение) либо фокусирует именную группу (отрицает слово).

Примечание

Отрицательная частица превращает высказывание в его противоположность и этим выражает позицию говорящего (ср. модальные слова (наречия)), следовательно, она семантически отличается от частиц, которые могут быть выпущены. Синтаксически это частица, семантически – наречие; см. гл. 2.5(в) и 8.5(а).

Синтаксический потенциал частиц очень ограничен: они не могут являться ответом на вопрос, не могут занимать первое место в качестве самостоятельного члена предложения. Они могут относиться к ядру именной группы либо ко всей группе в целом (фокусирующие частицы), к определённому прилагательному (усилительные частицы), ко всему предложению в целом (модальные, отрицание) либо к реакции собеседника в диалоге (коммуникативные частицы).

Примечание

Слова, служащие в качестве ответов (*ja, doch, vielleicht* и т. д.), нельзя классифицировать как „ответные частицы" (Hentschel/ Weydt 2003, S. 323f.). В данном случае речь идёт о „словах-предложениях", которые отвечают на вопросы и замещают целые предложения (см. гл. 2.9).

(г) Семантические типы частиц

Значение частиц, в отличие от омонимичных им прилагательных (*eben*), наречий (*doch*), союзов (*denn*), размыто. Оно определяется при помощи контекста, окружения. Некоторые из них относятся к прилагательным и градуируют их значения, другие – к существительным/ местоимениям и подчёркивают их коммуникативную ценность (фокусирующие); либо они выступают как сигналы, регулирующие понимание или осуществляющие обратную связь (модальные, речевые). Все они способствуют выделению важной информации, акцентируют внимание на её значимости и регулируют её понимание слушателем.

(д) Комбинаторные возможности частиц

Модальные частицы встречаются преимущественно в повествовательных предложениях, а также в специальных вопросительных и побудительных предложениях, особенно часто в диалогах. Фокусирующие частицы встречаются чаще в информативных повествовательных предложениях. Употребление коммуникативных частиц ограничивается диалогами.

Задание на разграничение частей речи:

Sie singt *gern*.
Sie singt *heute schlecht*.
Sie singt *vielleicht*.
Sie singt *nicht*.
Sie singt *eben nicht*.

а) Какими частями речи являются слова *gern, schlecht, heute, vielleicht, eben, nicht* в данных предложениях?

б) К чему относятся данные слова: к предложению в целом или к глаголу?

в) Какие слова комментируют сказанное?

2.9. Другие коммуникативные и служебные слова

Большинство слов, вызывающих сомнения при классификации этих классов слов, относится к переходным пластам лексики.

Коммуникативные слова (Gesprächswörter)

Термин „коммуникативные слова" используется как обобщённое обозначение всех рассматриваемых ниже классов слов. К этой группе относятся, прежде всего, **слова-предложения (Satzwörter)**. Являясь ответами, слова *ja, nein, sicher* выступают в роли эквивалентов предложений. В данном случае их нельзя рассматривать как частицы.

Утвердительные (*Doch! Ja! Sicher! Klar! Bestimmt!*) более частотны, чем отрицательные (*Nein. Keinesfalls! Keineswegs!*). Предпосылкой их появления в речи являются заданные общие вопросы либо выраженные требования, просьбы и другие подобные адресные типы предложений.

К ним причисляются также так называемые **коммуникативные** либо **выделительные частицы**. Они способствуют регулированию стратегии ведения разговора, в частности, заполнению пауз и т. п., подобно *also, nun, so*. Они употребляются также, когда собеседник хочет уточнить/ удостовериться в том, правильно ли он понял партнера; либо вызвать у партнёра соответствующую реакцию (*Oder? Wie? Gell?*); либо что-либо подтвердить (*genau, richtig, hm, ja*). Подобные сигналы, сегментирующие речевой поток, позволяют также обратить внимание собеседника на тот или иной момент (*also, so, nun*).

Какое место в классификации частей речи занимают **междометия**? В латинской школьной грамматике они рассматриваются как самостоятельная часть речи. Во всяком случае, они не определяются как переходные формы. Междометия намного самостоятельнее как по функции, так и по своей позиции в предложении. Они могут стоять как между предложениями, так и включаться в предложения, не влияя при этом на их структуру. К междометиям нельзя задать вопрос. У них отсутствуют некоторые свойства членов предложения и их составляющих, например, возможность употребления с определениями либо обстоятельствами. У междометий проявляются и некоторые фонетические особенности. По своей звуковой структуре они не образуют минимальную оппозицию к другим словам. Некоторые из них имеют не типичные для немецкого языка звуковые комбинации (ср. *-ui* в *hui* и *pfui*). В зависимости от высоты тона они могут выражать различные оттенки значения. Эти значения модифицируются в зависимости от громкости, повторов либо длительности произнесения звука. В других языках подобные свойства являются даже типологическими характеристиками.

Семантически междометия также образуют особую группу. Они функционируют как минимальные высказывания, как отдельные восклицания (типа *Hilfe! Alarm! Feuer! Achtung! Vorsicht!*). Как и последние, они так же кратки, но мотивированы не соответствующими лексемами языка, а голофрастически (1 слово = 1 предложение). Их коммуникативная функция мотивирована не морфологически (как, напр., в императиве), не лексически (как в *Feuer*), а эмоционально – чтобы спонтанно выразить радость, удивление, боль и т. п.

В принципе все узуальные междометия, вошедшие в словари, делятся на три группы:

– Эмоциональные слова, такие как *pfui, top, ätsch, na, ah, o, oho, aua, mhm*.

– Звукоподражательные междометия (слова-имитации): *platsch, boing, bums, rums, krach.*

– Апеллятивные междометия, обращённые непосредственно к собеседнику и побуждающие его к определённой манере поведения: *pst, hauruck, he* и т. д.

Примечание

Наглядным является сравнение междометий, выражающих боль, в разных языках. Долгое время существовало предположение, что они совпадают. Об этом говорит тезис об их „звуковой символике", согласно которому имеется „внутренняя, естественная связь по схожести между звуком и значением" (Jakobson 1986, S. 196). Поэтому не случайно, что слова *spitz* и *Blitz* звучат в немецком именно так, а не иначе.

Сравнение языков приводит к другим выводам. Даже для выражения боли в различных языках нет единых знаков, а используются разные междометия. Они кратки по своей структуре и образуются из сочетаний экстремальных гласных, например, /a/ и /u/ (Abelin 1999). Половина из них состоит только из гласных звуков. При этом набор гласных довольно разнообразен (Schrader 2001, S. 72). Согласные в этих междометиях являются полугласными (как /j/) и восходят к гласным, либо это гуттуральные или лабиальные щелевые (Schwentner 1924, S. 46). Порой трудно определить часть речи данных лексических единиц. Образуются они в схожих ситуациях по аналогичным образцам. „При произношении /a/ челюсть обычно опущена. Губы не округляются и не вытягиваются вперёд, язык располагается в нижней части полости рта..." (Essen 1981, S. 33). На этом сходства заканчиваются. Потому и реконструировать универсальный язык болевых звуков невозможно. Отметим, что А. Абелин (1999) сравнивал только 9 языков.

Слова, служащие для образования словоформ и являющиеся свободными морфемами, нельзя отнести к группе „коммуникативных слов". Они образуют собственную подгруппу.

Здесь уместно назвать формы артикля *der, ein* и т. д., т. е. слова, имеющие статус морфем. Однако они по общности функций сходны с определяющими (указательными, притяжательными) местоимениями (*seine, diese* и т. д.) и омонимичными местоимениями (*der*: „dieser, welcher"). Некоторые авторы рассматривают их как самостоятельную часть речи (ср. Admoni 1982). Исторически и синтаксически они близки к местоимениям (как сопроводители имени; Helbig/ Buscha 2001). Об их формах и функциях в тексте см. соответствующие разделы данной грамматики.

Подобно артиклям, вспомогательные глаголы *sein, werden, haben* (см. гл. 7.5(a)), функционируя наряду с аналогично звучащими полнозначными глаголами, выполняют чисто морфологическую задачу. Это глагольные морфемы. Их формообразование, однако, идентично полнозначным глаголам *sein, werden, haben*. Форма и функция в данном случае расходятся. Важным является тот факт, что они могут функционировать и как полнозначные глаголы. Исходя из этого, в грамматиках они рассматриваются в одном ряду с другими глаголами.

2.10. Устойчивые словосочетания: идиомы и их роль в пополнении состава частей речи. Грамматические свойства идиом

Идиомы – как они соотносятся с тематикой данной главы? Можно выделить их внешюю и внутреннюю грамматику.

В аспекте внешних отношений идиоматические выражения служат для номинации предметов и явлений. Поэтому они являются сложными языковыми знаками с устойчивой синтаксической формой. Однако они употребляются как отдельные слова и, будучи лексемами, могут замещать отдельные слова. Словосочетание *j-n auf die Palme bringen* имеет, например, значение *j-n aufregen*. Рассмотрим это сочетание в аспекте частей речи! Лексема-словосочетание относится к той же части речи, что и её грамматическое ядро (в нашем случае – *bringen*). Его можно отнести и к той же семантической группе, к которой принадлежит ядерное слово (в нашем случае это глаголы воздействия).

В аспекте внутренних отношений следует подчеркнуть, что во фразеологически закреплённых словах – компонентах идиомы – отсутствует ряд грамматических признаков, присущих им в свободном словоупотреблении. Так, в нашем примере существительное *Palme* утратило субстантивные признаки: возможность употребления с неопределённым артиклем и во множественном числе, а также способность выступать в функции атрибута.

Поскольку идиомы лексически устойчивы, то в них встречаются слова, давно вышедшие из употребления, например, существительное *Kegel* в идиоме *mit Kind und Kegel*. В соответствии с этим в авторитетных словарях идиомы выделяются графически (жирным шрифтом) как самостоятельные лексемы, а их значения объясняются. В основе идиом, как правило, лежит образное выражение, которое постепенно превратилось в устойчивое. Таким образом, их значение лексикализировано. При употреблении выражения *sein Licht (nicht) unter den Scheffel stellen* нет необходимости знать значение *Scheffel*, чтобы понять всю идиому как „*sich selbst (nicht) gut darstellen*“. Буквальное значение в данном случае не является существенным для понимания. Однако оно может быть актуализировано, если идиома неизвестна либо если её образное значение сознательно обыгрывается, например, в заголовках, рекламных слоганах либо поэтических текстах. Следующий текст Рудольфа Отто Вимера демонстрирует нам излюбленное обыгрывание идиом:

redensarten!

die messe ist eröffnet
wir tragen die haut zu markte
die wirtschaft floriert
wir werden das blaue wunder erleben
die kurse klettern
wir kommen auf keinen grünen zweig
wir machen uns die finger nicht schmutzig
eine hand wäscht die andere
der wortschatz nimmt zu
wir reden uns um den hals
kälte ist angesagt
wir werden auf glühenden kohlen sitzen
zweimal täglich zähneputzen
wir werden ins gras beißen.

Примечание

Пример из „Beispiele zur deutschen Grammatik“, Berlin 1971. Об особенностях фразеологизмов см.: Fleischer (1997), Wotjak (1992), Lüger (1997, S. 69 ff.) и т. д.

Идиомы имеют следующие грамматические особенности:

Как устойчивые языковые словосочетания, идиомы имеют некоторые свойства, не соответствующие современным языковым правилам. Так, в выражении *sich bei j-m lieb Kind machen* атрибутивное прилагательное *lieb* употребляется, как в средневерхненемецком, без окончания. Сохраняются и старые дополнения в генитиве, например, *j-n eines Besseren belehren*. Грамматическая устойчивость фразеологизмов означает также невозможность грамматического варьирования. В глагольных выражениях *Hahn im Korb sein* либо *Schule machen,* например, всегда отсутствует артикль. Это – особенность внутренней структуры идиом, всегда „привязанной" к конкретному фразеологизму. Иная картина наблюдается в грамматических свойствах идиом, касающихся их внешней структуры.

Устойчивость фразеологических единиц обусловливает следующие их грамматические свойства:

а) Полная невозможность либо крайне ограниченная возможность распространения дополнительными определениями. В выражение *Fersengeld geben* в значении „weglaufen" перед существительным *Fersengeld* нельзя подставить определение.

б) Возможности синтаксического варьирования также ограничены, например, в противительных конструкциях. Предложение „*Er ist bei ihrer Familie keineswegs Hahn im Korb*" нельзя продолжить предложением с противительным союзом *sondern* с употреблением другого названия животного вместо *Hahn.*

в) Компоненты идиом – существительные (как правило, образные) – обладают такой структурной спаянностью, что их нельзя при повторной номинации заменить местоимением. Например, существительное *Haut* из предложения *Er trägt seine Haut zu Markte* нельзя передать местоимением *sie* в следующем предложении.

г) Подобные ограничения существуют и для пассивного залога. Например, предложение *Sie haben gemeinsame Sache gemacht* нельзя трансформировать в **eine gemeinsame Sache wurde von ihnen gemacht.*

д) Ограничения распространяются и на возможность эмфатического выноса одного компонента на первое место. Выражение *Sie hat uns Lügen gestraft* с трудом можно переструктурировать в **Lügen hat sie uns gestraft.*

Отклонения от вышеназванных закономерностей либо воспринимаются как языковые ошибки, либо преследуют стилистические цели.

2.11. Роль словообразования в пополнении состава частей речи

Какова роль словообразования в грамматике? Является ли оно частью грамматики конкретного языка? В немецком языке – безусловно.

Примечание
Учение о словообразовании занимается описанием моделей, форм и закономерностей, по которым образуются новые слова. Слова же являются единицами словаря, они составляют лексикон того либо иного языка и являются предметом изучения лексикологии и лексикографии. Многие грамматические справочники словообразование не рассматривают, оставляя данный аспект без внимания, например, „Deutsche Grammatik. Ein Handbuch für den Ausländerunterricht" Г. Хельбига/ Й. Буша (Helbig/ Buscha 19. Auflage 1999), „Deutscher Sprachbau" В. Адмони (Admoni 1982) и справочники К.-Э. Зоммерфельдта/ Г. Штарке (Sommerfeldt/ Starke 1998), Х. Глинца (Glinz 1994) и др. В отличие от них Duden-Grammatik (6. Auflage 1998) называет одну из основных глав „Wortbildung" („Словообразование"). Между этими двумя крайностями находятся грамматики других авторов: Э. Хенчел/ Х. Вейдта (Hentschel-Weydt 3. Auflage 2003), П. Эйзенберга (Eisenberg 1994), Й. Эрбена (Erben 12. Auflage 1980), „Grundzüge einer deutschen Grammatik" В. Флемига (Flämig 1981) и др.

В любом случае к грамматике относятся: (а) учение о формообразовании слова (морфология), (б) учение о построении предложений (синтаксис) и (в) учение о текстообразовании (грамматика текста). Следовательно, возникает вопрос: как со всем этим связано словообразование?

(а) В морфологии:
– При помощи словообразования закрываются некоторые пробелы в системе склонения. Так возникают, например, особые формы множественного числа некоторых существительных: *Unglücksfälle* к *Unglück* (не: **Unglücke*) либо *Schneefälle*.

– Некоторые флексии изменяемых форм входят как соединительные элементы в состав сложных слов и маркируют внутренние границы между основным и определяющим словом. Органично входящие в структуру слова „парадигматические" соединительные элементы (Wellmann 1975) звучат аналогично флексии грамматической формы (*Hasenpfote – die Pfote des Hasen*). Употребление других элементов является скорее чисто автоматическим, например, *-s* после существительных женского рода на *-ung, -heit, -(at)ion, -schaft* (*Wohnung-s-miete, Freiheit-s-beraubung, Demonstration-s-recht, Erbschaft-s-steuer*). Они выполняют иконическую функцию и указывают на внутреннюю границу слова.

– Словообразование в значительной мере способствует конверсии – морфологическому процессу **перехода одних частей речи в другие**:

V → S[1]: через конверсию к субстантивированному инфинитиву: *rufen → das Rufen*; либо через имплицитную деривацию: *rufen → der Ruf*;

V → A: отглагольное прилагательное (через грамматическое образование от причастия I с суффиксом *-(en)d* и от причастия II с префиксом (*ge-*) и суффиксом (*-t* либо *-en)*; иногда дополнительно с умлаутом): *ausreichend, befriedigend, hervorragend; gerissen, gewitzt, gelassen;* be- и *verschlagen*;

S → V: через приведение к глагольной форме при помощи суффикса *-(e)n: Hamster → hamstern, Hammer → hämmern* (иногда с умлаутом);

S → A: очень редко: *Das ist (eine) Klasse (für sich) → Das ist klasse;* ср.: *Das ist spitze*;

A → V: через приведение к глагольной форме при помощи суффикса *-(e)n: grün → grünen; schwarz → etw. schwärzen* (т. е. иногда с умлаутом);

A → S: через конверсию к субстантивированному прилагательному: *dick → der/die Dicke*; через имплицитную деривацию: *hoch → das Hoch, tief → das Tief*.

Итак, это были **конверсия** и **имплицитная деривация** как способы преобразования одной части речи в другую. Данные „грамматические" способы словообразования иногда „произ-

---

[1] *Условные обозначения: V – глагол, S – существительное, A – прилагательное, Adv – наречие.*

водят полуфабрикаты", морфология которых носит переходный характер:

V → S: субстантивированные инфинитивы обычно не имеют формы множественного числа и употребляются только в единственном.

A → S: субстантивированные прилагательные склоняются по правилам склонения прилагательных, а не существительных, однако в синтаксическом плане они подобны остальным существительным. Они являются ядром именной группы, и их предваряет артикль либо атрибутивное прилагательное, иногда предлог. В постпозиции к субстантивированным прилагательным стоят определения в генитиве либо с предлогами или придаточные определительные.

S → A: прилагательные, образованные путём имплицитной деривации, морфологически дефектны: они не имеют личных окончаний и не образуют степеней сравнения.

V → A: причастия I и II обладают не всеми свойствами прилагательного как части речи. Они только тогда способны образовывать степени сравнения, употребляться с отрицательным префиксом *un-* и функционировать в качестве предикатива, когда достаточно лексикализированы (подобно *befriedigend: befriedigender, unbefriedigend, x ist befriedigend*).

S → V; A → V: имплицитные дериваты глаголов являются семантически и синтаксически (по валентности!) не просто приведёнными к глагольной форме именами. С переходом в другую часть речи связано также приобретение ими дополнительных семантических оттенков значений. Например, при образовании *hämmern* закрепляется инструментальное значение „etw. damit tun", *grünen* получает ингрессивное значение „so (*grün*) werden", *schwärzen* – фактитивное значение „etw. so (*schwarz*) machen."

Эксплицитная деривация при помощи суффиксов (и полусуффиксов), префиксов (и полупрефиксов) позволяет сделать следующий шаг от грамматики к лексике. Возможности преобразования одной части речи в другую таковы:

V → S: *-ung, -(at)ion, -e, -erei, Ge-...-e: Steiger-ung, Demonstr-ation, Frag-e, Frag-erei, Ge-frag-e;*

V → A: *-lich, -bar, -abel, -haft, -(at)iv: erfreu-lich, brauch-bar, blam-abel, glaub-haft, demonstr-ativ;*

S → V: *be-...-ig(en)/-(en), ver-...-(en),* а также *ab-, aus-, auf-, um-, an-, ein-, über-* и др.: *be-gnad-igen, be-dach-en, ver-riegel-n, ab-sahne-n, aus-mist-en, auf-tisch-en* и т. д.;

A → V: *be-...-ig(en)/-(en), ver-...-(en), er-...-(en),* а также *ab-, aus-...-(en), -(is)ier(en):* *be-sänft-igen, be-fähig-en, rein-igen, ver-dunkel-n, er-frisch-en, ab-mager-n, aus-nüchtern, liberal-isieren;*

A → S: *-heit (-keit, -igkeit), -e, -ität, -anz/-enz: Klug-heit, Beweglich-keit, Lebhaft-igkeit, Breit-e, Naiv-ität, Bris-anz, Impertin-enz.*

Подробнее см.: Duden Grammatik (2005), Fleischer/ Barz/ Schröder (1995), Wellmann (1998) и в словарях типа LWB.

(б) В синтаксисе:

При транспозиции слова из одной части речи в другую происходит изменение его **синтаксической роли** (функций) и его окружения.

V → S: из глагольного предиката возникает существительное-ядро именной группы либо его определение.

V → A: глагольный предикат может превратиться в адъективный предикатив (прилагательное – именная часть сказуемого), обстоятельство либо определение.

S → V: именное ядро превращается в предикат либо определение.

S → A: именное ядро превращается в обстоятельство либо определение.

A → S: адъективный предикатив, обстоятельство (наречие) и определение превращаются в существительное-ядро именной группы (либо его определение).

A → V: адъективный предикатив, обстоятельство либо определение превращаются в глагольные предикаты.

Примечание

Если проводить дальнейшее разграничение между прилагательным и наречием, то необходимо упомянуть следующие преобразования:

S → Adv: при помощи суффикса *-s* образуются наречия времени, иногда – места, модальные наречия: *nacht-s, dies-seit-s, mehr-mal-s.*

A → Adv: при помощи суффиксов *-weise* и *-maßen* могут быть образованы обстоятельственные наречия, позволяющие передавать комментарий говорящего: *verständlich → verständlich-er-weise* (с соединительным элементом -*er*); *anerkannt → anerkannt-er-maßen* (редко).

Adv → A: при помощи суффикса -*ig* наречия времени и места преобразуются в прилагательные: *gestern → gestr-ig, dort → dort-ig.*

Преобразование слов на уровне частей речи сказывается также на их количественной и качественной **валентности**. Рассмотрим в этой связи важнейшие моменты.

Возможно ослабление валентных связей: обязательные актанты становятся факультативными. Это касается, прежде всего, различных типов номинализации: *Die Polizei verfolgt den Bankräuber → Die Verfolgung des Bankräubers (durch die Polizei) → diese Verfolgung.* Определения являются в данном случае факультативными. Необходимость их включения в высказывание зависит от контекста.

Возможно сокращение числа валентных связей: *Er näht den Knopf an die Jacke → Er näht den Knopf an.*

Иногда наблюдается расширение валентности: *Sie schreibt → Sie beschreibt ihre ersten Eindrücke.*

Возможно качественное изменение валентности, прежде всего через превращение непереходных глаголов с предложными дополнениями в дативе в переходные: *der Firma Ersatzteile liefern* (vi) *→ die Firma mit Ersatzteilen beliefern* (vt).

При помощи *be-* образуется целый ряд переходных глаголов, направляющих наше внимание на объект действия, в этом смысле глаголы превращаются в перфективные, находящиеся в оппозиции к непереходным процессуальным глаголам: *gehen → etw. begehen, schießen → etw. beschießen, wirken → etw. bewirken, singen → j-n besingen, fahren → etw. befahren.*

Префиксы *er-* и *ver-* также могут придавать производным глаголам аналогичное значение, преобразуя непереходные глаголы в переходные с перфективным значением:

– *er-: arbeiten (an etw.) → etw. erarbeiten, steigen (auf etw.) → etw. ersteigen, um etw. bitten → etw. erbitten.*
– *ver-: (über etw.) schweigen → etw. verschweigen, bummeln → etw. (die Zeit) verbummeln, spotten → j-n verspotten.*

Однако это – лишь дополнительные грамматические функции префиксов. Основная же их функция состоит в модификации значения глагола (и изменении его комбинаторных возможностей).

Полупрефиксы также способны расширять оппозиционные глагольные ряды ,непереходный/ дуративный – переходный/ перфективный (результативный)':
– *durch-: wandern* → *etw. durchwandern; (an etw.) feilen* → *etw. durchfeilen; (an etw.) nagen* → *etw. durchnagen;*
– *über-: fahren* → *etw. überfahren; fliegen* → *etw. überfliegen; arbeiten (an etw.)* → *etw. überarbeiten.*

Примечание
Действие, которое обозначает простой глагол, подвергается в результате его префиксации самым разнообразным видам семантической модификации. Об этом говорит учение о словообразовании. В учебниках по грамматике об этом следует хотя бы упомянуть, а именно в разделе о видовых (аспектуальных) характеристиках глаголов, где наряду с аспектуальными характеристиками глагола следует упоминать возможность дифференциации процессуальных глаголов по способу протекания глагольного действия. Под этим углом зрения различают:
– итеративные глаголы (многократное действие): при помощи суффикса *-eln* в *spotten – spötteln, husten – hüsteln* (редко);
– инхоативные: при помощи приставки *er- (blühen – erblühen, tönen – ertönen;* редко*)* и полупрефикса, напр., *ein- (schlafen – einschlafen, fahren – einfahren;* редко*)*;
– результативные: *platzen – zerplatzen, brechen – zerbrechen; reisen – ausreisen; schlafen – ausschlafen, ruhen – sich ausruhen; bröckeln – abbröckeln, faulen – abfaulen.*

(в) При текстообразовании:
Здесь следует различать различные приёмы. Они служат, прежде всего, для превращения одного высказывания в тему нового („topic"). Такая топикализация происходит по определённым словообразовательным образцам:
– при помощи местоименных наречий с *da-* и *wo-: Da-von/ Hier-von hatte er noch gar nichts gehört, wo-r-über er dann ganz froh war;*
– при помощи образования отглагольных и отыменных абстрактных существительных (см. гл. 6.3): *Füchse sind schlau und verschlagen. Ihre Schläue und Verschlagenheit sichern oft ihr Überleben.*
Существует и обратное явление в тексте – рематизация при помощи словообразования, но оно встречается реже.

Высказывания сплетаются и образуют плотную „текстовую ткань", насыщенную различной информацией и грамматическими конструкциями. Этому способствует включение в текст придаточных предложений и инфинитивных групп, однородных членов и употребление параллельных конструкций, номинализация глагольных сочетаний, а также изменения в именной и глагольной валентностях:

„Die Bildungslüge hat die Entfernung des Publikums von der Wortkunst noch größer gemacht als die von den anderen Künsten,weil es zwar nicht die Farben, die einer malt, klecksen zu können, nicht die Töne, die einer komponiert, pfeifen zu können, wohl aber die Sprache, die einer schreibt, sprechen zu können behauptet."

(Karl Kraus, Aphorismen)

Синтаксический анализ данного предложения поможет лучше понять его содержание:

Главное предложение: *x (Die Bildungslüge) hat y (die Entfernung...) z (größer als ...) gemacht.*

Первый уровень включения:

придаточное предложение *weil x* (*es* = das Publikum; актант в номинативе) *y* (= содержание инфинитивных групп (a), (b), (c); инфинитив на месте дополнения в аккузативе) *behauptet.*

Второй уровень включения:

инфинитивные обороты:

 (a): *y (die Farben*; актант в аккузативе) *klecksen zu können,*

 (b): *y (die Töne*; актант в аккузативе) *pfeifen zu können,*

 (c): *y (die Sprache*; актант в аккузативе) *sprechen zu können.*

Для параллельного союзного соединения служит двойной союз *zwar ... aber* как ограничительное средство.

Третий уровень включения:

относительные предложения к:

 (a): *die* (*y*; актант в аккузативе) *einer* (*x*; актант в номинативе) *malt,*

 (b): *die* (*y*; актант в аккузативе) *einer* (*x*; актант в номинативе) *komponiert,*

 (c): *die* (*y*; актант в аккузативе) *einer* (*x*; актант в номинативе) *schreibt.*

(параллельные конструкции)

Насыщение/ компрессия текста происходит и в результате расширения валентности от *groß* к *größer* (при добавлении *als die von den anderen Künsten*), транзитивизации глагола *klecksen → etwas (Farben) klecksen*, а также варьирования дополнения: *pfeifen → die Töne pfeifen, sprechen → die Sprache sprechen*.

Словообразовательные приёмы словосложения и номинализации также способствуют содержательному насыщению и уплотнению текста (компрессии): **Bildungslüge** (= *die Lüge, dass das Publikum so gebildet sei*); **Entfernung** *des Publikums von der* **Wortkunst** (= *wie weit das Publikum von der Wortkunst entfernt ist*).

Главы 3–8
Предложение

Глава 3. От слова к предложению. Что такое предложение? Характерные признаки предложения

Предметом изучения синтаксиса являются предложения и их образование, а также их связь в письменном и устном тексте (синтаксис текста).

3.1. Графические средства оформления предложения

Предложения разделяются и сегментируются при помощи **знаков пунктуации**. Точка сигнализирует о границе предложения. Данную функцию в отдельных случаях выполняет также точка с запятой, когда предложения тесно связаны по содержанию, но являются синтаксически самостоятельными. На начало предложения указывает заглавная буква. В конце вопросительных предложений ставится вопросительный знак, восклицательный знак завершает предложение, содержащее побуждение, просьбу либо желание:

Ich fahre morgen in die Alpen. (повествование)
Fährst du in die Alpen? (вопрос)
Fahr doch mit mir in die Alpen! (побуждение)
Wenn du doch mit mir (in die (восклицание, желание)
Alpen) fahren könntest!

Наиболее часто употребляемый пунктуационный знак – это запятая. Она служит для разделения однородных членов и частей предложения, выделяет свободные приложения и обособленные определения, разделяет главные и придаточные предложения, а также инфинитивные обороты. Кавычки маркируют предложения, являющиеся частями диалога, особые понятия, пояснения, цитаты и т. п. – всё то, что необходимо выделить. Бывают художественные тексты без знаков препинания. Таким является пьеса Томаса Бернхарда „Der Theatermacher". Она задумана как партитура для актёров.

Автор умышленно отказывается от таких знаков препинания как точка, двоеточие, запятая, восклицательный знак, предоставляя актёру возможность самому интерпретировать прочитанное. Вместо знаков препинания автор использует длину строк, при помощи которой он обозначает паузы. Длина же строк зависит от синтаксических структур, на понимание которых читателем и полагается автор. Это становится очевидным при попытке расставить обычные знаки препинания. Они лишь отчасти совпадают с границей строк. В данном случае конкурируют грамматический принцип синтаксического членения предложения и речеритмический принцип искусства декламации. Примером служит отрывок из диалога данной пьесы, которая изображает директора театра настоящим „мачо":

1 *es ist zum Wahnsinnigwerden mein Herr*
   Sie wissen ja nicht
   wie schwer es ist
   den Text eines solchen Stückes zu behalten
5 *geschweige denn dann auch noch aus diesem Text*
   ein Kunstwerk zu machen
   das dieser Text zweifellos ist
   Mit den Frauen hat es die Größten Schwierigkeiten
   auf dem Theater
10 *sie haben nichts begriffen*
   Sie gehen nicht bis zum Äußersten
   sie gehen nicht in die Hölle in die Theaterhölle hinein
   alles ist halbherzig was sie machen
   Halbherzigkeit verstehen sie
15 *diese Halbherzigkeit aber*
   ist der Tod des Theaters
   Aber was wäre eine solche Komödie wie die meinige
   ohne weibliche Darsteller
   wir brauchen sie
20 *Will unsere Komödie aufblühen*
   brauchen wir Frauen in unserer Komödie
   das ist die Wahrheit
   ist sie auch noch so bitter

3.2. Просодические средства оформления предложения

К просодическим средствам относятся повышение и понижение голоса (иначе говоря, интонация предложения в монологической и диалогической речи). Повествовательное предложение начинается после определённой минимальной паузы с повышения голоса. При этом возникает интонационная дуга напряжения с ударением на важном для понимания смысла слове. На нём речевой поток несколько задерживается, а затем интонационная дуга чаще всего резко уходит вниз. При этом в конце предложения уровень тона голоса ниже, чем был в начале. В самом простом предложении это выглядит так:

Die 'Kinder "singen.

Предложение представляет собой целостное интонационное единство. Интонационная дуга (движение тона) определяется прежде всего типом предложения:

Wir wollen morgen ins Kino gehen.	Повествовательное предложение: сначала происходит медленное повышение уровня тона, а именно до элемента, несущего логическое ударение; затем – дугообразное падение тона вниз.
Wollen wir heute Abend ins Kino gehen?	Восходящая интонация в общем вопросе.

Вопрос может быть маркирован и не при помощи порядка слов, а только за счет интонации:

Sie gehen in diesen berüchtigten Film?	Восходящая интонация как единственный маркер общего вопроса.
Wann wollen wir morgen beim Kino sein?	Падающая интонация в специальном вопросе.
Komm heute Abend ins Kino!	Падающая интонация в побудительном предложении.

3.3. Морфологические средства оформления предложения

Спрягаемая форма глагола (1, 2, 3 л. ед. либо мн. ч.) согласуется с субъектом/ подлежащим (существительным либо местоимением) в числе и лице: *Wer hilft mir? – Wir helfen dir.* В номинативе может стоять только (определяемое) имя-субъект или существительное-предикатив, а именно после глагола-связки (см. гл. 8.4). Остальные имена, управляемые глаголом, стоят в дативе либо аккузативе, реже в генитиве (в данном падеже обычно стоят определения).

3.4. Лексические средства в предложении

Полное повествовательное предложение в письменной речи обычно состоит из нескольких слов, которые относятся к различным частям речи. В качестве предложений могут функционировать и отдельные слова, что обычно наблюдается в разговоре. Примером тому может служить узкопрофессиональный „разговор" техника, проверяющего техническое состояние автомобиля (во время техосмотра) и дающего указания водителю, выполняющему его команды:

„Rechts! Links! Jetzt fern! Ab! Stand! Gut. Jetzt hinten links! Rechts! Bremse! In Ordnung!"

Следующие слова-предложения также характерны для диалога:

„Ja." – „Nein." – „Doch."
„Warum?" – „Tatsächlich?" – „Wie oft?"
„Komm!" – „Unsinn!" – „Hilfe!"

Предложения из одного слова являются предложениями по функции, но не по форме. То, что в полных предложениях определяется соответствующими именными и глагольными группами как тема (данное) и рема (новое), в кратких предложениях распределяется следующим образом: тема опускается. Предполагается, что она уже названа, известна. Высказывание состоит только из ремы, воспринимается, однако, как цельное смысловое единство. В отличие от „образцовых" письменных текстов, подобные высказывания воспринимаются как отдельные грамматические фрагменты, если рассматривать не коммуникативные, а формальные признаки предложения, анализируя только употребляемые при этом части речи (имена, глаголы) и правила структурирования предложений (согласование, валентность, порядок слов).

Главное и придаточное предложения в принципе состоят из членов предложения, которые согласно их функциям во всех языках делят на подлежащее, дополнение, сказуемое и обстоятельство. Это первичные члены предложения. Как вторичные/ уточняющие составные части первичных членов предложений выступают определения.

3.5. Синтаксические средства оформления предложения

Грамматическая форма предложения проявляется в ряде нижеследующих особенностей.

(а) Порядок слов

Порядок слов зависит от типа предложения. Где стоит спрягаемая часть сказуемого? В повествовательных предложениях – на втором месте, в „адресных" предложениях, выражающих просьбы, вопросы, приказы – на первом месте, в придаточных предложениях – на последнем месте. Обычно порядок слов в повествовательном предложении выглядит следующим образом: подлежащее – спрягаемая часть сказуемого – дополнение/ обстоятельство – неизменяемая часть сказуемого.

В особых стилистических и коммуникативных целях порядок слов может изменяться. Слово с максимальной коммуникативной насыщенностью/ информативной ценностью может быть поставлено на первую позицию в предложении, либо оно может быть обособлено, вынесено за рамку предикации, в самый конец предложения.

(б) Подлежащее + сказуемое

Ядро предложения образуют подлежащее (как актант в номинативе) и глагольный предикат. Он является грамматическим центром высказывания, заключенного в предложении. Все актанты зависят от предиката:

Во-первых, это актант в номинативе (очень редко в аккузативе: *Ihn friert*), который является подлежащим и согласуется со сказуемым.

Во-вторых, это актанты, которые являются дополнениями (в дативе либо аккузативе, у отдельных глаголов в генитиве: *sich dessen erinnern*, либо с устойчивыми предлогами) и определяются валентностью глагола, либо это именные части сказуемого (в номинативе), относящиеся к глаголам *sein, werden, bleiben*.

В-третьих, это актанты с варьирующимися предлогами, в зависимости от значения слова (например, *wohnen* либо *dauern*): это наречия либо адвербиальные группы, задаваемые валентностью предиката.

По каким признакам распознаётся грамматический субъект/ подлежащее? Это имя (существительное, местоимение) в номинативе, с которым согласуется по форме (в лице, числе) изменяемая часть сказуемого. Роль подлежащего может также выполнять предложение либо аналогичная ему конструкция (субъектное придаточное предложение; см. гл. 8.4).

„Субъект" („подлежащее") и „предикат" („сказуемое") являются реляционнными понятиями: х есть субъект для предиката у, у есть предикат для субъекта х. Чтобы определить, что́ в предложении является подлежащим, а что – сказуемым, необходимо проведение минимального грамматического анализа. Он же, в свою очередь, предполагает понимание значения предложения. Исходя из этого, З. Харрис (1951) в своё время в своей грамматике предложения отказался от данных реляционных понятий. Он стремился дать абсолютное определение основным единицам предложения. Поэтому формально он определил предложение как некое образование, состоящее из имён и глаголов (см. гл. 5.1).

(в) Определённую грамматическую форму предложение приобретает далее, согласно **правилам применения юнкторов** (союзов, предлогов, относительных местоимений, местоименных наречий), а также

(г) согласно синтаксической **валентности** глаголов – в зависимости от числа и типов актантов (см. гл. 5.2 и 5.3), а также согласно (факультативной) валентности именных частей речи, т. е. употребления атрибутов, обусловленных валентностью именных частей речи (см. гл. 5.5).

Это происходит благодаря способности глагола создавать вокруг себя определённое количество и тип открытых пози-

ций, которые заполняются обязательными либо факультативными актантами, образуя конкретное предложение. Эти актанты часто являются обязательными не только в коммуникативном плане, но и грамматически: в структуре данного предложения их нельзя опустить:

..................*gibt*..................	(глагольное ядро)
Claudia.................*ihrer Schwester*	(3 зависимых от глагола
...........................*die Kinokarte*	обязательных актанта)

Данные типы членов предложения запрограммированы валентностью глагола *geben*. Если они отсутствуют, то предложение будет аграмматичным (недопустимым с точки зрения
грамматической структуры данного языка). Исключение составляют те случаи, когда семантические, коммуникативные либо
когнитивные условия конкретного контекста делают наличие
того или иного актанта избыточным. Примеры для сравнения:

Claudia gibt ihr die Kinokarte.
Inge gibt einen großen Betrag (= spendet).
Hans gibt (= teilt die Karten beim Spiel aus).

Итак, как уже было упомянуто выше, следует различать обязательные и факультативные актанты. Факультативными считаются те из них, которые могут быть узуально (при общепринятом
употреблении) опущены. Глагол *schreiben*, например, может
употребляться как одно-, двух- или трёхвалентный:

a) *Unsere Tante hat geschrieben; sie hat uns geschrieben; sie
hat uns eine Karte geschrieben.*
b) *Unsere Tante schreibt (= ist eine Schriftstellerin). Unsere
Tante schreibt einen Roman.*

Валентность глагола определяет структуру предложения.
Например, *Sie hilft mir bei der Arbeit.* Глагол *helfen* имеет две
обязательные валентности (напр., *sie hilft uns*), но может быть
употреблён и как трёхвалентный с одним факультативным
актантом (напр., *sie hilft euch bei der Arbeit*).

При выпадении обязательного актанта в конкретном контексте говорят о к о н т е к с т у а л ь н о обусловленных эллипсисах (ср. *sie hilft*). Наряду с этим существуют с е м а н -
т и ч е с к и обусловленные эллипсисы, в которых выпадение
актантов придаёт глаголу специфическое значение. В предложении *Die Henne legt (ein Ei)* глагол *legen* с подлежащим
Henne может употребляться только с дополнением *Ei*.

Учебный словарь немецкого языка как иностранного (LWB) можно считать довольно полным словарём валентности. Обязательные актанты пропечатываются жирным шрифтом (напр., *j-m etw. geben*), субъектные актанты обычно не указываются. Они называются в примерах. Факультативные актанты указываются в скобках.

Существуют общие грамматические правила, согласно которым глагол рассматривается как грамматический центр, вокруг которого формируется предложение. Эти правила являются предметом изучения грамматики валентностей. Также существуют правила, согласно которым валентность слова может быть редуцирована. Они касаются прежде всего субстантивации глагольных предикатов, адъективации глаголов (образование причастий), образования степеней сравнения прилагательных, включения в состав предложения инфинитивных конструкций, образования побудительных предложений и, конечно, трансформации форм активного залога в пассивный. В последнем случае обязательный субъектный актант превращается в факультативный предложный актант. А при совершении следующего шага, т. е. при преобразовании процессуального пассива в пассив состояния, данный элемент практически постоянно опускается:

Der Senat kürzt das Kulturprogramm. (активное действие субъекта)

Das Kulturprogramm wird (vom Senat) gekürzt. (процессуальный пассив)

Das Kulturprogramm ist stark gekürzt. (пассив состояния)

При трансформации активного залога в пассивный в девяти случаях из десяти выпадает обязательный прежде актант-субъект. Причина очевидна: важным для коммуникации становится не действие субъекта, не сам агенс, а процесс, совершаемый над объектом. В данном случае речь идёт о грамматически обусловленных эллипсисах.

(е) Свободные распространители/ свободные обстоятельства (freie Angaben), наполняющие высказывание (см. тж. гл. 8.4).

Грамматически **свободные распространители/ обстоятельства** не зависят от валентности глагола, они ею не запрограммированы:

Claudia randalierte bei der Arbeit.

Обстоятельство *bei der Arbeit* не обусловлено валентностью *randalieren*. Подобные члены предложения в отличие от актантов легко трансформируются в самостоятельные предложения с глаголами *geschehen, sein, stattfinden* (тест на вычленение в самостоятельное „бытийное" предложение):

→ *Claudia randalierte. Das geschah während der Arbeit.*

Если же обстоятельство с *bei* входит в валентную структуру глагола, то подобный проверочный тест даёт отрицательный результат:

Claudia wohnt bei Bonn.

Нельзя сказать: **Claudia wohnt. *Das geschieht bei Bonn.*

(ж) Существительные в предложении могут распространяться при помощи **атрибутов** (определений): при помощи прилагательных, местоименных прилагательных, причастий в препозиции к существительному; генитивных и предложных определений в постпозиции, а также приложений (в том же падеже, что и существительное) либо соответствующих им придаточных предложений (см. гл. 8.8).

Глагольное выражение может быть развёрнуто при помощи „глаголов **модификации**" (прежде всего через модальные глаголы и глаголы с модальным значением) и залоговых форм. Оно может быть распространено обстоятельственными именами, прежде всего прилагательными, наречиями, предложными группами и соответствующими им придаточными предложениями.

(з) Структура каждого отдельного предложения определяется конкретным типом **трансформации**. Именно она делает возможным многообразие структурных форм: „The language structure then consists of a set of kernel sentence forms (or sentences) and a set of transformations" (Harris 1970, S. 388). Самые важные трансформации таковы:

(1) Трансформация в пассивную конструкцию: *Er schrieb einen Artikel über Sartre. – Der Artikel über Sartre wurde (von ihm) geschrieben.*

(2) Трансформация ввода/ включения: *Er schrieb einen Artikel über Sartre. – Ich weiß, dass er einen Artikel über Sartre schrieb (dass* как предваряющий элемент/ „Introducer").

(3) Перестановка элементов предложения: в цитируемом выше предложении глагол со второй позиции перемещается на последнее место.

(4) Номинализация: *Er beschreibt die Jugend Sartres. – Seine Beschreibung der Jugend Sartres.*

(5) Атрибутивизация: *Dieses Buch ist hervorragend. – Dieses hervorragende Buch.*

(6) Трансформация с *haben*: *Der Erfolg des Buches. – Das Buch hat Erfolg.*

(7) Прономинализация (замещение существительного местоимением): *Mein Freund Carlos schreibt über Sartre. – Er schreibt über Sartre.*

(8) Элиминация (опущение отдельных членов предложения): *Das Buch wurde von mir geprüft. – Das Buch wurde geprüft.*

Данные типы трансформации можно свести к четырём основным способам:

1) субституция (напр., подстановка относительного придаточного предложения),

2) пермутация (напр., перестановка слов),

3) элиминация/ опущение (напр., подлежащего в повелительных предложениях),

4) амплификация (увеличение объёма за счёт, напр., замены глагола функциональными глагольными конструкциями).

Подобные типы трансформаций обычно хорошо известны ораторам, и они умело и целенаправленно используют их. Вот один из ярких примеров языковой игры:

James Krüss

Erbsensuppe

„In der deutschen Sprache ist das Dichten ein bißchen leichter als in anderen Sprachen", sagte mein Urgroßvater.

„Wieso?" fragte die Ober-Großmutter.

„Weil man im Deutschen die Wörter dauernd umstellen kann."

„Verstehe ich nicht", brummte die Ober-Großmutter.

„Dann wollen wir es mal ausprobieren, Margaretha. Nehmen wir zum Beispiel den Satz: Erbsensuppe ist ein nahrhaftes Essen für die Familie."

„Ein sehr wahrer Satz!" sagte die Ober-Großmutter und sah mich schräg von der Seite an. Da aß ich schnell mit Schlucken und Drucken drei Löffel Suppe.

Mein Urgroßvater aber sagte: „Wir wollen den Satz verändern, indem wir die Wörter umstellen. Versuch es mal, Boy!"

Während mein Urgroßvater und meine Ober-Großmutter sich
einen zweiten Teller Erbsensuppe nahmen, legte ich aufatmend
den Löffel hin und begann, den Satz umzubauen:
„Erbsensuppe ist ein nahrhaftes Essen für die Familie.
Erbsensuppe ist für die Familie ein nahrhaftes Essen.
Erbsensuppe ist ein nahrhaftes Familien-Essen.
Ein nahrhaftes Essen für die Familie ist Erbsensuppe.
Ein nahrhaftes Essen ist Erbsensuppe für die Familie.
Für die Familie ist Erbsensuppe ein nahrhaftes Essen.
Für die Familie ...“
„Hör auf, du verdirbst mir den Appetit an Erbsensuppe!“ rief
meine Ober-Großmutter. „Da dreht sich einem ja das Essen im
Magen herum! Überhaupt will ich bei Tisch nichts mehr vom
Dichten hören! Iß deinen Teller leer, Boy, sonst kriegst du keine
Rote Grütze!

(Krüss 1960)

3.6. Семантические признаки предложения

Содержательно и формально предложение представляет собой единство с двумя полюсами: топиком (темой) и предикацией (в совокупности с относящимися к ней актантами). В речи обычно добавляются ещё свободные обстоятельства, которые называют место, время, причину и прочие взаимосвязи конкретной ситуации. Центром предикации является глагольная форма. Валентность же слова, **лексемы** (а именно глагола), указывает на количество и разновидность актантов, необходимых для структурирования грамматически правильной предикации. Выбор формы глагола определяется формой субъекта (через согласование). Характер обстоятельств места, времени, образа действия, причины зависит от **коммуникативной** функции предложения. От неё зависит также выбор типа предложения, а также количество и характер синтаксических связей внутри него, в том числе образование паратактических и/или гипотактических предложений различного объёма и структуры.

Рассмотрим семантику предложения в тексте. Его о с -
н о в н о е з н а ч е н и е определяется двумя факторами.

Топиком (= темой, исходным пунктом высказывания) называют величину, которая известна (заранее). Откуда она известна? Исходя из типа номинации, т. е. по тому, как обозначается тот или иной фрагмент действительности. Тема обычно передаётся именем собственным, местоимением, именем нарицательным с определённым артиклем, местоименным наречием (*dadurch, worauf* и т. д.), при помощи парафразы и т. п. Однако и только что включенные в текст имена и новые уточняющие апеллятивы, даже инфинитивные группы и целые предложения могут номинировать тему, особенно если они стоят в начале предложения (напр., при наличии придаточных предложений, несущих основное содержание).

Маркировка темы: в случае совпадения по форме подлежащего и дополнения в аккузативе читатель воспринимает как подлежащее член предложения, стоящий слева от предиката, т. е. в начале предложения. Журнал „Spiegel", например, процитировал следующее предложение из „Süddeutsche Zeitung" как пример грамматической ошибки:
„*Panik unter der Bevölkerung hat in El Salvador ein neues Erdbeben ausgelöst*" (Der Spiegel 10, 2001, S. 266).

Предикация выполняет различные задачи (см. гл. 7). Первой из них является осуществление связи между темой и ремой, которая содержит новую информацию. Тип **высказывания**, содержащего эту новую информацию, показывает, **что** она должна выражать: состояние, отношение, процесс либо действие субъекта. Это определяется выбором формы глагольного залога (актива либо пассива), а также характера употребляемого глагола: переходного, непереходного, возвратного и т. д. Выбор наклонения (индикатив либо конъюнктив) и модальных форм предикации (напр., модальных глаголов), а также выбор временных форм глагола позволяют определить, как следует воспринимать выражаемое действие: как увиденное или услышанное, желаемое, воображаемое либо вызывающее опасения и т. д.

Тип предложения, порядок слов и интонация могут подсказать читателю, с каким типом высказывания он имеет дело: с информативным высказыванием, с инструкцией, с выражением чувств, рефлексией, волеизъявлением или выражением (в т. ч. скрытого) желания. Коммуникативное значение предложения зависит также от степени и формы вовлечённости партнёра: как устанавливается, развёртывается либо завершается речевой контакт с партнёром.

Предложение как смысловое целое

Предложение считается полным по содержанию в том случае, когда выражаемая либо запрашиваемая в нём информация соотносится с предикацией. В беседе референция на эту информацию может осуществляться и при помощи знаков или взглядов, жестов либо языковых указательных средств (дейксис), обычно же посредством прямого называния имени либо косвенно – через pro-формы, для повторного именования темы (предложения):

Heute fällt der Unterricht aus. Was tun?
Wir fahren fort. Wohin soll es gehen? In die Berge. Das Ziel ist Kitzbühl. Der Ort liegt viel höher als Innsbruck und hat deshalb im April noch Schnee. Meine Ferien würde ich nie am Meer verbringen.

Так читатель либо слушатель может узнать, где и что случилось, что там совершается, а также, что, как, когда, почему (и т. д.) делают действующие лица. В зависимости от типа предикации различают предложения, выражающие **состояние (отношение), процесс, деятельность**. Данные различия проявляются через выбор слов, например, переходных либо непереходных глаголов, через грамматические средства, например, при трансформации активных и пассивных залоговых форм глаголов, а также через выбор спрягаемой либо неспрягаемой глагольной конструкции:

Die Behörden haben die Straße gesperrt. – Die Straße wurde gesperrt. – Durchfahrt gesperrt.

3.7. Предложение и (кон)текст

Предложения обычно не употребляются изолированно, за исключением утверждений, тезисов, постулатов, общепризнанных положений (напр.: *Die Erde dreht sich um die Sonne*).

Чаще всего одно предложение связано по смыслу с другими, предшествующими либо последующими, с помощью специальных средств связи (см. гл. 9 и 10). Связующим элементом выступают преимущественно местоимения. Эта связь обусловливает также выбор временных глагольных форм, зависимость от соответствующего глагола речевого действия, средства лексического повтора, перифразы, словообразования и т. п. Как осуществляется процесс сцепления предложений, показывают подчёркнутые слова в примере „*Aber er kann in dem breiten Bett des Pfarrers neben ihm übernachten*" из истории о католических священниках, которым запрещается жениться, но разрешается держать в доме кухарку:

Ein Bischof reist durch sein Bistum. Auf seiner Reise kommt er auch in ein kleines Dorf. Dort stellt sich heraus: Es gibt kein Gasthaus. Da bietet ihm der Pfarrer an, im Pfarrhaus zu nächtigen. Dort gibt es keine eigenen Gastzimmer. <u>Aber</u> <u>er</u> kann in <u>dem</u> breiten Bett <u>des Pfarrers</u> neben <u>ihm</u> <u>übernachten</u>.

Der Bischof schläft da sehr gut. Am Morgen weckt ihn erst das Läuten der Türglöcke. Da stößt ihm der Pfarrer schlaftrunken in die Rippen und murmelt: „Aufsteh'n, Anna, der Milchmann ist da!"

Подробнее см. гл. 4, 9 и 10.

Г л а в а 4. Предложение в потоке речи

Предложения редко употребляются изолированно. Как правило, они встречаются в конкретном тексте.

Если окружение отсутствует, то само предложение выполняет функцию текста, указывая при этом на „со-текст" определённой ситуации, который составляет его смысл. К. Бюлер (1934) указывает, что именно экспрессивная, апеллятивная и репрезентативная функции организуют отдельное предложение в текст. Надпись „*Der Wald ist kein Müllplatz*" указывает на окружение (лес), где находится данная вывеска, на потенциального адресата, который должен принять её во внимание, а также на намерение автора, который требует: „*Hier dürfen Sie keinen Müll abladen!*" („Здесь нельзя оставлять мусор!"). С грамматической точки зрения это – повествовательное предложение, с прагматической (в контексте) – побудительное.

Обычно же предложение в едином тексте связано с предыдущими и последующими предложениями. В таком случае оно вместе с ними указывает на „со-текст" ситуации и одновременно обладает связями с языковым **контекстом** этих предложений.

Например: *Vermutlich hat sie den Unfall ja nicht so rasch wahrgenommen, der dann ein böses Nachspiel haben sollte.* На **контекст** указывают местоимение *sie* (анафорически), неопределённый артикль (катафорически), а также существительное *ein Nachspiel,* которое создаёт атмосферу ожидания дальнейшего развития действия.

А что в данном случае указывает на прагматический „**со-текст**" ситуации? Указатели кроются в модальных обстоятельствах, синтаксически расположенных на разных уровнях. *Vermutlich* является сентенциальным наречием и выражает тем самым комментарий говорящего ($\rightarrow$ *Ich vermute, dass...*). Оно является свободным и может быть опущено, однако, не может быть трансформировано в самостоятельное предложение, например, с глаголом *geschehen* (неправильно: $\rightarrow$ **...und das geschieht vermutlich*). *Rasch* является свободным обстоятельством, в предложении относится к глаголу (возможна трансформация: $\rightarrow$ *die rasche Wahrnehmung des Unfalls*), т. е.

это член предложения первого уровня. Оба модальных обстоятельства могут стоять в начале предложения перед глаголом (тест на перемещение в инициальную/ начальную позицию в предложении). Третьим модальным элементом является частица *ja*, она сигнализирует читателю: „Wie du weißt". Она не является членом предложения, может быть опущена, однако выполняет важную коммуникативную функцию.

Существуют грамматические феномены, которые, с одной стороны, относятся к синтаксической структуре предложения, а с другой – к когезии текста. Это чётко просматривается на примере союзных наречий *darum, indessen, dennoch, deshalb*. В отдельном предложении они выполняют функцию обстоятельств и, следовательно, являются членами предложения первого уровня. Наряду с этим они служат для связи предложения с его окружением, т. е. с другими предложениями. В этом состоит их связующая, „союзная" функция (как у союзов, хотя союзы не являются членами предложения). Таким образом, данные слова носят двоякий характер: в предложении они выполняют функцию обстоятельств, в тексте – союзов.

Другой пример: на уровне предложения артикли (определённый либо неопределённый) открывают именные группы, являются сопроводителями существительных в препозиции и определяют их окончания. На уровне текста артикли указывают на предыдущее и последующее предложения, т. е. функционируют когезивно и выполняют, как и местоимения, дейктическую функцию.

Примечание

В грамматике имеется множество возможностей соединения предложений с языковым контекстом, в связи с чем этому вопросу посвящена целая глава данной грамматики (см. гл. 10). О прагматических отношениях, касающихся со-текста речевой ситуации и речевого действия, речь пойдёт уже сейчас, так как они проявляются даже на уровне простого предложения.

Коммуникативные типы предложений и их прагматическое наполнение

Тип высказывания зависит от намерения говорящего либо пишущего. В беседе он определяется ситуацией, предметом и темой разговора, его участниками и т. д. Выбор типа предложения зависит также от того, какую цель преследует говорящий: намерен ли он представить соответствующую тему (репрезентативная функция), либо он заинтересован в определённом воздействии на партнёра, например, при его инструктировании (апеллятивная функция), либо он хочет выразить свои эмоции, желания, суждение о чём-либо (экспрессивная функция). Исходя из этого, важнейшими типами предложений являются повествовательные с репрезентативной функцией, вопросительные и побудительные с апеллятивной функцией, а также восклицательные и предложения-пожелания с функцией выражения. Тип предложения определяется по следующим языковым признакам:

– по применению характерных слов (вопросительные слова, глаголы речевых актов, частицы);

– по наклонению глагола (индикатив, конъюнктив, императив);

– по местоположению изменяемой части сказуемого (см. ниже);

– по синтаксической редукции (напр., отсутствие подлежащего в повелительном предложении);

– по интонации (восходящая либо нисходящая интонационная дуга);

– по знакам пунктуации в тексте (вопросительный знак, восклицательный знак и т. д.).

Ср.:

Wir gehen (jetzt) in den Zoo.
Geht ihr (in den Zoo)?
Geht doch (heute) in den Zoo!
Ach, könnten wir doch in den Zoo gehen!
Lasst uns in den Zoo gehen!

Отдельные типы предложений

4.1. Повествовательное (утвердительное) предложение

Этот тип предложений является наиболее распространённым в текстах письменной речи, за исключением текстов и отрывков из художественной литературы/ беллетристики, содержащих диалоги (разговор в прозаическом произведении, драма и т. п.). При помощи повествовательных предложений сообщают о реальных либо вымышленных событиях, происходящих в настоящем, прошедшем либо будущем времени:

Der Mond geht auf. – Der Mond ist aufgegangen. – Der Mond wird um 9 Uhr 30 aufgehen. – Der Mond wird/ soll/ könnte um 9 Uhr 30 aufgehen.

В большинстве случаев повествовательное предложение распознаваемо по положению спрягаемой части сказуемого на втором месте, по терминальной (нисходящей) интонации, по точке в конце предложения.

Однако наблюдаются и отклонения от этих правил. Точка может отсутствовать, например, в заголовках, даже если они представляют собой полные предложения:

Niemand ist eine Insel (название книги);

Radfahrer fuhr gegen Taxi (заголовок статьи в газете).

После подписи в письме также не ставится точка:

Alles Gute zum Geburtstag wünscht dir dein alter Freund Hans (заключительное предложение-клише в письме).

Повествовательное предложение утверждает либо уверяет нас в том, что что-либо является таковым. Этот утвердительный, констатирующий характер предложения проявляется яснее при противопоставлении ему отрицательного высказывания (обычно с *nicht*). При этом отрицается либо всё высказывание, либо какой-то его определённый элемент:

Max repariert mein Auto nicht (отрицание предложения).

Nicht Max repariert mein Auto (отрицание отдельных слов) *(sondern Moritz).*

Max repariert nicht mein Auto,
sondern ihres.

При отрицании отдельных элементов действует тест на отрицание с *sondern*, когда после отрицания можно добавить дополнительное словосочетание с *sondern.*

Nicht der Fluss fließt, sondern das Wasser. Nicht die Jahre vergehen, sondern wir.

4.2. Вопросительное предложение

Вопросительные предложения типичны для беседы. Говорящий употребляет их,
– когда он недостаточно информирован о чём-либо,
– когда он намеревается завязать разговор либо заполнить паузу (контактоустанавливающая функция),
– когда он желает подвести собеседника к чему-либо, например, помочь ему раскрепоститься, вывести собеседника на откровенный разговор (апеллятивная и реляционная функция, т. е. функция, способствующая реализации отношений между собеседниками) и т. д.

В принципе же при помощи вопроса собеседник обычно побуждается к сообщению по названной теме, т. е. его просят сообщить неизвестную/ недостающую информацию либо выразить своё мнение. Вопросительное предложение распознаётся по (восходящей) интонации, порядку слов и вопросительному знаку в конце. Как именно? Это зависит от типа вопроса.

Это может быть **общий вопрос (Entscheidungsfrage)**. В таком случае всё содержание включено в состав вопроса. В качестве ответа достаточно сказать *ja, nein* либо употребить соответствующее наречие: *sicher, kaum*. Такое вопросительное предложение начинается со спрягаемой (финитной) глагольной формы: *Hat sie den neuen Roman gekauft? Haben Sie das neue Werk Walsers schon gelesen? – Ja. – Nein. – Sicher. – Mehrmals.* В некоторых диалогах употребляется *jein (*продукт скрещивания *ja* и *nein)*, которое произносится нерешительно, неуверенно.

С помощью вопросов с *doch* говорящий желает убедиться в правильности своих предположений, как правило, он ожидает услышать в ответе „Ja": *Du hast doch die Wahrheit gesagt?*

Интересной структурной формой является **альтернативный вопрос (Alternativfrage)**, при ответе на который собеседник должен сделать выбор. Он является разновидностью общего вопроса: *Kann ich das Buch nun haben oder nicht?* Варианты ответа: *Lieber nicht./ Ja, natürlich.*

Следующим типом является **специальный вопрос** – вопрос с вопросительным словом (**Ergänzungsfrage, Wortfrage**). Вопрос касается какого-либо отдельного компонента содержания, начинается с вопросительного слова, спрягаемый (финитный) глагол стоит на втором месте:

Wo hast du das Buch gekauft? Wann hast du das Buch gekauft? Wofür hast du das Buch gekauft? – Am Bücherstand. Gestern. Als Geschenk и т. д.

К этому же типу относятся и **псевдовопросы (Scheinfragen)**. Как правило, они начинаются с *was*. В качестве примеров можно привести вопросы, известные своими шуточными ответами: *Was ist ein Junggeselle?*

Ответы: *Ein Mann, der jeden Morgen aus einer anderen Richtung ins Büro kommt.*

Либо: *Ein Mann, der eine Frau dadurch glücklich macht, dass er sie nicht heiratet.*

Либо: *Ein Mann, den die Frauen noch ausprobieren.*

Вопросительные предложения имеют ключевое значение для устной коммуникации и обнаруживают множество разнообразных вариантов. Представляется целесообразным выделить особые типы вопросов.

Во-первых, это **переспросы (Echofragen)**, которые имеют структуру придаточных предложений и употребляются в целях затягивания времени при ответе:

Вопрос: *Hast du wirklich dieses teure Buch gekauft?*
Ответ: *Ob ich dieses Buch gekauft habe? Ja, natürlich.*

Во-вторых, весьма популярны **вопросы риторические (rhetorische Fragen)**.

Habe ich nicht alles für euch getan?

Этот вопрос не требует ответа, т. к. ситуативно предполагается заведомо положительный ответ: „*Ja*". Риторические вопросы имеют своей целью вызвать у собеседника ощущение взаимопонимания и согласия с говорящим.

В случае подтверждения соответствующей информации вопросительные предложения могут выполнять функцию восклицательного предложения.

Следующим типом являются **суггестивные вопросы (Suggestivfragen)**, т. е. вопросы, содержащие мнение говорящего об ответе, вопросы с намёком. Их цель заключается не в получении ответа, а в попытке повлиять на развитие действия, что достигается выбором лексических средств и применением коммуникативных либо модальных частиц:

Warum nimmst Du immer noch Tabletten? Schmecken sie Dir denn?

В письменном тексте вопросительные предложения выполняют связующую функцию. Они усиливают когерентность текста, актуализируя своё катафорическое значение. Подобные вопросы могут служить началом диалога либо, при употреблении в конце отрезка текста, обратить внимание читателя на следующую часть текста. Вопросительные предложения находят широкое применение в жанрах письменной речи, прежде всего в текстах интервью, пьесах, письмах, во внутренних монологах (и диалогах) в романах и повестях.

Вопросительные предложения могут употребляться в эллиптической форме, прежде всего в устных диалогах: *„Ein treuer Ehemann?" „Was hat man schon davon, dass er auch keine andere liebt!"*

Примечание

В грамматике Х. Вейнриха (Weinrich 1993; 2005) все вопросительные предложения рассматриваются как инструктивные формы, направленные не на вызов какого-либо действия, а на вызов речевой реакции.

4.3. Побудительное (повелительное) предложение

Побудительные (императивные) предложения, как и вопросительные (см. гл. 4.2), служат для реализации прямых речевых актов, типичных для устной речи, прежде всего для диалогов. Они могут иметь форму предупреждения, угрозы либо рекомендации и характерны для таких классов текстов, как служебные указания, команды, распоряжения. Они типичны также для текстов рекламы, аннотаций, инструкций и рекомендаций для пользователей, для текстов публичных выступлений, религиозной коммуникации и т. д.

В повелительном предложении говорящий выражает свою волю или желание, т. е. то, чего он хочет, желает или требует от другого:

Komm! Kommt (mal) her! Kommen Sie (doch) und helfen Sie!

(а) Важнейшей особенностью повелительного предложения – в его основной форме – является его (укороченная) глагольная форма. **Спрягаемая** часть глагола стоит во 2 лице. В единственном числе она чаще всего соответствует основе глагола без личного окончания (*Fahr los!*). Наряду с этим существуют варианты с *-е* (*Fahre nur!*). У сильных глаголов, изменяющих при спряжении свою корневую гласную, формы императива звучат отчасти аналогично форме их 2 лица в презенсе, т. е. *lies* от *du liest, gib* от *du gibst* и т. п. (но: *Fahr!* от *du fährst; lauf!* от *du läufst*).

Во множественном числе форма императива звучит так же, как и форма 2 лица множественного числа в презенсе, т. е. имеет окончание *-t: les-t, geb-t* и т. д.

Примечание
О вариантах в 1 л. мн. ч. см. ниже.

(б) Характерным признаком является и краткая форма повелительного предложения. Чем короче предложение, тем сильнее интонационно выделяется требование (*Geh! Los!*). При прямом обращении отсутствует местоимение *du/ ihr*, которое можно было бы ожидать. Место подлежащего при этом эксплицитно не занято (редукция валентности глагола!). Местоимение-обращение встречается лишь в отдельных случаях, например, в целях усиления угрозы (*Komm du mir noch einmal unter die Augen!*). В обращениях официального характера при употреблении уважительной формы (на „Вы") местоимение *Sie* обязательно:

Unterschreiben Sie hier!

(в) Порядок слов: спрягаемая часть глагола в побудительном предложении обычно стоит на первом месте. В исключительных случаях, для выделения другого более важного по информативности члена предложения, этот член предложения занимает первое место, а спрягаемая часть глагола следует за ним: *Zu Risiken und Nebenwirkungen lesen Sie die Packungsbeilage und fragen Sie Ihren Arzt oder den Apotheker.*

(г) К расширенному контексту относится специфический глагол речевого акта. Он обычно называется до побудительного предложения либо подразумевается имплицитно. Однако непосредственно перед побудительным предложением он встречается довольно редко. В следующем примере он появляется в настойчивой просьбе в повседневной речи: *Ich bitte dich, nimm mich mit!* В речах политического характера и текстах религиозной направленности подобные глаголы встречаются довольно часто: „*Wir bitten dich, erbarme dich unser!*" „*Wir appellieren deshalb an unsere Partner: Tun Sie alles, um dem Frieden eine Chance zu geben!*"

В общей сложности в немецком языке насчитывается примерно 100 иллокутивных типов побуждения. Они выражаются с помощью трёхвалентных глагольных сочетаний. Две первых величины называют того, кто что-либо требует (субъект действия), и того, к кому он обращается (первый объект действия), третья величина называет содержание требования (второй объект действия):

j-n anflehen, etwas zu tun;
j-n zu etwas anleiten;
anordnen, dass j-d etwas tut;
(für j-n) einen Antrag (bei j-m) stellen;
j-n anweisen, etwas zu tun;
an j-n appellieren, etwas zu tun;
j-n zu etwas auffordern;
j-n zu etwas aufrufen;
j-m einen Auftrag zu etwas erteilen/ j-n mit etwas beauftragen;
j-m etwas befehlen;

etwas bei j-m bestellen;
(bei j-m) für etwas beten;
(bei j-m) um etwas bettéln;
j-n um etwas bitten;
j-m mit etwas drohen;
j-n zu etwas einladen;
j-m etwas empfehlen;
j-n zu etwas mahnen/ ermahnen;
j-n zu etwas ermuntern;
j-n zu etwas ermutigen;
j-n mit etwas erpressen;
j-n anflehen, etwas zu tun;
von j-m fordern, etwas zu tun;
j-m gebieten, etwas zu tun;
j-n instruieren, etwas zu tun;
j-m sagen, was man kaufen will;
j-m das Kommando geben /kommandieren, etwas zu tun;
j-m den Rat geben, etwas zu tun;
j-m den Tipp geben, etwas zu tun;
j-n (darin) unterweisen, etwas zu tun;
j-m verbieten, etwas zu tun;
von j-m verlangen, etwas zu tun;
(j-m) verordnen, etwas zu tun;
j-m vorschlagen, etwas zu tun;
j-n davor warnen, etwas zu tun;
von j-m wünschen, dass er etwas tut (по: Wagner 2000).

(д) Повелительные предложения произносятся с характерной интонацией: обычно они начинаются с ударного слога, приходящегося на глагольную форму в начальной позиции в предложении. К концу предложения ударение усиливается. Графически это передаётся при помощи восклицательного знака.

(е) Вследствие того, что повелительные предложения зачастую звучат довольно резко, собеседники прибегают к оттеночным частицам типа *eben, doch, bloß* и т. п., чтобы смягчить действие и настроить собеседника соответствующим образом. Согласно Й. Мбасси (Mbassi 1996, S. 192) и Е. Винклеру (Winkler 1989, S. 94 ff.) оттеночные частицы можно распределить по определённым иллокутивным типам, например, *bloß, nur, ja* выражают предостережение (*Komm bloß/ nur nicht zu spät! Seid ja pünktlich!*); *ruhig, schon, mal, einfach* – подбадривание (*Nimm schon endlich Platz! Arbeiten Sie ruhig weiter! Halt mal das Bild! Nimm doch einfach Wasser!*); *doch* и *mal* – просьбу (*Komm doch mit! Mach mal die Tür hinter dir zu!*).

Примечание
При расширении глагольной группы при помощи глагола *lassen* местоимение стоит в аккузативе в 1 л. мн. ч.: *Lasst uns beten!*

Вместо личного местоимения во 2 л. мн. ч. может также употребляться местоимение 1 л. мн. ч., в том случае, когда повелительное предложение усиливает личный призыв (как „адхортатив“/ „увещевательная“ форма) к совместному действию: *Gehen wir! Legen wir die Arbeit nieder!*

Императивный конъюнктив (конъюнктив I) не продуктивен. Чаще всего он встречается в разговорных клише либо стереотипных указаниях с местоимением в качестве подлежащего (*Jeder kehre vor seiner eigenen Tür! Man beachte die Gebrauchsanweisung!*).

Ближе всего по грамматической структуре к повелительным предложениям со спрягаемым глаголом стоят **инфинитные/ неопределённые** побудительные предложения. С императивом их роднит отсутствие обозначения лица, а также отличительный признак модальности ‚индикатив‘ (Donhauser 1986, S. 261). Объяснением таких случаев, как правило, служит принцип языковой экономии в устной речи: (*Ihr sollt euch) beeilen!* Отличие: В то время, как изменяемые императивные формы направлены на конкретное лицо, которое присутствует в данной ситуации, **императивные инфинитивы** являются безличными: Это требование „касается всех, кто задействован в соответствующей ситуации“ (Erben 1983, S. 404): (*Ober), Zahlen! Einsteigen! Türen schließen!* Подобные повелительные структуры встречаются, прежде всего, в надписях повседневного характера, которые призывают к чему-либо или запрещают что-либо, а именно: в общественном транспорте, в процессе спортивной тренировки (*Entspannen!*), во врачебной практике (*Brust freimachen!*), в военном деле (*Alle(s) Antreten!*).

Там, где существует определённая разница в социальном статусе между говорящим и тем, к кому он обращается, употребительна другая неличная глагольная форма. Это партицип II, при помощи которого действие называется с позиции его завершённости (IDS-Grammatik 1997, S. 142): *Aufgepasst! Hier geblieben!* Данные **императивные причастия** употребляются в клишированных формах, а именно только в приказах в стандартных ситуациях. Вследствие своей краткости они воздействуют строго, бескомпромиссно и не допускают употребления никаких оттеночных частиц. Эти формы не оставляют адресату времени на размышления.

К прямым речевым актам побуждения, не имеющим ни спрягаемых, ни неизменяемых глагольных форм, относятся **императивные эллипсисы**. Прежде всего это состоящие из одного слова предложения-предостережения (*Vorsicht!*), требования, команды (*Vorwärts!*), эмоциональные призывы *(Kopf hoch!),* практические указания к действию *(Die Schere! Das Verbandszeug!).* Они воздействуют непосредственно, требуют сиюминутной реакции. Их краткость призвана выполнять прежде всего функцию языковой экономии либо выразительности: *Vorwärts!* Они также употребляются без модальных частиц. Но от этого данные слова-предложения ещё не становятся невежливыми. Тот же, кто воспринимает их как не совсем вежливые, добавляет для смягчения требования *bitte*:

Den Schraubenzieher, bitte!

Повествовательные предложения с модальными вспомогательными глаголами *können, sollen, müssen, können* служат для выражения градации от желания до подчёркнутого приказания: *Sie dürfen schon Platz nehmen! Du kannst/ sollst/ solltest kommen. Sie müssen pünktlich sein!* Одним из вариантов является конструкция с модальным значением глагола *haben: Du hast sofort zu kommen!*

Примечание

Модальные инфинитивы обычно употребляются в конструкциях пассивного характера с местоимением в качестве подлежащего (*Sie hat die Schuhe auszuziehen! Es ist gleich zu erledigen!*). Встречаются конструкции и с существительным – в сочетании с глаголом *sein* (*Die Türen sind geschlossen zu halten*). Очень категорично звучат императивные предложения в процессуальном пассиве, особенно если они включают глагол с темпоральным значением (*Das wird sofort erledigt*).

Косвенные речевые акты побуждения

Как известно, приказ либо желание можно выразить и через простое предложение в индикативе, не используя форм императива. Это зависит от контекста. Именно он позволяет понять, что ожидается выполнение какого-либо действия. К характерным грамматическим формам при этом относятся местоимения второго лица либо местоимение *man,* а также восходящая интонация. Таким образом говорящий даёт понять слушающему, чего он от него ожидает:

Man spricht nicht beim Essen. Es ist besser, wenn Sie sich hinten anstellen. Du gehst jetzt nach Hause!

По форме это повествовательные либо вопросительные предложения:

Könntest du mir einmal das Salz reichen!

Усиление акцента на побуждении происходит за счёт синтаксической краткости, формы обращения (см. выше), а также глагольных форм с *werden* (*Du wirst mitkommen! Es wird gegessen!*) в сочетании с обстоятельством времени: *Das wird jetzt erledigt!*

В качестве речевого действия побуждения могут функционировать придаточные предложения в индикативе с союзом (*wenn, dass*), например, обращение к ребёнку (*Dass du mir still bist!*), клиенту (*Wenn Sie bitte kurz warten wollen!*), членам экскурсионной группы (*Wenn Sie mir bitte folgen wollen*).

Для выражения **прямого побуждения** в устной речи характерно следующее: изменяемая часть сказуемого в таких предложениях стоит на первом месте, произносятся они с нисходящей интонацией, а в конце обычно маркируются восклицательным знаком. Предложение выражает то, что желает, хочет либо приказывает говорящий. Его цель состоит в том, чтобы собеседник выполнил требование:

Vergiss mich nicht! Hilf mir bitte bei den Aufgaben! Unterschreiben Sie hier!

В сложноподчинённом предложении императив может выполнять иную функцию, определяемую в т. ч. значением придаточного предложения, например, являться следствием, как в следующем предложении:

Spielen Sie nie Katz und Maus, wenn Sie eine Maus sind!

Примечание

В прямой императивной форме отсутствует местоимение-обращение *du* либо *ihr* – субъект, однако местоимение *Sie* выпускать нельзя.

Наблюдения показывают, что в живой речи побуждения часто имеют иную синтаксическую форму.

(а) Многие формы побуждения, прежде всего вежливые указания и просьбы формулируются преимущественно в виде вопросов: *Würden Sie mir bitte das Salz reichen? (= Geben Sie mir bitte das Salz!*)

(б) Аналогичную функцию могут выполнять повествовательные предложения:

Du kommst jetzt sofort nach Hause! – Jetzt möchte ich einen Brief diktieren. – Sie haben sicher vergessen, Ihre Rechnung zu bezahlen. – Du solltest dich schämen! – Ich habe noch zu arbeiten (= Störe mich nicht!).

(в) В официальной сфере приказы и побуждения часто выражаются в форме инфинитивов.

В ресторане, напр., принято обращение: *Ober! Zahlen!*

В трамвае кондуктор (там, где он ещё сохранился) объявляет: *Türen schließen! Aufrücken! Alles aussteigen!*

Примечание

К прочим разновидностям относится употребляемое в абсолютном значении придаточное предложение (*Dass ich das nicht noch einmal erleben muss!*), конъюнктив I с *man* в качестве субъекта (*Man reiche mir das Salz*).

В письменной речи побудительные предложения чаще всего встречаются в беллетристике, где они служат для передачи разговорных ситуаций (в театральных пьесах, в диалогах прозаических произведений и т. д.), а также в других особых типах текстов: в письмах, разнообразных инструкциях для пользователей, кулинарных рецептах и т. п., в заголовках.

Повествовательные предложения в прагматической функции побуждения:

Was ein Kind gesagt bekommt

Der liebe Gott sieht alles.
Man spart für den Fall des Falles.
Die werden nichts, die nichts taugen.
Schmökern ist schlecht für die Augen.
Kohlentragen stärkt die Glieder.
Die schöne Kinderzeit, die kommt nicht wieder.

Man lacht nicht über ein Gebrechen.
Du sollst Erwachsenen nicht widersprechen.
Man greift nicht zuerst in die Schüssel bei Tisch.
Sonntagsspaziergang macht frisch.
Zum Alter ist man ehrerbötig.
Süßigkeiten sind für den Körper nicht nötig.
Kartoffeln sind gesund.
Ein Kind hält den Mund.

(B. Brecht, Werke 9, S. 585)

4.4. Предложения, выражающие желание (волюнтативные)

Желание можно выразить по-разному. Нередко это делается в форме повествовательных предложений с употреблением определённого глагола речевого акта или модального глагола в индикативе:

Zum Geburtstag wünsche ich mir ein neues Fahrrad.

С ориентацией на собеседника: *Ich möchte Sie zum Essen einladen.*

Довольно распространённым способом выражения желания является вопросительное предложение, обращённое к собеседнику:

Können Sie mir Semmeln mitbringen?

Форма конъюнктива в претерите используется с коммуникативной целью смягчения категоричности требования/ желания:

Könnten Sie mir Semmeln mitbringen? Das sollte man ändern. Würdest du mir den Platz freihalten?

Предложения-желания либо -пожелания выражают задуманное, представляемое действие, которое хотелось бы реализовать. В грамматическом плане к этому типу относятся предложения, которые не обращены, как побудительные предложения, непосредственно к собеседнику. В данном случае говорящий часто и сам осознаёт, что его желание неосуществимо, нереально. Восклицательный знак в конце предложения выполняет при этом усилительную функцию. Значение ирреальности может передаваться также через форму наклонения: предложения-желания обычно употребляются в конъюнктиве, как правило, в конъюнктиве II, нередко в сочетании с модальными частицами:

*Hättest Du mir **doch** geglaubt! Wenn es nur **schon** Abend wäre!*

Примечание

Подобные предложения можно рассматривать как редуцированные придаточные условные от сложноподчинённых с союзными конструкциями „*wenn – dann*".

Если глагол употребляется в форме конъюнктива I, то предложение может выражать пожелание: *Gott sei mit uns allen!*
Большинство предложений, выражающих желания в форме конъюнктива I, имеют шаблонный, клишированный характер речевых формул:

Er lebe hoch.
Davor bewahre uns der Himmel!
Möge dir die Gesundheit noch lange erhalten bleiben!

Изменяемая часть сказуемого может, как показывают примеры, в зависимости от формы предложения, стоять на первом, втором либо на последнем месте. В письменной речи подобные предложения чаще употребляются в беллетристике. В основном же предложения, выражающие желания, характерны для устной речи.

4.5. Восклицательное предложение

Эмфатические предложения характерны для разговорной речи. Восклицания могут иметь различную синтаксическую форму:
– форму повествовательного предложения: *Das war herrlich! Das hat aber einen langen Bart!*
– форму вопросительного предложения: *Wer hätte das gedacht?! Was kann ich dafür?!*
– форму придаточного предложения: *Wie schön das alles ist! Was du dir jetzt schon wieder denkst!*
– форму предложения-эллипсиса: *Ist doch schön! Na klar!*, как в приводимом ниже анекдоте:

Schalom Asch, bescheiden, nach innen gekehrt und immer ein wenig ängstlich, fühlte sich in den literarischen Salons seiner neuen Heimat New York absolut nicht wohl, obwohl er dort wieder unter Juden war.

„Nun, wie geht es mit dem Englischen, Herr Asch... werden Sie anfangen, auf Englisch zu schreiben?" fragte ihn ein bekannter Verlagsmanager.

„Hern se mer auf mit Englisch", sagte Schalom Asch traurig, „die schönste Sprach bleibt doch Jiddisch!"

„Jiddisch?"

„Na klar! Ich versteh a jedes Wort!"

Обычно восклицательные предложения имеют порядок слов повествовательного предложения:

Jetzt hast du Schwein gehabt!

В некоторых случаях глагол стоит на первом месте:

Ist das schön!

В восклицательных предложениях, начинающихся с *wie* либо с какого-либо (семантически пустого) союза, глагол стоит на последнем месте:

Wie das nur möglich ist! – Dass das möglich ist! – Ob das gut geht?!!

В **восклицательных, эмфатических** предложениях, как и в предложениях, выражающих желание, доминирует экспрессивная функция. Они служат для выражения сильного внутреннего порыва либо эмоционального возбуждения, например, радости, удивления, раздражения, возмущения, восхищения. В виде восклицательного предложения передаётся отношение говорящего к уже упомянутому либо известному событию, нередко в форме выкрика. В конце предложения ставится восклицательный знак. Подобные предложения часто стереотипизированы, клишированы:

Wer hätte das gedacht! So ein Quatsch! Was für ein Glück!

Клишированными могут быть не только восклицательные предложения без глагола (что является признаком устной речи), но и полные предложения с глаголом на втором месте, особенно при наличии в них модальных частиц:

Du hast vielleicht Nerven! Das ist aber doch die Höhe!

Примечание

В разговорной речи в модальном значении может употребляться и глагол *tun*. Он усиливает смысл высказывания, придает ему особую настойчивость: *Schreiben tut sie mir nie!*

4.6. Типы предложений в устной и письменной речи

Итак, в **устной** и **письменной** речи различные типы предложений играют разную роль. В устной речи обнаруживается целый спектр характерных типов предложений. В неформальной повседневной речи речь часто идёт о ситуациях, где нарушаются гендерные нормы, как в следующей карикатуре.

»Herr Doktor, ich - « - -
»Erst ausziehen, ich komme gleich«

- - - - - - - -

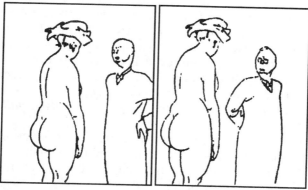

»Also, was fehlt Ihnen, liebe Frau?«

»Goar nix'n. Herr Doktor!
I kimm bloß z' wegn die
Kohlen vom Niemayr,
ob S' die no' mög'n.«

(из: Dick/ Wolff 1987, S. 174)

В устной речи встречается весь спектр названных выше типов предложений, а также множество вариантов с усечённой синтаксической формой, и гораздо больше, чем можно было бы предположить, сложных предложений.

Примечание

Причин тому много: в спонтанной речи одновременно могут возникать несколько мыслей, что подчёркивает Й. Швиталла (Schwitalla 1997, S. 96 ff.), которые переплетаются в процессе говорения. Следующая причина: говорящий имеет возможность сразу видеть реакцию собеседника на сказанное и ощущает его неуместность либо неточность. Это побуждает говорящего к непосредственной сиюминутной реакции – корректировке сказанного, его модификации/ уточнению. И ещё одно наблюдение: в живой речи мысли соединяются линейно чаще, чем при их письменном изложении, которое продумывается заранее.

Для живой речи характерны также особые формы порядка слов, смещение слов влево либо вправо от предиката, либо их „перекрещивание“. Если словосочетание вводит новую тему либо заново поднимает прежнюю, то оно ставится в самое начало предложения, даже если оно не является подлежащим, и становится топиком (темой).

Примечание

Пролепсис (предвосхищение) усиливает логическое выделение. Словосочетание замещается в последующем тексте местоимением либо местоименным наречием, например: *Auf den Bergen, da fühl‘ ich mich frei.* Обе части отделяются друг от друга интонационно, чем делается акцент на значимости темы. Подобному фокусированию служат и другие грамматические и лексические средства:
A propos Aktien: Ihre Kurse sind schon wieder gefallen.
Was die Aktien betrifft: ihre Kurse sind schon wieder gefallen.

Смещение словосочетания вправо, его обособление подобно зеркальному отражению приведённого выше примера. Местоименное наречие здесь предваряет словосочетание: *Was wir da erlebt haben, auf den Bergen!*
Наряду с подобной присоединительной конструкцией возможно и простое перемещение словосочетания в конец предложения, его обособление без указательного местоимения либо наречия: *Was wir erlebt haben – auf den Bergen!* К подоб-

ным смещениям вправо говорящий прибегает и тогда, когда в процессе формулирования мысли ему приходит в голову ещё что-то. Просодически такое словосочетание включено в интонационную структуру всего предложения, чего нельзя сказать о спонтанных зарамочных „вынесениях"/ присоединительных конструкциях. Смысловое дополнение (присоединительная конструкция) и обособление отличаются друг от друга. Их разграничению служит тест на сочетаемость с включением *und zwar* (Altmann 1981).

Только в разговорном синтаксисе можно встретить конструкцию из „скрещенных" предложений: *„In Köln weiß ich daß es eins gibt"* (вместо: *Ich weiß, daß es in Köln eins gibt*). В данном случае необходимо правильно интонировать предложение, чтобы выделить глагол мыслительной деятельности или говорения в главном предложении и соединить его с придаточным (Schwitalla 1997, S. 83).

Wenn Er bläst: wird das Jüngste Gericht gerechter sein als die Verwaltungsbehörden auf Erden, die sich für Gerichte ausgeben? Wenn Er bläst, wird auch dieser kleine, etwas vornehme Mann erscheinen. „Henri de Toulouse!" ruft der Ausrufer. „Huse —" macht es. „Lautrec!" ruft der Ausrufer. „Meck-meck!" — lachen die kleinen Teufel. Da steht er.

„Warum hast du solch einen Unflat gemalt, du?" fragt die große Stimme. Schweigen.

„Warum hast du dich in den Höllen gewälzt — deine Gaben verschwendet — das Häßliche ausgespreizt — sage!"

Henri de Toulouse-Lautrec steht da und notiert im Kopf rasch den Ärmelaufschlag eines Engels.

„Ich habe dich gefragt. Warum?"

Da sieht der verwachsene, kleine Mann den himmlischen Meister an und spricht: „Weil ich die Schönheit liebe", sagt er.

Итак, в живой речи доминируют адресные предложения, иначе говоря (по П. Вацлавику) — предложения с „реляционной функцией" (Watzlawick u. a. 1993). В письменной речи, напротив, преобладают повествовательные предложения (выполняющие репрезентативную либо денотативную функцию). Исключением являются тексты, в которых воспроизводятся диалоги либо монологи, а также специфические тексты инструктивного характера.

Следующая карикатура представляет собой пример, где разговорный синтаксис сближается с кодифицированным языком.

„Natürlich, Richard, bin ich überzeugt, dass du ernste Probleme hast. Ich wünschte nur, sie wären interessanter."

(из: Dick/ Wolff 1987, S. 36)

Г л а в а 5. Способы описания структуры предложения (синтаксические теории)

Как из отдельных слов того или иного языка возникает цепочка, представляющая собой грамматически корректное предложение с логической связью между темой и ремой, которое является формально самостоятельной, грамматически цельной единицей?

5.1. Предложение как комбинация знаков

Человек имеет привычку и способность анализировать всю информацию бинарно, раскладывать её всякий раз на две части. Это находит своё отражение в синтаксических теориях. Они различаются в первую очередь подходом к анализу предложения. С какой точки зрения анализируется предложение: с формальной, исходя из понятия классов слов (имя – глагол), функциональной (подлежащее – сказуемое), с учётом взаимозависимости слов друг от друга (ядро – актанты) либо исходя из коммуникативного членения предложения (тема – рема) и т. д.

Для анализа предложений существуют множество „рецептов“. Они базируются на разных подходах, предложения по-разному разделяются на сегменты, и предусматривается различная схема действий.

В элементарной **грамматике слова** определяются прежде всего морфологические и валентные характеристики отдельного слова, затем его место в словосочетании и лишь затем – в предложении.

Функциональная грамматика предложения исходит из предложения как единого целого и на первое место ставит тест на перестановку. С его помощью определяют характер членов предложения. Их количество в том или ином предложении выявляется далее в ходе его редукции до синтаксического минимума. А чтобы с полной уверенностью назвать функцию члена предложения, необходимо учитывать значение всего предложения, т. е. его семантику. Формальных признаков для этого недостаточно (не всякое подлежащее стоит в номинативе, и не всякое сказуемое имеет спрягаемую часть).

Грамматика валентностей, напротив, не выдвигает вопрос о функции отдельных членов предложения на первый план. Её главный вопрос звучит так: от какого слова зависят именные члены предложения? Её основной приём – тест на элиминацию (опущение): сколько членов предложения можно опустить, не нарушая при этом его грамматическую корректность? Этот тест позволяет выявить одно-, двух-, трёхвалентные глаголы как ядро предложения и в соответствии с этим структурные модели предложения с одним, двумя или тремя (крайне редко с четырьмя) актантами. Следующим шагом является определение грамматической формы актантов (часть речи, падеж): выделяются актанты в номинативе либо аккузативе, предложные либо адъективные актанты, а также адвербиальные либо предикативные актанты.

Формальный анализ по непосредственно составляющим полностью исключает семантические аспекты. Он изначально предполагает отказ от „интерпретационных понятий" функциональной грамматики, т. е. от терминов *подлежащее, сказуемое, определение, дополнение* и *обстоятельство*. Этот тип анализа исходит не из значения предложения, а из формальной логики, из последовательного членения высказывания на две части (принцип бинарности), на что опирался С. Е. Шеннон в своей универсальной грамматике компьютерного общества, состоящей сплошь из решений типа 1 (= +) либо 0 (= -), т. е. „включить (свет и т. п.)" либо „выключить (свет и т. п.)". Согласно этой точке зрения, предложение (у З. Харриса/ Harris 1951) состоит изначально из двух конституентов: N (= именное выражение; „именная фраза NP") и V (= глагольное выражение; „глагольная фраза VP"). Каждый из них, в свою очередь, можно разложить на две составляющих: NP – на детерминирующую величину (D) и ядро (N), а VP – на управляющую величину V и дополняющую N-группу (NP) и т. д. В данном случае наблюдается принцип рекурсивного повторения: одна NP может, в свою очередь, состоять из двух (NP + ND, а N из двух (N + N) и т. д.

Генеративная (порождающая) трансформационная грамматика Н. Хомского исходит из концепции З. Харриса. Однако она не ставит своей задачей пошагово выяснить, из каких частей состоят непосредственно составляющие предложения, и, соответственно, из каких конституентов состоит каждая из этих непосредственно составляющих. В рамках этой концепции задаётся вопрос о том, как предложение возникло из данных конституентов и как эти конституенты, в свою очередь, были созданы из своих составляющих. Ответ таков: в результате аналогичных трансформаций (4–7 разновидностей).

Текстосемантический анализ предложения учитывает его (контекстуальное) окружение, стремясь через такой подход „уловить" и объяснить коммуникативный аспект языковых высказываний. При этом исходным является вопрос: „Что говорящий сообщает собеседнику и по какой теме?", а также: „Исходя из чьей перспективы?". Далее следуют вопросы: „Что говорит кто-либо о чём-либо? Что в данном предложении является известным/ темой, а что – новой информацией к этой теме?"

Текстопрагматический анализ предложения (Austin 1962; Searle 1969) также не ограничивается рамками одного предложения, т. е. не заканчивается там, где стоит точка. Он выходит за границы предложения, т. к. его цель – не рассмотрение формальных составляющих (конституентов) предложения, а анализ коммуникативной функции (смысловых) частей предложения. В ходе такого анализа устанавливается, <u>что</u>, собственно, сказано в предложении (т. е. в чём состоит его „пропозициональное содержание") и какое (речевое) действие совершается с помощью этого предложения в соответствующем речевом акте – повествования, приказа(ния) и т. д. (т. е. в чём заключается иллокутивный аспект высказывания). Центральным же при текстопрагматическом анализе является вопрос о том, чего хочет и может добиться говорящий при помощи высказывания (перлокуция). Для ответа на этот вопрос важно то, <u>что</u> было сказано до анализируемого предложения и что (по)следует за ним (в контексте), а также то, что подразумевается и „читается между строк". Иными словами, сюда относятся компоненты смысла предложения, которые являются само собой разумеющимися или (ранее) известными адресату (это было названо, на это намекнули, это было имплицировано в предыдущем контексте), т. е. пресуппозиции предложения. Этот вид анализа также должен включать изучение следующего вопроса: что может изменить отдельное предложение и на что оно в действительности воздействует.

Т а б л и ц а 11a (нем.). Аспекты анализа предложения

	Morgen	*wird*	*er*	*die*	*Welt*	*sicher*	*mit ganz*	*anderen*	*Augen*	*ansehen.*
1. lexikalisch	W (Wort) (Lexem)	M (Morphem)	W (Lexem)	M (Morphem)	W (Lexem)	W (Lexem)	(Phraseologismus) (Wortgruppenlexem)			W (Lexem)
2. morphologisch	Adv.¹	Hilfsvb. Finit (3. Sg.)	Pron. Nom.	Art. Akk.	Subst. Akk.	Adv.	Präp. Adv.¹	Adj. Dat.Pl.	Subst. Dat.Pl.	V. Infinitiv
3. syntaktisch a) taxonomisch	NP	VP (1. Teil)	NP		NP	NP	-	NP	-	VP (2.Teil)
b) Satzgliedfunktion	Adv.²	Präd.- teil	Subj.		Obj.	Adv.²	Adverbialgruppe			Präd.- teil
c) Abhängigkeit	Angabe (frei)	V. (fin)	Enom. (Aktant)		Eakk. (Aktant)	Satz-Angabe (frei)	Angabe (oder Aktant; Eadv)?			V. (infin)
4. semantisch a) satzsemantisch	Temporal-adverb	(modal) (Erwartung)	Agens		affiziertes Obj.	(modal) Sprecher-kommentar	modale Bestimmung (der Art u. Weise)			aktionale Prädikation
b) textsemantisch	Fokusteil des Rhemas	-·-·	Topik (Thema)	-·-·	-·-·	Rhema	-·-·-·	-·-·-·	-·-·	-·-·

5. textpragmatisch Illokution (etw. *erwarten, vermuten*) + Proposition (Nomination: *er*; Prädikation: *sie so ansehen*) + Lokution (3. Sg.) +
Perlokution

	Morgen	wird	er	die	Welt	sicher	mit ganz anderen Augen	ansehen.
1. Лексический аспект	W (лексема)	M (морфема)	W (лексема)	M (морфема)	W (лексема)	W (лексема)	фразеологизм (устойчивое словосочетание)	W (лексема)
2. Морфологический	наречие	вспом. глагол (3 л. ед. ч.)	мест. ном.	арт. акк.	сущ. акк.	наречие	предл. + (нареч.) + прил. датив мн. ч. + сущ. датив мн. ч.	глагол в инфинитиве
3. Синтаксический								
а) таксономический	NP	VP (1часть)	NP		NP	NP	--- NP---	VP (2часть)
б) синтаксическая функция в предложении	обстоятельство	часть сказуемого	подлежащее		дополнение	обстоятельство	обстоятельственная группа	часть сказуемого
в) зависимость от глагола (валентность)	свободное обстоятельство/ распространитель	глагол (изм.)	актант Еnom.		актант Еakk.	свободный распространитель	свободный распространитель (или актант EAdv.?)	глагол (неизм.)
4. Семантический								
а) семантика предложения	обстоятельство времени	(модальное) будущее (ожидание)	агенс		индифер. дополнение	(модальный) Комментарий говорящего	модальное обстоятельство (образ действия)	акциональная предикация
б) семантика текста	фокус ремы	-.-.-.	топик (тема)		---	рема	.-.-.-.-.-.-	-.-.-.

5. прагматика текста: иллокуция (etw. erwarten, vermuten) + пропозиция (номинация: -er; предикация: sie so ansehen) + локуция (3 л. ед. ч.) + перлокуция

Примечание

Условные обозначения, использованные в таблице: NP = именная фраза, VP = глагольная фраза, M = грамматическая морфема, W = слово (лексема), V = глагол, N = имя, E = актант. Аспект 1 рассматривает слова согласно формальной грамматике и лексикону, 2 и 3а базируются на учении о грамматических формах, 3б и 3в – на формальном и функциональном учении о строении предложения. Аспект 4а рассматривает семантику членов предложения и их частей, 4б – членение речи в свете грамматики текста. Аспект 5 предлагает прагматическую интерпретацию высказывания с учётом его значения как части (речевого) действия.

Прочие обозначения в табл. 11а и 11б:

Adv.[1] – наречие (нареч.)

Adv.[2] – обстоятельство (обст.)

Hilfsvb. – вспомогательный глагол (вспом. глагол)

Pron. Nom. – местоимение в номинативе (мест. ном.)

Art. Akk. – артикль в аккузативе (арт. акк.)

Subst. Akk. – существительное в аккузативе (сущ. акк.)

Präp. – предлог (предл.)

Adj. Dat. Pl. – прилагательное в дативе множественного числа (прил. датив мн. ч.)

Präd. – сказуемое (сказ.)

Subj. – подлежащее (подл.)

Obj. – дополнение (доп.)

V. – глагол

Fin – спрягаемая часть глагола (глагол изм.)

Infin – неизменяемая часть глагола (глагол неизм.)

Enom. – актант в номинативе

Eakk. – актант в аккузативе

Eadv. – актант-обстоятельство

Таким образом, на вопрос об адекватном анализе предложения лингвисты предлагают пять различных вариантов ответа, в зависимости от того, насколько узко они определяют предмет своего исследования и что является для них наиболее значимым моментом. В обобщённом виде это представлено на примере конкретного предложения в таблице „Аспекты анализа предложения“ (табл. 11а и 11б).

Рассмотренные выше способы анализа предложения постоянно конкурировали друг с другом, так что последние десятилетия в лингвистике прошли под знаком борьбы за пальму первенства между ними. Сегодня все согласны с тем, что каж-

Схема 11. Предложение

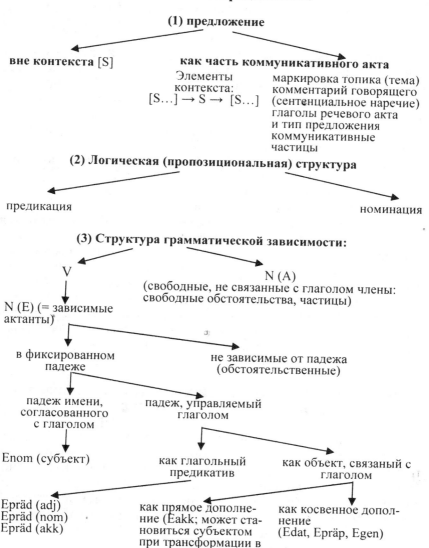

(1) предложение

вне контекста [S]

как часть коммуникативного акта

Элементы
контекста:
[S...] → S → [S...]

маркировка топика (тема)
комментарий говорящего
(сентенциальное наречие)
глаголы речевого акта
и тип предложения
коммуникативные
частицы

(2) Логическая (пропозициональная) структура

предикация

номинация

(3) Структура грамматической зависимости:

V

N (A)
(свободные, не связанные с глаголом члены:
свободные обстоятельства, частицы)

N (E) (= зависимые
актанты)

в фиксированном
падеже

не зависимые от падежа
(обстоятельственные)

падеж имени,
согласованного
с глаголом

падеж, управляемый
глаголом

Enom (субъект)

как глагольный
предикатив

как объект, связаный с
глаголом

Epräd (adj)
Epräd (nom)
Epräd (akk)

как прямое дополне-
ние (Eakk; может ста-
новиться субъектом
при трансформации в
пассивный залог)

как косвенное допол-
нение
(Edat, Epräp, Egen)

дый из этих способов отражает свой подход к анализу предложения. Актуальными для исследователей стали другие воп-

росы, а именно: какой подход позволяет наиболее оптимально объяснить тот или иной феномен и с максимальной пользой использовать это для занятий по иностранному языку? Как лучше определить конституенты предложения? По каким параметрам можно определить, что предложение грамматически корректно? Чем обусловлен порядок слов и их сочетаемость? От чего зависит значение предложения? Что определяет коммуникативную функцию, информативное содержание предложения, а что – силу его воздействия?

Именно в такой постановке рассматриваются проблемы синтаксиса в последующих главах.

Графически система изложения феномена предложения представлена в схеме 11.

Что касается основы синтаксиса, т. е. описания возможных моделей предложения, то для немецкого языка более всего подходит вариант 3в, отправным моментом которого является глагольное ядро предикации и зависимость членов предложения и их частей друг от друга. По этому пути следовало большинство немецких грамматик с 1958 года. Поэтому в следующей главе данный вид анализа будет рассмотрен более подробно. Однако на этом анализ предложения не заканчивается. Вопрос о функциях частей и форм в предложении как едином целом, а также в тексте можно рассмотреть отдельно, но исключить вовсе нельзя. Этим аспектам посвящены главы 7, 8, 9, 10.

5.2. Типы предложений и валентность глагола: количественная валентность

С помощью синтаксической валентности глагол задаёт структуру предложения, где запрограммированы количество, типы, падежное управление актантов. Это становится основой для конструирования моделей предложений. Их классификация начинается с определения **количественной** валентности. Именно она определяет, сколько актантов является обязательными либо факультативными для того или иного глагола (ср. гл. 3.5(д)).

В словарях (в частности, в словаре LWB) информацию о валентности даёт структурная формула, которая и задумана как указатель валентности. Нередко глагол имеет несколько вариантов валентности в зависимости от его различных лексических значений. Глагол *schlagen*, например, может быть одно-, двух- или трёхвалентным. В афоризме С. Лека „*Die Uhr schlägt. Alle.*" переплетаются два значения и две валентных модели глагола: *j-n schlagen* („побить" = „победить кого-либо") и *etw. schlägt* („часы бьют" = „часы показывают время"). Игра одно- и двухвалентной модели глагола создаёт экспрессивное значение афоризма.

В основе большинства предложений лежат двухвалентные глаголы, однако немало и одно- и трёхвалентных. Модели с ещё более высокой либо более низкой валентностью являются особыми случаями, они рассматриваются как варианты структур одно- либо трёхвалентных глаголов.

Особую трудность представляют предложения с **грамматическими омонимами**, подобными *es* и *sich* (ср. гл. 2.4(в)). Чтобы правильно определить количественную валентность глаголов, в таких случаях необходимо различать формальную и содержательную стороны высказывания. Они не всегда совпадают. Местоимения *es* и *sich* могут являться pro-формами и замещать существительные. В таких случаях речь идёт о самостоятельных членах предложения, которые могут быть классифицированы как актанты, а их значение определяется контекстом:

Es ist verloren gegangen. (В предтексте речь шла о почтовой посылке (*das Paket*)). Другие примеры:

Es/ Das/ Dieser Konkurs ist ein Skandal.

Er wäscht sich/ seinen Hals/ das Baby.

Иначе трактуются предложения типа *Es regnet* либо *Es taut* и *Es schneit*. Они образуются на основе одновалентных глаголов. *Es* является неизменным устойчивым актантом в номинативе, его нельзя заменить на другие местоимения (*er, sie*). В этой модели оно не замещает существительное. Таким образом, *es* в данной модели представляет собой местоимение лишь формально. Поскольку оно не несёт смысловой нагрузки, то является пустой морфемой в предложении. Оно обеспечивает грамматическую возможность употребить смысловой глагол (*regnen, tauen, schneien*) в изменяемой форме, следовательно, является неотъемлемым компонентом структуры. Оно гарантирует подобным предложениям стандартную двучленность, т. е. наличие подлежащего и сказуемого. Некоторые считают содержательную валентность подобных глаголов

„нулевой" (Heringer 1972). В грамматическом плане нулевыми они не являются.

Третья форма *es* встречается в предложениях, подобных *Es freut mich, dass du gekommen bist. Es* здесь также является подлежащим, обязательным членом предложения, не несущим на первый взгляд лексического значения. Однако при перестановке членов предложения es выпадает, когда на его место становится придаточное с *dass: Dass du gekommen bist, freut mich.* Следовательно, *es* нельзя рассматривать как устойчивую незаменимую часть модели предложения, подобную *es* в конструкции *es regnet.* В данном случае *es* – это заместитель придаточного предложения.

Как следует классифицировать форму *sich,* если она не несёт смысловой нагрузки и является неотъемлемым структурным компонентом предложения? Вот несколько примеров:

Das Geld befindet sich (= liegt) unter der Matratze.
    X befindet sich   in/ (unter/ bei...) y

Sich befinden является не трёх-, а двухвалентным глаголом. *Sich,* являющееся формально местоимением, следует считать устойчивой частью глагольной лексемы, независимо от того, что она функционирует в предложении как свободная морфема (в отличие от суффикса итальянских возвратных глаголов -*si* либо русских -*ся* и -*сь*). В немецком языке *sich* изменяется морфологически, в зависимости от субъекта: *mich/ dich/ sich/ uns/ euch.*

По-иному морфема *sich* функционирует в следующих предложениях:

Das Geld findet sich dort nicht (= ...findet man dort nicht). В данном случае речь идёт о возвратной форме, функционирующей в качестве модального варианта пассивного залога и выражающей непредельность (= *Das Geld ist dort nicht*), т. е. снова о „пустой морфеме" в предложении.

Глаголы с более высокой валентностью

Можно привести примеры предложений, в которых глаголы кажутся четырёхвалентными:

Auf die letzte Frage antwortete er ihr nichts mehr.

X (*er*; субъект) *antwortete y* (*ihr*; дополнение в дативе) *auf z* (*auf ihre letzte Frage*; предложное дополнение) *w* (*nichts*; дополнение в аккузативе).

Mehr является свободным обстоятельством и не обусловлено валентностью глагола *antworten*. В подобных немногочисленных предложениях, образованных на основе коммуникативных глаголов, речь идёт о комбинации из двух предложений с трёхвалентными глаголами (x *antwortet* y w; x *antwortet* y *auf* z).

5.3. Качественная валентность глагола

Более широкие возможности для варьирования моделей предложения даёт **качественная валентность** глагола. При этом возникает вопрос о характере зависимости актантов от глагола и их частеречной принадлежности.

В данном случае учитывается:

– связаны ли актанты с глаголом без предлога, т. е. только при помощи падежной морфемы (чаще всего как дополнения в дативе либо аккузативе);

– связаны ли они с глаголом устойчивыми предлогами (как предложные дополнения)

– либо возможно чередование предлогов (как в актантах-обстоятельствах);

– выражены ли актанты существительными либо местоимениями, наречиями, прилагательными, глагольными инфинитивами или соответствующими им придаточными предложениями.

Предложения с **одновалентным глаголом** обычно имеют один актант в номинативе: *Sie weint; er lacht; es schreit.* Актант может быть семантически пустым, как в примере *Es regnet* (см. выше).

Исключением является немногочисленная группа предложений, в которых актант-субъект употребляется не в номинативе: *Mich friert. Ihn fröstelt, schaudert* (= первый актант в аккузативе). *Mir ist kalt* (= первый актант в дативе).

В предложениях с **двухвалентным глаголом** первый актант обычно стоит в номинативе в качестве подлежащего. Второй актант обычно употребляется без предлога в аккузативе, реже в дативе и только в отдельных случаях в генитиве; в случаях предикации состояния либо существования – в номинативе (именная часть сказуемого):

Die Großmutter unterstützt uns. Auch mein Bruder hat mir schon geholfen. Er bedarf seiner Hilfe jetzt auch wirklich. Ich bin ein Sozialfall. Здесь актанты выражены существительными либо местоимениями. При предикации состояния в качестве актантов употребляются также наречия и прилагательные: *Du bleibst hier. Wir gehen heim. Mein Garten liegt dort. Wir sind müde.*

Они встречаются также в случаях предикации отношения либо выражения оценки: *Wir verhalten uns in dem Streit neutral. Er benimmt sich anständig. Das klingt gut.*

Весь спектр возможных вариантов с двухвалентными глаголами отражает словарь. В случае с *sich benehmen* он, например, указывает также на возможность одновалентного употребления, прежде всего в устойчивых выражениях, семантически обусловленных значением „*sich gut, anständig verhalten*":

> **be·neh·men, sich**; *benimmt sich, benahm sich, hat sich benommen*; [Vr] **sich irgendwie benehmen** (in Bezug auf die gesellschaftlichen Konventionen) ein bestimmtes Verhalten zeigen <sich gut, unhöflich, anständig (gegenüber jemandem) benehmen>: *Er hat sich wie ein Kind benommen*
> || ID **Benimm dich**! Verhalte dich anständig!; *sich unmöglich benehmen gespr*; sich sehr schlecht benehmen; *sich zu benehmen wissen* gute Manieren haben.

В предложениях с **трёхвалентными глаголами** первым актантом, как правило, является имя-субъект в номинативе, вторым – именное дополнение в аккузативе, третьим – в дативе. Актанты могут употребляться с предлогами либо без них, с постоянным предлогом (в предложных дополнениях) либо с разными (в актантах-обстоятельствах):

jemanden nach etwas fragen; ihm auf etwas antworten; vor/ neben/ hinter/ bei der Säule stehen.

Данные примеры отражают структурные формы, выделенные в словаре (LWB) жирным шрифтом. Адвербиальные актанты указаны в словаре словами *irgendwo, irgendwie.*

Немногочисленную особую группу составляют те трёхвалентные глаголы, которые управляют двумя актантами в аккузативе: за актантом-дополнением следует третий актант – объектный предикатив:

Wir halten ihn für einen Verbrecher.
Sie nannte mich immer „Spätzchen".

5.4. Прочие семантические закономерности (солидарности)

Наряду с количественной и качественной грамматической валентностью глаголов следует иметь в виду и другие – **семантические связи (солидарности)**, которые оказывают влияние на выбор актантов. Глагол *sich benehmen* (см. выше) предусматривает сочетание с актантом-субъектом, обозначающим человека, а место обстоятельства может занимать прилагательное из лексического поля „*gut/ schlecht"*.

При глаголе *nennen* первым актантом (в номинативе) обычно является какое-либо наименование лица. Вторым актантом – в аккузативе – может быть практически всё, что может быть именовано. В качестве третьего актанта, также в аккузативе, выступает какое-либо имя. Подобные семантические категории выглядят так: ± имя; ± лицо; ± конкретно(сть). Наряду с этим имеется целый ряд избирательных связей. При конструировании „правильных" предложений они доставляют много проблем. Систематизация таких свободных обстоятельств, заданных (лексическими) „солидарностями" (Coseriu 1967), в грамматике невозможна. Есть они в предложении или нет, зависит не от грамматических правил, а от „семантической программы" каждого отдельного слова, что и должно найти своё отражение в словаре, где презентация лексических солидарностей осуществляется при помощи коллокаций и примеров, а также различных способов словарного описания.

О различиях между обязательными и факультативными актантами см. гл. 3.5(д); о редукции валентности, обусловленной контекстом либо семантикой слова, см. гл. 2.11 и 3.5. Наряду с этим редукция глагольной валентности применяется в стилистических целях, она имеет экспрессивное значение. Глагол *sprechen* обычно трёхвалентен (*x spricht mit y über z*) либо двухвалентен (*etw. spricht für/ gegen etw.*). Однако он может употребляться как одновалентный, что обусловлено грамматически (*Sprich!*), семантически (*Ihr Kind sprach schon mit einem Jahr* = мог говорить), а также стилистически такими способами, как выделение, подчёркивание значимости действия (*Ruhe! Der Bundeskanzler spricht!*).

Изменение валентности глагола происходит в результате транзитивации, когда одновалентные глаголы при помощи дополнительного актанта в аккузативе либо через замещение предложного дополнения прямым дополнением в аккузативе превращаются в двухвалентные. При этом изменяется акциональность (способ протекания глагольного действия) предиката, что хорошо иллюстрируют следующие строки из стихотворений Г. Тракля:

„Du schweigst die Hämmer, doch der Tag (...)"
„Es schweigt die Seele den blauen Frühling (...)"
„Wen weinst du unter dämmernden Bäumen. Die Schwester (...)"
(G. Trakl, Werke I; 1995/ 2000, S. 143; II, S. 219)

Изменения можно объяснить опущением префиксов в словах *verschweigen* и *beweinen* по ритмическим и экспрессивным причинам.

Приводимый ниже анекдот основан на обыгрывании одно- и двухвалентности глагола *heiraten:*

„Bobby, schau, wir sind jetzt fast zwölf Jahre verlobt", sagt Marianne. „Was meinst du, wenn wir amal heiraten täten?"

„Keine schlechte Idee", meint Bobby gähnend. „Aber wer nimmt uns jetzt noch?"

Не все обстоятельства являются свободными. Как связанные актанты они, правда, появляются редко, но в разнообразных формах: прилагательных, наречий, иногда предложных сочетаний с существительными/ местоимениями. Они имеют модальное, локальное или темпоральное/ временное значение, но не могут иметь каузального значения (причины):

Das klingt gut/ schlecht.
Wir gehen dorthin/ auf den Marktplatz.
Sie wohnt dort/ in Bonn.
Das Konzert dauerte lange/ über drei Stunden.

У модальных и локальных актантов наблюдается зона плавных переходов в свободные обстоятельства. Следующие предложения можно свести к структурам, в основе которых лежат одновалентные глаголы:

Der Zylinder rotiert um die eigene Achse (Тест на опущение: *Der Zylinder rotiert*).

Das Wasser strömte über die Klippen (ср.: *Das Wasser strömte*).

Значение *rotieren* („um etwas kreisen") предполагает, однако, появление за ним актанта-обстоятельства места, *strömen* в значении „fließen" – актанта-обстоятельства направления, что позволяет рассматривать данные глаголы как двухвалентные.

В предложении „*Meer und Wasser sind auf der Erde nicht gleichmäßig verteilt*" обстоятельство с модальным значением опустить нельзя (оно даёт ответ на вопрос „Wie?"). Следовательно, его надо считать вторым актантом предикации в сочетании с *verteilt sein*.

К переходной зоне относятся и некоторые конструкции с *als*. В словаре такое употребление *als* иногда настолько обособляется от других его функций, что рассматривается как грамматический омоним (см. als[3] в словаре LWB), а Грамматика Дуден (Duden-Grammatik 1998, S. 403) называет его „союзом для связи частей предложения" („Satzteilkonjunktion"), так как в этом значении полупредлог *als* присоединяет не целое предложение, а какой-либо член предложения. В отличие от предлогов, *als* не управляет каким-либо одним падежом. Существительные после *als* стоят в том же падеже, что и предшествующее им имя:

Die neue Show erwies sich als Misserfolg. Модель: х (номинатив) *erweist sich als* у (номинатив).

Ich habe seine Bemerkung als Frechheit empfunden. Модель: х *empfindet* у (аккузатив) *als* z (аккузатив).

Актантам, которые являются обязательными в соответствии с валентностью глагола, противопоставляются **свободные распространители**. Поскольку в предложении они выполняют функцию **обстоятельств**, Л. Теньер называет их „сирконстанты". Они не зависят от валентности глагола (тест на элиминацию/ опущение! Ср. гл. 3.5(e); „тест на вычленение в самостоятельное „бытийное" предложение" для выделения факультативных актантов). В целом же применительно к смыслу всего предложения они имеют важное значение и являются порой в коммуникативном плане неотъемлемой частью высказывания.

5.5. Валентность имён (вторичная валентность) и расширение объёма именных словосочетаний

Грамматическим центром предложения является глагол. Он связывает, организует конструкцию предложения. Его связующая функция заложена в его валентности, которая определяет количество и вид актантов, относящихся к ядру предложения. Изменяемая часть сказуемого выполняет, кроме того, функцию ориентира, так как его форма указывает на временную форму, наклонение, лицо, число и залог. Порядок слов в разных типах предложений также зависит от изменяемой формы глагола. Следовательно, есть три причины рассматривать глагол как ядро предложения. К тому же подлежащее согласуется с изменяемой частью сказуемого, т. е. определяется, исходя из глагола, что явно видно в спорных случаях:

Es waren die Mütter, die sich für die neue Schule einsetzten.

На основе **согласования** как подлежащее в данном предложении следует рассматривать слово *die Mütter*, несмотря на то, что на первом месте стоит *es*.

Способностью создавать вокруг себя определённые открытые позиции обладают не только глаголы, но и другие части речи.

Эта вторичная валентность существительных и прилагательных также важна для структуры предложения, прежде всего для структурирования именных групп. Она помогает объяснить зависимость определений от других слов.

Определения, обусловленные вторичной валентностью, называют „адьюнктами" („Adjunkte") (Engel 2004). Характерным для них является то, что они как вторичные актанты могут быть опущены, т. е. являются факультативными. Вторичная валентность (для существительных и прилагательных) не является столь характерной, как первичная для глагола, так как многие существительные и прилагательные сами по себе одновалентны, как например, *Tag* и *Berg* или *stumm* и *blau*, т. е. не имеют собственной валентности. Большинство же других существительных, которые создают особую открытую позицию (для определения), являются производными от глаголов: переходный глагол *heilen* является двухвалентным (один актант в номинативе, второй актант в аккузативе). Производное существительное *Heilung* может сочетаться с двумя актантами-определениями, соответствующими глагольным актантам-дополнениям в номинативе и аккузативе:

Der Guru hat sein Kind geheilt.

→ *Die Heilung (seines Kindes) (durch den Guru) verlief problemlos.*

При образовании причастий обязательная валентность глагола превращается в факультативную валентность имени, т. е. обязательный глагольный актант-субъект преобразуется в актант-атрибут:

→ *Sein (von dem Guru) geheiltes Kind.*

Примечание

Большинство прилагательных одновалентны. В логике они являются одноместными предикатами. Их (одновалентная) безактантная конструкция представляет собой основную синтаксическую форму употребления прилагательных. Каков характер многовалентных прилагательных? Словарь валентности К.-Э. Зоммерфельдта/ Г. Шрайбера (1977) предлагает довольно солидный перечень таких прилагательных, где их (вторичные) актанты определяются по их количеству (один, реже два), форме (актанты в дативе, генитиве, с предлогом) и семантике (при помощи символов). Довольно полный регистр всех узуальных случаев приводит толковый словарь, где даётся описание числа, форм и значений **вторичных актантов**. В Словаре LWB это отражено графически (жирным шрифтом), дистрибутивно (в контексте: прежде всего в коллокациях и примерах) и через эквиваленты значений.

В валентности слова заключена специфика его комбинаторики, поэтому она должна находить своё отражение в словаре. С другой стороны, она относится к сфере грамматики. Как нам уже известно, валентность глагола имеет большое значение при структурировании предложения. Релевантной для конструкции предложения является также валентность прилагательных. Так, например, на месте простого прилагательного может быть употреблена адъективная группа, что встречается в предложениях с именными сказуемыми: *Inge ist stolz – auf ihre Mutter. Sie ist böse – auf den Bruder. Er ist verärgert – über seinen Chef.* Предикативные конструкции чаще всего можно наблюдать в предложениях с *sein*. Данная предикация обычно двухвалентна, однако она может быть расширена подобным образом. Дополнение-актант при прилагательном может отсутствовать, оно факультативно, ср.: *Inge ist stolz. Sie ist verärgert.* Т. е. актанты при прилагательном можно считать вторичными членами предложения, как и прочие определения. При трансформации предикатива в определение дополнения при атрибуте могут сохраняться (*die über ihren Chef verärgerte Inge*). В устной речи они,

как правило, опускаются. В лексикализированных адъективирован-
ных причастиях второй актант, предусмотренный валентностью
исходного глагола, также нередко опускается в процессе лексикализации: *Das Buch ist abgegriffen, zerlesen* (но не: **abgegriffen,
zerlesen von x*).

Возникает вопрос: относятся ли вторичные актанты именной
части сказуемого к предикату или нет? Учебники по грамматике
древних языков причисляют их к предикату. Если поступать так, то
вторичные актанты (напр., *auf ihre Mutter, über ihren Chef*) следует
классифицировать как первичные, а именно как дополнения. Но не
являются ли они вторичными членами предложения, т. е. определениями? Х.-В. Эромс (2000, S. 208) говорит в данном случае о „двоя-
ком положении“. Обозначение именной части сказуемого как Eadj.
соответствует такой их интерпретации. Семантически они, как правило, относятся к актанту в номинативе (Enom), который называет
тему. Проблема их определения заключается в следующем: с одной
стороны, данные предикативные прилагательные и их вторичные
актанты при соответствующей трансформации превращаются в
определения существительных (*Inge ist stolz auf ihre Mutter* → *die
auf ihre Mutter stolze Inge*). Поэтому их можно считать атрибутив-
ными актантами или „адъюнктами“ (Engel 2004). С другой стороны, тест на перестановку позволяет рассматривать данные единицы
как первичные члены предложения (*Auf ihre Mutter ist Inge stolz*).
Либо речь идёт об определениях, вынесенных за рамку предложения?

Если же отглагольное прилагательное имеет форму не причастия, а суффиксального производного, то актанты исходного глагола, как правило, исчезают, напр.: *heilbar* и *heilsam*
(образованные от двухвалентного глагола *etw. heilen*).

Вторичная валентность существительных и прилагательных, таким образом, определяет структуру предложения во
вторичном ярусе определений:

Die Heilung   (ядро)
der Krankheit durch den Guru.   (определения)
или:

из предложения
Sie versteht den Text
можно образовать:
Der Text ist verständlich   (актант-прилагательное/ Eadj)
für sie.   (атрибут)

Аналогичным образом определяется валентность в именной группе с ядром *Text*:
Der für sie verständliche Text.

Итак, основная схема предложения, обусловленная первичной валентностью глагола, может быть расширена за счёт вторичной валентности прилагательного и/или существительного. Их вторичные актанты служат для расширения именных и адъективных групп, особенно в виде определений в генитиве либо с предлогами в постпозиции (см. гл. 8.8).

Примечание

Большинство прилагательных в положительной степени являются одновалентными. Поэтому следует особо рассмотреть случаи, когда они проявляют более высокую валентность. Такое их употребление имеет семантический аспект: при их одновалентном употреблении обозначаемое свойство понимается как абсолютное, при более высоком показателе валентности – как относительное. Условием для подобного утверждения является недопустимость контекстуального редуцирования валентности. Т. е. отношения и связи, в отличие от свойств, обычно выражаются двухвалентными прилагательными: *x ist frei von y, mit y verbunden, von y abhängig* и т. д. Подобное наблюдается и у прилагательных, выражающих что-либо потенциальное: *x ist für y geeignet, brauchbar, für y (= j-n) verständlich, für ihn unannehmbar.* Это объясняется у отглагольных пассивно-модальных прилагательных валентностью их глагольного базиса.

Существуют различные возможности **расширения валентности**. Дополнительная свободная позиция возникает при образовании сравнительных конструкций, для связи с которыми требуются юнкторы: в положительной степени имеются сравнительные выражения с *so ... wie*, в сравнительной – с *-er ... als* и в превосходной – с *(die/ der/ das) ...-ste ... von ...; so schnell wie ..., schnell-er als ..., der schnell-ste von...* Суффикс в данном случае является необходимым признаком, принципиально, однако, не он вызывает повышение валентности (Eroms 2000, S. 212). Об этом свидетельствует сравнение соответствующих явлений в языках с более развитым аналитическим формообразованием, например, в испанском, где сравнительный союз сам по себе служит средством сравнения (*más* или *más + que; más rico que* = „reicher als", *más rico* = „der reichste...“), старая синтетическая форма (*dulc-isimo* от *dulce* „süß" и т. д.) предназначена для выражения элатива („sehr süß"). Аналогичную картину можно наблюдать в положительной степени: соответствующие формы сравнения (*so reich wie* исп. *tan rico como*) повышают одинаковым образом актуальную валентность прилагательного (*reich* или исп. *rico*).

Другой возможностью расширения валентности являются сочетания предикаций с обозначением мер и весов: *drei cm lang, 5 Kilo schwer, 120 km/h schnell.* Подобные выражения, как правило, рассматриваются как составные части ремы. Они уточняют основное высказывание. Расширение валентности служит для выражения спецификации высказывания. Адъективный актант при этом выполняет функцию, сравнимую с функцией других определений. Это ещё один аргумент в пользу того, что речь в таких случаях идёт о вторичных (= атрибутивных) актантах при прилагательных.

Различия в синтаксисе устной и письменной речи

Тема: „Wegauskunft"

(a) bei F. Kafka („Gibs auf!")

GIBS AUF!
Es war sehr früh am Morgen, die Straßen rein und leer, ich ging zum Bahnhof. Als ich eine Turmuhr mit meiner Uhr verglich, sah ich, dass es schon viel später war, als ich geglaubt hatte, ich mußte mich sehr beeilen, der Schrecken über diese Entdeckung ließ mich im Weg unsicher werden, ich kannte mich in dieser Stadt noch nicht sehr gut aus, glücklicherweise war ein Schutz-mann in der Nähe, ich lief zu ihm und fragte ihn atemlos nach dem Weg. Er lächelte und sagte: „Von mir willst du den Weg erfahren?" „Ja", sagte ich, „da ich ihn selbst nicht finden kann." „Gibs auf, gibs auf", sagte er und wandte sich mit einem großen Schwunge ab, so wie Leute, die mit ihrem Lachen allein sein wollen.

(F. Kafka 1980, S. 87; анализ см.: Wellmann 1998, S. 166 f.)

(б) im Alltagsdialog
A: Bitte können Sie mir sagen, wie ich am schnellsten zum Bahnhof komme?
B: Ja, eh, wollen Sie zum Südbahnhof oder zum Hauptbahnhof?
A: Ich weiß nicht. Welcher ist denn näher?
B: Der Südbahnhof. Nur fünf Minuten oder so.
A: Halten da aber auch Eilzüge?
B: Ja ja, Eilzüge schon, nur der Intercity nicht.
A: Also dann geh' ich wohl am besten dahin.
B: Ja also da gehen Sie einfach diese Straße ganz hoch bis zu der Ampel dort, sehen Sie, und dann liegt der gleich rechts um die Ecke, das sehen Sie dann, wenn Sie da einbiegen.
A: Vielen Dank.

(цит. по: Brinker/ Sager 1996, S. 80)

Глава 6. Простые и сложные предложения

6.1. Основные формы предложений

> *„Es gibt wohl keinen gesunden Menschen, der jemals in seinem Leben in folgender Form gedacht hat: „Obgleich es heute regnet, werde ich meinen Regenschirm nicht mitnehmen". Wenn seine Gedanken überhaupt in grammatische Sätze gekleidet sind, so geht diese Überlegung in folgender Form vor sich: „Es regnet. Soll ich da `n Regenschirm mitnehmen? Ach, ich werde lieber keinen mitnehmen. "*
>
> (K. Tucholsky, Werke Bd. 5, S. 222)

Простое предложение состоит как минимум из спрягаемого глагола и управляемого им имени. Они согласованы между собой не только флективно (грамматическое согласование), но и содержательно (семантическое согласование) и вместе составляют высказывание, обладающее определённым смыслом:

Die Lokomotive pfeift.
Der Zug hält.
Wir steigen ein.
Wir suchen unsere Plätze.
Sie wurden/ sind reserviert.
Wir verstauen das Gepäck.

В случае, когда согласно синтаксическим правилам соединяются два либо несколько простых предложений, возникает **сложное** предложение:

Als die Lokomotive pfiff, hielt der Zug, und wir stiegen ein. Dann suchten wir unsere Plätze, die schon reserviert waren, und verstauten unser Gepäck.

Единицы, из которых состоит подобное сложное предложение (Gesamtsatz), в немецких грамматиках называются элементарными предложениями (Teilsatz) либо частями сложного предложения. В публицистических текстах сложные предложения обычно состоят из одного главного и одного придаточного предложения; в текстах официально-делового и научного стиля часто наблюдается несколько придаточных в одном сложном предложении (они в большинстве случаев отделяются друг от друга запятыми).

В диалогах повседневной речи больше простых либо сложносочинённых предложений, а также предложений с усечёнными формами (эллипсисов и пр.). В произведении „Schloß Gripsholm" К. Тухольский так описывает прибытие поезда: „ *Weichen knacken, der Zug schepperte über eine niedrige Brücke, hielt. Komm raus! Die Koffer. Die Träger. Ein Wagen. Hotel. Guten Tag. Stockholm.*" (K. Tucholsky, Werke Bd. 9, S. 21).

Сложные предложения бывают двух видов:

(а) Предложение состоит из нескольких простых/ элементарных предложений, каждое из которых может употребляться как самостоятельное. Если эти составные части синтаксически равноценны, то это – сложносочинённое предложение (паратаксис):

Der Zug fährt ein, er hält, und die Türen springen auf. (Сложносочинённое предложение, состоящее из трёх самостоятельных составных частей.)

Если два высказывания относятся к одному субъекту действия, то говорят не о сложном предложении, а об однородных предикатах, соединённых сочинительным союзом (*und, oder, aber* и т. д.): *Der Zug fährt ein und hält dann.*

(б) Если сложное предложение состоит из составных частей (элементарных предложений), одна из которых не может быть употреблена как самостоятельное предложение, то говорят о сложноподчинённом предложении (гипотаксисе):

Wir warten auf Gleis 3,	(самостоятельная составная часть/ главное предложение/ Trägersatz)
bis der Zug in den Bahnhof eingefahren ist.	(несамостоятельная, зависимая часть/ придаточное предложение/ Nebensatz)

Самостоятельное элементарное предложение является главным, от которого зависит придаточное. Придаточное выполняет функцию, которую обычно выполняет определённый член предложения. Обе составные части соединены не линейно, а ступенчато. Одно включено в состав другого. Таким образом, сложноподчинённое предложение состоит из одного главного и одного либо нескольких придаточных предложений.

Прототип предложения (главного либо придаточного) характеризуется следующими признаками:
– интонацией, типичной для предложения (см. выше);
– наличием спрягаемой (в ряде случаев также дополнительно неизменяемой) глагольной формы, грамматическим согласованием между подлежащим и сказуемым, а также их семантическим согласованием (см. выше);
– наличием минимум одного, чаще двух, трёх или большего числа именных второстепенных членов предложения;
– валентностью глагола, присоединяющего именные актанты;
– наличием в именных группах грамматических детерминирующих (напр., форм артикля и определений) и связующих (зачастую предлогов) элементов, а также падежных окончаний, дейктических элементов, указывающих на другие слова либо объекты имён; у глагольных групп – наличием личных окончаний и иных, а именно свободных морфем, служащих для выражения форм времени, наклонения и т. д.;
– возможностью локализации слова в одной из трех позиций в главном предложении: предполье/ начальное место – область до спрягаемой части глагола; срединное положение/ середина – область между спрягаемой и неизменяемой частями глагола, и заполье/ конечное место – место после глагольной формы;
– графическими знаками пунктуации: заглавная буква в начале предложения, точка, запятая, вопросительный или восклицательный знак и т. п. в конце предложения.

Главным предложением называется элементарное предложение, которое грамматически не зависит от других составных частей сложноподчинённого предложения. В повествовательном предложении спрягаемая часть глагола стоит на втором месте – в отличие от придаточного (*Ein Signal ertönte, als der Zug im Bahnhof einfuhr*) и от других типов предложений, прежде всего от вопросительных (*Kommt der Zug?*) или побудительных и эмфатических (*Das Gleis frei machen! Dass der Zug so spät kommt!*).

Примечание

Возможность последовательного/ линейного присоединения предложений друг к другу вместо применения сложноподчинённых структур является излюбленной темой в стилистике. К. Тухольский в своём произведении „Ratschläge für einen schlechten Redner" иронизирует по этому поводу: *„Sprich mit langen, langen Sätzen – solchen, bei denen du, der du dich zu Hause, wo du ja die Ruhe, deren du so sehr benötigst, deiner Kinder ungeachtet, hast, vorbereitest, genau weißt, wie das Ende ist, die Nebensätze schön ineinander geschachtelt, so dass der Hörer, ungeduldig auf seinem Sitz hin und her träumend, sich in einem Kolleg wähnend, in dem er früher so gern geschlummert hat, auf das Ende solcher Periode wartet... nun, ich habe ein Beispiel gegeben. So mußt du sprechen".* А вот в произведении „Ratschläge für einen guten Redner" Тухольский рекомендует: *„Hauptsätze. Hauptsätze. Hauptsätze. Klare Disposition im Kopf – möglichst wenig auf dem Papier. Tatsachen, oder Appell an das Gefühl... Merk Otto Brahms Spruch: „Wat jestrichen is, kann nich durchfalln."* (K. Tucholsky, Werke Bd. 8, S. 290 ff.)

6.2. Трансформация самостоятельных предложений в придаточные

Синтаксические процессы, позволяющие перевести самостоятельные предложения в придаточные, подчинены **правилам порядка слов** и **морфологии**. Они заключаются:
– в перестановке отдельных единиц в предложении и, следовательно, перемещении компонентов их окружения,
– в добавлении определённой формы (морфемы) и её воздействии на окружение.

Приведём сначала ряд простых (самостоятельных) предложений:

Ich mache selber Verse. Viele Lyriker sind mir dennoch unsympatischer als alle Tenöre. Sie verbreiten in ihrem Innern und mit ihrem Äußern (und noch immer) eine Falschmeldung: Danach ist die Fähigkeit, Gedichte zu schreiben, eine göttliche Konzession.

Этот ряд предложений можно преобразовать в синтаксический комплекс с подчинительной связью:

„Obwohl ich selber Verse mache, sind mir viele Lyriker noch unsympatischer als alle Tenöre. Sie verbreiten in ihrem Innern

und mit ihrem Äußern (und noch immer) die Falschmeldung, die Fähigkeit des Gedichteschreibens sei eine göttliche Konzession" (E. Kästner 1999, S. 119).

Каким образом осуществляется здесь подобное включение?

При помощи различных перестановок (пермутаций)

+ в результате добавления подчинительного союза (*obwohl*), добавления формообразующих элементов (окончания в генитиве ср. р. *-s*) и формы артикля (в генитиве ед. ч. ср. р.: *des*);

+ в результате замещения (субституции) форм индикатива (напр., *ist*) формами конъюнктива (напр., *sei*);

+ в результате опущения некоторых элементов (в данном примере частицы *zu* перед формой инфинитива и наречия *dennoch*);

+ при помощи графических средств (слитное написание, пунктуация).

Примечание

Итак, выше были названы простые типы языковых преобразований, которые в генеративной трансформационной грамматике называются „трансформациями“, благодаря которым абстрактное значение предложения („глубинная структура“), будучи исходным базисом, преобразуется в конкретное высказывание („поверхностная структура“) предложения.

6.3. Трансформация синтаксических групп в отдельные слова

Структура предложений меняется в результате трансформаций синтагм либо предложений в слова и наоборот. Изменение структуры зависит от того, какой вид трансформации при этом используется: номинализация, адъективация либо вербализация (приведение к глагольной форме).

а) Пример со словом „Gedichteschreiben" (см. пример Э. Кестнера в п. 6.2) обращает наше внимание на особенно часто применяемый способ трансформации, а именно на **номинализацию**. Она встречается в следующих вариантах:

– как преобразование словосочетания (*das Schreiben von Gedichten*) в сложное слово (*das Gedichteschreiben*);

– как преобразование предложения или аналогичной структуры в сложное слово; в тексте Э. Кестнера, например, это выглядит так:

„*Die Mehrzahl der heutigen Lyriker behauptet ..., von der Muse mitten auf den Mund gekü*ß*t worden zu sein. Das Sichherumküssen mit der Muse sollen sie den Kindern erzählen, und noch die werden sich vor Lachen die Bäuche halten.*“ (E. Kästner 1999, S. 119).

В данном случае основой номинализации служит инфинитив глагола. Добавляется артикль (либо местоимение) в сочетании с соответствующими падежными морфемами, и слово ставится на соответствующее место в предложении. При номинализации предложения, состоящего из глагола и зависимых от него имён (субъекта, объекта, обстоятельства), возникает сочетание с отглагольным существительным в качестве ядра и зависимых от него определений, которые могут быть опущены. Элементы, которые (согласно валентности) являются обязательными при глаголе, превращаются в словосочетании в факультативные (адъюнкты). В следующих примерах это местоимения и существительные (генитивные и предложные определения):

Er las die Geschichte ungeschickt vor. → *Das/ Sein ungeschickte(s) Vorlesen der Geschichte. Sie schrieb gestern dem Bürgermeister.* → *Ihr gestriges Schreiben an den Bürgermeister.*

Наряду с данной формой (конверсия инфинитива) возможны следующие эксплицитные типы деривации в существительное:
– в виде краткой формы (*versuchen* → *der Versuch*), иногда с изменением корневой гласной (*springen* → *der Sprung*);
– при помощи префикса (*schreien* → *das Ge-schrei*);
– при помощи суффикса (*schreien* → *die Schrei-erei, fragen* → *die Frag-e, wirken* → *die Wirk-ung*);
– при помощи комбинации данных морфем (*Ge-schrei-e*).

Данные отглагольные абстрактные существительные (Nomina actionis) образуют ядра субстантивных групп, возникших в результате преобразования глагольных предикаций.

Частотность морфем в данном типе номинализации выглядит следующим образом: *-ung* – 50%, немаркированная субстантивация (*-en*) в среднем до 13%, краткие формы (*-Ø*) – до 13%, *-(er)ei* вместе с *-e* – до 10%, *Ge-* – до 6%, *-(at)ion* – до 4%. 10% приходится на другие суффиксы (Deutsche Wortbildung 1973/92; Bd. 2, S. 245).

В результате аналогичных трансформаций адъективных предикаций образуются отадъективные абстрактные существительные со значением качества (Nomina qualitatis) и существительные со значением результата действия (Nomina acti):

Er war verstockt, reizbar, talentlos und isoliert → seine Verstocktheit, Reizbarkeit, Talentlosigkeit und Isolation.

Наиболее частотным в данном случае является суффикс -*heit* с вариантами (-*keit*, -*igkeit*) – 50%, за ними следуют суффиксы -*ung* и -*(at)ion*.

Все названные способы образования субстантивных ядер из предикаций атрибутивных групп имеют общее свойство: при этом образуются „грамматически абстрактные существительные" (Deutsche Wortbildung 1973/92; Bd. 2, S. 209 ff.). Как „существительные с предикативным содержанием" они служат не только для структурирования предложений, подобных „*Die Unverständlichkeit Ihrer Äußerung, Ingenieur"*, *antwortete ihm Settembrini, „läßt ihre Tadelhaftigkeit durchschimmern"* (Th. Mann, Der Zauberberg, S. 483). Они также играют важную роль в текстообразовании. В связном тексте они устанавливают связь с предикацией предыдущего (элементарного) предложения: существительное, возникшее в результате номинализации предикативной группы предыдущего предложения, становится темой (данным, исходной информацией) следующего (элементарного) предложения: „*Man hat für diese Art von Gedichten die Bezeichnung ‚Gebrauchslyrik' erfunden, und die Erfindung beweist, wie selten in der jüngsten Vergangenheit wirkliche Lyrik war."* (E. Kästner 1999, S. 120).

Номинализация выполняет особую функцию в сфере **номинации**. Она касается следующих членов предложения: подлежащего, дополнений и обстоятельств (инструментальных и локальных). Чаще всего она появляется в позиции подлежащего. Данное место „топикализуется" глаголом (Brekle 1970).

Субъекты глагольных действий *etw. lesen, sprechen, schreiben, hören* обозначаются соответственно как *Leser, Sprecher, Schreiber, Hörer*. Х. Бринкман (1971) в данном случае говорит о „субъектных понятиях"/ Subjektbegriffe. В 70% для образования существительных со значением производителя действия используется суффикс -*er*. Имеются и другие возможности: субстантивация причастия I и суффикс -*ent* (либо -*ant*) в производных типа *die Studierenden* наряду с *die*

Studenten, der Kommandierende наряду с *der Kommandant*. Существительные женского рода имеют дополнительно суффикс *-in* (*Kommandantin*). Наряду с *die Regierenden* существуют – с семантическими нюансами – *die Regent(in)nen* и *die Regierung*. Частотность каждой из трёх выше названных морфем составляет в среднем 5%. Ещё реже используются варианты, используемые в примерах *Mont-eur* (от *montieren*), *Organis-ator* (от *organisieren*), *Ankömm-ling* (от *ankommen*).

Примечание
Наиболее распространённый способ словообразования с суффиксом *-er,* а также субстантивация причастий I служат прежде всего для номинации лиц. Более редкие варианты с *-ent, -eur* и др. могут иметь аналогичную функцию, их образование, однако, находится под влиянием отдельных лексических моделей и аналогий.

Отглагольные номинации, обозначающие **объект** действия, встречаются чаще всего в виде субстантивированного причастия II, когда речь идёт о результате: *das Gesagte, Gelesene, Erzählte, Gehörte wiederholen.* Наряду с ними в лексиконе имеются также производные слова („объектные понятия"), соответствующие данному типу номинации: *das Gebackene – das Gebäck, das Backwerk; das Geflochtene – das Geflecht, das Flechtwerk; das Erzählte – die Erzählung; die Abgeordneten – die Abordnung.* Многие из этих субстантивированных образований лексикализованы и перешли из грамматики в лексикон; в словаре они зафиксированы как самостоятельные лексические единицы.

Примечание
Смещение от (абстрактного) исходного глагольного значения к конкретному значению продукта в одних случаях связано с соответствующей словообразовательной моделью и предопределяется выбором морфемы, напр., *Ge-* и *-werk* (*flechten – das Geflecht/ das Flechtwerk*). В других случаях это смещение происходит за счёт метонимии, как напр., у производных с *-ung* (*erzählen – die Erzählung* = „das Erzählen", *die Erzählung* = „die erzählte Geschichte").

Другие словообразовательные конструкции этого типа можно было бы назвать „квазизаполнителями" определённых лакун в немецком словоупотреблении: хотя цель действия грамматически и можно выразить при помощи формы субстантивированного герундива: *das zu Erzählende, der zu Prüfende*. Подобная конструкция не употребительна. Вместо неё используют другие возможности: описательные конструкции, напр., *was erzählt werden soll*; особые словообразовательные конструкции, напр., *der Aufkleber, der Prüfling* (Deutsche Wortbildung 1973/92; Bd. 2, S. 415 ff.). Причём подобных имён существительных со значением объекта действия (Nomen patientis) значительно меньше, чем имён существительных со значением субъекта действия (Nomen agentis).

Номинация в случае **конкретизации обстоятельства глагольной предикации** направлена обычно на обозначение **инструмента/ средства** действия. В качестве морфем служат суффиксы *-er (bohren – der Bohrer, etw. öffnen – der Öffner, etw. entsaften – der Entsafter), -e (etw. schließen – die Schließe, etw. hacken – die Hacke), -ator (etw. isolieren – der Isolator, etw. stabilisieren – der Stabilisator)*.

Примечание

Метонимия также участвует в данном типе номинации: *die Isolierung* = „das Isolieren" – *Isolierung, der Isolator*; ср. *die Auszeichnung* – „das, womit jemand ausgezeichnet wurde"; *der Verschluss* – „das, womit etwas verschlossen wird". Обычно же процесс номинации средства действия происходит путём словосложения с компонентами *Anlage, Stoff, Maschine, Gerät*: *die Heizung = die Heizanlage; der Kleber = der Klebstoff; der Bohrer = das Bohrgerät/ die Bohrmaschine*. Е. Косериу (1973) даже интерпретирует слова, подобные *Bohrer*, как краткие формы соответствующих сложных слов.

Целый ряд наименований свидетельствует о превращении глагольной предикации в **локативное** обстоятельство в результате суффиксации: при помощи суффикса *-erei* → *Bäckerei, Stanzerei, Druckerei*; иногда – суффикса *-e* → *duschen – Dusche, ausleihen – Ausleihe*; а также при употреблении в конкретном значении отглагольных абстрактных имён: *Abfluss* (= Abflusstelle), *Einstieg, Ausstieg* (Tür zum Ein- bzw. Aussteigen), *Versteck* (wo man sich versteckt) и т. п.

Из предикаций с существительными в именной части сказуемого (*Er ist ein Snob*) возможно образование номинаций с реляционным значением: *Snob-ismus, seine Vater-schaft, ihr Märtyrer-tum* и т. п. Однако такие случаи достаточно редки.

б) Не менее важна также **адъективация** глагольных выражений. Данный грамматический процесс, однако, в силу его автоматизма не так сильно бросается в глаза. При семантической компрессии глагольных словосочетаний и их превращении в атрибутивно распространённые именные группы возникают два типа причастий, которые принципиально различаются по форме и функциям. **Партицип I** выражает процесс (и крайне редко употребляется в предикативной функции), а **партицип II** называет состояние (после завершения действия): *steigende und fallende, gestiegene und gefallene Preise*. Партицип I образуется при помощи суффикса *-end*. Он выражает активное непредельное действие несовершенного вида. Партицип II образуется при помощи суффикса *-t* (у слабых глаголов) либо *-en* (у сильных глаголов), как правило, в сочетании с префиксом *ge-* (*sagen – gesagt; fallen – gefallen*), который опускается при наличии в глаголе неотделяемой приставки (*versagen – versagt; befallen – befallen*).

Примечание

Употребление частицы *zu* ведёт к образованию герундива, что придаёт сочетанию модальное значение: *Eine noch zu lösende Aufgabe* ist eine Aufgabe, die *noch gelöst werden muss*. Проще всего вывести данную форму герундива при трансформации модального инфинитива (*die Aufgabe ist noch zu lösen*). Она способствует его перемещению в атрибутивную позицию.

Герундив типичен для романских языков (латинского, румынского). В немецком он встречается редко и воспринимается как нечто искусственное. Сочетания с ним находятся под влиянием латинского языка. Они имеют аналоги среди производных слов с суффиксами *-lich* и *-haft*: *eine kaum zu glaubende Geschichte* → *eine kaum glaubhafte, unglaubliche Geschichte*. Модальное значение имеют адъективные формы с суффиксом *-bar*. Они образуются по регулярным моделям от переходных глаголов и имеют пассивно-модальное значение. *Eine unsichtbare Kraft* ist eine Kraft, die „*nicht gesehen werden kann*". Аналогичное значение имеют производные, образуемые серийно при помощи суффикса *-lich*: *die unverständliche Formulierung* „kann nicht verstanden werden".

Партицип II имеет перфективное (часто также пассивное) значение достигнутого состояния. У глаголов с отделяемыми (полу)префиксами *ge-* стоит не в начале, а в середине слова (*aufbauen* → *auf-ge-bau-t*), в глаголах с неотделяемыми префиксами этот компонент отсутствует (*erbauen* → *erbaut*). Названная функция партиципа II настолько доминирует, что это привело к развитию параллельных форм отадъективных производных с аналогичным значением, напр., *geblumt – blumig, bemoost – moosig*.

Примечание

Данное значение завершённого процесса содействовало также развитию аналитических временных форм перфекта и плюсквамперфекта, а также форм пассива состояния и рефлексива состояния, о чём речь пойдёт далее.

в) Противоположным к номинализации явлением является **вербализация/ приведение к глагольной форме**. Простая перестановка в предложении может привести к соответствующему преобразованию лексем. Так возникает *ackern* из *Acker*, *schriftstellern* из *Schriftsteller*, *eiern* из *Ei(er)*, *tagen* из *Tag*, *hamstern* из *Hamster*, *splittern* из *Splitter, etw. bündeln* из *Bündel*, *eitern* из *Eiter*, *freveln* из *Frevel, etw. chloren* из *Chlor*, *etw. filtern* из *Filter*, *trauern um* из *Trauer, etw. schälen* из *Schale*, *geigen* из *Geige, etw. schultern* из *Schulter*, *grünen* из *grün, etw. bessern* из *besser* (Deutsche Wortbildung 1973/92; Bd.1). В отличие от номинализации, процесс приведения к глагольной форме совершается по переменным словообразовательным моделям. При этом возникают типы значений ,den Acker bearbeiten', ,sich als Schriftsteller betätigen', ,sich wie Eier bewegen', ,Tag werden', ,wie ein Hamster sammeln', ,in Splitter zerfallen', ,etw. zum Bündel machen', ,Eiter hervorbringen', ,Frevel anrichten', ,Chlor zusetzen', ,etw. mit dem Filter reinigen', ,in Trauer sein', ,die Schale entfernen', ,auf der Geige spielen', ,etw. auf die Schulter legen', ,grün werden', ,etw. besser machen' (Deutsche Wortbildung 1973/92; Bd.1, S. 28 ff.).

В таком случае взаимодействуют две стороны: правила грамматики и лексические модели. Здесь нам важны только грамматические моменты. Они становятся очевидными исходя из синтаксической роли имени-базиса как субъекта (*tagen)*, объекта (*chlor-en*), обстоятельства (*schulter-n*) в предложениях с глаголами *sein, werden* либо *machen* как ядром предикации (ср. глаголы *trauer-n; grün-en; etw. besser-n* и т. п.).

Примечание

В генеративной грамматике по этому поводу возникла полемика между представителями „лексической" („lexikalistisch") и „синтаксической" („syntaktisch") гипотез. Первые признают только общие правила, такие как номинализация в виде субстантивированного инфинитива; все остальные производные они рассматривают как лексикализированные, невзирая на их прозрачность. Противоположным является мнение о безграничной креативности языка, вытекающей из использования различных синтаксических трансформаций для всевозможных случаев деривации и словосложения. В реальности же синтаксические правила и лексические модели задействованы в разной степени, в зависимости от способа словообразования.

Приведение к глагольной форме касается большого круга конструкций из имён и глаголов, связанных предлогами: *aus dem Land reisen → ausreisen, etw. an den Stoff nähen → etw. annähen, den Pfahl in die Erde rammen → ihn einrammen; auf die Erde prallen → aufprallen; zu j-m fliegen → j-m zufliegen.* Именная группа редуцируется до предлога, который входит в виде приставки в структуру нового глагола (т. е. „инкорпорируется"; Olsen 1986). С этим часто связано сокращение валентности на один актант, иногда также смещение валентности; ср. *ausreisen, annähen* и т. д., а также случаи типа *das Wasser flutet über das Ufer → das Wasser überflutet das Ufer.* При этом мы снова имеем дело с синтаксическим компонентом данного типа образования глагола. В таких случаях структуру, характер и продуктивность применяемых моделей определяет аналогия с другими лексемами.

Примечание

Об этих моделях информирует теория словообразования (см. Fleischer/ Barz/ Schröder 1995; Erben 2005; Duden-Grammatik 1998; 2005; Motsch 1999; Deutsche Wortbildung 1973/92 и др.). Там же можно найти и информацию о парадигматическом расширении различных моделей деривации и словосложения, о комбинированных типах деривации „префикс + суффикс": *j-n bevormunden* от *Vormund, beaufsichtigen* от *Aufsicht, bewundern* от *Wunde, aufheitern* от *heiter; sich aufsummen* от *Summe, abmagern* от *mager* и т. д. (Deutsche Wortbildung 1973/92; Bd.1, S. 127 ff.).

г) При **словосложении** синтаксическое отношение между исходными словами теряет свою значимость. Элементы типа *-es* в слове *Jahr-es-zeit* маркируют не падеж зависимого слова, а (внутреннюю) границу слова. Сложное слово занимает ту же синтаксическую позицию, что и определяемое слово (базис). Валентность определяющего слова аннулируется (напр., валентность *antworten/ Antwort* в слове *Antwortschreiben*).

Г л а в а 7. Предикация

Структура предложения определяется следующими моментами:

1.**Формой** предложения.

2. Тем, **что** говорится в предложении **о чём-либо**, т. е. его **содержанием**, иными словами – его логической (пропозициональной) структурой: номинацией (группой подлежащего) и предикацией (см. гл. 3.6). Под предикацией понимается глагол со всеми зависимыми от него компонентами предложения, за исключением (группы) подлежащего. Для семантики предложения важно различение *sein-, werden-* либо *tun-*предикации.

3. Тем, как говорящий говорит с адресатом о чём-либо названном, т. е. коммуникативным программированием грамматики предложения, определяющим его как часть речевого акта. Об этом сигнализируют соответствующие глаголы речевого акта и прочие элементы в окружении предложения. Во внутренней структуре предложения данная **коммуникативная функция** распознаётся по следующим индикаторам:

(а) по избранному типу предложения (ср. гл. 4);

(б) по избранным морфемам, прежде всего, когда формы конъюнктива I и конъюнктива II маркируют „чужую“ речь и выражают что-либо задуманное либо воображаемое, возможное либо признанное ирреальным;

(в) по наличию модальных слов (типа *vielleicht, wohl* и т. д.), которые выражают оценку говорящего, ограничивают сферу действия высказывания и классифицируют его по коммуникативным признакам;

(г) по наличию оттеночных модальных частиц (безударных *ja, denn, doch* и т. д.), которые сигнализируют слушателю, как следует понимать сказанное. Они принадлежат к сфере метакоммуникации и способствуют прагматической оценке сказанного;

(д) по наличию других частиц, способствующих адекватному пониманию слушателем/ читателем сказанного. Они усиливают значение сказанного либо фокусируют на нём внимание, как на наиболее важном (при помощи фокусирующих частиц *allein, ausgerechnet, gerade, insbesondere* и т. д.).

(e) Полностью ориентированы на собеседника частицы-ответы (*ja, nein*), коммуникативные, или обратные, частицы (*gell, nicht?*) и междометия (*ach, boing, pst*). Данные средства служат для выражения рациональной либо эмоциональной реакции на действия партнёра, для управления процессом коммуникации либо для его поддержания (контактоустанавливающая функция).

7.1. Форма предикации

Форма предикации имеет следующую структуру: глагол (со своими свободными и связанными морфемами) (+ предлог) + (зависимые) актанты (кроме подлежащего) + свободные распространители (часто обстоятельства) + атрибуты.

Ядром предикации является простое глагольное сказуемое (в синтетической или аналитической форме) либо виды составного сказуемого, включающие модальные глаголы, глаголы в модальном значении, функциональные глаголы и др. (см. гл. 7.2).

7.2. Грамматическая форма предиката

Грамматическая форма предиката определяется:
– временной формой глагола: чаще всего это презенс или перфект; в информационных и повествовательных текстах также претерит и в сочетании с ним плюсквамперфект;
– формой наклонения (чаще индикатив), особенно в тех случаях, когда эта форма более чётко проявляется на фоне синтетической формы конъюнктива (I, II) и аналитической (описательной) формы (с *würde*);
– формой (лица), которая может состоять из спрягаемых (1, 2, 3 л. ед./ мн. ч.) либо неспрягаемых элементов (инфинитив; причастие I, II);
– грамматическим залогом (преимущественно актив; при смещении темы на объект исходного глагола – пассив);
– в составных глагольных и именных сказуемых – синтетической либо аналитической формой.

7.3. Функциональные классы глаголов

Формально различают следующие функциональные классы глаголов:

– **полнозначные глаголы**: *denken, lesen, reden* и т. д.

– **3 вспомогательных глагола**: *haben, sein, werden*. Они выполняют грамматическую функцию, аналогичную функции связанных морфем. Являясь свободными морфемами, они в сочетании с неизменяемыми формами глаголов служат для образования аналитических структур сказуемого.

– **8 модальных глаголов**: *können, müssen, wollen, sollen, dürfen, mögen/ möchten, lassen,* (*brauchen*; см. гл. 2.1(в)). Они модифицируют действие, обозначаемое основным глаголом, и образуют в сочетании с ним сказуемое. Обычно они употребляются не как самостоятельные глаголы, а в комплексе с полнозначными глаголами (без частицы „*zu*"). В диалоге, однако, они могут выражать значение целого высказывания и функционировать как полнозначные глаголы: *Willst du mich heiraten? Ich will; Kannst du kommen? Ich kann nicht.* Они дополняются глаголами с модальными значениями (см. ниже).

Примечание

Модальные глаголы имеют некоторые морфологические особенности, сложившиеся исторически (5 из них называются претерито-презентными, включая глагол *wissen;* см. гл. 2.1(а)): форма первого лица единственного числа у них не заканчивается на *-e* (*ich darf, kann, soll, muss, mag, will*), в третьем лице единственного числа они не имеют окончания *-t* (*er/ sie/ es darf, mag, kann, soll, muss, will*). Кроме того, они не имеют формы повелительного наклонения, а в перфекте с полнозначным глаголом употребляется не партицип II, а инфинитив: *Er hat sie nicht besuchen können, dürfen, wollen.*

– Ряд **функциональных/ неполных/ неполнозначных глаголов**: *bringen, kommen, sein, nehmen, stehen, treffen* и т. д. Они образуют словосочетания с отглагольными абстрактными именами. Данные словосочетания могут замещаться глаголами, положенными в основу этих существительных: *Sie ordnen das schon/ bringen das schon in Ordnung; Der Prozess nimmt* *eine neue Entwicklung/ entwickelt sich neu; Wir müssen eine Entscheidung treffen/ uns entscheiden* и т. д. (см. гл. 7.5).

Функцию, схожую с модальными глаголами, выполняют некоторые полнозначные глаголы – так называемые „**глаголы с модальными значениями**". Это глаголы, приведённые ниже в третьем лице, употребляются с частицей *zu*:

weiß: Er weiß mir zu helfen (= *kann mir helfen*);
vermag: Das vermag ich nicht zu beantworten (= *kann*; устаревающее);

Другие глаголы, причисляемые к данной группе: *scheinen* (*das scheint zu stimmen*), *pflegen* (устаревшее: *Sie pflegt nicht pünktlich zu sein*).

Глаголы с модальными значениями и модальные конструкции относятся к одному модальному полю. Они дополняют модальные глаголы в следующих функциях:
– „können": *vermögen, etwas zu tun; im Stande sein, etwas zu tun; sich auf etwas verstehen; etwas zu tun wissen; nicht anstehen, etwas zu sagen*;
– „wollen": *belieben, etwas zu tun; etwas zu erreichen suchen; gedenken, etwas zu tun.*

Некоторые из них считаются устаревающими и употребляются редко.

7.4. Типы значений предикации

Значение предикации основывается на значении основного глагола и на лексических и грамматических формах, с которыми оно связано. Исходя из этого, можно выделить особые типы значений. Отчасти они позволяют распознать особый **вид** (Aspekt) и **способ глагольного действия** (Aktionsart) глагольной предикации. Они касаются временно́й протяжённости действия (от начала до конца действия) и его содержательных акцентов (интенсивность, повторяемость и т. п.).

Для дифференциации значений предикации в немецком языке служат лексические средства (префиксы, особые лексемы) и следующие грамматические элементы:

Т а б л и ц а 12. **Грамматические элементы предикации**

Основное значение переходного/ непереходного глагола	Дополнительные (лексические и грамматические) средства выражения значения	
Состояние – процесс – действие		Причастие I/ II; активный/ пассивный залог (с *werden/ sein*)
Обусловленное (каузированное) действие	Каузативные глаголы (*lassen, machen*)	
Завершённость – незавершённость (перфективность – имперфективность)	Функциональные/ неполные глаголы (*bringen, kommen, sein*)	
Начало – окончание процесса (инхоативность – результативность/ терминативность)	Глагольные приставки (*er-/ verblühen*)	
Моментальность/ однократность (в отличие от итеративности/ многократности)	Глагольные приставки (*an-, abfahren*)	
Дуративность (длительность)		*am* + субстантивированный инфинитив + *sein*
Одновременность – неодновременность Реальность – фиктивность (воображаемое действие) – ирреальность Представляемый нейтрально – представляемый с оценкой говорящего		временные формы, сочетания с модальными глаголами, формы наклонения (конъюнктив I/II), сентенциальные наречия, модальные слова

Характер протекания действия определяется уже на стадии выбора соответствующего глагола в сочетании с его специфическими актантами: глаголы состояния статичны и употребляются без агенса; процессуальные глаголы динамичны, но без активного агенса; глаголы, обозначающие деятельность, напротив, динамичны, с активным агенсом. Из лексических средств чаще всего используются глагольные префиксы и отдельные классы наречий. Они серийно противопоставляются друг другу:

Sie öffnet das Fenster. – Das Fenster öffnet sich/ wird geöffnet. – – Das Fenster ist geöffnet/ offen.
Sie weckt ihn auf. – Er wacht auf/ erwacht/ wird geweckt. – Er ist wach/ erwacht.
Er setzt etwas in Gang. – Es kommt in Gang. – Es ist in Gang.
Der Verlag druckt das Buch. – Es ist im Druck/ wird gedruckt. – Es ist gedruckt.
Er brachte den Turm zu Fall/ fällte den Baum. – Der Turm, Baum fällt. Die Frau kommt zu Fall. – Er/ Sie liegt da/ ist gefallen.
Sie schreibt ein Buch. – Sie kommt selten zum Schreiben. – Sie ist am Schreiben.
Die Tulpe erblüht/ blüht auf/ beginnt zu blühen. – Sie blüht/ ist am Blühen. – Sie verblüht/ ist abgeblüht.

Таким образом, примеры наглядно показывают, что существуют различные средства, при помощи которых выделяется именно аспект протекания действия. Это не только причастные обороты, трансформации с активными/ пассивными конструкциями, префиксация и т. д., но и, например, лексические конверсивы/ перестановки (*jemandem etwas geben – etwas bekommen*) и расширение валентности (*tanzen – etwas tanzen, z.B. Samba tanzen*) либо редукция валентности глагола (*etwas malen – malen*).

Нередко именно сочетания, состоящие из модифицированных глаголов, частицы *zu* и деятельностного глагола, детализируют дальнейшее членение значения глагольного действия. Они подчёркивают дуративный, инхоативный, перфективный аспекты глагольной предикации:

– начало действия: *anfangen, etwas zu tun; beginnen, etwas zu tun; zu reden anheben;*
– длительность действия: *etwas zu tun pflegen; etwas bleibt zu tun;*
– конец действия: *aufhören, etwas zu tun.*

Б. Шлинк в экспозиции своего рассказа „Zuckererbsen" связывает все три аспекта в одном предложении, чтобы „высветить" исходную ситуацию:

„Als Thomas sah, dass die Revolution nicht kam, besann er sich darauf, dass er vor 1968 Architektur studiert hatte, nahm sein Studium wieder auf und schloß es ab." (B. Schlink, Liebesfluch-

ten, S. 151). Простой глагол *studieren* имеет здесь дуративное значение. Начало и конец события выражаются при помощи предикации, состоящей из соответствующего отглагольного абстрактного существительного (*Studium*) и префиксальных глаголов (*aufnehmen, abschließen*).

7.5. Виды и формы глагольного предиката

(ср. тж. гл. 8.7)

(a) Сочетания неспрягаемой глагольной формы со вспомогательными глаголами *haben, sein, werden*:

(*Ich*) *habe/ hatte* + причастие II (*gelesen*)	= перфект/ плюсквамперфект (актив)
(*Ich*) *habe/ hatte* + *zu* + инфинитив (*lesen*)	= „muss/ soll“; модальный инфинитив (актив)
(*Ich*) *bin/ war* + причастие II (*gekommen*)	= перфект/ плюсквамперфект (актив)
(*Ich*) *bin/ war* + причастие II (*interessiert*)	= актив состояния от возвратных глаголов
(*Ich*) *bin/ war* + причастие II (*bestohlen*)	= пассив состояния от переходных глаголов
(*Ich*) *bin/ war* + причастие II (*bestohlen*) + *worden*	= процессуальный пассив (завершённость)
(*Es*) *ist/ war* + причастие II (*geöffnet*) + *gewesen*	= пассив состояния (завершённость)
(*Es*) *ist/ war* + *zu* + инфинитив (*schreiben*)	= „ soll/ muss“; модальный инфинитив (пассивное значение)
(*Ich*) *bin/ war* + *am* + субстантивированный инфинитив (*Lesen*)	= „протекание действия“ (прогрессивная форма)
(*Ich*) *bin/ war* + причастие II (*bestürzt*)	= адъективированное причастие II; предикативное употребление
(*Ich*) *werde* + инфинитив (*kommen*)	= проспективность с позиции презенса; футур I либо модальное значение
(*Ich*) *werde/ wurde* + причастие II (*angerufen*)	= процессуальный пассив (презенс/ претерит)
(*Ich*) *werde (ihn)* + причастие II (*angerufen*) + *haben*	= темпорально зависимое предположение; футур II
(*Ich*) *würde* + инфинитив (*schreiben*)	= проспективность: условность (как конъюнктив II)
(*Ich*) *würde* + причастие II (*geschrieben*) + *haben*	= ретроспективность: значение условности, зависимое от претерита.

(б) Конструкции с модальными глаголами
„Объективная" модальность:

Er will ...	(волюнтативное значение: воля/ желание)
Er mag/ möchte ...	(волюнтативное значение: желание) (нецессивное значение: требование)
soll ...	
darf ... lesen	(пермиссивное значение: разрешение)
Er braucht nicht ... (zu)	(пермиссивное значение: отсутствие необходимости)
muss ...	(значение облигатности: необходимость/ требование)
kann ...	(значение потенциальности: возможность)

Данные конструкции выражают, таким образом, нейтрально (**экстрасубъективно; объективно**) возможность (*können*), разрешение (*dürfen*), необходимость/ требование (*müssen, sollen*) либо желание/ волю (*wollen/ mögen*). Сочетание с *brauchen* употребляется только в отрицательных предложениях и показывает отсутствие необходимости выполнять что-либо. В конструкциях с глаголами *dürfen* и *sollen* возможность либо необходимость зависят от иного лица (внешней инстанции), а в случае с *können* и *mögen* – нет. Возможность, а также желание в этих случаях „автономны", они не зависят от внешней инстанции. Модальный глагол может стоять во всех временных формах, при этом полнозначный глагол употребляется в инфинитиве.

Противоположностью объективной является **субъективная модальность**. В данном случае речь идёт о субъективном (эпистемическом) употреблении модальных глаголов, когда они служат для выражения предположения либо для передачи слов другого лица. Они стоят в презенсе индикатива либо в конъюнктиве II. Полнозначные глаголы при этом употребляются в форме инфинитива I либо II. Модальные глаголы, употребляемые субъективно, замещают глаголы говорения (Verba dicendi) или размышления (Verba cogitandi):

Er kann/ könnte den Zug erreicht haben (= ретроспективное значение; предположение): *Ich vermute, dass...*

Sie soll die Prüfung bestanden haben (= реферирующее значение): *Man sagt, dass ...*

Er will den Roman gelesen haben (= реферирующее значение): *Er sagt, er habe ...*

Er muss/ müsste die Prüfung bestanden haben (= высокая степень уверенности в предположении, дедуктивно обоснованная гипотеза): *Ich bin mir (ziemlich) sicher, dass ...*

Er mag mit seiner Behauptung ins Schwarze treffen (= потенциально возможное; предположение, предчувствие): *Ich glaube, dass ...*

Er dürfte sein Ziel erreicht haben (= предположение, предчувствие): *Ich nehme an, dass ...*

(в) Сочетания причастия II и функциональных/ неполных глаголов с пассивным процессуальным значением

(Ich) kriege, *bekomme,* *erhalte (das)* + причастие II (*geliefert*) (= *das wird mir geliefert*)	= пассивное значение (пассив адресата).
(Das) gehört + причастие II (*verboten*) (= *das sollte verboten werden*)	= модальное значение (пассив цели).

(г) Сочетания причастия II и функциональных/ неполных глаголов с активным процессуальным значением

(Er) kommt + причастие II (*gesprungen*) (= *Er springt heran*)	= аспектуальная градация глагольного действия (актив направления)

(д) Другие комбинаторные возможности предиката с неизменяемыми глагольными формами

– Предикат + *zu* + инфинитив = заместитель придаточного предложения

Ich glaube, ihn zu kennen. Ich glaube, dass ich ihn kenne.

– Предикат + инфинитив (без *zu*)

(после глаголов восприятия) = заместитель придаточного предложения

Ich hörte sie kichern. Ich hörte, dass sie kicherte.

Christine spürte ihr Herz hochschlagen.

(J. Hermann, Sommerhaus, S. 47)

Примечание

После глаголов *finden* (*Ich fand ihn dort liegen*), *haben* (*Sie hat ihr Auto vor dem Restaurant stehen*), *legen* (*Sie legt das Kind schlafen*), *helfen* (*Ich half abspülen*), *lernen* и *lehren* (*Das Kind lernt sprechen*) также нет необходимости ставить частицу *zu*, однако иногда она употребляется. В румынском языке немецкие инфинитивы передаются при помощи форм герундия.

Многие комбинаторные типы служат для выражения аспектуальной градации глагольного действия:

Глагол (в спрягаемой форме) + инфинитив *Sie geht schwimmen.*	= инфинитив как компонент сказуемого
Причастие I + глагол (в спрягаемой форме) *Grüßend trat er ein.*	= процессуальное наречие; выражает одновременность действий (активное значение)
Причастие II + глагол (в спрягаемой форме) *Beleidigt reiste er ab.* (*Er war beleidigt und reiste ab. Da er beleidigt war, reiste er ab.*)	= „после окончания глагольного действия" (наречие – обозначение достигнутого состояния)
Großmutter kommt gelaufen.	= партицип II как компонент сказуемого, конструкция подчёркивает аспект приближения

(е) Сочетания отглагольных абстрактных имён и функциональных/ неполных глаголов с активным либо пассивным значением

Сочетания типа: 'функциональный глагол (+ предлог) + отглагольное абстрактное существительное' акционально модифицируют основное значение инфинитива:

Der Regisseur bringt das neue Theaterstück zur Aufführung (= *führt es auf*): активное значение с акцентом на действии (‚actio').

Sie versetzt uns in Aufregung (= *regt uns auf*): активное значение с акцентом на действии (‚actio').

Das Stück kommt zur Aufführung (= *wird aufgeführt*): пассивное процессуальное значение; акцентируется сам процесс протекания действия.

Das Theaterstück ist im Druck (= *wird gedruckt*): также пассивное процессуальное значение, но с акцентом на состоянии объекта.

О сочетаниях с функциональными/ неполными глаголами: Их семантические различия Г. Хельбиг/ Й. Буша (2001, S. 80ff.) описывают как способы глагольного действия (Aktionsarten):

	/дуративный/	/инхоативный/	/каузативный/
in Bewegung	*sein*	*kommen*	*setzen*
in Gang	*sein*	*kommen*	*bringen*
zur Verfügung	*stehen/ haben*	*bekommen*	*stellen*
Einsicht	*haben*	*bekommen*	*geben*
in Abhängigkeit	*sich befinden*	*geraten/ kommen*	*bringen*
in Ordnung	*sein/ bleiben*	*kommen*	*bringen*

Таблица 13. Синтаксические свойства сочетаний с функциональными/ неполными глаголами (= СФГ) (Helbig/ Buscha 2001)

	Сочетание с функциональным/ неполным глаголом?
Отличия от устойчивых выражений (напр., *auf die Nase fallen, ins Gras beißen*): **1. СФГ имеют в своём составе отглагольное существительное. Его можно заменить исходным глаголом:** *zur Anwendung kommen → angewendet werden* *zur Anwendung bringen → anwenden*	+
2. Существуют **ряды** продуктивных образований: *zur Anwendung bringen* *zur Aufführung bringen* *zur Einsicht bringen* *zur Anwendung kommen* *zur Aufführung kommen* *zur Einsicht kommen*	+

3. К именному элементу нельзя задать вопрос и его невозможно заменить местоимением: Das Gesetz *kommt zur Anwendung* → * Das Gesetz *kommt dazu* * *Wozu/ zu wem kommt* das Gesetz?	+
4. Сюда же относятся следующие признаки формальной устойчивости СФГ: **а) Постоянная форма грамматического числа** * Das Gesetz *kommt zu verschiedenen Anwendungen*	+
б) Невозможность произвольного расширения определениями * Das Gesetz *kommt zur konsequenten Anwendung*	+
в) Устойчивая форма артикля Das Gesetz *kommt zur Anwendung* → * Das Gesetz *kommt zu der Anwendung*	+
г) Отрицание: возможно только общее отрицание *nicht* Das Gesetz *kommt* hier *nicht zur Anwendung* → * Das Gesetz *kommt* hier *zu keiner Anwendung*	+

7.6. Порядок слов в предложении

Порядок слов в немецком предложении обусловлен прежде всего спрягаемой частью глагола. Данный факт подтверждается описанием предложения по схеме грамматики валентностей, исходящей из главной роли глагольного сказуемого (см. выше). Порядок слов в немецком предложении определяется **синтаксическими** правилами. Согласно им устанавливается различие между (коммуникативными) типами предложений (см. гл. 4) и типами главного и придаточных предложений. **Морфологические** факторы (например, вопрос о частях речи либо о падежных связях существительных) играют меньшую роль. **Семантические** признаки вообще не оказывают никакого влияния на порядок слов. Это видно на примере смыслоопределяющего отрицания *nicht* (см. гл. 8.5a). **Коммуникативно-прагматические** факторы, напротив, оказывают значительное влияние на порядок слов, они определяют выразительные и эмоционально значимые позиции слова в предложении (см. гл. 3.5(a) и 7.9). И, наконец, **эстетические моменты** также могут влиять на порядок слов: ритм, параллельные конструкции, рифма и т. д. Прежде всего, однако, рассмотрим синтаксические правила.

7.6.1. Позиция спрягаемой формы глагола

Слова связываются в предложения не произвольно и не хаотично. Их соединение регулируется грамматическими закономерностями и моделями, в зависимости от типа предложения, от валентности употребляемых слов и их семантики, от намерения говорящего и его отношения к слушателю.

Следующие правила действуют только в письменной речи. В устном общении порядок слов намного свободнее, т. к. там он зависит от речевой ситуации. Поэтому синтаксические различия между языковыми пластами, прежде всего в диалектах и социолектах, играют важную роль. Для начала приведём пример из идиша с постпозиционным определением и вынесением членов предложения за рамку предикации:

„Lasdislaw, haben wir vergessen Hemd unseriges!"
„Mocht nixen, wird schon kommen nach von selbst!"

(Simplitissimus, 1978, S. 78)

Основное правило определяет **место спрягаемой части сказуемого** и оговаривает, где стоят именные члены предложения – подлежащее и/ или части предикации.

Решающим моментом является тип предложения, т. е. является оно простым, главным либо придаточным. Спрягаемая часть сказуемого в принципе может стоять в предложении на первом, втором либо последнем месте. В простых и в главных предложениях инициальная позиция спрягаемой части сказуемого ограничена типами предложений, которые являются не повествовательными, а адресными (вопросительными, повелительными). В восклицательных и предложениях-пожеланиях спрягаемая часть может стоять на втором месте:

Der Himmel sei mit Dir!
Du bist wohl verrückt!

Однако важными являются, прежде всего, два следующих типичных случая:

– *Mein Bruder geht um 9 Uhr schlafen.*

Первый именной член предложения – первая (спрягаемая) часть сказуемого – второй именной член предложения – вторая часть сказуемого (инфинитив): **второе место спрягаемой части сказуемого в предложении**.

– (Ich weiß), dass mein Bruder um 9 Uhr schlafen geht.

Союз – первый именной член предложения – второй именной член предложения – вторая часть сказуемого (инфинитив) – первая (спрягаемая) часть сказуемого: **последнее место в предложении**.

Т а б л и ц а 14. Местоположение спрягаемой части глагола в главном и придаточном предложении[1]

Статус предложения	Простое предложение/ главное предложение (Matrixsatz (Trägersatz, Hauptsatz))							Придаточное предложение (Nebensatz)	
Место глагола	Повествовательное предложение	Вопросительное предложение		Побудительное/ повелительное предложение		Восклицательное и предложение-пожелание		Бессоюзное	Союзное
		с вопросительным словом	без вопросительного слова	неспрягаемое	спрягаемое (императив)	в конъюнктиве II без союза	с союзом		
Вторая позиция	+	+	(±)[2]	–	(±)[4]	+	–	+[5]	–
Начальная позиция	–	–	+	–	+	+	–	+	–
Конечная позиция	–	–	(±)[3]	+	–	–	+	–	+

Примечание 1: по Bergmann/ Pauly/ Moulin-Fankhänel 1992, S. 139 (с дополнениями и изменениями).

Примечание 2: напр., *Du kommst morgen nicht?*

Примечание 3: напр., *Ob er wohl kommt?*

Примечание 4: напр., *Du holst das Kind ab?*

Примечание 5: напр., *Er sagte, er sei mir böse.*

В простых и главных предложениях:

В простом повествовательном предложении (либо главном) спрягаемая часть глагола стоит **на втором месте** (ядерное/ главное предложение). Любой элемент, который в повествовательном предложении может стоять до спрягаемой части сказуемого, рассматривается как член предложения, слова же, которые не могут ей предшествовать, не являются самостоятельными членами предложения. На втором месте глагол стоит также в специальных воросительных предложениях с вопросительным словом (W-Wort-Frage):

Woran denkst du noch? Und wer küsst mich?

(*Wer* является членом предложения, стоящим на первом месте; *und* перед ним таковым не является, как и любой другой союз).

Примечание

Для большинства европейских языков характерен следующий порядок слов в простом повествовательном предложении: подлежащее – сказуемое – дополнение. В индоевропейском праязыке, напротив, порядок слов был таким: подлежащее – дополнение – сказуемое. Данный порядок слов характерен для союзных придаточных предложений в современном немецком языке.

В **инициальной позиции** изменяемая часть глагола стоит в следующих типах предложений:
– в общих вопросах:
Bringst du mich nach Hause?
– в побудительных предложениях:
Bring mich doch nach Hause!
– в восклицательных предложениях типа:
Hast du Glück gehabt!
– в предложениях, выражающих ирреальное желание:
Hättest du doch auf mich gehört!

Имеются и отклонения от данных типов. Редкий случай представляет собой первое предложение текста с *da* (или *doch*), которое используется в разговорной речи, когда рассказывают байки либо анекдоты. Такое повествовательное предложение начинается со спрягаемого глагола:

Kommt da doch ein Mann in die Nachtbar und sieht eine Blondine ganz an der Theke. Er fragt: „Gnädiges Fräulein, würden Sie mit einem wildfremden Mann ins Bett gehen?" Da *lächelt die Dame huldvoll: „Niemals, alter Freund!"*

В придаточных предложениях:

В придаточном предложении, вводимом союзом/ союзным словом, спрягаемая часть глагола стоит **на последнем месте.** Придаточные предложения начинаются:

– с подчинительного союза типа *dass, als, weil, obwohl* и т. д.: *Ich verstehe, dass du mich hasst.*

– с относительного местоимения *(der, die, das; welcher, welche, welches; wer, was):* *Ich lese gerade das Buch, das du mir geschenkt hast.* *Ich verstehe, was du mir sagen willst.*

– с вопросительного слова *(welcher, welche, welches; wann; wo, wohin; warum, weshalb; wie; wer, was* и т. д.*):* *Ich weiß noch nicht, wann ich zurückkomme.*

Помимо этого основного структурного типа придаточных предложений имеются особые типы, в которых спрягаемая часть глагола стоит **на первом месте,** что наблюдается при отсутствии союза/ союзного слова. Обычно эти придаточные стоят перед главным предложением.

Подобную форму имеют бессоюзные условные и уступительные предложения:

Habe ich am Wochenende Zeit, komme ich zu dir aufs Land.
   (придаточное)   (главное)
(= Wenn ich am Wochenende Zeit habe, komme ich zu dir aufs Land.)

Er muss mir morgen helfen, mag er auch keine Lust dazu haben.

(= Er muß mir morgen helfen, auch wenn er keine Lust dazu haben mag.)
   (главное)   (придаточное)

Некоторые придаточные предложения имеют порядок слов, как в главном, со спрягаемой частью глагола **на втором месте:** когда бессоюзное придаточное (придаточное дополнительное) зависит от главного, предикация которого выражается глаголом говорения, выражения мнения или знания:

Ich weiß/ glaube/ behaupte, morgen wird das Wetter wieder gut.
                     (= dass das Wetter wieder gut wird.)

(главное предложе- ние)	(двойственный тип: если судить по порядку слов – главное, по функции же – придаточное, замещающее один из членов предложения в главном).

В случае выражения придаточным предложением сравнения изменяемая часть глагола стоит непосредственно после союза *als,* а не на последнем месте:

Es war, als hätt' der Himmel die Erde still geküsst.
(главное)   (придаточное)

В случае употребления союза *als ob* спрягаемая часть глагола, однако, ставится на последнее место:

(Es war, als ob... geküsst hätte.)

7.6.2. Место других частей предиката в предложении

Сказуемое может состоять из одной, двух либо трёх частей:

Sie kommt zu mir.

Sie kommt am Abend bei mir an.

Sie will dich im Kino gesehen haben.

Er soll sich dabei ins Fäustchen gelacht haben. (трёхчленное сказуемое, если идиому *sich ins Fäustchen lachen* рассматривать как единую часть.)

Положение частей сказуемого зависит от позиции его спрягаемой части.

– Если она стоит на втором месте (в ядерных предложениях), то прочие части предиката ставятся в конце предложения.

– Если спрягаемая часть стоит на первом месте, то прочие части сказуемого также сдвигаются на конец предложения.

Kann er ihr dieses Leid angetan haben?

Схема порядка слов в данном случае выглядит так: спрягаемая часть – первый, второй, третий именные члены предложения – неспрягаемая часть сказуемого.

– Если спрягаемая часть глагола стоит в предложении на последнем месте, то все остальные его неспрягаемые части ставятся непосредственно перед ней, т. е. на предпоследнее место:

(Ich weiß,) dass Christa sich ins Fäustchen gelacht hat.

Схема: союз – первый член предложения – неспрягаемые части идиоматичного сказуемого – спрягаемая часть глагола.

7.6.3. Глагольная рамка предложения

При наличии в предложении составного либо сложного сказуемого его спрягаемая часть, стоящая на втором месте либо в начале предложения, образует вместе с неспрягаемыми частями глагольную рамку. Эта глагольная рамка окружает все остальные члены предложения, исключение составляют члены предложения, вынесенные за рамку по стилистическим причинам:

Der Zug <u>kommt</u> um 11 Uhr <u>an.</u> (ядерное предложение/ Kernsatz)
<u>Kommt</u> der Zug um 11 Uhr <u>an?</u> (Stirnsatz, спрягаемая часть глагола на первом месте)
Er <u>kommt</u> nicht <u>an</u> im Traumland seiner Wünsche. (вынос за рамку предикации/ Ausklammerung).

Спрягаемая часть сказуемого открывает глагольную рамку, а его неизменяемые части её закрывают. В придаточных предложениях рамку открывает союз, а закрывают спрягаемая и неспрягаемая части сказуемого:

(Wir wissen,) <u>dass</u> sie sich darüber so <u>geärgert</u> <u>hat</u>.

Такую же структуру имеют эмфатические предложения в форме придаточных: *<u>Dass</u> sie sich darüber so <u>geärgert hat</u>!*

С х е м а 12. **Глагольная рамка в разных типах предложения**

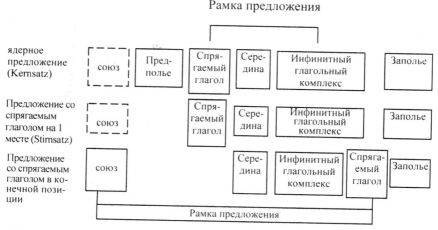

Примечание

Упрощенная схема, на основе схемы Duden-Grammatik (1998), S. 818.

Т а б л и ц а 15. Обзор форм глагольных конструкций (А + Б), образующих глагольную рамку предложения

Классификация	А	+	Б: примеры
Со вспомогательными глаголами Наклонение: конъюнктив	*würde*	+	инфинитив: *sie würde reden*
Временная форма: футур I	*werden* (презенс)	+	инфинитив: *sie wird reden*
футур II	*werden* (презенс)	+	партицип II + *sein/ haben*: *sie wird geredet haben*
Перфект	*sein/ haben* (презенс)	+	партицип II: *sie hat geredet*
Плюсквамперфект	*sein/ haben* (претерит)	+	партицип II: *sie hatte geredet*
Залог (глагола): пассив	*sein/ werden*	+	партицип II: *es wird geredet*
С модальными глаголами	модальный глагол	+	инфинитив: *sie kann reden*
С другими глаголами, имеющими модальные функции	глагол с модальным значением	+	инфинитив с *zu*: *sie weiß/ versteht zu reden*
С функциональными/ неполными глаголами	функциональный/ неполный глагол	+	отглагольное существительное в аккузативе (либо с предлогом): *sie hält eine Rede*
В целях сравнения: с префиксом,	спрягаемый глагол	+	отделяемая приставка: *sie redet nicht aus*
с субстантивным, адъективным либо глагольным определяющим словом	спрягаемый глагол	+	определяющее слово: *sie redet das schön*
Глагольное выражение	спрягаемый глагол	+	неспрягаемая часть выражения: *sie macht von sich reden*

Примечание

По данным Bergmann/ Pauly/ Moulin-Fankhänel (1992), S. 141, упрощено и дополнено примерами.

7.6.4. Позиция членов предложения относительно спрягаемой части глагола

Спрягаемая часть сказуемого и его неизменяемые части делят предложение на позиционные поля. Все члены предложения, стоящие перед спрягаемой частью глагола, образуют начальную позицию/ предполье (Vorfeld), находящиеся между спрягаемой и неспрягаемой частями глагола – середину (Mittelfeld). В случае вынесения члена предложения за глагольную рамку (глагольная рамка в примере ниже подчёркнута) он ставится в конечную позицию/ заполье (Nachfeld):

Inge (предполье) *hat in der Klausur besser* (срединная позиция) *abgeschnitten als ihre Freundin* (заполье).

Предполье (начальная позиция)

В предполье (начальной позиции) чаще всего стоит подлежащее повествовательного предложения. Если на это место ставится какой-либо другой член предложения, то возникает коммуникативно обусловленная инверсия:

Viel Glück hat er mit seinem Projekt nicht gehabt.

Данный член предложения (*Viel Glück*) перемещается в начальную позицию высказывания. При этом он приобретает новое коммуникативное значение. В приведённом примере этот член предложения – прямое дополнение. Однако на первое место может быть поставлен и особый член предложения, непосредственно относящийся к предыдущему слову либо предыдущему предложению, или член предложения, который обозначает нечто уже известное:

Dorthin führte unsere nächste Reise.

В данном случае коммуникативный момент выделения соединяется с текстолингвистическим моментом связанности предложений в тексте, чем подчёркивается тесная связь с предыдущим предложением.

Однако в предполье стоит не обязательно именной член предложения. Это может быть и информативно важная часть сказуемого:

Gehört habe ich von diesem Film schon viel, gesehen habe ich ihn aber noch nicht.

Наконец, на первом месте (в предполье) могут стоять и придаточные предложения, а также распространённые инфинитивные или причастные обороты и другие конструкции:

Als wir in Hamburg eintrafen, regnete es.

Endlich einmal Sankt Pauli kennen zu lernen, hatte ich mir schon als junger Mann gewünscht.

Von der Größe dieses Naturereignisses überwältigt, fuhren wir nach Hause.

Den Kopf voll Sorgen ging ich in mein Büro.

Примечание

Занимающее начальную позицию формальное *es*, не являющееся членом предложения, исчезает при проведении теста на перестановку:

Es erwartet dich eine große Überraschung./ Eine große Überraschung erwartet dich.

Заполье (конечная позиция)

В случае выноса какого-либо члена предложения за глагольную рамку, он размещается в конце предложения, в особой выразительной позиции.

– Это встречается преимущественно в синтаксисе разговорной речи:

Ich will nicht nachgeben in dieser Angelegenheit.

Вынесение за рамку в данном случае выполняет стилистическую функцию выделения наиболее важного.

– Вынесение за глагольную рамку наблюдается также в случае наличия многокомпонентного распространённого члена предложения, который затрудняет восприятие сложного сказуемого как единого целого. Определённую роль играет здесь и звукоэстетическая сторона:

Der Nationalrat hat eine Entscheidung gefällt über den Beitritt Österreichs zur Europäischen Union.

– К возможности вынесения за рамку прибегают и при наличии длинного ряда однородных членов предложения:

Der neue Film über Kolumbien hat uns in eine Welt des bunten Lebens geführt, der Korruption und bigotten Religiosität.

В подобных случаях возможно даже отделение определений от их ядра (дистантные определения). Нередко это происходит с относительными предложениями в функции определений и не обусловлено стилистически.

– Обычно же это прежде всего обособления, т. е. дополнительные пояснения, присоединяемые к основному предложению при помощи фокусирующих слов, таких как *und zwar, insbesondere, vor allem, z. B., d. h., besonders, wie, namentlich.*

Информативно важная часть смещается при этом на конец предложения:

Ich liebe die Erzählungen von Jurek Becker, insbesondere/ vor allem/ besonders seinen Roman „Jakob der Lügner".

Данный порядок слов стал обычным и не несёт никакой дополнительной стилистической нагрузки.

– Это касается и сравнительных предложений/ конструкций с *wie* и *als*:

Ich bin früher fertig als du.

Ich komme damit zurecht, wie mit meinen früheren Problemen.

– Придаточные предложения могут стоять как в начальной, так и в конечной позиции (заполье):

Wenn ich das Resultat kenne, schreibe ich dir gleich./ Ich schreibe dir gleich, wenn ich das Resultat kenne.

– Несколько иное положение наблюдается в предложениях с инфинитивными оборотами:

Er versprach ihr, ein Edelweiß für sie zu suchen.

Редко: *Ein Edelweiß für sie zu suchen, versprach er ihr.*

Конечная позиция (в заполье) для инфинитивных оборотов настолько типична, что их смещение на начало предложения (в предполье) является стилистически маркированным.

Срединная позиция

Срединная позиция в главном предложении обрамляется спрягаемой частью глагола с одной стороны и его неизменяемой частью – с другой, в придаточном предложении – юнктором (союзом, местоимением) с одной стороны и спрягаемой частью сказуемого – с другой. Неспрягаемая часть находится непосредственно перед ней. В данной рамке, определяемой чисто синтаксически, порядок членов предложения регулируется **синтаксическими** принципами. В некоторой степени они согласуются с „законом возрастающих членов предложения" (Behagel 1923):

– Член предложения (актант) в каком-либо падеже без предлога (Enom, Egen, Edat, Eakk) предшествует члену предложения с предлогом (Epräp).

– Если член предложения выражен местоимением, то он предшествует члену предложения, выраженному существительным (более краткое предшествует более длинному).

К данным правилам добавляются другие. Именная группа в дативе предшествует в предложении именной группе в аккузативе (*Er gibt/ reicht seiner Frau den Korb*), в случае же двух рядом стоящих местоимений выраженное в аккузативе предшествует местоимению в дативе (*Er gibt ihn ihr*). Форма артикля также играет определённую роль: существительные с неопределённым артиклем, а также без артикля чаще всего располагаются в срединной позиции справа (Helbig/ Buscha 1999, S. 571).

В завершение всех перечисленных случаев, иллюстрирующих синтаксические правила и коммуникативно-прагматические модели порядка слов, несколько слов о **звукоэстетической** концепции порядка слов. В стихотворении Э. Кестнера „Kleine Führung durch die Jugend" именно ритм, параллелизм как стилистическая фигура и конечная рифма определяют тот факт, что подлежащее не ставится на первое место (грамматические подлежащие подчёркнуты):

Das ist die Schule. Hier hat man gewohnt.
Im Schlafsaal brennen immer noch die Lichter.
Im Amselpark schwimmt noch der Mond.
Und an den Fenstern pressen sich Gesichter.

(E. Kästner 1936, S. 105)

7.7. Глаголы с предлогами, их валентность и управление

Процесс **присоединения актантов** к глаголу регулируется согласно следующим **признакам:**

(а) В соответствии с **количественной валентностью** глагола. Глагол *gehen* в сочетании *Es geht mir nur um die Sache selbst* формально является трёхвалентным, в предложении *Wir gehen um die Ecke* – двухвалентным. В предложениях *Die Rose geht ein* либо *Das Mädchen geht zu Grunde* налицо предикации с одновалентными глаголами *eingehen* либо *zu Grunde gehen*.

Примечание
Данное положение соответствует узуальной общепринятой комбинаторике слов при их употреблении в литературном кодифицированном языке. От данной **узуальной** валентности глагола следует отличать **актуальную** валентность в конкретном отдельно

взятом тексте (в котором встречаются эллипсисы, неполные предложения и т. п.), а также **виртуальную/ потенциальную** валентность глагола в языке как системе (langue), существующей в абстрактном виде как обобщённая форма всех этих вариантов.

(б) В зависимости от **прочности связи**. В данных предложениях актант является **обязательным (облигаторным)**, в других случаях он может быть **факультативным**. Это определяется семантикой актанта, значением глагола *gehen* в выражении *es geht (j-m) um etwas (bei etwas)*, а также наличием и особенностями употребления редуцирующих либо расширяющих данное предложение форм.

Примечание

Если в предложении появляются 4 актанта, то, по меньшей мере, один из них в узуальном употреблении является факультативным. В предложении *Ihm geht es bei seinem Antrag um mehr Einßluss*, например, мы имеем дело с расширенной формой 3-валентного глагола *es geht j-m um etwas*.

(в) В соответствии с **морфологическим качеством** валентности глагола. Согласно этому признаку в приведённом примере обозначение действующего лица должно стоять в дативе *(mir)*, а предмета действия – в аккузативе *(um etwas)*. Если глагол (в данном значении) требует употребления устойчивого предлога, то тогда этот предлог определяет падеж (датив или аккузатив) зависимого существительного. Если подобный соединительный элемент (предлог) отсутствует, то говорят о „чистом (беспредложном) падеже" – дативе, аккузативе. Если предлог устойчиво не запрограммирован, а может варьироваться, то речь идёт об обстоятельстве-актанте: *Sie geht in die Stadt/ durch die Stadt/ zur Stadt.*

Таким образом, предложные дополнения связаны с глаголами определёнными устойчивыми предлогами, не допускающими взаимозамены. Поэтому их называют „фиксированными", например, в зависимости от степени устойчивости/ фиксированности в IdS-Grammatik их подразделяют на „++FIX" и „+FIX" (IdS-Grammatik 1997, S. 1031f.). Значение предлога в таком случае является „поблекшим", и употребление этого предлога невозможно объяснить, „исходя из его лексического значения" (Gallmann/ Sitta 1990, S. 355).

Вопрос состоит в том, исчерпывается ли их функция только присоединением дополнения, т. е. определяемого валентностью глагола актанта, так как он является неотъемлемой частью смысла глагола (критерий „причастности к денотативному значению" согласно IdS-Grammatik 1997, S. 1031ff.)?

В грамматике валентностей обстоятельство отграничивается ещё более жёстко. Здесь чётко выделяются две группы предлогов: предлоги, имеющие и лексическое, и синтаксическое значение, так как они употребляются в „обстоятельственных предложных словосочетаниях" (Sitta, Duden-Grammatik 1998, S. 647; напр.: *hinter, vor, neben der Tür stehen*), и предлоги в „предложных дополнениях", которым отводится лишь синтаксическая функция в предложении (Heringer 1968; 1996), так как они не допускают взаимозамены.

Mit der Zeit komme ich noch hinter ihr Geheimnis. Именное словосочетание *mit der Zeit* в данном предложении может быть опущено – как и большинство обстоятельств времени, места, образа действия и причины – причём предложение при этом не становится аграмматичным (тест на опущение/ Weglassprobe). Наличие в предложении данного словосочетания не заложено валентностью глагола, поэтому оно не относится к структурной модели предложения. Предлог *mit*, таким образом, обладает здесь собственным значением, предлог же *hinter* нет.

Словосочетание с предлогом *hinter (hinter ihr Geheimnis)* опустить нельзя. Дальнейшая редукция предложения невозможна. В противном случае – в рамках данного значения предиката – оно станет аграмматичным либо приобретёт совершенно иной смысл (**Wohin komme ich? *Ich komme noch).*

Структурную модель предложения *Mit der Zeit komme ich noch hinter ihr Geheimnis* образует глагол с предложным управлением (*hinter etwas kommen*) и два актанта (один из них в номинативе, другой в аккузативе). Один из актантов стоит в аккузативе, так как предлог *hinter* имеет в данном случае дирекциональное значение (значение направления). В других случаях здесь требуется существительное в дативе, как в предложении с предложным дополнением: *Mein Vater steht immer hinter mir* („er hält immer zu mir, lässt mich nicht im Stich" = „он всегда меня поддерживает, не бросает меня в беде").

Является ли предлог в выражениях типа *hinter jemandem stehen, hinter etwas kommen, auf jemanden warten* частью глагола? Из опыта преподавания немецкого языка как иностранного нам известно, что эти глаголы заучиваются вместе с предлогами, ибо в немецкой грамматике не существует правил, которые объясняют, какой глагол употребляется с каким предлогом и в каком падеже при этом стоит дополнение/объект. Поэтому глагол, предлог и падеж следует заучивать и затренировывать как единое целое (Dreyer/ Schmitt 2000, S. 76). Обозначение понятия „глагол с предлогом" подчёркивает эту целостность.

С другой стороны, однако, предлог вводит именную группу, он связан с ней грамматически, он управляет падежом, в котором стоит имя как ядро этой группы. Данное свойство подчёркивается в термине „предложное дополнение". Итак, суть такова: в нашем ментальном лексиконе предлог относится к глаголу, а по правилам грамматики – к именному словосочетанию. Он соединяет обе части (глагол и имя) подобно шарниру или суставу – коленному либо локтевому.

В пособиях по грамматике необходимо указывать, какие предлоги могут функционировать в качестве таких фиксированных „шарниров", связующих элементов. Согласно Е. Брейндль (Breindl 1989, S. 11), к ним относятся только „первичные" (древние и простые) предлоги, но не „производные" (т. е. исторически более молодые).

В группу устойчивых словосочетаний с предлогами не включается большинство (но ни в коем случае не все!) предлогов, которые можно назвать „вторичными". Это следующие случаи: предлоги, возникшие в результате стяжения, слитного написания словосочетаний (*anhand, anstatt, aufgrund, mithilfe, infolge, anstelle, zugunsten*), в результате словообразовательной конверсии от производных и простых прилагательных (*anlässlich, hinsichtlich, bezüglich; gemäß, gleich, laut, nahe*), от наречий (*gegenüber, rechts, links*), от отдельных существительных (*dank, trotz*) и от глагольных форм (*entsprechend, während*); а также в результате суффиксации (с *-halb: außerhalb, innerhalb, oberhalb, unterhalb*; с *-s: jenseits, mangels, jenseits, längs, links*). Но не сложные слова (кроме редкой копулятивной формы *mitsamt*).

Кроме того, в группу „первичных" предлогов не входят заимствованные из других языков (*inklusive, per, plus, pro*), некоторые одно- и двусложные непроизводные предлоги со значением исключения (*außer, ohne, statt*), а также *seit, ab, neben*.

Вслед за Г. Хельбигом/ В. Шенкелем (Helbig/ Schenkel 1991, S. 111ff.) и Е. Брейндль (Breindl 1989) можно утверждать, что в группу предлогов-„шарниров" входят в первую очередь одно- и двусложные предлоги *an, auf, aus, durch, für, gegen, in, mit, nach, über, um, von, vor* и *zu*, а также *unter, zwischen* и *hinter* (Breindl 1989, S. 11). К этой же группе можно отнести:

bei: *(j-m) bei etw. zusehen, zuschauen; bei etw. profitieren, mogeln, stocken; etw. hindert bei etw.; etw. bei sich tragen; etw. liegt bei j-m.; j-n bei der Hand nehmen;*

bis: *von ... bis reichen, sich erstrecken;*

gegenüber (также в постпозиции): *j-n j-m gegenüber benachteiligen; j-m gegenüber auf etw. bestehen.*

Однако данные предлоги менее связаны. Большинство из них присоединяют факультативные актанты. Кроме того, в своём значении они содержат чётко выраженный смысловой компонент: они выражают пространственное или личностное отношение.

Примечание

Г. Хельбиг/ В. Шенкель (1991) включают сюда и *als*, который не управляет конкретным падежом, однако может присоединять валентно обусловленное именное словосочетание: *Die Show erwies sich als Flop. Ich habe seine Bemerkung als eine Frechheit empfunden* (LWB). В данном случае речь идёт о предлоге с союзным значением, указывающем на управление, правда лишь косвенно, через согласование с другим именем (в первом предложении оно здесь стоит в номинативе, во втором – в аккузативе).

Какие предлоги являются тесно связанными? С какими глаголами?

Во-первых, наблюдаются случаи с чисто **формальной** мотивированностью. Она осуществляется в процессе словообразования. В глаза бросается формальный выбор определённого предлога для присоединения актанта с помощью предлогов *an, auf, aus, durch, in, um, zu* у глаголов с аналогично звучащими полупрефиксами (в скобках указывается возможность употребления факультативных актантов):

etw. (an etw.) anbauen, etw. (an etw.) anbinden, etw. (an etw.) anhängen, etw. (an etw.) ankleben и т. д.;

etw. (auf etw.) aufbauen, sich (auf etw.) aufstützen, etw. (auf etw.) auftragen, auf etw. aufbauen и т. д.;

(aus etw.) ausreisen, (aus etw.) ausbrechen, aus etw. austreten, ausziehen и т. д.;

durch etw. durchfahren, (durch etw.) durchfallen, (durch etw.) durchkommen;

in etw. eindringen, in etw. einbrechen, etw. (in etw.) einfügen, j-n in etw. einführen и т. д.;

um etw. herumfahren, um etw. herumgehen, herumlaufen, herumkommen;

etw. (zu etw.) hinzufügen, zusammenfassen; zu etw. zurückkehren.

Во-вторых, можно выделить случаи формальной мотивированности через другие производные одной и той же основы. Она проявляется в выборе одного и того же предлога как при глаголе, так и при однокоренном производном имени.

С предлогом **an**: *der Glaube an etw. – an etw. glauben; Mangel an etw. – an etw. mangeln; der Zweifel an etw. – an etw. zweifeln; die Erinnerung an etw. – sich an etw. erinnern; die Arbeit an etw. – an etw. arbeiten.*

С предлогом **auf**: *Auswirkung auf etw. – sich auswirken auf etw.; Hinweis auf etw. – auf etw. hinweisen; Hoffnung auf etw. – auf etw. hoffen; Konzentration auf etw. – sich auf etw. konzentrieren; Reaktion auf etw. – auf etw. reagieren; Schuss auf etw. – auf etw. schießen; Verlass auf j-n – sich auf j-n verlassen и т. д.*

С предлогом **gegen**: *der Kampf gegen y – gegen y kämpfen; der Protest gegen y – gegen y protestieren; die Hetze gegen y – gegen y hetzen; der Schutz gegen y – etw. gegen y schützen; die Klage gegen y – gegen y klagen; Versicherung gegen y – sich gegen y versichern.*

Примечание

В выше приведённых случаях существительное, как правило, является производным от глагола. Этим и объясняется формальная согласованность в выборе предлога. В ментальном лексиконе, однако, обе формы сосуществуют рядом. Поэтому чисто синхронно можно переключиться с существительного на глагол, если речь заходит о мотивированности предлога. В TWB, правда, можно найти гораздо меньше соответствий подобного рода, чем это можно бы было ожидать, исходя из правил деривации, по меньшей мере, среди часто употребляемых отглагольных имён.

Ниже приводятся примеры „падежного трансфера" в „чистый" (беспредложный) аккузатив либо датив (IdS-Grammatik 1997, S. 1030ff.):

Angebot an etw. – etw. anbieten; Mord an j-m – j-n ermorden; Kritik an j-m – j-n kritisieren; Verlust an/ von etw. – etw. verlieren; Widmung an j-n – j-m etw. widmen;

der Hass auf j-n – j-n hassen; der Angriff auf j-n – j-n angreifen; der Anspruch auf etw. – etw. beanspruchen; die Garantie auf etw. – etw. garantieren; die Wut auf j-n – gegen j-n wüten.

В LWB зафиксировано намного большее количество случаев, когда однокоренные существительное и глагол употребляются с одним и тем же предлогом. Грамматика более редких словообразовательных конструкций чаще согласуется с закономерностями языковой системы, чем грамматика образований, склонных к лексикализации. Данные отношения, однако, ещё не являются достаточно изученными и систематизированными, поэтому здесь мы ограничимся только их упоминанием.

Кроме того, весьма заметной является высокая степень рефлексивной прономинализации. Правда, в этом случае проявляются лишь тенденции, а не закономерности. На относительно высокую частотность возвратных глаголов указывали Э. Нейрор и И. Планк (Neurohr/ Plank 2001, S. 107). Особенно выделяется сегмент глаголов умственной/ ментальной деятельности: *sich besinnen /verständigen auf, sich erinnern/ wagen an, sich ärgern/ aufregen/ wundern/ amüsieren/ Gedanken machen über, sich verstehen/ konzentrieren/ freuen/ verlassen auf* и т. д. В общей сложности среди зафиксированных в словаре TWB глаголов с предлогами около 15% являются возвратными.

Далее речь пойдёт о **содержательно обусловленной** мотивированности.

Общие аспекты этой проблемы являются предметом дискуссий различных теорий семантики предложения, исходя из семантических ролей членов предложения („падежные роли"/ „Kasusrollen"; „cases" у Ч. Филлмора; Fillmore 1968).

Примечание

При этом падежная форма и падежная функция не находятся друг к другу в отношении 1:1. Для описания данного соотношения предлагались различные понятия. Датив считается семантическим падежом, указывающим на лицо, которое вовлечено в действие и в пользу которого это действие совершается, к которому обращаются („бенефактив"/ „Benefaktiv"). Он также является падежом, который обозначает лицо, непосредственно участвующее в процессе („экспериенцер"/ „Experiencer"). Датив – это также падеж косвенного объекта. Аккузатив обозначается как падеж результативно-продуктивного (effiziert) либо прямого нерезультативного (affiziert) объекта, как падеж цели действия („Goal"), пациенса („Patiens"), т. е. предмета, на который направлено действие, а также неопределённого предмета („Objektiv"). Генитив является падежом обладания либо обозначения части чего-либо. Номинатив – это падеж, обозначающий величину (лицо), от которой исходит действие, агенс („Agens"), это звательный падеж – при помощи которого к лицу обращаются („Vokativ"), называют цель („Ziel": *Rom zieht viele Touristen an*), инструмент действия („Instrument": *Das Messer nützt mir nichts*), категорию более высокого порядка в логической иерархии/ гипероним (в случаях с „равнозначным номинативом"/ „Gleichsetzungsnominativ": *Der Iltis gilt als ein Raubtier*). Таким образом, падежным формам приписываются разные семантические значения (падежные отношения) в предложении, которые порой трудно разграничить. Отдельная **падежная функция (Kasusfunktion)** проявляется у имени в различных **падежных формах (Kasusformen)**. При этом нельзя путать следующие моменты:

– Сигнификативные/ смысловые „категории сирконстантов", которые обычно обобщаются как „локальная" (напр., „исходный пункт действия", „цель", „место"), „темпоральная", „каузальная" и „модальная" (Tesniére 1959; Helbig 1992).

– „Пропозициональные" роли в предложении, которые имплицированы понятийным содержанием глагола и обозначаемым фрагментом действительности. Это прежде всего пациенс/ „Patiens", бенефактив/ „Benefaktiv", объектив/ „Objektiv", агенс/ „Agens", каузатив/ „Kausativ" (у „чистых" падежных форм). Определить падежную роль того или иного члена предложения в каждом конкретном случае можно в процессе анализа смысла соответствующего предложения в тексте.

– Адноминальные „второстепенные роли" определений (адъюнктов), предложная связь которых особенно заметна при номинализации (*hoffen auf etw. – Hoffnung auf etw.; sich sorgen um j-n – Sorge um j-n*).

В грамматике часто можно наблюдать моменты, когда предлоги обстоятельств и предложных дополнений употребляются в формально аналогично структурированных предложениях, в то время как их падежные роли соответствуют друг другу. На это обратила внимание Е. Брейндль (1989, S.53ff.). В двухвалентных глаголах действия очевидно, что субъектный актант называет агенс в том случае, когда дополнение в аккузативе обозначает аффицированный (со значением процесссуальности воздействия) либо продуктивно-результативный объект. Предложное дополнение, напротив, называет объект, степень воздействия на который ниже (ср.: *den Hund treten, schlagen* и *nach dem Hund treten, schlagen.).* „Чем ниже степень аффицированности, тем вероятнее кодировка в виде предложной конструкции" (Breindl 1989, S. 58). В сочетаниях с глаголами покоя и движения датив употребляется в высказываниях статического значения, а аккузатив – когда указывается направление действия. В устойчивых сочетаниях встречаются только предлоги с двойным управлением (с дативом или аккузативом). И среди них лишь немногие обнаруживают способность реализовывать оба вида управления: *an, auf* (почти всегда с аккузативом) и *in.* А вот другие предлоги с двойным управлением встречаются в устойчивых выражениях с одним падежом: *über* (всегда с аккузативом), *vor, unter, zwischen* (всегда с дативом).

О „сегментарной мотивированности" („segmentielle Motivation") можно говорить в том случае, когда один и тот же предлог употребляется со сходными глаголами, которые имеют характерные признаки либо относятся к одной и той же смысловой группе, к одному и тому же полю (напр., глаголы движения или глаголы мыслительной деятельности).

Дополнение с предлогом **nach**, например, указывает в предложении на следующие падежные роли:

– „Исходный пункт действия/ источник" („Source"): *Die Suppe duftet/ riecht/ schmeckt/ stinkt* **nach** *Fisch.*

– „Цель действия": *Die Männer suchten/ wühlten/ tauchten/ gruben/ bohrten/ forschten* **nach** *Edelsteinen.*

– „Бенефактив" (лицо, в пользу которого совершается действие/ Begleiter): *Sie griff/ fragte/ rief/ schaute/ tastete/ verlangte/ schickte* **nach** *dem Kind.*

В случаях с предлогом *an* определённую роль играет глагольный вид. Это чётко прослеживается на примере параллельных форм.

Подобным образом распознаётся агенс и „продукт действия" в следующих предложениях: *Sie schreibt ein Buch/ an einem Buch. Sie malt ein Bild/ an einem Bild. Sie komponiert eine Symphonie/ arbeitet an einer Symphonie. Er baut ein Boot/ arbeitet an einem neuen Boot.*

Семантические роли и субъекта, и объекта в каждой паре параллельных конструкций (с прямым дополнением и с предложным дополнением) здесь практически одинаковы. Разница кроется в следующем: предложения с предлогом *an* подчёркивают имперфективное значение предложения. Они модифицируют глагольный вид. Если даже данные предложения употребить в перфекте, то это ни в коем случае не будет выражать завершённость действия.

С позиций когнитивной лингвистики возникает вопрос о том, играют ли определённую роль **"прототипические признаки" („prototypische Merkmale")** отдельных предлогов. Ведь у каждого предлога имеется свой собственный индивидуальный спектр связей. В словаре TWB можно найти 36 глаголов, устойчиво употребляемых с предлогом *gegen* (+ Akk.) (как со связанным предлогом), 2 глагола с предлогом *gegenüber* (+ Dat. лица), ни одного глагола с предлогом *entgegen* (+ Dat.). В данном случае распределение понятно, и в самой крупной группе глаголов с предлогом *gegen* прослеживается чётко выраженная семантика предложений с „агенсом" в качестве первого актанта и значением „цели", выражаемым вторым или третьим актантом:

gegen j-n etw. ermitteln, durchgreifen, hetzen, spielen, siegen, klagen, verhandeln, verstoßen, protestieren, rebellieren;

etw. j-n gegen etw. sichern, versichern, schützen, verteidigen, durchsetzen, einlegen, haben, impfen;

sich gegen etw. aussprechen, sperren, stemmen, sträuben, verbünden, wehren.

Сказанное выше объясняется у этих предложных глаголов ещё одним „значением" предлога *gegen*. Он „употребляется для того, чтобы выразить противоположность, сопротивление и т. п." (TWB).

В данном случае проявляется семантическая оппозиция между предлогами *für* и *gegen*, которая закреплена в целом ряде глаголов и обозначает противопоставление, контраст:

etw. nimmt j-d für/ gegen etw. ein;

j-d ist für/ gegen etw., j-n;

j-d spricht für/ gegen etw., j-n;

j-d stimmt für/ gegen j-n, etw.;

j-d spricht sich für/ gegen etw., j-n aus;

j-d kämpft für/ gegen etw., j-n.

Между тем возникает вопрос: каждый ли предлог обладает (прото)типическим „базовым значением", которое определяет его употребление с предложным объектом (не только с обстоятельством)?

Примечание

Это вопрос дефиниции. В качестве подтверждения данного предположения можно привести исторический аргумент, что предлоги изначально служили для выражения пространственных, а затем и временных отношений. Понятно, что существует такая традиция. По мнению К. Линдквиста, предлог сначала связывается с глаголом, которому он соответствует семантически. Другие же конструкции наслаиваются на данный глагол с предлогом, связываясь с ними через форму и/или значение глагола (ср. гипотезу согласования по Lerot 1982, S. 277) и через другие варианты употребления предлога (Lindquist 1994, S. 189).

X. Вейнрих в своём труде „Textgrammatik der deutschen Sprache" (2003) предпринимает интересную попытку объяснить употребление всех связанных предлогов на уровне прототипов, где каждому предлогу предписывается какое-либо основное свойство, отличное от других. Правда, это объясняется не исторически, а антропологически, т. е. исходя из перспективы и мировоззрения созерцающего и действующего человека. В случае с предлогом *hinter* речь идёт об „обратной стороне" объекта, у предлога *in* – о его внутренней стороне („внутренность"/ das „Innen"), у *über* – о взгляде наверх („Hoch"), у *unter* – наоборот, вниз („Niedrig") и т. д. (Weinrich 2005, S. 621ff.). Данные признаки приведены ниже в таблице 16.

Примечание

Лексикограф может с ним не согласиться. Слишком разными являются значения этих предлогов и случаи их нейтрализации в устойчивых сочетаниях с глаголами. А вот лингводидакт задастся вопросом: насколько продуктивна эта идея для практики преподавания немецкого языка как иностранного? Убедительным является основной тезис, известный с момента введения Л. Витгенштейном понятия „семейного сходства" („Familienähnlichkeit") между знаком и действием. Употребление слова определяется не только его дистинктивными (отличительными) признаками, но и основанной на отношениях сходства „языковой игрой"(„Sprachspiel"), для которой и необходимы предлоги.

Несомненно, существуют моменты сходства при устойчивом синтаксическом присоединении предлогов, которые можно вывести из „типичного" (базового) значения предлога – там, где значение глагола позволяет это сделать.

В таблице 16 приводятся в несколько упрощённом виде прототипичные/ базовые (колонка „д") значения по X. Вейнриху (Weinrich 2003) и статистические данные „устойчивых сочетаний" – (колонка „в") по X. Вейнриху и TWB. В колонке „г" отражено число факультативных форм (согласно TWB). В колонке „а" можно видеть, насколько употребителен сам предлог в общеязыковом плане (по: König 2001, S. 114).

Между частотностью употребления глаголов со (связанными) предлогами (см. колонки „б" и „в") и частотностью употребления этих предлогов вообще (колонка „а") наблюдается, таким образом, положительное соотношение: шесть самых употребительных совпадают. Более заметна корреляция между частотностью употребления глаголов с предлогами (колонка „б") и их факультативных вариантов (колонка „г"). Соотношение позиций здесь таково: первому месту в колонке „б" соответствует первое же место в колонке „г" (1–1), соответственно 2–2; 3–5; 4–4; 5–6; 6–3.

Т а б л и ц а 16. Предлоги в немецком языке

а	б	в		г	д
Пред-лог	Частот-ность упот-ребления	в предложных дополнениях		число факуль-тативных вариантов	семантический прототип (Х. Вейнрих)
		Х. Вейн-рих	TWB		
mit	4	57	193	111	„наряду с...“, „плюс к тому“
in	1 (in/im)	21	141	67	„внутри“
auf	5	72	136	50	„доступно“
an	7	51	111	54	„контакт“
von	3	44	109	65	„отделение“
zu	2 (zur/zum)	45	106	52	„цель“
für	8	31	77	46	„обмен“
über	13	55	76	44	„сверху“
um	12	24	54	25	„вокруг“
bei	11	9	50	36	„в рамках“
aus	9	17	47	30	„отделение“
gegen	16	18	36	22	„направление“
nach	6	24	34	10	„направление“
vor	14	23	33	23	„впереди“
durch	10	–	31	19	„протяжённость“, „дистанция“

Примечание

Только относительно часто употребляемый предлог *ohne* (15-е место по частотности) не является компонентом устойчивых глагольных сочетаний.

Частотность употребления глаголов с предлогами и их факультативных вариантов определяется – хоть и в разной степени – частотностью предлога. Аналогичную картину можно наблюдать и при рассмотрении употребительности возвратных форм глаголов.

Устойчивая связанность глаголов и определённых предлогов в любом случае определяется формальными факторами (см. выше). В определённой степени здесь сказывается и влияние семантики глагола: задействованы „падежные роли“, к тому же семантическое родство между значением глагола (глагол в лексико-семантическом поле) и значением его предлога, которое частично может быть идентифицировано с его (прото)типическим значением (согласно Weinrich 2005).

В любом случае, существуют различные типы и степени формального, а также „семантического" управления. Подтверждается мнение Х.-В. Эромса о том, что предлоги зачастую привносят с собой в глагольную конструкцию более или менее значительную часть своего изначального значения (Eroms 1981, S. 42ff.). Этот „остаток значения" состоит в формальной согласованности, исходящей из правил словообразования, в семантическом родстве с устойчивыми сочетаниями со сходными по значению глаголами, а также в родстве со (свободным) употреблением предлогов с адвербиальными группами, образуемыми по аналогии (заметно у предлогов *durch, gegen* и *mit*).

От вышесказанного следует отличать так называемые „тенденции" языкового употребления, которые можно распознать по показателям частотности, а именно корреляции с частями предложных дополнений в факультативных актантах и в рефлексивных формах (см. таблицу выше).

Таким образом, лишь часть связанных сочетаний с предлогами является мотивированной, большинство же из них „автоматизированы". Поэтому ниже приводится перечень всех глаголов с предлогами и соответствующих отглагольных существительных и прилагательных, выбранных из словаря TWB (Götz/Wellmann 2003).

Лексикон валентности глаголов и имён

ab (+ Dat.): 0

als: Der Kasus ist der gleiche wie in der Bezugsgröße
Verben + Aktanten:
j-n/etwas (als etwas (Akk))
anerkennen
j-n (*als/für* etwas) aufstellen
j-n (*als/zu* etwas) ausbilden
sich *als/für* etwas ausgeben
etwas/j-n (*als/zu* etwas) benutzen
sich als irgendwer/als etwas betätigen
j-n/etwas als etwas betrachten
j-n/sich/etwas als etwas bezeichnen
etwas (als etwas/irgendwie) deuten

(j-m) *als/zu* etwas dienen
j-n *als/zu* etwas einsetzen
j-d/etwas gilt als etwas
sich (als etwas) hervortun
j-n/etwas als etwas hinstellen
j-n/etwas (als j-n/etwas)
identifizieren
etwas (als etwas) interpretieren
j-n/sich (als etwas) verkleiden
j-n/etwas als etwas verwenden
j-n (*für/als* etwas) vorschlagen

Nomen + gebundene Attribute
(„Adjunkte")

(*als/für/zu* etwas) geeignet

an + Dat.; oder + Akk: Richtung,
Ziel:
Verben + Aktanten
etwas an j-n adressieren
etwas (an etwas (Akk)) anbauen
j-n/etwas (an etwas (Dat/Akk))
anbinden
etwas (an etwas (*Akk*)) anhängen
etwas (an etwas (*Akk*)) ankleben
etwas (an etwas (*Dat/Akk*)) anlegen
etwas (an etwas (*Dat/Akk*)) anlehnen
etwas (an etwas(*Dat/Akk*)) annähen

etwas (an etwas (*Akk*)) anschließen
an etwas (*Dat*) arbeiten
etwas fällt (an j-m/etwas) auf
(an j-n) etwas austeilen
etwas (an etwas (*Dat*)) befestigen
j-n (*an/auf* etwas (*Dat*)) begleiten
j-n (an etwas (*Dat*)) beteiligen
sich (an etwas (*Dat*)) beteiligen
(an j-m) etwas bewundern
j-n/etwas (**mit** etwas) **an** etwas (*Akk*)
binden
an j-n/etwas denken
(an etwas (Dat)) drehen
(an etwas (Dat)) eingehen
sich an j-m/etwas erfreuen
j-n an etwas (*Akk*) erinnern
sich (an j-n/etwas) erinnern
j-n/etwas (an etwas (*Dat*)) erkennen
(an etwas (*Dat*)) ersticken
(*mit/an* einem Tier/etwas)
experimentieren
an etwas (*Dat*) feilen
j-n (an etwas (*Akk*)) fesseln
j-n/etwas (*mit/an* etwas (*Dat*))
festhalten
an etwas (*Dat*) festhalten
sich (an j-m/etwas) festhalten
etwas (an j-m/etwas) feststellen
etwas frisst *an* etwas/*in* j-m (*Dat*)
(an etwas (*Dat*)) frieren
etwas an etwas (*Akk*) fügen
etwas geht an j-n/irgendwohin
an j-n/etwas geraten
sich an etwas (*Akk*) gewöhnen
an etwas (*Akk*)/j-n glauben
etwas an j-m/etwas haben
an j-m/etwas hängen
an j-n/etwas herankommen
an etwas (*Akk*) herankommen
j-d/etwas hindert j-n/etwas an etwas
(*Dat*)
j-n juckt es an etwas (*Dat*)/irgendwo
an/auf etwas (*Dat*) kauen
etwas an etwas (*Akk*) klammern
sich an j-n/etwas klammern

(an etwas (*Dat/Akk*)) klopfen
etwas *an/auf/gegen* etwas (*Akk*)
klopfen
etwas an etwas (*Akk*) knüpfen
an etwas (Akk) kommen
sich an j-n kuscheln
j-d/es läutet (an der Tür)
etwas/sich *an/gegen* etwas (*Akk*)
lehnen
an etwas (*Dat*) lehnen
an etwas (*Dat*) leiden
etwas liegt an j-m/etwas
an etwas (*Dat*) lutschen
sich an etwas (*Akk*) machen
es mangelt j-m an j-m/etwas
j-n/etwas an j-m/etwas messen
etwas (*Akk*)/*bei/an* etwas (*Dat*)
mitmachen
etwas an sich (Akk) nehmen
j-n/etwas (an etwas (*Dat*)) packen
sich (**an** j-m) (**für** etwas) rächen
etwas (an etwas (*Dat*)) reiben
etwas an sich (*Akk*) reißen
an etwas (*Dat*) reißen
sich (**an** j-m) (**für** etwas)
revanchieren
etwas an j-n richten
an etwas (*Dat*) saugen
(**mit** etwas) (**an** j-m/etwas) scheitern
etwas scheitert (an j-m/etwas)
etwas (*an* j-n/*irgendwohin*) schicken
<ein Tier> schnuppert (an j-m/etwas)
an etwas (*Dat*) schreiben
j-m/etwas (an etwas (*Dat*)) Schuld
geben
etwas an etwas (*Akk*) setzen
etwas an etwas (*Dat*) sparen
an etwas (*Dat*)/*mit* etwas sparen
an etwas (*Dat*) sterben
am/hinter dem Steuer sitzen
etwas stößt an etwas (*Akk*)
sich an etwas (*Dat*) stoßen
(an etwas (*Dat*)) teilnehmen
(etwas) (an etwas (*Dat*)) turnen
j-n/etwas an etwas (*Dat*) übertreffen
j-n (an j-n) überweisen
sich (*Dat*) an etwas verbrennen
(etwas) (*an/mit* etwas (*Dat*))
verdienen

etwas an j-n vererben
etwas *an/auf* j-n vererben
etwas (an j-n) vergeben
(etwas (an j-n)) verkaufen
etwas (an j-n) verleihen
sich (an etwas (*Dat*)) verletzen
j-d/etwas verliert (an etwas (*Dat*))
(etwas) (an j-n) vermieten
(etwas) (an j-n) verpachten
j-n/etwas (an j-n) verraten
sich *in/an* etwas (*Dat*) versuchen
etwas (an j-n (*Pl*)) verteilen
(an j-m/etwas) vorbeikommen
sich an etwas (*Akk*) wagen
etwas (an j-n) weitergeben
sich an j-n wenden
(an etwas (*Dat*)) würgen
an etwas (*Dat*) zerbrechen
an j-m/etwas zerren
an etwas (*Dat*) ziehen
j-d nimmt an etwas (*Dat*) zu
j-d arbeitet mit j-m (an etwas (*Dat*))
zusammen
<Personen> arbeiten (an etwas (*Dat*))
zusammen
an j-m/etwas zweifeln
an sich (*Dat*) zweifeln

Nomen + geb. Attribute
Andenken (an j-n/etwas)
Angebot (an etwas (*Dat*))
Anspruch (an j-n/etwas)
Anteil (an etwas (*Dat*))
Arbeit (an etwas (*Dat*))
Auswahl an etwas (*Dat.*)
Bedarf (an etwas)
Bindung (an j-n/etwas)
Erinnerung (an j-n/etwas)
Glaube (an etwas)
Grad + *Gen*/an etwas (*Dat*)
Interesse (an j-m/etwas)
Konsum (von/an etwas (*Dat*))
Kritik an j-m/etwas
Lust (an etwas (*Dat*))
Minimum (an etwas (*Dat*))
Mord (an j-m)
Muster (an etwas)
Nachricht (**von** j-m) (**an**/für j-n)

Nachschub (an etwas (*Dat*))
Rede (**an** j-n) (**über** j-n/etwas)
Reichtum (an etwas (*Dat*))
Reserve (an etwas (*Dat*))
Schatz (an etwas (*Dat*))
Spaß (an etwas (*Dat*))
Mangel (an j-m/etwas)
Rache (**an** j-m) (**für** etwas)
Schuld (*an/für* etwas)
Teilnehmer (an etwas (*Dat*))
Unmenge (*von/an* etwas (*Dat*)) +
Subst
Verlust (*an/von* etwas)
Vermögen (an etwas (*Dat*))
Versuch (*an/mit* j-m/etwas)
Widmung (an j-n)
Zweifel (an etwas (*Dat*));

arm an etwas (*Dat*) sein
dicht *an/hinter* etwas/*bei* etwas (*Dat*)
j-d/etwas ist (an etwas (*Dat*)) schuld
(j-m) (*an/in* etwas (*Dat*)) überlegen
sein
unschuldig (an etwas (*Dat*))
(an j-m/etwas) vorbei

anhand + Gen.:   0
anlässlich + Gen.:0
anstatt + Gen.:   0
anstelle + Gen.:   0

auf + Dat.; aber + Akk.:
Richtung/Ziel:
Verben + Aktanten
auf j-n/etwas achten
es kommt auf j-n/etwas an
es auf etwas (*Akk*) anlegen
(j-m) etwas (auf etwas (*Akk*))
anrechnen
(auf j-n/etwas) anstoßen
j-d stößt **mit** j-m (**auf** j-n/etwas) an
(j-m) etwas (auf etwas (*Akk*))
antworten
(j-m) (auf etwas (*Akk*)) antworten
etwas baut auf etwas (*Dat*) auf
etwas (auf etwas (*Akk*)) aufladen
j-n (auf j-n/etwas) aufmerksam
machen

etwas (auf etwas (*Akk*)) aufnehmen
auf j-n/etwas aufpassen
etwas (auf etwas (*Dat/Akk*))
aufstützen
sich (**mit** etwas) (**auf** j-n/etwas)
aufstützen
etwas (auf etwas (*Akk*)) auftragen
etwas (auf j-n/etwas) ausüben
sich (irgendwie) (auf j-n/etwas)
auswirken
auf j-n/etwas bauen
etwas (auf etwas (*Akk*)) befristen
j-n (*auf/an* etwas (*Dat*)) begleiten
etwas beruht auf etwas
sich/etwas (auf etwas (*Akk*))
beschränken
sich auf etwas (*Akk*) besinnen
(gegenüber j-m) auf etwas (*Dat*)
bestehen
etwas auf etwas (*Akk*) beziehen
sich auf j-n/etwas (*Akk*) beziehen
Bezug auf j-n/etwas nehmen
(**mit** etwas) **auf** j-n/etwas,
irgendwohin deuten
auf etwas (*Akk*) dringen
etwas (auf etwas (*Akk*)) drucken
etwas (auf etwas (*Akk*) (hin)
durchgehen
sich (Dat) etwas/viel (auf etwas
(*Akk*)) einbilden
auf j-n/etwas eingehen
sich (**mit** j-m) (**auf/über** etwas (*Akk*))
einigen
sich auf etwas (*Akk*) einlassen
auf j-n einreden
auf j-n/etwas einschlagen
etwas (irgendwie/auf etwas (*Akk*))
einstellen
sich auf j-n/etwas einstellen
j-n/etwas (in (*Akk*)/auf (*Dat*) etwas)
eintragen
(etwas) (auf etwas (*Akk*)) einzahlen
etwas erhöht sich *um/auf* (*Akk*) etwas
etwas erstreckt sich *über/auf* etwas
(*Akk*)
etwas erstreckt sich auf j-n/etwas
(j-m) etwas (auf etwas (*Akk*))
erwidern

etwas (*für/auf* etwas (*Akk*) festsetzen
über j-n/etwas, *auf* etwas (*Akk*)
fluchen
etwas folgt (auf) etwas (*Dat/Akk*)
sich (*über* etwas)/(*auf* j-n/etwas)
freuen
(et)was/viel/nichts auf etwas geben
auf sich (*Akk*) halten
auf j-n/etwas hereinfallen
ein Tier auf j-n/etwas hetzen
etwas läuft auf etwas (*Akk*) hinaus
(j-n) auf etwas (*Akk*) hinweisen
(auf etwas (*Akk*)) hoffen
auf j-n/etwas hören
an/auf etwas (*Dat*) kauen
(**gegen** j-n/etwas) (**auf** etwas (*Akk*))
klagen
an/gegen etwas (Akk) klopfen
auf etwas (Akk) kommen
(auf etwas) klicken
sich (auf j-n/etwas) konzentrieren
auf j-n/etwas (*Akk*) lauern
etwas auf j-n/etwas lenken
(**mit** etwas) **auf** j-n losgehen
sich auf die Reise/auf den Weg
machen
etwas auf sich (*Akk*) nehmen
auf j-n/etwas pfeifen
etwas (*auf/in* etwas (*Akk*)) prägen
(auf j-n/etwas, irgendwie) reagieren
etwas (um etwas) (auf etwas)
reduzieren
etwas reduziert sich (**um** etwas) (**auf**
etwas (*Akk*))
etwas reimt sich (*auf* etwas/*mit*
etwas)
(auf einem Tier) reiten
j-n/etwas (auf etwas (*Akk*)) schätzen
auf etwas (*Akk*) schauen
etwas auf j-n/etwas schieben
(**mit** etwas) (**auf** j-n/etwas) schießen
auf j-n/etwas schimpfen
von j-m/etwas **auf** j-n/etwas
schließen
(etwas) (auf j-n/etwas) setzen
(etwas) auf j-n/etwas setzen
auf etwas (*Akk*)/*für* etwas sparen
auf etwas (*Akk*) spekulieren

sich (auf etwas (*Akk*)) spezialisieren
auf j-n/etwas schlecht zu sprechen
sein
etwas springt (**von** etwas) **auf** etwas
(*Akk*)
(irgendwohin/auf j-n/etwas) starren
etwas steht auf etwas (*Dat*)
auf j-n/etwas stehen
Wecker (auf + *Uhrzeit*) stellen
auf j-n stoßen
auf etwas (*Akk*) stoßen
(irgendwo) auf etwas (*Akk*) stoßen
etwas auf/über etwas (*Akk*) streifen
sich auf j-n stürzen
sich auf j-n/etwas stürzen
etwas *auf/in* etwas (*Akk*) stützen
etwas **auf** etwas/**durch** etwas stützen
etwas stützt sich auf etwas (*Akk*)
sich auf etwas (*Akk*) stützen
auf j-n/etwas tippen
auf etwas (*Akk*) treffen
auf j-n/etwas trinken
etwas auf/in etwas (*Akk*) übertragen
etwas (auf j-n) übertragen
etwas überträgt sich (auf j-n)
(auf etwas (*Akk*)) umsatteln
((**von** etwas) **auf** etwas (*Akk*))
umsteigen
(j-n/etwas) (**von** etwas) **auf** etwas
umstellen
sich ((**von** etwas) **auf** etwas (*Akk*))
umstellen
etwas (auf etwas (*Akk*) (hin))
untersuchen
etwas *an/auf* j-n vererben
sich auf j-n/etwas verlassen
etwas (auf etwas (*Akk*)) verlegen
sich auf etwas (*Akk*) verstehen
auf j-n/etwas vertrauen
auf etwas (*Akk*) vertrauen
etwas auf etwas (*Akk*) verwenden
(auf j-n/etwas) verzichten
j-n (auf etwas (*Akk*)) vorbereiten
etwas auf j-n wälzen
(auf j-n/etwas) warten
mit etwas (**auf** j-n) warten
auf etwas (*Akk*) wetten
auf j-n/etwas zählen (können)

auf j-n/etwas zeigen
(auf j-n/etwas) zielen
etwas zielt auf etwas (*Akk*)
etwas geht auf j-n/etwas zurück
auf etwas (*Akk*) zurückkommen
auf j-n/etwas zurückkommen
auf j-n/etwas zuschießen
etwas trifft auf j-n/etwas zu

Nomen + geb. Attribute
Angriff (auf j-n/etwas)
Anschlag (auf j-n/etwas)
Anspruch auf etwas
Antrag (auf etwas (*Akk*))
Antwort (auf etwas (*Akk*))
Appetit (auf etwas (*Akk*))
Attentat (auf j-n)
Aussicht (auf etwas (Akk))
Auswirkung (auf j-n/etwas)
Blick (auf j-n/etwas)
Chance (auf etwas (*Akk*))
Druck (auf etwas (*Akk*))
Eifersucht (auf j-n)
Einfluss (auf j-n/etwas)
Favorit (auf etwas (Akk))
Garantie (auf etwas (*Akk*))
Hass *gegen/auf* j-n/etwas
Hinweis *für/auf* etwas (*Akk*)
Hoffnung (auf etwas (*Akk*))
Jagd (auf ein Tier/j-n)
Klage (*auf* etwas (*Akk*)) (*gegen* j-n/etwas)
Konzentration (auf j-n/etwas)
Lust (auf j-n/etwas (*Akk*))
Monopol (auf etwas (*Dat*))
Nachruf (auf j-n)
Neugier (auf j-n/etwas)
Rabatt (auf etwas (*Akk*))
Reaktion (auf j-n/etwas)
Recht (auf etwas (*Akk*))
Rücksicht (auf j-n/etwas)
Schuss (auf j-n/etwas)
Sturm (auf etwas (Akk))
Verdacht (auf etwas (Akk))
auf j-n/etwas ist (kein) Verlass
Wut (auf j-n/etwas)
Zorn (*auf* j-n/*über* etwas (*Akk*))

ärgerlich (auf j-n/etwas)
(auf j-n) böse (sein)
eifersüchtig (auf j-n/etwas)
gierig (*auf* etwas (*Akk*)/*nach* etwas)
neidisch (auf j-n/etwas) sein
neugierig (auf j-n/etwas)
auf etwas (*Akk*) scharf sein
stolz (auf j-n/etwas)
auf etwas (*Akk*)/*nach* etwas verrückt sein
auf j-n/*nach* j-m verrückt sein
wütend (auf j-n/etwas)

aufgrund + Gen.:0

aus + Dat.
Verben + Aktanten
(aus etwas) ausbrechen
(aus einem Land) ausreisen
(*aus/von* irgendwo) ausreißen
j-n (aus etwas) ausschließen
(aus etwas) aussteigen
(aus etwas) austreten
(aus etwas) ausziehen
etwas besteht aus etwas
etwas (*von j-m/aus etwas*) beziehen
etwas (aus etwas) bilden
etwas/j-n (aus/von etwas) entfernen
j-m/(aus) etwas (*Dat*) etwas entnehmen
etwas (von/aus etwas) erfahren
etwas ergibt sich (aus etwas)
j-n aus etwas erlösen
etwas aus etwas erschließen
(aus etwas) erwachen
etwas erwächst aus etwas
(*aus etwas, vor j-m*) (irgendwohin) fliehen
(*aus etwas, vor j-m/etwas*, irgendwohin) flüchten
etwas (aus etwas) formen
etwas aus etwas gewinnen
(aus etwas) herausfinden
etwas (aus etwas) herausnehmen
sich (aus etwas) herausreden
etwas geht aus etwas hervor
(aus etwas) hinausgehen
(aus etwas) hinauslaufen

etwas aus etwas holen
etwas (*von etwas*/irgendwohin)
kehren
etwas (aus etwas) kneten
etwas *aus/von etwas* kratzen
etwas (*von/aus* etwas) lösen
sich (*Dat*) nichts/nicht viel aus j-
m/etwas machen
etwas *aus/von* etwas reiben
etwas (aus etwas) saugen
aus etwas scheiden
etwas (aus etwas) schließen
in etwas (*Akk*)/*aus* etwas schlüpfen
etwas (aus etwas) streichen
j-n *von/aus* etwas weisen
etwas (aus etwas) zaubern
j-n/etwas *in* etwas (*Akk*)/*aus* etwas
zerren
etwas (*aus/von* etwas) ziehen
(**von/aus** etwas) (**zu** j-m/nach etwas)
zurückkehren
sich (*von/aus* etwas) zurückziehen
etwas setzt sich aus j-m/etwas
zusammen

Nomen + geb. Attribute
Ausbruch (aus etwas)
Gemisch (+ *Gen/aus, von* etwas)
Mischung (*aus/von* etwas)
Verbindung (*aus* etwas und
etwas/*von* etwas *mit* etwas)
aus j-m/etwas nicht schlau werden
außer + Dat.:   0
außerhalb + Gen.:   0
bei + Dat.:
Verben + Aktanten
etwas (bei j-m) abgeben
(bei j-m/etwas) anfragen
j-d/etwas kommt (bei j-m) an
j-n/sich/etwas (bei j-m) anmelden
sich (**bei** j-m) (**mit** etwas) anstecken
(sich (*Dat*)) etwas (bei j-m) ausleihen
sich (**bei** j-m) (**für** etwas) bedanken
sich (*bei/mit* etwas) beeilen
j-n (*bei* etwas/*in* etwas (*Dat*))
beeinflussen
sich (**bei** j-m) (**über** j-n/etwas)
beklagen

j-n (*bei/in* etwas (*Dat*)) beraten
sich (**bei** j-m) (**über** j-n/etwas)
beschweren
etwas (bei j-m/etwas) bestellen
(*bei* etwas/*in* etwas (Dat)) durchfallen
(bei j-m) mit etwas durchkommen
etwas (bei j-m) einholen
etwas reißt (bei j-m) ein
bei j-m/etwas, *in* etwas (*Akk*)
einsteigen
sich (**bei** j-m) (**für** etwas)
entschuldigen
sich (*bei* etwas/*mit* etwas) entspannen
etwas (bei j-m) erreichen
j-n (bei etwas) erwischen
(bei j-m) ins Fettnäpfchen treten
j-n bei der Hand nehmen
etwas hindert (j-n) bei etwas
etwas keimt (*in/bei* j-m)
etwas liegt bei j-m
j-n/etwas (j-m/bei j-m) melden
etwas (*Akk*)/*bei* etwas/*an* etwas
mitmachen
etwas spielt (bei j-m/etwas) mit
(bei etwas) mogeln
j-m (bei etwas) nützlich sein, sich
(bei j-m/etwas) nützlich machen
bei etwas profitieren
etwas regt sich (bei j-m)
sich (**bei** j-m) (**für** etwas)
revanchieren
j-d ist (gerade) *bei/am* +
substantiviertem Infinitiv
etwas steht bei j-m
(*bei/in* etwas (*Dat*)) stocken
(j-n) (bei etwas) stören
etwas bei sich tragen
j-n (bei etwas) überraschen
j-n (bei etwas) unterstützen
(etwas) (*an/mit* etwas (*Dat*))
verdienen
(etwas) (bei etwas) verlieren
etwas *bei/in* etwas (*Dat*) verwenden
(bei j-m) vorbeikommen
sich (*bei* j-m/*irgendwo*) vorstellen
(j-m) bei etwas zuschauen
(j-m) bei etwas zusehen

Nomen + geb. Attribute
(bei j-m) beliebt, unbeliebt
dicht *an/hinter* etwas/*bei* etwas (*Dat*)
nahe (*bei/an* j-m/etwas)
sich *bei* j-m/etwas unwohl' fühlen
j-m ist nicht (ganz) wohl bei etwas

(Aber: **beim** + Dat.:   0)

bezüglich + Gen.:   0

bis + Akk.:
Verben + Aktanten (selten)
etwas erstreckt sich (**von** etwas) **bis**
zu etwas
j-d / etwas reicht bis + *Präp* + *Subst*

dank + Dat.; auch Gen.: 0

durch + Akk.:
Verben + Aktanten
sich durch etwas auszeichnen
j-n (*durch/mit* etwas) belasten
etwas (*durch/mit* etwas belegen)
j-n (*durch/mit* etwas) beleidigen
j-d/etwas besticht durch etwas
etwas (durch etwas) durchdrehen
(durch etwas) durchfahren
(durch etwas) durchfallen
(durch etwas) durchgehen
etwas geht durch bis ... (= Ort/Zeit)
(durch etwas) durchgreifen
(durch etwas) durchkommen
etwas (*durch* j-n/*von* j-m) (**über** j-
n/etwas) erfahren
j-n *mit* etwas/*durch* etwas erfreuen
etwas (durch etwas) ergänzen
(j-m) (durch etwas) etwas erschweren
etwas (durch j-n/etwas) ersetzen
etwas (*durch/mit* etwas) finanzieren
durch etwas kommen
etwas leidet unter etwas (*Dat*)/durch
etwas
etwas (*mit/durch* etwas) markieren
(*irgendwohin/durch* etwas) stapfen
durch etwas streifen
etwas *auf* etwas (*Akk*)/*durch* etwas
stützen

j-n (*durch/mit* etwas) täuschen
(eine Zahl durch eine Zahl) teilen
etwas *durch/in* etwas (*Akk*) treiben
j-d/etwas unterscheidet sich (***durch***
etwas/in etwas (*Dat*)) **von** j-m/etwas
etwas **durch etwas** (**zu** etwas)
verbinden
sich durch etwas verraten
sich durch etwas wühlen

Nomen + geb. Attribute (selten)
Durchbruch (durch etwas)
quer *durch/über* etwas

entgegen + Dat.:   0

entlang + Dat., auch Gen. und Akk.:
0

entsprechend + Dat.:   0

für + Akk.:
Verben + Aktanten
sich anbieten (für etwas)
j-n (*als* etwas) (*für* etwas) aufstellen
sich *für/als* etwas ausgeben
etwas für j-n auslegen
etwas (*für/zu* etwas) ausnutzen
sich für j-n/etwas aussprechen
(j-n/etwas (für j-n/etwas) aussuchen
(j-n/etwas (für j-n/etwas)) auswählen
sich (**bei** j-m) (**für** etwas) bedanken
sich für j-n/etwas begeistern
sich (irgendwie) für etwas eignen
j-n (**für** etwas) (**mit** etwas) belohnen
etwas (*für/zu* etwas) benutzen
etwas für j-n/etwas bestimmen
j-n (*für/wegen* etwas) bestrafen
(***für j-n/um etwas***) (**zu** j-m) beten
j-n (für etwas) bezahlen
j-n (*für j-n/zu etwas*) brauchen
(etwas (für j-n)) buchen
für etwas büßen (müssen)
j-m (für etwas) danken
für j-n da sein
etwas nimmt j-n *für/gegen* j-n/etwas
ein

sich/etwas (für j-n/etwas) einsetzen
j-n (*zu/für* etwas) einteilen
für j-n/etwas eintreten
sich (für j-n/etwas) entscheiden
sich (**bei** j-m) (*für* etwas)
entschuldigen
j-n/etwas für etwas erklären
sich/etwas (für etwas) fertig machen
etwas (*für* etwas/*auf* etwas) festsetzen
für/um j-n/etwas fürchten
für etwas garantieren
(j-m) etwas für etwas geben
etwas gilt für j-n/etwas
etwas genügt (j-m) (*für/zu* etwas)
j-n für etwas gewinnen
gut (für j-n) sein
für etwas haften
j-n/sich/etwas für etwas halten
j-n für etwas interessieren
sich für etwas interessieren
für, um, gegen j-n/etwas kämpfen
j-n/etwas (für etwas) loben
sich *zu/für* etwas melden
etwas (für etwas) mitbringen
(für etwas) nehmen
sich (für etwas) qualifizieren
sich (**an** j-m) (**für** etwas) rächen
etwas reicht (für j-n/etwas)
(j-m/für j-n) etwas reservieren
sich (**an** j-m) (**für** etwas)
revanchieren
sich (**bei** j-m) (**für/mit** etwas)
revanchieren
etwas (für j-n/etwas) richten
sich (für etwas) schämen
für j-n/etwas schwärmen
für/gegen etwas sein
für j-n sorgen
für etwas sorgen
auf etwas (*Akk*)/*für* etwas sparen
etwas spricht *für/gegen* j-n/etwas
j-d/etwas steht für etwas
etwas (für etwas) stiften
(*für/gegen* j-n/etwas) stimmen
j-n (*für/wegen* etwas) strafen
(für etwas) streiken
für/gegen etwas streiten
taugen (*für/zu* etwas)

etwas (*für/gegen* j-n/etwas) tun
sich (**für** etwas) (**vor** j-m)
verantworten
etwas (für etwas) verlangen
etwas (*für/zu* etwas) verwenden
j-n (*für/als* etwas) vorschlagen
j-n (für j-n/etwas) werben
(für etwas) werben
(j-m) etwas (für etwas) zahlen
<eine Behörde> lässt j-n (*zu etwas*)
zu
(für etwas) zusammenlegen

Nomen + geb. Attribute
Anleitung (für etwas)
Anregung (für etwas)
Argument (für j-n/etwas)
Basis (für etwas)
Begabung (*für/zu* etwas)
Begründung (für etwas)
Beispiel (für etwas)
Beitrag (für/zu etwas)
Beweis (für etwas)
Bezeichnung (für j-n/etwas)
Botschaft (**für** j-n) (**von** j-m)
Dank (für etwas)
Experte (*für* etwas/*in* etwas (*Dat*))
Fachmann (für etwas)
Fluch (für j-n/etwas)
Frist (**von** + Zeitangabe) (**für** etwas)
Garantie (für etwas)
Gefühl (für etwas)
Genehmigung (*für/zu* etwas)
Geschenk (**von** j-m) (**für** j-n)
Hindernis (für j-n/etwas)
Hinweis *für/auf* etwas (*Akk*)
Hürde (für etwas)
Initiative (*für/gegen* etwas)
Interessent (für etwas)
Kampf (*für, gegen* j-n/etwas)
Kandidat (für etwas)
Konzept (für etwas)
Kosten (für etwas)
Kriterium (für etwas)
j-s Leidenschaft (*zu* j-m/*für* j-n)
j-s Leidenschaft (für etwas)
Lizenz (für etwas)
Lohn (für etwas)

Markt (für etwas)
Meldung (*für/zu* etwas)
Mittel (*für/gegen* etwas)
Motiv (für etwas)
Muster (für etwas)
Mut (*für/zu* etwas)
Nachricht (**von** j-m) (*an/für* j-n)
eine Nase für etwas
Patent (für etwas)
Platz (für j-n/etwas)
Preis (für etwas)
Rahmen (für etwas)
Rache (**an** j-m) (**für** etwas)
Rechnung (**für** j-n) (**über** etwas
(*Akk*)) Reklame (für etwas)
Risiko (für j-n)
Saison (für j-n/etwas)
Schock (für j-n)
Schuld (*an* etwas (*Dat*)/*für* etwas)
Segen (für j-n/etwas)
Signal (für etwas)
Sinn (für etwas)
Spezialist (für etwas)
Sorge (für j-n)
Stelle (für j-n/etwas)
(*für/gegen* j-n/etwas) Stellung
nehmen Streik (für etwas)
Symbol (für etwas)
Synonym (*für, von* etwas)
Talent (*für/zu* etwas)
Ursache (+*Gen*/für etwas)
Verantwortung (für j-n/etwas)
Verständnis (für j-n/etwas)
Vertreter (für etwas)
Voraussetzung (für etwas)
Vorbild (für j-n)
Vorliebe (für j-n/etwas (*meist Pl*))
Zeit (für j-n/etwas)
Zeitpunkt (für etwas)
Zuneigung (*zu* j-m/*für* j-n)
Zuschuss (*für/zu* etwas)

erforderlich (für etwas)
etwas ist ausschlaggebend (für etwas)
bezeichnend (für j-n/etwas)
charakteristisch (für j-n/etwas)
(j-m) (für etwas) dankbar
gefährlich (für j-n/etwas)

günstig (für j-n/etwas)
hart (für j-n)
j-d/etwas kommt (für j-n/etwas) in
Frage
nötig *für* j-n/etwas; nötig *zu* etwas
recht (für j-n/etwas)
(für etwas) reif sein
relevant (für j-n/etwas)
j-d/etwas ist für j-n/etwas zu schade
schädlich (für j-n/etwas)
schlecht (für j-n/etwas)
speziell (für j-n/etwas)
typisch (für j-n/etwas)
unbegabt (für etwas)
(j-m/für j-n) unbegreiflich
(*für/zu* etwas) ungeeignet
etwas für ungültig erklären
ungünstig (für j-n/etwas)
untauglich (für etwas)
für j-n/etwas verantwortlich
j-d/etwas ist (für j-m/etwas)
verantwortlich
wertlos (für j-n)
etwas ist wichtig (für j-n/etwas)
(für j-n/etwas) zuständig

gegen + Akk.:
Verben + Aktanten
sich gegen j-n/etwas aussprechen
j-d greift (gegen j-n) durch
etwas (gegen j-n) durchsetzen
etwas (gegen etwas) einlegen
etwas nimmt j-n *für/gegen* j-n/etwas
ein
gegen j-n ermitteln
(et)was gegen j-n/etwas haben
(gegen j-n/etwas) hetzen
(j-n) (gegen etwas) impfen
(*gegen* j-n/*mit* j-m) kämpfen
für, um, gegen j-n/etwas kämpfen
(**gegen** j-n/etwas) (**auf** etwas (*Akk*))
klagen
an /auf etwas (*Akk*)/*gegen* etwas
klopfen
etwas/sich *an/gegen* etwas (*Akk*)
lehnen
(gegen j-n/etwas) protestieren
(gegen j-n/etwas) rebellieren

j-n/etwas (gegen j-n/etwas) schützen
für/gegen etwas sein
etwas (gegen etwas) sichern
(*gegen, über* j-n/etwas) siegen
sich gegen etwas sperren
(gegen j-n) (+ *Resultat*) spielen
etwas spricht *für/gegen* j-n/etwas
sich gegen etwas stemmen
(*für/gegen* j-n/etwas) stimmen
sich (gegen etwas) sträuben
für/gegen etwas streiten
etwas (*für/gegen* j-n/etwas) tun
etwas (*gegen/in* etwas (*Akk*))
umtauschen
<Personen; Staaten> verbünden sich
(gegen j-n/etwas)
j-d verbündet sich **mit** j-m (**gegen**
j-n)
das Gericht verhandelt gegen j-n
j-n/sich/etwas (gegen etwas)
versichern
gegen etwas verstoßen
j-n/etwas (gegen j-n/etwas)
verteidigen
sich (gegen j-n/etwas) wehren

Nomen + geb. Attribute
Allergie (gegen etwas)
Angriff (gegen j-n/etwas)
Argument (gegen j-n/etwas)
Attentat (gegen/auf j-n)
Bedenken (gegen j-n/etwas)
Beschwerde (*gegen* j-n/*über* j-n/etwas)
Fluch (gegen j-n)
Gewalt (gegen j-n/etwas)
Hetze (gegen j-n/etwas)
Initiative (*für/gegen* etwas)
Kampf (*gegen* j-n/*mit* j-m)
Kampf (*für, um, gegen* j-n/etwas)
Klage (**auf** etwas (*Akk*)) (**gegen** j-n/etwas)
Krieg (gegen j-n/mit j-m)
Maßnahme (*zu/gegen* etwas)
Misstrauen (gegen j-n /etwas)
Mittel (*für / gegen* etwas)
Protest (gegen j-n/etwas)

Schutz (*gegen* j-n/etwas; *vor* j-m/etwas)
Stellung (gegen/für j-n/etwas) nehmen
Verdacht (gegen j-n)
Versicherung (gegen etwas)
Vorurteil (gegen j-n/etwas)
Vorwurf (gegen j-n/etwas)
Widerstand gegen j-n/etwas
barmherzig (gegen j-n)
empfindlich gegen etwas
gütig (*gegenüber* j-m/*zu* j-m/*gegen* j-n)
immun gegen etwas (sein)
misstrauisch (gegen j-n/etwas)
tolerant (gegen j-n/etwas)
(gegen j-n/etwas) voreingenommen

gegenüber + Dat.:
Verben + Aktanten (selten)
j-n (gegenüber j-m) benachteiligen
(gegenüber j-m) auf etwas (*Dat*)
bestehen
(gegenüber j-m) auf etwas (*Dat*)
bestehen

Nomen + geb. Attribute
Ekel (*vor/gegenüber* j-m/etwas)
(j-m gegenüber) im Nachteil sein
Ohnmacht (gegenüber j-m/etwas)
Verfahren (gegen j-n/etwas)

(j-m gegenüber) gehorsam
grausam (*zu/gegenüber* j-m)
gütig (*gegenüber* j-m/*zu* j-m)
tolerant (gegenüber j-m/etwas)
(j-m (*gegenüber*)) (*für* j-n)
verantwortlich
(j-m/etwas gegenüber)
voreingenommen

gemäß + Dat.:   0

gleich + Dat.:   0

hinsichtlich + Gen.: 0

hinter + Dat.; aber + Akk.: Richtung,
Ziel:

Verben + Aktanten
j-d hat etwas *hinter* sich (*Dat*)/*vor*
sich (*Dat*)
j-n/etwas hinter sich (*Dat*) herziehen
hinter etwas (Akk) kommen
j-d/etwas steckt hinter etwas (*Dat*)
(voll) hinter j-m stehen
sich hinter j-n stellen
am/hinter dem Steuer sitzen
(hinter j-m) zurückliegen

Nomen + geb. Attribute (selten)
dicht *an/hinter* etwas/*bei* etwas (*Dat*)
kurz *vor/hinter/nach + Subst*

in + Dat.; aber + Akk.: Ziel,
Richtung:
Verben + Aktanten
etwas (in etwas (*Akk*)) abfüllen
j-d/etwas (in etwas (Dat)) ähneln
j-d geht in etwas (*Dat*) auf
etwas (in etwas (*Dat*)) auflösen
j-n (in etwas (*Akk*)) aufnehmen
sich in etwas (Dat.) äußern
j-n (*in* etwas (*Dat*)/*bei* etwas)
beeinflussen
sich in etwas (*Dat*) befinden
etwas (*in/mit* etwas(*Dat*))
(irgendwohin) befördern
j-n (*in/bei* etwas (*Dat*)) beraten
j-n (in etwas (*Dat*)) bestärken
etwas besteht in etwas (*Dat*)
in/um etwas (*Akk*) biegen
in etwas (*Dat*) blättern
in etwas (*Dat*) bleiben
(*bei* etwas/*in* etwas (*Dat*))
durchfallen
j-n/etwas in etwas (*Akk*) (mit)
einbeziehen
in etwas (*Akk*) einbrechen
(in etwas (*Dat/Akk*)) einbrechen
etwas dringt (in etwas (*Akk*)) ein
in etwas (*Akk*) eindringen
in etwas (*Akk*) einfallen
etwas (in etwas (*Akk*)) einfügen
etwas fügt sich irgendwie (in etwas
(*Akk*)) ein
j-n in etwas (*Akk*) einführen
(in etwas) eingreifen

etwas (in etwas (*Akk*)) einladen
etwas (in etwas (*Akk*)) einlassen
etwas (in etwas (*Akk*)) einlegen
etwas in etwas (*Akk*) einleiten
sich in etwas (*Akk*) einmischen
etwas (in etwas (*Akk*)) einordnen
sich (in etwas (*Akk*)) einordnen
etwas (in etwas (*Akk*)) einpacken
etwas (in etwas (*Akk*)) einschlagen
j-n/etwas (in etwas) einschließen
etwas (in etwas (*Akk*)) einsetzen
j-n/sich (in etwas (*Dat/Akk*))
einsperren
etwas (in etwas (*Akk*)) einstecken
(in etwas (*Akk*)) einsteigen
etwas (in etwas (*Dat/Akk*)) einstellen
j-n/etwas (in etwas (*Akk*)) einteilen
j-n/etwas (*in/auf* etwas) eintragen
(in etwas (*Akk*)) eintreten
etwas (in etwas (*Akk*)) einwerfen
etwas (in etwas (*Akk*)) einwickeln
j-d/etwas zieht (in etwas (*Akk*)) ein
etwas ist in etwas (*Dat*) enthalten
etwas erwacht (in j-m)
j-d fällt (im Krieg)
j-d fällt in etwas (*Akk*)
etwas irgendwie/in etwas (*Akk*)
fassen
sich (in etwas (*Dat*)) fortbilden
etwas frisst *an* etwas/*in* j-m (*Dat*)
etwas fügt sich in etwas (*Akk*)
etwas *zu* etwas/*in* etwas (*Akk*) geben
in etwas (*Akk*) geraten
j-m/etwas (in etwas (*Dat*)) gleichen
etwas (in etwas (*Akk*)) gliedern
j-d/etwas hat es in sich (Dat)
etwas in etwas (*Akk*) hauen
(in etwas (*Akk*)) hereinkommen
(in etwas (*Akk*)) hineingehen
etwas geht in etwas (*Akk*) hinein
sich in j-n/etwas hineinversetzen
j-n/etwas in etwas (*Akk*) hüllen
(etwas) (in j-n/etwas) investieren
sich (*mit/in* etwas (*Dat*)) irren
sich in j-m irren
etwas keimt (*in/bei* j-m)
sich (*Dat*) etwas (in etwas (*Dat*))
klemmen

j-n (in etwas (*Akk*)) kneifen
etwas in etwas (*Akk*) kratzen
sich in etwas (*Akk*) kuscheln
etwas (in etwas (*Dat*)) lösen
sich in etwas (*Akk*) mischen
etwas mündet in etwas (*Akk*)
etwas (in etwas (*Akk*)) packen
etwas (*auf/in* etwas (*Akk*)) prägen
etwas (in etwas (*Akk*)) reißen
in etwas (*Akk*) rennen
sich in etwas (*Akk*) schicken
in etwas (*Akk*) schlüpfen; *aus* etwas
schlüpfen
etwas (in etwas (*Akk*)) schneiden
sich (in etwas (*Akk*)) schneiden
(in etwas (*Dat*)) schnüffeln
etwas in etwas (*Dat*) schwenken
in etwas (*Dat*) schwimmen
etwas in j-m sehen
sich in etwas (*Dat*) sonnen
etwas in etwas (*Akk*) spannen
etwas in etwas (*Akk*) stecken
etwas steckt in j-m
etwas steckt in etwas (*Dat*)
(*bei/in* etwas (*Dat*)) stocken
etwas in etwas (*Akk*) stopfen
(j-m) etwas in etwas (*Akk*) stoßen
j-m Salz auf/in die Wunde streuen
j-n in etwas (*Akk*) stürzen
sich in etwas (*Akk*) stürzen
etwas *auf/in* etwas (*Akk*) stützen
etwas in etwas (*Akk*) tauchen
sich in j-m täuschen
etwas (in etwas (*Akk*)) teilen
j-n (in etwas (*Dat*)) trainieren
etwas *durch/in* etwas (*Akk*) treiben
j-d/etwas treibt j-n *zu* etwas/*in* etwas
(*Akk*)
j-d tritt in etwas (*Akk*)
mit j-m (**in** etwas (*Dat*))
übereinstimmen
etwas geht in etwas (*Akk*) über
etwas schlägt in etwas (*Akk*) über
etwas *auf / in* etwas (*Akk*) übertragen
etwas in etwas (*Akk*) übertragen
etwas (in etwas (*Akk*)) umrechnen
etwas in etwas (*Akk*) umsetzen
etwas (in die Praxis) umsetzen

etwas (*gegen/in* etwas (*Akk*))
umtauschen
etwas (in etwas (*Akk*)) umtauschen
etwas (in etwas (*Akk*)) umwechseln
(irgendwo) *in/zur* Untermiete
wohnen
j-n (in etwas (*Dat*)) unterrichten
j-d/etwas unterscheidet sich (*durch*
etwas/in etwas (*Dat*)) von j-m/etwas
in etwas verfallen
sich (in j-n) verlieben
sich in etwas (*Dat*) verlieren
etwas (in etwas (*Akk*)) verpacken
sich in j-n/etwas versetzen
sich *in/an* etwas (*Dat*) versuchen
j-d/etwas verunsichert j-n (in etwas
(*Dat*))
j-d/etwas verwandelt j-n/etwas in
etwas (*Akk*)
sich in etwas (*Akk*) verwandeln
etwas verwandelt sich in etwas (*Akk*)
etwas *bei/in* etwas (*Dat*) verwenden
etwas (in etwas (*Akk*)) wechseln
etwas in etwas (*Akk*) wickeln
j-n in etwas (*Akk*) wickeln
j-d/ein Tier wühlt in etwas (*Dat*)
j-n/etwas *in* etwas (*Akk*)/*aus* etwas
zerren
etwas (*in/zu* etwas) zusammenfassen

Nomen + geb. Attribute
Einblick (in etwas (*Akk*))
ein Eingriff (in etwas (*Akk*))
Einsicht (in etwas (*Akk*))
Nachhilfe (in etwas (*Dat*))
Niederschlag in etwas (*Dat)*
Routine (in etwas (*Dat*))
Stich ins + *Farbe*
Übergang (*von* etwas *zu*/**in** etwas
(*Akk*))
Übung (in etwas (*Dat*))
Umschlag (in etwas (*Akk*))
Unterricht (in etwas (*Dat*))
Vertrauen (*zu* j-m/*in* j-n/etwas)

in etwas (*Dat/Akk*) Eingang finden
j-d ist (in etwas (*Dat*)) fortgeschritten
(in etwas (*Dat*)) inbegriffen (sein)

mitten in etwas (*Dat*)
perfekt (in etwas (*Dat*))
(j-m) (*an/in* etwas (*Dat*)) überlegen
(in etwas (*Dat*)) uneinig

inklusive + Gen.:   0

innerhalb + Gen.: 0

innert + Dat.:   0

jenseits + Gen.:   0

längs + Gen.:   0

laut + Dat./Gen.:   0

links + Gen.:   0

mangels + Gen.:   0

mit + Dat.:
Verben + Aktanten
etwas (mit etwas) abdecken
sich mit j-m/etwas abfinden
sich abwechseln **mit** j-m (**bei** etwas)
(mit etwas) anfangen
sich (mit j-m) anfreunden
(mit etwas) angeben
j-n (mit etwas) anstecken
sich (**bei** j-m) (**mit** etwas) anstecken
j-d stößt **mit** j-m (**auf** j-n/etwas) an
(mit etwas) aufhören
mit etwas aufräumen
(etwas) (mit etwas) aufschließen
etwas (mit etwas) aufsperren
sich (**mit** etwas) (**auf** j-n/etwas)
aufstützen
sich (mit etwas) auskennen
etwas (mit etwas) auslegen
sich mit j-m aussprechen
j-n/etwas (mit etwas) auszeichnen
j-n (mit etwas) beauftragen
j-n/etwas (mit etwas) bedecken
j-n (mit etwas) bedrohen
sich (*mit/bei* etwas) beeilen
sich mit j-m/etwas befassen
j-n/etwas (*mit/in* etwas(*Dat*))
(**irgendwohin**) befördern
etwas (mit etwas) begründen
etwas mit etwas behandeln

j-n (*mit/durch* etwas) belasten
etwas (mit etwas) belegen
j-n (*mit/durch* etwas) beleidigen
etwas (mit etwas) beleuchten
j-n (**für** etwas) (**mit** etwas) belohnen
j-d berät etwas (mit j-m)
sich mit j-m beschäftigen
sich (mit etwas) beschäftigen
etwas (mit etwas) beschließen
etwas (mit j-m) besprechen
j-n (mit etwas) bestechen
etwas (mit etwas) bezeichnen
etwas (mit etwas) beziehen
j-n/etwas (**mit** etwas) **an** etwas (*Akk*)
binden
(mit etwas) davonkommen
sich mit etwas decken
(mit etwas) *auf* j-n/etwas,
irgendwohin deuten
(j-m) (mit etwas) drohen
(**bei** j-m) **mit** etwas durchkommen
j-n (**mit** etwas) (**für** etwas) ehren
etwas (mit j-m) eingehen
sich (**mit** j-m) (**auf/über** etwas (*Akk*))
einigen
sich mit j-m einlassen
etwas mit etwas einleiten
j-n (mit etwas) entlasten
sich (*bei* etwas/*mit* etwas) entspannen
j-n mit *etwas/durch* etwas erfreuen
etwas erfüllt etwas/j-n (mit etwas)
j-n/ein Tier (mit etwas) ernähren
j-n/sich (*mit/von* etwas) ernähren
etwas (mit etwas) eröffnen
j-n (mit etwas) erpressen
j-n (mit etwas) erschlagen
(*mit/an* einem Tier/etwas)
experimentieren
j-n/etwas (**mit** etwas) **irgendwohin**
fahren
mit etwas (irgendwohin) fahren
j-n/etwas (mit etwas) (irgendwo)
festhalten
(mit j-m) flirten
mit etwas fortfahren
etwas (mit etwas) füllen
etwas füllt sich (mit
<Personen>/etwas)

j-n/ein Tier (mit etwas) füttern
mit j-m gehen
etwas geschieht (mit j-m/etwas)
mit etwas handeln
(**mit** j-m) (**um** etwas) handeln
sich (mit etwas) hart tun
j-n/etwas mit etwas identifizieren
sich mit etwas identifizieren
sich (*mit/in* etwas (*Dat*)) irren
(mit etwas) jonglieren
(*gegen* j-n/*mit* j-m) kämpfen
(mit sich) kämpfen
j-d klappert mit etwas
mit etwas knallen
mit den Zähnen knirschen
mit j-m knutschen
etwas kollidiert mit etwas
etwas mit etwas kombinieren
mit etwas kreisen
etwas mit etwas krönen
(**mit** etwas) **auf** j-n losgehen
((etwas) mit etwas) malnehmen
etwas (*mit/durch* etwas) markieren
etwas (mit etwas) meinen
etwas (mit etwas) mischen
(etwas mit etwas) multiplizieren
etwas (mit etwas) öffnen
etwas passiert mit j-m
j-n (mit etwas) plagen
sich (mit etwas) plagen
(**mit** j-m) (*über* j-n/etwas) plaudern
(mit etwas) prahlen
es pressiert (j-m) (mit etwas)
j-n (mit etwas) quälen
j-d rauft (**um** etwas) (**mit** j-m)
mit j-m/etwas rechnen
(mit etwas) rechnen
etwas (mit etwas) rechtfertigen
sich (mit etwas) rechtfertigen
(**mit** j-m) (*über* j-n/etwas) reden
etwas reimt sich (*auf/mit* etwas)
sich (**bei** j-m) (**für** etwas)
revanchieren
(mit j-m) ringen
(**mit** etwas) (**auf** j-n/etwas) schießen
mit j-m schimpfen
mit j-m schlafen
(mit etwas) irgendwohin schlagen

j-d schlägt sich mit j-m
j-d schließt einen Vertrag mit j-m
(mit etwas) Schluss machen
(mit j-m) schwatzen
Gott segnet j-n mit etwas
an etwas (*Dat*)/*mit* etwas sparen
(mit etwas) spekulieren
mit j-m/etwas spielen
mit j-m (**über** j-n/etwas) sprechen
sich (mit etwas) stärken
mit j-m stimmt etwas nicht
mit etwas stimmt etwas nicht
(sich) **mit** j-m (**über** etwas (*Akk*))
streiten
(etwas) (mit j-m) tanzen
j-n (*durch/mit* etwas) täuschen
(sich (*Dat*)) etwas mit j-m teilen
(mit j-m) telefonieren
sich mit etwas tragen
eine Abmachung (mit j-m) treffen
eine Absprache (mit j-m) treffen
j-d trifft sich mit j-m
Handel (mit etwas) treiben
Missbrauch (mit j-m/etwas) treiben
mit j-m (**in** etwas (*Dat*))
übereinstimmen
etwas stimmt mit etwas überein
j-n mit etwas überfallen
etwas überschneidet sich mit etwas
mit etwas übertreiben
etwas mit etwas umgeben
mit j-m/etwas irgendwie umgehen
j-d unterhält sich **mit** j-m (**über** j-n/etwas)
sich **mit** j-m (**über** j-n/etwas) unterhalten
(mit j-m) etwas verabreden
sich (mit j-m) verabreden
etwas *mit* etwas (**zu** etwas) verbinden
etwas mit etwas verbinden
(j-n (mit j-m)) verbinden
etwas verbindet sich **mit** etwas (**zu** etwas)
(j-n) (mit etwas) verblüffen
j-d/etwas verbündet sich **mit** j-m/etwas (**gegen** j-n)
sich (*Dat*) (mit etwas) den Magen verderben

es (sich (*Dat*)) mit j-m verderben
(etwas) (*an/mit* etwas (*Dat*))
verdienen
j-d vereinbart etwas mit j-m
etwas (mit etwas) verfolgen
j-n/etwas mit j-m/etwas vergleichen
j-d vergleicht sich mit j-m
(**mit** j-m) (**über** etwas (*Akk*))
verhandeln
etwas (mit etwas) verkleiden
sich (mit etwas) verrechnen
j-n mit etwas verschonen
etwas mit etwas versetzen
etwas verseucht etwas (mit etwas)
j-d versöhnt sich mit j-m
j-n mit j-m versöhnen
j-n/etwas (mit etwas) versorgen
j-d versteht sich (irgendwie) mit j-m
es mit etwas versuchen
j-d verträgt sich mit j-m
j-d verträgt sich wieder mit j-m
sich (*Dat*) die Zeit (mit etwas)
vertreiben
j-n/etwas mit j-m/etwas verwechseln
etwas mit etwas verwechseln
(mit j-m) vögeln
mit etwas (**auf** j-n) warten
(mit etwas) weitermachen
(**mit** j-m) (etwas/**um** etwas) wetten
etwas (mit etwas) wiedergeben
(j-m) (mit etwas) winken
(etwas) (mit etwas) würzen
(sich) **mit** j-m (**um/über** etwas (*Akk*))
zanken
(mit etwas) zögern
sich (mit etwas) zurückhalten
mit j-m (**an** etwas (*Dat*))
zusammenarbeiten
j-n mit j-m zusammenbringen
sich mit j-m zusammensetzen
mit j-m/etwas zusammenstoßen

Nomen + geb. Attribute
Arbeit (mit j-m/etwas)
Auseinandersetzung (mit j-m)
Beziehungen (*mit/zu* j-m/etwas)
Gespräch (*mit* j-m/*zwischen* j-m (*Pl*))
(**über** etwas (*Akk*))

Handel (mit etwas)
Kampf (*gegen* j-n/*mit* j-m)
Streit (**mit** j-m) (**um/über** etwas
(*Akk*))
Umgang (mit j-m)
Verbindung (**mit** j-m/etwas) (**zu**
etwas)
Verbindung (*mit* j-m/*nach + Ort*)
Verbindung (aus etwas und
etwas/**von** etwas **mit** etwas)
in Verbindung mit
Vergleich (*mit* j-m/etwas; *zwischen*
(*Dat. Pl.*))
Versuch (*an/mit* j-m/etwas)
mit j-m/etwas geht es aufwärts
barmherzig (mit j-m)
(mit j-m) böse sein
(mit j-m) eins sein
(mit etwas) einverstanden sein
j-m ist mit etwas Ernst
(mit j-m/etwas) einen Fehlgriff tun
j-d/etwas hat etwas mit j-m/etwas
gemein
etwas mit j-m/etwas gemeinsam
haben
es mit etwas sehr genau nehmen
auf gleicher Höhe (mit j-m/etwas)
Interview **mit** j-m (**zu** etwas)
Koalition (*mit* <einer
Partei>/*zwischen*
<einer Partei> und <einer Partei
o.ä.>)
Kommunikation (*mit* j-m/*zwischen* j-
m (*Dat. Pl.*))
Kompromiss (**mit** j-m) (**über** etwas
(*Akk*))
Konkurrenz (**mit** j-m)
Kontakt (*mit/zu* j-m/etwas)
Krach (mit j-m)
Krieg (*gegen* j-n/*mit* j-m)
Kummer (mit j-m/etwas)
(mit j-m) per du, per Sie sein
Rendezvous (mit j-m)
Verhältnis (mit j-m)
(mit j-m) verheiratet
(mit j-m) verlobt
mit etwas vertraut sein
j-n/sich mit etwas vertraut machen

zufrieden (*mit* j-m/etwas/*über* etwas (*Akk*))
Zusammenhang (mit etwas)

mithilfe + Gen.:   0
mitsamt + Dat.:   0

nach + Dat.:
Verben + Aktanten
etwas sieht nach etwas aus
j-n/etwas irgendwie (nach etwas) beurteilen
(nach etwas) bohren
sich nach etwas drängen
nach etwas duften
etwas/j-n (nach etwas) durchsuchen
sich nach j-m/etwas erkundigen
nach j-m/etwas fahnden
nach j-m/etwas forschen
nach j-m/etwas fragen
nach j-m/etwas greifen
j-d geht/kommt nach Hause
j-d/etwas richtet sich nach j-m/etwas
(nach etwas) riechen
nach j-m/etwas rufen
nach etwas schauen
(j-n) nach j-m/etwas schicken
etwas schmeckt nach etwas
nach j-m/etwas schreien
nach j-m sehen
j-m ist nicht nach etwas
etwas stinkt nach etwas
nach j-m/etwas suchen
(nach etwas) tasten
nach etwas tauchen
sich (nach j-m/etwas) umdrehen
sich (nach etwas) umsehen
sich nach j-m umsehen
sich (nach etwas) umtun
nach j-m verlangen
nach etwas verlangen
irgendwo (nach etwas) wühlen
etwas zieht etwas nach sich
(*von/aus* etwas) (*zu* j-m/*nach* etwas) zurückkehren

Nomen + geb. Attribute
dem/allem Anschein nach

Bedürfnis (nach etwas)
Drang (nach etwas)
Frage (nach j-m/etwas)
Gier (nach etwas)
Nachfrage (nach etwas)
Ruf (nach etwas)
Suche (nach j-m/etwas)
Sucht (nach etwas)
Verbindung (*mit* j-m/*nach* + *Ort*)
Viertel nach + *Uhrzeit*
Wunsch (nach etwas)

frei (nach j-m/etwas)
gierig (*auf* etwas (*Akk*)/*nach* etwas)
kurz *vor/hinter/nach* + *Subst*
süchtig (nach etwas)
auf etwas (*Akk*)/*nach* etwas verrückt sein
auf j-n/*nach* j-m verrückt sein

nahe + Dat.:   0

neben + Dat.; aber + Akk.: Richtung, Ziel: 0

oberhalb + Gen.: 0

ohne + Akk.:   0

per + Akk.:   0

plus + Gen.:   0

pro + Akk.:   0

rechts + Gen.:   0

samt + Dat.:   0

seit + Dat.:   0

statt + Gen.:   0

trotz + Gen.:   0

über + Akk.; nur selten (2x) + Dat.:
Verben + Aktanten
abstimmen (über j-n/etwas)
sich über j-n/etwas amüsieren

sich (über j-n/etwas) ärgern
sich (über j-n/etwas) aufregen
sich (**bei** j-m) (**über** j-n/etwas) beklagen
sich (**bei** j-m) (**über** j-n/etwas) beschweren
(über etwas (Dat)) brüten
etwas über j-n/etwas decken
irgendwie über j-n/etwas denken
(etwas) (über j-n/etwas) dichten
diskutieren (über etwas (*Akk*))
sich (*Dat*) mit j-m (**über** etwas (*Akk*))
einig sein/werden
sich (**mit** j-m) (*auf/über* etwas) einigen
über etwas (*Akk*) entscheiden
etwas (*durch j-n/von* j-m) (**über** j-n/etwas) erfahren
etwas erstreckt sich *über/auf* etwas (*Akk*)
eine Entscheidung (über etwas (*Akk*)) fällen
ein Urteil (über j-n/etwas) fällen
über j-n/etwas, *auf* etwas (*Akk*) fluchen
sich (*über* etwas (*Akk*))/(*auf* j-n/etwas (*Akk*)) freuen
sich *über/um* j-n/etwas Gedanken machen
etwas geht über etwas (*Akk*)
(über etwas (*Akk*)) gleiten
Herrschaft über etwas (Akk) verlieren
(über j-n/etwas) herrschen
etwas geht über etwas (*Akk*) hinaus
j-d/etwas setzt sich über etwas hinweg
sich über etwas (*Akk*) hinwegsetzen
etwas (über j-n/etwas) hören
j-n/sich (über j-n/etwas) informieren
(über j-n/etwas) jammern
(über etwas (*Akk*)) jubeln
über j-n/etwas klagen
sich (*Dat*) über etwas klar/im Klaren sein
sich (*Dat*) über etwas (*Akk*) Klarheit verschaffen

(über etwas (*Akk*)) lächeln
über j-n/etwas (*Akk*) lachen
sich (*Akk*) über j-n/etwas lustig machen
(über j-n/etwas) meckern
(über etwas (*Akk*)) meditieren
(über etwas (*Akk*)) mitbestimmen
(über j-n/etwas) nachdenken
(**mit** j-m) (*über* etwas)/(*von* etwas) plaudern
(**mit** j-m) (**über** j-n/etwas) reden
über j-n/etwas regieren
(über j-n/etwas) richten
etwas/nichts über j-n/etwas sagen
über j-n/etwas schimpfen
etwas (über etwas (*Akk*)) schreiben
(über etwas (*Akk*)) schweigen
j-n über etwas (*Akk*) setzen
über etwas (*Akk*) setzen
(*gegen, über* j-n/etwas) siegen
(über etwas (*Akk*)) spekulieren
(über j-n/etwas) spotten
über j-n/etwas sprechen
mit j-m (über j-n/etwas) sprechen
zu j-m (über etwas) sprechen
gut/schlecht über j-n/etwas sprechen
(über j-n/etwas) staunen
über etwas (*Dat*) stehen
über etwas (*Akk*) stöhnen
(über etwas (*Akk*)) stolpern
über j-n/etwas stolpern
etwas auf/über etwas (*Akk*) streifen
(**mit** j-m) (*um/über* etwas (*Akk*)) streiten
sich **mit** j-m (**über etwas** (*Akk*)) streiten
j-d unterhält sich **mit** j-m (**über** j-n/etwas)
j-n (über/von etwas) unterrichten
(**mit** j-m) (**über** etwas (*Akk*)) verhandeln
um j-n/*über* etwas (*Akk*) weinen
(et)was über etwas wissen
sich (über j-n/etwas) wundern
(**mit** j-m) (*um/über* etwas (*Akk*)) zanken
sich **mit** j-m (*um/über* etwas (*Akk*)) zanken

Nomen + geb. *Attribute*

Abstimmung (über etwas)
Ärger (über j-n/etwas)
Ansicht (über j-n/etwas)
Auffassung (über etwas (*Akk*))
Aufschluss (über j-n/etwas)
Aufsicht (über j-n/etwas)
Auskunft (über j-n/etwas)
Aussage (über j-n/etwas)
Beschluss (über etwas (*Akk*))
Beschwerde (*gegen* j-n/*über* j-n/etwas)
Beitrag (über etwas (*Akk*))
Bericht (über j-n/etwas)
Besprechung (über etwas (*Akk*))
Bestellung (über etwas (*Akk*))
Diskussion (über etwas (*Akk*))
Dissertation (*über* etwas (*Akk*)/*zu* etwas)
Einverständnis (über etwas (*Akk*))
Fluch (über j-n/etwas)
Genugtuung (über etwas (*Akk*))
Gerede (über j-n/etwas)
Geschichte (über j-n/etwas)
Gespräch (*mit* j-m/*zwischen* j-m (*Pl*)) (**über** etwas (*Akk*))
Herr (über j-n/etwas)
Herrschaft (über j-n/etwas)
Information(en) (über j-n/etwas)
Klage (über j-n/etwas)
Kompromiss (**mit** j-m) (**über** etwas (*Akk*))
Konferenz (über etwas (*Akk*))
Kontrolle (über j-n/etwas)
Kritik (**von** j-m/etwas) (**über** j-n/etwas)
Kummer (über j-n/etwas)
Literatur (*zu/über* etwas)
Macht (über j-n/etwas)
j-s Meinung (über j-n/etwas)
Mitbestimmung (über etwas (*Akk*))
Nachricht (**von** j-m) (**über** j-n/etwas)
Rechnung (*für* etwas/*über* etwas (*Akk*))
Referat (über j-n/etwas)
Reportage (über j-n/etwas)
Schmerz (über etwas (*Akk*))
Sendung (über etwas (*Akk*))

Sieg (über j-n/etwas)
Sieger (über j-n)
Spott (über j-n/etwas)
Streit (**mit** j-m) (**um/über** etwas (*Akk*))
Theorie (*über* etwas (*Akk*)/*zu* etwas)
Trauer (*um* j-n/*über* etwas)
Überblick (über etwas (*Akk*))
Übergang (über etwas (*Akk*))
Urteil (über j-n/etwas)
Voraussage (über etwas (*Akk*))
Vorhersage (über etwas (*Akk*))
Vortrag (über j-n/etwas)
Zorn (*auf* j-n/*über* etwas (*Akk*))

ärgerlich (über j-n/etwas)
betroffen (über etwas (*Akk*))
(über j-n/etwas) verbittert
(über etwas (*Akk*)) erfreut
erstaunt sein (über j-n/etwas)
froh (*um/über* etwas (*Akk*)) sein
glücklich (über etwas (Akk))
über etwas (*Akk*) hinweg sein
sich über j-n/etwas im Irrtum befinden
quer *durch/über* etwas
(über etwas (*Akk*)) schlüssig sein
traurig (über etwas (*Akk*))
(über etwas (*Akk*)) unbefriedigt
sich (*Dat*) über etwas im Unklaren (sein)
j-n über etwas (*Akk*) im Unklaren lassen
wütend über etwas (*Akk*)
zufrieden (*mit* j-m/etwas; *über* etwas (*Akk*))
(über etwas (*Akk*)) im Zweifel (sein)

um + Akk.:
Verben + Aktanten
sich (um etwas) anstellen
sich (um etwas) bemühen
sich um j-n bemühen
j-n (um etwas) beneiden
(*für* j-n/*um* etwas) (**zu** j-m) beten
j-n/sich selbst (um etwas) betrügen
(um etwas) betteln
sich (irgendwo) (um etwas) bewerben

in/um etwas (*Akk*) biegen
(j-n) um etwas bitten
sich um etwas drehen
sich (*vor* etwas/*um* etwas) drücken
etwas (um etwas) erhöhen
etwas erhöht sich um/auf (*Akk*) etwas
(um etwas) flehen
für/um j-n/etwas fürchten
sich über/um j-n/etwas Gedanken
machen
es geht um etwas
j-m geht es um etwas
etwas greift um sich
(**mit** j-m) (**um** etwas) handeln
(**bei** j-m/etwas) handelt es sich **um** j-n/etwas
um j-n/etwas herumfahren
etwas führt um etwas herum
um j-n/etwas herumgehen
um etwas herumkommen
um j-n/etwas herumlaufen
etwas um j-n/etwas hüllen
für, um, gegen j-n/etwas kämpfen
um etwas kommen
etwas kreist um etwas
sich um j-n/etwas kümmern
(um etwas) losen
j-d rauft (**um** etwas) (**mit** j-m)
etwas (**um** etwas) (**auf** etwas)
reduzieren
etwas reduziert sich (**um** etwas) (**auf** etwas (*Akk*))
sich um j-n/etwas reißen
um etwas (*Akk*) ringen
es steht schlecht um j-n/etwas
etwas um etwas schlingen
sich (um j-n/etwas) sorgen
um j-s Gesundheit/j-n steht es
schlecht
(**mit** j-m) (*um/über* etwas (*Akk*))
streiten
etwas (um etwas) verlängern
etwas (um j-n/etwas) verstärken
um j-n/*über* etwas (*Akk*) weinen
um etwas werben
(**mit** j-m) (**um** etwas) wetten
etwas (um etwas) wickeln
um etwas wissen

(um etwas) würfeln
(**mit** j-m) (*um/über* etwas (*Akk*))
zanken
sich (*Pl*) (*um/über* etwas (*Akk*))
zanken
sich **mit** j-m (*um/über* etwas (*Akk*))
zanken

Nomen + geb. Attribute
Angst (um j-n/etwas)
Bewerbung (um etwas)
Kampf (*für, um, gegen* j-n/etwas)
Konkurrenz (**mit** j-m/**um** j-n/etwas)
Rummel um j-n/etwas
Schlacht (um etwas)
Skandal (um j-n/etwas)
Sorgen (um j-n/etwas)
Streit (**mit** j-m) (*um/über* etwas
(*Akk*))
Trauer (*um* j-n/*über* etwas)
Wette (um etwas)
besorgt (*um* j-n/*wegen* etwas)
froh (*um/über* etwas (*Akk*)) sein
rings um j-n/etwas
um j-n/etwas ist es ruhig geworden
um j-n/etwas ist es schade

unter + Dat.; aber + Akk.:
Richtung/Ziel:
Verben + Aktanten
etwas begräbt j-n/etwas (unter sich
(*Dat*))
unter etwas (*Dat*) leiden
etwas leidet *unter* etwas (*Dat*)/*durch*
etwas
sich unter <die Leute, das Volk>
mischen
unter Anklage stehen
unter Aufsicht stehen
sich (*Dat*) etwas unter etwas
vorstellen

*Nomen + geb. Attribute*0

unterhalb + Gen.:0

von + Dat.:

Verben + Aktanten

(etwas) (von etwas) abbeißen
etwas (von etwas) abbrechen
etwas (von etwas) abbuchen
von etwas abgehen
sich von j-m/etwas abgrenzen
j-n von etwas abhalten
von etwas abhängen
sich (von j-m/etwas) abheben
von etwas abkommen
(j-n) (von etwas) ablenken
(etwas) (von j-m) abschreiben
von j-m/etwas abstammen
(von etwas) absteigen
von etwas abweichen
etwas (von etwas) abwischen
(von etwas) aufblicken
von etwas ausgehen
(sich(*Dat*)) etwas (von j-m) ausleihen
(*aus/von irgendwo*) ausreißen
(sich) (von etwas) ausruhen
j-n (von etwas) ausschließen
sich/etwas (von j-m/etwas) befreien
etwas (von j-m) bekommen
j-n (von etwas) benachrichtigen
etwas (*von* j-m/*aus* etwas) beziehen
etwas blättert (von etwas)
etwas von j-m denken
differieren (voneinander)
j-d/etwas ist von etwas
eingeschlossen
etwas (von j-m) empfangen
j-n von etwas entbinden
etwas/j-n (*aus/von* etwas) entfernen
etwas (*durch* j-n/*von* j-m) (**über** j-n/etwas)erfahren
etwas (*von/aus* etwas) erfahren
etwas (von j-m) erhalten
sich etwas (von j-m/etwas) erhoffen
sich (von etwas) erholen
j-n (von etwas) erlösen
j-n/sich (*mit/von* etwas) ernähren
etwas von j-m erpressen
etwas erstreckt sich (**von** etwas) **bis zu** etwas
(j-m) etwas (von j-m/etwas) erzählen
(von j-m/etwas) etwas fordern
j-n (von etwas) freisprechen

j-n (von etwas) freistellen
von etwas Gebrauch machen
(von etwas) genesen
etwas/viel/nichts von j-m/etwas halten
etwas handelt von etwas
j-n (von etwas) heilen
(von etwas/irgendwo) herunterkommen
etwas (von etwas) herunternehmen
von j-m/etwas hören
j-n (*von/über* etwas) informieren
etwas (*aus* etwas/irgendwohin) kehren
j-n (irgendwie/von irgendwo) kennen
etwas *aus/von* etwas kratzen
von etwas leben
sich (*Dat*) etwas (von j-m) leihen
sich (*Akk*) von etwas leiten lassen
(von j-m) etwas lernen
etwas (*von/aus* etwas) lösen
(von etwas) losfahren
ein Foto (von j-m/etwas) machen
etwas von j-m nehmen
Abschied (von j-m) nehmen
(**mit** j-m) (*über* j-n/**von** j-m/etwas) plaudern
von etwas profitieren
(von j-m/etwas) reden
etwas *aus/von* etwas reiben
etwas von etwas sagen
etwas von etwas scheiden (können)
j-d scheidet von j-m
von j-m/etwas **auf** j-n/etwas schließen
etwas von etwas schnallen
(etwas) (von j-m) schnorren
(von j-m/etwas) schwärmen
von j-m/etwas sprechen
(**von** etwas) **zu** etwas springen
etwas springt (**von** etwas) **auf** etwas (*Akk*)
etwas von etwas streifen
(von j-m/etwas) träumen
von etwas träumen
j-n/etwas (von j-m/etwas) trennen
etwas von etwas trennen
etwas trennt j-n/etwas von j-m/etwas

285

sich von etwas trennen
j-d trennt sich von j-m
j-n (von etwas) überzeugen
((**von** etwas) **auf** etwas (*Akk*))
umsteigen
j-n/sich (**von** etwas) **auf** etwas (*Akk*)
umstellen
j-n (*über/von* etwas) unterrichten
j-n/etwas von j-m/etwas
unterscheiden
etwas unterscheidet j-n/etwas von j-
m/etwas
j-d/etwas unterscheidet sich (***durch***
etwas/*in* etwas (*Dat*)) **von** j-m/etwas
sich (von j-m) verabschieden
etwas (von j-m) verlangen
j-d/etwas bleibt (von etwas)
verschont
etwas/viel *usw* von etwas verstehen
etwas von etwas wedeln
(von j-m) weggehen
j-n *von/aus* etwas weisen
(*meist* etwas) von j-m/etwas wissen
sich (*Dat*) etwas (**von** j-m) (**zu** etwas)
wünschen
etwas (*aus/von* etwas) ziehen
j-n (von etwas) zurückhalten
(*von/aus* etwas) (*zu* j-m/*nach* etwas)
zurückkehren
sich (*von/aus* etwas) zurückziehen

Nomen + geb. Attribute
Abschied (von j-m/etwas)
Abstand (von/zu j-m/etwas)
(von etwas) eine Ahnung haben
Anzahl (von <Personen/Dingen>)
Art von j-m/etwas
Auffassung (von etwas)
ein Berg von + *Pl* (*oder nicht
zählbares Subst.*)
Botschaft (**für** j-n) (**von** j-m)
Differenz (*von/zwischen* etwas (*Dat*)
und etwas *Dat*))
ein Fall+ *Gen*/von etwas
Folge (+ *Gen*/von etwas)
Foto (+ *Gen*/von j-m/etwas)
Freund (von j-m)

Freund + *Gen*/von etwas
Frist (**von** + Zeitangabe) (**für** etwas)
Fülle von etwas (*Pl*) + *Gen* (*Pl*)
Gefühl (+ *Gen*/von etwas)
Gegner + *Gen*/von etwas
Gemisch (+ *Gen*/*aus, von* etwas)
Genuss (+ *Gen*/von etwas)
Geschenk (**von** j-m) (**für** j-n)
Geschichte (von j-m/etwas)
Glanz + *Gen*/von etwas
Größe + *Gen*/von etwas
Gruppe + *Gen* (von Personen/Tieren/
Dingen)
Gebrauch + *Gen*/von etwas
(j-s) Genesung (von etwas)
zu Händen von Herrn/Frau X
Harmonie von etwas und etwas
mit Hilfe + *Gen*/von etwas
auf der Höhe + *Gen*/von j-m/etwas
Klasse (von etwas (*Pl*))
Kommunikation (+ *Gen*/von etwas)
Konzentration von j-m/etwas (Pl)
Kritik (**von** j-m/etwas) (**an** etwas)
Konsum (*von/an* etwas (*Dat*))
ein Meer von etwas
Mehrheit (von etwas)
eine Meinung von j-m haben
Mischung (*aus/ von* etwas)
Muster (von etwas)
Nachricht (**von** j-m)/(**über** j-n/etwas)
Nachricht (**von** j-m) (**an/für** j-n)
Netz von etwas *(Pl)*
eine Reihe (von + *Subst (Pl)*)
eine Reihe + *Gen*/von j-m/etwas (*Pl*)
Schar (+ *Gen*/von + *Dat Pl*)
Schwanz von etwas (*Pl*)
Schwarm + *Subst*/von <Tieren,
Menschen>
Serie (+ *Gen*/von etwas (*Pl*))
Spur (von etwas)
Stand (+ *Gen*/von etwas)
an der Stelle von j-m
Synonym (*für, von, zu* etwas)
der vierte Teil (von etwas)
Übergang (**von** etwas *zu/in* etwas)
Unmenge (*von/an* etwas (*Dat*)) +
Subst
zum Unterschied von j-m/etwas

Verbindung (*aus* etwas und
etwas/*von* etwas *mit* etwas)
Verhältnis (*von* etwas *zu* etwas;
zwischen
etwas (*Dat*) und etwas (*Dat*))
Verlust (*an* etwas (*Dat*)/*von* etwas)

abhängig von j-m/etwas
fern (von j-m/etwas)
frei von etwas
links (von j-m/etwas)
müde (von etwas)
(etwas ist) schön (von j-m)
(von j-m/etwas) unabhängig
verschieden (von j-m/etwas)
nach/von vorn
weg von j-m/etwas

vor + Dat. (Kein Ziel - Akkusativ!):
Verben + Aktanten
j-n/etwas (vor j-m/etwas) bevorzugen
j-n/etwas vor j-m/etwas bewahren
sich (vor j-m) blamieren
vor etwas (*Dat*) brennen
(etwas) (vor sich *(Akk)* hin) brummen
sich (*vor* etwas (*Dat*)/*um* etwas
(Akk)) drücken
sich (vor j-m/etwas) ekeln
es ekelt j-n vor etwas
(vor j-m/etwas) erschrecken
(*aus* etwas, *vor* j-m/etwas)
(*irgendwohin*) fliehen
(*aus* etwas, *vor* j-m/etwas,
irgendwohin) flüchten
sich (vor j-m/etwas) fürchten
sich vor j-m/etwas hüten
(vor etwas (*Dat*)) kapitulieren
sich (vor etwas (*Dat*)) krümmen
vor etwas platzen
(vor etwas (*Dat*)) rasen
sich (vor etwas (*Dat*)) scheuen
(vor Angst) schlottern
j-n/sich (vor j-m/etwas) schützen
vor etwas (*Dat*) stehen
vor etwas (*Dat*) sterben
(vor etwas (*Dat*)) strahlen
j-d überschlägt sich (vor etwas (*Dat*))
vor etwas (*Dat*) umkommen

sich (für etwas) (vor j-m)
verantworten
j-n/etwas (vor j-m/etwas) verbergen
etwas vor j-m verbergen
sich (vor j-m) verbeugen
j-n/etwas (vor j-m) verstecken
etwas (vor j-m) vertreten
(j-n) (vor j-m/etwas) warnen
vor j-m/etwas zittern

Nomen + geb. Attribute
Achtung (vor j-m/etwas)
Angst (vor j-m/etwas)
Ekel (*vor* j-m/etwas)
Furcht (vor j-m/etwas)
Hochachtung (vor j-m/etwas)
Respekt (vor j-m/etwas)
Scheu (vor j-m/etwas)
Schutz (*gegen* j-n/etwas; *vor* j-
m/etwas)
Viertel vor + *Uhrzeit*
Vorrang (vor j-m/etwas) haben
Warnung (vor j-m/etwas)

blind vor etwas
etwas (vor j-m) geheim halten
kurz *vor/hinter/nach* + *Subst*
sich (vor j-m) unmöglich machen

während + Gen.: 0

wegen + Gen.:
Verben + Aktanten
j-n (wegen etwas) anklagen
j-n (*für/wegen* etwas) bestrafen
sich (bei j-m) (*für/wegen* etwas)
entschuldigen
j-n (wegen etwas) mahnen
sich (für/wegen etwas) schämen
j-n (*für/wegen* etwas) strafen

Nomen + geb. Attribute
besorgt (um j-n/wegen etwas
(*Gen/gespr auch Dat*))
(j-m) böse (wegen etwas (*Gen/Dat*))
sein

wider + Akk.:   0
zu + Dat.:

Verben + Aktanten

(etwas zu etwas) addieren
j-n/sich (zu etwas) anmelden
(zu j-m/etwas) aufblicken
(*zu* etwas)/(*irgendwohin*) aufbrechen
j-n zu etwas auffordern
zu etwas aufrufen
(zu etwas) aufsteigen
j-n (*zu* etwas/*als* etwas) ausbilden
etwas (*zu/für* etwas) ausnutzen
sich zu etwas äußern
etwas (zu etwas) bemerken
etwas (*zu/für* etwas) benutzen
etwas/j-n (*zu/als* etwas) benutzen
j-n zu etwas bestimmen
(*für* j-n/*um* etwas) (**zu** j-m) beten
j-n zu etwas bewegen
zu j-m/etwas keine Bezug (mehr) haben
j-n (*für* j-n, *für/zu* etwas) brauchen
zu etwas da sein
zu j-m/etwas dazugehören
(j-m) *als/zu* etwas dienen
j-n (zu etwas) drängen
etwas dringt (zu j-m) durch
sich zu etwas durchringen
j-n (zu etwas) einladen
j-n *als/zu* etwas einsetzen
j-n (*zu/für* etwas) einteilen
sich zu etwas entschließen
sich (irgendwie, zu j-m/etwas) entwickeln
j-n (zu etwas) ermahnen
j-n zu etwas ermuntern
j-n (zu etwas) ernennen
j-n (zu etwas) erziehen
zu etwas fähig sein
etwas formt j-n (zu etwas)
etwas zu etwas freigeben
etwas friert (zu etwas)
etwas führt zu etwas
etwas *zu* etwas/*in* etwas (*Akk*) geben
j-d/etwas gehört zu etwas
etwas genügt (j-m) (*für/zu* etwas)
(j-m) (zu etwas) gratulieren
zu etwas greifen
zu j-m halten
j-d ist/bleibt zu Hause

j-d/etwas wächst (zu etwas) heran
j-n (zu etwas) herausfordern
sich zu j-m hingezogen fühlen
Kontakte, Verbindungen zu j-m knüpfen
zu etwas kommen
es kommt zu etwas
j-n (zu etwas) krönen
j-m etwas irgendwie/zu etwas machen
j-n/etwas zu j-m/etwas machen
j-n zu etwas machen
(j-n) zu etwas mahnen
(etwas) (zu etwas) meinen
(zu j-m) etwas meinen
sich *zu/für* etwas melden
(j-n/sich) (zu etwas) motivieren
etwas zu sich nehmen
j-n zur Frau/zum Mann nehmen
etwas (zu etwas) nutzen
zu j-m passen
j-n (zu etwas) provozieren
j-m zu etwas raten
(j-n) zu etwas reizen
etwas (zu etwas) rollen
etwas (zu j-m) sagen
etwas zu etwas sagen
(zu etwas) schweigen
sich zu etwas gezwungen sehen
zu j-m (über etwas) sprechen
(zu j-m) (etwas) sprechen
(**von** etwas) **zu** etwas springen
etwas steht zur Debatte, Diskussion
(irgendwie) zu j-m/etwas stehen
taugen (*für/zu* etwas)
j-d/etwas treibt j-n *zu* etwas/*in* etwas (*Akk*)
j-n zu etwas treiben
zu etwas übergehen
j-n (zu etwas) überreden
(irgendwo) *in/zur* Miete wohnen
j-n zu etwas veranlassen
etwas (zu etwas) verarbeiten
etwas (*Pl*) (zu etwas) verbinden
etwas *mit/durch* etwas (**zu** etwas) verbinden
etwas verbindet sich **mit** etwas (**zu** etwas)

etwas verbrennt (zu etwas)
j-n zu etwas verführen
etwas verhält sich zu etwas irgendwie
(zu etwas) verkommen
etwas verpflichtet (j-n) zu etwas
sich (zu etwas) verpflichten
j-n (zu etwas) verurteilen
etwas (*für/zu* etwas) verwenden
(j-n/etwas (zu etwas)) zählen
j-d wird zu etwas
sich (*Dat*) etwas (**von** j-m) (**zu** etwas)
wünschen
j-d zählt zu etwas
j-d lässt j-n/etwas (*zu/für* etwas) zu
(***von/aus*** etwas) (***zu*** j-m)
zurückkehren
etwas (*zu* etwas) zusammenfassen
j-n zu etwas zwingen
etwas zwingt j-n zu etwas
sich zu etwas zwingen

zu etwas/irgendwie aufgelegt (sein)
(zu etwas) bereit (sein)
frech (zu j-m)
freundlich (zu j-m)
(*als/für/zu* etwas) geeignet
grausam (*zu/gegenüber* j-m)
gütig (*gegenüber* j-m/*zu* j-m/*gegen*
j-n)
höflich (zu j-m)
nötig *für* j-n/etwas; nötig *zu* etwas
zu nichts nütze sein
quer zu etwas (*Dat*)
(zu etwas (*Dat*)) unfähig
(*für/zu* etwas) ungeeignet
zusätzlich (zu j-m/etwas)

zugunsten + Gen.:   0
zwischen + Dat. (hier kein Ziel -

Akkusativ!):
Verben + Aktanten
etwas schwankt (zwischen etwas
(*Dat*) und etwas (*Dat*))
(zwischen etwas (*Dat*) und etwas
(*Dat*)) schwanken

Nomen + geb. Attribute
Beziehung (zwischen etwas (*Dat*)
und etwas (*Dat*))
Differenz (*von/zwischen* etwas (*Dat*)
und etwas (*Dat*))
Differenzen (**über** etwas (*Akk*))
(**zwischen** <Personen>)
Distanz (zwischen etwas und etwas)
Durchgang (*zu* etwas/*zwischen* etwas
(*Dat*) und etwas (*Dat*))
Feindschaft zwischen j-m *(Pl)*
Gespräch (*mit* j-m/**zwischen** j-m (*Pl*))
(**über** etwas (*Akk*))
Koalition (*mit* <einer
Partei>/*zwischen* <einer Partie> und
<einer Partei o. ä.>)
Kommunikation (*mit* j-m/*zwischen*
<Personen (*Dat*)>)
Krieg (zwischen <Ländern, Völkern
o. ä.>)
Schere (zwischen etwas (*Dat*) und
etwas (*Dat*))
einen Unterschied machen (zwischen
j-m/etwas (*Pl*))
Verbindung (*mit* j-m/etwas; **mit**
etwas (*zu* etwas); *zwischen*
Personen/Sachen (*Dat*))
Vergleich (*mit* j-m/etwas)
Verhältnis (*von* etwas *zu* etwas)
Zusammenhang (zwischen etwas
(*Dat*) und etwas (*Dat*))

Г л а в а 8. Составляющие предложения: члены предложения и придаточные предложения

Слово является единицей словарного состава языка, предложение, однако, таковой не является. Исключение составляют лексикализированные выражения, отражённые в лексикографических источниках (в т. ч. в словаре LWB), – пословицы, речевые клише и фразеологические обороты (идиомы).

Предложение не просто строится из отдельных слов, оно конструируется из составляющих частей, каждая из которых, в свою очередь, состоит из отдельных слов. Части предложения, распознаваемые нами как „строительные блоки“, называются **членами предложения**. По каким признакам определяются члены предложения? Прежде всего, исходя из их взаимоотношений с другими членами предложения. Можно сказать, что вне конкретного предложения они не существуют. Всякий член предложения существует на основе отношений: „х является глагольным либо именным членом предложения относительно других членов (y, z...) отдельного предложения“. Объём, количество, тип, форму, позицию членов предложения можно выявить только в данном конкретном предложении. Это осуществляется при помощи различных **тестов**.

8.1. Тест на перестановку (способ перестановки)

Тест на перестановку (Umstellungstest, Permutationsprobe, Verschiebeprobe) позволяет определить, какие члены предложения можно переставить в другое место, не изменяя при этом существенно значение предложения и не нарушая корректность грамматической конструкции. Согласно данному тесту приводимое ниже предложение делится на следующие члены предложения:

Der alte Bäcker	*besuchte*	*heute morgen*	*seinen Nachbarn.*
Seinen Nachbarn	*besuchte*	*der alte Bäcker*	*heute morgen.*
Heute morgen	*besuchte*	*der alte Bäcker*	*seinen Nachbarn.*
(именной член предложения)	(глагольный член предложения)	(именной член предложения)	(именной член предложения)

Данные примеры показывают, что сочетания *der alte Bäcker, heute morgen* и *seinen Nachbarn* могут „вращаться" вокруг спрягаемой формы глагола *besuchte*. То, что при перестановке остаётся неразрывным, считается о д н и м единым членом предложения. В приведённом примере мы имеем дело с **тремя** именными членами предложения, каждый из них может стоять перед глагольным ядром предложения (**тест на перемещение в инициальную/ начальную позицию/ Spitzenstellungstest**).

Как грамматическое ядро предикации спрягаемый глагол в повествовательном предложении имеет фиксированную позицию. Он, как правило, остаётся на втором месте (кроме случаев с особым фразовым ударением, напр.: *Besucht hat er mich nicht!*). Если глагольное сказуемое состоит не из одного слова (как в синтетических формах, напр., *besuchte*), а из 2, 3 или 4 слов (как в аналитических формах, напр.: *hat besucht, wird besucht haben, wird besucht worden sein*), то его спрягаемая часть в повествовательном предложении остаётся на втором месте. Неспрягаемая часть, как правило, (но не обязательно, см. гл. 7) перемещается на последнее место в предложении.

Данное правило касается и других составных сказуемых. Нередко сам глагол по своему составу уже является сложным словом, имеет в своём составе отделяемую приставку либо другой компонент: *Der alte Bäcker suchte heute morgen seinen Nachbarn auf* (*suchte ... auf*). Спрягаемая часть сказуемого (тем более, что она составляет ядро значения) здесь также является грамматическим центром предложения. Она согласуется с подлежащим:

Der Bäcker besuchte heute morgen seinen Nachbarn. – Die Bäcker besuchten heute morgen ihre Nachbarn.

Как видно из данного примера, подлежащее как первый и важнейший обязательный член предложения оказывает грамматическое влияние на предикацию: грамматически (через согласование) и семантически (как подлежащее – агенс действия, носитель качества/ отношения, источник процесса). Подлежащее, таким образом, является наряду со сказуемым вторым (малым) центром предложения.

8.2. Тест на замещение (способ субституции)

Более точно **члены предложения** можно идентифицировать при помощи **теста на замещение/ способа субституции (Ersatzprobe, Substitutionsprobe)**. При этом именные члены предложения замещаются на местоимения либо наречия:

Der alte Nachbar	*besuchte*	*heute morgen*	*seinen Nachbarn.*
Er	*besuchte*	*dann*	*seinen Nachbarn.*
Er	*besuchte*	*ihn*	*heute morgen.*
Wer?	*besuchte*	*Wann?*	*Wen?*

Привлечение вопросительного местоимения/ наречия представляет собой надёжную форму теста на замещение.

Подлежащее отвечает на вопрос *wer* либо *was,* дополнение – на вопрос *wen* или *was* (*auf wen* и т. д.), *wem, wessen* (редко; чаще атрибут),

члены предложения, называющие время, – на вопрос *wann* либо *wie lange,*

члены предложения, называющие место, – на вопросы *wo, wohin* или *woher,*

члены предложения, определяющие модальные характеристики, – на вопрос *wie* или *womit,*

члены предложения, представляющие прочие реляционные характеристики, – *inwiefern, wobei, in welcher Hinsicht.*

То, что вопросительные слова имеют центральное значение при систематизации в грамматике, показывает следующее наблюдение: слова, которые нельзя заменить или к которым невозможно задать вопрос, не являются членами предложения. К таким элементам относятся, прежде всего:

– предлоги *an, auf, in, hinter, unter, vor* и др.;
– подчинительные союзы *als, weil, dass, obwohl* и др.;
– сочинительные (паратактические) союзы *und, oder, aber, denn* и др.;
– безударные частицы, которые можно опустить без ущерба для значения предложения; к ним относятся, прежде всего, коммуникативные слова (*bitte*), оттеночные частицы (*nur, doch, denn* и т. д.), фокусирующие частицы (*besonders, gerade* и т. д.) и усилительные частицы (*sehr, höchst* и т. д.);
– междометия типа *ach* и *oh*;
– артикли: *der, die, das; ein, eine, eines.*

Возникает вопрос об определении таких „спутников" существительного, как (количественных) числительных *zwei, drei, vier* и т. п., соответствующих порядковых числительных *zweite, dritte, vierte* и т. п., местоименных прилагательных *dieser, welcher, seine* и т. д. Как определения они не являются первичными членами предложения. Однако ситуация меняется, когда они отвечают на вопросы *Wer? Wie viel? Welche?* и соответственно этому замещают существительные (*Die drei! Der dritte von rechts soll vortreten. Ich nehme diese, nicht jene*).

Примечание

Совершенно по-иному классифицируются *ja, nein, danke* и т. д. Они обозначаются как слова-предложения, так как в диалогах они могут замещать целые предложения (см. гл. 2.9).

8.3. Тест на элиминацию/ опущение

Тест на элиминацию/ опущение (Weglassprobe) позволяет определить, **сколько членов предложения** относятся к его структуре и какие грамматические признаки благодаря им приобретает предложение.

Те члены предложения, которые можно опустить, не искажая при этом значение глагола и не превращая само предложение в аграмматичное, являются свободными распространителями и не принадлежат к синтаксическому минимуму модели предложения. В предложениях с *besuchen*, а также с *aufsuchen* элемент *heute morgen,* следовательно, является не (облигаторным) актантом в предложении, а свободным распространителем (обстоятельством).

От свободных распространителей следует отличать факультативные актанты (дополнения и обстоятельства), которые запрограммированы семантикой глагола, но не всегда актуализируются в конкретных предложениях. Так, например, наряду с двухвалентным глаголом *verschweigen* с актантом-дополнением в аккузативе имеется и трёхвалентный глагол *j-m etw. verschweigen* с обязательным актантом-дополнением в аккузативе и факультативным в дативе. В отличие от свободных распространителей/ обстоятельств в этом случае тест на вычленение в самостоятельное „бытийное" предложение („Geschehenstest") невозможен (см. гл. 3.5(е)).

Эти виды тестов позволяют провести однозначный анализ предложений во многих, но не во всех случаях, т. к. некоторые члены предложения амбивалентны и занимают промежуточное положение. Тогда их интерпретация зависит от того, что является основным при анализе: их формальная или их содержательная сторона. В предложении *Es regnete den ganzen Tag* в результате теста на перестановку (→ *Den ganzen Tag regnete es*) определяются три члена предложения. *Es* является по результатам теста необходимым членом предложения. *Es* стоит перед спрягаемым глаголом и может быть подвергнуто перестановке. Однако тесты на проверку содержательности показывают, что слово *es* является „пустым": его нельзя заменить (напр., на *ich, wir* и т. п.). К нему также нельзя задать вопрос. Почему? Потому что *es* в данном случае не имеет собственного значения. Поэтому данное *es* обозначают как „квази-подлежащее" (Scheinsubjekt). Правильнее было бы сказать „формальное подлежащее" (Formsubjekt). Это форма, которая позволяет употребить глагол *regnen* в спрягаемой форме и построить предложение.

Нередко можно наблюдать, как член предложения относится к лексическому окружению глагола (дистрибуции), важен для него конститутивно, однако может быть опущен – в приведённом контексте речь идёт о формах эллипсисов (IdS-Grammatik 1997, S. 1031). Г. Цифонун/ Г. Штикель/ Х.-В. Эромс называют их в таком случае „фиксированными" членами предложения (вместо: „необходимые") (IdS-Grammatik 1997, S.1060ff.).

8.4. Типы членов предложения

Если понимать предложение как единство предмета высказывания (номинации) и того, что о нём говорится (предикации; ср. гл. 7), то следует различать следующие типы членов предложения:

Т а б л и ц а 17. Типы членов предложения

в сфере номинации:	в сфере предикации:
— **именные члены предложения, часто подлежащее (субъект)**	**глагольные** элементы: — глагольный предикат, спрягаемый и/или неспрягаемый (в аналитических глагольных формах, состоящих из инфинитива либо причастия II и форм *sein, werden, haben*) **именные** элементы: — предикатив — дополнения (в аккузативе, дативе, с предлогами, в генитиве)[1] — обстоятельства

[1]**Примечание**

Наряду с немногими „древними" глаголами с дополнениями в генитиве существуют конкурирующие сочетания с предложным дополнением либо с дополнением в аккузативе: *sich dessen erinnern = sich an dies erinnern; sich dessen begeben = etw. aufgeben; seiner gedenken = an ihn denken.*

Итак, **предикат** („ядро высказывания") – это грамматический центр предложения. Он определяет порядок слов, согласуется с подлежащим и определяет количество необходимых, обязательных членов предложения, которые являются **актантами (Aktanten, Ergänzungen)**. Именно они являются самыми важными для грамматической модели предложения.

Глагол *schenken* „запрограммирован", например, таким образом, что ему необходимы три именных актанта – в номинативе, дативе и аккузативе (*x schenkt y z*): *Manfred schenkt seiner Schwester ein Fahrrad/ hat seiner Schwester ein Fahrrrad geschenkt.* Глагол *lehren* тоже является трёхвалентным, в письменной речи, однако, он употребляется с двумя актантами в аккузативе. Отклонение от этого правила высмеивается как ошибка: „*Im Notfall lehrt ein Gerätcode dem neuen Siemens S 35 wieder Deutsch*" (из журнала Eltern; цит. по: Der Spiegel Nr. 13, 2001, S. 246).

Виды актантов:

Подлежащее/ субъект (Subjekt) является первым, иногда единственным актантом глагола. От остальных именных членов предложения оно отличается, прежде всего, тем, что всегда (за исключением крайне редких случаев) стоит в номинативе, и его форма согласуется с формой предиката:

Ich habe ihr ein Fahrrad gekauft.
Wir haben ihr ein Fahrrad gekauft.

Подлежащее зачастую называет тему предложения, прежде всего в тех случаях, когда оно стоит на первом месте, выражено местоимением либо сопровождается соответствующим (напр., притяжательным или указательным) местоимением. Именно поэтому в немецкой школьной грамматике оно обозначается как „предмет высказывания" (Satzgegenstand).

Однако и любой другой член предложения также может стать темой предложения: при помощи интонации, порядка слов, контекста.

Дополнения/ объекты (Objekte) являются зависимыми актантами глагола, стоящими в дативе или аккузативе (очень редко в генитиве), с предлогом или без предлога (т. е. в „чистом" падеже).

Дополнения в дативе:
Sie hörte dem Redner begeistert zu.
Sie hörte ihm begeistert zu.

Дополнения в аккузативе:
Sie beobachtete den Redner neugierig.
Sie beobachtete ihn neugierig.

Предложные дополнения, т. е. дополнения с фиксированными предлогами:
Sie erinnerte sich an ihren Großvater.
Sie erinnerte sich an ihn (предлог + местоимение при обозначении лица).
Sie erinnerte sich daran (местоименное наречие при обозначении неодушевлённого предмета).

Дополнения в генитиве:
Sie erinnerte sich ihres Großvaters.
Sie erinnerte sich seiner.

В тех случаях, когда глагол *erinnern* управляет не дополнением в генитиве, он всегда соединяется с существительным/ местоимением при помощи предлога *an*. В подобных случаях утеряно конкретное значение предлога, он прочно привязан к глаголу. Здесь, таким образом, речь идёт о лексикализированных сочетаниях (глаголы с предлогами/ Präpositionalverben). Поэтому данные сочетания фиксируются в словаре как устойчивые лексемы: *glauben an, hoffen auf, suchen nach, denken an, rechnen mit, sich erinnern an, warten auf, bestehen auf, verstehen unter, eintreten für.*

От них отличаются **связанные обстоятельства** (тж.: актанты-обстоятельства) – члены предложения, которые являются необходимыми/ обязательными в структуре предложения, но могут соединяться с глаголом при помощи разных предлогов (по смыслу):

Beatrix steht auf dem Tisch, im Tor, unter der Dusche и т. д.
Тест на субституцию: → *Beatrix steht dort.*

Член предложения, обусловленный валентностью глагола *stehen*, может присоединяться к глаголу при помощи различных предлогов. Все эти предлоги сохраняют своё собственное значение, т. е. отличаются от фиксированных предлогов при глаголах с фиксированным управлением, ср.: *bestehen auf, einstehen für, verstehen unter* и др.

Примечание

Сочетания с предлогами отличаются от отглагольных производных, в которых бывшие предлоги в процессе словообразования (инкорпорации) вошли в состав слова как префиксы, оказав в новом качестве влияние на структуру и значение нового слова. Ср.: *etw. auf etw. stellen – etw. aufstellen, etw. unter etw. stellen – etw. unterstellen, etw. auf/ unter etw. legen – etw. auflegen/ (einer Sache) unterlegen, etw. schreiben auf, in etw. – etw. aufschreiben, einschreiben* и т. д.

Предикатив (именная часть сказуемого/ Prädikatsnomen) является актантом, который грамматически „равноправен" и координируется с другим членом предложения (субъектом либо дополнением в аккузативе). Он может выступать в двух формах:

а) как **субъектный предикатив** („равнозначный номинатив"):
Hans wird/ ist/ bleibt Elektriker.
Тест на субституцию: → *Hans wird/ ist/ bleibt es.*
Предикатив может присоединяться при помощи союза *als/ wie*:
Lothar fühlt sich wie ein Verbrecher/ als ein Verbrecher.
Тест на субституцию: → *Lothar fühlt sich so/ als ein solcher.*
Das Buch gilt als leichtverständlich.
Тест на субституцию: → *Das Buch ist leicht verständlich/ gilt als solches.*

Как правило, в подобных случаях встречается небольшая группа глаголов, сочетающихся с субъектным предикативом: *sein, werden, bleiben, scheinen, heißen*; а также глаголы, употребляемые с *als: sich fühlen als, gelten als, erscheinen als*.

Примечание
Промежуточную позицию занимает прилагательное в предложениях типа *Mutter stellt den Braten mürrisch auf den Tisch*. Грамматически *mürrisch* – это свободное обстоятельство, семантически, однако, это слово относится к субъекту (тест → *die mürrische Mutter*); ср. гл. 8.8.

б) как **объектный предикатив** (равнозначный аккузатив):
Здесь выделяется немногочисленная группа родственных по своему значению глаголов, которые могут присоединять к себе таким способом объектный предикатив:
j-n/ etw. nennen, benennen, bezeichnen (als), ansehen (als), halten (für).
Объектный предикатив может употребляться в „чистом" падеже:
Das Geißblattgewächs nennt man auch „Jelängerjelieber".
Тест на субституцию: → *Man nennt es auch so*.
Такой предикатив может присоединяться также при помощи *als* или *für*:
Die Kritiker halten seine Erzählungen für Anekdoten.
Тест на субституцию: → *Sie halten sie dafür*.
Die Kritiker bezeichnen seine Erzählungen als „Anekdoten".
Тест на субституцию: → *Man bezeichnet sie so/ als das*.

Примечание
Разумеется, здесь также имеются переходные формы. В предложении *Mutter stellt den Braten kalt auf den Tisch* прилагательное *kalt* синтаксически является свободным обстоятельством, семантически, однако, относится к *Braten* (тест: → *den kalten Braten*); ср. гл. 8.8.

Таким образом, изложенная выше классификация **актантов** опирается на формальные и функциональные аспекты.
Как можно определить **свободные распространители**? Что показывает их форма?

Прилагательные в функции обстоятельств не имеют окончаний, а также не маркируются в современном немецком языке никаким особым суффиксом (пограничные случаи см. выше).

Существительные в функции свободных обстоятельств чаще всего употребляются с предлогами. От актантов они отличаются тем, что не запрограммированы семантикой глагола и могут быть опущены, не вызывая при этом какого-либо искажения его смысла. От предложных определений они отличаются тем, что могут рассматриваться как самостоятельные члены предложения (тест на перестановку). Некоторые субстантивные распространители способны функционировать и без предлога, например, свободный датив (напр., *meinem Vater* в предложении *Das ist meinem Vater zu gefährlich;* → *für meinen Vater*), а также свободные генитив и аккузатив, редко употребляемые в современном языке и поэтому зачастую создающие впечатление устаревших (*schnellen Schrittes kommen*), за исключением обстоятельств времени (*eines Abends, den ganzen Tag*); см. ниже.

Классификация свободных распространителей:

Тип свободного обстоятельства, выраженного существительным с предлогом, определяют по его смыслу, при помощи специальных вопросов. В результате различают следующие группы свободных обстоятельств, которые совпадают с некоторыми основными философскими категориями ещё со времён Аристотеля и которые Кант интерпретировал как формы постижения действительности. Это обстоятельства места/ пространства, времени, модальности и каузальности:

– **Локальные** обстоятельства/ обстоятельства места указывают на место, пространство, направление:

Michel repariert sein Fahrrad in der Garage.

→ *Wo repariert Michel sein Fahrrad?*

Локальные обстоятельства отвечают на вопросы *wo? wohin? woher?*, а также *wodurch? wieweit?*

– **Темпоральные** обстоятельства/ обстоятельства времени указывают на длительность, момент времени, временной промежуток:

Michel repariert sein Fahrrad am Nachmittag.

→ *Wann/ Wie lange repariet Michel sein Fahrrad?*

Темпоральные обстоятельства отвечают на вопросы *wie lange? seit wann? bis wann? wie oft? wann?*

– Модальные обстоятельства указывают на образ действия, степень:

*Michel repariert ein Fahrrad **mit** Vergnügen/ um so lieber, je teurer es ist.*

→ *Wie gern repariert Michel ein Fahrrad?*

Модальные обстоятельства отвечают на вопросы *wie? wie viel? wie sehr? um wie viel mehr?*

– Инструментальные обстоятельства указывают на средство:

*Michel repariet sein Fahrrad **mit** einer Zange.*

→ *Womit repariert Michel sein Fahrrad?*

Другие возможные вопросы к инструментальным обстоятельствам: *wodurch? mit/ ohne was?*

– Каузальные обстоятельства/ обстоятельства причины указывают на причину в узком смысле слова:

*Michel repariert sein Fahrrad **aus** Langeweile.*

→ *Weshalb repariert Michel sein Fahrrad?*

Другие вопросы к каузальным обстоятельствам: *warum? aus welchem Grund? weswegen?*

К каузальным обстоятельствам в широком смысле слова можно отнести следующие типы:

• **Кондициональные/ условные** обстоятельства указывают на условие:

*Michel repariert sein Fahrrad nur **bei** gutem Wetter im Freien.*

→ *Unter welchen Bedingungen repariert Michel sein Fahrrad im Freien?*

Условные обстоятельства также отвечают на вопросы: *in welchem Fall? in welchem Zusammenhang?*

• **Концессивные** обстоятельства (обстоятельства уступки):

*Michel repariert sein Fahrrad **trotz** schlechten Wetters im Freien.*

→ *Warum, unter welchen Umständen repariert Michel sein Fahrrad im Freien?*

• Обстоятельства **следствия** (консекутивные обстоятельства):

*Michel repariert sein Fahrrad, **so dass** er damit wieder in die Schule fahren kann.*

→ *Mit welcher Folge repariert Michel sein Fahrrad?*

Другой возможный вопрос – *mit welchem Ergebnis?*

Данный тип обстоятельств употребляется только в виде придаточных предложений.

• Обстоятельства **цели** (указывают на цель, намерение):
*Michel repariert sein Fahrrad, **um** es dann **zu** verkaufen.*
→ *Wozu repariert Michel sein Fahrrad?*
Другие возможные вопросы: *mit welcher Absicht? mit welchem Ziel?*

Члены предложения (актанты-дополнения, актанты-обстоятельства и свободные обстоятельства) могут иметь форму **придаточных предложений**, подчинённых главному, либо особых синтаксических конструкций – инфинитивных, причастных оборотов.
При помощи синтаксических преобразований (Umformprobe) выявляется не только объём, но и „трансформационная ценность" членов предложения:

Dass der alte Bäcker ihn besuchte,.......	*hat unseren Nachbarn sehr erfreut.*
Der Besuch des alten Bäckers	*hat unseren Nachbarn sehr erfreut.*
Das	*hat unseren Nachbarn sehr erfreut.*

Поскольку предложение занимает место подлежащего, дополнения или обстоятельства, то придаточные предложения обозначаются соответственно члену предложения, который они замещают. В предложении с „*dass...*" в данном примере речь идёт о субъектном придаточном предложении.
Другие примеры придаточных:
– *Dass du das Examen bestanden hast, ist ein großes Glück.* (субъектное придаточное) (Тест на субституцию: → *Das/ dies ist ein großes Glück.*)
– *Wir haben gelesen, dass du das Examen bestanden hast.* (придаточное дополнительное/ изъяснительное) (Тест: → *Wir haben es/ das gelesen.*)
– *Sie ging nach Hause, als es dämmerte.* (придаточное обстоятельственное) (Тест на вычленение в самостоятельное „бытийное" предложение: → *Sie ging nach Hause. Das geschah, als es dämmerte.*)
Инфинитивная группа в качестве члена предложения может являться обязательным актантом или свободным обстоятельством/ распространителем:
– *Das zu hören, freut mich* (инфинитив в роли подлежащего, субъектный инфинитив).
(Тест на субституцию: → *Das/ dies freut mich.*)

– *Ich bedauere, dich nicht gesehen zu haben* (инфинитив в роли прямого дополнения). (Тест: → *Ich bedauere es/ dies.*)

– *Er zwang sie zu lügen* (инфинитив в роли предложного дополнения).

(Тест: → *Er zwang sie dazu/ zur Lüge.*)

– *Sie saß da, ohne ein Wort zu sagen* (инфинитив в роли свободного модального обстоятельства).

(Тест: → *Sie saß da. Es geschah, ohne dass sie ein Wort sagte.*)

– *Die Firma investierte neues Kapital, um die Produktion zu erhöhen* (инфинитив в роли обстоятельства цели).

(Тест: → *Die Firma investierte neues Kapital. Das geschah mit dem Ziel, die Produktion zu erhöhen.*)

Причастные обороты также могут функционировать в роли отдельных членов предложения. Прежде всего они встречаются в письменной речи. В современном немецком языке они иногда сохраняют влияние структур латинского языка: *Am Ende des Weges angekommen, setzten wir uns auf eine Bank* (причастный оборот в качестве свободного обстоятельства).

(Тест: → *Wir setzten uns auf eine Bank. Es geschah, als wir am Ende des Weges angekommen waren.*)

Это свободные распространители, не зависимые от валентности глагола (они не являются ни подлежащими, ни дополнениями, ни связанными актантами-обстоятельствами). Их место в предложении несколько отличается от позиции инфинитивов, которые обычно стоят в конце предложения. Причастные обороты чаще всего располагаются перед спрягаемой частью сказуемого:

Laut vor sich murrend, trat er aus seinem Zimmer.

Тест на замещение: → *So trat er aus seinem Zimmer* (модальное значение).

Очень редко они занимают промежуточную позицию в предложении:

Er versuchte, immer noch schockiert, wieder auf die Beine zu kommen (концессивное значение).

Тест: → *Er versuchte trotz des Schocks wieder auf die Beine zu kommen.*

Причастные обороты могут иметь также темпоральное, каузальное или кондициональное значение. Нередко они относятся к абстрактному существительному, находясь в постпозиции к нему и выполняя при этом формально атрибутивную функцию:

Die Reise, überstürzt angetreten, verlief chaotisch (каузальное или модальное значение).

Тест: → *Die überstürzt angetretene Reise.*

Следующая таблица отражает примеры различных типов **актантов**, состоящих как из одного слова, так и выраженных придаточными предложениями либо инфинитивными/ причастными оборотами.

Т а б л и ц а 18. **Классификация актантов**[1]

сокращения	актанты-предложения либо инфинитивы	наименование актантов	замещение pro-формами	примеры (иллюстрируют возможные формы актантов)
1	2	3	4	5
Enom		актант в номинативе	местоимение в номинативе	*Inge lobt das Essen. (→ Sie lobt das Essen.)* *Meine (ältere/ rothaarige/ schlanke) Schwester, die Philosophie studiert, macht bald ihr Examen. (→ Sie macht bald ihr Examen.)*
	Enom (=S)[2]			*Wer ihn kennt, vertraut ihm.* *Dass du wieder da bist, freut mich.*
	Enom (=Inf)[3]			*Dich zu sehen freut mich. (→ Das freut mich.)*
Egen		актант в генитиве	местоимение в генитиве	*Jedes Gesetz bedarf der Zustimmung (des Parlaments).* *Max erinnert sich unser.*
	Egen (=S)			*Der Boxer rühmt sich, dass er unschlagbar sei. (→ Er rühmt sich dessen.)*
	Egen (=Inf)			*Ich konnte mich nicht enthalten zu lachen. (→ konnte mich dessen nicht enthalten)*
Edat		актант в дативе	местоимение в дативе	*Man sollte diesem Mann/ ihm glauben.*
	Edat (=S)			*Er hilft, wem er kann.*

1	2	3	4	5
^{E}akk		актант в аккузативе	местоимение в аккузативе	*Wir suchten den Sportplatz/ ihn.*
	Eakk (=S)			*Ich erwarte, dass du dich entschuldigst. (→ Ich erwarte das.) Claudia sagt, sie habe von mir gehört. (→ Claudia sagt das.)*
	Eakk (=Inf)			*Ich hoffe, eingeladen zu werden. (→ Ich hoffe es.)*
^{E}präp[4]		актант с фиксированным предлогом	предлог + местоимение/ местоименное наречие	*Inge wartet auf den Freund. Dieser Ring besteht aus Silber.*
	Epräp (=S) Epräp (=Inf)			*Ich bitte dich, dass du schweigst. (→ Ich bitte dich darum.) Ich bitte ihn zu bleiben. (→ Ich bitte ihn darum.)*
^{E}adv[5]		актант-обстоятельство с переменным предлогом	наречия	*Claudia wohnt dort/ in München/ am Ammersee.* (обстоятельство места) *Sie fährt nach Hamburg. Irina kommt aus Chabarowsk.* (обстоятельство направления) *Wo du bist, will auch ich sein. (→ Da will ich sein.) Und führe mich, wohin auch du gehst. (→ Führe mich dahin.)*
	Eadv (=S)			
^{E}nom (präd)	E(präd) (=Inf) (=S)	актант – именная часть сказуемого: – равнозначный номинатив	местоимение/ наречие *es*	*Claudia ist Lehrerin. Ihr Ziel war, Lehrerin zu werden. (→ Es war ihr Ziel.) Er bleibt, was er immer war.*
^{E}gen (präd)		– равнозначный генитив	*so*	*Claudia ist guter Laune.*[7]
^{E}akk (präd)		– равнозначный аккузатив	*so, als solch*	*Claudia nennt ihn einen Lügner. (→ Sie nennt ihn so.)*

1	2	3	4	5
E_präp (präd) E_nom (präd)		– сочета- ния/ пред- ложные группы – с полу- предло- гом[6] (особый случай)		*Max ist bei Kräften.* *Diese Sache ist von Bedeutung.* *Wir halten Max für einen guten Lehrer.* *Max gilt als großer Sänger.* *Max verhält sich wie ein Star.* (с *als* и *wie*)
E_adj (präd)		– краткая форма прилага- тельного	*so*	*Die Studentin ist fleißig, kokett.* *Der Lehrer nennt ihr Auftreten frech.*

Примечание 1

Данная классификация исходит из позиций Р. Люр (2000, S. 52ff.), здесь дополнительно приведена конструкция с инфинитивным дополне- нием типа *Der Lehrer lässt die Kinder singen*, т. е. зависимая от глагола инфинитивная конструкция. Ср. с примерами в главе 7.5(д).

Примечание 2

Предложение (=S) является актантом в номинативе, генитиве и т. д.

Примечание 3

Приравненная к предложению инфинитивная группа (= Inf) является актантом в номинативе, генитиве и т. д.

Примечание 4

Фиксированный предлог, грамматически связанный с глаголом и утра- тивший своё основное лексическое значение.

Примечание 5

Предлог, грамматически не зависимый от глагола, имеет своё первона- чальное значение, может варьироваться в целях выражения контрастов, напр.: *Er wohnt neben/ über/ auf/ vor... dem Fluss.* К этой же группе относятся некоторые обстоятельства места, напр., *lange* или *zwei Stunden* в предложении *Die Fahrt dauerte sehr lange/ zwei Stunden,* а также некоторые обстоятельства образа действия, ср.: *klug/ richtig sein* в предложении *Sie verhielt sich/ reagierte klug/ richtig.*

Примечание 6

Частеречная принадлежность *als* и *wie* в данной функции спорна (предлог или союз?); ср. гл. 5.4.

Примечание 7

Более употребительны примеры типа *Ich bin der Meinung/ der Überzeugung* (у Р. Люр 2000, S. 55 в качестве примеров генитива как имен- ной части сказуемого), имеющие свойства сочетаний с функциональными глаголами (см. гл. 7.5(е)).

Свободные обстоятельства выступают в форме слов либо предложений (см. выше). Как именные словосочетания они чаще всего вводятся предлогом. В следующей таблице контрастивно противопоставлены случаи употребления свободных обстоятельств с предлогом и без предлога.

Т а б л и ц а 19. **Свободные обстоятельства**

с предлогом	без предлога
предлог с локальным, темпоральным, модальным, каузальным и др. значением + существительное в дативе, аккузативе, генитиве: – *neben, hinter, über, unter, vor, zwischen* и т. д. + существительное (Wo? Wohin?) – *seit, nach, vor, um, bis, während* и т. д. + существительное (Wann? Wie lange?) – *bei, mit, durch, für* и т. д. + существительное (Wie? Inwiefern?) – *wegen, aus, trotz, dank, durch* и т. д. + существительное (Warum?) (ср. гл. 2.6)	**свободные генитивы**[1]: чаще обстоятельства времени, подобно *eines Morgens/ Abends.* Модальные обстоятельства являются устаревшими (напр., *eilenden Schrittes gehen*) **свободные дативы**[2]: – дательный оценки (выражение мнения, суждения, критики) (*Das ist mir zu teuer*) – дательный притяжательный (*Leg' mir das auf die Schulter* = *...auf meine Schulter*) – дательный выгоды (*Er trägt ihr den Koffer* = *...für sie...*; Dativus commodi) – „дательный неудачи" (*Das Auto ist mir verreckt*; Dativus incommodi; Pümpel-Mader 2000, S. 33) – дательный этический (*Dass du mir nicht zu spät kommst*; Dativus ethicus; Duden-Grammatik 2005, S. 82) **свободные аккузативы**[1]: чаще всего обстоятельства времени типа *den ganzen Tag.* Как особые случаи (редко) „внутренние объекты", такие как *bittere Tränen weinen.*

Примечание 1

„Свободными" генитивами и аккузативами в данном случае называются простые падежные формы, являющиеся не зависимыми от глагола обстоятельствами (ср. Erben 1982, S. 149).

Примечание 2

В случае со „свободным дативом" синтаксический статус однозначно определить невозможно. Согласно Р. Люр (Lühr 2000; 1986, S. 66) дательный выгоды и дательный неудачи, с одной стороны, не являются актантами, с другой же – их нельзя причислить к свободным распространителям, так как они всегда употребляются только с определёнными глаголами. В случае с дательным притяжательным (тж: пертинентный датив) Й. Эрбен (Erben 1980, S. 254) не считает независимость от валентности глагола однозначной (согласно Р. Люр (Lühr 2000; 1986, S. 66) его нельзя назвать „свободным" дативом, т. к. в предложении его нельзя опустить). Авторы Duden-Grammatik считают это спорным (Duden-Grammatik 2005; S. 827).

8.5. Особые случаи: отрицание и модальные слова

а) Особым случаем является **отрицание** (ср. гл. 2.5(в) и гл. 2.8(в)):

Michel repariert sein Fahrrad <u>nicht mehr</u>.
→ Repariert Michel sein Fahrrad noch? Nein!

Часто отрицание выражается при помощи следующих адвербиальных слов и сочетаний:

niemals, nie und nimmer, nie;
nirgendwo, nirgendwohin, nirgendwoher, nirgends;
keinesfalls, keineswegs, in kein(st)er Weise.

Обычно отрицание осуществляется при помощи слов, не являющихся первичными членами предложения: это отрицательная частица *nicht* и атрибутивное местоимение *kein*.

Nicht часто рассматривается как частица, так как она, в отличие от других свободных обстоятельств, не может занимать инициальную позицию в предложении как самостоятельный член предложения (тест на перемещение в инициальную позицию). Она также не выполняет никакой другой функции, подобной проклитической частице *en*- и энклитической частице *-n* в немецком языке средних веков. Однако *nicht* играет важную семантическую роль: оно превращает значение предложения в его противоположность. Данное *nicht* является также в определённой степени амбивалентным: синтаксически это частица, по семантической же значимости оно сравнимо с наречиями (*Sie kommt manchmal/ oft/ selten/ nicht*) – правда, не равнозначно им. *Nicht* более тесно связано с глагольным предикатом, чем модальные слова, которые выражают оценку происходящего говорящим; ср.: *Er kommt nicht gern/ heim/ hinauf* (не конечная позиция); но: *Er kommt vermutlich/ wohl/ vielleicht nicht* (конечная позиция).

Обычно отрицание *nicht* относится ко всему предложению (как сфере действия предиката), при этом отрицается всё содержание высказывания.

Наряду с таким **общим/ сентенциональным отрицанием** (отрицанием, в сферу действия которого попадает всё предложение/ „Satznegation") имеется и **словесное отрицание** (отрицание одного отдельного слова, „частное отрицание"/ „Sondernegation"). Оно относится не ко всему высказыванию, а к отдельному имени или именной группе (как сфере действия предиката), при этом отрицается лишь какая-либо часть предложения:

Sie hat nicht dich geliebt, sondern mich.

Тест: → *Sie hat geliebt, aber nicht dich.*

В подобных случаях отрицание *nicht* занимает место, характерное для фокусирующих частиц (*besonders, gerade*) – перед существительными или местоимениями либо для усилительных частиц (*etwas, sehr*) перед прилагательными.

Отрицание *kein* также имеет двойственную позицию: с одной стороны, оно употребляется в качестве (атрибутивного) прилагательного, с другой – как отрицание артикля *ein* и выполняет при этом грамматическую функцию, аналогичную функции артикля (*eine – keine Lüge*). В случае субстантивации *kein*, естественно, становится членом предложения, например, в форме *keiner*: „*Keiner wäscht reiner*" (рекламный слоган).

В диалектах наблюдается употребление двух отрицаний в одном предложении. Они известны со времён средневековья и отмечаются в других языках (напр., во французском и русском). Пример из баварского диалекта:

„A Mensch, der wo a Bildung hat, der mag koa überschenkts Bier net; aber ma möcht's gar nöt glau'n, wie weni Mensch'n daß'n gibt, dö wo a Bildung hab'n."

(Simplizissimus 1978, S. 67)

Многие формы отрицаний можно образовать от их языковых противоположностей: *kein* от *ein, niemand* от *jemand, nirgendwo* от *irgendwo.* Более отдалены друг от друга *nichts* и *etwas, nie(mals)* и *irgendwann.*

Примечание
Отрицание при помощи *n*-частицы известно с древних времён. Общее индоевропейское происхождение объясняет сходства лат. *ne, neque* и т. д., англ. *no, none,* рум. *пи,* франц. *ne ...pas,* нем. *nicht,* ср.-верх.-нем. *en/ne* и т. д.

б) Другим особым случаем являются **модальные слова/ сентенциальные наречия** (Satzadverb/ Modalwort; Admoni 1982, S. 201) типа *Er kommt vielleicht/ sicher/ vermutlich.*
Какую синтаксическую функцию в действительности выполняют данные наречия? В грамматиках древних языков они рассматриваются (если они вообще являются предметом описания) как все прочие наречия. Грамматики современного немецкого языка по праву подчёркивают их особое положение (Erben 1980, S. 178; Hentschel/ Weydt 2003, S. 266: „Satzadverbien"; Helbig/ Buscha 1998, S. 500ff.; Eroms 2000, S. 222ff: „Modalwörter"; Duden-Grammatik 2005, S. 592: „Kommentaradverbien"). В чём состоит их особенность? Чем отличаются друг от друга наречия в следующем примере: *Sie sind/ gern/ schnell/ nicht/ vielleicht/ jedenfalls/ schon nach Irkutsk gefahren?*
К данным словам в предложении нельзя задать вопрос, аналогичный вопросу к свободным обстоятельствам образа действия (см. гл. 8.4), с вопросительным наречием *wie* (*Wie sind Sie gefahren?* Некорректно: **Vielleicht*). Их нельзя употреблять с отрицанием (некорректно: **nicht vielleicht*). Данные наречия выражают субъективную позицию говорящего. Они показывают, как говорящий относится к происходящему и как он расценивает истинность/ ложность высказывания (пропозиция). Это „операторы, выражающие отношение говорящего и переводящие пропозиции в оценочные высказывания" (Helbig/ Buscha 1998, S. 504). Семантически они располагаются в особой плоскости (субъективной оценки). Но влечёт ли это за собой то, что они „находятся за пределами структуры предложения" (Duden-Grammatik 1998, S. 371)?

Бесспорно, их можно трансформировать в предложения. Вместо *Sie sind wahrscheinlich nach Irkutsk gefahren* можно сказать: *Ich nehme an, dass sie nach Irkutsk gefahren sind*. Поэтому прагматические грамматики, опирающиеся на теорию речевых актов, исходят из того, что данные слова замещают целые „гиперпредложения". Но имеет ли смысл таким образом усложнять предложения (Clement/ Thümmel 1975, S. 127ff)? Конечно, нет. В адресных предложениях (вопросительных, повелительных, пожеланиях) подобные слова не употребляются (а если и встречаются, то в иной функции, – как частицы, напр.: *Habe ich dir vielleicht nicht geholfen*?). Кроме того, оценочное значение модальных слов может иметь отношение „к различным отдельным частям предложения". Многие из них говорят о содержании пропозиции (*leichtsinnigerweise das Licht brennen lassen*), некоторые – о достоверности высказывания (*Sicherlich hat er das Licht brennen lassen*; Eroms 2000, S. 226). Данные слова не управляют предложением, его синтаксической структурой и во многих текстах появляются лишь спорадически. Их функцию можно сравнить с функцией вводных предложений. Поэтому А. Исаченко (Isačenko 1968) называет их „вводными словами" („Schaltwörter"). Содержание же вводных предложений может также передаваться при помощи отдельных членов предложения. Синтаксически в таком случае речь идёт о свободных обстоятельствах, однако по своей прагматике они в конечном итоге имеют отношение к актам говорения и мышления: это слова (наречия) для передачи содержания речевого акта!

8.6. Малый и большой центры простого предложения: подлежащее и сказуемое

С этой точки зрения предложение напоминает геометрическую фигуру эллипс: как в эллипсе два основных фокуса определяют его форму, таким же образом в предложении подлежащее (субъект) и сказуемое (предикат) зависят друг от друга. Однако это уже асимметричная фигура: подлежащее как член предложения (это становится понятным из теории валентности) находится на ином уровне, нежели глагольное сказуемое, которое служит грамматическим центром предикации и управляет падежными формами всех зависимых от него именных членов предложения (актантов, в т. ч. подлежащего). В то же время подлежащее находится в иных отношениях со спрягаемой частью сказуемого, нежели остальные актанты. Отличительные признаки актанта-подлежащего:

1) немаркированная форма падежа (всегда номинатив),

2) морфологическое согласование с формой изменяемой части глагола,

3) роль первого актанта и как следствие – особо тесная валентная связь с глаголом (никогда не бывает факультативным актантом),

4) особая роль при трансформации в пассив: кардинальное изменение структуры предложения, при котором объект становится подлежащим (субъектом), а субъект трансформируется в предложное дополнение и часто опускается,

5) первое место подлежащего в стилистически нейтральном предложении (как и в других языках со стандартной структурой предложения „субъект – предикат – объект“); подлежащее, стоящее на первом месте в контекстуально независимом предложении, обычно называет тему (данное).

Самым заметным грамматическим признаком в данном перечне является второй: лицо и число формы подлежащего согласуются с формой спрягаемой части глагола:

Der Regen/ Er vertrieb die Touristen.

Starke Regen/ Sie vertrieben die Touristen.

Особую структуру имеют так называемые „расщеплённые предложения“ („cleft-sentences“), т. е. предложения, разделённые на две части с выделенным фокусом в первой из них, например, *Es waren zwei Dealer, die sie in den Tod trieben.* В этом предложении и *es*, и *Dealer* (во множественном числе) являются подлежащими с формальной точки зрения, семантически же они являются единым субъектом.

Если подлежащее выражается не одним, а двумя именами в единственном числе, то форма спрягаемой части глагола стоит не в единственном, а во множественном числе:

Regen und Sturm vertrieben die Touristen.

Если в подобных предложениях глагольная форма остаётся в единственном числе, то это следует рассматривать либо как отклонение от нормы, либо как ошибку, либо как стилистический приём:

Eis und Schnee vertrieb die Touristen.

В случаях, когда в функции подлежащего выступают разные лица, составляющие в определённой ситуации единое целое, используют местоимение во множественном числе, имеющее в таких случаях „объединяющее" значение:

Sie und ich, wir müssen doch zusammenhalten.
Du und er, ihr seid doch unzertrennliche Freunde.

В немаркированной форме – как местоимение в номинативе в начале предложения в безударной позиции – подлежащее задаёт тему предложения („предмет высказывания"): *Das sieht dir ähnlich!* Это одно из правил семантики текста. Исходя из правил референции, оно может называть агенс либо причину (*Sie ließ die Blumen erfrieren:* die Kälte), а также место (*Er enthält kein Wasser mehr:* der Brunnen), инструмент (*Es schneidet gut:* das Messer). Ч. Филмор обозначает их как „падежные роли" подлежащего (Fillmore 1968).

При наличии пролепсиса, который приводит к разделению/сегментации предложения (см. далее), подлежащее называется ещё раз в форме местоимения:

Einfach zu lügen, das sieht dir ähnlich!
Die Meisterprüfung, die war endlich bestanden.

Части сложных предложений чаще всего также имеют подлежащее и сказуемое. Если же одно из них отсутствует, то говорят о конструкции, эквивалентной предложению. Редукция в данном случае регулируется грамматическими правилами (употребление инфинитива с *zu*) либо стилистическими тенденциями:

Sie hoffte nicht, ihn zu treffen. (Sie hoffte nicht, dass sie ihn treffen würde)
Wahrscheinlich, dass der Zug zu spät kommt. (Wahrscheinlich ist es, dass der Zug zu spät kommt.)
Morgenrot, gut Wetterbot. (Wenn das Morgenrot erscheint, ist es ein guter Wetterbote.)

О синтаксических эллипсисах говорят и в случаях, когда предложения редуцируются из стилистических соображений.

Нередко при редукции подлежащего до *es* доминирует либо грамматическая, либо семантическая функция. Грамматическая функция выходит на первый план, когда *es* как член предложения не несёт никакой смысловой нагрузки, а сказуемое является частью устойчивой семантической модели (ср. тж. гл. 2.4 (в) и 5.2):

Es schneit/ donnert/ hagelt/ blitzt/ friert/ taut (чаще всего с безличными глаголами, называющими погодные явления).

Es fehlt/ mangelt an vielem/ nichts (с глаголами, выражающими нехватку чего-либо).

Es gibt dort viele Mäuse/ ist dort viel zu sehen. Worum handelt es sich? (с „бытийными" глаголами).

Es функционирует здесь как субъект и относится к структурной формуле глагола. В словаре LWB, например, словарная статья глагола *schneien* содержит следующие сведения:

schneien; *schneite, hat geschneit*; Vimp **es schneit** Schnee fällt < es schneit heftig, stark, dicht, leicht>.

8.7. Форма глагольного сказуемого

У сказуемых тоже можно отметить случаи доминирования грамматической функции и смещения функции содержательной на задний план. Подобное можно наблюдать в тех случаях, когда опускается неспрягаемая часть:

Was willst du? (Was willst du tun?)

А также в предложениях, где самые распространённые глаголы-диффузы *tun, machen, sein* функционируют как глаголы-"заместители" („Pro-Verben"). Их содержание наполняется через другие глаголы контекста:

"Ich betrinke mich heute Abend". – "Tu das nicht"!

Существуют различные формы сказуемого (ср. тж. гл. 7): **простое глагольное сказуемое** состоит только из спрягаемого глагола в синтетической или аналитической форме. В примере „*Die Maus pfeift/ hat gepfiffen*" форма глагольного сказуемого характеризуется следующими признаками: 3-е лицо, единственное число, изъявительное наклонение (индикатив), презенс/ перфект, актив.

Аналитические формы сказуемого состоят из спрягаемой глагольной формы и неспрягаемой части. **Вспомогательные глаголы** *sein, haben* и *werden* в качестве свободных морфем соединяются **с инфинитивом/ причастием II полнозначного глагола** для образования временных форм, форм наклонения (конъюнктив) и залога (пассив):

Die Stange wird/ werde/ würde brechen.

Über ihn wird/ wurde der Stab gebrochen. Über ihn ist/ war der Stab gebrochen worden.

Er hat/ habe/ hätte sein Wort gebrochen.

Иногда сказуемое образуется с помощью двух вспомогательных глаголов (*M. Walser wird sich geirrt haben*), реже – трёх (*Diese Behauptung wird von der Zeitung aufgestellt worden sein*). Спрягаемая форма при этом определяется таким же образом, как и при простом сказуемом (см. выше).

Модальные инфинитивы с *sein* (пассивное значение) и с *haben* (активное значение) передают значение, аналогичное модальным глаголам *können* и *müssen*:

„Aus den Büschen am Abhang hatte sich jeder einen drei Meter langen Zweig zu schneiden, nach dessen Maß die gefällten Stämme zu zersägen waren. Der Vormann zeigte mir, wie ich die Säge anzusetzen hatte... Als der Stamm zur Hälfte angesägt war, erfuhr ich den Sinn des kleinen Eisenkeils, den man uns gegeben hatte... Der Keil wurde mit einem Axthieb in den Spalt getrieben und verhinderte, daß die Säge vom Gewicht des Baumes festgeklemmt wurde. Der Vormann erklärte mir, wie der gefällte Baum abzuholzen sei, erinnerte mich daran, daß ich darauf zu achten hatte, daß sich das Sägeblatt nicht bog, und ließ mich allein. Die übrigen Arbeiter hatten sich im Wald verteilt. Sie waren im verschneiten Gehölz nicht zu sehen, nur das Schaben der Sägen war zu hören... Bald mußte ich beide Hände benutzen, um die Säge hin- und herzutreiben... Mit Hilfe des angestemmten Fußes und unter Anspannung aller Muskeln gelang es mir, das Blatt zu lockern, doch nach einiger Zeit war es wieder festgefahren und der Keil mußte weiter in den Spalt getrieben werden. Ein stöhnender Laut drang plötzlich aus dem Stamm, als wäre eine Sehne gerissen, und ein Zittern war zu vernehmen.“

(P. Weiss, Fluchtpunkt)

Составное глагольное сказуемое

а) Сказуемое образуется из сочетания **модального** глагола и **полнозначного** глагола (**в инфинитиве**). В данном случае значение сказуемого модифицируется за счёт потенциального, волюнтативного, пермиссивного либо нецессивного компонента:

Wir können den Stab nicht brechen.

К модальным глаголам относятся: *müssen, mögen/ möchten, dürfen, wollen, können, sollen*, а также – в пассивном значении – *sich lassen*:

Der Stab lässt sich nicht brechen (= „...kann nicht gebrochen werden").

б) Наряду с этим существуют сказуемые, состоящие из глагола с **модальным** значением и **полнозначного глагола (в инфинитиве)**, который присоединяется при помощи частицы *zu*:

Die Stange scheint jetzt zu brechen, droht zu brechen. Maria weiß sich zu wehren.

В качестве глаголов с модальным значением могут употребляться, кроме названных выше, глаголы *brauchen* (см. гл. 2.1(в)), *vermögen* и *pflegen*, аналогично функционируют *sein* и *haben* (в конструкциях типа *er hat das zu tun, das ist zu tun*; см. выше).

в) В случае с производными и сложными глаголами к сказуемому, безусловно, относится нередко отделяемый и стоящий в конце предложения **префикс/ компонент сложного слова**:

Jetzt bricht die Säule auch noch ein/ das Haus ganz zusammen.

Отделяемый элемент может быть существительным, прилагательным либо наречием:

Ich schwimme mich jetzt frei. → *sich freischwimmen.*
Die Felsen stürzen schon herab. → *herabstürzen.*
Wir laufen jetzt Schi. → *Schi laufen.*

г) Аналогичная картина наблюдается в лексикализированных устойчивых словосочетаниях. К ним относятся глагольные шаблоны с грамматической функцией (**сочетания с неполными/ функциональными глаголами**; см. гл. 7.5(е)):

etwas zur Durchführung bringen (= *etwas durchführen*);
zur Durchführung kommen (= *durchgeführt werden*) и т. д.

Они образуются не только при помощи глаголов *bringen* и *kommen*, но и с такими неполными/ функциональными глаголами, как *geraten* (*in Zweifel über etw. geraten = an etwas zweifeln*), *stellen* (*etw. in Frage stellen = etwas fragen*), *ziehen* (*Schlüsse aus etw. ziehen = auf etwas schließen*), *versetzen* (*jemanden in Erstaunen versetzen = jemanden erstaunen*).

д) **Словосочетания с особыми устойчивыми значениями** – это фразеологизмы типа *etwas auf die Spitze treiben* (= *etw. übertreiben*), *etwas übers Knie brechen* (= *etw. überstürzen*), *jemanden ins Bockshorn jagen* (= *j-n einschüchtern*) и т. д. Их именные и глагольные части образуют рамку сказуемого точно таким же образом, как и в случае с отделяемыми компонентами производных и сложных глаголов (см. выше).

е) Сочетания с *sich* (**возвратные глаголы**): *sich (dessen) schämen, sich scheuen etwas zu tun, sich besinnen (auf), sich zusammennehmen* и т. д.

8.8. Расширение неглагольных членов предложения при помощи атрибутов

Объём конкретного именного словосочетания зависит от многих факторов: от частеречной принадлежности ядра (напр., существительное это, прилагательное или местоимение), от валентности существительного (у существительного *Freude*, напр.: *die Freude des x über y: die Freude der Fans über den Sieg*; ср. гл. 5.5), от принадлежности к определённому семантическому классу (имя собственное, напр., не имеет таких актантов, как нарицательное существительное *Freude*), от части речи и функции (атрибутивных) определений и даже от избираемого автором способа изложения (напр., при подробном описании) или от стиля (напр., научный стиль).

Член предложения может являться **отдельным словом** (существительным, местоимением, прилагательным, наречием). Без артикля обычно употребляются личные имена, употребляемые в абсолютном значении субстантивированные слова и абстрактные существительные, названия материалов и веществ, местоимения, в т. ч. неопределённо-личное местоимение *man*.

Manfred	*hilft*	*seiner Mutter*	*im Haushalt.*
Man	*hilft*	*ihr*	*im Haushalt.*
(подлежащее)	(сказуемое)	(дополнение в дативе)	(обстоятельство)
Reden	*ist*	*Silber.*	
Schweigen	*ist*	*Gold.*	
		(именная часть сказуемого)	

Проблемой для изучающих немецкий язык как иностранный является правило, согласно которому нарицательные существительные чаще всего употребляются с артиклем (*der; ein*), указывающим на грамматический род существительного.

Чем является артикль? Частью аналитической формы существительного? Или речь идёт о каких-то определяющих признаках (детерминантах)? Сравнение с более ранними периодами развития немецкого языка, прежде всего, с древневерхненемецким, а также с индоевропейскими языками-„соседями", например, латинским и русским, позволяет рассматривать артикли не как особые слова (у Х. Фатера, Г. Хельбига и др. – „артиклевые слова") (Vater 1979, Helbig 2001), а считать их прежде всего средствами формообразования, т. е. морфемами, показывающими род, число и падеж. Во-вторых (если речь идёт о варьировании и оппозиции между формами *der* с одной стороны и *ein* с другой), артикли являются текстограмматическими средствами, указывающими на определённое имя (анафорически либо катафорически).

Нередко члены предложения выражаются **словосочетаниями**. Слова в них могут быть одного уровня, равноправными (при сочинительной связи):

Ilse, Inge und Irma kommen zu Besuch.

Они могут быть и подчинены друг другу:

Ich habe das Haus am See gekauft; ...das kleine Haus am See; ...das neu errichtete Holzhaus am See; ...das kleine Haus an dem See hinter der alten Kiesgrube.

В данных примерах слова словосочетания находятся не на одном уровне. Одно из них является ядром, центром (существительное). На него указывает форма артикля. Остальные слова синтаксически ему подчинены и определяются его формой. Способом сокращения (редукции) можно выявить, что определения грамматически не являются обязательными: их можно опустить, даже если они являются коммуникативно важными или если они грамматически обусловлены (факультативной) валентностью существительного (см. гл. 5.5).

Определения (атрибуты)

Определение может иметь самые разнообразные формы. Оно может стоять слева (в препозиции) и справа (в постпозиции) от именного ядра:

(Предлоги)	Артикль и его аналоги	Усилительные частицы	Определения в препозиции	**Ядро** (существительное)	Определения в постпозиции
(bei)	*diesem*	*ganz besonders*	*interessanten und brisanten*	*Thema*	*des letzten Wahlkampfs in der Schweiz*

Местоположение определений относительно слова-ядра довольно чётко регламентировано, однако не столь строго, как в сложных словах. В препозиции обычно стоят местоименные и адъективные определения, в постпозиции – генитивные/ предложные определения, приложения (выраженные существительными) и соответствующие им придаточные определительные.

Т а б л и ц а 20. Местоположение атрибутов

Препозиция	Ядро	Постпозиция
diese (указательное)	*Brille*	*hier* (наречие места)
ihre (притяжательное/ выражающее принадлежность)	*Brille,*	*alt und verkratzt,* (сочинительная адъективная группа)
eine/ die (неопределённый либо определённый артикль)	*Brille,*	*ein ganz altes Modell aus den 70er Jahren,* (приложение как дополнительное пояснение в том же падеже)
(*die*) *moderne* (характеризующее прилагательное)	*Brille*	*meiner Tante* (генитив, здесь в притяжательном значении)
(*die*) *moderne/ kleine/ seine* (последовательно соединённые определения)	*Brille*	*aus Kunststoff* (название материала/ вещества, присоединяемое при помощи предлога)
Waltrauds kleine/die durch die Arbeit im Labor beschädigte (атрибутивное обозначение владельца либо производителя действия и т. п.)	*Brille,*	*durch die/ mit der man schlecht sehen kann* (придаточное определительное предложение, присоединяемое при помощи относительного местоимения)

Приведённый ниже текст отражает многообразие определений (Reich-Ranicki, 1999, S. 11):

„Was sind Sie eigentlich?

1   *Es war Ende Oktober 1958 auf einer Tagung der »Gruppe 47« in der Ortschaft Großholzleute im Allgäu. Von den hier versammelten Schriftstellern kannte ich nur wenige – kein Wunder, denn ich lebte erst seit drei*
5   *Monaten wieder in dem Land, aus dem mich die deutschen Behörden im Herbst 1938 deportiert hatten.*

Jedenfalls fühlte ich mich bei dieser Tagung isoliert; und so war es mir nicht unrecht, dass in der Mittagspause ein jüngerer deutscher Autor, mit dem ich mich im 10 *vergangenen Frühjahr in Warschau unterhalten hatte, auf mich zukam. Noch wußte ich nicht, dass schon am nächsten Tag, mit dem ihm verliehenen Preis der »Gruppe 47«, sein steiler Aufstieg zum Weltruhm beginnen sollte.*

15 *Dieser kräftige junge Mann, selbstsicher und etwas aufmüpfig, verwickelte mich nun in ein Gespräch. Nach einem kurzen Wortwechsel bedrängte er mich plötzlich mit einer einfachen Frage. Noch niemand hatte mir, seit ich wieder in Deutschland war, diese Frage so direkt und* 20 *so ungeniert gestellt. Er, Günter Grass aus Danzig, wollte nämlich von mir wissen: »Was sind Sie denn nun eigentlich - ein Pole, ein Deutscher oder wie?« Die Worte »oder wie« deuteten wohl noch auf eine dritte Möglichkeit hin. Ich antwortete rasch: »Ich bin ein halber* 25 *Pole, ein halber Deutscher und ein ganzer Jude.« Grass schien überrascht, doch war er offensichtlich zufrieden, ja beinahe entzückt: »Kein Wort mehr, Sie könnten dieses schöne Bonmot nur verderben.« [...]"*

Данный текст содержит интересные именные словосочетания, содержащие особые разновидности определения (как типичные, так и необычные), среди которых много связанных и свободных приложений. Определите их отличия друг от друга в следующих случаях.

Ende Oktober 1958 (Z[1]. 1);

Von den hier versammelten Schriftstellern (Z. 3);

ein jüngerer deutscher Autor, mit dem ich mich im vergangenen Frühjahr in Warschau unterhalten hatte (Z. 8–10);

mit dem ihm verliehenen Preis der Gruppe 47 (Z. 12/13);

sein steiler Aufstieg zum Weltruhm (Z. 13);

Dieser kräftige junge Mann, selbstsicher und etwas aufmüpfig (Z. 15/16);

Er, Günter Grass aus Danzig (Z. 20).

---

[1] Z = строка

Субстантивное ядро определяется, таким образом, через его определения. Они являются вторичными членами предложения, или составной частью члена предложения, так как – грамматически, коммуникативно и семантически – они относятся к своему ядру (атрибутивные группы) как члену предложения, даже если и могут быть опущены. Доказательством этого является тот факт, что они могут подвергаться перестановке только вместе со словом-ядром.

Вопрос о том, какие атрибуты могут стоять в препозиции к слову-ядру, а какие в постпозиции к нему, решается следующим образом: место в препозиции занимают прежде всего местоимения и прилагательные. Если они стоят после форм определённого артикля и других его аналогов (притяжательных или указательных местоимений), то склоняются по слабому типу (получают окончания *-е, -en*).

После нулевого артикля (∅), а также *ein, kein* и соответствующих местоимений они склоняются в единственном числе по сильному типу (получают окончания *-er, -e, -es, -en*).

Итак, в **препозиции** обычно стоят следующие части речи:

• **с флексией** (окончанием, формообразующим суффиксом):

– притяжательное местоимение: *ihre Schulter*
– указательное местоимение: *diese Schulter*
– вопросительное адъективное местоимение: *welche Schulter?*
– неопределённое адъективное местоимение: *eine, irgendeine Schulter, irgendwelche Glieder*
– кванторы типа *beide, einige, mehrere, manche, viele Teile*
– прилагательное (во всех степенях сравнения): *ein blauer Hut, eine feine Brosche, ein helleres Kostüm, kleinste Fehler* (при неопределённом артикле); *der blaue Hut* и т. д. (после определённого артикля)
– в аналогичной функции причастие I: *der brennende Schmerz, ein störendes Geräusch*; причастие II: *die verbrannte Haut, ein verborgener Fehler*.

• **без флексии:**

– количественные числительные 2, 3, 4 и т. д.: *drei Jahre, hundert Ideen*
– числительные с *-lei: dreierlei, vielerlei Arten*

– кроме того: *etwas, viel, mehr, weniger, wenig* перед абстрактными существительными, названиями веществ и материалов и обозначениями количества: *Mühe, Lust, Geld, Milch, Wein*: *etwas, wenig, viel Geld* и т. д.

Примечание

Без окончания перед существительным могут употребляться лишь некоторые прилагательные (*eine lila/ rosa Krawatte, eine klasse Leistung*), прилагательные в некоторых цитатах (*ein politisch Lied, ein garstig Lied*) и устойчивых выражениях (*Auf gut Glück!*). После существительного прилагательное без флексии можно встретить в рекламных текстах как обозначения рекламируемого изделия (*Schauma mild*), продукта питания или напитка (*Forelle blau; Whisky pur*), а также в устаревших формах (*Röslein rot, Hänschen klein*).

Перед существительным, являющимся ядром, ставятся также следующие определения:
– с флексией, в форме генитива: *Vaters Haus, Kafkas Romane* (личные имена либо слова, употребляемые в функции имён);
– без флексии, как приложение: *Tante Emma, Kanzler Schröder, König Artus*;
– с флексией после определённого артикля: *im Reich des Königs Artus*. В данном случае речь идёт об определении, выраженном существительным и стоящем в том же падеже, что и определяемое слово.

Примечание

Устаревшее: *des Herrn Wille geschah; des Königs Gefolge.*

Примечание

Так как формы артикля *der/ ein* призваны выполнять прежде всего грамматическую функцию, а именно указывать падеж и число, то к определениям они не причисляются.

После существительного, т. е. в **постпозиции** к субстантивному ядру, употребляются прежде всего нижеследующие именные части речи.

В **неизменяемой** форме:
– наречие: *das Buch da, die Tanne dort.*

– два однородных прилагательных: *Die Schauspielerin, schön und stolz* (только с союзом *und*).

Однако это довольно редкие случаи.

Во **флективной** форме в постпозиции обычно стоят существительные. Они употребляются без предлога (в генитиве) либо с предлогом (обычно в дативе или аккузативе), реже в аккузативе без предлога (см. ниже).

Определения в генитиве:
Der Ausbruch des Vulkans (Genitivus subjectivus). „*Die Liebe Gottes regt sich nun*" (Goethe, Faust I; Genitivus objectivus).

Определения в аккузативе:
Der Ausflug letzten Sonntag (редко; ср.: *am letzten Sonntag*).

Определения с предлогами:
Der Weg ins Verderben. Das Haus jenseits des Flusses. Die Blume im Knopfloch. Падеж (генитив, датив или (часто) аккузатив) зависит от управления предлога.

Приложения

Они обычно отделяются запятой и стоят в том же падеже, что и определяемое слово:
Kunibert Baldauf, mein strenger Lehrer.

Запятая не ставится в случае присоединения приложения при помощи *als*:
Mit ihrer Erfahrung als Ärztin lehnt sie jeden Alkoholgenuss ab.

От приложений следует отличать определения иного характера, прежде всего отглагольные образования, употребляемые в следующих формах в постпозиции к существительному:

– инфинитив с *zu*: *Ihre Fähigkeit, sich (jeder Situation) anzupassen, ...*

– союзное придаточное предложение: *Die Tatsache, dass er sich geirrt hat, ...*

– относительное придаточное предложение: *Das Buch, nach dem wir lernen, ...*

В данном случае речь идёт об определениях, имеющих форму придаточных предложений либо конструкций, выполняющих аналогичную им функцию.

В устной речи при ядре, выраженном существительным, употребляется обычно не более одного определения – адъективного либо субстантивного. В дескриптивных (описательных) и аргументативных текстах, напротив, встречаются именные ядра с пятью и более определениями.

При последовательном соединении определений говорят об однородных атрибутах, что в случае с определениями распознаётся по следующим признакам:

– по запятой: *Die alte, blaue Jacke.*

– по сочинительным союзам типа *und, oder, sowie*:

Möchten Sie einen schönen alten und zerbeulten Hut oder einen neuen hässlichen?

Das kleine, dunkle und gemütliche Zimmer.

Если адъективные определения подчинены друг другу, то запятая не ставится:

Eine schöne griechische Statue.

Артикль и субстантивное ядро образуют рамочную конструкцию, окружающую определения, стоящие слева от ядра. К ним могут относиться и наречия, и предложные определения:

Der kleine gelbe Vogel.

Der frühmorgens singende Vogel.

Der gestern vom Jäger angeschossene Vogel.

Таким образом, в **препозиции** к имени употребляются (сразу же после артикля) определения, выраженные прилагательными или причастиями, и соответственно прономинальные/ местоименные прилагательные (*seine, diese* и т. д.). Существительные в данной позиции (в генитиве) употребляются в том случае, если они являются именами собственными (*Lisas Phantasie*) либо их аналогами (*Mutters Phantasie*), а также связанные приложения (*Kanzler Kohl*) в том же падеже, что и последующее определяемое слово. В противном случае конструкция приобретает особую стилистическую окраску, например, архаическую – при выносе в препозицию определения в генитиве:

Des Menschen Wille ist sein Himmelreich;

либо юмористическую (на основе игры слов, намёка): *„Des Menschen Pille ist sein Himmelreich"* (Хайнц Эрхардт, известный немецкий комик).

От чисто **атрибутивного** употребления прилагательных следует отличать:

– Предикативное: *Wir sind frei. Bleib munter! Werde wieder gesund.*

– В тех случаях, когда предикативное прилагательное связано с (каузативным) глаголом, обозначающим вид человеческой деятельности, например, *machen, setzen, sprechen* и т. д., оно относится к дополнению в аккузативе. Если при этом возникает совершенно новое значение, то глагол и определение пишутся слитно: *j-n festnehmen, etw. festsetzen, festmachen* и т. д., *j-n freisprechen, gesundbeten*. При слитном написании имеется в виду абсолютное значение прилагательного, не образующего в этом значении степеней сравнения.

– Иначе характеризуются случаи, когда прилагательное формально относится к сказуемому, а семантически к дополнению либо подлежащему.

а) Отнесённость к подлежащему:

Meine Tante kam gesund in Baden-Baden an.

→ *Sie kam in Baden-Baden an. Zu diesem Punkt war sie gesund.*

(Тест: → *Die zu diesem Zeitpunkt gesunde Tante;* некорректно:* *die gesunde Ankunft.*)

Поэтому в данном случае прилагательное *gesund* – даже если формально оно функционирует как наречие – интерпретируется, исходя из семантики предложения, как **субъектный предикатив** (либо как **субъектный предикативный атрибут; Subjektprädikativ/ prädikatives Subjekt-Attribut**).

б) Отнесённость к объекту: *Ich esse den Fisch auch roh.*

Здесь тест иной:

→ *Ich esse rohen Fisch.*

Семантически прилагательное относится к дополнению. В данном случае говорят об **объектном предикативе** (либо об объектном предикативном атрибуте; **Subjektprädikativ/ prädikatives Objekt-Attribut**).

Соединение определений

Отношение между определениями и их ядром можно описывать с морфологических, семантических и синтаксических позиций:

– **морфологически** это согласование в окончании (*ein kleiner dicker Po; des kleinen dicken Pos*);

– **семантически** это модификация или детерминация ядра с помощью определения, т. е. выделение какой-либо части из множества (*Brillen* → *getönte Brillen;* рестриктивное значение), либо дополнение какой-либо характеристики или подчёркивание какой-либо особенности (*helle Sterne*);

– **синтаксически** это зависимость. Там, где эта синтаксическая зависимость обусловлена (именной) валентностью,
Г. Ван дер Эльст говорит о „конститутивных атрибутах" (Van
der Elst 1992, 119ff.), в остальных же случаях – о „свободных
атрибутах". Такая зависимость возникает вследствие того,
что заполняется свободная позиция при имени (*Hoffnung* →
auf Frieden). При этом связь выражается при помощи предлога (*Sehnsucht nach dir*), генитива (*die Befreiung Berlins*),
комбинации обоих явлений (*die Befreiung der Geiseln durch
die Polizei*) либо через союз (*die Tatsache, dass sie befreit sind*).

Многообразие возможностей расширения субстантивной
группы через определения широко используется в стилистических целях.

С содержательной стороны среди определений различают:

(а) украшающий эпитет (Epitheton ornans), который может
быть семантически излишним: *ein heftiges Gewitter; die
erreichten Erfolge; Karl der Große;*

(б) детерминирующее определение, которое уточняет описание, либо характеризует какой-либо предмет или явление
реальности: *eine ansteckende Krankheit; die blaue Limousine;
das Haus des Arztes;*

(в) определение метакоммуникативного характера, которое
даёт оценку, комментирует явление действительности: *ein
fürchterlicher Regen; der unerwartete, lang herbeigesehnte
Erfolg; ein Sieg der Vernunft;*

(г) расширяющее определение, которое добавляет совершенно новую информацию, поэтому чаще всего имеет форму
придаточного определительного предложения: *der später oft
kritisierte Unfall; Sie bestand die Prüfung, worüber man sehr froh
war* (Satzattribut).

Т а б л и ц а 21. **Общий обзор форм определений**

Согласованные **прилагательные, причастия, а также местои-
мения в функции прилагательных:**
– *alte, vertonte Texte; ein jüngerer deutscher Autor;*
– *unsere schreibende Tochter; von den hier versammelten
Schriftstellern*
(Неизменяемые) **наречия** в постпозиции:
– *Der Film gestern war interessant.*
– *Die Jacke dort gefällt mir.*

Субстантивные словосочетания:

Беспредложные **генитивные атрибуты** могут иметь различные значения, согласно которым они подразделяются на:

– генитив принадлежности (Genitivus possessivus): *Der Beruf meines Vaters* (→ *Mein Vater hat diesen Beruf*);

– генитив объекта (Genitivus objectivus): *Die Reinigung der Hose* (→ *man reinigt diese Hose*);

– генитив субъекта (Genitivus subjectivus): *Die Antwort des Schülers* (→ *der Schüler antwortet dies*).

Из последнего вида (генитив объекта) развились особые формы:

– генитив качества (Genitivus qualitatis): *Die Schönheit der Sprache* (→ *die Sprache ist schön).*

– генитив автора (Genitivus auctoris): *Die Romane Kafkas* (→ *Kafka hat diese Romane geschrieben*);

– генитив пояснительный (Genitivus explicativus): *Die Tugend der Sparsamkeit* (→ *Sparsamkeit ist eine Tugend*).

Все другие случаи, например, редко употребляемые в немецком языке партитивные конструкции (с указанием количества: *ein Becher süßen Weins*; устаревшее), можно объединить в группу „генитив объёма".

Определения **с предлогами**:

– *Ein Häuschen im Grünen mit großem Garten.*

Приложения:

связанные приложения:
– *Herr Bezirksrat Große; Gruppe 47*
– *Herr Manfred Hellmann*

свободные приложения:
– *Manfred, ein alter Freund, ...; Er, Günter Grass aus Danzig*

Придаточные предложения:

с относительными местоимениями:
– *Der Brief, den du mir geschrieben hast, ...*

с союзами:
– *Die Tatsache, dass er gelogen hat, ...*

бессоюзные:
– *Ihre Hoffnung, sie sei wieder gesund, erfüllte sich leider nicht.*

Инфинитивы с zu:

Если инфинитивные конструкции замещают только часть члена предложения, то речь идёт об инфинитивных атрибутах:

– *Der Entschluss, aus der Stadt aufs Dorf zu ziehen, fiel ihr nicht leicht.*
(Тест: → *Dieser Entschluss fiel ihr nicht leicht.*)
– *Ihre Hoffnung, wieder gesund zu werden, ...*

Стилистически бросаются в глаза не только устаревшие, специфические либо используемые только в устной речи случаи, подобные тем, которые были приведены выше, но и особо компактные номинализации (*„Der Schatten des Körpers des Kutschers"*). Они рассматриваются как типичные особенности юридических, административных и научных текстов: *„Der Anmeldung ist eine Abschrift der Urkunde über die Änderung beizufügen"* (BGB 1999, S. 20). „Атрибутивные лестницы" подобного характера содержат, как правило, не более двух ступеней. Ещё реже встречаются соответствующие „лестницы из относительных предложений": *„Man hat mehrere stabile Isotope, / die sich durch die Zahl der Neutronen, / welche im Atom vorhanden sind, / unterscheiden, / entdeckt"* (Heringer 1989, S. 231).

Глава 9. От предложения к тексту

Поскольку сложные предложения являются **предложения-ми,** то они рассматриваются, соответственно, как синтаксические формы. Однако одновременно они представляют собой нечто большее: они связывают высказывания друг с другом. В таком случае речь идёт, по выражению И. Айхингер, об „образовании контекста": *„Ich sage nicht während der Regen gegen die Fenster stürzt, schleifen wir die Untergänge vor uns her* ... Niemand kann von mir verlangen, daß ich Zusammenhänge herstelle, solange sie vermeidbar sind"... „Ich sage *der Regen, der gegen die Fenster stürzt* und: *die Untergänge vor sich her schleifen"* (I. Aichinger 1976, S. 8). Таким образом, сложные предложения обладают и свойствами, типичными для **текстов.** Поэтому в этой главе приводится много примеров предложений, которые функционируют самостоятельно и довольно автономно – в качестве высказываний, афоризмов, максим, стереотипов, прибауток – т. е. как тексты.

9.1. Текстообразование в речевом акте

Как из отдельных частей формируется комплексное речевое высказывание? В его основе лежит определённый речевой акт.

Примечание
Х. Вейнрих в своей книге „Textgrammatik der deutschen Sprache" исходит из предположения, что грамматическая форма текстов всегда вытекает из определённых „инструкций", „указаний" (Instruktionen, Anweisungen). Посредством этих „инструкций" говорящий настраивает слушателя на то, „как он должен понять текст, чтобы с его помощью создать точную картину соответствующей ситуации". Это что-то вроде „гипотетического императива": „Дорогой слушатель, если ты хочешь постичь смысл данного текста, то тогда соотнеси его таким-то образом с ситуацией!" (Weinrich 1993, S. 18). Языковые высказывания должны в таком случае иметь единственный, однозначный (соответствующий конкретному тексту) смысл (S. 18). Но не слишком ли при таком видении проблемы внимание фокусируется на коммуникативной цели? Разве во всех без исключения текстах должен присутствовать этот и именно этот смысл – инструктировать кого-либо? И разве при таком подходе

понятие „инструктирование" не оказывается „пустым"? Во всяком случае, далеко не все высказывания и тексты сводимы к одному речевому акту. Об этом свидетельствуют данные исследований повседневного речевого общения. Высказывания в повседневной коммуникации определяются различными базовыми функциями (согласно классификации К. Бюлера/ Bühler 1934): „апеллятивной", т. е. „инструкцией слушателя" („Appel", Instruktion an den Hörer) „референции на объект"/ „репрезентативной" („Darstellung"), а также функцией „выразительной" („Ausdruck"), т. е. выражения личностного, часто эмоционального состояния (определяемого страхом, любовью, надеждой).

Кроме того, необходимо учитывать и социальную функцию разговора (поддержание коммуникации, которому способствует так называемое „контактное чириканье"). Наконец, существует эстетическая функция, присущая языковой игре и лирическим текстам, которые воспринимаются разными читателями по-разному.

Первым шагом на пути построения текста является простое предложение, соединяемое с другими аналогичными единицами языка: сложные предложения представляют собой переходные формы от предложения к тексту. Они возникают в результате последовательного присоединения предложений друг к другу, их включения в состав друг друга, расширения либо развёртывания предложения. В самом простом случае предложения последовательно присоединяются друг к другу. Так возникает сложносочинённое предложение (паратаксис). Следующим, более сложным, шагом является включение, при этом возникает сложноподчинённое предложение (гипотаксис). Оно является основной формой речевого акта: *Sie sagt, dass sie mich nie wiedersehen will*. Глагол *sagen* эксплицитно называет здесь коммуникативную функцию речевого акта: произнося что-либо, человек производит какое-либо действие. Прагматика учит, что при этом говорящий что-либо выполняет (в положительном смысле) либо наносит ущерб (в негативном смысле).

Теория речевых актов Дж. Остина (Austin 1962) и Дж. Сёрла (Searle 1969) исходит из „философии нормального языка". Если в семантике речь идёт об отношении между языковым знаком и обозначаемым предметом, явлением и т. д. (т. е. о референции), а в грамматике в самом узком смысле – об отношении между различными языковыми знаками, то в прагматике – об отношениях „языковой знак" – „пользователь языкового знака" (говорящий и слушающий). На первом месте здесь стоит философский вопрос о том, какое высказывание является истинным. Дж. Остин концентрирует своё внимание на высказываниях, которые невозможно рассмотреть под таким углом зрения. Это высказывания типа *„Ich verspreche (dir) Folgendes"* (в 1 л. ед. ч., индикатив), посредством которых осуществляется речевой акт. Эти „перформативные действия" не могут быть ложными (не истинными). Они могут только удасться или не удасться. Все другие высказывания, которые можно подвергнуть проверке на их истинность либо ложность, противопоставляются им как „констатирующие высказывания". И всё же и те, и другие являются речевыми действиями, а именно „речевыми актами". Они имеют одинаковую структуру: акт выражения (по Дж. Сёрлу; Дж. Остину: фонетический акт), акт референции и акт предикации (объединённые в „пропозициональный" акт), иллокутивный акт (способ говорения), перлокутивный акт, который охватывает последствия речевого действия. Данные последствия, т. е. успешность либо неуспешность речевого акта, зависят от различных условий, от возможностей понимания высказывания, от целенаправленности сообщения и от общепринятых правил, обычаев и традиций. Исходя из названных условий, Дж. Сёрл пытается определить, когда же речевой акт может быть успешным. Результат (успешность/ неуспешность речевого акта) связан с правилами пропозиционального содержания (с референцией и предикацией), с определёнными правилами вступления в коммуникацию и искренности и особенно с правилами „создания соответствия реальности". Правило пропозиционального содержания требует, чтобы средства передачи содержания были адекватными этому содержанию. Правила вступления в акт коммуникации предписывают необходимость уместности речевого действия в конкретной ситуации. А что с правилом искренности? Оно означает, что речевой акт был спланирован именно таким образом и именно так должен быть совершён. Конститутивное конвенциональное правило гласит: „х считается у". – Дж. Сёрл разграничивает в речевом акте индикаторы иллокутивного типа и индикаторы пропозиционального содержания. Применяемый „иллокутивный потенциал" определяется по эксплицитно названным либо имплицитно предполагаемым глаголам говорения (Verba dicendi).

Примечание

Данная теория имела огромное влияние на дискуссию в грамматике 70–80-х гг. Причина состояла в том, что она открыла глаза на проблему воздействия языковых форм, прежде всего на их оптимистический аспект, на прагматику как руководство по успешному совершению речевых действий. Вслед за этим в поле зрения учёных-языковедов вновь попала риторика, которой долгое время пренебрегали. Важным заключением, сделанным согласно этой теории, был тот факт, что речевые действия и типы предложений не совпадают друг с другом (см. гл. 4 и 10).

Цитируемый в гл. 8.8 текст М. Райх-Раницкого гласит:
„Jedenfalls fühlte ich mich bei dieser Tagung isoliert;
und so war es mir nicht unrecht,
dass in der Mittagspause ein jüngerer deutscher Autor,
mit dem ich mich im vergangenen Frühjahr in Warschau
unterhalten hatte, auf mich zukam"

(Reich-Ranicki 1999, S. 189)

Автор при помощи знаков препинания показал, что он хочет, чтобы читатель воспринял, т. е. прочитал (про себя и вслух) данный текст как **одно** предложение. В данном случае хорошо подходит высказывание Х. Глинца (Glinz 1973) о том, что предложением является всё то, что стоит между двух точек. Вместе с тем, как показывает структурный анализ, напечатанные строки – это не одно предложение, а четыре предложения. Тема высказывания меняется (*ich – er*), в общей сложности здесь присутствуют четыре сказуемых с собственными подлежащими и четыре „глагольных узла" со своими актантами и распространителями, связанными по смыслу между собой: *Ich... fühlte mich; es war...(unrecht); ich... mich unterhalten hatte; ein Autor... auf mich... zukam.* Четыре предложения, которые связаны друг с другом не только по смыслу, но и формально: при помощи местоимений, смены *ein (Autor) – er*, сочинительных и подчинительных союзов *und, dass.*

В целом это – одно предложение, которое одновременно состоит из двух главных и двух придаточных предложений, в общей сложности – из четырёх, в зависимости от подхода.

Одновременно оно является частью текста. Данный отрывок тесно связан с остальным текстом. Так, наречие *jedenfalls* и указательное местоимение *dieser* указывают на предыдущие предложения.

Таким образом, здесь обозначена довольно обширная переходная зона, находящаяся между двумя синтаксическими единицами: „предложением", с одной стороны, и „текстом" – с другой.

9.2. Сложносочинённое предложение: формы паратаксиса

„Синтаксический ряд предложений" (Satzverbindung, Satzreihe)[1] обычно имеет структуру S. + S. + S. + ... Нередко предложения соединяются без помощи союзов:

Das Mädchen hatte hohes Fieber. Sofort wurde der Arzt gerufen. Zehn Minuten später traf er ein.

Ряд такого вида концентрирует, „уплотняет" содержание:

„Das Mädchen zieht entschlossen die Luft ein, tritt von einem Fuß auf den anderen und sagt drei Sätze hintereinander, Hunter muß sich unglaublich konzentrieren, sie sagt: ‚Wissen Sie, ich bin auf der Durchreise. Zimmer 95. Es war schön Ihre Musik zu hören, die haben mir nämlich meinen Rekorder geklaut'!"

(J. Hermann, Sommerhaus, S. 123)

Синтаксический ряд в пословице может быть таким: *Reden ist Silber. Schweigen ist Gold* (= *aber Schweigen ist Gold*). А вот пример его „союзного" расширения: *„Reden ist Kupfer. Schweigen ist Silber. Und du bist mein Gold"*.

(K. Tucholsky, Werke Bd. 5)

---

[1] В традиционной грамматике под терминами „Satzverbindung", „Satzreihe" понимается ряд самостоятельных синтаксически равноправных предложений, образующий сложносочинённое предложение. Автор рассматривает эти термины более широко – с позиции текстообразования, понимая под этими терминами наряду с классическим сложносочинённым предложением также ряд из отдельных простых предложений, разделенных точкой, но образующих единое смысловое высказывание (прим. перев.).

При помощи союза типа *und* могут соединяться как простые предложения между собой, так и простые предложения со сложноподчинёнными:

„*Das Mädchen wurde ohnmächtig, und als es wieder zu sich kam, konnte es sich an nichts erinnern*".

Паратактическая структура предложений во многих поэтических текстах обусловлена схемой стиха. В произведении „Lied der drei Soldaten" Б. Брехт при помощи повторяющихся союзов *und* и *aber* создаёт ритм марша:

LIED DER DREI SOLDATEN

George war darunter und John war dabei
Und Tom ist Sergeant geworden.
Und die Armee, sie zeigt, wer sie sei
Und marschiert hinauf in den Norden.

Tommy war der Whisky zu warm
Und George hatte nie genug Decken.
Aber Johnny nimmt Georgie beim Arm
Und sagt: Die Armee kann nicht verrecken..

George ist gefallen und Jonny ist tot
Und Tom vermißt und verdorben.
Aber Blut ist immer noch rot
Und für die Armee wird jetzt wieder geworben.

(Brecht, Werke Bd. 8, S. 127f.)

Для соединения подобных (синтаксически равноправных) предложений наряду с *und* и *aber* служат также другие слова, например, *oder, allein, nur, sondern, denn* (в устной речи также *weil*). Они имеют копулятивное, противительное (адверсативное) либо каузальное значение:

Bald werden wir überall hinfahren können, aber es wird sich nicht mehr lohnen, dort anzukommen (K. Lorenz).

Слова *und* и *oder* являются однозначными. Они могут употребляться только в качестве союзов паратактической (сочинительной) связи. Остальные слова являются полифункциональными. *Nur, doch, jedoch,* например, могут выступать в функции обстоятельств:

Ich fahre gerne mit dem Zug, doch ich wähle noch lieber das Flugzeug (союз, стоит перед *ich* в качестве первого члена предложения).

Ich fahre gerne mit dem Zug, doch wähle ich noch lieber das Flugzeug (наречие, как первый член предложения).

Leichte Mädchen haben's schwer, doch schwere Jungs haben's auch nicht leicht (союз).

В целях паратактической связи могут употребляться также наречия *daher, deshalb, deswegen; trotzdem, dennoch; demnach, folglich*. Они в своём большинстве имеют каузальное значение.

Выбирая определённые знаки препинания, также можно подчеркнуть степень связанности предложений друг с другом:

„Hunter starrt sie an, er hat die dumpfe Erinnerung an eine Fernsehshow, er versteht sie nicht, sie spricht einen Code, aber kann den Code nicht knacken...“

(J. Hermann, Sommerhaus, S. 122).

Примечание

Там, где соединяются предложения с комплементарным (дополняющим друг друга) значением, употребляются соответствующие двойные союзы, функция которых и состоит в соединении двух частей в единое целое, о чём свидетельствует уже их формальная (иконическая, наглядная) структура: *sowohl ... als auch; nicht nur ... sondern auch; weder ... noch; entweder ... oder*.

Таким образом, различают:
1) **копулятивную,** или **аддитивную,** связь,
2) исключающую, или **дизъюнктивную** связь,
3) различные виды **каузальной** связи (см. выше),
4) а также формы **рестриктивных** ограничений и
5) формы **адверсативного** противопоставления:

Комментарии к отдельным пунктам.

К пункту 1: **Копулятивное** соединение осуществляется при помощи названных выше союзов и наречий. Предложения просто присоединяются друг к другу, образуя (синтаксический) ряд, более чёткое логическое соединение отсутствует:

→ *Er arbeitete viele Jahre in Innsbruck, und dort lernte er auch seine spätere Frau kennen.*

К пункту 2: **Дизъюнктивный** тип связи показывает, что содержание одного предложения исключает содержание другого. Из названных возможностей следует выбрать одну:

→ *Komme sofort nach Hause, oder es gibt Ärger/ sonst gibt es Ärger!*

К пункту 3: Как **каузальную** связь в широком смысле можно рассматривать формы выражения обоснования, выводов, уступок, указания условий и цели. О каузальной связи в узком смысле говорят при употреблении таких союзов, как *denn*, и наречий типа *nämlich*. Напр.:

→ *Peter hatte die Schule geschwänzt, er wollte nämlich mit seinen Eltern nach München fahren/ denn er wollte ...*

При **консекутивном** типе связи составляющих в сложносочинённом предложении второе из них указывает на последствие события, описанного в первом:

→ *Ich habe mich verschlafen, deshalb konnte ich nicht rechtzeitig bei dir sein.*

Консекутивное значение имеют прежде всего наречия *also, daher, darum, demnach, deswegen, deshalb, somit, infolgedessen, folglich, mithin.*

Концессивный (уступительный) тип связи выражает то, что содержание первого предложения не имеет никакого влияния на то, о чём говорится во втором предложении. Подобные уступки выражаются при помощи наречий типа *trotzdem, dennoch, gleichwohl, nichtsdestoweniger, dessen ungeachtet*; сочетаниями наречия (в первом предложении; напр., *zwar*) и союза (во втором предложении; *aber*), напр.:

→ *Es regnete zwar, aber wir machten uns doch auf den Weg.*

К пункту 4: Иначе, чем данные – каузальные в широком смысле – типы связи, функционирует связь **рестриктивная**. Она управляет вниманием слушающего либо читающего. Это происходит за счёт того, что названное в первой части содержание ограничивается смыслом второй части:

→ *Sie hatte das Buch schon mehrfach gelesen, aber den Inhalt konnte sie doch nicht mehr nacherzählen.*

Языковыми средствами выражения рестрикции являются союзы *aber, allein, doch, jedoch,* а также наречия *nur, indessen, freilich.*

К пункту 5: При **адверсативном** типе связи отношения выстроены по-иному. Здесь содержание второго предложения противопоставляется содержанию первого:

→ *Diese Rechenaufgabe ist leicht, dagegen scheint mir die folgende unlösbar zu sein.*

Языковыми средствами выражения данного типа связи являются союзы *aber, doch, jedoch, sondern* и наречия *indessen, vielmehr, hingegen* и *dagegen.*

Т а б л и ц а 22. Семантическая классификация типов связи в сложносочинённом предложении

значение	союз	примеры
копуля-тивное (a + b)	und; sowie; sowohl ... als auch; (nicht nur) ..., sondern (auch); weder ... noch	*Mancher wollte Maler werden und brachte es nur zum Pinsel.* *Heutzutage fragt man nicht, wie groß ist seines Geistes Witz, sondern vielmehr, wie groß ist sein Besitz.*
дизъюнк-тивное (a или b)	oder, bzw., respektive, entweder ... oder	*Entweder du schaust auf deine Füße, oder du fällst auf die Nase.*
адверса-тивное (a в противо-полож-ность к b)	aber, allein, doch, jedoch, (nicht ...) sondern	*Der Geist ist willig; aber das Fleisch ist schwach.* *Bescheidenheit ist eine Zier; doch weiter kommt man ohne ihr* (шутливая форма: вместо *sie*).
эксплика-тивное и коррек-тивное (b поясняет а)	das heißt, vielmehr	*Die Arbeit der Beamten wird weniger durch das Einzelinteresse gerechtfertigt als vielmehr durch den Dienst am Staat.*
каузальное (b обосно-вывает а)	denn	*Liebe deine Feinde; denn sie sagen dir deine Fehler.* (B. Franklin)

9.3. Сложноподчинённое предложение: формы гипотаксиса

Нередко предложения, следующие одно за другим, связываются грамматически более тесно. Так возникают сложноподчинённые предложения. Такие комлексные структуры чаще всего состоят из одного главного предложения (Träger-, Matrix-,

Hauptsatz) и присоединённых к нему придаточных (Gliedsatz, Nebensatz). Это не только придаточные предложения со спрягаемой частью сказуемого на последнем месте, но и предложения с порядком слов, типичным для главного предложения, прежде всего вводные предложения (парентезы) и дословные включения чьей-либо речи, а также целых диалогов.

Главное предложение имеет признаки грамматически самостоятельного предложения. Придаточные присоединяются, как бы „привязываются" к нему. Характер их зависимости нередко определяется уже по первому слову – союзу или местоименной форме. Распознаются они, как правило, по порядку слов: спрягаемая часть сказуемого занимает в предложениях такого рода конечную позицию (Spannsatz). Они называются „союзными придаточными предложениями". Придаточные без союза, как правило, имеют порядок слов, как в главном предложении (прежде всего в косвенной речи).

Части сложного предложения, возникающие подобным образом, различаются по следующим признакам:

(а) по **форме** начала предложения (по союзу либо союзному слову) и глагольной форме; разновидность начала особенно важна потому, что она определяет тип логического включения всего последующего содержания;

(б) по своей **позиции** в структуре всего сложного предложения;

(в) по **степени зависимости** от другого предложения;

(г) по **порядку слов**;

(д) по своей **(синтаксической) функции**;

(е) по своей **семантике**.

Следующие примеры иллюстрируют, как в результате простых типов синтаксических связей возникают минимальные текстовые сегменты, называемые сложными предложениями.

(а) Форма начала предложения – в её взаимосвязи с семантикой:

Большинство придаточных предложений являются „классическими" союзными. Их смысловая связь с главным предложением определяется по союзу/ союзному слову, с которого начинается придаточное.

Часть придаточных, однако, являются бессоюзными, т. е. они не вводятся определёнными словами. Таким предложениям также не свойственно конечное положение спрягаемой части сказуемого, типичное для „классических" придаточных

предложений. Однако они без всяких затруднений трансформируются в союзные придаточные. Бессоюзные придаточные бывают трёх типов:
  – **условные** или **уступительные** придаточные (Konditional- oder Konzessivsätze), в которых спрягаемая часть сказуемого стоит на первом месте:
  Kräht der Hahn auf dem Mist, ändert sich das Wetter oder es bleibt, wie es ist.
  → Wenn der Hahn auf dem Mist kräht, ändert sich...
  Ist das Fest auch noch so schön, wir müssen jetzt nach Hause geh`n.
  → Auch wenn das Fest noch so schön ist, müssen wir...
  – придаточные **дополнительные** (Objektsätze) (с порядком слов простого повествовательного предложения):
  Ich denke, mich tritt ein Pferd.
  → Ich denke, dass mich...

Примечание
В отдельных случаях встречаются бессоюзные **субъектные** предложения, напр.: *Die Mehrwertsteuer werde nicht erhöht, verlautete aus dem Finanzministerium.*

  – придаточные **определительные** (Attributsätze) (с порядком слов простого повествовательного предложения):
  Wir erhielten die Nachricht, der Vater sei erkrankt.
  → Wir erhielten die Nachricht, dass...
Все остальные придаточные являются **союзными**, т. е. присоединяются к главному следующим образом:
  – при помощи союзов *dass, sodass, damit, als, nachdem, sobald, bevor; obwohl, obgleich; indem; weil, da* и т. п.:
  Ich glaube, dass er spinnt.
  Auch wenn/ obwohl er gern lügt, glaube ich ihm in diesem Fall.
  – при помощи относительных местоимений или наречий (см. ниже).

Т а б л и ц а 23. **Семантическая классификация типов связи в сложноподчинённом предложении**

Значение 1	Союз 2	Примеры 3
Темпоральное (b до, во время, после a)	*als, wenn, sobald, sowie, bevor, während, solange, sooft, nachdem, seitdem*	*Lernen ist wie Rudern gegen den Strom. Sobald man aufhört, treibt man zurück.* *Man muss das Eisen schmieden, solange es heiß ist (= ...bevor es kalt wird).*
Каузальное (в узком смысле: b как причина a)	*weil, da, zumal*	*Ich glaube es nicht, weil es absurd ist.*
Концессивное (b как недейственный встречный довод a)	*obgleich, obwohl, trotzdem*	*Ein schlechter Meister ist niemals glücklich, auch wenn er Glück hat.*
Условное (b как условие для a)	*falls, wenn, so(fern), bevor nicht*	*Wenn wir die Ratten verjagen von unserem freiheitlich-demokratischen Dampfer, wie werden wir zeitig gewahr, falls er wirklich mal sinkt?* (D. Höss, Verteidigung der Ratten)
Финальное (b как цель для a)	*damit, dass, um ... zu*	*Sie schreibt alles auf dem Computer, damit es dann gespeichert ist.*
Консекутивное (b как следствие a)	*(so)dass, weshalb*	*Richtet nicht, auf dass ihr nicht gerichtet werdet.*
Эксцептивное (b как исключение из a)	*außer... dass; es sei denn, dass...*	*Nicht einmal sich selbst vermag der Mensch zu lieben, es sei denn, dass er sich als Ewiges erfasse.* (Fichte)
Модальное в узком смысле: образ действия (b таким же образом как a)	*wie*	*Wie du gesät hast, (so) wirst du ernten.*

1	2	3
Инструмен-тальное (b посредст-вом a)	*indem, dadurch dass*	*Anfang und Ende einer Liebe kündigen sich dadurch an, dass man sich scheut, mit dem anderen allein zu sein.* *Unglück wird zu Glück, indem man es bejaht.* (H. Hesse)
Отсутствие сопровож-дающего обстоятельст-ва (b без a)	*ohne dass*	*Kein Mensch fühlt im andern eine Schwingung mit, ohne dass er sie selbst in sich hat.* (H. Hesse)
Сравнитель-ное (a как b)	*als, wie, wie wenn, als wenn, als ob*	*Wer höher steigt, als er sollte, fällt tiefer, als er wollte.*
Субститутив-ное (a вместо b)	*anstatt dass*	*Er schrieb Briefe, anstatt an seinem Buch weiter zu arbeiten.*
Градационное (следствие в b называет сте-пень интенсив-ности a)	*so, dass*	*Armut demütigt die Menschen so, dass sie selbst über ihre Tugenden erröten.*
Рестриктив-ное, уточняю-щее (действенность a ограниче-на b)	*(in)sofern als, (in)soweit, soviel, während, soweit, wohingegen*	*Der Vorschlag ist insofern gut, als er niemandem schadet.*
Пропорцио-нальное (a относитель-но b)	*...desto/ umso..., je; je nachdem*	*Je größer das Land, umso schwe-rer die Pflicht.* (O. Bismarck) *Man irrt umso weniger, je mehr man urteilt.*
Семантически пустое, не влияющее на содержание (чисто синтак-сическая функ-ция)	*dass, ob, wie*	*Ob vom Kölner Dom, ob vom Zir-kuszelt, ob vom Dach einer Dampfwäscherei, für den Arbeiter, der herunterfällt, ist das völlig einerlei.* (E. Kästner)

Придаточные относительные

От всех вышеназванных союзных придаточных (примеры приведены в классификации) отличаются придаточные **отно-сительные** (Relativsätze), которые присоединяются к главному предложению при помощи относительных местоимений либо наречий типа *der, die, das; welcher, welche, welches; wer, was; wo, wohin, woher, wodurch*:

Sie hat das Buch, nach dem du suchst.
Wer wagt, gewinnt.
Kennst du das Land, wo die Zitronen blühen?

Это предложения-актанты (дополнительные придаточные) и придаточные определительные (атрибутивные).

Примечание

Придаточные предложения, которые начинаются с вопросительного местоимения или наречия, именуются косвенными вопросительными предложениями.

Таблица 24. Синтаксическая классификация придаточных предложений с относительными местоимениями

Функция	Место-имение	Примеры
Придаточное дополнительное (Objektsatz)	*wessen, wem, wen*	*Wem Gott ein Amt gibt, (dem) gibt er auch Verstand.*
Придаточное субъектное (Subjektsatz)	*wer, was*	*Wer wagt, gewinnt.*
Придаточное определительное (Attributsatz)	*der, die, das, dessen, dem, den, deren, denen, welcher* и т. д.	*Es sind nicht alle fromm, die in die Kirche gehen.* *Ich hasse jeden, dessen Dankbarkeit erlischt.* *Die Seite, auf der die Kanonen arbeiten, ist niemals die richtige.* (H. Hesse)

Задание:

Какую синтаксическую функцию выполняют первые слова *die, was, wo, wozu, wieweit, wer, wem* в следующих предложениях?

Eifersucht ist eine Leidenschaft, <u>die</u> mit Eifer sucht, „<u>was</u> Leiden schafft". (Schleiermacher)

Wie schade, dass so wenig Raum ist zwischen der Zeit, <u>wo</u> man zu jung, und der, <u>wo</u> man zu alt ist.

Ich habe gefunden, dass die allermeisten Menschen nicht das tun, <u>wozu</u> sie Anlage und Natur treiben. (H. Hesse)

<u>Was</u> der Künstler sich wünscht, ist ja nicht Lob, sondern Verständnis für das, <u>was</u> er angestrebt hat, einerlei, <u>wieweit</u> sein Versuch gelungen sei. (H. Hesse)

Glücklich ist, <u>wer</u> vergisst, <u>was</u> nicht mehr zu ändern ist.

Singe, <u>wem</u> Gesang gegeben (ist).

<u>Wem</u> Gott will rechte Gunst erweisen, den schickt er in die weite Welt.

Ich weiß nicht, <u>was</u> soll es bedeuten, dass ich so traurig bin.

Инфинитивы как эквиваленты предложения (satzwertige Infinitive)

В один ряд с вышеназванными придаточными предложениями со спрягаемой частью сказуемого ставят „эквивалентные предложениям инфинитивные обороты". Они выполняют аналогичную предложениям функцию. Разница состоит только в том, что вместо спрягаемой формы глагола используется инфинитив, и подлежащее не повторяется в виде местоимения, оно опускается. В тех предложениях, в которых инфинитивный оборот выполняет функцию дополнения, форма напоминает латинскую конструкцию Accusativus cum Infinitivo (AcI), аккузатив с инфинитивом:

Er glaubt, sich nicht zu täuschen.

→ *Er glaubt, dass er sich nicht täuscht.*

В качестве определений инфинитивные обороты функционируют в случаях, подобных следующему примеру: *Die Kunst, sich in ein Buch zu stürzen, darin zu versinken, ohne auftauchen zu müssen, ist eine Überlebenshilfe.*

На этой же ступени находятся эквивалентные предложениям **причастные обороты**. Они также замещают придаточные предложения. При этом опускаются субъектное местоимение, спрягаемая часть сказуемого и союз:

Auf frischer Tat ertappt, gestand das Kind den Diebstahl.

→ *Weil es auf frischer Tat ertappt wurde, gestand das Kind den Diebstahl.*

Данные конструкции из причастных оборотов всегда замещают свободные обстоятельства, не зависимые от валентности глагола. Этим они отличаются от эквивалентных предложениям инфинитивных оборотов, которые могут выполнять и функцию актантов (ср. гл. 8.4).

(б) Позиция придаточного относительно структуры всего предложения

Если придаточное предложение стоит перед главным (Vordersatz), то его сразу же следует рассматривать как эквивалент какого-либо члена предложения. Спрягаемая часть сказуемого главного предложения следует непосредственно за придаточным предложением:

Wenn wir nicht versichert sind, müssen wir den Schaden selbst bezahlen.

(= *Dann müssen wir den Schaden selbst bezahlen.*)

Нередко на содержание этого первого предложения делается ссылка в главном при помощи соответствующего местоимения или наречия. В таком случае оно ставится в главном предложении на первое место, перед спрягаемой частью сказуемого, однако может опускаться. Оно функционирует как коррелят:

Dass Inge wieder gesund würde, daran haben wir nicht mehr geglaubt.

Реже встречаются случаи, когда предложение, обособленное запятыми, стоит между членами главного (Schaltsatz):

Der Zug wird, wenn er keine Verspätung hat, in zehn Minuten eintreffen.

Придаточные предложения, стоящие после главного, называются постпозиционными (Nachsatz):

Plötzlich brach er zusammen, als ob er einen Schlag bekommen hätte.

(в) Уровень зависимости от другого предложения

По данному признаку различают придаточные предложения первого, второго, третьего, четвёртого, пятого уровня. Самым распространённым типом являются придаточные предложения первого уровня зависимости. Они относятся непосредственно к главному предложению:

Wenn ich nicht bald etwas zu essen bekomme (придаточное предложение первого уровня),

werde ich rebellisch (главное предложение; = *Bald werde ich rebellisch*).

Иногда от одного главного предложения зависят несколько придаточных одного уровня.

С х е м а 13 а. **Придаточные предложения первого уровня**

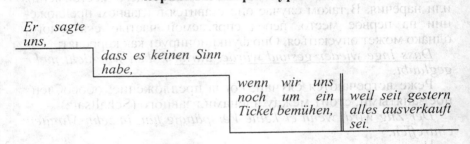

С х е м а 13 б. **Придаточные предложения первого и второго уровня**

Примечание

В придаточных предложениях второго уровня новое придаточное зависит от придаточного первого уровня. Предложение с *weil* даёт обоснование к предикату *keinen Sinn haben*, предложение с *wenn* более детально поясняет *es*, что является (коммуникативно) необходимым, чтобы правильно классифицировать предложение с *weil*.

Аналогичным образом ведут себя придаточные предложения третьего и четвёртого уровня зависимости. Каждое из них зависит от придаточного более высокого уровня, здесь – от предложений второго и третьего уровня соответственно:

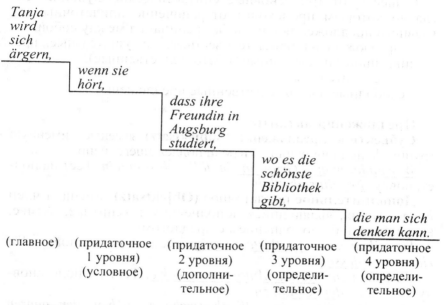

С х е м а 13 в. Многоуровневые придаточные предложения

Tanja
wird
sich
ärgern,

    wenn sie
    hört,

        dass ihre
        Freundin in
        Augsburg
        studiert,

            wo es die
            schönste
            Bibliothek
            gibt,

                die man sich
                denken kann.

| (главное) | (придаточное 1 уровня) (условное) | (придаточное 2 уровня) (дополни-тельное) | (придаточное 3 уровня) (определи-тельное) | (придаточное 4 уровня) (определи-тельное) |

(г) Порядок слов (топология)

По типу порядка слов различают:

– придаточные предложения со спрягаемой частью сказуемого в конечной позиции (Spannsätze), что является самым распространённым случаем:

Mit Vegetariern kann man besser diskutieren, wenn sie eine Wurstfabrik geerbt haben.

– придаточные предложения со спрягаемой частью сказуемого на первом месте (Stirnsätze):

Badet einer im Glück, zieht er nicht gern den Stöpsel aus der Wanne.

– „ядерные предложения" (Kernsätze) – придаточные с порядком слов простого повествовательного предложения:

Sie glaubt, das ist jetzt ihre große Chance!

Ср. тж. гл. 7.6 и 7.8.

(д) Синтаксическая функция придаточных (эквивалентность членам предложения)

Существуют три основные синтаксические функции, согласно которым происходит отграничение придаточных от главного предложения и их дифференциация между собой:

– предложения-актанты (субъектные, дополнительные, предикативные и „связанные" обстоятельственные),

– определительные,

– свободные обстоятельственные предложения.

Предложения-актанты

Субъектное предложение (Subjektsatz) замещает именную группу, функционирующую в роли подлежащего, напр.:

Wer anderen eine Grube gräbt, fällt selbst hinein. Тест на подстановку: *Er fällt selbst hinein.*

Дополнительное придаточное **(Objektsatz)** замещает член предложения, являющийся дополнением в генитиве, дативе, аккузативе либо дополнением с предлогом:

Sie rühmt sich, die Beste zu sein. Тест на подстановку: *Sie rühmt sich dessen.*

Sie sahen zu, wie das Auto verunglückte. Тест на подстановку: *Sie sahen dem Unfall zu.*

„Schwören Sie, meinen Weisheitszahn zu ziehen, den ganzen Weisheitszahn und nichts als diesen Weisheitszahn", sagte der Richter zum Zahnarzt. Тест на подстановку: *Das sagte der Richter...*

Wir zweifeln, dass er die Prüfung besteht. Тест на подстановку: *Wir zweifeln daran/ an dem Erfolg.*

Вместо субъектного или дополнительного придаточного предложения может также употребляться субъектный либо объектный инфинитив (эквивалентный по своему значению придаточному предложению):

Dich bei uns zu haben, ist mir eine große Freude. Тест на подстановку: *Das ist mir eine große Freude.*

Er schlug vor, den Kongress zu verschieben. Тест на подстановку: *Er schlug es vor.*

Если придаточное предложение замещает именную часть сказуемого, то говорят о **предикативном придаточном (Prädikativsatz)**:

„Der Mensch ist, was er isst" (L. Feuerbach). Тест на подстановку: *Der Mensch ist dies/ so* (именная часть сказуемого в номинативе).

Humor ist, wenn man trotzdem lacht.

Связанные обстоятельственные придаточные предложения (в отличие от свободных обстоятельственных придаточных; см. ниже) замещают обстоятельства, зависящие от валентности глагола:

Wo früher der Flugplatz war, steht jetzt die Universität Augsburg. Тест на замещение: *Dort* (обстоятельство места) *steht jetzt die Universität Augsburg.*

Определительные предложения (Attributsätze) замещают определения, т. е. относятся не к глаголу, а к имени, которое они характеризуют более детально. На первом месте в таких предложениях стоит союз (союзные предложения) либо относительное местоимение (относительные предложения):

Ich erkenne die Tatsache an, dass du dich redlich bemüht hast.

Sein erster Diebstahl fällt in eine Zeit, als er noch in der Pubertät war.

Das Fahrrad, das ich jetzt zu reparieren versuche, ist eigentlich nichts mehr wert.

Определение является не самостоятельным членом предложения, а частью другого члена предложения. При выполнении теста на подстановку оно перемещается вместе с определяемым словом. Вследствие этого их называют придаточными предложениями с функцией **вторичного члена предложения** (Gliedteilsätze; Glinz 1973 и др.).

В отличие от типичных придаточных определительных **псевдопридаточные предложения** (weiterführende Nebensätze) не имеют в главном предложении определяемого ими имени. Относительное местоимение связывает их содержание в большей степени с содержанием всего (главного) предложения, которое они комментируют или содержательно расширяют. Они, как и прочие придаточные определительные, никогда не стоят в препозиции к главному предложению. Псевдопридаточные предложения зависимы только формально, семантически они автономны. В разряд относительных предложений их переводят относительные местоимения, связывающие их с главным предложением:

Jetzt bricht das ganze Gerüst zusammen, was natürlich zu erwarten war.

→ *Jetzt bricht das ganze Gerüst zusammen. Das war zu erwarten.*

Особой разновидностью является **придаточное определительное предложение с наличием коррелята в главном**. Коррелят является pro-формой, местоименным наречием, к которому относится придаточное. Сам по себе он формально необходим для соответствующей структуры, однако семантически является „пустым". Содержательно он наполняется через значение последующего предложения:

Es geht <u>darum</u>, dass diese Beeren gegen Mehltau resistent sind.
Die Kleine wartet <u>darauf</u>, dass ihr endlich das Eis gebracht wird.

Некоторые переходные формы с трудом поддаются классификации. Например, о каком типе придаточных (с *dass*) идёт речь в следующих примерах – дополнительных или определительных?

„Ich bin vollkommen überzeugt,
> *dass morgen ein heiteres Wetter ist*
> *dass auf Regen Sonnenschein folgt*
> *dass mein Nachbar seine Tochter liebt*
> *dass mein Freund betrogen wird.*
Auch dass es mir besser geht als fast allen andern, daran zweifle ich nicht."

(B. Brecht; Werke Bd. 8, S. 106)

Свободные обстоятельственные предложения (**freie Adverbialsätze/ Angabesätze**) замещают свободные распространители, не зависящие от валентности глагола – прежде всего наречия и соответствующие именные группы. Высказывание относится к предикации всего предложения:
Sie gingen in die Disko, <u>als es schon Nacht war</u>. Тест на выделение в самостоятельное предложение: *Sie gingen in die Disko. Das geschah, <u>als es schon Nacht war/ in der Nacht</u>*. (Придаточное предложение заменяет обстоятельство времени). Данные обстоятельственные придаточные предложения обычно определяются в грамматиках, учитывающих аспект значения, по их семантической функции. По своим значениям они подразделяются, как правило, на 10–15 типов (ср. выше (а)), которые, в свою очередь, группируются в четыре основных класса (см. далее (е)).

(е) Семантические функции придаточных

По характеру семантического отношения к главному предложению различают:

– придаточные предложения времени (Temporalsätze) указывают на время или длительность действия;

– придаточные предложения места (Lokalsätze) указывают место или направление действия;

– модальные придаточные предложения в широком смысле (Modalsätze) указывают на образ действия, обстоятельства или степень интенсивности действия либо выражают ограничение действенности высказывания – рестриктивные придаточные (restriktive Sätze);

– придаточные предложения причины в широком смысле (Kausalsätze) – это, прежде всего, предложения, называющие реальную причину действия (придаточные причины в узком смысле), а также предложения, указывающие на условие действия (придаточные условные, Konditionalsätze), на наличие какой-либо уступки (концессивные предложения, Konzessivsätze), называющие следствие действия (консекутивные предложения, Konsekutivsätze) или цель либо намерение (финальные предложения, Finalsätze).

Придаточные предложения времени (Temporalsätze)

Действие, которое описывается в придаточном предложении, нередко происходит в той же самой временной плоскости, что и действие, выражаемое главным предложением. **Одновременность действия** выражают такие союзы, как *solange, während, sooft*:

Während sie im See schwamm, lag er am Ufer und las.

Предшествование выражается союзами *nachdem, als, seit, seitdem, sobald, sowie, wenn, kaum dass*:

Seitdem sie den Unfall hatten, fahren sie nur noch ungern mit dem Auto.

Sobald du fertig gegessen hast, gehen wir ins Bad.

Последующее действие (действие, совершаемое позднее, чем в главном) выражается при помощи союзов *bis, bevor* и *ehe*:

Er musste sie verlassen, bevor der Morgen graute.

Придаточные места (Lokalsätze) вводятся наречиями типа *wo, wohin, soweit, woher* и указывают в сочетании с глаголом предложения место либо направление действия/ процесса, называемые в главном предложении:

Wir gehen, wohin du willst. Wir warten, wo du willst.

Модальные придаточные предложения (Modalsätze) вводятся подчинительными союзами *indem, ohne dass, anstatt dass, statt dass, dadurch dass*. В сочетании с глаголом предложения они указывают на то, при каких обстоятельствах или каким образом совершается действие (инструментальное значение):

Der Rennfahrer erreichte das Ziel der Etappe als erster, ohne dass er sich verausgabt hätte.

Sie können dadurch zum Ziel kommen, dass Sie einen neuen Plan vorlegen.

Придаточные сравнительные (Komparativsätze) являются в широком смысле также модальными предложениями. Они начинаются с союза *als*, который позволяет сравнить действия, выражаемые в главном и придаточных предложениях. Глагол называет объект сравнения, „tertium comparationis":

Dieser Politiker spricht immer lauter, als es nötig ist.

Ирреальное сравнение выражается при помощи союзов *als ob, als wenn, wie wenn* и зачастую употребляется с *so* или *genauso* (в главном предложении):

Ich mache die Ausstellung so, wie wenn ich sie selbst verantworten müsste.

Wir tun so, als ob wir einen Führerschein hätten.

Рестриктивные/ ограничительные предложения (Restriktivsätze) ограничивают поле действия высказывания, которое описывается в главном предложении.

Они также относятся к модальным предложениям и вводятся союзами *wie, soviel* и *soweit*:

Soweit ich gehört habe, ist ein Flug nach Belgrad wieder möglich.

Предложения причины (Kausalsätze) в узком смысле вводятся союзами *weil, da, zumal*; они называют причину действия, выражаемого в главном предложении:

Der Schriftsteller Martin Walser hat den Büchner-Preis wirklich verdient, zumal (weil) er nicht nur einige große Romane, sondern auch gelungene Stücke geschrieben hat.

К каузальным предложениям в широком смысле относятся следующие типы:

Придаточные условия (Konditionalsätze) вводятся союзами *wenn, falls, sofern* и указывают на условие совершения действия, называемого в главном предложении:

Falls ihr später kommt, könnt ihr ja läuten.

Уступительные предложения/ предложения уступки (Konzessivsätze) вводятся союзами *obgleich, obwohl, obschon, wenngleich, wenn auch, trotzdem* и называют обстоятельство, которое не может повлиять на действие, описываемое в главном предложении:

Obgleich die Fahrt mehrfach unterbrochen werden musste, erreichte man die Stadt noch rechtzeitig.

Придаточные предложения следствия (Konsekutivsätze) начинаются с союзов *so dass, dass, als dass* и называют следствие действия, описываемого в главном предложении:

Bei dem Vortrag war ich besonders aufgeregt, so dass meine Stimme mehrfach umkippte.

Bei dem Vortrag war ich zu aufgeregt, als dass ich meine These überzeugend hätte vortragen können.

Придаточные предложения цели (Finalsätze), которые вводятся конструкциями с *damit, um ... zu,* называют цель, намерение действия:

Sie lehnte sich weit aus dem Fenster, damit sie auch alles auf der Straße sehen konnte.

Общий обзор типов придаточных предложений

Придаточными являются предложения, присоединяемые и подчинённые главному. Они различаются по следующим признакам:

(1) по форме (часть речи) первого (связующего) слова:
– союзное предложение
– относительное местоименное предложение (чаще всего с относительным местоимением)
– бессоюзное предложение
(2) по уровню зависимости:
– 1-го уровня
– 2-го уровня
– 3-го уровня и т. д.
(3) по местоположению в структуре сложного предложения:
– предшествующие главному (препозиция придаточного) (Vordersatz)
– разделяющие главное, стоящее внутри главного („вставное" придаточное) (Zwischensatz)
– следующие за главным (постпозиция придаточного) (Nachsatz)

(4) по местоположению спрягаемой части сказуемого:
– со сказуемым на традиционном втором месте (Kernsatz)
– со сказуемым в начальной позиции (Stirnsatz)
– со сказуемым в конечной позиции (Spannsatz)
(5) по своей синтаксической функции:
– предложения-актанты (субъектные, дополнительные, предикативные, связанные обстоятельственные предложения)
– (свободные) обстоятельственные предложения
– определительные предложения
(6) по своей семантической функции:
– придаточное, несущее основную смысловую нагрузку
– времени/ темпоральное
– места/ локальное
– причины/ каузальное:
  • „каузальное" в узком смысле: каузальное (причины)
  • „каузальное" в широком смысле:
    ✓ условное
    ✓ уступки/ концессивное
    ✓ цели/ финальное
    ✓ следствия/ консекутивное
– модальное:
  • „модальное" в узком смысле: обстоятельственное
  • модальное" в широком смысле:
    ✓ инструментальное
    ✓ адверсативное
    ✓ компаративное
    ✓ реляционное
    ✓ рестриктивное.

Г л а в а 10. Архитектоника текста

10.1. Макроструктура текста

Процесс текстообразования определяют 6 фаз. Согласно им осуществляется анализ текста.

(а) Выбор **темы текста (предмета речи)**. Прежде всего задаётся вопрос: о чём идёт речь в данном тексте (информативность/ Informativität)? О каких объектах внешнего восприятия либо внутреннего представления, ощущения или мыслительной деятельности говорится или пишется? Какие фрагменты „речевого универсума"/ „Redeuniversum" (Coseriu 1980), какие предметы и обстоятельства (Bühler 1934) отобраны конкретным производителем текста? Здесь возникает вопрос об интертекстуальных связях данного конкретного текста. И, наконец, что является основной темой текста? На данный вопрос существует множество ответов. Иногда на тему указывает само название текста, броский, крупный заголовок (в газетных статьях). Более детальный ответ на этот вопрос даёт краткое содержание текста (аннотация) и/или оглавление (в книге), а также анализ (семантического) содержания текста (Content-Analysis).

Примечание
Название произведения (статьи, книги, газетного сообщения и т. д.) нередко только намечает тематику текста, что обусловлено его апеллятивной функцией и рядом других моментов. Заголовок в газете, как и название книги, обычно краток. Более крупный шрифт и малое число слов в заголовке отражаются на особенностях его синтаксиса, что особенно проявляется в компрессии, сжатости, опущении некоторых элементов (Sandig 1971). Ко всему вышесказанному добавляется тот факт, что заголовок либо название книги выполняет катафорическую (предваряющую) функцию. Его цель – обратить внимание читателей на содержание последующего текста и пробудить их любопытство.

(б) Вторым определяющим моментом является **намерение** (интенция) пишущего либо говорящего (Intentionalität). Основная интенция связана с другими (второстепенными, дополнительными) намерениями. Они могут быть столь же разнообразными, насколько разнообразны возможности действий. Иногда они являются продуктом осознанных размышлений, иногда же – подсознательного либо неосознанного мотива. Как их распознать? Они могут выражаться, например, через глагол речевого акта, через модальные апеллятивные элементы, призванные побудить читателя к желаемым действиям.

Примечание

Однако интенции не всегда являются открыто выраженными и легко распознаваемыми. Они могут быть скрыты „между строк", и то, что не выражено словами, нередко предполагается, имплицируется в сказанном – в пресуппозиции (von Polenz 1988). В эллиптических конструкциях интенция может быть скрыта в опущенных членах предложения. О скрытых намерениях может свидетельствовать и выбор слов. Выбор выражения с негативной оценочной (пейоративной) окраской побуждает читателя к неприятию сказанного, положительная же оценка (мелиоративная) – скорее к согласию с содержанием высказывания и точкой зрения автора.

(в) Какое **воздействие** (перлокутивная функция) оказывает речевое действие, заключенное в тексте? Чтобы прояснить этот вопрос, следует, прежде всего, посмотреть на „эмпрактическое" окружение (Bühler 1934), т. е. условия совершения речевого действия. К данному окружению относятся, в первую очередь, следующие факторы:

– адресаты, к которым обращается текст, и условия „воспринимаемости" (воспринимаемость, тж.: приемлемость/ Akzeptabilität) согласно нормам понимания в речевом общении и правилам „литературности";
– конкретные предпосылки (факторы) устной или письменной ситуации общения (ситуативность/ Situationalität);
– коммуникативные условия речевого взаимодействия.

Примечание

Какие из них обусловливают языковую структуру текста? Например, выбор речевого регистра (устная либо письменная речь), применение определённых контактоустанавливающих элементов (напр., употребление средств „обратной связи"), которые указывают на то, что слушающий понял говорящего. Этим определяется языковая форма текста, а именно выбор специфических форм предложения, прежде всего „адресных" предложений (вопросительных, побудительных, выражающих желания и т. п.), выбор модальных оценочных и усилительных частиц, обстоятельственных наречий, модальных глаголов, утвердительных форм предложений (напр., заверения в истинности действия) и т. д. Выбор подобных средств зависит от многих коммуникативных факторов (напр., личный – безличный; прямой – косвенный; деловой – эмоциональный стиль общения), объединяемых понятием речевой констелляции (комбинации речевых признаков) (Steger 1974).

(г) Следующим (за внеязыковыми условиями) текстообразующим фактором являются коммуникативные способы, с помощью которых реализуются предмет речи (тема текста), интенция пишущего/ говорящего и коммуникативное (и социологическое) окружение ситуации общения. Структурные особенности зависят от того, какие коммуникативные способы и какой **способ языкового выражения**, т. е. функционально-смысловые типы речи (ФСТР) выбирает пишущий[1]. При этом выделяют одиннадцать способов выражения фрагмента действительности, о котором идёт речь:

– **информативный**: сообщать, докладывать;
– **нарративный**: рассказывать о чём-либо;
– **объективно-дескриптивный**: описывать, записывать, документировать что-либо;
– **субъективно-дескриптивный**: описывать, изображать, характеризовать что-либо;
– **аргументативный**: объяснять/ пояснять и обосновывать что-либо;
– **апеллятивный**: наставлять, инструктировать кого-либо;
– **„эстетический“** (Jakobson 1960): развлекать либо радовать кого-либо;
– **„конативный“** (Jakobson 1960): устанавливать, поддерживать контакт с кем-либо;
– **„легитимирующий“** (Brinker 1997): обязывать кого-либо к чему-либо;

---

[1] Немецким терминам „Kommunikationsverfahren“ и „Darstellungsart“ в русскоязычных трудах по лингвистике текста соответствуют термины „коммуникативно-речевые формы“, „функционально-смысловые типы речи“ (др. термины: „типы изложения“, „способы изложения“). В данной грамматике эти термины используются как синонимы в зависимости от контекста (прим. перев.).

– **рефлексивно-метакоммуникативный**: упорядочивать, классифицировать что-либо;
– **дидактический**: поучать, воспитывать кого-либо;
– **экспрессивный** (Searle 1969): благодарить кого-либо и т. п.

Каким образом данные способы выражения определяют процесс текстообразования? *Er hat Hunger; Eva hat Vertrauen zu Peter; Geschenke machen Freude; auf See.* Является ли это текстом? – На первый взгляд нет. Но ведь этим высказыванием свойственна явная когерентность, которая (согласно грамматике Hentschel-Weydt 2003, S. 236) определяется коммуникативным способом „описание" (объективно-дескриптивный). Важным фактором является **основная интенция** (б) конкретного текста. В этих примерах она состоит в том, чтобы описать, в каких случаях в немецком языке отсутствует артикль перед абстрактными существительными. А **воздействие** в большей мере зависит от адекватного и искусного выражения информативной, субъектно-дескриптивной функции текста и их соотнесённости с условиями понимания текста.

(д) Что определяет саму **структуру** текста, образуемого в результате сплетения отдельных предложений? В лингвистике текста указывается не только на взаимодействие речевых актов и их глаголов, но и на интригу, „эффект ожидания", создаваемый при помощи форм определённого и неопределённого артикля, за счет применения личных и притяжательных местоимений в анафорической функции, вопросительных местоимений в предваряюще-указательной функции, употребления диффузных глаголов (pro-глаголов) типа *tun, machen* и диффузных существительных (pro-существительных) типа *Sache, Begriff* (см. далее пункт (е)). Какой конкретно тип текста возникает при этом, зависит среди прочего и от способа языкового выражения (функционально-смыслового типа речи) (г), от речевой констелляции, а также средств грамматической и лексической связности и целостности текста.

Структуру текста также регулируют модели, которым следуют при написании текстов. Это часто позволяет объяснить **рамочную структуру текста**, особенно форму начала текста, например, когда он должен отвечать определённым формальным требованиям (напр., начало и завершение письма), или когда он выстроен по определённой схеме (напр., в сказках, анекдотах и некоторых „простых формах текстов"; Jolles

1925). Концовки текстов также нередко выстраиваются по определённым устойчивым образцам. В письмах, например, они содержат формы выражения вежливости и типичные формы прощания. Деловые, служебные тексты, объявления, статьи и т. п. часто заканчиваются указанием имени автора (иногда и адреса), научные сочинения/ статьи – синтаксически концентрированными выводами и обобщениями, анекдоты – кульминационными моментами, рецензии – рекомендациями читателю, а отзывы и экспертизы – обобщающей оценкой.

Всё вышесказанное касалось внешней структуры текста. Однако его **внутренняя структура** также следует определённым закономерностям. Часто текст следует определённым моделям культурного знания.

В соответствии с этим выделяются конвенциональные структурные типы текстов. В рассказах/ повестях текст структурируется в соответствии с реальной либо фиктивной временной последовательностью событий.

Структура аргументативных текстов, напротив, предопределяется их логикой, напр., в той форме, которую разработал С. Тулмин в 1958 г. (Toulmin 1958).

Риторически организованные формы текстов во многом определяются такими принципами как образность, повторы и т. п.

Внутренняя же структура научных текстов выстраивается по образцам описания, прежде всего перечисления, с одной стороны, и развития темы и её дифференциации, с включением обоснований – с другой.

По особо устойчивым моделям структурируются объявления. Для брачных объявлений (согласно Stolt/ Trost 1976), например, характерна такая последовательность: обращение – описание своей личности – цель – описание желаемого партнёра – ограничения – призыв – адрес/ телефон.

Структура проповеди определена древней традицией: вступление („Exordium") – цитата из библейского текста – объяснение этой цитаты – поучение/ вывод („Conclusio") и концовка („Epilogus"). Расширенные/ модифицированные формы этого типа текста выстраиваются по той же схеме: вступление („Exordium") – изложение темы („Propositio") – обоснование и доказательство („Confirmatio") – опровержение (возможных) возражений („Confutatio") – вывод („Conclusio") и заверение/ подтверждение („Peroratio"). Другие аргументативные (персуазивные) типы текстов отличаются от описанных выше по своим основным структурным особенностям.

(e) Грамматическое и лексическое оформление текста

При наличии и учёте вышеперечисленных условий языковая организация каждого отдельного текста зависит от языковой компетенции и стиля каждого отдельного автора (если не вмешиваются какие-либо глобальные коммуникативные цели). Это проявляется в выборе определённых грамматических форм, в предпочтительном употреблении тех или иных языковых моделей, слов и словосочетаний – разумеется, в соответствии с тематикой и интенцией текста, его окружением, избранной коммуникативно-речевой формой, содержательной структурой и положенной в основу текстовой моделью.

Избранная **коммуникативно-речевая форма** определяет отбор грамматических средств. К ним, прежде всего, относятся:

Временные формы:

Основная временная форма „описания" (Beschreiben) либо „обсуждения/ рассуждения" (Besprechen) – это презенс, основная временная форма „повествования" (Erzählen) – претерит, независимо от того, является ли повествование воспоминанием о реальном событии или повествование ведётся о чём-то воображаемом (Imagination) (Weinrich 1964).

Формы наклонения (индикатив, конъюнктив, императив):

Выбор формы наклонения зависит от того, изображает автор какое-либо событие/ действие как реальное или как фиктивное; воспринимает, переживает ли пишущий данное действие сам либо он передаёт чьи-то слова/ мнение; хочет ли он просто представить описываемое событие или вспоминает о нём, или проецирует его в своих мыслях.

Формы модальности:

К ним относится, в отличие от форм наклонения, выбор модальных глаголов, применение модальных частиц, модальных слов, модальных конструкций (инфинитивы с модальным значением, футурум в модальном значении, модальные предложения), а также применение модальных выражений типа *im Stande sein* или *möglich*, модальных словообразовательных структур с *-bar* (*strapazierbar*), *-fähig* (*strapazierfähig*), *-lich* (*käuflich*) и т. д.

Типы предложений:

Особого внимания заслуживают коммуникативные типы предложений, прежде всего адресные (вопросительные, побудительные) предложения (Erben 1980), которые дополняют повествовательные (утвердительные, констатирующие) предложения.

Типы связи между предложениями:

От паратактических рядов (последовательного присоединения) самостоятельных предложений следует отличать структуры сложных предложений. В текстах с информативной функцией обычно применяют придаточные определительные предложения, а также придаточные обстоятельственные с указанием на временные либо локальные параметры. В административных и научных текстах, отличающихся своей аргументативной функцией, обычно употребляются каузальные и модальные, а также определительные придаточные. В нарративных же текстах большую роль играют синтаксические конструкции с темпоральными союзами и союзными наречиями, выражающими последовательность действий, а также связь при помощи темпоральных и локальных предлогов (см. гл. 6–8).

Данные грамматические средства при рассмотрении их в аспекте семантических функций распределены по специфическим **лексико-грамматическим полям структуры текста.**

10.2. Грамматические и лексические текстообразующие средства

Грамматические поля пронизаны **формальными и текстосемантическими структурами**, создающими связность всего текста.

К **формальным** характеристикам относятся, прежде всего, **цепочки предложений** в тексте: **начало текста – S_1 + S_2 + $S_{3...}$ + S_n – конец текста.**

Сложные предложения, как и простые, по своей форме и положению в тексте зависят от содержания текста. Поэтому здесь их следует упомянуть особо.

В следующем тексте Б. Брехта можно наблюдать почти все возможные средства связи предложений:

1 *Von der Sintflut*

2 *Betrachtungen bei Regen*

3 *Meine Großmutter sagte oft, wenn es längere Zeit regnete: „Heute regnet*
   es. Ob es je wieder aufhört?

5 *Das ist doch ganz fraglich. In der Zeit der Sintflut hat es auch nicht mehr*
   aufgehört." Meine Großmutter sagte immer: „Was einmal war, das kann
   wieder sein – und: was nie war." Sie war vierundsiebzig Jahre alt und
   ungeheuer unlogisch.
   Damals sind alle in die Arche gegangen, sämtliche Tiere einträchtig. Das

10 *war die einzige Zeit, wo die Geschöpfe der Erde einträchtig waren. Es*
   sind wirklich alle gekommen. Aber der Ichthyosaurus ist nicht gekommen.
   Man sagte ihm allgemein, er solle einsteigen, aber er hatte keine Zeit an
   diesen Tagen.
   Noah selber machte ihn darauf aufmerksam, dass die Flut kommen
   würde.

15 *Aber er sagte ruhig: „Ich glaub's nicht." Er war allgemein unbeliebt, als*
   er ersoff. „Ja, ja", sagten alle, als Noah schon die Lampe in der Arche
   anzündete und sagte: „Es regnet immer noch, ja, ja, der Ichthyosaurus,
   der kommt nicht." Dieses Tier war das älteste unter allen Tieren und auf
   Grund seiner großen Erfahrung durchaus imstande auszusagen, ob

20 *so etwas wie eine Sintflut möglich sei oder nicht.*
   Es ist leider möglich, dass ich selber einmal in einem ähnlichen Fall auch
   nicht einsteige. Ich glaube, dass der Ichthyosaurus an dem Abend und in
   der hereinbrechenden Nacht seines Untergangs die Durchstecherei und
   Schiebung der Vorsehung und die unsägliche Dummheit der irdischen

25 *Geschöpfe durchschaut hat, als er erkannte, wie nötig sie wären.*

(B. Brecht, Werke Bd. 11, S. 101)

Тип связи между отдельными предложениями становится очевидным при их вычленении из текста. При этом с помощью **теста на зачин текста** („Textanfangsprobe") можно проверить возможность начала текста именно с того или иного предложения. Предложение „*Damals sind alle in die Arche gegangen, sämtliche Tiere einträchtig*", например, не может быть первым предложением прототипического текста уже вследствие наличия *damals*. Имеющийся в виду момент времени должен быть назван ранее, в предыдущем контексте. В этом смысле наречие времени функционирует анафорически, а местоимение *alle* указывает на последующий текст. Можно задать вопрос: Кто все? Ответом служит следующее субстантивное словосочетание *sämtliche Tiere*, повторяющее подлежащее. Таким образом, *alle* выполняет здесь также катафорическую функцию. Что же касается следующего предложения: „*Das war die einzige Zeit, wo die Geschöpfe der Erde einträchtig waren*“, то оно также не может являться первым предложением текста. Об этом свидетельствует уже местоимение *das*. Оно указывает на предыдущий контекст и предполагает знание содержания другого (предыдущего) предложения. Прилагательное *einzige,* напротив, указывает на последующий контекст. Оно функционирует катафорически. Можно, однако, задать вопрос: *die einzige (Zeit)* – из чего? Последующее *wo* как первое слово придаточного предложения (со спрягаемой частью сказуемого в конечной позиции), т. е. как относительное местоимение, указывает на уже названное в предыдущем контексте явление. Словосочетание *Geschöpfe der Erde* является перифразой слова „*die Tiere*“, в этом смысле оно указывает на существительное в предыдущем предложении.

Другим способом определения средств текстообразования является **„тест на завершённость (обрыв) предложения“** („Textabbruchprobe“). В предложении „*Meine Großmutter sagte oft, wenn es längere Zeit regnete: „Heute regnet es. Ob es je wieder aufhört?*“ нельзя прервать текст после слова *sagte* или *regnete*, после двоеточия или открывающих кавычек. В первом случае это связано с валентностью глагола *sagen*, во втором – с катафорической функцией знака препинания.

Чаще всего, однако, эффект ожидания передаётся при помощи смысловых особенностей и оттенков в значениях слов и предложений. Например, предложение „*Aber der Ichthyosaurus ist nicht gekommen*“ не может стоять изолированно, вне соответствующего контекста по многим причинам. Поскольку это предложение не содержит обоснования, оно вызывает вопрос о причине данного действия. A*ber* как союз указывает на предыдущее предложение, форма же существительного *der Ichtyosaurus* – с определённым артиклем – говорит о том, что в предыдущем контексте уже шла речь о животных. Форма же предикации с *kommen* выражает синтаксический контраст по отношению к предыдущему предложению (*„Es sind wirklich alle gekommen"*).

Примечание
Более подробно останавливаться на текстосвязующих смысловых средствах здесь нет возможности. Желающие исследовать это подробнее должны найти ответы на следующие вопросы: Что связывает между собой, например, такие относительно самостоятельные сегменты текста, как строки 1–6, строки 7–15 и строки 16–19? В результате чего возникает связность между отдельными микротемами *„Meine Großmutter"* (*„sie war vierundsiebzig Jahre alt"*) – *„Der Ichthyosaurus"* – и *„Ich"*?

Следующая обзорная таблица представляет **средства**, служащие для выражения **связности текста**.

Т а б л и ц а 25. **Средства выражения связности текста**

Как связываются предложения в тексте? Что обеспечивает когерентность и когезию текста?	**Анафорические** средства (указывают на уже известное)	**Катафорические** средства (указывают на последующее содержание, пробуждают любопытство)
Ударение в предложении (просодия)	Нисходящая интонация в повествовательном предложении (интонация завершённости).	Восходящая интонация (незавершённости): перед последующим придаточным и в вопросительных предложениях: *Ob es wieder aufhört?*
Знаки препинания (пунктуация)	Знаки в конце предложения: <.>, <!>, <?>.	Двоеточие, вопросительный знак и др.
Грамматические морфологические элементы	Pro-формы, прежде всего личные, притяжательные, относительные, указательные местоимения типа *ein, ihm, ihn, seiner, diese* и формы (определённого) артикля *der;* сочинительные (*und, oder, aber*) и подчинительные союзы (*weil, dass*); наречия (*wieder, so*); глагольные формы (времени, наклонения).	Вопросительные местоимения типа *wer, wie* и указательные местоимения типа *jene;* формы (неопределённого) артикля (*eine*) и союзы типа *obwohl, als, ob, was* в придаточных предложениях в начальной позиции.

Формы словообра-зования („частичная рекурренция")	Местоименные наречия с *wo-* (*wobei), da-* (*dabei)* и *hier-* (*hierbei*); суффиксы абстрактных существительных (-*ung, -e, -heit),* „повторяющих" пре-дикации в субстантивиро-ванной форме (напр., *eng - Enge, schieben - Schiebung*); прочие суффиксальные производные.	Местоименные наре-чия с *wo-,* употребляе-мые в интеррогатив-ной/ вопросительной форме (*womit?, wobei?*).
Другие лексические средства: **словоупотребление и словозамещение**	Повторные номинации через синонимы, гиперонимы (напр., глаголы типа *tun, machen),* гипонимы (*Preis →Brutto-, Nettopreis),* понятия отдельных частей целого (метонимия; *Rad →Reifen),* антонимы (*breit →schmal),* повторы, метафоры, описа-тельные конструкции, пери-фразы, изотопия (семантиче-ские признаки).	Глаголы речевых актов, многовалент-ные именные части речи типа *ähnlich dem, Anspruch auf ...;* слова, предусматри-вающие противопо-ложность: *anderer-seits, noch, aufhören.*
Синтаксические средства: **модели и формы предложе-ний**	Экспрессивный порядок слов, напр., именные части речи в начальной позиции предложения; эллиптические структуры; указатели придаточных предложений.	Особые типы пред-ложений: вопроси-тельные, побудитель-ные, вставные предло-жения.
Стилистические средства	Ритмические повторы (раз-мер), звуковые повторы (рифма), синтаксис, графи-ческие особенности (строки стихотворения), лексические повторы, параллелизмы.	Первая часть стилис-тических фигур анти-тезы и хиазма.

Эти средства текстообразования взаимодействуют в наз-ванных всеобъемлющих полевых структурах грамматики, лексики и стилистики текста (см. гл. 10.3–10.9).

Единство текста, его когезия и когерентность

Факторы, способствующие созданию целостности текста, уже были упомянуты. Теперь можно проследить отдельно, какие языковые средства в первую очередь участвуют в создании его целостности на уровне выражения (= когезия), а какие способст-вуют пониманию его содержания и смысла (= семантическая глубинная структура текста, или когерентность).

Когезия текста создаётся за счёт множества грамматических средств, названных в приведённой выше таблице. К ним относятся глаголы (прежде всего в функции глаголов речевого акта) и глагольные формы (грамматическое время, наклонение), именные части речи с высокой валентностью, именные заместители (местоимения), сопроводители имени (артикль, притяжательные и указательные местоимения, личные и относительные местоимения, прилагательные в разных формах сравнения), коннекторы (союзы, местоименные наречия), а также дейктические средства. Они дополняются лексическими средствами (прежде всего при лексической и словообразовательной рекурренции), а в текстах художественной литературы и публицистики (в политических речах, в рекламе и т. п.) – стилистическими средствами рекурренции при помощи ритма (размера), звучания (рифмы), особых конструкций (параллелизмов).

Когерентность, т. е. смысловая связность, устанавливается на базе разнообразных общих знаний, которые требуются для понимания текста при его чтении: это знание слов, знание текста, операциональные знания (знания, необходимые для совершения действия) и общие (энциклопедические) знания.

Согласно концепции авторов П. Портман/ А. Линке/ М. Нусбаумер (2001) можно выделить:

1) Изотопию повторяющихся семантических признаков (сем), например, признак движения в глаголе *fahren* (ср. G. Kunert *„Dahinfahren“*, см. гл. 12.1).

2) Пресуппозиции, определяющие понимание текста, исходя из наличия знаний об окружающем мире, из опыта и повседневной логики, как например, знания о езде на трамвае в произведении Г. Кунерта.

3) Знания о наличии существующих связей между словами определённого тематического поля („фреймов"/ „Frames", например, *Vogel, fliegen, Feder* и т. д.) и о порядке протекания определённого действия („скриптов"/ „Skripts"; например, по каким правилам проходит конференция или какая-либо игра).

4) Взаимосвязь тем и подтем текста и относящихся к ним высказываний (рем текста): тематическая константа, тематическая прогрессия (линейная или с тематическим прыжком).

5) Модели „текстосплетения", т. е. организации текста, например, хронология при ведении личного дневника, аргументация в юридических текстах.

Примечание
Спорным является вопрос о синтаксических эллипсисах (стоит ли их причислять к средствам когезии текста?), а также о взаимодействии различных „онимов", т. е. слов одного лексико-семантического поля (здесь они причисляются к средствам когерентности).

Образование в тексте цепочек из самостоятельных предложений – простых и сложных – происходит иным образом, чем включение придаточных в главное. Прежде всего, оно осуществляется за счёт указательных (катафорических и анафорических) элементов. К ним относятся формы артикля, местоимения, местоименные наречия, pro-формы и другие лексемы, а также прозрачные словообразовательные структуры, различные „онимы" (синонимы, антонимы, гиперонимы и гипонимы) в семантических полях; кроме того, коллокации и семантические признаки (семы), в результате которых возникают изотопические цепочки.

Созданию когерентных текстов во многом способствуют **лексико-грамматические поля** (Sommerfeldt/ Schreiber/ Starke 1994) – достаточно назвать хотя бы (микро)поля глаголов речевого акта, модальных глаголов, поле акциональности либо каузативности. Для формулирования мыслей пишущий либо говорящий охотно использует данные языковые средства. Как правило, он осознанно владеет ими на письме либо при говорении. Этой же цели служат описанные К.-Э. Зоммерфельдтом/ Г. Шрайбером/ Г. Штарке поля темпоральности и др. Как можно систематизировать и дополнить данные поля, исходя из феноменов номинации и предикации?

Для создания **предикации** в предложении служат, прежде всего, следующие поля и типичные средства их выражения:

Типичные формы и средства	Поля
грамматическое время	темпоральности
наклонение	модальности, особенно поле
	модальных глаголов,
актив/ пассив	акциональности.

Они дополняются более мелкими полями в зоне предикации:

формы с модальным значением	комментирования,
лексика и словообразование	отрицания
частицы	фокусирования.

В области **номинации** выделяются поля:

порядок слов	маркировки темы,
прилагательные, наречия	квалификативности (качественных признаков)
числительные	градации и квантитативности (количественных признаков).

Обстоятельства как средства развёртывания предикации способствуют вычленению следующих полей:

предлоги и наречия	локативное (в т. ч. направления), темпоральное, каузальное (условное и т. д.), модальных определений (сравнения, инструмента и т. д.).

Так выглядит теоретически, дедуктивно разработанная классификация полей. Анализ всех полей в рамках одного справочного издания нереален. Поэтому в гл. 10.3–10.9 рассматриваются выборочно отдельные поля. Эти поля, безусловно, лежат на разных уровнях языковой системы. Но в тексте они тесно взаимодействуют.

10.3. Лексико-грамматическое поле средств выражения речевых актов. Речевая интенция, модальность и способы их выражения

Коммуникативный рельеф текста определяется, прежде всего, взаимодействием различных речевых актов. Эти речевые акты можно определить при помощи выражающих их глаголов, а также за счёт соответствующих типов предложений, наречий, модальных частиц, свободных морфем (напр., аналитических и синтетических форм конъюнктива) и т. д.

Тип речевого акта не обязательно прямо называется в тексте. Он может быть выражен имплицитно. В диалогах речевые акты обозначаются соответствующими глаголами говорения (Verba dicendi). Согласно их „иллокутивному потенциалу" эти глаголы можно разделить на следующие группы, соответствующие особым речевым актам:

1) *mit j-m über etwas sprechen; etw. mitteilen, feststellen, j-n über etw. informieren; etw. behaupten; etw. explizieren; etw. verallgemeinern;*

2) *etw. erzählen;*

3) *etw. beschreiben, darstellen, wiedergeben, zusammenfassen;*

4) *etw. schildern, charakterisieren, mit etw. vergleichen;*

5) *etw. begründen, widerlegen, schlussfolgern, definieren, beweisen, erörtern, erklären; über etw. urteilen, etw. beurteilen, mit etw. argumentieren;*

6) *j-n anregen, anleiten zu etw., j-n anleiten zu etw.; j-m etw. befehlen, auftragen; j-n um etw. bitten, j-n zu etw. aufrufen, an j-n appellieren; etw. fordern;*

7) *j-m etw. vor Augen führen, darstellen; etw. so formen, formulieren, j-n unterhalten, erfreuen (mit etw.);*

8) *j-n begrüßen, j-n etw. fragen; mit j-m flirten;*

9) *j-m etw. bestätigen; j-n zu/ auf etw. verpflichten; j-n zu etw. legitimieren;*

10) *etw. thematisieren, hinterfragen, wieder aufgreifen, einordnen, gliedern; über etw. nachdenken;*

11) *j-n über etw. belehren; j-m etw. zeigen, demonstrieren, vorführen; j-n zu etw. (einer Einsicht) bringen; j-n loben, tadeln, kritisieren;*

12) *j-m schmeicheln, j-n beglückwünschen, bemitleiden, bedauern.*

Они выражают то, каким образом говорящий обращается к собеседнику, как он оценивает и хочет представить тематику разговора и речевую ситуацию, а также косвенно и то, как он „нанизывает" высказывания друг на друга, как он включает одно высказывание в другое, как он их переплетает и т. д.

Комментарий и позицию говорящего эксплицитно выражают также модальные слова *vielleicht, sicher, wahrscheinlich, verständlicherweise, sicherlich, offensichtlich, wohl, vermutlich, begreiflicherweise* и т. д. Они выражают мысли говорящего о степени вероятности либо истинности предикации. Таким образом говорящий стремится показать, как он сам воспринимает сказанное: как предположение, гипотезу либо как нечто достаточно достоверное, реальное или же как нечто вымышленное либо то, что он лишь представляет себе и что, следовательно, не нуждается в доказательстве.

Отношение говорящего/ пишущего проявляется также в выборе **форм наклонения глаголов**. Индикатив является основной, нейтральной глагольной формой, предложения же с формами конъюнктива I и II являются модально маркированными. В современном немецком языке они нередко служат для выражения позиции говорящего.

Значение сказанного следует чётко отделять от его оценки говорящим. Это доказывают, в частности, операции на коре головного мозга, после которых пациент, по словам профессора И. Крамона, директора Лейпцигского института нейропсихологии им. М. Планка, больше не мог соотнести „значение слов с соответствующей оценкой“.

Грамматическими средствами выражения оценки являются следующие:

На уровне **слова**: среди существительных и прилагательных это, прежде всего, определения с градуальными частицами (Gradpartikeln).

У глаголов это связанные глагольные морфемы (формы конъюнктива и т. д.), свободные морфемы (прежде всего модальные вспомогательные глаголы) и (модальные) наречия образа действия.

На уровне **предложения** модальность выражается за счёт выбора типа предложения (утвердительные, повелительные и др.), за счёт применяемых речеактных глаголов (*vermuten* и т. д.), модальных слов (modale Satzadverbien) (*vermutlich*) и модальных частиц (при помощи безударного *doch* либо *eh*).

На уровне **текста** модальность может быть имплицитной, выраженной типом референции на объект, и при помощи указаний на текстовое окружение (напр., через графические изображения).

Примечание

В сообщении речеактный глагол обычно находится в главном предложении, выражаемое же содержание – в придаточном дополнительном предложении. Фактически, однако, это придаточное предложение содержит основную информацию, прежде всего в сообщениях. Чтобы подчеркнуть это грамматически, можно „поставить с ног на голову“, т. е. перевернуть синтаксическую зависимость предложений, о чём и свидетельствует современный газетный стиль:

„Zwei Meinungsseiten statt bisher einer: Und bis zu fünf Schwer-punktseiten.... Alles in allem ist das Wochenzeitungsjournalismus. Be-ziehungsweise, eine Kampfansage an die bisherige Philosophie der Tageszeitung', **wie** *Bascha Mika, die Chefredakteurin,* **sagt**" (Süddeut-sche Zeitung 06.03.2000, S.18).

Или: *„Frederik, dänischer Kronprinz, hat die ersten 500 Kilometer seiner Polarexpedition am Nordende Grönlands wohlbehalten hinter sich gebracht.* **Wie** *der 31-Jährige am Wochenende gemeinsam mit seinen fünf Reisegefährten in einem Internet-Tagebuch* **mitteilte**, *bewegt sich die Gruppe bei derzeit 32 Grad Frost mit 39 Schlittenhunden weiter in Richtung Nordpol"* (Süddeutsche Zeitung 06.03.2000, S. 12).

От речеактных глаголов зависит также **модальный рель-еф текста,** создаваемый при помощи **конъюнктива I, конъ-юнктива II** (+ **структуры** с *würde*):

Этот рельеф возникает в результате того, что основные формы индикатива (= немаркированная форма наклонения) замещаются формами конъюнктива.

Примечание

Формы индикатива и конъюнктива образуются параллельно, как в активе, так и в пассиве:

Sie isst/ esse - sie aß/ äße - sie hat/ habe gegessen - sie hatte/ hätte gegessen - sie wird/ werde essen - sie wird/ werde gegessen haben.

Однако они не могут употребляться параллельно. Типичное для латинского языка правило следования времён (Consecutio tempo-rum) не действует в немецком языке. Выбор форм конъюнктива I и II не зависит напрямую от того, какая временная форма глагола – презенс или претерит – использована в главном предложении.

Конъюнктив I (= конъюнктив презенс или перфект) и конъюнк-тив II (= конъюнктив претерит или плюсквамперфект) выражают в современном немецком языке не разные временные отношения, а разные ступени модальности (см. выше).

Безусловно, правила употребления конъюнктива в устной речи существенно отличаются от правил его употребления в письменной речи.

В устной разговорной речи и в диалектах редко можно ус-лышать конъюнктив I, разве что в устойчивых выражениях типа *komme, was da wolle.* В косвенной речи употребляется индикатив либо конъюнктив II в синтетической (*ich äße*) или в аналитической форме (*ich würde essen*).

Примечание

Тот факт, что конъюнктив I в устной речи практически не употребляется, связан, среди прочего, с ослаблением конечных слогов в период перехода от древневерхненемецкого к средневерхненемецкому, в результате чего произошла частичная омонимизация форм индикатива и конъюнктива I: *Er behauptet, sie kommen morgen.* В данном случае *kommen* может быть как формой индикатива, так и конъюнктива. Поэтому чаще всего в подобных случаях предпочтение отдаётся формам конъюнктива II (*kämen*) либо описаниям типа *würden kommen*, если говорящий дистанцируется от передаваемой информации.

В письменной речи **конъюнктив I**, напротив, выполняет важные функции. Его применение зависит от того, в каком предложении он употребляется: в самостоятельном/ главном или в придаточном. В **самостоятельном предложении** он чаще всего употребляется в 3 л. ед./ мн. ч., когда речь идёт о следующих речевых актах:

– для выражения желания, просьбы (как оптатив), однако воспринимается как устаревшая форма:

Edel sei der Mensch, hilfreich und gut!

Gott gebe ihm eine Erleuchtung!

(к называемым лицам обращаются не прямо, а в форме оптатива);

– для выражения рекомендаций, например, в рецептах, инструкциях по применению:

Man nehme 200 g Mehl, etwas Zucker... (сегодня встречается редко; чаще всего в подобных случаях употребляется инфинитив);

– в устойчивых конструкциях для выражения гипотетических предположений (*gegeben seien die Strecken b = 5 cm, c = 3 cm und der Winkel d = 50°, gesucht sei ...*),

– для выражения предположений, подозрений, догадок (*es sei nun so oder anders...*) либо

– каких-либо соображений (*es sei, wie es wolle, es ist doch so schön*);

– в форме 1 л. мн. ч. – при прямом обращении – в качестве призыва, предостережения, напоминания (адхортатив):

Seien wir ehrlich!

Конъюнктив II в самостоятельных/ главных предложениях служит обычно для выражения гипотетических, представляемых, желательных, в т. ч. (часто) ирреальных явлений. Подобная форма встречается чаще всего при вежливом обращении (*Sie*) либо для выражения сомнения, прежде всего в адресных предложениях:

Wären Sie so freundlich, mir zu helfen?
Ich hätte Sie gerne einmal gesprochen!
Wäre das möglich?!
Ich hätte im Lotto gewonnen?!
Wenn Hans doch nur die Prüfung bestanden hätte!

Кроме того, конъюнктив II в самостоятельных предложениях служит:

– для выражения возможности действия (потенциальный конъюнктив):

Dann würden wir essen gehen/gingen wir essen.

– для выражения ирреального желания:

Hätten wir das Spiel doch gewonnen!
Wäre der Winter erst vorbei!

(проверка при помощи индикатива: ‚Der Winter ist noch nicht vorbei‘).

Конъюнктив в **придаточном предложении**:

Конъюнктив I употребляется в придаточном предложении с *dass, auf dass, damit* либо без союза после глаголов, выражающих просьбу и требование:

Er bat ihn noch einmal darum, dass er seine Reizrede lasse (редко).
Ich forderte ihn auf, er solle das Rauchen lassen.

Конъюнктив II предпочтителен, прежде всего, в придаточных предложениях условия, выражающих неясные неопределённые предположения:

Wäre der Boden gedüngt, hätten wir schon Rübenpflanzen.

Однако наиболее важен конъюнктив как залог, служащий для передачи чужих слов (после речеактных глаголов), при этом он образует коммуникативное **микрополе**.

Если передача чужих слов происходит при помощи индикатива, то этим говорящий нередко подчёркивает достоверность информации:

Sie betonte, dass ihr Mann noch in Regensburg lebt.

Для нейтральной передачи сказанного в косвенной речи на письме обычно служит конъюнктив I:

Er kommt morgen nicht zu dir. → *Igor sagt, er komme morgen nicht zu dir.*

Конъюнктив II, напротив, употребляется тогда, когда говорящий хочет дать понять, что он сомневается в достоверности сказанного или, по меньшей мере, не целиком с этим согласен: *Sie sagte vor Gericht, sie hätte nichts gesehen.*

Исключение составляют случаи, когда конъюнктив II употребляется, чтобы избежать совпадения форм индикатива и конъюнктива I (т. е. при их грамматической омонимии): *Sie meinen, sie kämen* (вместо: *kommen*) *lieber am Abend.*

Примечание

В случаях, когда придаточное предложение выражает одновременность действия либо его предшествование, форма конъюнктива с *würde* употребляется редко. При выражении последующего действия данная форма, однако, особенно популярна как в устной, так и в письменной речи: *Mein Freund hat versprochen, dass er käme/ kommen würde, dass er sich um die Arbeit kümmerte/ kümmern würde* (Hentschel/ Weydt 2003, S. 123f.). А вот форма конъюнктива с *würde* в сочетании со вспомогательными глаголами *sein* и *haben* и с модальными глаголами в разговорной речи практически не употребляется.

Формы конъюнктива занимают центральную позицию среди форм выражения модальности и относятся к полю лексико-грамматической модальности.

Т а б л и ц а 26. **Поле лексико-грамматической модальности**

„модальный“ 1. Имеется в виду значение модальных глаголов 2. Имеется в виду модальная функция члена предложения („образ действия“)				
модальные формы глагола	конъюнктив I, II, [индикатив (немаркированный)], императив			
		„функции“	объективное значение	субъективное значение
			возможно, разрешается / необходимо, требуется	предположение
модальные глаголы (поле модальности)	*will/wollte* + инф. *soll/sollte* + инф.	намерение требование	+	+ +

darf + инф.	возможность, разрешение	+		
dürfte + инф.		+		+
muss/müsste + инф.	необходимость		+	+
kann/könnte + инф.	возможность		+	+
braucht nicht + инф.	отрицание требования, разрешение	+		
mag + инф. *möchte* + инф.	желание	+		+
lässt/ließ sich + инф.	возможность	+		
lässt/ließ + инф.	побуждение	+	+	

глаголы с модальным значением	*scheinen* + *zu* + инф. (auch: *glauben, wissen, verstehen* + *zu* + инф.)
модальные частицы	безударное *ja, denn* и т. д.
модальные слова (сентенциальные наречия)	*sicher(lich), gewiss, bestimmt, vermutlich, vielleicht*
обстоятельственные наречия	so
модальные вопросительные местоимения	*wie*
личные местоимения	в свободном дативе: *er ist mir/ ihm/ ihr/ uns zu frech, grob* и т. п. (оценка)
модальный инфинитив	*ist zu tun* 'soll getan werden' (в пассивном значении); *hat zu tun* 'soll tun' (в активном значении)
модальный футурум	*Er wird krank sein* 'vermutlich ist er krank'
модальные предложения	Сравнительные предложения (с *wie*), усилительные/ градуальные придаточные предложения (с *so ... dass ...*), контрастивные придаточные предложения (с *während*, не в темпоральном значении), придаточные инструментальные предложения (с *indem; dadurch, dass*)
лексические средства	*-bar; -fähig, -lich, -abel* и т. д. *imstande sein; unwahrscheinlich, möglich/ Möglichkeit* и т. д.

Взаимодействие форм конъюнктива II и соответствующих модальных глаголов отображает игра слов в стихотворении

Рудольфа Отто Вимера (R.O. Wiemer 1971, S. 23). Это стихотворение называется „Hilfsverben" („Вспомогательные глаголы") и состоит из ряда „оборванных" предложений (апозиопезис):

Hilfsverben

Ich würde sagen wir sollten
Ich sollte meinen wir hätten
Ich hätte gedacht wir könnten
Ich könnte schwören wir möchten
Ich möchte annehmen wir müssten
Ich müsste glauben wir würden

Ich würde sagen wir müssten
Ich müsste meinen wir möchten
Ich möchte glauben wir könnten
Ich könnte schwören wir hätten
Ich hätte gedacht wir sollten
Ich sollte glauben wir würden

Ich würde sagen wir dächten
Ich dächte das wär's
würde ich sagen

Самая важная и доминирующая маркированная форма наклонения – это конъюнктив II, как свидетельствуют поэтические тексты:

„Trostlied im Konjunktiv"
Wär ich ein Baum, stünd ich droben im Wald.
Trüg Wolke und Stern in den grünen Haaren.
Wäre mit meinen dreihundert Jahren
Noch gar nicht sehr alt.
Wildtauben grüben den Kopf unterm Flügel.
Kriege ritten und klirrten im Trab
Querfeldein und über die Hügel
Ins offene Grab...

(E. Kästner 1999, S. 337)

Виртуальная зависимость конъюнктива от индикатива сохраняется даже там, где конъюнктив преобладает. Об этом свидетельствует, например, история о господине Койнере, написанная Б. Брехтом, где в прямой речи употребляются глагольные формы „ирреального" конъюнктива:

„Wenn die Haifische Menschen wären", fragte Herrn K. die kleine Tochter seiner Wirtin, „wären sie dann netter zu den kleinen Fischen"? „Sicher", sagte er. „Wenn die Haifische Menschen wären, würden sie im Meer für die kleinen Fische gewaltige Kasten bauen lassen, mit allerhand Nahrung drin, sowohl Pflanzen als auch Tierzeug. Sie würden sorgen, daß die Kästen immer frisches Wasser hätten, und sie würden überhaupt allerhand sanitäre Maßnahmen treffen...

Übrigens würde es auch aufhören, wenn die Haifische Menschen wären, daß alle Fischlein, wie es jetzt ist, gleich sind. Einige von ihnen würden Ämter bekommen und über die anderen gesetzt werden. Die ein wenig größeren dürften sogar die kleineren auffressen. Das wäre für die Haifische nur angenehm, da sie dann selber öfter größere Brocken zu fressen bekämen. Und die größeren, Posten habenden Fischlein würden für Ordnung unter den Fischlein sorgen, Lehrer, Offiziere, Ingenieure im Kastenbau usw. werden. Kurz, es gäbe überhaupt erst eine Kultur im Meer, wenn die Haifische Menschen wären."

(B. Brecht, Werke Bd. 12, S. 394ff.)

Однако в большинстве случаев модальную основу текста образует индикатив, которому противопоставляется конъюнктив как форма, выражающая что-либо как возможное, желаемое, несбыточное и т. д. (о функциях см. ниже).

В следующем стихотворении Е. Рота из сборника „Der Wunderdoktor" можно наблюдать иную картину. Здесь предложения с глаголами в конъюнктиве передают нечто выдуманное, а глаголы в индикативе в отрицательных предложениях (в скобках) представляют реальность, что с особой силой подчёркивается при помощи противопоставления.

Иначе говоря: формы конъюнктива II называют нечто выдуманное/ фиктивное как ирреальное, а конъюнктив I служит для нейтральной передачи чужих слов:

Der eingebildete Kranke

Ein Griesgram denkt mit trüber List,
Er wäre krank. (was er nicht ist!)
Er müßte nun, mit viel Verdruß,
Ins Bett hinein. (was er nicht muß!)

Er hätte, spräch der Doktor glatt,
Ein Darmgeschwür. (was er nicht hat!)
Er soll verzichten, jammervoll,
Aufs Rauchen ganz. (was er nicht soll!)
Und werde, heißt es unbeirrt,
Doch sterben dran. (was er nicht wird!)
Der Mensch könnt, als gesunder Mann,
Recht glücklich sein. (was er nicht kann!)
Möcht glauben er nur einen Tag,
Daß ihm nichts fehlt. (Was er nicht mag!)"

Конъюнктив I (презенс) используется в нарративных текстах также с целью передать чьи-либо слова дистанцированно, без комментариев:

Geschichte im Konjunktiv
Es habe, sagte der Mann aus dem ehemaligen Dorf Mündeloh, damit begonnen, daß er drei Tage vor Michaelis in den hinter seinem Haus befindlichen Garten gegangen sei und sogleich wahrgenommen habe, wie der Nachbar Roth, ein langsamer, schwer zugänglicher Mensch, drauf und dran gewesen sei, den Zaun zwischen den beiden Grundstücken um zehn Zentimeter auf seine, des Mannes Seite, zu versetzen. Das Recht dazu, erläuterte der Mann, müsse man Roth wohl zugestehen, da das Grundbuchamt die falsche Grenzziehung schon vor Jahren festgestellt habe, jedoch sei auch nach diesem Schiedsspruch bei der Winzigkeit des Objekts das Recht der Gewohnheit stärker gewesen, so daß man die irrtümlich gezogene Grenze unangetastet gelassen habe bis, wie gesagt, drei Tage vor Michaelis, wobei es unerfindlich sei, wie dieser Roth, der allerdings als Heimtücker gelte, sich ohne Grund zu einer solchen Herausforderung habe hinreißen lassen.
Er jedenfalls, der Mann, habe den anderen sofort zur Rede gestellt, jedoch keine Antwort bekommen, da Roth unentwegt mit der Spitzhacke, die er zum Versetzen der Pfähle brauchte, weitergemacht habe. Daraufhin sei er, der Mann, in den Schuppen gegangen, um ebenfalls die Spitzhacke zu holen..."

(цит. по: Ullrich 1977, S. 128f.).

Косвенная и внутренняя речь как особые случаи модальности

Внутренний монолог передаёт мысли, чувства, идеи говорящего от первого лица. Субъектом является „Я" (*Ich*), – в отличие от „несобственно-прямой речи", в которой речевое действие совершается от третьего лица (*sie, er, es*). Как литературная форма она, без сомнения, привлекательна и интересна. Создаётся впечатление, что индивидуум изображается изнутри, каков он есть в действительности, и читатель проникает в сущность его „Я". К этому добавляется привлекательность косвенного изображения: многое не проговаривается, а должно быть (пред)угадано из монолога.

„Короче говоря, для писателя это неисчерпаемый источник. Однако соответствует ли эта форма психологической действительности? ...В действительности мы чаще всего думаем вовсе не грамматически оформленными предложениями – что уже само по себе невозможно из-за исключительно высокой скорости потока мыслей. Кроме того, мысли накатываются, нагромождаются друг на друга и уходят прочь по воле и настроению индивида, оптически, акустически, отражая нервное возбуждение, либо в большинстве случаев в виде тех молниеносно пролетающих абстракций, которые получили название „идей"... кроме того, совершенно независимо от темпа этих мыслительных процессов, и форма их никогда не соответствует форме литературного внутреннего монолога."[1]

(K. Tucholsky, Werke Bd. 5, S. 221f.)

Поле побуждения

Грамматический центр поля побуждения образуют императивные формы, описанные в главе 4.3. Наряду с повелительными предложениями там приводятся и другие конкурирующие грамматические структуры в презенсе. Итак, к лексико-грамматическому полю побуждения относятся ниже перечисленные формы и структуры.

---

[1] Перевод наш (прим. перев.)

1. Побудительное предложение, ядро которого образует глагол в повелительной форме в единственном либо множественном числе, сочетающийся с соответствующей формой вежливого обращения: *Komm zu unserem Fest! Kommen Sie zu unserem Fest!* Более непринуждённое *du* либо *ihr*, напротив, встречается редко и служит экспрессивному выделению: *Bleibe du mir vom Hals!*

2. В ряде случаев повествовательное предложение в индикативе и вопросительное предложение с личным местоимением во втором лице единственного и множественного числа. В этих случаях часто используются наречия *hier* и *heute*, а также оттеночные частицы: *Ihr stellt euch in der Reihe hinten an! Du hältst mir jetzt das Stativ! Hältst du mir mal das Stativ?*

3. Повествовательное либо вопросительное предложение в презенсе с модальным глаголом, модальным вспомогательным глаголом *werden* (формально: футурум I), со вспомогательными глаголами *sein* и *werden*, структура *haben/ sein + zu* в „модальных инфинитивах": *Du sollst/ musst sofort nach Hause kommen. Sie dürfen sich solange ins Wartezimmer setzen* (юж.-нем.). *Dann hast du mich sofort zu benachrichtigen! Jetzt ist nur noch der Vertrag zu unterschreiben!*

4. Процессуальный безличный пассив с местоимением третьего лица: *Es wird alles gegessen, was auf den Tisch kommt! Das/ Es wird jetzt erledigt!*

5. Близкие к пассивным предложения с неопределённо-личным местоимением *man*: *Man spricht nicht mit vollem Munde!*

6. Повествовательные предложения, состоящие из личного местоимения *ich* в функции подлежащего, речеактного глагола просьбы либо требования и второстепенного члена предложения либо придаточного предложения, передающего смысл требования: *Ich verlange, dass Sie diese Behauptung sofort zurücknehmen!*

7. Формы адхортатива с местоимением первого лица множественного числа: *Lasst uns beten! Gehen wir!*

8. Краткие, эллиптичные синтаксические конструкции либо словоформы, которые исторически восходят к таким конструкциям, особенно глагольные эллипсисы: *Schluss damit!*; причастия II в императивном значении: *Aufgewacht!* и инфинитивы: *Alle(s) aussteigen!*

Итак, это поле побудительных форм пересекается либо дополняется выражениями лексико-грамматического поля модальности.

Примечание
Анализ показал, что полный спектр форм побуждения никогда не встречается в одном тексте – даже в самом объёмном. Распределение этих форм в большей степени (в отличие, например, от местоимений) зависит от типа текста. Например, тип 5 (предложения с *man*) употребляется почти исключительно в текстах-инструкциях по выполнению каких-либо действий (например, в поваренных книгах; Kan 2003), модальные инфинитивы (тип 3) – в юридических и административных текстах; адхортативные формы (тип 7) вообще почти не употребляются, разве что в ритуализованных речевых ситуациях, а прямые императивы (тип 1) встречаются за пределами устной сферы общения на удивление редко, особенно в специальных текстах (Röhrer 2004).

Императивы могут стоять изолированно, однако в большинстве случаев этого не происходит. В отдельных художественных текстах они образуют целые ряды и как повелительные формы тем самым подчёркивают предъявляемое человеку требование послушного поведения. Если наряду с императивами употребляются и другие формы, выражающие те или иные требования, то проявляется всё функциональное поле „обязательных требований", к которому относятся также вопросительные и повествовательные предложения в виде грамматических метафор:

Erziehung

laß das
komm sofort her
bring das hin
kannst du nicht hören
hol das sofort her
kannst du nicht verstehen
sei ruhig
faß das nicht an
sitz ruhig
nimm das nicht in den Mund
schrei nicht
stell das sofort wieder weg

paß auf
nimm die Finger weg
sitz ruhig
mach dich nicht schmutzig
bring das sofort wieder zurück
schmier dich nicht voll
sei ruhig
laß das
wer nicht hören will
muß fühlen

(U. Timm. Zit. nach: W. Schneider,
Deutsch für Kenner, S. 303)

Наличие большого количества вопросительных форм в речевых актах данного типа требований в устной речи отражено в следующем тексте Вальтера Пилара на венском диалекте (цит. по: Scheichl 1986, S. 80):

Verbote als Vorboten
DAO BLEIBST! (Kindheit)
Waos tuast denn dao scho wieda?
Waos machst denn duat scho wieda?
Waos hast denn zeascht scho wieda?
Waos hast denn jetzt scho wieda?
Was hast denn dua scho wieda?
Woas treibst denn dao vuan scho wieda? Dao hea kimmst!
So geh endlich hea!!
Dao kumm hea! (...). "

Примечание
В предложениях с апеллятивной функцией возникает вопрос о том, в каких случаях их форма выполняет иконическую функцию языкового знака. Об этом задумываются, естественно, в случаях с краткими приказными личными императивами (*Geh! Komm!* – в отличие от *Gehen Sie! Kommen Sie!*), а также при употреблении императивных инфинитивов (*Gehen! Kommen! Vorn einsteigen!*).

В повествовательных предложениях, передающих какоелибо требование, прежде всего бросается в глаза устаревшая форма заповеди с личным местоимением на первом месте. По аналогии, например, были сформулированы следующие „правила" телевизионной этики, направленные против положения

„Правильно всё то, что приносит успех", написанные в архаичном стиле перевода Библии (с предлогом *wider* вместо „gegen" и генитивным определением в препозиции: „*Deines Nächsten Privatsphäre*"):

„*1. Du sollst Werte vermitteln. 2. Du sollst Gewalt nicht verharmlosen. 3. Du sollst ein gutes Vorbild sein. 4. Du sollst nicht wider die Gleichberechtigung reden. 5. Du sollst ausgewogen sein. 6. Du sollst keine Pornographie verbreiten. 7. Du sollst Deines Nächsten Privatsphäre schützen. 8. Du sollst die Menschenwürde achten. 9. Du sollst für deine Opfer sorgen. 10. Du sollst deine eigenen Gebote achten.*"

(Süddeutsche Zeitung 26.3.2001, S. 24)

Это типичная для классических этических заповедей структура предложений. Она является объектом языковой критики, например, у Б. Брехта в его произведении „Me-ti und die Ethik":

„*Me-ti sagte: Ich habe nicht viele „du sollst"-Sätze gefunden, die ich auszusprechen Lust hatte. Ich meine jetzt Sätze allgemeinerer Natur, Sätze, die an die Allgemeinheit gerichtet werden können. Ein solcher Satz ist aber: „Du sollst produzieren.*" (B. Brecht, Werke Bd. 12, S. 498f.)

Взаимодействие мышления и говорения, глаголов речевых актов и эквивалентных им (идиоматических) выражений, речеактных форм глаголов (союзов) и коммуникативных типов предложений можно увидеть в следующем текстовом примере:

„*Es war einmal ein Bergsteiger, der vernachlässigte in gar arger Weise seine Ausrüstung. Das ließ sich diese aber nicht gefallen und trat zusammen zur Beratung.*

Die Nagelschuhe fletschten grimmig die Zähne und forderten, da er sie ständig fettlos ernährte, seinen sofortigen Tod. Darin wurden sie vom Seil unterstützt. Die Kletterschuhe zeugten ihre offenen Wunden dem Rucksack, der noch etwas ungläubig tat, da er erst gestern aus dem Laden gekommen war, und erzählten ihm erbebend den jeglicher Zivilisation hohnsprechenden Martertod seines Vorgängers. Der Eispickel bohrte sich gehaltvoll bedächtig in den Boden und sprach: „Es muss anders werden!" Und die Windjacke kreischte empört: „Er zieht mich sogar in der Stadt an!" Endlich ward man sich einig über seinen Tod bei der nächsten Tour. Die Windjacke sollte sich zuhause verstecken...

Zuerst müssten dann die Nagelschuhe... Später in der Wand wird ihn der Rucksack aus dem Gleichgewicht bringen...

Jedoch zu selbiger Zeit glitt der Bergsteiger auf der Straße über eine Apfelsinenschale und brach sich das Bein. Und... er würde sicher nicht mehr fluchen, dass er nun nie mehr in die Berge kann, wüsste er von der Beratung."

(Ö. von Horvát, Werke 1988, S. 73f.)

10.4. Грамматические способы выражения поля темпоральности в тексте

В простейшем случае грамматическое время определяется намерением говорящего выразить временные отношения. В следующем тексте почтовой открытки речь идёт о дне вчерашнем, сегодняшнем и завтрашнем:

„Hallo Margit, wie <u>geht</u> es Dir? Wir <u>sind</u> gut in Livorno <u>angekommen.</u> Die Fahrt <u>war</u> schön. Auf dem Brenner <u>hatte</u> es noch ein wenig <u>geschneit.</u> Hier <u>ist</u> es schon recht warm. Wenn es so <u>bleibt</u>, <u>werden</u> wir morgen zum Strand <u>gehen und baden.</u> Alles Gute, Dein Edi."

Более важной для выбора временных форм оказывается, однако, (субъективная) временная перспектива: **проспектива**, выраженная при помощи футурума, презенса либо модальных глаголов (*sollen, wollen, möchten*); **ретроспектива** – при помощи претерита либо перфекта, а при указании на предшествование в прошлом – также плюсквамперфекта.

Иногда соотношение между грамматическим и реальным временем является более сложным, о чём свидетельствует следующий пример:

(1) Havanna, Mitte Juli 1838, wenige Tage vor seinem Tod auf der Brigg Otis. (2) Schon kurz nach dem Auslaufen des Schiffes in Richtung Philadelphia hatte Johann Nepomuk Mälzel sein Reiseschachbrett aus der Tasche gezogen, hatte den Kapitän, einen mäßigen Spieler, zu einem Spiel herausgefordert und – verloren. (3) Er, der Meister des Endspiels! (4) Der Mann, der die Amerikaner schachsüchtig gemacht hat! (5) Der brillante Impresario jenes automatischen Schachtürken, der die Welt einst bewegte! (6) Hatte er

nicht anno 1809 in Wien den großen Napoleon Bonaparte geschlagen? (7) Die Passagiere können es nicht fassen. (8) „Mister Mälzel"! (9) Mister Mälzel schweigt. (10) Er hat sich zurückgezogen, zur Ruhe begeben. (11) Eine Kiste Claret orderte er neben sein Lager; seitdem keine andere Lebensäußerung als ab und zu ein tiefer Zug aus der Flasche.

(Süddeutsche Zeitung, 18./19.08.1990)

Варьирование временных форм в данном случае связано не столько с обозначением настоящего, прошлого либо будущего, сколько с относительными значениями временных форм, которые выражаются, прежде всего, предложными обстоятельствами (*vor... – nach...*), союзами и наречиями (*kurz, seitdem*). Кроме того, абсолютное временное значение выражается через числительные (*1838, 1809*), сочетающийся с ними полупредлог (*anno*), через абсолютное обозначение временного отрезка (*Juli*) в сочетании с относительными временными обстоятельствами (*Mitte Juli*) и наречиями (*einst, ab und zu*). Другие наречия (*schon*) и средства выражения, касающиеся процесса протекания действия (*auslaufen, sich zurück-ziehen*), напротив, не относятся к временному полю в узком смысле слова, а рассматриваются как элементы со значением ожидания, исходя из перспективы говорящего.

Как образуются временные формы?

Глагольные формы выражают здесь четыре из существующих шести грамматических времён. В предложения, не имеющие спрягаемой глагольной формы, можно в принципе вставить глагол либо в презенсе, либо в претерите.

Как употребляются временные глагольные формы? Это зависит от контекста, в приведённом примере – от предыдущего предложения и основной временной формы повествования в тексте. В данном случае это презенс, функция которого состоит в том, чтобы представить что-либо как актуальное действие. Первой дополнительной временной формой является перфект. Он сигнализирует о том, что к моменту речи действие с позиции говорящего является завершённым. Претерит в предложении 11 является стилистическим вариантом перфекта (тест на замещение: *hat geordert*; функция повествования). Чем мотивирован выбор плюсквамперфекта в предложении 2? Действие в данном случае – относительно момента говорения – представлено как прошедшее и является ретроспективой с позиции рассказчика. Претерит в предложении 5 следует также рассматривать как стилистически окрашенный, как „эстетический" претерит, при помощи которого в стилизованном виде изображается то, что произошло в далёком прошлом (ср. наречие *einst*). Систему грамматических временных форм, положенную в основу данной интерпретации, наглядно отображает обзорная таблица 27.

Соотнесённость реального времени и временных форм в настоящем и прошлом (в индикативе) отражают следующие примеры:

„Mein Sohn schreibt mir so gut wie gar nicht mehr.
Das heißt, zu Ostern hat er mir geschrieben.
Er denke gern an mich zurück, schrieb er,
und würde mich, wie stets, von Herzen lieben".

(E. Kästner 1936, S. 162)

Примечание

Некоторые лингвисты (Vater 2001) склонны вообще не рассматривать футурум как временную форму. Основанием для этого является его нередкое употребление в модальном значении субъективного предположения либо допущения. Однако в других европейских языках футурум также функционирует как грамматическая временная форма. В испанском языке он служит, например, как форма выражения действия в будущем, а также в настоящем (правда, образованный синтетическим способом, при помощи суффикса, как в лат.; ср. лат. *habemo* и исп. *habré* „ich werde haben"). Это звучит убедительно в пользу футурума как временной формы. Когда речь идёт о событиях, относящихся к будущему, то о них нельзя говорить как о свершившихся фактах. Однако существуют градуальные различия. Испанский в этом отношении точнее, чем немецкий, прежде всего, чем разговорный немецкий язык, в котором предпочтение часто отдаётся формам презенса, а не футурума.

Временные формы описания (обсуждения) (актуализация)	**Временные формы повествования** (воспоминание)
Дополнительные временные формы (относительные временные формы) ретроспективное рассмотрение действия	
перфект	плюсквамперфект
Основные временные формы: (метафоричное употребление временных форм)	

презенс	исторический презенс	претерит

сценический презенс

претерит несобственно прямой речи

Дополнительные временные формы (относительные временные формы) проспективное рассмотрение действия	
футурум I	футурум II

☐ = стилистические контрасты при употреблении временных форм

10.5. Лексико-грамматическое поле акциональности в тексте

Поле акциональности[1] в немецком языке изначально определяется глаголами, т. е. лексическими средствами, но на-

---

[1] В ряде русскоязычных грамматик немецкого языка „акциональность" обозначается как „способ протекания глагольного действия" (прим. перев.).

ряду с этим и грамматическими формами. Различают 3 ак-циональных группы глаголов (в соответствии с их значени-ем):

— некоторые глаголы с первичным компонентом значения длительности действия, например, *sein, bleiben, stehen, liegen, sitzen*;

— значительно большее число глаголов с первичным ком-понентом значения процесса, например, *werden, entstehen, geraten, kommen, auf-, unter-, vergehen*;

— многочисленная группа глаголов с первичным компонен-том значения действия, например, *etw. tun, machen, bringen, stellen, legen, setzen* и многие переходные глаголы с приставками *be-, ver-* и т. д.

Акциональный компонент, который глаголы вносят в пред-ложение, исходя уже из их основного значения, может усили-ваться либо изменяться за счёт определённых грамматиче-ских средств. В инфинитиве временное развитие события представляется как процесс, прежде всего в тех случаях, где он находится в оппозиции к различным формам с партици-пом II, выражающим длительность состояния.

Для акцентирования значений процессуальности служит прежде всего пассив. Определённая форма глагола *werden* в сочетании с партиципом II позволяет преобразовать действия (которые выражает активный залог) в процессы, в которых агенс умышленно опускается (процессуальный пассив).

В немецком языке сложные статические и динамические предикации образуются следующим образом:

Спрягаемая форма глагола	+ именная форма	функции/ предикации
sein	прилагательного/	состояния
werden +	существительного/	процесса
tun	партиципа II	действия

Согласно этому поле акциональности делится на 3 мик-рополя.

Переход из одного микрополя в другое осуществляется в результате трансформации активных глагольных структур в пассивные (в процессуальный и далее в пассив состояния). Эти категории форм существуют во многих флективных языках.

Примечание

В некоторых языках, например, в древнегреческом, выделяется третья категория: медиум (средний залог). Он занимает позицию между двумя уже названными и характеризует действие, направленное на субъект/ агенс либо служащее его интересам. В немецком языке ему соответствуют структуры с возвратными глаголами: *louomai tas chairas = ich wasche mir die Hände* .

Активный залог считается основной глагольной формой. Пассив менее употребителен и тем самым более заметен. Поэтому он рассматривается как трансформация предложения в активе: *Sie malte ein Porträt in Öl. → Das Porträt wurde (von ihr) in Öl gemalt.*

Таким образом, из предложения, выражающего активное действие субъекта, возникает эквивалентная структура в пассиве, а при опущении агенса (*von ihr*) – предложение с процессуальным пассивом.

В высказываниях о лицах при помощи пассива можно один способ глагольного действия превращать в другой: действие → процесс, когда в предложении либо ближайшем контексте не называется агенс. Кроме того, пассив может придавать действиям оттенок чего-то надиндивидуального либо неизбежного:

„Dies also war die Masse, für die der Cäsar lebte, für die das Imperium geschaffen worden war, für die Gallien hatte erobert werden müssen, für die das Partherreich besiegt, Germanien bekämpft wurde, dies war die Masse, für die des Augustus großer Frieden geschaffen wurde und für die solches Friedenswerk wieder zu staatlicher Zucht und Ordnung gebracht werden sollte, zum Glauben an die Götter und zur göttlich-menschlichen Sittlichkeit. Und dies war die Masse, ohne die keine Politik getrieben werden konnte...“

(M. L. Kaschnitz; in: Deutsche Erzähler Bd. 2, 1983, S. 317)

Если вместо предикации с *werden* конструируется предикация с *sein*, то возникает предложение, выражающее определённое состояние:
Das Porträt ist in Öl gemalt.

Примечание

Теоретически, конечно, можно действовать в обратном направлении и преобразовать предикацию состояния в предикацию процесса либо действия. Однако с точки зрения формообразования это нецелесообразно.

В любом случае две залоговых формы (актив и пассив) служат для того, чтобы различать по смыслу три типа предикации: действие, процесс либо состояние. Но каким образом? Рассмотрим, например, предложение в пассиве, выражающее какое-либо действие. Это предложение ещё содержит агенс – правда, в видоизменённой форме: если в активном предложении агенс имел форму грамматического субъекта, то здесь он выступает как предложное дополнение. И в этом смысле данные предложения согласно концепции генеративной трансформационной грамматики эквивалентны.

А вот тип предложения с процессуальным пассивом без указания на агенс не является эквивалентным структуре в активе. А такие структуры наиболее частотны и составляют 9/10 всех случаев.

Выбор той или иной формы определяется нижеследующими закономерностями:

Пассив с *sein* (пассив состояния/ Zustandspassiv)

Он обозначает результат какого-либо действия как состояние:

„War die Ironie der Grund, daß das Bild den Jungen nicht nur faszinierte, sondern auch verwirrte? Er war oft verwirrt. Er war verwirrt, wenn die Eltern stritten" (B. Schlink, Liebesfluchten, S. 8).

Формально предложение с такой структурой содержит 1 член предложения в качестве распространителя, содержательно 0 либо 1 актант:

Dort/ es ist schon gedeckt.
Der Mittagstisch ist schon gedeckt.
Ihm ist geholfen.

Примечание

Реже предикации подобного типа образуются от трёхвалентных глаголов (напр., *x sagt y das z*); в таких случаях они обычно содержат один обязательный член предложения в качестве актанта:

Es ist alles gesagt. Alles ist gesagt.

Данный тип пассива образуется только от глаголов, обозначающих изменение состояния, качества и т. п., например., *etw. (z. B. Wünsche) erfüllen, etw. (z. B. Hoffnungen) zerstören, etw. (z. B. ein Werk) vollenden.* Это переходные результативные глаголы.

Текстосемантические признаки пассива состояния:

– тематизация (топикализация) единицы, являющейся в соответствующем предложении в активе дополнением: она становится подлежащим предложения (пациенс);

– отсутствие агенса: состояние интерпретируется как достигнутое без указания на производителя/ причину;

– результативность: предикация обозначает конечное состояние;

– статическое значение.

Примечание

Агенс называется крайне редко. При этом предложная структура с агенсом является стилистически окрашенной. Она подчеркивает коммуникативную важность производителя действия (является фокусом предикации): *Dieses Mädchen ist durch das Milieu ihrer Familie geschädigt.*

Пассив с *werden* (процессуальный пассив/ Vorgangspassiv)

Формально данная структура может содержать 1, 2 либо 3 актанта, содержательно она имеет 0, 1 или 2 актанта:

Es/ Dort wird gesprochen/ über die Hochzeit gesprochen. Darüber wird von den Verwandten gesprochen. Редко*: Darüber wird von den Verwandten mit dem Kind gesprochen.*

Данный тип пассива могут образовывать только переходные глаголы, управляющие прямым дополнением. Он не образуется от глаголов с „внутренним" дополнением в аккузативе (*seinen Weg gehen),* а также от глаголов, выражающих состояние, например, *haben, besitzen, vermögen.* Как прототип выступает, таким образом, противопоставление процессуального пассива глаголу действия в активной форме с дополнением в аккузативе без предлога. Непереходные глаголы могут употребляться в пассиве только в том случае, если они имплицируют наличие личного субъекта действия (в отличие от безличного или неопределённо-личного – прим. перев.), например, *j-m helfen* или *auf etw. achten*: *Dem Mann kann geholfen werden. Darauf wird nie geachtet.*

Непереходные глаголы, образующие перфект со вспомогательным глаголом *sein* и обозначающие состояние либо природное явление, а также событийные глаголы под это правило не подпадают.

Текстосемантические признаки процессуального пассива:

– ориентированность на пациенс (подлежащее = пациенс соответствующего предложения в активе);

– отвлечённость от производителя действия: агенс называется довольно редко, с особой (стилистической) целью;

– значение непредельности процесса в предикации.

Примечание

В морфологии региональные варианты встречаются чаще, в синтаксисе – реже. Предпочтение „безличных" предикаций в поле акциональности Е.-М. Чуренев характеризует как „восточно-немецкую языковую особенность" (Frankfurter Allgemeine Zeitung 02.02.2001): „При этом на ум в первую очередь приходит пассив: вместо прямого выражения: „*Wir machen das so, ich mache das so...*" в Восточной Германии часто можно слышать: „*Das wird bei uns so gemacht...*" Вместо: „*Wir besprechen das bei uns in der Familie...*" → „*Bei uns wird das so besprochen...*" Вместо: „*Das kaufe ich ein, das hole ich...*" → „*Das wird gekauft, geholt...*". К полю акциональности относятся также следующие случаи: конструкция с *man* замещает не пассивную конструкцию, а предложение в активном залоге: вместо: „*Ich habe mich damit abgefunden, bin darüber hinweg...*" кто-то сказал: „*Da war man schon drüber hinweg...*" Другой сказал: „*Ich hoffe ja... Man hofft ja*". Вместо: „*Wir haben in unserer Stadt vor...*" → „*Man hat auch vor...*". Во всяком случае, данные примеры указывают на промежуточное положение конструкции с *man* между активом и пассивом. Такое же промежуточное положение демонстрируют случаи номинализации: Вместо: „*Das Kind fragt nicht nach...*" → „*Es kommt keine Nachfrage...*" Вместо: „*da meckert, jammert jemand...*" → „*Das ist ein Gemecker, Gejammer*". Данные моменты, однако, требуют дополнительного изучения на других примерах.

Пассив выполняет различные функции. Среди грамматистов по этому поводу нет единого мнения. Они по-разному определяют и описывают функции пассива. Общим отправным моментом для всех является противопоставление формы и функции.

Форму пассива можно объяснить просто как трансформацию предложения в активе: в результате соединения формы глагола *werden* или *sein* и партиципа II актив трансформируется таким образом, что дополнение в аккузативе (объект действия) превращается в подлежащее в номинативе (в подлежащее предложения); актант-подлежащее исходного предложения в активе исчезает. Оно, однако, может быть включено в пассивное предложение как результат трансформации в предложную группу с *von/ durch*, выполняя при этом функцию факультативного актанта-дополнения пассивной конструкции.

А что же функция? На этот вопрос существуют разные ответы. Они зависят от позиции исследователя.

Относительно семантики предложения разница ясна: трансфор-мация, в результате которой дополнение превращается в подлежа-щее, позволяет довольно легко превратить его в тему высказывания и, таким образом, изменить соотношение между темой и ремой в предложении. С этим нередко связана прагматическая цель: агенс, являющийся в конструкции с активом подлежащим, а, следователь-но, обязательным членом предложения, превращается в пассивной конструкции в факультативный элемент, который можно опустить.

Исследователи грамматики текста подчёркивают, что агенс в таких конструкциях почти всегда отсутствует (Brinker 1971). Если он уже был назван в предыдущем контексте, то, естественно, не упоминается всякий раз снова. Стилисты рекомендуют избегать по-добных повторов. Они также отмечают следующий фактор: глаго-лы действия в активных конструкциях производят впечатление действия, совершаемого под чьим-либо активным воздействием. В отличие от этого, в пассивных конструкциях с большей силой подчёркивается сам аспект процессуальности.

Следующий текст наглядно показывает, каким образом ви-ды деятельности, переживаемые автором как процесс произ-водства, через трансформацию в пассив стилизуются в тексте в бессубъектный процесс. Речь идёт о производстве шоколада на одной из фабрик в Берлине:

„ *'Erich Hamann. Bittere Schokoladen Berlin' lautet der vollständige Name des Traditionsunternehmens, das 1912 ge-gründet wurde. Auf zwei Etagen erstreckt sich Hamanns Schokoladenmanufaktur heute. Unten der Verkaufsladen, im schönsten Art déco, in dem es längst auch Vollmilchschokoladen gibt. Daran anschließend die kleine Halle, in der die Rohmassen geschmolzen und in Formen gespritzt werden. 60 verschiedene Pralinensorten entstehen hier, glänzende Gussformen stapeln sich in Regalen, in Zinkwannen lagert sich feinster Nougat, Rohschokolade in Fünf-Kilo-Platten, Kakaobutter in Chipsform. Im oberen Raum, der im Sommer gekühlt wird, damit die fertigen Produkte nicht schmelzen, wird sortiert, verpackt, beschriftet, beklebt. Werden Osterhasen, Weihnachtsmänner, Marienkäfer, Pralinen in buntes Stanniol gewickelt. Und jeden Mittwoch wird hier das einzige Fließband in Gang gesetzt, auf dem Ingwerstäbchen und Trüffelkugeln durch Vorhänge flüssiger Schokolade ziehen – und am Ende aus dem Kühlkanal als glänzende Schmuckstücke heraus-kommen"* (Stern Nr. 13, 2001, S. 217).

Наряду с группой глаголов, описывающих состояние, (например, глагольные формы *lautet, erstreckt sich, es gibt, lagert*) в данном тексте особо выделяется процесс как тип глагольного действия. Подобно формам пассивного залога с глаголом *werden* (в т. ч. и в глагольных сочетаниях типа *in Gang gesetzt werden*) этой цели служат, разумеется, и лексические средства. В данном тексте это, например, (непереходные) глаголы *entstehen* и *herauskommen,* контраст между непереходным и переходным глаголом на основе редукции валентности – в случае с глаголами *schmelzen (*в отличие от: *etwas schmelzen)* и *etwas ziehen* (в отличие от: *etw. durch etw. ziehen*).

Грамматические средства, например, номинализация в отглагольное существительное или отглагольное прилагательное, в данном примере не встречаются. Картину определяет процессуальный пассив.

Существуют другие средства для выражения значений, подобных пассиву. При желании можно найти интересные эквиваленты, служащие для расширения поля процессуальных предикаций (отвлечённых от производителя действия), например:

– сложные сочетания, состоящие из отглагольных абстрактных существительных и функциональных глаголов типа *kommen, kriegen, finden*: *In Hamburg kommt das neue Stück von Kroetz zur Aufführung* (= wird aufgeführt). *Der Schüler kriegt Schläge* (= wird geschlagen). *Hierauf findet der Paragraph 118 Anwendung* (= wird angewendet). Соответствие процессуальному пассиву проявляется в результате сравнения с соответствующими предикациями с глаголом *bringen: zur Durchführung, zur Anwendung bringen* и т. д.;

– неопределённо-личная конструкция с *man;*

– „адресный пассив" (Duden-Grammatik 1998, S. 178), который формально не является пассивом. Это сочетание партиципа II с глаголами *bekommen, kriegen* либо *erhalten* в активе, которое имеет пассивное значение: *Sie bekam/ kriegte ein Rad geschenkt, erhielt den Preis zuerkannt (= ihr wurde... geschenkt, zuerkannt).*

 В **переходной зоне между полем акциональности и полем модальности в тексте** находятся следующие формы:

– возвратная конструкция с глаголом *lassen: Diese Aufgabe lässt sich nicht lösen* (= kann nicht gelöst werden);

– модальный инфинитив: *die Aufgabe ist nicht zu lösen* (= kann nicht gelöst werden; в оппозиции к конструкции с активным значением с глаголом *haben* (*er hat die Aufgabe zu lösen*; ...muss die Aufgabe lösen);

– в устной речи – перифраза с глаголом *gehören*: *Das gehört verboten* (= sollte verboten werden);

– причастие I в атрибутивной функции как герундивная конструкция (Sommerfeldt/ Starke 1992, S. 79): *eine zu lösende Aufgabe*;

– производные прилагательные с суффиксами *-bar* и *-abel*, частично также с *-lich, -haft* и *-fähig*: *eine annehmbare oder akzeptable Lösung* (= die angenommen, akzeptiert werden kann), *eine glaubhafte/ unglaubliche Geschichte* (= die (nicht) geglaubt werden kann), *die transportable, transportfähige Ladung* (= die transportiert werden kann).

Прочие способы выражения акциональности

К ним относится глагольный **вид**. Он является определяющим для грамматики глагола славянских языков. Здесь можно отметить наличие параллелей в глагольных образованиях. Они представляют действие, с одной стороны, имперфективно (дуративно) как состояние, с другой стороны – перфективно, как завершённость процесса. Выбрав тот или иной глагол, говорящий может наряду с ходом процесса сделать акцент на его начале (инхоативность), способе (итеративность) или завершённости. Нечто подобное наблюдается и в английском языке: при противопоставлении „прогрессивного“ и простого выражения глагольного действия: *She is running – She runs down the street*. В немецком языке таким способом можно проследить различие между формой выражения длительности действия *Sie ist am Laufen* и простым действием *Sie läuft die Straße hinunter*. В повседневной устной речи большей популярностью пользуется прогрессивная процессуальная глагольная форма, в письменной речи она менее употребительна. Поэтому её системное значение зачастую не распознаётся. Она указывает на глагольный вид как на грамматическую структуру.

Итак, лексико-грамматическое поле акциональности в немецком языке определяется, прежде всего, глаголами, т. е. лексикой, и лишь затем грамматическими формами.

Компонент акциональности глагольного вида, на который указывает инфинитив глагола, уже исходя из его основного значения, может быть усилен через противопоставление финитным формам либо изменён за счёт различных грамматических средств. При этом чётко противопоставляется акцентирование внимания на самом ходе процесса и его длительности (протекании действия во времени), с одной стороны, и на целенаправленности действия до его логического завершения – с другой. Это происходит за счёт контраста простых глаголов и глаголов с приставками *er-, ver-, durch-*, а также за счёт использования соответствующих сочетаний с функциональными глаголами.

Какую роль здесь играет пассив? Пассивная форма с глаголом *werden* и партиципом II может превращать действия в процессы – когда агенс умышленно опускается, а форма с глаголом *sein* описывает состояния (процессуальный пассив и пассив состояния).

10.6. Средства выражения локальности и дирекциональности. Их роль в развёртывании текста

При необходимости описания пространственных отношений и движения на ум приходят прежде всего предлоги *neben, über, unter, in, vor* и т. д. И они здесь, без сомнения, являются самым важным языковым средством. Предлоги восходят к союзным словам с локальным значением.

В данной функции их дополняют не союзы и частицы, а другие части речи. Взаимодействие этих средств определяется при анализе текста. Их употребление зависит от особенностей части речи, к которой они относятся, от формы, комбинаторики (валентности и т. д.) и функции соответствующей части речи (о чём говорилось в разделах „Слово" и „Предложение"). Следующий текст взят из путеводителя для автомобилистов („Baedeckers Autoreiseführer, Mittel- und Unteritalien", 1972, S. 35). Он характеризуется „сжатостью", ёмкостью. Спрягаемые глагольные формы в нём нередко опускаются – там, где речь идёт об „одном и том же", а именно о езде на автомобиле:

• 18	*Von Florenz über den Muraglione-Paß und Forli nach Ravenna (136 km). – Die Straße führt von Florenz (Firenze, 51 m; s. Teil C) zunächst im anmutigen Arno-Tal aufwärts bis*
• 18	*Pontassieve (100 m; s. bei R 6 c). – Dahinter links (geradeaus nach Cesena bzw. Arezzo, s. S. 74 und R 6 c) und nun in dem benachbarten unteren Sieve-Tal aufwärts und quer durch den Apennin (vgl. S. 219).*
• 18	*Dicomano (158 m), Dorf am Südostende der vom oberen Sieve durchflossenen Tallandschaft Mugello. – Weiter am San Gedense hin, später in zahlreichen Windungen bergan (schöne Rückblicke).*
• 27	*Muraglione-Paß (Passo oder Válico del Muraglione; 907 m; Gasth.), mit schöner Aussicht nach Süden. – Dann im Tal des Montoe hinab über S. Benedetto in Alpe (495 m) und Pórtico die Romagna (309 m).*
• 28	*Rocca San Casciano (213 m). – Dahinter in dem sich später erweiternden Montone-Tal abwärts über das kleine Thermalbad Castrocare Terme (75 m), überragt von einer mächtigen Burgruine, nach*
• 19	*Forlì (34 m; s. S. 72), wo man die Via Emilia nach Bologna und Rimini kreuzt (R 3). – Weiter durch den südöstlichen Teil der Po-Ebene, meist an dem Flüßchen Ronco hin.*
• 8	*Longana (12 m), dessen Kirche Sant' Apollinare ein beachtliches Hochaltarbild enthält.*
•	*Ravenna (4 m; s. S. 74), wo die Routen von Florenz über Cesena (s. S. 74) sowie von Rimini münden (s. S. 74). – Fortsetzung der Fahrt nach Venedig s. S. 75 und 76.*

В структуре данного текста присутствует множество средств выражения места действия. Их можно распределить следующим образом в зависимости от используемых частей речи (в порядке их частотности):

1. Предлоги   (место):   *in/ im; an/ am*;
          (направление): *von – über – nach; bis; (quer) durch; am – in.*

Наиболее тесно они взаимодействуют со следующими частями речи, лексически дополняющими грамматическое поле обстоятельств места и направления:

2. Существительные: *Südostende, Süden, Route, Fahrt*; многие имена собственные: *Venedig, Arno, Appenin* и т. д.

3. Глаголы:	*führen, durchfließen, über-ragt von, kreuzen, münden*
4. Прилагательные:	*untere, obere, südöstlich*
5. Наречия:	*aufwärts, dahinter, links, geradeaus; weiter, bergan, hinab, abwärts, hin.*

От отдельного текста можно перейти к общим положениям:

В центре данного поля всегда стоят предлоги. Они обозначают

а) направление (пункт отправления: *von*; промежуточный пункт: *durch*; цель: *nach)* (Sommerfeldt 1998, S. 41),

б) расположение, а именно пункт (*in),* близость к чему-либо (*bei),* отношение к границе чего-либо (*vor, hinter),* область (*innerhalb, außerhalb*) и, естественно, положение относительно наблюдателя (*rechts, neben*).

В других текстах могут встречаться и иные части речи, прежде всего вопросительные местоимения и местоименные наречия (*woher, wohin, wo* и т. д.), отсутствующие в приведённом выше дескриптивном (описательном) тексте, и определённые типы предложений. Если учитывать все эти элементы, поле локативности делится на сегменты по частям речи и типам предложений, а именно:

– отдельные слова (предлоги, имена, глаголы);

– словосочетания (с определениями в форме отдельных слов, словосочетаний либо придаточных предложений);

– придаточные предложения (отдельные придаточные дополнительные с локальным значением, многочисленные относительные предложения).

Примечание

Выше были рассмотрены эксплицитные формы, выражающие локативность. Наряду с этим имеются разнообразные способы её имплицитного выражения. Они описываются в разделах о семантике слова и семантике предложения.

Что касается локативных сем (компонентов) отдельных слов, то они эксплицируются в одноязычных словарях через дефиниции слов, их парадигматические (поля) и синтагматические (коллокации) связи, а также примеры контекстуального употребления. Локальные отношения, „спрятанные" внутри структуры сложных слов типа *Backhaus* или *Wohnzimmer*, подвергаются толкованию в словаре лишь в том случае, когда они узуально закреплены, и дефиниция представляется релевантной: *Wohnzimmer* „der Raum in e-r Wohnung, in dem man sich vor allem zur Unterhaltung u. Entspannung aufhält" (LWB). В учении о словообразовании они эксплицируются в результате трансформации слов в эквивалентные им предложения (*Backhaus* → *Haus*/ Gebäude, in dem Brot *gebacken* wird), при помощи указаний на синонимичные им слова (*Backhaus* = *Bäckerei*) и т. д. (Deutsche Wortbildung Bd. II, S. 460).

Имплицитные локативные отношения в предложениях анализируются в трудах по семантике предложений (von Polenz 1989) и обозначаются вслед за Ч. Филмором (Fillmore 1968) сбивающим с толку термином „локальные семантические падежи" (Sommerfeldt/ Starke 1998, S. 90ff.). Авторы полагают, что это должно означать следующее: локативное значение может быть выражено не только при помощи эксплицитных грамматических форм и выбора соответствующего слова, но и в результате сочетания этих двух моментов. Это доказывают возможные трансформации. „Цель посещения" может быть названа не только через обстоятельство места с предлогом, но и, например, через дополнение в аккузативе либо дативе (*Sie besuchte die Ausstellung/ Ihr Besuch galt der Ausstellung* → Sie ging in die Ausstellung) либо подлежащее (*Die Ausstellung war das Ziel ihres Besuchs*).

10.7. Каузальность как средство развёртывания текста

Начнём с конкретного текста:
Die Kultur der Städte entwickelt sich heute in Afrika, wo Zentren der politischen, ökonomischen und militärischen Macht geschaffen wurden. In den jungen unabhängigen Nationalstaaten entstehen Metropolen, die Verkehrs- und Kommunikationszentren bilden. Hier wird der größte Teil der Geschäfte abgeschlossen. Ausländische Konzerne, Handelsorganisationen, Banken und Versicherungen haben hier ihren Sitz. Auch die Kommunikations- und Transportmöglichkeiten sind besser. Viele Zweige der verarbeitenden Industrie und des Dienstleistungssektors erzielen in den Großstadtregionen eine entschieden höhere Produktivität. Die nationale Industrieproduktion konzentriert sich in diesen Zentren.

Это пример описательного текста. Предикации состояния описывают состояние дел, а именно, дают ответы на вопросы „что?", „где?", „как?".

К ним добавляются процессуальные предикации, отражающие процессы развития. Так описывается то, как в африканских метрополиях развивается собственная городская культура. Аргументация сказанного, кажется, отсутствует — во всяком случае, она не выражена в тексте. Имплицитно же она здесь присутствует, прежде всего, на основе того факта, что словесное выражение изображаемых взаимосвязей является следствием размышления об их причинах. Если они будут выдвинуты на „поверхность текста", то данный текст из дескриптивного превратится в аргументативный:

„Metropolen in Afrika.

...Die heutige Städtekultur in Afrika ist im wesentlichen auf das Bestreben zurückzuführen, Zentren der politischen, ökonomischen und militärischen Macht zu schaffen. Auch unter den neuen Bedingungen der Unabhängigkeit verstärkt sich die Entwicklung der Metropolen, weil sie die Verkehrs- und Kommunikationszentren der jungen Nationalstaaten bilden. Hier wird auch der größte Teil der Geschäfte abgeschlossen. Denn in den Hauptstädten haben ausländische Konzerne, Handelsorganisationen, Banken und Versicherungsgesellschaften ihren Sitz. Wegen ihrer besseren Kommunikations- und Transportmöglichkeiten und dank anderer Vorteile bieten Großstadtregionen eine entschieden höhere Produktivität für viele Zweige der verarbeitenden Industrie und des Dienstleistungssektors. Aufgrund dessen konzentriert sich die nationale Industrieproduktion in diesen Zentren..."

(Horizont Nr. 12, 1986)

Макроструктура текста изменилась: описание (Beschreibung) как композиционно-речевая форма заменено на аргументирование/ рассуждение (Erörterung), где очень важны обоснования, доказательства. Они образуют целое поле грамматических и лексических средств выражения, к которому относятся:

— подчинительные союзы: *weil* (строка 5);
— сочинительные союзы: *denn* (строка 8);
— аргументирующие предлоги: *wegen* (строка 10), *dank* (строка 11), *aufgrund* (строка 14);
— существительные: в сочетании *unter den neuen Bedingungen* (строка 3–4);
— глаголы: *ist zurückzuführen auf...* (строка 2).

Примечание

Наречия здесь отсутствуют. Союз *denn* вводит предложение, являющееся обоснованием предыдущего, в отличие от *da* и *weil*, которые могут находиться как в предыдущем, так и в последующем предложении. А предложения с *denn* имеют такой же порядок слов, как и главные. Содержащееся в них обоснование приобретает, таким образом, особый вес и в синтаксическом аспекте. Стоящий на первом месте союз может выполнять иконическую функцию, называя причину действия и подчёркивая этим её важность:

„*Denn (diese Konjunktion liebte Naphta ganz besonders; sie gewann etwas Triumphierend-Unerbittliches in seinem Munde, und seine Augen hinter den Brillengläsern blitzten auf, jedesmal, wenn er sie einfügen konnte), denn der Begriff des Praktischen sei mit dem des Katholischen psychologisch verbunden ...*"

(Th. Mann, Der Zauberberg 1974, S. 467)

Процитированный выше аргументативно структурированный текст об африканских метрополиях является ответом на вопрос. Этот вопрос не сформулирован эксплицитно, однако он положен в основу текста как неозвученная предпосылка (пресуппозиция): „*Warum entwickeln die großen Städte in Afrika heute eine eigene industrielle Kultur?*" Предложения текста могут в таком случае рассматриваться как цепочка ответов на этот вопрос. Тогда сказанное будет читаться следующим образом:

„*Warum haben die großen Städte in Afrika heute eine eigene Kultur? Weil dort Zentren der politischen ökonomischen und militärischen Macht geschaffen wurden. Deshalb wachsen die Metropolen weiter; denn die Unabhängigkeit fördert ihre Entwicklung. Diese Tendenz verstärkt sich auch deshalb, weil dort die Verkehrs- und Kommunikationszentren der jungen National-Staaten entstehen. Und demzufolge haben die ausländischen Konzerne, Handelsorganisationen, Banken und Versicherungen dort ihren Sitz genommen. Es versteht sich von selbst, dass auch der größte Teil der Geschäfte hier dann abgeschlossen wird. Ein weiterer Grund: Großstadtregionen ermöglichen für viele Zweige der verarbeitenden Industrie und des Dienstleistungssektors eine entschieden höhere Produktivität, zumal die Kommunikations- und Transportmöglichkeiten da viel besser sind und weitere technische Vorteile hinzukommen. Die nationale Industrie-produktion konzentriert sich so in diesen Zentren*".

Ответы на исходный вопрос создают целое сплетение из сложных предложений. Оно возникает в результате применения различных приёмов аргументации (Begründen). При этом следует иметь в виду следующее: **причина** и **следствие** являются реверсивными, взаимообратимыми выражениями, используемыми для смыслового соединения двух явлений, высказываний, мыслей.

Высказывания о **причине** какого-либо явления подразделяются в зависимости от названного вида причины:

– истинная причина (= каузальность в узком смысле),

– возможная причина (= условность) либо

– недостаточная причина (= концессивность).

Высказывания о **следствии** какого-либо явления могут выражать следующие виды следствия:

– чётко мотивированное следствие (указана цель, намерение) (= финальное высказывание) либо

– следствие без указания мотива, „чистое следствие" (= консекутивное высказывание).

Данные каузальные (в самом широком смысле) отношения могут, как показывает сравнение приведённых выше вариантов текста, выражаться при помощи не только грамматических, но и лексических средств. Наиболее явно здесь проявляется участие союзов. Доминируют при этом – с основным значением – *denn* и *weil* (каузальное), *wenn* (условное), *obwohl* (концессивное), *um... zu* (финальное) и *so... dass* (консекутивное). Их значение при этом подкрепляется предлогами, местоимениями и наречиями, существительными, глаголами и частицами.

Однако наряду с этим, как показывают сравниваемые тексты, можно выделить многочисленные случаи, в которых причинно-следственные отношения не выражаются эксплицитно. О том, что мы всё же имеем дело именно с этим типом отношения, свидетельствует последовательность предложений с соответствующими высказываниями в тексте: в таком случае причина обычно предшествует следствию.

Для выражения каузальности служит широкий спектр синтаксических форм. К ним относятся присоединяемые (паратактически, например, с *denn*) предложения, включаемые (гипотактически, например, с *weil*) придаточные предложения, присоединяемые при помощи союза (напр., *wegen*) именные группы, вводимые союзом (напр., *um... zu*) глагольные группы, разнообразные лексические средства: существительные (*Ursache*), прилагательные/ причастия (*bedingt durch*), наречия (*demnach*), частицы (*ja*), глаголы (*bewirken*).

Каузальность определяется под влиянием совершенно разных взаимосвязей плана содержания и плана выражения. Первым фактором может быть уже тип текста, если, к примеру, речь идёт о юридическом решении. Здесь имеется много предложений, где каузальность вовсе не маркирована. Причина может быть названа, например, в скобках, в виде ссылки на какой-либо конкретный параграф. Либо она присутствует имплицитно, когда употребляются слова других частей речи, как то существительные (*Grund, Ursache, Anlass* и т. д.), глаголы (*zurückgehen auf, bedingt sein durch* и т. д.), предлоги (*von, infolge, wegen* и т. д.), частицы (*ja, eh* и т. д.), наречия (*folglich, demnach* и т. д.), прилагательные (*plausibel, logisch* и т. д.).

К этому добавляются имплицитные взаимоотношения между словами, о которых обычно информируют словарные дефиниции, указания на парадигматические и синтагматические отношения (коллокации) в словарной статье (Wellmann 2001). Поскольку их можно наблюдать и в совершенно прозрачных словообразовательных конструкциях, то они осознаются через трансформации, как в производных с -*halber* (*interessehalber, spaßeshalber*) либо -*wegen* (*seinetwegen, deinetwegen*), или в сложных словах типа *Schmerzensschrei* (ein Schrei, den jemand ausstößt, weil er Schmerzen hat), *Freudentränen* (Tränen, die jemand aus Freude weint), *regennasse Fahrbahn* (nass, weil es geregnet hat) и т. д. Обе части данных сложных слов, без сомнения, связывают определённые каузальные отношения. Они просто не маркированы планом выражения.

Об имплицитных каузальных отношениях в синтаксисе также уже было сказано выше, когда речь шла о наличии обоснованной связи между двумя самостоятельными предложениями, которая возникает только в результате их (непосредственного) следования одного за другим (см. выше).

10.8. Средства выделения темы текста (Topic). Тема-рематическое развёртывание текста

Всякое предложение состоит из „предмета речи"/ „топика" (Topic), т. е. того, о чём что-либо говорится, и „предикации", при помощи которой это происходит. Вместе данные две величины называются также „пропозициональным содержанием" предложения. С прагматической точки зрения это является частью речевого акта. Как узнать, о каком речевом акте идёт речь? Данную информацию выдаёт только контекст, который показывает, какой глагол речевого акта и какая глагольная форма иллокутивного потенциала выбрана именно для данного высказывания.

В предложениях, в которых актанты в номинативе и аккузативе звучат одинаково, подлежащее как актант в номинативе стоит на первом месте и называет тему. Следовательно, предложения, подобные следующему, считаются ошибочными:

„*Mehr als 50 Frauen sollen zwei Westafrikaner nach NWR (= Nordrheinwestfalen) eingeschleust und zur Prostitution in Bordellen in Oberhausen, Düsseldorf und Köln gezwungen haben*" (пример из раздела „Hohlspiegel" журнала „Spiegel" Nr. 13, 2001).

Т. е., если грамматическая форма подлежащего и дополнения в аккузативе совпадают, то читатель ожидает увидеть подлежащее слева от предиката, в начале предложения.

Тема предложения (Topic) чаще всего называется при помощи имени (Nomination). Она обычно уже известна из предыдущего контекста либо ситуации. Поэтому она чаще всего появляется в форме личного местоимения, как правило, в виде флективной формы подлежащего, и стоит в начале предложения. Данная позиция является регулярной, когда „топик" выражен не именем, а имеет форму глагольного сочетания (*Froh zu sein bedarf es wenig*) либо предложения (*Wer wagt, gewinnt*).

То же, **что** говорится о „топике", выражается самыми разнообразными способами. Конечно, оно может быть выражено наглядно, при помощи жестов либо мимики. В письменных текстах, однако, оно обычно имеет языковую структуру предикации, состоящей из спрягаемой (и неспрягаемой) глагольной формы, зависимых от неё актантов, модификаторов и свободных распространителей. Так, в предложении „*Ich habe mich in England nie auf das Risiko einlassen wollen, selbst ein Auto zu fahren*" к предикации относятся вспомогательный и смысловой глагол, модальный глагол (в качестве модификатора), отрицание, дополнение и обстоятельство места.

Как тема и рема отдельных предложений в тексте соотносятся друг с другом? Если во всех предложениях текста тема одна и та же, как это часто бывает в предложениях при описании предмета (например, при описании картины), то говорят о „тематической константе". Тема может быть предъявлена и иным образом. Она может быть видоизменена до подтемы посредством метонимии (pars pro toto), как в произведении „Die Beratung" Э. фон Хорвата, посредством „тематического прыжка", когда читатель должен восстановить пропущенный компонент, либо посредством „тематической прогрессии", когда рема предыдущего предложения становится (часто за счёт номинализации) темой нового предложения (Daneš 1970, S. 72ff.). Эти типы соединены в начале басни Ф. Грильпарцера: „*Zu Äsops Zeiten sprachen die Tiere/ Die Bildung der Menschen wurde so die ihre...*" (см. Wellmann 1998, S. 20ff.).

10.9. Средства выражения сравнения в тексте

Важнейшими формами сравнения в грамматике обычно считаются **компаратив** и **суперлатив** прилагательных. При системном описании, однако, выделяют ещё две дополнительные формы, указывающие на определённую степень качества. Во-первых, это **позитив** в качестве базовой формы, так как он тоже имплицирует сравнение: *Der Bleistift ist kurz* (в сравнении с x, y, z); *er ist kürzer als y, der kürzeste von x, y, z.* Прилагательное *kurz* имеет в данном случае не абсолютное, а относительное значение, возникающее в результате сравнения называемого предмета с другими аналогичными предметами одного рода или типа. Короткий карандаш (*ein kurzer Bleistift*) имеет лишь несколько сантиметров в длину, короткий отрезок трассы (*eine kurze Bahnstrecke*) измеряется несколькими километрами. Другой формой сравнения является **элатив**. Он выражает очень высокую степень качества, но употребляется не относительно, а, как и позитив, в абсолютном значении: *kurz – kürzer als y – s e h r   k u r z – der kürzeste von x, y, z.* Логическая форма всех данных структур, выражающих сравнение, такова: „*x* совпадает/ не совпадает с *y* в отношении признака *z* в определённой степени (*w*)“. *x* является в таком случае исходной данной величиной (предикации), *y* является второй величиной, относящейся к исходной, *z* – это критерий/ признак („tertium comparationis‘), а *w* называет степень совпадения/ несовпадения, похожести/ непохожести *x* и *y* относительно *z*.

Наряду с компаративностью прилагательных имеются и другие возможности для выражения сравнения: морфологические, синтаксические, а также семантические либо текстопрагматические. Какие именно? Об этом можно узнать из нижеследующего примера – естественнонаучного текста:

Der Planet Saturn

Mit einem Durchmesser von 120.600 km ist der Saturn der zweitgrößte der Planeten. Er hat fast genau den zehnfachen Erddurchmesser. Seine Masse ist etwa einhundertmal größer als die der Erde. Dabei macht aber seine mittlere Dichte nur 13 Prozent derer unseres Planeten aus. Wie bei Jupiter handelt es sich bei diesem Riesenplaneten um einen hauptsächlich gasförmigen Körper, der eine feine feste Kruste wie die Planeten Merkur bis Mars besitzt.

...Im Fernrohr zeigt die Planetenoberfläche eine parallel zum Äquator verlaufende Wolkenstruktur, ähnlich der des Jupiters. Neben dem hellen Äquatorband haben allerdings die Wolkenbänder keine so ausgeprägte Struktur.

Saturns Rotationszeit ähnelt mit zehn Stunden und 14 Minuten der des Jupiters... Spektralanalytische Untersuchungen ergaben, dass gegenüber dem Jupiter die Häufigkeit von Methan stärker zu sein scheint, während der Ammoniakgehalt unter dem der oberen Atmosphärenschicht des Jupiters liegt.

Eine Besonderheit zeichnet den Riesenplaneten aus: der... frei schwebende Ring, der im Fernrohr wie eine Scheibe erscheint... Er besteht... aus einer Vielzahl kleiner und kleinster Brocken, die wie Milliarden Monde den Planeten umrunden. Davon ist allerdings nur der größte von ihnen (von den zehn Monden des Jupiters, G.S.), der... rund 1.000 km größer ist als unser Erdmond, in kleineren astronomischen Fernrohren als Sternpunkt zu erkennen.

(taz 1988)

Это пример описательного текста, в котором, исходя из темы „Сравнительная характеристика размеров небесных тел", употребляются разнообразные формы для выражения сравнений. Для структуры текста в целом конституирующими являются следующие **эксплицитные** сравнительные предикации:

морфологические:

– (позитив) – компаратив – суперлатив: (*klein*) – *kleiner(e)*, – *kleinste... (Brocken), (groß) – größer als..., der größte von... (ihnen)* и т. д.;

синтаксические:

– сочетания с союзами: *wie, als, während* („*dass gegenüber dem Jupiter die Häufigkeit von Methan stärker zu sein scheint, während der Ammoniakgehalt unter dem... des Jupiters liegt*");

– сравнительные конструкции с *wie, gegenüber* (см. выше);

лексические:

– градуальные наречия, частицы: *so*; прежде всего для выражения элатива (см. выше): *sehr* и т. д.;

– другие наречия, напр., итеративные (обозначающие многократность): *einhundertmal*;

– прилагательные (и числительные): *ä h n l i c h der des Jupiters; zweitgrößte, zehnfach*;

– существительные, указывающие на сравниваемые величины, напр., *Prozent* („*...macht 13 Prozent derer unseres Planeten aus*"), аугментативные словообразования типа *Riesenplanet*; компаративные сложные слова и т. д.;

– глаголы в предикациях с *ähneln; unter/ über etw.* (*einem Wert*) *liegen; erscheint wie...* (напр., *eine Scheibe*).

Примечание

Наряду с этим существует **имплицитное** сравнение. Часто оно кроется в словоупотреблении (метафорах) либо в **семантике** метафорических словообразований, не связанных с определёнными сравнениями, например, *Wolkenbänder, Äquatorband* или *Erdmond* (→ die Erde umkreist die Sonne wie der Mond die Erde). Наконец, сравнение присутствует и в том случае, когда *Merkur* и *Mars* упоминаются, а более крупная Венера (*Venus*) – нет. Структура текста и, тем самым, **прагматика** аргументации определяются порядком следования сравниваемых параметров. Критерий сравнения 'tertium comparationis' проявляется при этом в различных синтаксических функциях: в качестве подлежащего (*seine Masse*), обстоятельства (*mit einem Durchmesser von...*) или определения (*von Methan*).

Поле сравнения легко подразделяется на составляющие, если исходить из грамматических форм, которые встречаются не только в немецком языке, но и в языках-„соседях“. Это:
– микрополе схожести (Sommerfeldt 1994, S. 71) – исходя из конструкции прилагательного в позитиве со сравнительным союзом (*wie*);
– микрополе разного уровня качества сравниваемых величин – исходя из конструкций прилагательных в компаративе либо суперлативе со связующим словом, указывающим на сравнение (*als; x von y*);
– микрополе градации – исходя из прилагательных в элативе, качество которых градуируется при помощи атрибутивных обозначений в пределах от (очень) низкой до (очень) высокой степени (от *wenig* до *sehr*).

Эксплицитные и имплицитные формы сравнения нередко дополняют друг друга и образуют своего рода шкалу: *Er sieht noch wie ein Kind aus. – Er lächelt so unschuldig wie ein Kind. – Er wirkt, als ob er noch ein Kind wäre. – Er hat ein ganz kindliches Gesicht, gradezu ein Kindergesicht. Dieses Babyface, selig lächelnd wie ein satter Säugling.*

Конечно, можно найти в тексте и другие лексико-грамматические поля. Здесь были рассмотрены те, которые при сравнении языков проявляются наиболее явно. Каждое из этих полей имеет свою собственную, отличную от других структуру. Как они реализуются в конкретном тексте, где, каким образом и насколько разнообразно представлены в тексте элементы этих полей – ответы на эти вопросы может дать стилистика.

Глава 11. Грамматика и стиль

...Ich habe mitt den zeittungen einen grossen brieff bekommen von dem postmeister von Bern, er heist Fischer von Reichenbach; aber sein stiehl ist mir ganzt frembt, ich finde wörtter drinen, so ich nicht verstehe, alsz zum exempel: »*Wir uns erfrachen dörffen thutt die von I.K.M. generalpost-verpachtern erst neuer dingen eingeführte francatur aller auswärtigen brieffschaften uns zu verahnlassen.*« *Dass ist ein doll geschreib in meinem sin, ich kans weder verstehen, noch begreiffen! das kan mich recht ungedultig machen. Ist es möglich, liebe Louise, dass unssere gutte, ehrliche Teüutschen so alber geworden, ihre sprache gantz zu verderben, dass man sie nicht mehr verstehen kan?*

(Briefe der Liselotte von der Pfalz)

Приведённый текст – пример ранней, спонтанной критики конкретного языкового стиля. Он относится к XVIII веку, когда озабоченность чрезмерным „иноязычным засильем" литературного немецкого языка („teutsche Hauptsprache") в результате заимствований (прежде всего из латинского и французского языков) отступает на второй план. В данной критике употребления лексики проявляется нечто новое: идеал эпохи Просвещения, согласно которому всё, что говорится (и мыслится) должно быть ясным, чётким и понятным (по Р. Декарту: „clare et distincte"). Лексика, грамматика и текстообразование вплоть до сегодняшнего дня остаются излюбленными областями для критики языка. Эти аспекты учитываются и в данной грамматике.

Идеал „критического разума" И. Канта до настоящего времени сохранил свою важность для критического рассмотрения языка, которое стремится проанализировать не только формы выражения определённого периода, но и содержащиеся в них образцы поведения и мышления. Это проявляется прежде всего в стиле художественной литературы либо публицистики – в виде афоризмов, глоссов, эссе, пародий, сатиры. На долю науки о языке выпадает сбор материала, его анализ и проверка того, насколько данные наблюдения и умозаключения согласуются с тенденциями развития языка и изменениями представлений о его норме, а также каким образом всё это влияет на речевой узус определённого временного периода.

Структура текста (см. гл. 9 и 10) и его стилистическое оформление (гл. 11) тесно взаимосвязаны друг с другом, несмотря на то, что они традиционно рассматриваются отдельно как „лингвистика текста“ и „стилистика“. В грамматике текста X. Вейнриха (Weinrich 1993/2005) даётся описание языковых взаимосвязей, которые можно рассматривать как типы, модели и варианты, правила и закономерности системы языка („Langue“). В то же время в монографиях по стилистике (ср.: Fleischer/ Michel/ Starke 1996) рассматривается всё, что касается их отбора, использования и преобразования – в т. ч. и для выражения своих собственных мыслей в желаемой форме; сюда же относятся и особые феномены свободного оформления речи („Parole“). Лингвистика текста рассматривает прежде всего разновидности **фиксированных** языковых форм, типичные языковые образцы, стилистика же, напротив, отражает игру языковых явлений как **свободу** выражения (определяемую интенцией и стилистической волей автора). Особую привлекательность имеют те научные лингвистические исследования, которые учитывают обе перспективы либо рассматривают их во взаимосвязи друг с другом (см. работы следующих авторов: Anderegg, Erben, Eroms, Fix, Fleischer, Koller, Sandig, Spillner, Spinner, Weinrich, Wolf и др.; ср. три сборника научных трудов: Wellmann 1998, Fix/ Wellmann 1997 и 2000).

Что такое стиль?

Под стилем здесь понимаются особые качества текста и его стилеобразующие структурные свойства, формирующиеся под воздействием функциональных факторов. Это могут быть:

– контраст между общепринятым, ожидаемым в данном типе текста со стороны читателя, и неожиданным;

– обыгрывание социолингвистических различий, например, контраст между возвышенным и сниженным стилями;

– использование историко-языковых различий, т. е. контраст между современным и устаревшим стилем речи;
– контраст между ситуативно обусловленными правилами речевого поведения, между речью персонажей и структурой текста;
– употребление специфических языковых конструкций и речевых образцов, а также контраст между стандартизированными языковыми выражениями, типичными для определённого стиля (например, в публицистике и официально-деловом либо научном стиле);
– стихотворный размер, аллитерация;
– употребление стилистических фигур: метафор, параллелизмов, сравнений и т. д.

Как всё это выглядит в конкретном тексте, показывает схема 14, взятая из книги „Grammatik, Wortschatz und Bauform der Poesie" (Wellmann 1998, S. 172f.).

Как распознаётся грамматический стиль текста?

В маленькой истории Б. Брехта „Von der Sintflut" (см. гл. 10.2) грамматический стиль текста определяется **макростилистическими** особенностями всего текста (основная временная форма: претерит), а также контрастами между 3 частями:

В строках 1–8 текст характеризуется совершенно простым выбором слов в лаконичных, слабо связанных между собой главных и придаточных предложениях (из 3–8 слов), где согласно авторскому замыслу бабушка как представительница простого народа говорит ясно, просто и кратко.

В строках 9–20 излагается суть истории в нарративном стиле со сложносочинёнными и сложноподчинёнными предложениями в претерите, содержащими включения в презенсе. Предложения связаны друг с другом типичными повествовательными коннекторами *damals, darauf, aber*.

С х е м а 14. Стилеобразующие свойства текста

Der Text: Thomas Mann: „Vorsatz"
(aus: „Der Zauberberg")

Тема: время

Образное употребление слов

Архаичные обороты для выражения возраста: *Betagtheit, nach Sonnenumläufen (berechnen), Erdenzeit*
Изотопия: *aufhören, verstreichen, vergangen sein*
Tag, Woche, Monate, Jahre

Графическое выделение (разрядка)

Обыгрывание рассказчиком временных форм соответствует содержательному высказыванию: «чтобы избежать презенс».
Формы футурума вызывают состояние ожидания, продолжают заданное в 1 предл. гл. *erzählen* в строках 36, 42, 45 и т. д.

Повтор/ выделение обстоятельств времени и предлогов с временным значением. Графическое выделение

Die Geschichte Hans Castorps die wir erzählen wollen, – nicht um seinetwillen (denn der Leser wird einen einfachen, wenn auch ansprechenden jungen Mann in ihm kennenlernen), sondern um der Geschichte willen, die uns in hohem Grade erzählenswert scheint (wobei zu Hans Castorps Gunsten denn doch erinnert werden sollte, daß es seine Geschichte ist, und daß nicht jedem jede Geschichte passiert) – diese Geschichte ist sehr lange her, sie ist sozusagen schon ganz mit historischem Edelrost überzogen und unbedingt in der Zeitform der tiefsten Vergangenheit vorzutragen.

Das wäre kein Nachteil für eine Geschichte, sondern eher ein Vorteil; denn Geschichten müssen vergangen sein, und je vergangener, könnte man sagen, desto besser für sie in ihrer Eigenschaft als Geschichten und für den Erzähler, den raunenden Beschwörer des Imperfekts. Es steht jedoch so mit ihr, was es heute auch mit den Menschen und unter diesen nicht zum wenigsten mit den Geschichtenerzählern steht: sie ist viel älter als ihre Jahre, ihre Betagtheit ist nicht nach Tagen, das Alter, das auf ihr liegt, nicht nach Sonnenumläufen zu berechnen; mit einem Worte: sie verdankt den Grad ihres Vergangenseins nicht eigentlich der Z e i t – eine Aussage, womit auf die Fragewürdigkeit und eigentümliche Zwienatur dieses geheimnisvollen Elementes im Vorbeigehen und hingewiesen sein.

Um aber einen klaren Sachverhalt nicht künstlich zu verdunkeln: die hochgradige Verflossenheit unserer Geschichte rührt daher, dass sie vor einer gewissen, Leben und Bewußtsein tief zerklüftenden Wende und Grenze spielt ... Sie spielt, oder um jedes Präsens geflissentlich zu vermeiden, sie spielte und hat gespielt vormals ehedem, in den alten Tagen, der Welt vor dem großen Kriege, mit dessen Beginn so vieles begann, was zu beginnen wohl kaum schon aufgehört hat. Vorher also spielt sie, wenn auch nicht lange vorher. Aber ist der Vergangenheitscharakter einer Geschichte nicht desto tiefer, vollkommener und märchenhafter, je dichter „vorher" sie spielt? Zudem könnte es sein, dass die unsrige mit dem Märchen auch sonst, ihrer inneren Natur nach, das eine und andre zu schaffen hat.

Wir werden sie ausführlich erzählen, genau und gründlich, - denn wann wäre je die Kurz- oder Langweiligkeit einer Geschichte abhängig von dem Raum und der Zeit, die sie in Anspruch nahm? Ohne Furcht vor dem Odium der Peinlichkeit, neigen wir vielmehr der Ansicht zu, dass nur das Gründliche wahrhaft unterhaltend sei.

Im Handumdrehen also wird der Erzähler mit Hansens Geschichte nicht fertig werden. Die sieben Tage einer Woche werden dazu nicht reichen und auch sieben Monate nicht. Am besten ist es, er macht sich im voraus nicht klar, wieviel Erdenzeit ihm verstreichen wird, während sie ihn umsponnen hält. Es werden, in Gottes Namen, ja nicht geradezu sieben Jahre sein!

рассказывать истории

Полисемия:
а) предисловие
б) замысел
в) вступление

Придаточное предложение вместо простого (ср.: *Wir erzählen ...*)

Чередование опр. и неопр. артикля и мест.: темой текста является история X. Касторпа и историй вообще

Эмфатическое определение → самоирония рассказчика

Аграмматизм форм сравнения в целях выражения экстремальной степени качества

Именной стиль → ироническая дистанцированность рассказчика

„erzählen", „vortragen" Изотопия: презенс, имперфект, прошлое

410

Контрастом ко всему сказанному является концовка (строки 21–25) с многоступенчатым гипотаксисом (придаточные предложения второго, третьего и четвёртого уровня) и синдетически нанизанными абстрактными существительными оценки (*Durchstecherei, Schiebung, Dummheit*; строка 24) и включениями из отдельных оценочных слов и предложений-суждений (*leider; ich glaube*).

Наиболее заметными **микростилистическими** элементами являются формы параллелизмов в словосочетаниях и предложениях (*Meine Großmutter sagte oft – Meine Großmutter sagte immer*; строки 3–6), в т. ч. в виде антитезы (*was einmal war – was nie war*; строки 6–7); преднамеренное смещение слов влево для их выделения (*der Ichthyosaurus, der ...* в строке 17–18 в качестве пролепсиса) либо смещение вправо (при ударении *alle – sämtliche Tiere einträchtig*; строка 9); трансформация словосочетаний (*Geschöpfe der Erde*; строка 10 – *irdische Geschöpfe*; строки 24–25).

11.1. Грамматические стилистические средства: краткость высказывания

11.1.1. В современных газетах встречается нередко больше ошибок, чем 10 лет назад. Тексты составляются гораздо быстрее, чем раньше. Однако со стилем известных газет сегодня дела обстоят на удивление неплохо. Довольно часто можно встретить тексты высокого эстетико-языкового качества. Простой стиль отнюдь не означает, как это бывает в бульварных газетах типа „Bild-Zeitung“, что что-либо рассматривается лапидарно, „по-простецки“ и написано для „простых умов“. Простота и **краткость** структуры предложений может быть чрезвычайно высоко художественной. Об этом свидетельствует не только литературная проза, например, произведения Курта Тухольского, Эриха Кестнера или Патрика Зюскинда, но и ежедневные газеты, такие как „Süddeutsche Zeitung“. Их иронические заметки, комментарии, фельетоны зачастую отличаются довольно искусным построением предложений и ненавязчивым многообразием синтаксических стилистических фигур:

1   *Mein Tagebuch*
Die Vögel
In dieser Woche: Benjamin Henrichs beim Kleinen Lauschangriff

     Es fängt jetzt wieder an. Es geht jetzt wieder los. Ja um Himmels
5   *Willen was denn? Ganz einfach: das Glück. Jeden Tag, in jeder*
zweifelhaften Stunde, da die Nacht noch nicht abgegangen, der Morgen
noch nicht aufgetreten ist. Dann beginnt der Gesang der Vögel - und zu
keiner Jahrszeit singen sie besser als jetzt, im Vorfrühling. Im Frühling
sind sie dann heiser, im Sommer faul und fett. Oder tot. Totgesungen oder
10 *von den Katzen gefressen, wer weiß das schon?*
     Beneidenswert unter den Menschen, sagt man, sind die Starkschläfer.
Rosig und ausgeruht beginnen sie jeglichen Tag, Beklagenswert, meint
man, sind die Schwachschläfer: arme Nervenbündel der Nacht, böse
Nervensägen dann am Tag. Welch ein Irrtum! Nur wer schlecht schläft,
15 *kann sie am Ende jeder Nacht hören: die Vorfrühlingschöre der Vögel.*
Schönere Musik gibt es nicht auf Erden. Außer natürlich Mozart. Und
das Heulen der Polarhunde, vielleicht. Aber die haben das schöne Moabit
vor Jahren verlassen, kein Mensch weiß, warum.
     Natürlich singen die Vögel auch am Tage. Aber dieser Gesang klingt
20 *anders. Hierbei geht es den Gefiederten ganz klar um außermusikalische*
Angelegenheiten geschäftlicher und naturgemäß auch geschlechtlicher
Art. Um den ewigen Balzwettstreit. Ums Futtermanagement. Und
manchmal auch verwandelt sich der holde Gesang ins erbitterte Gebrüll:
Nachbarschaftszank im Vogelstaat. Nur in jener seltsamen Zwitterstunde,
25 *die so viele Menschen gemütlich verschnarchen, geht es beim Lärmen*
nur um das Eine: um den reinen, absichtslosen, zwecklosen, sinnlosen,
glückvollen Gesang! Kurz danach geht die Sonne auf, und die Musik
geht unter.
     Dann sind die Vögel ganz still. Sie schlafen aber nicht. Jetzt sind s i e
30 *die Zuhörer: lauschen den vielfältigen Geräuschen des sein Tagewerk*
beginnenden Menschen – und wundern sich. Was sie dabei denken, wollen
wir morgen erörtern. Oder lieber doch nicht.“
                           (Süddeutsche Zeitung 06.03.2000)

В качестве **макростилистических** синтаксических средств выражения в данном примере прежде всего выделяется базисный грамматический рельеф преимущественно паратактического характера с глаголом в форме актуального и обобщающего презенса, с ретроспективой в перфекте. Наряду с этим ряд особых стилистических средств создаёт явные контрасты к основному грамматическому рельефу:

– контраст между доминирующим паратаксисом простых предложений, с одной стороны, и довольно броскими распространёнными сложноподчинёнными структурами, состоящими из именных групп с особыми (напр., экспликативными) определениями и (трансформационными) производными – с другой: *außermusikalische Angelegenheiten, geschäftlicher und naturgemäß auch geschlechtlicher Art* (строка 20 и далее);

– контраст между характерными для данного текста повествовательными предложениями и отдельными эмфатическими вопросительными предложениями (строки 5 и 9–10);

– контраст между концовками полных предложений, маркированными точками, и неполными предложениями, обособлениями их отдельных частей: *„Schönere Musik gibt es nicht auf Erden. Außer natürlich Mozart."* (строка 16; ср. строки 5–10);

– контраст между синтаксическим уровнем динамического описания восприятий, который является здесь довольно образным, и уровнем рефлексии, здесь близким к обыденному, на котором в конце абзацев употребляются вводные предложения *(„sagt man", „meint man";* строки 11, 12–13), вводные слова *(natürlich, naturgemäß)* и предложения-комментарии *(„Wer weiß das schon"; „kein Mensch weiß, warum").*

На уровне **микростилистики** следует отметить:

– наличие повторов и параллелизмов, причём уже в начале текста: *„Es fängt jetzt wieder an. Es geht jetzt wieder los"*; в т. ч. в виде антитезы: *„...da die Nacht noch nicht abgegangen, der Morgen noch nicht aufgetreten ist"* (строка 6–7);

– выделение слова при помощи перемещения его вправо (эпифраз): *„...kann sie am Ende jeder Nacht hören, die Vorfrühlingschöre der Vögel"* (строка 14–15);

– дополнительное усиление значения предикативного прилагательного в эмфатической позиции в начале предложения при помощи параллелизмов: *„Beneidenswert unter den Menschen, sagt man, sind die Starkschläfer...Beklagenswert, meint man, sind die Schwachschläfer"* (строки 11–13);

– наличие последовательной бессоюзной связи (строка 22 и далее);

– наличие эллиптических предложений *(„Ganz einfach: das Glück"* (строка 5); *„Nachbarschaftszank im Vogelstaat"* (строка 24));

– анадиплозия, при которой последнее слово предыдущего предложения повторяется в качестве первого слова в по-

следующем предложении: „*...sind sie dann heiser, im Sommer faul und fett. Oder tot. Totgesungen oder von Katzen gefressen...*" (строки 9–10);
– использование намёка (аллюзия) на известные синтаксические модели (напр., „*Geht es beim Lärmen nur um das Eine*" (строка 25)) либо сочетания (напр., использование *naturgemäß* в строке 21 – это намёк на тексты Томаса Бернхарда) и парных выражений („*faul und fett*" – строка 9).
Когда в конце какого-либо текста, в котором употребляется множество сложных предложений, стоят совершенно короткие отдельные предложения, то это может выполнять иконическую функцию (наглядности), указывающую на „синтаксическое завершение" текста. В качестве примера процитируем отрывок из трагедии Гёте „Фауст" (конец части II, стих 11589–11597):

„Mephistopheles. (...) *Den letzten, schlechten, leeren Augenblick,*
Der Arme wünscht ihn fest zu halten.
Der mir so kräftig widerstand.
Die Zeit wird Herr, der Greis liegt hier im Sand.
Die Uhr steht still –
Chor. *Steht still! Sie schweigt wie Mitternacht.*
Der Zeiger fällt.
Mephistopheles. *Er fällt, es ist vollbracht.*
Chor. *Es ist vorbei.*
Mephistopheles. *Vorbei! Ein dummes Wort.*
Warum vorbei?
Vorbei und reines Nichts, vollkommnes Einerlei!"

(J. W. Goethe, Faust)

В следующем коротком тексте совершенно отсутствуют знаки препинания. Только порядок слов помогает понять, какой коммуникативный тип предложения перед нами (главное или придаточное, повествовательное или вопросительное):

wer bin ich
warum bin ich
wie ich bin
wo ich doch nicht so war
was bin ich geworden...

(Wiemer 1971, S. 16)

„Синтаксическая рифма" является излюбленным стилистическим приёмом ритмизированной прозы. При этом „рифмуются", т. е. выстраиваются в определённом порядке, сочетания с союзным и бессоюзным типом связи, параллельно структурированные именные группы, предложения определённых структурных типов и их варианты – иногда построенные по стилистическим образцам. Для иллюстрации сказанного приведём отрывок из романа „Парфюмер", напечатанный не так, как в самой книге, а в виде метрического текста:

„Und so ließ er sich willig unterweisen in der Kunst
des Seifenkochens aus Schweinefett,
des Handschuhnähens aus Waschleder,
des Pudermischens aus Weizenmehl und Mandelkleie und gepulverten
Veilchenwurzeln.
Rollte Duftkerzen aus Holzkohle, Salpeter und Sandelholzspänen.
Preßte orientalische Pastillen aus Myrrhe, Benzoe und Bernsteinpulver.
Knetete Weihrauch, Schellack, Vetiver und Zimt zu Räucherkügelchen.
Siebte und spatelte Poudre Impériale aus gemahlenen Rosenblättern,
Lavendelblüte, Kaskarillarinde.
Rührte Schminken, weiß und aderblau,
und formte Fettstifte, karmesinrot, für die Lippen.
Schlämmte feinste Fingernagelpulver und Zahnkreiden, die nach Minze
schmeckten.
Mixte, Kräuselflüssigkeit für das Perückenhaar…"

(P. Süskind, Parfüm, S. 122)

В процессе живого общения несколько слов зачастую способны выразить всё, что хочется сказать, и достичь при этом коммуникативной цели. Коммуникативному успеху способствует наличие собеседника, возможность „обратной связи" посредством вопросов или возражений. А если предмет разговора (референт, денотат) находится в поле зрения говорящих, то имеется и возможность вместо подробного описания непосредственно указать на этот референт (явление дейксиса).

Элементы речевой ситуации, таким образом, влияют на объём языкового выражения. Поэтому устная речь предоставляет особые возможности для выражения экономичной краткости.

Иначе обстоят дела в письменном тексте. Здесь зачастую требуется больше слов для идентичного выражения коммуникативного намерения и исключения недоразумений. Если в устном диалоге определяющим фактором является речевая констелляция, то в письменных текстах ведущую роль играют нормы кодифицированного литературного языка. Именно нормированность (её можно сравнить с горной тропой) помогает отыскать верный путь к цели и донести до собеседника истинный смысл того, что ты хочешь сказать.

Иными словами, устная речь предоставляет свои, особенные возможности для краткого, но точного выражения содержания. Языковые средства такой речевой „меткости" просматриваются в ней на всех языковых уровнях:

„*Moagst mi?*"... (кивает). „*Wirklich?*" „*Sehr!*" „*I di a*". Утёс на озере Гардазее, где состоялся этот разговор, получил впоследствии в языке („идиолекте") влюблённых название „*Idia*", которое напоминает о местности, где состоялся этот очень краткий, удавшийся диалог.

Краткость данного диалога определяется совокупностью фонетических, морфологических и синтаксических моделей: на фонологическом уровне это правила (баварского) диалекта, например, редукция *ich → i, mich → mi, dich → di, auch → a.* На морфологическом уровне краткость создаётся за счёт слияния *magst du → moagst,* синтаксически – за счёт эллипсиса предиката *I mag di a → I di a,* а также эллиптической редукции предложения *Magst du mich wirklich? → wirklich.* Наречие *sehr* обычно употребляется в качестве атрибута при прилагательном либо наречии (*sehr gern; ich freue mich sehr*), в повседневной речи, однако, оно функционирует в качестве частицы-ответа (вместо: *Ja*).

В письменном тексте многое иначе. Для достижения краткости используются отдельные морфологические правила (*im* для *in dem, zur* для *zu der*), лексические закономерности языкового свёртывания по типу образования условных обозначений, аббревиатур, сокращений, усечений (*i* или *Info* для *Information, Schirm* для *Bildschirm* и т. д.).

Однако они гораздо реже имеют стилистический эффект, чем редуцированные формы предложений и текстов. Какие же языковые средства наиболее значимы для достижения краткости в тексте? Большое значение имеют формы редукции валентности, о которых уже шла речь при рассмотрении когерентности текста. Наряду с грамматическими редукция валентности имеет и семантические аспекты. Употреблённый в качестве одновалентного глагол *sprechen* имеет в таком случае значение „sprechen können" (*Ihre Tochter spricht schon*). Именно это значение имеется в виду в первой строке следующей басни Ф. Грильпарцера:

Zu Äsops Zeiten sprachen die Tiere.

Лингвистический признак „привычного" – как в данном случае – можно обычно наблюдать и в других одновалентных глагольных конструкциях: *Sie malt* (= sie arbeitet als Malerin), *er raucht* (= er ist Raucher). Подобное употребление довольно распространено, фиксируется в словарях, поэтому оно входит в систему современного немецкого языка (Langue).

Несколько иначе следует интерпретировать „синтаксическую краткость" в предложениях типа *„Die Polizei durchsucht"* или в заголовке рекламного плаката *„Der Bundeskanzler spricht"*. Употребление подобных структур не соответствует норме современного немецкого языка, оно указывает на умышленное сокращение предложений в речи (Parole) в стилистических целях. В результате опущения определённых членов предложения подчёркивается характер глагольного действия, отсутствующие же объекты содержания подразумеваются имплицитно. При наличии подобной **стилистико-прагматической** редукции предложения внимание слушателя и читателя концентрируется на содержании особого „послания" – за счёт того, что оно не соответствует узуальному употреблению.

В другом примере: *„Wir standen. Niemand sprach". – „Touristen kamen und gingen."* (K. Tucholsky, Werke Bd. 9, S. 33) – содержание предиката редуцировано до обозначения процесса и сфокусировано на длительности действия. Смысл предложения таков: „Dauernd kamen und gingen die Touristen". Подобный эффект имеет и сокращённое выражение в примере: *Wir setzten die Leiter an – hurra! Sie stand!* Предполагается: „Sie blieb tatsächlich stehen!"

Если подобные краткие предложения противопоставляются друг другу, то этим усиливается их значимость: *„Ich gehe" – „Du bleibst"* (G. Hauptmann, Das Friedensfest).

Редуцированные предложения привлекают внимание читателя также в том случае, когда не выраженное эксплицитно (опущенный фрагмент) известно из предыдущего контекста. Как и в предыдущих, в этом случае решающим является то, что редукция стилистически маркирована. В следующем примере из произведения Курта Тухольского „Schloß Gripsholm" ход мыслей передаётся при помощи ряда коротких предложений и редуцированных разговорных форм: *Durch mein Gehirn flimmerte: Spaß muß sein. Ist den Burschen ganz recht. Still stehn, sonst machst du dich schmutzig. Hast keine Angst. Ist ja Unsinn* (K. Tucholsky, Werke Bd. 9, S. 35). Краткость в данном случае создаётся в т. ч. в результате эллипсиса подлежащего. Чаще, однако, стилистически маркированным является опущение дополнения. Когда сборщик пошлин в известном произведении Б. Брехта „Legende" спрашивает у отъезжающего Лао-цзы о роде его занятий, то получает ответ: *Er hat gelehrt.*

Стилистическую ценность подобных сокращений французский поэт Маларме обозначил понятием „эвокация" („Evokation"[1]). Современные лирики используют данный приём, чтобы побудить читателя к „сотворчеству", т. е. „пробудить в сознании" выпущенный объект. Опущение подлежащего, естественно, наиболее заметно, так как оно является неотъемлемой частью структуры повествовательного предложения (подлежащее – сказуемое). Дополнения же, как уже было сказано выше, в определённых контекстах могут быть опущены.

А так как сказуемое, как и подлежащее, является неотъемлемой частью структуры предложения, то его отсутствие особенно заметно. Ибо чем было бы для традиционной грамматики предложение без предиката, для генеративной трансформационной грамматики – древо без глагольной группы, для грамматики зависимостей – предложение без связующего ядра в виде глагольной формы? Однако эллиптичные формы предиката далеко не всегда являются исключениями, особыми случаями, отклонением от нормы. В речи, в репликах персонажей в драмах и диалогах они встречаются довольно

---

[1] Evokation – представления или переживания/ ощущения, вызываемые при рассмотрении произведения искусства (прим. перев.).

часто. Чаще всего глагол опускается в том случае, когда он уже упоминался в предыдущем контексте, как например, предикация *ist bewohnt* в следующей вопросно-ответной структуре: *Ist das Schloß eigentlich bewohnt? Nein. Ich glaube nicht. Nein. Sicher nicht.* В устной речи ответы обычно формулируются кратко, так как опускается спрягаемая часть сказуемого. Этому же способствует возможность односложных кратких ответов типа *nein*.

В отличие от этого глагол, обычно стоящий между подлежащим и дополнением, опускается редко. Выражения подобного типа являются стилистически маркированными. В произведении „Schloß Gripsholm", например, есть такой вариант: *Ja, was sollten wir auf dem Urlaub wohl erleben? Ich dich, hoffentlich.* Здесь отсутствует глагольный комплекс „*sollte erleben*". Подобные редукции являются довольно заметными и в повседневной речи. Вот пример из фрейбургского сборника текстов современного устного литературного языка:

a. Sie empfinden Ihre Tochter als schwierig, oder als nicht schwierig?
b. Ich habe sie als schwierig empfunden.
c. Ihre Tochter auch Sie?
(Texte gesprochener Standardsprache, Bd. I, S. 165)

Случаи опущения именной части предиката, напротив, не встречаются. Исключение составляют предложения, стилизованные под короткие тексты (см. ниже).

Часто особую функцию выполняют предложения-эллипсисы, употребляемые в начале либо конце текста, особенно тогда, когда они способствуют сокращению текста до формата одного предложения.

В начале текста в глаза бросается прежде всего „синтаксис заголовков", для которых характерны сжатые структуры. Для них типично опущение спрягаемой части сказуемого. 85% всех исследованных названий книг звучат примерно так: „*Der Besuch der alten Dame*" или „*Die Panne*". Они являются синтаксически неполными. Названия с полными глагольными конструкциями типа „*Ein Engel kommt nach Babylon*" или – как у Г. Бёлля – „*Der Zug war pünktlich*" встречаются сегодня редко.

И это является характерным признаком современных названий книг. Даже „пышно-изысканное" название романа, например, как у Иоганна Фишарта, не содержит предиката: „*Affenteuerliche vnd ungeheuerliche Geschichtsschrift Vom Leben, rahten vnd Tathen der vor langen weilen Vollen wol beschraiten Helden vnd Herrn Grandgusier Gargantua vnd Pantagruel, Königen von Vtopin vnd Ninenreich*".

Концовка текстов, напротив, эллипсисами обычно не маркируется. Эллипсис можно наблюдать только в особых случаях. И тогда он особенно выразителен. Примером может служить отрывок текста на последней странице произведения „Schloß Gripsholm": „*Sie sah über die dunkle See.*" „*Das Meer...*", *sagte sie leise, „das Meer...*" (es folgt: „*Hinter uns lag Schweden, Schweden und ein Sommer*"). Обрыв предложения после слова *Meer* сигнализирует в данном случае о молчании влюблённых. Он указывает на окончание речи, придаёт произведению характер незавершённости. Концовка текста в результате эллиптического обрыва предложения имеет иконический, образно-наглядный характер.

Несколько иначе обстоит дело с пословицами, слоганами и сентенциями, имеющими характер отдельных текстов. В примерах „*Träume, Schäume*" либо „*Ehestand, Wehestand*" мы имеем дело лишь с двумя последовательно соединёнными существительными, однако они образуют самостоятельное предложение и самостоятельное высказывание. Предикат отсутствует. То, что он должен выражать, передаётся при помощи последовательного соединения подлежащего и именной части сказуемого. Это не так сильно бросается в глаза, как кажется. Отсутствие глагола-связки, стилистически маркированное в немецком языке, в русском языке считается нормой. Именная часть сказуемого определяется при помощи порядка слов. В качестве аналогичных примеров могут служить тексты из немецкой рекламы: *Citroen – Intelligenz auf Rädern*. Редукция глагола-связки, правда, выполняет здесь несколько иную функцию. Она делает слоган амбивалентным. Его можно понимать, как „Citroen ist eine intelligente Konstruktion auf Rädern", либо как „Die Intelligenz fährt Citroen". Другие примеры слоганов подобного рода: *Creme Mouson – der Sonnenschirm der Haut* или *Consul Royal – das Feuerzeug für Männer*. Эллипсисы в данных примерах требуют восполнить предикат укороченного высказывания. Поскольку они многозначны по своему содержанию, то создают своеобразный ассоциативный контекст.

11.1.2. Противоположностью грамматического усечения и, следовательно, краткости высказывания, является его развёртывание, ведущее к удлинению высказывания. В письменных текстах оно проявляется в различных формах, что заметно уже на морфологическом уровне:

Ihr harret in der Kälte aus. Eure Körper sind Wind und Wetter ausgesetzt. Ihr... schichtet sorgfältig Stein auf Stein und habt wohl acht, dass Eure Wände im Lote stehen. Hart ist Euer Tagewerk – aber es ist schön! Nie würdet Ihr mit jenen tauschen, die nur den Griffel heben müssen...

По смыслу и риторике это – обращение к рабочим-строителям во время праздника возведения конька на вновь строящемся доме. Фактически же речь идёт о риторически стилизованном тексте, опубликованном в швейцарской газете „Der Arbeiter" (цитируемом в: Anderegg 1970, S. 83). Для стилизации патетического настроения служат уже грамматические морфемы: полная, не синкопированная форма *Ihr harret* вместо *Ihr harrt*, которая прежде являлась нормой, а также *-e* в дативе в слове *Lote*, что было нормой ещё в XIX в., сегодня являются устаревшими. Развёрнутые, распространённые морфологические формы в данном случае создают атмосферу архаичности либо возвышенности.

Из свободных морфем в стилистических целях наиболее употребителен артикль. По правилам письменной речи перед именами людей определённый артикль обычно не употребляется. Отклонение от данного правила действует экспрессивно, как например, в заголовке *Der Adenauer* (Zeit-Magazin). Так озаглавил в своё время свой доклад Г. Буцериус (G. Bucerius) вскоре после окончания эры Аденауэра, в 1969 г., в котором он указал на то, что он, являясь депутатом ХДС, голосовал за СДПГ. Артикль выполняет здесь и роль дейксиса, сигнализирующего удивление: *„Dieser Adenauer"*. В заголовке *Ein Tag im Leben des C. Z. (C. Z.* вместо *Carl Zuckmayer)* артикль должен указать на нечто особенное, необычное в личности этого писателя. Далее в тексте это поясняется автором (в стиле воспоминаний). Определённый артикль перед именем собственным служит в данном случае стилистическим сигналом необычности информации.

Намного больше возможностей стилистического характера для распространения предложения предоставляет синтаксис.

О возможностях расширения имени и именной группы, предикативной группы, а также расширении предложения при помощи пара- и гипотаксиса речь шла выше (см. гл. 9). Стилистические возможности данных способов структурирования высказывания настолько велики, что они наряду с другими факторами определяют тот или иной тип коммуникативно-речевой формы, регистр речи либо функциональный стиль.

В наименьшей степени они употребляются в повседневной устной речи, несколько чаще – в художественной литературе, прежде всего в специфических разновидностях описания, динамического повествования, а также в публицистике, когда речь идёт о передаче событий и деловой информации в стиле сообщения либо репортажа. Синтаксическая **амплификация** (расширение) наиболее распространена в языке юриспруденции и управления, а также в научных текстах – прежде всего, когда речь идёт о способах выражения при точных описаниях либо о развёртывании текста согласно определённым моделям аргументации.

Краткость и амплификацию как стилистические приёмы не следует приписывать кардинально различным типам текстов. Именно в художественной прозе можно увидеть, что они переплетаются друг с другом. При этом их стилистическая функция прослеживается особенно чётко. Следующий пример взят из новеллы Г. Грасса „Im Krebsgang". Речь идёт о рождении рассказчика в момент крушения судна „Вильгельм Густлофф". Сначала повествование ведётся в нейтрально-деловом стиле:

„Kaum abgenabelt, lag ich auch still. Als der Kapitän als Zeuge des Untergangs ordnungsgemäß den Zeitpunkt im Bordbuch vermerkt hatte, begann die Besatzung des Torpedobootes wiederum, Überlebende aus der See zu fischen".

Затем, когда наступает непосредственно момент появления ребёнка на свет, повествование становится более обрывистым, похожим на текст телеграмм, характеризующийся опущением несущественных компонентов. Затаив дыхание, автор выдаёт фрагменты предложений:

„Aber das alles stimmt nicht. Mutter lügt. Bin sicher, dass ich nicht auf der Löwe... Die Uhrzeit war nämlich... Weil schon, als der zweite Torpedo... Und bei den ersten Wehen Doktor Richter keine Spritze, sondern gleich die Geburt... Ging glatt. Geboren auf schräger, rutschender Pritsche. Alles war schräg, als ich... Nur schade, dass Doktor Richter nicht Zeit fand, auch noch die Urkunde: geboren am, an Bord von, mit genauer Zeitangabe handschriftlich..."

Тем более заметной на этом фоне является синтаксически уплотнённая и многократно расширенная структура последующих, богатых определениями предложений:

„Jedoch, nicht auf einem Torpedoboot, sondern auf dem verfluchten, auf den Blutzeugen getauften, vom Stapel gelassenen, einst weißglänzenden, beliebten, kraftdurchfreudefördernden, klassenlosen, dreimal vermaledeiten, überladenen, kriegsgrauen, getroffenen, immerfort sinkenden Schiff wurde ich aus Kopf- und in Schräglage geboren. Und mit dem abgenabelten Säugling, der gewickelt und in schiffseigener Wolldecke verpackt wurde, ist Mutter dann, gestützt auf Doktor Richter und Stationsschwester Helga, ins rettende Boot" (S. 146).

11.2. Макростилистические эффекты как результат амплификации в текстообразовании

Следующий текст иллюстрирует различные типы макростилистических контрастов. В данном случае они находятся на службе у общественной сатиры. Автором текста является Vicco von Bülow (= Loriot). Данная сцена взята из сборника „Loriots kleine Prosa" (Zürich 1971, S. 14–17).

Der Familienbenutzer

Meine Damen und Herren, gewiß, Heiligabend ist erst morgen, aber es kann immerhin nicht schaden, sich schon heute einmal ein paar Gedanken darüber zu machen, womit wir unsere Lieben aus Familie und Freundeskreis eine Freude machen könnten. In diesem Zusammenhang freuen wir uns, daß wir heute nachmittag Frau Direktor Bartels im Studio begrüßen konnten. Sie ist

Alleinherstellerin eines neuartigen Geschenkartikels, der schon Ende dieser oder Anfang nächster Woche in allen einschlägigen Geschäften erhältlich sein dürfte. Chefreporter Kurt Rösner sprach mit ihr.

R ö s n e r. *Frau Direktor Bartels, Sie sind...*

F r a u B a r t e l s. *Ich leite das führende Unternehmen der Geschenkartikelbranche und habe mir die Frage gestellt, weiß überhaupt jemand, was er seinen Lieben auf den Gabentisch legen soll? Niemand weiß das, gell?*

R ö s n e r. *Hm...hm...und da haben Sie einen...*

F r a u B a r t e l s. *Da habe ich den Bartelsschen-Familien-Original-Benutzer herausgebracht, gell? Für den Herrn, für die Dame, für das Kind, gell?*

R ö s n e r. *Ah-ja... famos, wirklich wunderhübsch, gnä Frau... und was kann man... ich meine, wozu... äh...*

F r a u B a r t e l s. *Bitte?*

R ö s n e r. *Ich meine, wie benutzt man den... äh... Familienverwender?*

F r a u B a r t e l s. *Familien-Benutzer, Herr Rösner... Familien-Original-Benutzer... gell?*

R ö s n e r. *Ah-ja...Original-Familien-äh...*

F r a u B a r t e l s. *Es ist ein Artikel, der schon durch seine gefällige Form anspricht, gell? Er ist formschön, wetterfest, geräuschlos, hautfreundlich, pflegeleicht, völlig zweckfrei und – gegen Aufpreis – auch entnehmbar. Ein Geschenk, das Freude macht, für den Herren, für die Dame, für das Kind, gell?*

R ö s n e r. *Soso... Er ist also im weitesten Sinne als Familien-Gebraucher...*

F r a u B a r t e l s. *Benutzer!... Familien-Benutzer... das sagte ich Ihnen doch schon, gell?*

R ö s n e r. *Ich wollte ja auch eben sagen, man benutzt den Familien-Verwender weniger als Gebrauchs...*

F r a u B a r t e l s. *Sie sollen den Familen-Benutzer als Benutzer gebrauchen... mein Gott, drücke ich mich denn so undeutlich aus...*

R ö s n e r. *Ich frage ja auch nur, ob die Benutzung des Familien-Verw... äh... die Verwendung des Familien-Benutzers nur für den Familengebrauch oder...*

F r a u B a r t e l s. *Was?*

R ö s n e r (schweigt irritiert – dann ganz ruhig*). Ob Sie den Familien-Original-Benutzer nun als Familien-Benutzer benutzen, oder ob beispielsweise auch im Freundeskreis ein Gebrauch des Benutzers...*

F r a u   B a r t e l s. Herr Rösner, ich befinde mich in einer Anstalt des öffentlichen Rechts und lasse mich nicht in dieser Weise von Ihnen provozieren, gell?... Um es noch einmal in aller Deutlichkeit zu wiederholen: jeder halbwegs gebildete Mensch kann den Familien-Original-Verwutzer bewenden, aber nicht als Bewender verwutzen, gell?

R ö s n e r. Ah, ja ...Vielen Dank, Frau Direktor Bartels.

F r a u   B a r t e l s. Bitte... bitte... "

Эффект данного текста основан не только на искажении слов и использовании окказионализмов, но и на контрастах, которые маркируют различные роли собеседников, обусловленные их социальным статусом.

Это, прежде всего, контраст между дистанцированной иронией комментатора в начале текста и раздражёнными репликами обоих участников в процессе интервью. Дистанцированность выражается и при помощи выбранной автором гипотактической структуры предложений, и благодаря сознательному употреблению конъюнктива для гипертрофированного выражения вежливости (*könnten, dürfte*), и через подражание языку публичных выступлений, где обычны стереотипы типа *es kann immerhin nicht schaden*. В плане содержания текст насыщен намёками на известные бытовые ситуации в богатых странах: речь идёт о столпотворении в магазинах накануне Рождества и желании людей подарить своим близким нечто особенное, чего у тех ещё нет, однако в конечном итоге выбирают что-нибудь абсолютно бесполезное.

Сам диалог оживает за счёт контраста между двумя „языками", обусловленными ролями: с одной стороны, это человек, берущий интервью, со свойственными ему стереотипами начала беседы (*Frau ..., Sie sind ...*), метаязыковыми речевыми формулами (*ich wollte ja auch eben sagen*), дружелюбными, ничего не значащими комментариями (*wirklich wunderhübsch*), модальными частицами (*ja auch nur* и т. д.), междометиями, выражающими смущение (*äh, hm*) и служащими для заполнения пауз, а также многочисленными обрывами предложений (апозиопезис/ фигура умолчания). Такому языку неуверенного репортёра противопоставляется самоуверенная речь опрашиваемой „директрисы", которой принадлежат предложения с *ich*, убедительные параллелизмы, модальные частицы обратной связи (*gell*), употребляемые таким образом, что создаётся впечатление, что это восклицательные предложения. Она с первого же момента берёт инициативу в свои руки и не позволяет интервьюеру вставить слово. Её речь изобилует словами с позитивными коннотациями из рекламных текстов. Эти слова она употребляет произвольно, по своему усмотрению, порой без учёта их общепринятых коллокаций: *„Er ist formschön, wetterfest, geräuschlos, hautfreundlich, pflegeleicht"*. Уверенный безапелляционно-утвердительный стиль предпринимательницы противопоставляется неуверенному языку растерявшегося репортёра. Оба стиля „шаржируют" поочерёдно: в результате контрастов между звучанием, планом выражения в высокопарном стандартизированном стиле с одной стороны и амбициозными, но ничего не значащими клишированными оборотами и словообразовательными конструкциями – с другой. В то время как интервьюер путает слова, являющиеся результатом словотворчества и призванные обозначить новый продукт, предпринимательница коверкает эти понятия фонетически (*„als Bewender verwutzen"*, *„gell"*).

11.3. Синтаксические средства и стилистическая окраска

(а) Опущение части предложения. То, что может являться законченным высказыванием в устной речи, например, *Ich weiß*, не всегда является таковым в письменной речи. Валентность глагола *wissen*, например, требует дополнения в аккузативе. То, что в письменной речи является нарушением нормы и стилистически маркированной редукцией, не будет нарушением нормы и узуса в устной речи (ср.: Wolf 1998, S. 146ff.). Это иллюстрирует даже самый обычный разговор в магазине:

A: *„guten tag."*
B: *„guten tag."*
A: *„bitteschön?"*
B: *„n kleinen runden streuselkuchen, bitte"*
A: *„einen runden streuselkuchen?"*
B: *„ja, so n kleinen."*
A: *„haben wir im moment nicht"*
(Texte gesprochener Standardsprache, Bd. IV, 1979, S. 887)

Опущение подлежащего, а также спрягаемой части сказуемого в разговоре настолько обычно, что не имеет особой стилистической ценности. Поэтому предложения-эллипсисы в (устной) речи персонажей расцениваются стилистически несколько иначе, чем в (письменной) авторской речи. Эллипсисы и незаконченные предложения в диалогах персонажей в целом соответствуют синтаксическим нормам устной речи, которую и должны передавать эти диалоги.

В письменной речи, однако, они обращают на себя внимание. Пропуск спрягаемой части глагола, например, может пробуждать любопытство, как, например, в следующем рекламном слогане:

Leineweber – das Haus, das jeden anzieht.

В данном примере выпущен глагол-связка *sein,* на что указывает тире. Подразумевается же предикация равенств:

„Leineweber ist das Haus, das jeden anzieht".

Примечание

В данном случае одновременно используется намёк (аллюзия) как стилистическое средство, а именно игра с двумя значениями глагола *anziehen* – привлекать и одевать (фирма Leineweber шьёт рубашки и пр.).

Известное стихотворение Г. Тракля *„Das Gewitter"* (*„Гроза"*) начинается так:

Gebirge: Schwärze, Schweigen und Schnee.

Здесь двоеточие сигнализирует об опущении глагольного сказуемого („ist, bedeutet, besteht aus"). Конструкция с одним из указанных глаголов была бы однозначной, эллиптическая же форма таковой не является (Wellmann 1981). Её стилистическая ценность в данном случае состоит в её смелости. Подобный характер сокращения предложений в лирике встречается часто.

Однако и в прозе он довольно употребителен, особенно при „нанизывании" кратких высказываний. В прозаическом очерке Ф. Дюрренматта *„Es war Weihnacht"* это звучит так:

Es war kalt. Die Luft war tot. Keine Bewegung, kein Ton. Der Horizont war rund. Der Himmel schwarz. Die Sterne gestorben. Der Mond gestern zu Grabe getragen. Die Sonne nicht aufgegangen... die Glieder weiß und starr... alter Marzipan.

Чаще всего – как в данном примере и в пассаже Г. Тракля – опускается семантически малозначимый глагол-связка *sein* либо его лексические варианты. Целью данного опущения может являться стремление к передаче впечатлений образно, без чётких синтаксических очертаний. Эллипсисы подобного характера нередко употребляются в предложениях, выражающих состояние. В подобных случаях синтаксическая точность предикативных высказываний не существенна.

В речи персонажей (в пьесах, повестях и т. д.) эллиптическая краткость также может иметь стилистическую значимость, даже если она и является типичной для устной речи. В следующем примере К. Тухольский сознательно „играет" с редуцированными формами так, что они становятся заметными в результате поинтирующего характера их употребления. В произведении *„Schloß Gripsholm"* говорится:

„Ja, was sollten wir auf dem Urlaub wohl erleben?"

(Она отвечает:) *„Ich dich, hoffentlich"* (K. Tucholsky, Werke Bd. 9, S. 18).

Поинтированная редукция высказывания до сохранения лишь самого важного в данном случае подчёркивается рифмой (*dich/ hoffentlich*).

Обрыв предложения, абсолютно нормальное явление в устной речи, в диалоге литературного текста может быть стилистически значимым, как например, в произведении „Schloß Gripsholm":

„Wie war er?" hörte ich die Prinzessin fragen.

„Er war ein Kavalier am Scheitel und an der Sohle sagte Sybilla, dazwischen..."

Стилистический обрыв предложения сигнализирует о том, что говорящая не желает продолжать разговор. Она погружается в многозначительное (или двусмысленное) молчание. Апозиопезис, обрыв речи, в данном случае выполняет эвфемистическую функцию. Неприятная мысль передаётся в форме безобидного высказывания, – однако в виде обрыва предложения, который привлекает внимание читателя. Нечто подобное можно наблюдать и в юмористическом диалоге в произведении графини Франциски цу Ревентлоу „Dialog mit einem jungen Dichter":

„Darf ich ganz offen reden?" „Ja, sie dürfen." „Aber ich muß etwas sehr Freches sagen." „Ich bitte darum!" „Ja – Sie leben doch eigentlich wie eine – eine..." „Ganz falsch, lieber Dichter, ich lebe nur ein Privatleben" (Schwabing 1958, S. 26).

(б) Стилистические формы информативных дополнений

Информативные дополнения в предложениях появляются в виде **повторов, противопоставлений** и **параллельных конструкций**. Всё это, как известно, есть в устной речи.

Однако всё то, что в устной речи является типичным, в письменной речи бросается в глаза: стилистическое **расширение** обнаруживается прежде всего там, где важна сама информация либо (как в следующем примере) суггестивное воздействие сказанного.

Десятилетия назад реклама автомобилей добивалась особого воздействия на публику при помощи слогана *„Er läuft und läuft und läuft"*. Он имел значение: „Dieser Wagen läuft immer". Данный смысл был облечён в стилистическую форму цепи повторов одного и того же сказуемого с применением союзной связи. Данный слоган рекламировал модель фольксвагена, ставшей впоследствии знаменитой под именем *„der Käfer"*.

Повтор глагола лежит также в основе слогана
Trink dich schlank – trink Dr. Richters Tee.

Повтор является излюбленной формой действенного расширения предложения в текстах рекламы, пропаганды, миссионерских проповедей.

Среди форм противопоставления особо выделяется стилистическая фигура хиазма, когда предложения противопоставляются друг другу таким образом, что порядок следования членов предложений оказывается „перевёрнутым". В произведении Б. Брехта „Die Teppichweber von Kujan-Bulak" находим яркий пример хиазма:

„So nützten sie sich, in denen sie ihn entehrten, und Ehrten ihn, indem sie sich nützten."

Хиазм, однако, встречается довольно редко.

Другие же формы градации, прежде всего параллельное соединение синтагм, довольно часто можно встретить в лирике, а также в экспрессивных пассажах художественной прозы и в стилизованных фрагментах публицистических текстов. Самыми распространёнными конструкциями в них являются асиндетические (бессоюзные) цепочки различных однородных членов предложения:

Rauche, staune, gute Laune – Players.

Данный слоган имеет структуру градации с бессоюзным типом связи. Заметной является также более редкая конструкция полисиндетического типа, в которой все именные группы связаны одним и тем же союзом: *„...erblickte nur Felsen und Tannen und Geröll"* (цит. по: Fleischer/ Michel/ Starke 1993, S. 273).

Полисиндетическая связь в данном случае отражает последовательность визуальных впечатлений.

(в) Стилистические способы замещения

Они относятся к излюбленным формам выражения при употреблении слов. С лексики их влияние распространяется и на синтаксис. При описании церкви Карлскирхе в Вене историк-искусствовед Х. Зельдмайр, например, выбирает глаголы деятельности и процессуальности, чтобы представить пространственные отношения, т. е. какое-то состояние более „живым", динамичным.

Zwischen das ragende Rund hinten... und die Riesensäulen vorne legt sich ein breiter Querriegel (вместо: *...liegt ein breiter Riegel*). Стилистическое выделение распознаётся и по другим признакам, например, по аллитерации: *ragendes Rund* (см. Baldauf 2001, S. 460).

Немецкий язык располагает небольшим количеством глаголов состояния: *sein, bleiben, sitzen, liegen, stehen; gleichen, entsprechen, übereinstimmen mit*. Они часто нужны при описании. Во избежание повторений автор прибегает к употреблению выражений со значением процессуальности либо деятельности, заменяющих предикации состояния. В результате он применяет метафоры типа *hier dringt der Rund mit seiner Stirne in den Körper des Querriegels ein* (вместо: „hier liegt der Rundbau direkt vor dem Querbau").

Если написано „...*schiebt die Säulenhalle... gleichsam aus dem Querriegel heraus*" (цит. по: Baldauf 2001, S. 462), то и наречие говорит о том, что выдвижение вперёд понимается не буквально, а служит для выражения сознательного сравнения.

Подобные предложения приобретают заметную вербальную динамику. Её вполне можно сравнить с динамикой синтаксических метафор в поэтических изображениях природы. А. Ланген опубликовал их уже в 1957 г. (vgl. Langen 1957, S. 249ff.). Объект представлен здесь таким, как его воспринимает лирический герой, а не таким, каков он есть в своём физическом существовании. Глаголы движения выражают оптическое воздействие произведения либо ландшафта на созерцателя. Данное впечатление усиливается также при помощи других стилистических средств, например, за счёт изменения коллокации слов, ведущей к персонификации:

Der Hauptkörper des Runds auf einem sockelartigen Unterbau, der rechts und links nach vorne in untergeordnete Flügelbauten „wie ausgebreitete Arme" (Bernini) entsendet.

Словосочетание с *wie* (*Flügel wie ausgebreitete Arme*) выражает сравнение эксплицитно, что усиливает всё высказывание имплицитной метафорики (примеры из: Baldauf 2001, S. 460).

Выше были описаны некоторые особенно интересные феномены замещения на микростилистическом уровне. Они сочетаются с макростилистическими средствами. Знаменитым является „Laokoon". Г. Э. Лессинг призывал поэзию к тому, чтобы оживить, динамизировать стерильное описание предмета, чтобы показать процесс возникновения этого предмета, а не его статическое изображение. Такое описание щита Энея побуждает Лессинга к следующему замечанию:

Die Anstalten, welche er zu seiner Arbeit macht, sind bei dem Vergil ungefähr eben die, welche ihn Homer machen läßt. Aber anstatt daß wir bei dem Homer nicht bloß die Anstalten zur Arbeit, sondern auch die Arbeit selbst zu sehen bekommen, läßt Vergil... den Vorhang auf einmal niederfallen, und versetzt uns in eine ganz andere Szene... Venus... lehnet an dem Stamm einer Eiche, und nachdem sie der Held genug begaffet, und bestaunet, und betastet, und versuchet, hebt sich die Beschreibung, oder das Gemälde des Bildes an, welches durch das ewige: hier ist, da ist, nahe dabeisteht, und nicht weit davon siehet man – so kalt und langweilig wird, daß alle der poetische Schmuck, den ihm ein Vergil geben konnte, nötig war, um es uns nicht unerträglich finden zu lassen.

(Lessing 1976, S. 136)

(г) Стилистические средства перестановки

Пермутация (перестановка) является типичным синтаксическим приёмом. Это уже было показано на некоторых примерах. Стилистические эффекты перестановки проявляются при отклонении от стандартного порядка слов: т. е. от структуры „подлежащее – сказуемое – дополнение" в главном предложении либо при смещении спрягаемой части сказуемого со второго места в главном и с последнего места в придаточном предложении.

К таким стилистически окрашенным вариантам относятся эмфатические предложения с дополнением в аккузативе в начальной позиции – как, например, в старом политическом слогане времён первой мировой войны:

Gold gab ich für Eisen.

В афоризме Ст. Лека эмфатическим является смещение в начало предложения адъективного предикатива:

Schrecklich sind die Schwächen der Gewalt (1970, S. 8).

Ещё один пример из области рекламы:

Kraus und knitterig wird er und hart wie ein Brett. (Реклама блузонов фирмы Nino).

Вышеупомянутый эффект усиливается в данном случае полисиндетическим рядом адъективных предикативов, а также подчёркнутым вынесением за рамку третьего прилагательного при переходе от трохея к анапесту. Все стилистические приёмы здесь говорят о том, что это предложение является для автора особенно важным.

Эмфатический эффект может создаваться не обязательно за счёт смещения в начальную позицию именно имени либо именной группы. Это может быть и часть глагольного сочетания, инфинитив или партицип II (в составных временных формах):

„Verstanden habe ich es schon, aber glauben kann ich es nicht."

Другие способы изменения порядка слов уже рассматривались при анализе предложений (см. гл. 5): вынос за рамку, парентеза, дополнение к сказанному. Особенно заметным является изменение конструкции, называемое „пролепсис". Это явление известно давно, оно встречается уже в средневерхненемецком языке. Нам оно знакомо и по повседневной разговорной речи, и из народных песен: „*In einem kühlen Grunde, da geht ein Mühlenrad*".

Отклонением от нормативного порядка слов в письменном тексте является также анаколуф, или грамматическое рассогласование:

Da sind wir ins Wirtshaus sind wir ja auch alle heiligen Zeiten einmal gegangen.

В греческом языке *ana-koluthia* означает „отклонение от грамматического порядка слов". В спонтанной, непринуждённой, темпераментной диалогической речи анаколуф, конечно, встречается часто. В письменной же речи анаколуф считается ошибкой, разумеется, кроме тех случаев, когда он употребляется в диалогах действующих лиц в повестях, романах и драмах для создания языковых портретов героев. Г. Кант в своём романе „*Die Aula*" показывает политическую неповоротливость доктора Герда Трулезанда, заставляя его говорить синтаксически неправильно, с применением анаколуфов:

Aufgrund wissenschaftlicher Untersuchungen läßt sich feststellen, dass der Krieg, den sie da im Auge haben, seine Ursache im Imperialismus, der das höchste Stadium des Kapitalismus ist, als dass er da seine Ursache hat.

В данном случае речь идёт именно о грамматическом рассогласовании, а не об обрыве предложения, апозиопезисе. Предложение продолжается в иной грамматической структуре, не так, как оно начиналось. Анаколуфы часто встречаются в устной речи, письменной речи они не свойственны.

11.4. Образность: грамматика и семиотика

Язык знает множество возможностей образного представления действий. Особой популярностью пользуется эксплицитное сравнение. Обычно оно вводится при помощи глаголов говорения либо мышления, выражающих сравнение: *Diese Prüfung betrachtet er als eine Demütigung.* Либо оно имплицируется контекстом: *Neben seiner Frau wirkt er wie ein Zwerg/ war er nur ein Zwerg.*

Предикации, предполагающие сравнение, могут быть выражены грамматически, имплицированы либо эксплицированы лексически, могут передаваться при помощи определённых знаков или изображений (реальных либо абстрактных).

Из всех частей речи именно прилагательное обладает наибольшим грамматическим потенциалом для выражения сравнения. Его категориальное значение уже само по себе предполагает наличие сравнения. Это относится не только к формам сравнительной и превосходной степени прилагательных, но и к элативу и другим формам, выражающим определённую градацию качества:

In Frankfurt war es wärmer als in Köln und so warm wie in Leipzig; die höchsten Temperaturen gab es heute aber in Freiburg. Sehr hoch waren sie auch im Maingebiet. Im Voralpengebiet Föhn mit warmen Winden aus Süd und Südost. Insgesamt: Für die Jahreszeit zu warm.

Даже положительная степень прилагательного, его исходная форма, предполагает в подобных случаях наличие определённого сравнения *(mit warmen Winden)*, о чём свидетельствует тест: здесь можно добавить слово *relativ. Warme Winde* являются <u>*verhältnismäßig*</u> *warm*, а *ein 3 cm langer Bleistift* является <u>*(relativ)*</u> *kurz*. Исходная форма прилагательного, у которого имеются сравнительная и превосходная степени, сама по себе уже выражает относительное, а не абсолютное значение. Важными союзами, служащими для выражения сравнений, являются *wie, als* и *zu*, а также их более сложные формы *(z.B. so...wie)*. Они служат для соединения не только имён, как в приведённых выше примерах, но и предложений.

Существует определённая шкала подобных придаточных сравнительных предложений. Они соответствуют определённым словосочетаниям и лексическим формам имплицитных сравнений: *Er hat eine Schrift, wie wir sie sonst von Kindern kennen/ wie ein Kind/ eine Schrift, als ob er noch ein Kind wäre/ eine kindliche Schrift/ eine Kinderschrift.* Данные варианты вновь показывают возможность плавного перехода от грамматики к лексике. Это относится и к придаточным предложениям градуальной семантики: *Es war so warm, dass man ohne Mantel gehen konnte.* Здесь скрывается относительное значение: подобные высказывания можно слышать в Германии в холодное время года.

Существуют типы текстов, например, прогноз погоды, в которых невозможно обойтись без грамматических и лексических форм эксплицитных либо имплицитных сравнений. Это можно наблюдать и в аналитических обзорах тестов, и в книжных рецензиях – т. е. там, где даётся определённая оценка явления.

От имплицитных форм сравнений, подобных выражениям типа *kindliche Schrift* и *Kinderschrift*, „рукой подать" до метафор. Например, когда почерк непонятен, говорят о *Hieroglyphen*. При таком переносном значении выражения имеется в виду определённое сходство. Однако критерий сравнения (das Tertium Comparationis) при этом не называется. Его следует определить из контекста, и кроется он в значении метафоры.

Примечание

По этой теме имеется обширная литература, ср., напр., Weinrich (1976; 2005) и др.

В грамматике следует различать две формы метафор. Одна из них возникает посредством субституции. В таком случае образно понимаемое существительное заменяет дословное обозначение предмета или явления. Если человек воспринимается как „sehr dick", то о таком „очень толстом" мужчине можно сказать: „*Er ist ein Fass*", а о женщине: „*Sie ist eine Tonne*". Это примеры прямых метафор. От них отличаются непрямые метафоры, скрытые в сопутствующих словах: *den Rasen kurz scheren* (wie mit einer Schere; вместо *mähen*); *Der Saal war blaß vor lauter Licht* (wie ein Gesicht; вместо *weiß*; E. Kästner, Hausapotheke 40).

Правильному употреблению метафор необходимо учиться. Неправильное их употребление опасно: сложные слова-метафоры, подобные выражению *Asphaltliteratur*, относятся к словарному запасу нацистов. Однако они могут звучать нелепо и смешно. Просьба мужчины, обращённая к его подруге *die Lippen in dem Schnee ihres Busens kühlen zu dürfen*, „видимо, не вызывает у читателя ничего другого, как боязнь, что любовник может... простудиться" (Marcuse, цит. по: Fleischer/ Michel 1979).

Все эти формы прямого либо косвенного сравнения широко известны. Однако некоторые важные моменты при этом остаются „за кадром". Хотя филологи и являются „профессиональными друзьями и знатоками слова", кое-кто воспринимает их в их стремлении к понятийной ясности и однозначным высказываниям как „невольных врагов либо игнорантов образности" (Schmitz 1998, S. 160). Наверное, стоит поразмыслить над этим ещё раз в нашу эпоху – говорят же, что мы живём в „мире наглядных изображений" („Bilder-gesellschaft") (Welsch, цит. по: Fix/ Wellmann 2000, S. XI). Это бесспорно. Ведь всё чаще и чаще мы видим, как слова занимают место в изображениях (напр., в языке рекламы, в т. ч.

политической), а изображения всё чаще включаются в тексты (особенно в журналах).

Можно ли в таком случае утверждать, что изображения заменяют слова, предложения либо тексты?

Вместо слов они, видимо, употребляются редко уже потому, что в таком случае не существует разницы между значением и обозначением и их нельзя употребить в переносном значении. А как же тогда обстоит дело с изображениями, которые служат знаками слов – прежде всего с пиктограммами и символами? По своей грамматике они остаются изображениями, т. е. наглядными знаками, т. к. они не подвергаются грамматическим изменениям и не могут выступать в роли членов предложения.

Способны ли изображения выполнять функцию предложений? Против этого свидетельствует тот факт, что они, например, не могут стоять в форме прошедшего времени, не могут выражать ни модальное значение (напр., желание либо ирреальность), ни акциональность. Они служат для передачи либо определённой информации (**H** = „Dies ist eine Haltestelle“ = „это остановка“), либо инструкции, но не являются высказываниями в форме предложений. Изображение идущего человека на светофоре сигнализирует то же самое, что и зелёный свет, а также императив (*Geh* или *Gehen*). Таким образом, использование изображений скорее можно сравнить с использованием текста (либо его сегмента) ровно настолько, насколько они обладают текстовой функцией.

Какие функции выполняют тексты? Вслед за К. Бюлером (Bühler 1934, S. 273) можно ответить на данный вопрос предельно просто: тексты служат для передачи личного сообщения (функция выражения), для инициации определённых действий со стороны читателя либо слушателя (апеллятивная функция), а также для изображения задуманного (изобразительная функция).

Более детальная дифференциация функций текста, например, вычленение функций статического и динамического описания, сообщения и повествования о каком-либо событии, обсуждения действия или побуждения к нему (об этих способах изображения см. Heinemann/ Vieweger, 1991) в случае с текстовыми функциями изображений невозможна, за исключением комбинированных текстов с вербальными и иллюстративными компонентами (Sprach-Bild-Texte). Но и тогда изучение функций касается прежде всего их вербальной части.

В средствах массовой информации отмечается настолько богатое разнообразие таких комбинированных текстов, что их сложно систематизировать либо охарактеризовать в обобщённом виде. Особой популярностью пользуются флаеры. Согласно И. Андрутсопулосу они „конституируются вербально, а структурируются визуально" (Androutsopoulos 2000, S. 362). Типичными для сегодняшнего времени являются также аннотации, предлагаемые зрителям в ТВ-журналах, соединяющие воедино информативную краткость описания, апеллятивные знаки-символы и иллюстративные изображения (illustrative Bildausschnitte). Возникает вопрос, можно ли в таком случае отнести к „текстам" предметы повседневного обихода, например, подставки под пивные кружки, на которых помимо названия фирмы размещён рисунок и иногда какой-либо слоган (Sandig 1986, S. 6)?

В любом случае комбинированные тексты с вербальными и иллюстративными компонентами имеют особую архитектонику. Когерентность и когезия подобных текстов создаётся за счёт не только грамматических средств (напр., указательных местоимений) и лексических форм (напр., наречий *hier* или *oben*), но и за счёт особых визуальных средств: графического выделения и пространственного размещения. Неудивительно, что они читаются преимущественно в направлении от изображения к тексту, а не в соответствии со структурой вербального текста. Это наблюдается не только в случае с отдельными текстовыми формами, например, текстами рекламы либо рекомендациями по употреблению какой-либо продукции, но и в более сложных „текстовых конструкциях" – например, в информационных журналах. Известный журнал „Der Spiegel" ориентирован прежде всего на „человека **читающего**", появившийся позже журнал „Focus" – на „человека **рассматривающего**", разглядывающего его страницы подобно страницам на мониторе компьютера.

Тексты, содержащие и вербальные, и изобразительные элементы (креолизованные тексты), являются привлекательным объектом гендерных исследований. Приводимая ниже карикатура отражает определённый стереотип речевого поведения собеседников (мужчины и женщины). Может, поменять их ролями?

Она: О чём ты думаешь, дорогой?
Он: Да так, ни о чём особенном.

(Dick/Wolf 1987, S. 110)

Глава 12. Грамматика „модальностей языкового изображения". Общие положения и специфика художественной литературы

12.1. Формы коммуникации, модальности языкового изображения и узуальные формы языкового употребления

Понятия лингвистики текста (Textbegriffe)

Постижение структуры любого текста может происходить в процессе исследования и анализа на самых разных **уровнях абстракции** – в направлении от частного к общему. Вследствие этого тексту можно дать определение, исходя из признаков различных уровней. Ключевым моментом в определении их различий являются следующие понятия, которые постоянно (хотя и под различными названиями) встречаются в трудах по лингвистике текста, следовательно, могут считаться общепризнанными:

(1) **понятие текста в самом общем смысле (Textbegriff);**
(2) **„вид текста"**[1] **(Texttyp);**

---

[1] <u>Прим. перев.</u>: в русскоязычных работах по лингвистике текста наблюдается отсутствие единообразия и согласованности в употреблении немецких терминов „Texttyp", „Textart", Textsorte". Так, русским термином „тип текста" обозначается и „Texttyp", и „Textsorte". „Вид текста" – это и „Texttyp", и „Textart". Используются также термины „род текста", и „сорт текста", и „текстотип", и „(форма) манифестации текста", и „жанр текста" (см. работы И. С. Алексеевой, А. Н. Баранова/ Д. О. Добровольского, М. П. Брандес, Н. С. Валгиной, Е. А. Гончаровой/ И. П. Шишкиной, Г. Г. Ивлевой, Л. Л. Нелюбина, К. А. Филиппова и др.). Нередко эти термины употребляются как (равнозначные) синонимы. Поскольку для автора данной Грамматики принципиально разграничение понятий „Texttyp", „Textart", „Textsorte" как феноменов, отличающихся уровнем абстракции и набором рекуррентных признаков, мы сочли возможным по согласованию с автором ввести в рамках данной Грамматики следующие русскоязычные соответствия немецких терминов:

„Texttyp" – „вид текста" (как наиболее обобщенное понятие, обусловленное интенцией автора и сферой общественно-речевой

См. продолжение сноски.

(3) „класс текстов" (Textart, дословно: „разновидность текстов"), др. термины: Textklasse (Grosse 1974), Textsorten-klasse (Heinemann/ Heinemann 2002);

(4) „тип текста" (Textsorte, дословно: „сорт текста");

(5) „конкретный текст" (Textexemplar).

Рассмотрим эти основные понятия.

Пояснения к пункту (1)

Попытки дать определение **понятию** „**текст**" в самом широком смысле предпринимались неоднократно. Исходным при этом являлся вопрос о том, какие общие черты обнаруживаются в текстах самого разного рода. Из всех существующих дефиниций текста наиболее убедительным представляется „старое" чёткое определение Р.-А. де Богранда/ В. Дресслера (de Beaugrande/ Dressler 1981). К нему вновь и вновь возвращаются исследователи теории текста. Оно основывается на семи „критериях текстуальности", которые по предложению У. Фикс (Fix 2001) дополняются восьмым (см. тж. гл. 10.1):

– когерентность (Kohärenz), т. е. связность предложений текста на содержательном уровне;

– когезия (Kohäsion), т. е. связность предложений текста на уровне выражения;

– связь текста с формальными либо содержательными элементами других текстов, которая предусматривает наличие знаний о моделях, темах и свойствах этих других текстов („интертекстуальность"/ „Intertextualität");

– информативная функция: исходя из позиции читателя это

– вопрос о том, что нового содержит текст, а что является уже известным? („информативность"/ „Informativität");

– зависимость содержания текста от интенции писателя, определяемой его волеизъявлением, от опыта и знаний автора и т. д. („интенциональность"/ „Intentionalität");

практики людей), т. е. некий „коммуникативно-функциональный" вид текста;

„Textart" – „класс текстов" (как разновидность (группы) текстов);

„Textsorte" – „тип текста", а именно „структурно-жанровый тип текста".

– характер оценки содержания и формы текста читателем – насколько это „задано" его собственными „нормами ожидания" („акцептабельность/ воспринимаемость", тж.: „приемлемость"/ „Akzeptabilität");

– степень влияния на характер текста коммуникативной ситуации, в которой он возникает („ситуативность"/ „Situationalität");

– наличие „общекультурных/ фоновых знаний у участников коммуникации" („культуральность"/ „Kulturalität"; Fix 2001, S. 477).

Примечание
Все понятия, указанные в скобках (за исключением последнего), заимствованы из работы Р.-А. де Богранда/ В. Дресслера (Beaugrande/ Dressler 1981). Для детального рассмотрения их предметных и логических взаимосвязей потребовалось бы написать несколько томов. В книге К. Бринкера/ Г. Антоса/ В. Хайнемана/ С. Загера (Brinker/ Antos/ Heinemann/ Sager 2000/01) рассматриваются все эти взаимосвязи.

Пояснения к пункту (2)
Понятие **„вид текста" (Texttyp)** является более конкретным. Оно относится к следующему уровню описания текста, где происходит дефиниция текста как коммуникативной единицы. Исходный вопрос прост: для чего служит текст? Ответить на него можно по-разному. Самым ясным оказывается ответ, который предлагает описание видов текстов, исходя из их доминирующих коммуникативных функций в типичных для них сферах речевого употребления. При этом представляется оправданным различать пять основных сфер.

(а) Сфера <u>социальной интеракции при неформальном (чаще устном) повседневном общении.</u>

(б) <u>Организационно ориентированная</u> сфера правил и законов общественной жизни в текстах по юриспруденции и управлению.

(в) <u>Информационно и действенно ориентированная</u> сфера публицистики.

Примечание
На уровне видов текста языковые („вербальные") и неязыковые средства выражения („невербальная коммуникация") тесно связаны

между собой. Фотографии, диаграммы, иллюстрации и т. п. следует в таком случае рассматривать не только как интегрированные части текстов и как неких посредников высказываний („изображение в тексте"). Исходя из их коммуникативной функции, их можно рассматривать и как самостоятельные „тексты", например, как постеры, картины, формулы, рекламные плакаты, монеты, пиктограммы, даже если на них не написано ни слова, т. е. „изображение как текст" (Fix/ Wellmann 2000).

(г) <u>Познавательно ориентированная</u> сфера коммуникации в различных науках.

(д) Сфера <u>коммуникации эстетического характера</u> в художественной литературе.

Примечание
Выделение отдельной сферы литературно-художественных текстов имеет давние традиции. В более ранних работах Ю. Э. Шмидта (Schmidt 1972), Э. Верлиха (Werlich 1979), Л. Гобина (Gobyn 1984) и др. на самом высоком уровне абстракции различаются лишь две группы текстов: литературно-художественные тексты и тексты повседневной коммуникации (Gebrauchstexte, ср. тж. Adamzik 2004, S. 61). Правда, в трудах по лингвистике текста самостоятельность „функционального стиля литературы" всё больше и больше оспаривается. Аргумент такой: в литературных текстах используются те же языковые элементы, что и в других типах текстов. Эта позиция неверна уже эмпирически: сравним, с одной стороны, инструкции по применению, проекты конструкций, специальные статьи, например, в области химии, в гражданском и уголовном праве и т. д.; с другой стороны – рифмованные эпические произведения, терцины, сонеты и т. д. Данный аргумент рушится и с теоретической точки зрения. В эстетической литературе и её языке действуют другие принципы изображения, чем в прочих областях. Об этом свидетельствуют особые признаки литературности.

Любой конкретный текст („Textexemplar") строится в соответствии с общими грамматическими и лексическими закономерностями конкретного языка, на котором создаётся текст. Структура текста обусловливается известными традициями коммуникативной сферы („видом текста"/ „Texttyp"), основными характеристиками „класса текста" („Textart") и композиционными особенностями „типа текста" („Textsorte").

Одновременно текст представляет собой нечто совершенно индивидуальное, уникальное. Эта неповторимость текста проявляется в языковой структуре сложных высказываний и внутренней взаимосвязи его частей, т. е. через „когезию" предложений текста и – содержательно – через особую „когерентность" единиц высказывания. И с этой точки зрения „текст" представляет собой нечто большее и нечто иное, чем просто сумму отдельных предложений (и абзацев).

С помощью каких средств выражения и каким образом предложения связываются друг с другом, так что возникает нечто цельное – „textum", т. е. „текст" в его изначальном значении?

Рассмотрим это на примере короткой прозаической зарисовки Гюнтера Кунерта:

Dahinfahren.

„Er wurde dafür bezahlt, dass er einen eisernen, mit hässlich-gelber Farbe gestrichenen Wagen durch die Straßen der Stadt lenkte, die eisernen Räder in eisernen Schienen, kreuz und quer durch die rauchbedeckten Quartiere. Berührte sein Fuß den entsprechenden Hebel, klingelte eine Glocke, das geschah unzählige Male. Zwischen den Häusern ging er, die in Nacht versanken, begleitet vom Aufblitzen der Lichtvierecke an den Fassaden, ging er gemächlich durch die Dämmerung nach Hause. Eine Frau erwartete ihn dort, später noch Kinder, dann Einsamkeit und leere Zimmer und Staub und zuletzt Tod".

За названием „Dahinfahren" следуют всего лишь пять предложений, разделённых четырьмя точками и одной запятой. Грамматически они связаны при помощи pro-форм типа *sein, er, dort* и т. д., однако не только: важную роль играют параллельные конструкции, повторы, подхваты, напр., *ging er.* Употребление грамматического времени единообразно: повествование ведётся в претерите. Уже само название „*Dahinfahren*" способствует когезии предложений. Оно имеет двойственный смысл и, таким образом, „сцепляет" данные пять предложений в пределах одной тематической рамки на двух уровнях:

Во-первых, „*Dahinfahren*" имеет совершенно обыденное значение „fortwährend, umher, ohne dass ein endgültiges Ziel erreicht wird, fahren" (акцент ставится на процесс езды без достижения конечной цели), „*kreuz und quer durch die rauchbedeckten Quartiere*". В то же время в последнем предложении текста актуализуется второе, потенциальное значение заголовка *Dahinfahren*, которое напоминает глаголы типа *dahinscheiden („sterben")*. *Da-hin* также может означать *dorthin*. Т. е. речь идёт о том, что ожидает героя там *(da, dort)*, после его поездки, в конце дня, спустя годы и десятилетия.

Первое слово в тексте „*Dahinfahren*" сразу же указывает на последнее: *Tod*. Оно очень выразительно, употреблено с эвокативным опущением определённого артикля, в результате чего слово *Tod* (смерть) обезличивается и синтаксически уподобляется прилагательному *tot*. Существительное *Tod* в языковом плане ставится в один ряд с абстрактным словом *Einsamkeit*, которое обозначает состояние и употребляется здесь без артикля, а также с вещественным понятием *Staub*, обозначающим здесь состояние и также стоящим без артикля.

Наименование транспортного средства *der eiserne Wagen*, на котором ездит герой, вводится в текст с неопределённым артиклем. Мужчина же, о котором идёт речь и который является собственно темой этого повествования, не называется по имени, а представлен в тексте просто как некто/ некое лицо мужского пола, при помощи местоимения *er*. Данное местоимение вновь и вновь „подхватывает", номинирует тему „*der/ein Mann*", в т. ч. в видоизменённой форме – как притяжательное местоимение. Действующее лицо передаётся в виде наброска с размытыми очертаниями, синтагматически характеризуется словосочетаниями, подобными *er wurde dafür bezahlt*, парадигматически, однако, никак не уточняется – например, при помощи конкретизирующих существительных либо личных имён. Это „какой-то" человек, возможно даже „любой человек". В последнем предложении не говорится (как это можно было бы предположить) о том, что этого человека ожидает <u>его</u> жена/ женщина (*seine Frau*); это существительное употребляется с неопределённым артиклем (*eine Frau*), т. е. женщина остаётся анонимной: *irgendeine*. Неопределёнными остаются в тексте и дети: не *die Kinder* или *seine Kinder (erwarten ihn dort)*, а без конкретизации – (какие-то) *Kinder*. Подобный выбор местоимений и артиклей не случаен. Грамматическая стилизация начинается уже с первого предложения, где местоимение *(er)*, вопреки всем правилам лингвистики текста, возглавляет предложение, хотя обычно формы *er, sie, es* и т. д. служат для повторной номинации ранее названного объекта. Использование обобщенно-усреднённого местоимения *er* говорит о том, что в данном случае речь идёт о весьма типичном обыденном явлении повседневной жизни, без каких-либо указаний на индивидуальное.

Если грамматика текста занимается описанием правил и закономерностей, наблюдаемых при соединении предложений в отдельно взятом тексте, то стилистика текста ищет ответы на вопросы выбора и расстановки языковых средств в соответствии с той или иной целью. Ответ зависит в первую очередь от того, к какому функциональному стилю с его специфическими языковыми характеристиками принадлежит (анализируемый) текст. Это и определяет **„вид текста"** (**„Texttyp"**). Различия в видах и типах текстов, относящихся к сферам с разным уровнем публичности, обусловлены также тем, какой способ разрешения поставленной проблемы избирает автор текста. Исходя из этого, разные виды текстов выполняют совершенно различные задачи. Вслед за лингвистами Пражской школы Э. Ризель (Riesel 1963), В. Фляйшер/ Г. Михель (Fleischer/ Michel 1979) и другие лингвисты уже довольно давно выделили в стилистике следующие пять функциональных стилей:

(а) Стиль коммуникации в устной речи в „нормальной ситуации", т. е. **„стиль повседневного общения" (der Stil des „Alltagsverkehrs")**, для которого характерно применение в обращениях форм личных местоимений 1-го и 2-го лица, преобладание презенса, сочетание различных типов предложений, выполняющих коммуникативные функции вопроса, ответа, приказа(ния), восклицания, высказывания, повествования и т. д., а также употребление эллипсисов, незаконченных предложений, междометий и т. п., как, например, в тексте „Maiblumen":

„Maiblumen"
Klein Ernas Mutter kommt mit Frau Kripganz vom Blumenmarkt, sie hat sich 'n schönen Strauß Tulpen gekauft, und Frau Kripganz hat 'ne Handvoll schöne Maiblumen, an denen sie immer ganz verzückt rum riecht. Klein Ernas Mutter schielt da immer ganz eifersüchtig hin und sagt:
„Ach, Frau Kripganz, ich hätt' man auch Maiblumen nehmen sollen!"

„Warum denn? Tulpen zeigen doch auch ganz viel her!"
„Ja, aber Maiblumen spenden immer so schönen Duft."
„Och, sagen Sie ‚spenden' auch im Alltag?"

(J. Trier, Alltagssprache)

(б) От рассмотренного выше стиля отличается нормативно закреплённый, ориентированный на организацию общественной жизни и деятельности **стиль официально-делового письменного общения (der Stil des amtlichen Schriftverkehrs)**, примеры которого мы находим в административных, законодательных, юридических, административно-канцелярских, регламентирующих текстах. Предложения структурируются по определённым моделям, зачастую имеют формальный и безличный характер (напр., пассивные конструкции, номинализации и сочетания с функциональными глаголами). Придаточные предложения и синонимичные им инфинитивные обороты способствуют многоступенчатому развёртыванию сложных предложений. Особую роль при этом играют конструкции, выражающие (со)отношение, и каузальные союзы. Типичными являются также придаточные предложения и определения 2-ой либо 3-ей степени. Основной временной формой служит презенс. Например, статья 57 Уголовного Кодекса Австрии гласит:

Art. 57. (l) Die Mitglieder des Nationalrates können wegen der in Ausübung ihres Berufes geschehenen Abstimmungen niemals, wegen der in diesem Beruf gemachten mündlichen Äußerungen nur vom Nationalrat verantwortlich gemacht werden.

(2) Kein Mitglied des Nationalrates darf wegen einer strafbaren Handlung – den Fall der Ergreifung auf frischer Tat bei Verübung eines Verbrechens ausgenommen – ohne Zustimmung des Nationalrates verhaftet oder sonst behördlich verfolgt werden.

(в) Далее следует назвать **стиль публицистики (der Stil der Publizistik)**, прежде всего прессы, особенностью которого является стремление к доходчивости и воздействие на читателя. Для него характерны стремление к синтаксической вариативности и ориентированный на публику порядок слов. Контрасты и акценты разного рода определяют структуру предложений и выбор лексики. Нередко лёгкость стиля создаётся за счёт заимствования форм и структур из устной речи, например, пролепсиса либо присоединительных конструкций (Nachtrag), а также за счёт интертекстуальных связей (напр., цитирования из других текстов), что можно проиллюстрировать на примере глоссы „*Fensterln*":

Were diu werlt alle min / von deme mere unze an den rin / des wolt ih mih darben / daz diu chuenegin von engellant / lege an minen armen. Wann hat man schon Gelegenheit, auf Seite 1 der ZEIT unser mittelhochdeutsches Lyrikgut, die Carmina burana zu zitieren. Nur unser englischer Vetter Michael Fagan macht's möglich. Er nahm die Regenrinne, umging die Taubengitter – andere Abschreckung war nicht gegeben –, stieg in den ersten Stock ein, ging den Flur entlang und setzte sich ans Bett Ihrer Majestät wie der Märchenfrosch zu Füßen der Prinzessin. Das heimatlose, unbeschäftigte „Sozialprodukt" verwirklichte einen heimlichen, unerfüllten Traum vieler befragter Landsleute: Man möchte der Krone, insonderheit ihrer Trägerin nahe sein. Man sollte neidisch sein statt zu lachen: Welche 31jährige Deutsche kreist schon in ihren nächtlichen Phantasien ums Haus des Bundespräsidenten? Und Mike Fagan mißbrauchte die Situation nicht einmal im Sinn des altfränkischen Dichters. Er wollte plaudern und rauchen. Solche Gefährdungen kann sich jede Staatsform nur wünschen. K.H.W.
(DIE ZEIT 18.07.1982, S. 1)

(г) Существенные отличия обнаруживает **научный стиль (der Stil der Wissenschaften)**, обусловленный специальностью и предметом исследования: для текстов, где важны дифференциация, точность и однозначность, передача измеримых результатов, убедительность обоснований, точность описания и логический строй мысли, характерен сложный синтаксис с большим количеством придаточных предложений, прежде всего придаточных субъектных, дополнительных и определительных. Предпочтение отдаётся аргументативным приёмам изложения с каузальными союзами и конструкциями точного описания, насыщенными абстрактными понятиями, причастиями и генитивами в атрибутивной функции, а также предикациями, которые, исходя из стремления к объективности, обычно выдержаны в безличном стиле, как, например, в отрывке из книги Вернера Флаха „Grundzüge der Erkenntnislehre" („Основы теории познания"):

Die Untersuchungen dieses Buches haben die Erkenntnis zu ihrem Thema. Klarheit darüber zu gewinnen, was mit diesem Thema ansteht, ist die erste und zentrale Aufgabe der Philosophie, die mit der Übernahme dieser Aufgabe nur einem unabweisbaren Anliegen nachkommt. Es ist ein Unternehmen, das die Philosophie immer wieder in die Krisis bringt. Sich ihm zu verschreiben, ist für einen Forscher nur vertretbar, wenn er überzeugt sein kann, durch seine Forschungen der Gefahr der Krisis steuern zu können. Darin liegt ein hoher Anspruch. Es ist ihm so gut als möglich zu genügen.

Die vorliegenden Untersuchungen sind zuerst der Klärung des Begriffes der Erkenntnislehre gewidmet. Im Anschluss daran und nach Maßgabe der erfolgten Klärung werden die die Grundzüge der Erkenntnislehre ausmachenden Aussagen entwickelt. Diese Aussagen sind in dieser Abfolge Aussagen der Erkenntniskritik, Aussagen der Logik, Aussagen der Methodologie.

(д) Рассмотренный выше текст „Dahinfahren" репрезентирует пятый функциональный стиль, эстетический **стиль художественной литературы (der Stil der Literatur)**. Следует признать, что в художественной литературе употребляются элементы всех выше названных функциональных стилей. Однако нельзя не заметить, что эстетические тексты оформлены иным образом, а литературное творчество подчиняется иным законам, нежели перечисленные выше, и, кроме того, существуют определённые приёмы литературности, не характерные для четырёх вышеназванных стилей. Использование стилистических форм и жанрово-стилистических приёмов напрямую зависит от принадлежности текста к определённой литературной форме/ жанру, т. е. – шире – от жанрово-стилистических особенностей эпоса, лирики, драмы и эссеистики как основных **родов литературы (literarische Textarten)**. Вследствие языковой „многослойности" литературных текстов на них следует остановиться более подробно и рассмотреть их с учётом выявления „модальностей языкового изображения".

Примечание

К вопросу о стилистике: средства выражения, используемые в данных коммуникативных сферах, иногда рассматриваются как коммуникативно обусловленные „функциональные стили" („Bereichsstile"): научный, официально-деловой, повседневного общения, художественный и публицистический. Исходя из этого деления, далее в каждом отдельном тексте выявляются затем особенности и черты, свойственные ему, исходя из соответствующей сферы общения (Fleischer/ Michel 1979; Gläser 1998; Heinemann/ Heinemann 2002). Несмотря на критику понятия „функциональный стиль", им всё-таки можно оперировать, применяя его типологически, а не в смысле признания его логической исключительности. Читатели сразу же обращают внимание на характерные различия в лексике и грамматике („языковые знания"), в структуре текста и особенностях смысловых связей (комбинаторный потенциал), в тематике и референции (общие/ энциклопедические знания). При сравнении текстов сразу же явствует (как в примерах с текстами Г. фон Клейста или Т. Бернхарда), что это литературный, а не публицистический текст. Подобную реакцию можно наблюдать и в том случае, когда не проводится непосредственное сравнение текста с примерами из других стилей, как в случае с текстом „Liebe zu wem" (см. далее).

Всё это, однако, не позволяет дать однозначный ответ, имеет ли каждый **вид текста** определённую доминирующую коммуникативную функцию и какую именно. Во многих работах последних лет делается ссылка на классический трактат „Linguistische Textanalyse. Eine Einführung in Grundbegriffe und Methoden" К. Бринкера (Brinker 2001), который во многом перекликается с точкой зрения У. Фикс (Fix 2001). К. Бринкер различает на этом уровне абстракции следующие ведущие функции: „информативная" („Information"), „апеллятивная" („Appel"), „контактная" („Kontakt"), „аргументативная" („Argumentation"), „облигативная" („Obligation"), и „декларативная" („Deklaration").

В скобках он, правда, добавляет ещё „поэтическую, эстетическую" функцию („poetische, ästhetische" Funktion), которая „доминирует в литературных текстах и является в первую очередь объектом литературоведческих исследований". При дальнейшем изложении она, однако, опускается.

Э. У. Гроссе (Große 1974) определяет 8 „классов текстов" („Textklassen"), которые выполняют 7 элементарных функций, частично сходных с уже названными: контакт (Kontakt), побуждение (Aufforderung), сообщение/ передача информации (Informationstransfer), самовыражение/ репрезентация (Selbstdarstellung), поэтическая (poetische), нормативная (normative) и индицирующая принадлежность к определенной социальной группе (gruppenindizierende).

Как бы то ни было, ясно одно: идеального соотношения 1:1 между сферами коммуникации и функциями текстов нет и быть не может! В сфере научного познания и обучения, в функциональном научном стиле, например, доминирует экспликативное, дескриптивное и аргументативное развёртывание темы (Brinker 2001, S. 63ff.).

Такое развёртывание темы свойственно также текстам юриспруденции и административного управления обществом, но оно находится при этом под влиянием центральных функций – декларативной и облигативной.

В повседневном языковом общении на первый план выступают контактная и апеллятивная функции, а также „занимательная/ развлекательная" функция, функция „поддержания беседы" (термин автора: die Funktion des Unterhaltens).

В области литературы наряду с нарративной функцией (функцией повествования) и субъективно-личностным изображением воображаемого действия выделяется функция эстетического инсценирования – в современной литературе нередко дополняемая дескриптивной либо аргументативной функциями.

В публицистике царит тематическое многообразие, ей свойственно стремление к более точной передаче информации и эффективному воздействию на читателя.

Примечание

Названные пять функциональных стилей вовсе не исключают друг друга. Они друг друга дополняют. В таком случае „функциональный стиль" следует понимать как понятие собирательное, под которым обобщаются стилистические особенности, свойства и формы каждого конкретного текста. Любой текст нередко определяется наличием черт нескольких функциональных стилей.

Пояснения к пункту (5)

На противоположном конце шкалы, ведущей от наиболее абстрактного понятия „текст" через более конкретное „вид текста", находится отдельный текст, т. е. „**конкретный текст**" („**Textexemplar**"). Так мы обозначаем возникающее в процессе коммуникативного акта некое конкретное целое, которое чаще всего ни с чем другим не спутаешь.

В следующем примере это 14 строк уникальной „истории", которая не является историей в её привычном смысле. Это одна из частей сборника „Geschichten vom Herrn Keuner", которая называется „Liebe zu wem".

> *„Liebe zu wem":*
> *Von der Schauspielerin Z. hieß es, sie habe sich aus unglücklicher Liebe umgebracht. Herr Keuner sagte: „Sie hat sich aus Liebe zu sich selbst umgebracht. Den X. kann sie jedenfalls nicht geliebt haben. Sonst hätte sie ihm das kaum angetan. Liebe ist der Wunsch, etwas zu geben, nicht zu erhalten. Liebe ist die Kunst, etwas zu produzieren mit den Fähigkeiten des andern. Dazu braucht man vor dem andern Achtung und Zuneigung. Das kann man sich immer verschaffen. Der übermäßige Wunsch, geliebt zu werden, hat wenig mit echter Liebe zu tun. Selbstliebe hat immer etwas Selbstmörderisches."*

(B. Brecht, Werke Bd. 12, S. 407)

В качестве историй о Койнере собраны вместе похожие тексты, написанные Бертольдом Брехтом с 1926 до 50-х годов. Их структура и языковое оформление определяются общими закономерностями, которые в данной главе описаны в пунктах с (1) по (4). В то же время они индивидуальны вследствие выбора средств на парадигматической оси (в истории „Liebe zu wem", например, в результате выбора поля *Liebe /Achtung/ Zuneigung*), а также в результате особого подхода к сцеплению слов и предложений на синтагматической оси. Это проявляется, прежде всего, в коллокациях, а также в предпочтительном употреблении определённых типов синтаксического сцепления в данном тексте, равно как и в других текстах этого автора. Это, далее, игра вымысла (*Herr Keuner* может означать „keiner"), языковая многозначность (напр., слово *Liebe*), поэтическая насыщенность (целая „история" в 14 строчках), абстрагированность от времени и места (выраженных обстоятельством), в результате чего достигается обобщающий характер содержания.

Пояснения к пункту (4)

Начиная анализировать конкретные тексты, мы сразу относим их к определённому „типу текста" (Textsorte). В специальной литературе данное понятие понимается совершенно однозначно. Оно объединяет все тексты, построенные по одной и той же модели (Fix 2001, S. 499), которая является интерсубъективной, единообразной и повторяющейся (Sandig 2000). В течение последних 30 лет появилось множество новых работ о „типах текста", где рассматриваются тексты прогнозов погоды, брачных объявлений, рекламных объявлений, сообщений, инструкций по применению, рецептов, рецензий, музыкальной критики и др. Языковые особенности типа текста обычно выявляются в ходе сравнения большого экспериментального материала (в данном случае – большого количества (однотипных) текстов). Поэтому „тип текста" – это величина, определяемая эмпирическим путём. Читатель же определяет его, как правило, исходя из своего повседневного опыта.

Название типа текста в немецком языке обычно является заимствованием (напр., *Glosse (глосса), Fabel (басня), Kommentar (комментарий), Novelle (новелла), Fibel (букварь, азбука), Ballade (баллада), Epigramm(эпиграмма)* и т. д.). Нередко оно является сложным словом, составляющие которого дают информацию о цели, тематике, форме публикации либо письменной форме текста: *Kochrezept (кулинарный рецепт), Gebrauchsanweisung (инструкция по применению), Lebenslauf (биография), Todesnachricht (некролог), Wetterbericht (прогноз погоды), Filmkritik (кинокритика), Heiratsanzeige (брачное объявление), Sportreportage (спортивный репортаж), Buchbesprechung (дискуссия о книге)* и т. д.

Структурно-жанровые **типы текстов** различаются:

(а) в зависимости от типичных особенностей их коммуникативной сферы употребления (т. е. „вида текста"; см. выше);

(б) исходя из тех языковых черт, которые являются общими для ряда разножанровых текстов и которые (т. е. эти общие черты), собственно, и позволяют объединить данные тексты в один „класс текстов";

(в) характером развёртывания их лексико-грамматических полей (см. гл. 10; Sommerfeldt/ Schreiber/ Starke 1984), специфическими коммуникативными функциями и исторически обусловленными нормами употребления языка, иногда и

„нормами написания" („Style sheets"), как например, в „хронологической" биографии или в письмах. В „Письмовниках" начала Нового Времени такие нормы были прописаны как непреложные правила. В любом случае под типом текста всегда понимается **исторически сложившийся** жанр, развившийся по моделям, образцам „открытого ряда" и **претерпевающий изменения** в ходе развития истории. Текстовые жанры могут со временем и совершенно выйти из употребления, как например, рифмованный эпос, рифмованная легенда, рифмованная басня, сказание, телеграмма и т. д. В то же время возникают всё новые типы/ жанры текстов – в XX в., например, появились репортаж, радиопостановка, очерк, сценарий, E-Mail, SMS и др.

Примечание
Согласно позиции В. Хайнемана/ М. Хайнеман (Heinemann/ Heinemann 2002), типы текстов можно далее распределить по различным жанровым вариантам. Если последовать данному предложению, то в наших примерах „Kalendergeschichte" следует рассматривать как тип текста, а „Keunergeschichte" – как его жанровый вариант, который Б. Брехт создал по древнекитайским образцам. Данный пример доказывает то, что здесь всё зависит от уровня „фоновых, культурно обусловленных знаний участников языкового общения" (Fix 2001), т. е. от полученных специальных знаний, а не только от общих „знаний о мире".

Пояснения к пункту (3)
Между „видом текста", зависящим от коммуникативно-речевой сферы общения, и „типом текста", определяемым исторически, можно выделить промежуточный уровень абстрагирования. На нём будет располагаться понятие **„класс текста"** с характерными грамматическими свойствами.

В художественной литературе формы устной речи (особенно в драматических произведениях) противопоставляются литературным формам лирики, эссеистики либо прозы. Аналогично и в сфере нелитературных текстов формы устного речевого общения противопоставлены публицистическим, научным либо официально-деловым классам текстов.

Примечание
„Классу текста" („Textklasse") в классификации В.Хайнемана/ М. Хайнеман (Heinemann/ Heinemann 2002) соответствуют „1-ый

класс типов текстов" (Textsortenklasse 1") и „2-ой класс типов текстов" („Textsortenklasse 2"), либо понятие „класс текстов" („Textklasse"; Große 1974 и др.). Вычленение данной, третьей, ступени типологии текстов важно для более чёткой грамматической дифференциации литературных „видов текста" (вторая ступень абстракции), с одной стороны, и „типами текста" (четвёртая ступень абстракции), с другой.

В различных источниках по истории литературы различают следующие **классы текстов**: лирические, эпические, драматические (сегодня также тексты эссеистики). Учебники и справочники по публицистике выделяют „классы текстов" рекламы („текст рекламы"), сообщения (тж. репортаж), информации, комментария. Известные нам из области общественной жизни „типы текста" „декларация", „декрет", „заявление", „свод законов", „налоговая декларация", „правила внутреннего распорядка", „прокламация", „указ/ постановление" и др. реализуются как конкретные представители „классов текстов" – таких как „сообщение", „инструкция (предписание)" и „договор" с доминантными функциями „облигативности" и „декларативности" (см. выше; по: Brinker 2001, Fix 2001; вслед за: Searle 1969). Среди „типов текстов" гуманитарных и естественных наук, таких как „аннотация", „тезисы", „постер", „обзорная статья", „доклад", „сочинение", „трактат", „интерпретация или изложение результатов исследования" доминируют прежде всего дескриптивные, экспликативные и аргументативные **„классы текстов"**.

Если же речь идёт о коммуникации в процессе повседневного общения, то здесь на первый план выступают, с одной стороны, „классы текстов" разговорного характера (ср. „Gesprächsanalyse" К. Бринкера (Brinker/ Sager 1996) и др.) в устной речи, с другой – продуманные, структурированные, логически развёрнутые тексты письменной коммуникации (с введением, основной частью и заключением). И те, и другие классы проявляются во всём многообразии известных „типов текста".

Примечание
Устная речь и письменная речь дифференцируются некоторыми теоретиками на самом высоком уровне абстракции и рассматриваются как две различные „формы существования" языка. Отсюда вытекает основополагающее разграничение понятий „лингвистика

текста" (Textlinguistik) с одной стороны (Brinker 2001) и „лингвистика устной речи" (Gesprächslinguistik) – с другой (Brinker/ Sager 1996). В. Хайнеман/ М. Хайнеман (Heinemann/Heinemann 2002), однако, не расценивают данное различие как основополагающее. Они применяют его только для разделения двух „классов типов текстов" („Textsortenklasse"). И это справедливо. Так как в действительности речь в данном случае идёт о „градуальной дифференциации" языкового употребления, которое может склоняться к одному из двух полюсов. „Полюс устной речи определяется высокой степенью спонтанности и низкой степенью формальности" (Adamzik 2004, S. 37).

Что же определяет специфику „класса текстов" в отличие от абстрактного „вида текста" с одной стороны, и конкретного „типа текста" с другой? „Класс текстов" определяется не на коммуникативном уровне, как „вид текста", а на чисто языковом. И он не подвергается историческим изменениям в той степени, как конкретный „тип текста".

От каких языковых средств это зависит прежде всего?

Классы текстов различаются по доминирующей роли их глагольных предикатов. Это касается актуализованных при этом глагольных категорий. Класс текстов отличается доминированием (а) дуративных или (б) акциональных предикаций (глаголы состояния в противовес глаголам действия; пассив состояния против процессуального пассива или актива). Это противопоставление является важным для дифференциации дескриптивных и акциональных текстов с доминантными sein-предикациями в отличие от tun-предикаций (Erben 1980; Baldauf 2001).

В акциональных разновидностях (классах) текстов, исходя из правил текстолингвистической прагматики, выделяется, далее, основное различие между перформативными текстами говорения с „иллокутивным потенциалом" глаголов говорения (см. теорию речевых актов Searle 1969) и рефлексивными текстами со значением и потенциалом глаголов размышления и чувственного восприятия в центре. Это различие используется не только при классификации произведений художественной литературы (ср. пример текста „Liebe zu wem"), но и, например, в научном стиле (в т. ч. там, где „verba cogitandi" зачастую не называются эксплицитно, а подразумеваются имплицитно).

В предикациях многое зависит и от выбора глагольных форм, прежде всего, от глагольных морфем, маркирующих различия во временных формах. Они служат для классификации и разделения на (а) сообщающие и нарративные тексты (где основной временной формой является претерит) и (б) дескриптивные, описательные, аргументативные и облигативные классы текстов (с основной временной формой презенс).

Примечание
В то же время преобладающий в тексте тип наклонения не является параметром для выделения определенного класса текстов. Наклонение и модальность обычно определяют характер каждого „конкретного текста“, например, при включении в него слов другого лица, чьих-либо чувств или мыслей.

Можно провести различия между „*ich*-текстами“, „*du*-текстами“ и „*es*-текстами“. Классы текстов принципиально отличаются друг от друга по характеру соотнесённости местоимений с именами. Так, местоимение *ich* может репрезентировать имя говорящего, *du* – имя адресата, местоимения 3-го лица *es, sie, er* обозначают то, что в данный момент тематизируется. В том случае, когда местоимение *ich* и соотносящиеся с ним имена фокусируют внимание на говорящем/пишущем, мы имеем дело с „лирическим героем“ („лирическим „Я“) в стихотворении, с „персональным повествователем“ (повествователем в форме „я“) в романе, с (внутренним либо сценическим) монологом в драме или повести и т. д.

Примечание
Р. Харвег (Harweg 1964, 1979) был первым, кто распознал и описал текстообразующее значение местоимений. Однако уже К. Бюлер (Bühler 1934), проводя основополагающие различия между „языковыми функциями“, учитывал местоимения и их референцию при разграничении выразительной, апеллятивной и репрезентативной функций текста.

Х. Вейнрих (2005) большее внимание обращал на различие текстов, написанных от первого/ второго лица (в *ich/du*-форме), с одной стороны, и текстов от третьего лица (в *es/sie/er*-форме), с другой стороны. Такое бинарное разделение текстов согласуется с социальными аспектами языка, которые П. Вацлавик/ Дж. Бивин/ Д. Джексон (Watzlawick/ Beavin/

Jackson 1969; 1990) объединили под названием „функции отношений" („Beziehungsfunktionen") и противопоставили их „предметной функции" („Sachfunktion").

При определении понятий типа текста и класса текстов важны также различия между устным и письменным способом передачи информации. В связи с этим диалогические тексты (основную группу составляют „диалоги/ беседы"; в публицистике – интервью и т. п.; в художественной литературе – диалоги из драматических произведений и романов) как типичные формы устной речи противопоставляются „монологическим" как наиболее распространённой форме языкового изображения в письменной речи.

Какое же однозначное название можно дать тому или иному классу текстов, исходя из его грамматических особенностей? Существует много различных предложений. Поэтому на следующем этапе представляется разумным просто свести воедино рассмотренные выше языковые формы и их языковые функции в литературных текстах (см. ниже).

12.2. Классы текстов и функции текстов

Литературно-художественные тексты и язык художественной литературы в настоящее время нередко исключаются из пособий по грамматике современного немецкого языка. А „в коммуникативно-прагматически ориентированной лингвистике текста" им „зачастую уделяется недостаточно внимания" (Adamzik 2004, S. 87). Действительно, некоторые вещи в современной литературе понять непросто. Возможно, это как-то объясняет положение дел, однако это нельзя признать причиной. Тексты художественной литературы документируют язык современности и являются важной частью её языковой культуры, так как:

а) Литература создаётся из языкового материала. Без языка не может быть литературы. Фиксация и передача литературных произведений в письменной форме, иными словами, язык художественных произведений, является отправным пунктом литературного анализа, который немыслим без рассмотрения языковой формы, посредством которой и передаётся содержание.

б) Литературность и литературные свойства языка невозможно распознать на уровне отдельного слова либо предложения, эти свойства можно проследить только на примере цельного текста, что и является одной из задач лингвистики текста.

в) Как языковой продукт каждое литературное произведение в принципе обнаруживает ряд общих признаков, наблюдаемых и в других текстах. Они воспринимаются как тексты не только благодаря их лексическим и грамматическим особенностям, но и в соответствии с их языковыми функциями. Согласно положениям К. Бюлера (Bühler 1934) и Р. Якобсона (Jakobson 1960), специфику **класса текстов (Textart)** можно определить, исходя из ряда функций. Свойства текста определяются:

– отношением между текстом и окружающим миром, который этот текст представляет (репрезентативная/ изобразительная функция/ „Darstellungsfunktion");

– отношением между говорящим/ пишущим и текстом (экспрессивная/ выразительная функция / „Ausdrucksfunktion");

– отношением между адресатом, публикой и текстом (контактная и апеллятивная функция/ „Kontakt- und Appellfunktion");

– отношением между текстом и языковым материалом, из которого этот текст особым образом создаётся и оформляется (функция языкового оформления/ „Gestaltfunktion").

Данные типы отношений характеризуют любой класс текстов. Существует и ещё один тип отношений, который имплицитно присутствует всегда и который Р. Якобсон всегда выделял особо: установление и поддержание контакта с другими людьми. В жанре литературной критики, например, этот признак тематизируется в посылке, что роман написан увлекательно, а не скучно, и захватывает читателя. Безусловно, литературным текстам свойственны и общие признаки текста (см. Beaugrande/ Dressler 1981), описанные в главе 10, а именно: когезия, когерентность, интенциональность, акцептабельность, особенно информативность, локальные и темпоральные характеристики (ситуативность) и соотнесённость с другими текстами (интертекстуальность). Однако в художественных текстах эти свойства проявляются по-особому, ибо здесь максимально используется и раскрывается наивысший потенциал языка.

12.2.1. Характерной особенностью литературно-художественных текстов является то, что возможность показать наивысший потенциал языка осознанно используется в эстетических целях. Е. Косериу отмечает следующее: „Конкретный языковой знак (знак в тексте) передаёт не только ‚изображение' (понятийное значение) и функционирует не только через отношение к говорящему (‚передача сообщения'), к слушающему (‚обращение') и к внеязыковой действительности (‚сообщение', т. е. обозначение через определённое значение), но и, помимо этого, находится в очень сложной сети взаимоотношений, в результате чего возникает не менее сложное сплетение семантических функций, совокупность которых можно назвать эвокацией („Evokation“)“, т. е. „пробуждением эмоций“ (Coseriu 1971, S. 184).

Между двумя вышеприведёнными положениями нет никакого противоречия. Художественные тексты „сотканы“ из того же самого материала, что и другие виды текстов. Как продукты естественного языка, они отражают его свойства: с одной стороны, конвенциональное свойство зависимости от определённых правил и установок социума, т. е. от общепринятых образцов, правил, моделей, (языковых) клише и т. п.; а с другой стороны – инновативное свойство „открытости“, позволяющее автору творчески выражать с помощью всё новых слов, предложений и текстов как новые, так и известные взгляды и представления. Оба эти компонента определяют особую, неповторимую структуру и выразительный потенциал литературного языка.

12.2.2. В чём это проявляется? Воздействие художественных текстов выходит далеко за рамки сиюминутной актуальности. История литературы изучает тексты художественного характера в их совокупности. Он проявляется в особых, специфических только для литературных текстов способах изображения действительности. Во многих текстах он распознаётся сразу же, даже при беглом сравнении со специальными текстами сходной тематики.

В этом мнения теоретиков сходятся. Однако они решительно не совпадают, когда исследователи пытаются привести к одному знаменателю различия между художественными/ литературными и нехудожественными/ нелитературными текстами.

1. Эти попытки имеют долгую традицию. Она восходит к Аристотелю, который во главу угла ставил отношения между текстом и миром, с которым соотносится текст, и интерпретировал литературное искусство как процесс подражания, „Mimesis“. При этом он исходил из театра. С этой точки зрения суть литературной составляющей в тексте проявляется в воспроизведении мира в виде представления на сцене, в процессе которого происходит репрезентация людей через созданные автором фигуры, а человеческой речи – через сценические диалоги и речи как продукта художественного творчества автора: например, в форме трагедии, вызывающей в душе зрителя страх и сочувствие.

2. Отношения между текстом и автором, напротив, рассматриваются теоретиками как стержень всякой литературности, для них литературным искусством является всё, что как таковое представляет автор (напр., в авторских чтениях) либо всё, что он инициирует и провозглашает „искусством“, потому что он так запланировал и написал (Dickie 1969). Согласно этой точке зрения, любой продукт является „произведением искусства именно тогда, когда кто-либо его выдаёт за таковой“ (Rühling 1996, S. 47; там же предлагается убедительная критика данного подхода).

3. Другая же группа учёных ставит во главу угла отношение между текстом и тем, как его понимает публика, и именно это отношение считается мерилом литературности текста. В философии существует направление, согласно которому всё, что существует, сводится к восприятию этого существующего. Истоками этого течения является философия Дж. Беркли: „Esse est percipi“. В „эстетике восприятия“ воздействие языкового произведения, его резонанс у читателя объясняется многозначностью литературного изображения (Iser 1974) и, исходя из этого, рассматривается как решающий критерий литературности (как в философии Х.-Г. Гадамера (Gadamer 1989), в литературоведении у Р. Яусса (Jauß 1974) и др.).

4. Четвёртая группа знатоков литературы выдвигает на первый план отношения между отдельно взятым конкретным текстом и определённым языком, из инвентаря которого создаётся этот текст (Staiger 1946; Kayser 1992). И таким образом в стилистике выделяется „стилистика отклонений“, стремящаяся к постижению особенного в литературном текс-

те через определение отличий от принятых в кодифицированном литературном языке усреднённых норм и их вариантов. При таком рассмотрении в центре внимания всегда стоит вопрос о том, **как** что-либо сказано, представлено (почему не иначе?) и какой эстетический эффект вызывает языковое оформление текста. Способ литературного изображения в таком случае определяется при помощи категорий отбора, **селекции** из набора существующих языковых средств и их **комбинации.**

Особенность литературного текста состоит – если рассматривать его обобщённо и абстрагируясь от отдельных случаев – в том, что все четыре аспекта релевантны и могут воздействовать особым образом. Для определённого вида литературности текста решающим является среди прочих факторов то, как взаимодействуют данные способы языкового изображения. Это проявляется при филологической „перепроверке" названных теорий. Точный филологический способ – это сравнение. В данном случае противопоставляются нелитературные и художественные тексты. Условие подобного сравнения: тексты должны быть сопоставимыми. Следует отбирать те из них, которые соответствуют друг другу по содержанию (по „смысловой стороне языкового знака"), содержат сопоставимые смысловые сегменты, темы и микротемы либо мотивы. Подобную направленность имеют работы, опубликованные в сборнике научных трудов „Grammatik, Wortschatz und Bauformen der Poesie in der stilistischen Analyse ausgewählter Texte" (Wellmann 1998): здесь представлены тексты для сравнения изображения бабочки, несчастья, начала разговора, события и т. д. (S. 165 ff.). Там же можно найти пример литературного и нелитературного изображения дорожного происшествия у Р. Музиля и в газетах (см. ниже). Этой проблеме посвящена статья „Die literarischen Darstellungsarten", в которой излагаются результаты сравнительного анализа текстов (Wellmann 2003).

Сравнение литературных текстов
с тематически родственными специальными текстами
нелитературного типа

(a) Сообщение (Bericht)
Краткое описание несчастного случая
(с какой стороны двигались транспортные средства, в каком направлении водители хотели ехать дальше и т. д.)

„*Herr Othmar Slag fuhr mit dem Pkw N 3423 auf der Wienerstraße in südliche Richtung. Herr Anton Zerle schob sein Fahrrad vermutlich aus der Zufahrt des Grundstückes Wienerstraße 248 quer über die Fahrbahn der Wienerstraße in westliche Richtung und beabsichtigte vermutlich, die Fahrt auf der Wienerstraße in südliche Richtung fortzusetzen. Dabei stieß die Stirnseite des von Othmar Slag gelenkten Pkw gegen die rechte Längsseite des Fahrrades, auf das Anton Zerle angeblich von links aufsteigen wollte. Zerle wurde vom Pkw erfasst, gegen die Windschutzscheibe geschleudert und stieß mit dem Hinterkopf gegen die rechte vordere Dachstütze. Anschließend blieb der Radfahrer etwa 24 Meter nach der Anstoßstelle im westlichen Fahrbahnbereich der Wienerstraße liegen. Zerle hatte tödliche Verletzungen erlitten und verstarb an der Unfallstelle. Am Fahrrad entstand erheblicher, am Pkw geringer Sachschaden.*"

(Verkehrsunfallanzeige aus Graz vom 2.4.1978)

(б) Литературное динамическое описание (Schilderung)

Diese beiden hielten nun plötzlich ihren Schritt an, weil sie vor sich einen Auflauf bemerkten. Schon einen Augenblick vorher war etwas aus der Reihe gesprungen, eine quer schlagende Bewegung; etwas hatte sich gedreht, war seitwärts gerutscht, ein schwerer, jäh gebremster Lastwagen war es, wie sich jetzt zeigte, wo er, mit einem Rad auf der Bordschwelle, gestrandet dastand. Wie die Bienen um das Flugloch hatten sich im Nu Menschen um einen kleinen Fleck angesetzt, den sie in ihrer Mitte freiließen. Von seinem Wagen herabgekommen, stand der Lenker darin, grau wie Packpapier, und erklärte mit groben Gebärden den Unglücksfall. Die Blicke der Hinzukommenden richteten sich auf ihn und sanken dann vorsichtig in die Tiefe des Lochs, wo man einen Mann, der wie tot dalag, an die Schwelle des Gehsteigs gebettet hatte. Er war durch seine eigene Unachtsamkeit zu Schaden gekommen, wie allgemein zugegeben wurde. Abwechselnd knieten Leute bei ihm nieder, um etwas mit ihm anzufangen; man öffnete seinen Rock und schloß ihn wieder, man versuchte ihn aufzurichten oder im Gegenteil, ihn wieder hinzulegen; eigentlich wollte niemand etwas anderes damit, als die Zeit ausfüllen, bis mit der Rettungsgesellschaft sachkundige und befugte Hilfe käme.

(aus: Der Mann ohne Eigenschaften)

В литературном тексте, в отличие от журналистского сообщения, для автора неважно, где и когда происходит событие. Его волнуют вопросы „как“ и „почему“, и выражается это в совершенно иной форме, чем в газетном сообщении. Прежде всего передаются, изображаются внутренние процессы, как их видит и представляет автор. Р. Музиль передаёт восприятие и (не)понимание происшествия очевидцами, а также их поведение в виде речевых высказываний (диалогов) и действий. Повествование ведётся в претерите, однако исходя из субъективной перспективы вымышленного персонажа. Читатель переживает происходящее через его восприятие очевидцами аварии, описываемой в тексте: их глазами он видит (*„eine querschlagende Bewegung“*), их ушами слышит (*„die Pfeife des Rettungswagens schrillen“*), их чувствами чувствует (*„etwas Unangenehmes in der Herz-Magengrube“*), их мыслями думает (*„dass sie berechtigt war, für Mitleid zu halten“*) и их словами говорит (*„diese schweren Wagen haben einen zu langen Bremsweg“*). То, что в данном случае можно понять и постичь, составляет эстетическую модальность изображения **„именно так, а не иначе“ („So-und-nicht-anders“)**.

12.2.3. В результате подобного сравнительного анализа выкристаллизовываются некоторые специфические черты литературного изображения. Фонетические, графематические, грамматические (морфологические и синтаксические), лексические (выбор слов, словообразование), а также текстовые элементы (композиционные формы, стилистические уровни, стилистические фигуры и т. д.) взаимодействуют друг с другом. В итоге создаётся впечатление, что глубоко продуманный и тщательно оформленный в языковом плане текст уже нельзя спутать ни с каким другим, благодаря языку автора.

Однако среди читателей этот текст может вызвать совершенно разные отклики. В этом кроется причина разнообразных, всё новых и новых интерпретаций. Они касаются, прежде всего, подражательного отношения изображаемого мира к реальной действительности; взаимодействия изображаемого фрагмента действительности и его художественного отображения, дающего простор для интерпретаций. На характер интерпретации оказывает влияние то, какой эстетический отклик вызывают у читателя различные творческие находки автора: выбор лексических средств, использование особого речевого ритма, средств образности (метафор и др.), композиция произведения.

Тип модальности **„как если бы" („Als-ob")** проявляется в том, как автор представляет своих героев. Данному типу модальности соответствует грамматика динамического описания (Schildern) – литературного изображения в презенсе либо повествования (Erzählen) – в претерите.

Фикциональное (художественное) изображение можно распознать далее по тому, как автор включает в рассказ описание внутренних процессов, используя глаголы мышления и чувственного восприятия („verba cogitandi et sentiendi"), а также формы несобственно-прямой речи („erlebte Rede") и внутреннего монолога либо прямой и косвенной речи, вводимых глаголами говорения.

Семиотика обоих уровней понимания достигается за счёт базирующейся на процессе аналогии модальности изображения **„такой ... как" („So ... wie")**. Этому зачастую способствуют эксплицитные и имплицитные сравнения (*wie Fliegen; der Lastwagen ist „gestrandet"*), намёки, лексические и грамматические метафоры. В тексте Р. Музиля предпосылкой интерпретационных возможностей художественного изображения, позволяющего распознать скрытый смысл, является выбор автором неопределённо-личных местоимений (типа *man, niemand, etwas*) и неопределённых прилагательных (*irgendein, allgemein*), форм неопределённого либо нулевого артикля перед существительными с обобщающим значением (*Menschen, Leute, Männer; ein Mann*; личные имена отсутствуют!), форм процессуального пассива (*wie zugegeben wurde, wie sie hier verwendet wurden*), а также продуктов номинализации, повышающих степень абстракции (*die Hinzukommenden, etwas Unangenehmes, die Wartenden*) и т. д.

12.2.4. Литературный текст проявляет языковые особенности неповторимого **индивидуального** характера изображения, формы и содержание которого указывают на автора. *„So wie man schon nach wenigen Takten sagen kann“: „Das ist Schubert! So erkennen Sie Robert Walser. So erkennen Sie Kafka. Oder Flaubert, der versuchte, keinen Stil zu haben, und doch so viel davon hatte“* (Urs Widmer). Кроме того, каждый автор имеет свои излюбленные темы, которые являются его коньком (Rolf Hochhuth).

Подобное явление можно назвать грамматикой **„собственного восприятия и видения“ – „я проживаю/ переживаю это так“ („Ich-erlebe-es-so“).** При сравнении отрывка из произведения Р. Музиля с другими текстами о дорожных происшествиях бросается в глаза не только изменяющаяся перспектива рассказчика, но и его рефлектирующая позиция. В данном случае это преобладание вымысла и размышлений, т. е. восприятие и постижение события, с одной стороны, извне, с позиции очевидцев, а с другой стороны – изнутри, согласно его (рассказчика) психологической мотивации (Wellmann 2003, S. 348f.). Писатель же, преодолевший фазу поиска и экспериментирования, со временем вырабатывает свой собственный специфический язык, можно сказать, определяет свои собственные речевые регистры и свой лингвистический инструментарий. Их объём и специфику раскрывают многочисленные исследования стиля автора, языка автора, идиолекта разных писателей. Причины недостатков и некоторой размытости этих исследований в принципе те же, что и в литературных исследованиях авторских тем, мотивов, высказываний. Тем не менее, они не опровергают того, что существует „почерк“ автора, уникальность его языка.

Есть авторы, стиль которых трудно „ухватить“ и описать – например, Герман Гессе или Мартин Вальзер. Других узнаешь сразу. К ним относятся Генрих фон Клейст, короткий рассказ которого приводится в конце данной главы, а также Томас Манн, стиль которого нередко пародируется (ср. 'Vorsatz' из романа „Der Zauberberg“).

То, что в отдельном тексте на уровне средств языкового выражения можно вычленить как индивидуальное изображение его тематики, мы называем **„языковой эвокацией/ пробуждением эмоций“ („sprachliche Evokation“).** Именно от этого зависит, возникает ли при чтении текста эффект присутствия автора (Mac Cormick 1988). Каким образом это происходит, можно проследить на примере выбора местоимений, указывающих на лицо *(ich, wir, meine, unsere, man, einer (= jemand), frau* и т. д.), их референтной соотнесённости с именами либо в стремлении избежать их; а также в активизации лексико-грамматических полей и референции на автора. При интерпретации стихотворений в этой связи говорят о „лирическом Я“.

В повестях и романах на первый план выходят личные местоимения 3-го лица, которые могут чередоваться с личными местоимениями 1-го лица в зависимости от формы речи. Они могут быть связаны с речевыми актами персонального рассказчика (*Ich*-Erzähler), аукториального рассказчика (*Er*-Erzähler) и других персонажей в тексте. В них проявляются переживания, эмоции, мысли и действия автора относительно своих героев, передаваемые косвенно, например, при помощи соответствующих глаголов речевого акта, вводящих диалоги, через употребление глаголов мышления (verba cogitandi), которые вводят внутренние монологи и несобственно-прямую речь, а также через глаголы чувственного восприятия (verba sentiendi), передающие читателю мир восприятия героев литературного произведения, и – через них либо косвенно – собственный мир желаний и представлений автора.

12.2.5. В англоязычном литературоведении обычно принципиально противопоставляются **художественные** (fiktionale) и „нелитературные“ („nichtfiktionale“) тексты. В этом случае абсолютизируется точка зрения, которая уже ранее, в средне- и южноевропейском литературоведении определялась понятием „Mimesis“ (подражание природе – прим. перев.). И всё же следует признать, что художественное изображение в тексте определяется тем, что он (текст) не „**срисовывает**“ окружающий нас мир, а **создаёт** его, т. е. мысленно придумывает и представляет его и облекает в законченную языковую форму.

Такое (фикциональное) отношение между текстом и действительностью, характерное для художественной литературы, обусловлено выбором языковой формы: „фиктивность“/ вымысел распознаётся по контрасту между текстом и его окружением. Местоимение *ich*, например, указывает на рассказчика, не на автора. В стихотворениях и в романах, написанных от первого лица, действие сразу же распознаётся как вымысел. Гюнтера Грасса как-то спросили: „Вы никогда не опасались говорить „я" [в своих произведениях]?" И он ответил: „Я всегда полагался на то, что это „я" сразу же переосмысливается под воздействием вымышленного мира в романах и повестях, равно как и под воздействием требований, предъявляемых к форме стихотворения" (Spiegel Nr. 35, 2003, S. 141).

Для создания эффекта фиктивности служит и грамматика „как если бы"-модальности („Als-ob"). К ней относятся не только союзы этого типа *(als...ob, wie...wenn, angenommen, dass...* и т. д.), но и категории глагольных форм, например, формы наклонений, где „потенциальный мир" передаётся при помощи форм конъюнктива (*„Mein Name sei Gantenbein";* M. Frisch). Формы конъюнктива, однако, корреспондируют с формами индикатива, прежде всего при создании автором художественно-вымышленной реальности. Важным является также субъективное либо объективное употребление модальных глаголов и определённых глаголов с модальными значениями. Важнейшим средством являются диалоги, чувства и мысли, включаемые в текст при помощи глаголов мышления и говорения („*inquit*-формул"). Фридрих Дюрренматт однажды сказал, что читатель (и критик!), когда он предметно занимается текстом и хочет его понять, вступает в игру, предлагаемую автором, принимая при этом авторские правила игры. Именно это и означает: „читать". Механизм игры запускается уже при самых элементарных речевых действиях в начале текста, например, при номинации действующих лиц, содержания, места действия и ситуации – независимо от того, появляются ли они в результате отбора из уже известного языкового инвентаря (*Klöterjan* в новелле Томаса Манна „Tristan" является широко распространённым нижненемецким словом) либо в результате образования нового имени (*Pension Einfried* в одноимённой повести).

Начало художественного произведения часто характеризуется такой грамматической формой, которая позволяет читателю сразу сказать: „Это – художественный вымысел, ‚фикшн'". Это может быть выбор основной временной формы повествования и соответствующих союзов *„Als Gregor Samsa eines Morgens erwachte..."* (F. Kafka, Die Verwandlung), иногда тематизация речевой ситуации и формы повествования посредством имени и глагола: *„Was zu erzählen ist vom Tänzer Malige, ist eine Geschichte und fängt an im August 39"* (J. Bobrowski in: Zeit, S. 34). Это "вступление" может иметь и форму предложения без глагола: *„Nette Leute, unsere Nachbarn in der Strandhütte rechts, die Leute mit dem Pudel"* (G. Wohmann in: Zeit, S. 272). Здесь же могут встретиться имплицитные и эксплицитные сравнения: *„Die nassen Stämme phosphoreszierten im Regen, wie Autopneus"* (F. Federspiel in: Zeit, S. 134) и другие средства. Часто цитируемые вводные формулы (*„Es war einmal..."*, *„Zu Äsops Zeiten..."*) репрезентируют лишь отдельные случаи многообразных форм, сигнализирующих о том, что мы имеем дело с художественным вымыслом.

Примечание

Естественно, способы изображения фикциональности можно наблюдать и вне художественной литературы. Таковыми являются формы конъюнктива, с помощью которых формулируется математическое задание при геометрическом анализе (*„gegeben sei..."*). Юридические же примеры (*„Kasus"*), изображающие допустимый/возможный случай, формулируются обычно в индикативе. Подобное относится и к текстам когнитивного характера, имеющим форму научной гипотезы. Чтобы придать им больший вес, авторы предпочитают формулировать их в аффирмативном (утвердительном) индикативе. Языковые изображения подобного рода, однако, всегда предполагают имплицитный „вопрос об истинности" излагаемого. В литературе дело обстоит совершенно иначе, например, в сказках, историях, научно-фантастических романах, где читатель воспринимает действие, не задавая вопроса о его правдоподобности.

12.2.6. Язык художественной литературы отличается от языка публицистических, научных, официально-деловых и разговорных текстов и тем, что её **открытость интепретациям** имеет совсем иной характер (см. выше). Поэтому для автора и для читателя литературные тексты имеют совершенно разное значение. Кроме того, характер восприятия обусловлен временем. Существуют литературные тексты, которые быстро забываются. Признаком же их литературности является то, что они когда-нибудь могут пережить свой ренессанс. От чего это зависит? В конечном счёте – от способа языкового изображения их тематики и действующих лиц. Оно должно обладать свойством допускать и обеспечивать многообразие способов понимания. Наилучшим примером тому служит пьеса С. Беккета „En attendant Godot" („Warten auf Godot"), действия и диалоги в которой получают свою эвокативную силу именно в результате сильнейшей редукции до простых, повторяющихся форм предложений, их вариативности и расширению по парадигмам:

1 *ESTRAGON: Worum haben wir ihn eigentlich gebeten?*
   WLADIMIR: Warst du nicht dabei?
   ESTRAGON: Ich hab nicht aufgepasst.
   WLADIMIR: Nun ja... Eigentlich nichts Bestimmtes.
5 *ESTRAGON: Eine Art Gesuch.*
   WLADIMIR: Ganz recht.
   ESTRAGON: Eine vage Bitte.
   WLADIMIR: Wenn du willst.
   ESTRAGON: Und was hat er geantwortet?
10 *WLADIMIR: Er würde mal sehen.*
   ESTRAGON: Er könne nichts versprechen.
   WLADIMIR: Er müsse überlegen.
   ESTRAGON: Mit klarem Kopf.
   WLADIMIR: Seine Familie um Rat fragen.
15 *ESTRAGON: Seine Freunde.*
   WLADIMIR: Seine Agenten.
   ESTRAGON: Seine Korrespondenten.
   WLADIMIR: Seine Register.
   ESTRAGON: Sein Bankkonto.
20 *WLADIMIR: Bevor er sich äußern könne.*
   ESTRAGON: Das ist klar.
   WLADIMIR: Nicht wahr?
   ESTRAGON: Es scheint mir so.
24 WLADIMIR: *Mir auch.* (Ruhe.)

Эффект создаётся за счёт необычного чередования родственных (от)глагольных форм (*bitten/ Bitte*), в особенности модальных глаголов (*wollen, können, müssen*) и имён/ местоимений, связанных парадигматически и синтагматически *(Familie, Freunde, Agenten* и т. д.). Интересными представляются также в других разновидностях текстов грамматические средства типизации, игра с определённым артиклем в баснях и притчах. Текстообразующим значением в таких классах текстов обладает и семантическая валентность глаголов. Если в баснях обозначения животных связаны с глаголами говорения („verba dicendi"), то тем самым в текст закладывается её (басни) двойственный смысл – для динамического описания действий типизированных животных на уровне вымысла и по аналогии с ними – на уровне действий людей.

Элементарным средством нарративных текстов является их грамматическое время. Претерит часто служит сигналом того, что в тексте ведётся повествование, которое автор придумал как собственное воспоминание. Он способствует изложению этих вымышленных воспоминаний. За счёт этого исчезает основная функция претерита – выражать прошлое и вспоминаемое (Hamburger 1977). Двойственное значение возникает прежде всего тогда, когда происходящее изображается, с одной стороны, детально, подробно, как нечто индивидуальное, и одновременно выступает как пример, как типичное и подобное другим. Многозначность, которую литературные тексты приобретают при восприятии и оценке читателем/ слушателем, есть, однако, нечто совершенно иное, нежели языковая неточность в повседневном употреблении (Erben 1994). Если литературно-художественные тексты хранятся в коллективной памяти эпохи и передаются из поколения в поколение, то это происходит не только за счёт их особого, общепринятого способа оформления, но и вследствие определённого характера изображения, придающего описываемому качество образно обобщённого, особенно чего-либо символического (см. выше). Тем самым описываемое может получить для разных читателей особую собственную литературную ценность истинности, если они чувствуют: „Tua res agitur" („Речь идёт о тебе/ Дело касается тебя/ Это твое дело"). Изображаемое событие является в таком случае открытым и приглашает слушателя/ читателя к интенсивному сопереживанию, затрагивает его чувства (напр., сочувствие либо сопереживание страха), так что он порой даже „электризуется". Среди грамматических средств, способствующих созданию подобного эффекта, следует выделить грамматические метафоры (напр., метафоры временных форм либо наклонения), которые по своему воздействию аналогичны лексическим метафорам. А. Данто заходит, однако, слишком далеко, считая художественное произведение своего рода единой обобщённой метафорой и подразумевая под этим возможность переноса (языковой) структуры целого текста (как „гиперзнака") на то содержание, которое обычно выражается не через такие текстовые структуры (как в пародиях либо травести). Он говорит, что „понять художественное произведение" – это значит „понять метафору, которая есть всегда (!)" (1981, S. 262).

12.2.7. Ни одно пособие по стилистике современного немецкого языка не обходится без примеров из художественной литературы. При этом речь идёт о выразительности и характеристике выразительных средств, причём в аспекте их **эстетического воздействия**. Это являлось главной мыслью античной поэтики, а также поэтики нового времени (особенно XVI–XVIII вв.). В качестве важнейшей особенности литературных текстов в этих течениях выступает их поэтическая „чувственность" (van Laak 2003), их воздействие на внутреннее и внешнее восприятие читателя и слушателя, формирующееся за счёт образности, звучности, ритмико-интонационных особенностей, художественно-сценической наглядности и индивидуального авторского стиля изложения.

Письмо и говорение отличаются соответствующим выбором и отбором средств языкового оформления. Это средства, известные нам из языка повседневного употребления в его устной форме. Там они определяются прежде всего коммуникативной **целью**, речевой констелляцией, а также правилами и (речевыми) моделями коммуникации.

В литературно-художественных же текстах добавляется новое свойство – их эстетическое воздействие. Литературный язык стоит на службе „образа и изображения". Данное свойство определяется в зависимости от того, как в тексте соотносятся и взаимодействуют языковые единицы фонетического, грамматического/ морфологического и синтаксического, лексического (полисемия, словообразование, метафорика) и текстообразующего уровней. Именно за счёт этого возникает контраст между конвенциональностью (общепринятым) и инновацией. При этом инновация разрушает автоматизм восприятия написанного и побуждает читателя к размышлению о восприятии представленных в тексте предметов, явлений и ситуаций действительности. Благодаря стилистическому анализу возможно описание и интерпретация характера их взаимодействия. Особое внимание при этом уделяется их последовательности (в случаях параллелизма согласно принципу повторяемости) и типу их отбора, „селекции" (из инвентаря имеющихся выражений; Jakobson 1960, S. 100). Для эстетического же восприятия решающим является то, насколько данный выбор сочетается с содержанием высказывания и каким образом эти отобранные элементы соединяются в единую „партитуру текста".

Задачей „функциональной стилистики" в таком понимании является распознавание и определение значения языковых форм в конкретном контексте и в соотношении с представленным в тексте „художественным миром". Грамматические (и лексические) средства, оказывающие то или иное эстетическое воздействие, были описаны и систематизированы ещё в античной риторике: как стилистические элементы, стилистические фигуры, стилистические свойства (черты) и стилистические уровни. Оттуда они как „элементы литературной риторики" (Lausberg 1990) были перенесены в поэтику средневековья и Нового Времени. В современной философии эстетики они рассматриваются наряду со средствами воздействия в художественных произведениях – в музыке, архитектуре, скульптуре и т. д. Так как данный эффект создаётся средствами языка, то речь идёт о соответствующей „модальности языкового изображения" (см. выше).

12.2.8. Итак, четыре названные модальности языкового изображения можно рассматривать как основные черты „языкового искусства в литературе". Изображение повседневных вещей либо событий может приобрести некий второй план вследствие изменения узуальных связей слов (коллокаций, валентностей), как например, в произведении В. Борхерта „Beschreibung einer Butterblume" или при повествовании мыши, которая на „Alpe Fodara vedla" проложила себе целую систему ходов (R. Musil, zit. in: Wellmann 1998, S. 37f.).

Однако в конкретном художественном произведении эти модальности (воз)действуют и определяются различным образом. В XX столетии такое узкое понимание литературы было расширено и дополнено: к литературе в широком смысле относятся также тексты, в которых не обязательно проявляются все названные способы изображения, однако встречаются такие, которые имеют с ними „родственное сходство" (Wittgenstein 1971; Rühling 1996, S. 45). Если один из способов изображения отсутствует, то читатель может его восстановить, как он автоматически делает это на грамматическом уровне с предложениями-эллипсисами либо незаконченными предложениями.

Эти положения хорошо прослеживаются на примере типа текста „личный дневник". Записи в нём по природе своей являются актуальными/ реальными, а не вымышленными/ фикциональными. Однако с другой стороны, они могут обнаруживать художественные качества по причине их двойственности, которую приобретает языковое изображение за счёт своей убедительности, проникновенности, например, при описании горящего Дрездена в дневнике Э. Кестнера „Notabene 45", при описании дорожного происшествия в дневнике у Ф. Кафки, у Г. Гофмансталя (см. Wellmann 2001) или у М. Фриша в рассказе „Der andorranishe Jude".

К литературе в широком смысле причисляют также языковую игру „конкретной поэзии" („konkrete Poesie"), служащую эстетическим целям, которая, однако, как правило, не содержит двойственности и не имеет даже чисто символических свойств текста. Так, шутливые стихи Кристиана Моргенштерна стали бессмертными благодаря их богатой изобретательности, так же, как и многие оригинальные тексты Эрнста Яндля, построенные на игре звуковой формы. К литературе в широком смысле можно причислить и дескриптивные тексты, выполняющие функцию реального отображения реальной действительности, даже не обладая миметическими свойствами, если они воздействуют на читателя благодаря способу своего изображения, проявляют особую эвокативность и экспрессивность, которая является выражением специфического содержания.

На примере оригинального „сообщения" Генриха фон Клейста, впервые опубликованного в газете „Berliner Morgenblätter", видно, как в результате определённой стилизации грамматики разновидность журналистского текста превращается в художественный текст (цифры в тексте обозначают номер предложения):

DER GRIFFEL GOTTES

(1)In Pohlen war eine Gräfin von P..., eine bejahrte Dame, die ein sehr bösartiges Leben führte, und besonders ihre Untergebenen, durch ihren Geiz und ihre Grausamkeit, bis auf

das Blut quälte. (2) Diese Dame, als sie starb, vermachte einem Kloster, das ihr die Absolution erteilt hatte, ihr Vermögen; wofür ihr das Kloster, auf dem Gottesacker, einen kostbaren, aus Erz gegossenen, Leichenstein setzen ließ, auf welchem dieses Umstandes, mit vielem Gepränge, Erwähnung geschehen war. (3) Tags darauf schlug der Blitz, das Erz schmelzend, über den Leichenstein ein, und ließ nichts, als eine Anzahl von Buchstaben stehen, die, zusammen gelesen, also lauteten: sie ist gerichtet! - (4) Der Vorfall ((4a) die Schriftgelehrten mögen ihn erklären) ist gegründet; (5a) der Leichenstein existiert noch, (5b) und es leben Männer in dieser Stadt, die ihn samt der besagten Inschrift gesehen.

(H. von Kleist 1990, Werke Bd. 3, S. 355)

Историко-языковое примечание

При пунктуации следует учитывать, что запятые в нововерхне-немецком в XVIII–XIX вв. расставлялись не по таким синтаксиче-ским правилам, как в XX в., а служили для облегчения чтения, в данном примере – ещё и как указание на особый речевой ритм.

Относительно словоупотребления, разумеется, также возникает вопрос: Что было узуальным в XVIII–XIX вв. и не употребительно сегодня? – Композит *Leichenstein* не являлся стандартным обозна-чением для *Grabstein,* однако это и не результат словотворчества Г. фон Клейста. Данное слово встречается и в художественных текстах того времени (у Г.А. Бюргера, Л. Уланда и др.); в словаре (DWB) в 1885 г. М. Хейне объясняет его как „lapis monumentalis“. Из литературы более раннего времени некоторым, возможно, знакомо слово *Gottesacker,* обозначающее со времён средневерхне-немецкого *Friedhof* (либо *Kirchhof).* Для читателя XIX в. это слово звучит „утешительно“: „es schlieszt die hoffnung auf auferstehung in sich“ (Theodor Fontane; пример из словаря DWB). Слово *besagt* в значении „erwähnt“ существует и сегодня, а именно в официально-деловом/ канцелярском и научном языке, в остальных же случаях оно звучит как устаревшее (GWS Bd.1, S. 487).

О синтаксисе текста: опущение вспомогательного глагола (в пред-ложении 5b: *haben)* было ещё вполне типичным для литературного языка XVIII–XIX вв., во всяком случае, это не является особой языковой фор-мой, присущей авторскому стилю. О предложении 2: *einer Sache* (гени-тив) *Erwähnung geschehen* (= *erwähnt werden).* Это особая пассивная (лек-сическая) конверсивная конструкция к выражению с функциональным глаголом *einer Sache Erwähnung tun,* встречающаяся в письменном языке XVIII–XIX вв. (для: *etwas erwähnen),* сегодня же она является устаревшей (особенно из-за генитива).

О грамматической интерпретации текста:

У Генриха фон Клейста структура текстов и предложений в них очень показательна. Весь анализируемый текст состоит из 5 предложений:

Предложение 1: Ситуация (подготовка к рассказу в претерите).

Предложения 2–3: Гипотактически структурированные предложения, в т. ч. в претерите. Это самые длинные предложения. Они „сгущают" ядро происходящего. Второе предложение передаёт действие графини-католички в одном главном и четырех придаточных предложениях (при этом в одном придаточном предложении „с продолжением", т. е. к которому присоединяется придаточное предложение второго уровня!). Третье предложение компримирует последующее событие (как следствие) в форме сложного предложения с двумя главными предложениями и включением двух придаточных (из них одно – придаточное второго уровня, в качестве цитаты) и двух (каузальных в широком смысле) причастных оборотов.

Предложения 4–5: Здесь преобладает паратаксис: предложение 4 – с синтаксически независимым (метакоммуникативным, апеллятивным) вводным предложением. Предложение 5а: краткое выразительное простое предложение всего из четырёх слов, служащее в качестве подтверждения истинности сказанного. Предложение 5b: главное и придаточное определительное предложения, производящие схожий эффект (как в предыдущем предложении) и подтверждающие сказанное. Предложения 4–5 сформулированы в презенсе и придают впечатление фундамента достоверности того „удивительного события" (термин теории новеллы), которое описано в предложениях 2–3. В результате такого чередования паратактического и гипотактического построения предложений текст приобретает выразительную грамматическую рамочную композицию.

О стиле текста:

Особый порядок слов включенного придаточного времени во втором предложении и именного словосочетания в третьем предложении служит в данном тексте, как и вообще у Клейста, целям выделения, подчёркивания важности информации. Предложение 3: *Die Fügung einschlagen* + предлог *über* + существительное, указывающее направление (в аккузативе), подобно уже упомянутой конструкции *einer Sache Erwähnung*

geschehen, не проявляется ничем иным (только предлогом *in).*
Dies принадлежит к индивидуальному стилю (литературному идиолекту) Г. фон Клейста.

Сам этот текст показывает очень высокую степень <u>синтаксической</u> компрессии/ насыщенности, которая служит в данном случае стилистическому принципу ,brevitas', т. е. краткости текста. Употребление такого рода сложных предложений вообще характерно для повествовательного стиля Клейста, это его авторский стиль. Нередко тексты Клейста распознаются сразу же по степени и по типу включений придаточных предложений (модальных, каузальных, а также темпоральных) и соответствующих причастных оборотов. На то, что волнует автора прежде всего, указывает <u>отбор лексики.</u> В данном случае используются (частично) устаревшие единицы из церковной и религиозной лексики (предложение 2: *Absolution erteilen, Gottesacker,* предложение 4a: *die Schriftgelehrten).* Тот факт, что оставшиеся на надгробии буквы обозначаются словом *Inschrift* (надпись), выполняет комментирующую функцию: он указывает на „производителя действия", который нанёс данную надпись и который назван в заглавии рассказа как „*Der Griffel Gottes".* Текст имеет эффект почти ветхозаветного; он несёт жуткую весть. Слово *Leichenstein* благодаря своей редкости и повторам в тексте концентрирует внимание читателя на главном в этой истории: на *надписи (Inschrift),* сделанной *перстом божьим (Griffel Gottes).* На интертекстуальном уровне эта надпись, в свою очередь, указывает на знаменитые слова из концовки „Фауста I". Это воздействует на читателя, как проявление „высшей справедливости". Удар молнии расценивается как божий приговор. Текст приобретает особое звучание благодаря аллитерации слов, обозначающих основные греховные понятия *Geiz* и *Grausamkeit,* через которые автор подчеркивает человеконенавистнический злобный („*bösartig")* характер графини, которая до смерти мучила тех, кто ниже её рангом („*die Untergebenen bis aufs Blut quälte").*

Таким образом, **литературность** данного текста выражается уже в его формальной структуре, в его эстетической **функции языкового оформления (Gestaltfunktion,** см. выше). Она проявляется также в неповторимости взаимоотношения между формой текста и его содержанием. Понимаемое как стихийное/ природное явление, главное событие изображается здесь при помощи максимальной грамматической компрессии. За счёт своей сжатой, выразительной формы произведение приобретает силу Ветхозаветного текста и вследствие этого воспринимается как нечто уникальное, единственное в своём роде.

Литературность данного исторического анекдота определяется также отношением между текстом как гиперзнаком и окружающим миром, с которым он соотносится. Элемент **мимезиса** в этих отношениях выражается через контраст: это контраст между „доказательствами истинности“, находящими своё выражение в виде „косвенных улик“-признаков (повреждённый камень) и свидетельств мужчин в городе (der *Männer in dieser Stadt)* с одной стороны, и событием на кладбище, которое описано в общих чертах при помощи необычных слов *(Gottesacker* mit *Leichensteinen),* с другой. Место происходящего явления природы (удар молнии) интерпретируется символически – как место свершения Вселенского Суда. Именно там Богом-судьёй был вынесен приговор в виде надписи (*Inschrift*) для будущих поколений. Этот „второй“, скрытый смысл текста (*„Der Griffel Gottes“*) становится доступным благодаря сознательному использованию лексико-грамматических средств, которые создают определённую нечёткость, „размытость“, чуждую „настоящей“ газетной заметке, а именно: *eine Gräfin von P.* (не указывается имя!), *in Pohlen* (не называется конкретный город), *als sie starb* (не конкретизируется время!), *es leben Männer in dieser Stadt* (только указание на анонимный источник информации!). Таким образом, текст стилизуется под „послание Бога“.

Таким образом, произведение в целом остаётся по своему характеру художественным „как если бы“-явлением и воспринимается как **вымысел**. Возникновение этого ощущения обеспечивается самой манерой, в какой преподносится этот текст, „текстовым окружением“ рассказов и анекдотов Г. фон Клейста, а также обозначением жанра. Этому же способствует „примечательный литературный стиль изложения, а именно сообщение“ („Nachricht“) (Клейст, будучи журналистом, писал сообщения, заметки для газеты). В то же время текст производит впечатление глубоко личного. Его **субъективность** создаётся уже за счёт самобытного стиля Г. фон Клейста, за счёт создания перспективы рассказчика-очевидца и интенсификации оценки (*durch ihren Geiz und ihre Grausamkeit*), за счёт его **экспрессивности**, а также – часто – за счёт сжатости и выразительности безжалостного послания, которое этот текст передаёт всего в пяти предложениях (см. выше).

Можно ли на этом закончить главу о литературе?

Открытая концовка подходит лучше. При завершении произведения, однако, следует вспомнить о его начале. Итак, в начале главы речь шла об особенностях литературного способа изложения события с применением контрастивного сравнения форм повседневного сообщения о дорожном происшествии и его поэтического изображения у Роберта Музиля. Поэтому и завершить главу следует „контрастом“, продолжая наблюдения за стилем Генриха фон Клейста.

В „Berliner Abendblätter“ был опубликован юмористический рассказ „*Charité-Vorfall*“. Напечатан он был – формально как сообщение – в связи с другим сообщением (от 8 октября). Однако в нём настолько изменена перспектива изложения действия и делается такой поворот в сторону комичного, что „даже смертельно больные не могли удержаться от смеха над тем, насколько весело и (внешне) равнодушно герой поведал обо всём этом“ („*selbst die Todkranken... mussten... über die spaßhafte und indolente Weise, wie er dies vorbrachte, lachen*“).

Не является ли это уже начальным признаком „литературности“ данного „сообщения“? Или она вытекает прежде всего из субъективности избранной рассказчиком перспективы повествования, исходя из которой всё выглядит несколько иначе, чем ожидает читатель либо слушатель? Какая роль при этом отводится художественному приёму, позволяющему связать воедино совершенно различные, давно произошедшие несчастные случаи путём вариативного употребления префиксальных образований с глаголом *fahren (ab-, über-, aus-, zusammenfahren)* на лексическом и синтаксическом уровне (при помощи различных предикаций)? Не является ли решающим фактором прежде всего двойственность, возникающая за счёт прозрачного соотношения между гротескной обстановкой места происшествия на переднем плане и смыслом, который следует искать „позади, впереди или после этого“ (Hanenburg 2000, S. 221)? Или за счёт кажущегося шутливым, невероятным, даже абсурдным, рассказа рабочего (*Arbeitsmann*) о том, как (на)вредили и вредят его здоровью доктора – доктора, которым он это всё рассказывает и которые его лечат? Так что же здесь есть „вымысел", а что познанная „реальность"? Это тоже важно при поиске ответа на вопрос о литературности.

Вышеупомянутые „сообщения" выглядят следующим образом:

Polizei-Ereigniß.
Vom 7. October.

Ein Arbeitsmann, dessen Name noch nicht angezeigt ist, wurde gestern in der Königstraße vom Kutscher des Professor Graßengießer übergefahren. Jedoch soll die Verwundung nicht lebensgefährlich sein.

(Berliner Abendsblätter, 7tes Blatt. Den 8ten October 1810, S. 30)

Charité-Vorfall. Der von einem Kutscher kürzlich überfahrene Mann, Namens Beyer, hat bereits dreimal in seinem Leben ein ähnliches Schicksal gehabt; dergestalt, daß bei der Untersuchung, die der Geheimerath Hr. K., in der Charité mit ihm vornahm, die lächerlichsten Mißverständnisse vorfielen. Der Geheimerath, der zuvorderst seine beiden Beine, welche krumm und schief und mit Blut bedeckt waren, bemerkte, fragte ihn: ob er an diesen Gliedern verletzt wäre? worauf der Mann jedoch erwiederte: nein! die Beine wären ihm schon vor fünf Jahr, durch einen andern Doktor, abgefahren worden. Hierauf bemerkte ein Arzt, der dem Geheimerath zur Seite stand, daß sein linkes Auge geplatzt war; als man ihn jedoch fragte: ob ihn das Rad hier getroffen hätte? antwortete er: nein! das Auge hätte ihm ein Doktor bereits vor 14 Jahren ausgefahren. Endlich, zum Erstaunen aller Anwesenden, fand sich, daß ihm die linke Rippenhälfte, in jämmerlicher Verstümmelung, ganz auf den Rücken gedreht war; als aber der Geheimerath ihn fragte: ob ihn des Doktors Wagen hier beschädigt hätte? antwortete er: nein! die Rippen wären ihm schon vor 7 Jahren durch einen Doktorwagen zusammengefahren worden. – Bis sich endlich zeigte, daß ihm durch die letztere Ueberfahrt der linke Ohrknorpel ins Gehororgan hineingefahren war. – Der Berichterstatter hat den Mann selbst über diesen Vorfall vernommen, und selbst die Todkranken, die in dem Saale auf den Betten herumlagen, mußten, über die spaßhafte und indolente Weise, wie er dies vorbrachte, lachen. – Uebrigens bessert er sich; und falls er sich vor den Doktoren, wenn er auf der Straße geht, in Acht nimmt, kann er noch lange leben.

(Berliner Abendsblätter, 12tes Blatt. Den 13ten October 1810, S. 49)

„Подобную художественную вещь, конечно, трудно подогнать под одну единственную формулу, она представляет собой плотное сплетение намерений и (со)отношений, которое содержит нечто органичное и поэтому чрезвычайно многозначное.“

(Th. Mann 1962, S. 123,
по поводу своей новеллы „Der Tod in Venedig“)

В заключение вместе с Б. Спилнером (Spillner 1974, S. 15ff.; 1984) и др. остаётся констатировать, что стилистический анализ наряду с грамматическим и лексическим оформлением текста всегда будет включать его коммуникативный масштаб (автор, читатель, ситуация). В таком случае художественная сторона просматривается наиболее чётко: литературоведческая интерпретация позволяет определить место произведения в исторической „эпистолярной традиции“ (также: „традиции дискурса“), а также рассмотреть аспекты исторического и актуального значения текста, его оценки и эстетического воздействия на читателя. Это и есть ответ на поставленный выше вопрос о том, почему художественные тексты включены в данную грамматику.

„The artist can express everything. Thought and language are to the artist instruments of an art… All art at once surface and symbol. Those who go beneath the surface to do so at their peril. Those who read the symbol do so at their peril“ (O. Wilde, The Picture of Dorian Gray, S. 8).

Грамматика художественного текста может то, на что не способны, к примеру, математические тексты. Она позволяет выразить, что нечто одновременно существует и не существует, рассмотреть это нечто так или иначе, однозначно либо двусмысленно. Она даёт возможность обозначить воображаемое и выразить его иконически, символически или схематично, через прямое либо скрытое сравнение, через антонимы либо экспрессивную элиминацию и т. д. Именно поэтому художественный текст позволяет в нескольких словах сказать очень многое. Что я и делаю, отсылая Вас, дорогие читатели, в завершение этого труда, к тексту Ф. Кафки: **„Gibs auf!“**[1]

---

[1] **aufgeben** – отказываться, отрекаться (от чего-л.); признавать потерянным; сдаваться, признавать себя побеждённым, капитулировать. Текст Ф. Кафки „Gibs auf!“ см. гл. 5.5.

ГЛОССАРИЙ

Следующие пояснения терминов и понятий, релевантных для данной Грамматики, призваны облегчить её понимание и предлагаются в интерпретации автора. Иные значения терминов, которые читатель может встретить в Грамматиках других авторов, здесь не рассматриваются и не комментируются. Этой задаче служат специальные лингвистические терминологические словари, напр., Х. Буссман (Bußmann 1983) и Х. Глюка (Glück 2000).

А

аблаут /Ablaut, m/ – морфологически обусловленное регулярное чередование гласных в однокоренных словах либо в грамматических формах одного слова (см. тж. ↑ряд аблаута).

абстрактное существительное /Abstraktum, n/ – существительное, обозначающее состояние, свойство, процесс либо действие; в словообразовательном аспекте – образованное из ↑предикации.

агглютинирующий, тж.: агглютинативный язык /agglutinierende Sprache, f/ – тип языка, в котором синтаксические конструкции часто функционируют как единые слова, ср., например, в немецком языке *das Vergissmeinnicht, Jelängerjelieber.* Ант.: ↑флективный язык, ↑изолирующий язык.

агенс /Agens, n/ – (грамматическое) имя со значением субъекта вербально выраженного действия; не обязательно является лицом (деятелем).

аграмматизм /Agrammatismus, m/ – сознательное употребление грамматически неправильных форм в стилистических целях.

адвербиальная группа /Adverbgruppe, f/ – словосочетание, ядром которого является наречие.

адвербиальный /adverbiell/ – а) наречный, относящийся к наречию; б) обстоятельственный.

адверсативный /adversativ/ – противительный, выражающий противоположность (например, предлог *gegen*, союз *aber*).

аддитивный /additiv/ – организованный в ряд синтаксически равнозначных единиц с помощью ↑сочинительной связи.

адноминальный, приименный /adnominal/ – относящийся к существительному; чаще прилагательные, адъективные числительные и местоимения.

адресат /Adressat, m/ – см. ↑реципиент.

адресные предложения /Partnersätze, Pl./ – общее обозначение для вопросительных и повелительных предложений, требующих обычно от партнёра-собеседника определённой реакции.

адхортатив /Adhortativ, m/ – увещевательная форма глагола, когортатив. Форма глагола (1 л. мн. ч.) содержит призыв/ побуждение к совместному действию: *lasst uns singen*.

адъективация /Adjektivierung, f/

адъективная группа /Adjektivgruppe, f/ – именное словосочетание, центром которого является прилагательное.

адьюнкт /Adjunkt, n/ – (в грамматике валентностей) ↑определение, зависящее от ↑валентности существительного либо прилагательного.

аккузатив /Akkusativ, m/ – четвёртый грамматический падеж, винительный падеж.

аккузатив с инфинитивом /Accusativus cum infinitivo = AcI/ – аккузатив в сочетании со следующим за ним инфинитивом после глаголов *fühlen, hören, sehen, machen, lassen. Sie ließ ihn (zu sich) kommen.*

актант /Aktant, m; Ergänzung, f/ – самостоятельный член предложения, выбор которого зависит от значения и ↑валентности глагола.

актант-дополнение /Ergänzung, f/ – член предложения, обусловленный ↑валентностью глагола и непосредственно зависимый от глагольной ↑предикации. См. тж. ↑дополнение.

актант-обстоятельство /Adverbialergänzung, f/ – обстоятельство образа действия либо места, обусловленное ↑валентностью глагола, например, *hier* в предложении: *Er wohnt hier.*

активный залог, актив /Aktiv, n/ – основная форма глагольной конструкции, посредством которой действие выражается как исходящее от ↑агенса (деятеля). Ант.: ↑пассивный залог/ пассив.

актуальная валентность /aktuelle Valenz, f/

акцент /Akzent, m/ – ударение.

акциональность /Aktionalität, f/ – способ (объективной) передачи особенностей протекания действия во времени при помощи особых средств (наиболее часто: приставок, вспомогательных глаголов *sein* и *werden* в пассиве).

аллитерация /Alliteration, f/ – повторение одинаковых звуков/ звукосочетаний в начале слов или ударных слогов.

алломорф /Allomorph, n/ – вариант ↑морфемы.

аллофон /Allophon, n/ – свободный или комбинаторно обусловленный вариант ↑фонемы, конкретный представитель фонемы в речевой форме.

альвеолярный звук /alveolarer Laut, m/ – надзубный звук, при артикуляции которого кончик языка касается нёба у альвеол, например, переднеязычные /r/ либо /sch/.

альтернативный вопрос /Alternativfrage, f/ – вопрос, допускающий одну из двух возможностей.

амбивалентный /ambivalent/ – совмещающий противоположные значения: амбивалентные слова, словоформы.

амплификация /Amplifikation, f; amplificatio/ – стилистический приём, состоящий в нанизывании (синонимических) определений, сравнений, образных выражений с целью выделения определённой мысли или усиления впечатления.

анаколуф /Anakoluth, n; Satzbruch, m/ – рассогласование синтаксической конструкции, при котором части конструкции согласуются по смыслу, но с нарушением нормативной синтаксической структуры предложения.

аналитические формы /analytische Formen, Pl./ – грамматические формы, образуемые не при помощи суффиксов, а при помощи служебных слов, например, вспомогательных глаголов *haben, sein, werden* при образовании временных форм глаголов, артикля при склонении существительных (↑свободная грамматическая морфема). Ант.: ↑синтетические формы слов.

аналог артикля /Artikelwort, n; Begleiter des Substantivs/ – сопроводитель существительного, формы определённого и неопределённого артиклей, а также местоимения, занимающего место артикля, например, *dies(er), sein(er), kein(er)* и т. д.

анапест /Anapäst, m/

анафора /Anapher, f/ – повторение звуков, словосочетаний, речевых конструкций в начале параллельных синтаксических периодов либо стихотворных строк.

анафорический /anaphorisch/ – указывающий на предшествующее языковое выражение в тексте.

антитеза /Antithese, f/ – языковая форма противопоставления.

антоним /Antonym, n; Gegenwort, n/ – слово, имеющее противоположное значение.

апеллятив /Appellativum, n; Gattungswort, n/ – см. ↑имя нарицательное (в отличие от имени собственного).

апеллятивная функция /Appelfunktion, f/

апеллятивное междометие /appelative Interjektion, f/

апозиопезис /Aposiopese, f; Satzabbruch, m/ – (внезапный) обрыв предложения.

апокойну /Apokoinu, n/ – грамматическая конструкция, в которой один член предложения относится одновременно как к предыдущему, так и к последующему предложению; конструкция с двумя неоднородными дополнениями к одному управляющему слову.

апокопа /Apokope, f/ – выпадение гласного звука в безударном слоге в конце слова.

аргументативный /argumentativ/ – см. ↑персуазивный.

артикль /Artikel, m; Geschlechtswort, n; Artikelform, f/ – *ein, eine, eines* и *der, die, das* – служебное слово, стоящее перед существительным и указывающее на его грамматические категории (род, число и т. д.), ср.: ↑нулевой артикль; ↑определённый артикль.

асиндетический /asyndetisch/ – бессоюзный.

аспирация /Aspiration, f/ – придыхание при произношении согласных /p/,/t/,/k/.

ассимилированное заимствование /Lehnwort, n/ – заимствование, которое „приспособилось" к системе заимствующего языка, так что его иноязычное происхождение носителями данного языка не ощущается, например, нем. *Keks* от англ. *cakes.* Ант.: ↑иностранное слово.

ассимиляция /Assimilation, f/ – уподобление друг другу рядом стоящих звуков.

атрибут /Attribut, n; Beifügung, f/ – часть именной группы, которая уточняет или распространяет именное ядро и формально может быть опущена; ↑определение (в предложении и словосочетании).

атрибутивный (attributiv) – см. ↑атрибут.

аугментативный /augmentativ/ – увеличительный, нередко с помощью словообразовательных приёмов, например, *super-/Super-, riesen-/Riesen-* и т. д. Ант.: ↑диминутивный.

афоризм /Aphorismus, m/ – малое по объёму, меткое высказывание, выражающее общеизвестные истины. „Афоризм никогда не является полной правдой; это либо половина правды, либо полторы" (K. Kraus 1977).

аффикс /Affix, n/ – приставка или суффикс (при словообразовании).

аффирмативный /affirmativ/ – утвердительный.

аффриката /Affrikate, f/ – смычно-щелевой звук, например, *pf, tz.*

Б

безличный глагол /unpersönliches Verb, n/, тж.: **безличная глагольная форма** – глагол с безличным местоимением *es* в качестве подлежащего.

безударный слог /Nebensilbe, f/ – слог, на который не падает (основное) ударение.

бенефактив /Benefaktiv, m/ – в предложении – семантическая роль („падежная роль") лица (в немецком языке – в дативе), которому производимое действие идёт на пользу либо во вред, ср.: „датив выгодоприобретателя" („Nutznießerdativ") ↔ „датив неудачника" („Pechvogeldativ").

В

вакантная позиция /Leerstelle, f/ – термин валентности глагола: ожидаемое либо фактическое количество зависимых от глагола членов предложения в тексте.

валентность /Valenz, f/ – свойство слова (глагола, существительного, прилагательного) заполнять своё синтаксическое окружение определенным количеством различных актантов.

вариативность /Varietät, f/ – географически обусловленные варианты какого-либо языка, например, австрийский вариант немецкого языка.

вводное предложение /Schaltsatz, m/

вводное слово /Schaltwort, n/

велярные согласные звуки /velare Konsonanten, Pl./ – задненёбные согласные *ch = /x/, k, g.*

вербализация /Verbalisierung, f/ – вид трансформации: приведение к глагольной форме.

вербальный стиль /Verbalstil, m/ – стиль с преобладанием личных глагольных форм, в отличие от ↑именного стиля.

взрывной звук – см.: ↑смычно-взрывной звук.

вид глагола /Verbalaspekt, m/

вид текста /Texttyp, m/ – некий „коммуникативно-функциональный" вид текста как наиболее обобщенное понятие, обусловленное интенцией автора и сферой общественно-речевой практики людей.

виртуальная валентность /virtuelle Valenz, f/ – потенциальная валентность.

внутренний объект /inneres Objekt, n/ – прямое дополнение, повторяющее и усиливающее значение глагола: *seinen Weg gehen, sein Leben leben.*

внутренний монолог /innerer Monolog, m/ – передача не выраженных вслух мыслей героя художественного произведения по принципу прямой речи (аналогично монологу в драме); озвученная рефлексия героя.

внутренняя флексия /innere Flexion, f/

внутренняя речь = несобственно-прямая речь /erlebte Rede, f/ – передача мыслей действующих лиц в повествовании в претерите изъявительного наклонения. Наряду с чертами сходства с прямой и косвенной речью обнаруживает существенные отличия: отсутствует глагол говорения или мыслительной деятельности либо другие вводящие формы; при передаче используются личные местоимения 3 лица; относительно свободна в выборе временных форм (напр., возможно использование претерита для передачи будущего); отсутствуют кавычки. Ант: ↑речь автора.

возвратное местоимение /Reflexivpronomen, n/ – местоимение *sich* либо другие его формы (*mich, dich, uns, euch*), относящиеся к названному ранее имени.

возвратный глагол /Reflexivverb, n/ – глагол с *sich*.

вокатив /Vokativ, m/ – (индоевроп.); см. ↑звательный номинатив.

волюнтативная модальность /voluntative Modalität/ – выражение желания.

вопросительное местоимение /Interrogativpronomen, n/ – местоимение, вводящее вопросительное предложение.

вопросительное предложение /Fragesatz, m; Interrogativsatz, m/ – предложение, выражающее вопрос, имеющее в зависимости от типа вопроса особый порядок слов (первое место глагола в ↑общем вопросе и второе место в ↑специальном вопросе) и особый интонационный рисунок; маркировано в конце вопросительным знаком.

вопросительное слово /Fragewort, n/

восклицательное предложение /Ausrufesatz, m/ – предложение с характерной структурой, выражающее особое эмоциональное состояние говорящего.

вспомогательный глагол /Hilfsverb, n/ – глагол *haben, sein* или *werden*, если он употребляется не как самостоятельный глагол, а как часть ↑аналитической формы сказуемого.

вставление = вложение /Insertion, f/ – вид трансформации, пробная подстановка развёрнутого выражения на место более простого.

второе передвижение согласных /zweite Lautverschiebung, f/ – исторический фонетический процесс преобразования смычно-взрывных звуков *p, t, k* во фрикативные *f, s, ch* и аффрикаты *pf, z, tz*, что повлекло за собой вычленение немецкого языка из группы других германских языков (английского, шведского, норвежского, датского, голландского, исландского).

выделительная частица /Rangierpartikel, f/

вынесение (вынос) за рамку предикации /Ausklammerung, f = Ausrahmung, f/ – вынесение члена предложения за пределы рамочной конструкции, в ↑заполье.

Г

генеративная грамматика /generative Grammatik, f/ – порождающая грамматика, грамматическая теория Н. Хомского и др., которая все языковые структуры („поверхностные структуры")

выводит из структур содержательных („глубинных") и дополняет их описанием основных общих форм (структура непосредственно составляющих) и трансформационных правил, которые поясняют данные способы грамматического структурирования.

генитив /Genitiv, m/ – второй грамматический падеж, притяжа-
тельный, родительный падеж.

генитив принадлежности (Genitivus possessivus): *Der Beruf meines
Vaters* (→ *Mein Vater hat diesen Beruf*).

генитив объекта (Genitivus objectivus): *Die Reinigung der Hose* (→
man reinigt diese Hose).

генитив субъекта (Genitivus subjectivus): *Die Antwort des Schülers*
(→ *der Schüler antwortet dies*).

генитив качества (Genitivus qulitatis): *Die Schönheit der Sprache*
(→ *die Sprache ist schön*).

генитив автора (Genitivus auctoris): *Die Romane Kafkas* (→ *Kafka
hat diese Romane geschrieben*).

генитив пояснительный (Genitivus explicativus): *Die Tugend der
Sparsamkeit* (→ *Sparsamkeit ist eine Tugend*).

генитивный атрибут, генитивное определение /Genitivattribut, n/
– определение, выраженное существительным в генитиве.

герундив /Gerundiv, n/ – глагольная форма, которая образуется с
помощью причастия I и частицы *zu* и имеет модальное пассивное значение (аналогичное глаголам *sollen* и *müssen*): *eine kaum
zu lösende Aufgabe (=„задание, которое едва ли можно решить")*.

герундий /Gerundium/ – в латинском языке субстантивация формы
„партицип футур пассив" *(ars epistolum bene scribendi)*, в немецком языке ему соответствует субстантивированный инфинитив.

гипербатон /Hyperbaton, n/ – как правило, неожиданное разделение синтаксически тесно связанных в линейной цепочке слов
какими-либо дополнительными вставными словами или конструкциями.

гипероним /Hyperonym, n/ – родовое/ общее понятие в иерархии
родо-видовых отношений.

гипоним /Hyponym, n/ – видовое/ частное понятие в иерархии
родо-видовых отношений.

гипотаксис /Hypotaxe, f/ – отношение подчинения, порядок организации составляющих в сложноподчинённом предложении.
Ант.: ↑паратаксис.

гипотетическое сравнительное придаточное /hypothetischer
Vergleichsatz, m/ – придаточное с „придуманным" содержанием,
соединяется с главным с помощью союзов *als ob, als wenn*: *Sie*

tat, als ob sie nichts wüsste. (*Она вела себя так, как будто бы ничего не знала.*)

гистеропротерон /Hysteron Proteron, n/ – такое построение высказывания, при котором более позднее действие, явление, событие называется раньше предыдущего.

главное предложение /Hauptsatz, m; Trägersatz, m; Matrixsatz, m; Grundsatz, m/ – синтаксически доминирующее предложение в сложноподчинённом предложении.

глагол /Verb, n; Zeitwort, n; Tätigkeitswort, n/ – спрягаемая часть речи, обозначает процессуальность в широком смысле; личные формы выражают грамматические значения лица, числа, времени, наклонения и видовые характеристики.

глагол-заместитель /Proverb, n/ – глагол *machen* либо *tun*, если он замещает в связном тексте полнозначный глагол (аналогично местоимениям *sie, es* и т. п., замещающим в тексте те или иные имена и наполняемым согласно контексту их значениями).

глагол речевого акта = глагол речевого действия = речеактный глагол /Sprechaktverb, n/ – глагол, обозначающий определённый вид речевого сообщения (*j-n warnen, fragen, ansprechen*), включая глагол *schweigen* в значении „не сказать что-либо ожидаемое". Прагматический анализ текста позволяет определить, какие глаголы речевого действия соответствуют его отдельным предложениям при идентификации речевых актов, содержащихся в тексте. В совокупности глаголы речевого действия образуют ↑иллокутивный потенциал текста.

глагол-связка /Kopulaverb, n/ – глагол *sein, werden* либо *bleiben*, утративший своё собственное лексическое значение и выполняющий грамматическую функцию соединения подлежащего с именной частью сказуемого (существительным или прилагательным).

глагол с модальным значением /Modalitätsverb, n/ – полнозначный глагол, выполняющий функции модального глагола, например, *vermögen, (sich) lassen, wissen (sie weiß sich zu helfen ≈ sie kann sich helfen).*

глаголы говорения /Verba Dicendi, Pl./ – все глаголы, которые обозначают какую-либо форму говорения и этим выражают определённый ↑речевой акт. Ср.: ↑глагол речевого акта

глагольная рамка предложения /verbale Satzklammer, f; Satzrahmen, m/ – конструкция, состоящая из спрягаемой формы глагола на втором месте и неспрягаемой части сказуемого в конечной позиции. В отличие от этой глагольной рамки в бессоюзном предложении-↑протазисе спрягаемый глагол стоит на первом месте, а в союзном придаточном – на последнем.

глагольный залог /Genus Verbi, n; Verbgenus, n/ – см. ↑активный либо ↑пассивный залог, тж.: ↑диатеза

гласный звук /Vokal, m; Selbstlaut, m/ – звук, при артикуляции которого на пути потока воздуха не возникает преград.

глоттальный звук /glottaler Laut, m/ – гортанный согласный звук.

глубинная структура /Tiefenstruktur, f/ – абстрактное значение, лежащее в основе предложения.

глубинный падеж /Tiefenkasus, m/ – ↑семантическая роль подлежащего (в роли ↑агенса, ↑пациенса либо инструмента), дополнения и т. д. относительно значения соответствующего глагола.

голофрастический /holophrastisch (Satz)/ – состоящий из одного слова, напр., предложение *Gib!*

градуальная частица /Gradpartikel, f/ – см. ↑усилительная частица.

градуирующая частица /Skalenpartikel, f/

грамматика текста /Textgrammatik, f; Textsyntax, f/ – в наиболее узком и точном понимании имеет целью изучение грамматических отношений в тексте. Является результатом усилий вывести синтаксис за границы одного предложения и выявить, как отдельные предложения связаны в тексте, т. е. её основная задача состоит в описании когезии текста.

грамматический принцип орфографии – см. ↑синтаксический принцип орфографии.

грамматическое время /Tempus, n/ – временная форма глагола, при помощи которой выражается действие в прошлом, настоящем либо будущем.

граница слога /Silbengrenze, f/ – акустическая граница между слогами: в открытом слоге она слышится после гласного, в закрытом слоге – после последнего согласного, при комбинации отдельных согласных – внутри них (в слове *habe* – после *a*, в *halten* – после *l*, в слове *hatte* – между *t*).

граф /Graph, m; Buchstabe, m/ – вариант графемы, буква.

графема /Graphem, n/ – буква либо буквосочетание, обозначающее одну ↑фонему.

гуттуральный звук /gutturaler Laut, m/ – звук, образуемый с участием средней либо задней спинки языка и мягкого нёба, например, /g/, /k/, /ch/.

Д

дательный выгоды /Dativ commodi/ – свободный датив со значением „для кого-либо".

дательный оценки /Kritikerdativ, m/

дательный этический /Dativ ethicus, appellativer Dativ, m/ – свободный датив, выражающий внутреннюю причастность субъекта/ говорящего, например: *Falle mir nicht*!

датив /Dativ, m/ – третий грамматический падеж, дательный падеж.

дейксис /Deixis, f; Zeigwörter, Pl./ – указательная функция таких слов, как *da, jetzt, dort, die*, при этом сам предмет, место или явление, обозначаемое именем, не называется.

дейктическое выражение = дейктический элемент /deiktischer Ausdruck, m/ – языковая форма, с помощью которой говорящий указывает на предмет внеязыковой действительности, не называя его.

денотативное значение слова /denotative Bedeutung, f/ – значение слова, называющее его понятийное содержание.

денотативный /denotativ/ – относящийся к предмету или явлению внеязыковой действительности.

дентальный звук, зубный звук /dentaler Sprachlaut, m/ – зубной согласный звук, при его образовании язык соприкасается с зубами, напр., *s* или *t;* ср. тж.: ↑лабио-дентальный.

дериват /Derivat, n/ – продукт ↑деривации, производное слово.

деривация /Ableitung, f; Derivation, f/ – аффиксальный способ словообразования с помощью суффиксации либо префиксации, а также в сочетании суффиксации и префиксации (комбинированный способ словообразования).

детерминатив – см.↑аналог артикля.

детерминативный композит /Determinativkompositum, n/ – сложное слово, в котором предшествующий компонент определяет, уточняет последующий, т. е. главное слово.

детерминация /Determination, f/ – отношения между словообразовательными элементами слова либо компонентами словосочетания, при которых один из них определяет либо уточняет другой.

диастола /Dehnung, f/ – удлинение звука, в немецком языке – гласного, например, после выпадения назального звука. В период перехода от средневерхненемецкого к нововерхненемецкому как общая тенденция в открытом ударном слоге, напр., *ne-men* (ср.-верх.-нем.) → *neh-men* (нов.-верх.-нем.), *ihn* и т. д.) и в односложных словах на *r, m, n: dir* (ср.-верх.-нем.) → *dir* (нов.-верх.-нем.), *im* (ср.-верх.-нем.) → *ihm* (нов.-верх.-нем.), *in* (ср.-верх.-нем.) → *ihn* (нов.-верх.-нем.).

диатеза /Diathese, f; Verbdiathese, f/ – обобщённое понятие залога, грамматическое „состояние“ глагольной формы в активном либо пассивном залоге.

диахроническое описание /diachronische Darstellung, f/ – описание и исследование процесса развития языка на основе сравнения текстов различных исторических эпох.

диминутив, диминутивный /diminutiv/ – уменьшительный.

дистрибутивный /distributiv/ – контекстуально либо позиционно обусловленный.

дистрибуция /Distribution, f/ – окружение языкового элемента, совокупность позиций, в которых он может быть употреблён.

дифтонг /Diphthong, m/ – сложный звук (восходящий или нисходящий), состоящий из сочетания двух гласных (в одном слоге).

дополнение = объект /Objekt, n/ – член предложения, зависимый от глагола и стоящий в аккузативе без предлога (прямое дополнение) либо в генитиве/ дативе/ аккузативе с предлогом или без него (косвенное дополнение).

дополнение в генитиве /Genitivobjekt, n/ – зависимый от глагола член предложения, стоящий в генитиве.

дополнение в дативе /Dativobjekt, n/ – член предложения, зависимый от глагола и стоящий в дативе.

дополнительное придаточное предложение /Objektsatz, m/ – придаточное предложение, выполняющее функцию дополнения.

дуративный /durativ/ – у глаголов обозначает состояние либо незавершённый процесс, непредельность.

З

заимствование /Entlehnung, f/ – слово, заимствованное из другого языка.

закон возрастания членов предложения /Gesetz der wachsenden Glieder, n/ – закономерность, согласно которой более краткие члены предложения располагаются в немецком предложении перед более протяжёнными, распространёнными (термин О. Бехагеля).

залог – см. ↑(глагольная) диатеза, ↑глагольный залог.

заполье = конечная позиция в предложении /Nachfeld, n/ – место, область в предложении после изменяемой части сказуемого; в субстантивных словосочетаниях стоящие после существительного атрибуты. Ср.: ↑предполье.

зарамочное вынесение /Nachtrag, m / – см. ↑присоединительная конструкция.

звательный номинатив /Anredenominativ, m/ – именительный падеж в звательной функции, означает лицо, к которому обращаются. В латинском языке ему соответствует вокатив, звательный падеж.

звуки /Laut, m – Laute, Pl./ – наименьшие единицы звучащей речи, из которых состоят цельные слова.

звуко-буквенные отношения /Buchstaben-Laut-Beziehung, f/ – соотношение между звуками и буквами одного языка.

звукоподражательное междометие /imitative Interjektion, f/

зевгма /Zeugma, n/ – необычное, с нарушением грамматических норм либо норм семантической сочетаемости соединение слов в предложении, возникающее при опущении необходимого (связующего) компонента/ члена предложения, напр., *die Stadt Göttingen, berühmt durch ihre Würste und Universität.*

знак сокращения /Sigel, Sigle/ – условные знаки-сокращения слов и конструкций (буквы, аббревиатуры, усечения), например, *i* для обозначения *Information, BN* для автомобильного номера *Bonn, u.* для *und* и т. д. Такие знаки позволяют сократить длинное языковое выражение до его информационного ядра.

знаменательное слово /Autosemantikon, n – Autosemantika (Pl.)/ – автосемантичное слово, слово с самостоятельным значением, в отличие от неполнозначных, служебных слов (синсемантичные слова).

И

идиолект /Idiolekt, m/ – язык определённого индивида (в особенности автора), его индивидуальный стиль речи.

идиома /Idiom, n/ – устойчивое лексическое выражение (устойчивое сочетание слов, составная лексема), элемент лексикона языка, значение которого не определяется значениями входящих в него слов, зафиксированное в словаре как фразеологизм, например, *in die Luft gehen (быстро выходить из себя, „взрываться“).*

изменяемое слово /flektierbares Wort, n/ – слово, грамматические формы которого образуются с помощью суффиксов и/ или аблаута либо умлаута.

изолирующий язык /isolierende Sprache, f/ – язык, в котором слова не изменяются. Синтаксические отношения в таком языке выражаются не с помощью морфологических средств (например, суффиксов), а за счёт ↑просодических элементов и порядка слов.

изотопия /Isotopie, f/ – смысловая связь слов в тексте, обусловленная прежде всего общими семантическими признаками данных слов.

иконическая функция /ikonische Funktion (eines Ausdrucks), f/ – свойство языкового выражения наглядно показать свое значение за счёт внешнего оформления высказывания, например, *X-Beine* (*x-образные ноги*).

иконический – см. ↑иконическая функция.

иллокутивный /illokutiv; illokutionär/ – термин теории речевых актов, используется в отношении коммуникативных функций речевых актов, выражаемых ↑глаголами говорения. См. тж. ↑иллокутивный потенциал.

иллокутивный потенциал /Illokutionspotential, n/ – потенциал речевых актов одного действия, которые можно выразить ↑глаголами говорения.

именная группа /Nominalgruppe, f/ – синтаксическая группа (словосочетание), ядром которого является имя существительное.

именная рамочная конструкция /nominaler Rahmen, m/ – имя с зависимыми от него словами, например, артикль–прилагательное–существительное.

именная часть составного именного сказуемого – см. ↑предикатив.

именной стиль, тж.: номинативный стиль /Nominalstil, m/ – (особенно в правовых и научных текстах) стиль, в котором доминируют именные группы и тенденция к абстрагированию.

императив /Imperativ, m/ – повелительное наклонение; личная форма глагола, при помощи которой говорящий обращается с просьбой или приказанием к одному или нескольким лицам.

императивное предложение = повелительное предложение /Imperativsatz, m/ – см. ↑побудительное предложение.

императивный инфинитив /imperativischer Infinitiv, m/

императивный конъюнктив /imperativischer Konjunktiv, m/

императивный партицип /imperativisches Partizip, n/

имперфект /Imperfekt, n/ – см. ↑претерит.

имперфективный /imperfektiv/ – изображающий процесс как не ограниченный во времени, незавершённый. Ср.: ↑дуративный.

имплицитная деривация /implizite Ableitung, f/ – безаффиксная деривация, напр., *Ruf* от глагола *rufen,* в отличие от ↑эксплицитной деривации (при помощи аффикса, напр., *Berufung* от *berufen*) либо ↑конверсии (*das Rufen* от инфинитива *rufen*).

имя нарицательное /Appellativum, n; Gattungswort, n/ – син.: ↑апеллятив. Ант.: ↑имя собственное.

имя собственное /Eigenname, m/ – ант.: ↑имя нарицательное

инверсия /Inversion, f/ – изменение порядка слов, т. е. позиции подлежащего и сказуемого в (повествовательном) предложении.

ингрессивное значение слова /ingressive Bedeutung des Wortes/ – акциональное значение „начала действия“, выражаемое, например, при помощи приставки *an-* в глаголе *anfahren* либо *er-* в глаголе *erblühen.*

индикатив /Indikativ, m/ – изъявительное наклонение: (немаркированная) основная форма глагольного наклонения, с помощью которого нечто утверждается либо изображается как существующее в действительности; ср.: маркированные формы ↑коньюнктива.

инициальная = начальная позиция глагола в предложении /Spitzenstellung, f/

иностранное слово = неассимилированное заимствование /Fremdwort, n/ – заимствование, сохранившее свои фонетические, орфографические и грамматические особенности в заимствующем языке, например, нем. *Milieu* как фр. *milieu,* в отличие от ↑ассимилированного заимствования.

инструментальный предлог /instrumentale Präposition, f/ – предлог, указывающий на инструмент, средство, с помощью которого осуществляется действие, например, *mit* либо *durch.*

интенция /Intention, f/ – речевое намерение.

интонация /Intonation, f/ – комплекс просодических компонентов, оформляющих предложение в единое целое (логическое ударение, мелодия, паузы и т. д.).

интонация незавершённости /progrediente Intonation, f/ – восходящий тип интонационной дуги в предложении, в отличие от ↑терминальной, нисходящей интонации (завершённости).

инфинитив /Infinitiv, m/ – неопределённая форма глагола, основная форма глагола без личных окончаний.

инфинитивный атрибут /Attributsinfinitiv, m/

инфинитная глагольная форма = неизменяемая глагольная форма = неличная форма глагола = неспрягаемая форма глагола /infinite Verbform, f/ – форма инфинитива или партиципа (причастия), не маркированная личным окончанием.

информативная ценность /Mitteilungswert, m/ – степень важности/ значимости сообщаемого для говорящего. Согласно теории ↑функциональной перспективы предложения расположение (неглагольных) членов предложения определяется не только правилом „подлежащее – сказуемое – дополнение" и ↑„законом возрастания членов предложения" О. Бехагеля, но и степенью их информативной ценности/ значимости.

инхоативный /inchoativ/ – указывающий на начало процесса, ср.: *blühen (цвести) – erblühen (расцветать).*

ирреальное высказывание /irrealer Ausdruck, m/ – предложение, содержание которого рассматривается как нечто выдуманное, ирреальное, в т. ч. как потенциальное или неосуществимое условие либо желание.

итеративный /iterativ/ – характеристика способа глагольного действия: обозначает многократность, повторяемость.

К

катафорический /kataphorisch/ – указывающий в тексте на последующие предложения.

каузальный /kausal/ – а) причинный; б) в широком смысле используется как гипероним для обозначения причинных, ↑условных, ↑финальных, следственных, ↑концессивных связей в предложении, которые выражаются соответствующими союзами.

качественное слово /graduierbares Wort, n/ – слово (чаще всего прилагательное или наречие), способное образовывать формы сравнения, например, с помощью усилительных частиц (*sehr* и т. п.) и степени сравнения (сравнительную при помощи суффикса *-er* и превосходную при помощи суффикса *-st*).

квази-подлежащее /Scheinsubjekt, n/

класс текстов /Textart, f; Textgattung, f/ – разновидность текста, характеризующаяся определёнными лексическими, грамматическими и коммуникативными особенностями.

когезия /Kohäsion, f/ – связность предложений в тексте, выражаемая лексическими и грамматическими средствами (повтор, параллелизм и пр.).

когерентность /Kohärenz, f/ – содержательная, смысловая связность предложений в тексте, основанная на их смысловых, предметных и логических связях.

количественная валентность /quantitative Valenz, f/

количественное числительное /Grundzahl, f; Kardinalzahl, f/ – числительное, обозначающее количество, в отличие от ↑порядкового числительного.

коллокация /Kollokation, f/ – типичное сочетание двух, реже нескольких слов, а также (семантические) правила их комбинирования и словоупотребления.

коммуникативная функция /kommunikative Funktion, f/

коммуникативная частица /Gesprächspartikel, f/ – частица, служащая для заполнения паузы либо побуждающая собеседника к высказыванию, к действию.

коммуникативное слово /Gesprächswort, n/ – см. ↑коммуникативная частица.

коммуникативно-речевая форма (КРФ) – см. ↑способ языкового выражения.

компаратив /Komparativ, m/ – сравнительная степень прилагательных/ наречий, например, *größer* от *groß*; обозначает более высокую степень качества по сравнению с ↑положительной степенью сравнения. Ср. тж.: ↑превосходная степень сравнения.

композит, тж.: **композита** /Kompositum, n/ – см. ↑сложное слово.

конверсия /Konversion, f/ – переход одной части речи в другую без специальных словообразовательных средств (например, суффикса).

кондициональный /konditional/ – условный.

коннектор в текстообразовании /Konnektor, m/ – языковое средство для связи слов в тексте (↑юнктор). В лингвистике текста наиболее весомая роль в формальной и содержательной связи предложений текста приписывается союзам, местоимениям и местоименным наречиям.

коннотация /Konnotation, f/ – дополнительный оттенок значения слова либо прагматическая окраска слова при словоупотреблении, ср.: ↑денотативное значение слова.

коннотативное значение слова – компонент лексического значения слова; см. ↑коннотация.

консекутивный /konsekutiv/ – со значением следствия.

констатирующие высказывания /konstatierende Äußerungen, Pl./ – высказывания, маркированные глаголами *sagen, behaupten* и т. п., констатирующие тот или иной факт, в отличие от ↑перформативных речевых актов.

контактоустанавливающая функция /Kontaktfunktion, f/

контаминация /Wortkreuzung, f; Kontamination, f/ – образование нового слова либо новой конструкции путём смешения двух других слов либо синтагм, например, *im Gegentum* (юмор. шутл.) от *im Gegenteil* и *im Irrtum* или русск. *замечтательный*.

концессивный /konzessiv/ – уступительный, со значением уступки, когда допускается другая возможность или называется встречный довод без опровержения исходного.

конъюнктив /Konjunktiv, m/ – сослагательное наклонение, служащее для выражения ирреального либо потенциально возможного действия (конъюнктив I = конъюнктив презенс/ перфект; конъюнктив II = конъюнктив претерит/ плюсквамперфект).

копулятивный /kopulativ/ – см. ↑сочинительный.

корневая гласная /Stammvokal, m/ – ударная гласная в лексическом корне слова.

коррелят /Korrelat, n/ – слово, например, *es*, стоящее в ↑главном предложении и указывающее на содержание ↑придаточного.

косвенная речь /indirekte Rede, f/ – передача слов другого лица в третьем лице (нередко с помощью ↑коньюнктива I).

косвенное дополнение /indirektes Objekt, n/ – дополнение в генитиве, дативе либо в аккузативе с предлогом.

Л

лабиальный звук /labialer Laut, m/ – губной звук, напр., */b/, /p/, /m/.*

лабиодентальный звук /labiodentaler Laut, m/ – губно-зубной согласный (*t, d, v, f*).

лексема /Lexem, n/ – наименьшая единица словарного состава языка, имеющая самостоятельное значение. Лексикализированное словосочетание (например, *оказать услугу*) также может функционировать как лексема, ср.: ↑лексема-словосочетание.

лексема-словосочетание, тж.: **составная лексема** /Wortgruppenlexem, n/ – устойчивое выражение, фразеологическая единица, фиксируемая и толкуемая в словаре, например, *zur Sprache kommen, mit Kind und Kegel* и т. д.

лексикализация /Lexikalisierung, f/

лексико-грамматическое поле /lexikalisch-grammatisches Feld, n/ – совокупность языковых (главным образом лексических) единиц, объединённых общностью содержания (иногда также общностью формальных показателей) и отражающих понятийное, предметное или функциональное сходство обозначаемых явлений.

лексические солидарности /lexikalische Solidaritäten, Pl./ – лексические отношения между словами, закреплённые в нормах словоупотребления литературного языка. Они определяют, какие ↑коллокации являются узуальными. Наиболее чётко можно идентифицировать случаи коллокаций, когда лексема одной части речи имплицирует совершенно конкретное существительное, как например, глагол *greifen* имплицирует существительное *Hand*, прилагательное *fahl* – существительное *Licht*, существительное *Giebel* – существительное *Dach*. От этих случаев отличаются „селективные" солидарности (Е. Косериу), при которых одно слово имплицирует целое лексическое поле близких по значению слов, из которого затем в тексте выбирается одна подходящая по смыслу лексема, например, глагол *schreiben* имплицирует лексическое поле из нескольких существительных: *Bleistift, Kugelschreiber, Schreibmaschine, PC* и т. д. Существительное *Vogel* имплицирует поле обозначений частей тела птицы: *Flügel, Federn, Schnabel, Kralle* и т. д. Все остальные коллокативные сочетания, связанные лишь косвенно, через отдельные семантические признаки, Е. Косериу объединяет в группу „родственных" солидарностей. При этом речь идёт в первую очередь о связях слова, причисляемых в настоящее время к его когнитивной рамке, фрейму.

лексический конверсив /lexikalische Konverse, f/ – семантическая перестановка в синтаксических конструкциях с компонентами-антонимами. Конверсными обозначаются отношения между конструкциями типа *x ist grösser als y*, а *y ist kleiner als x* либо *x ist die Mutter von y*, а *y ist das Kind von x; x schlägt y*, а *y bekommt Schläge von x*.

лексический принцип орфографии /lexikalisches Prinzip der Orthographie/ – согласно этому принципу одинаково звучащие слова (омофоны), например, *Saite* и *Seite* либо *Weise* и *Waise* пишутся по-разному, т. к. в нов.-верх.-нем. они имеют разные лексические значения.

лексическое поле /Wortfeld, n/ – группа семантически тесно связанных слов. Эта связь легко устанавливается тестом на подстановку.

лемма /Lemma, n/ – вокабула, напечатанное жирным шрифтом словарное слово, ключевое слово в словарной статье.

лемматизированный /lemmatisiert/ – внесённый в (алфавитный) словарь как ключевое слово/ ↑лемма.

лингвистика текста /Textliguistik, f/ – анализ и описание правил и моделей, по которым отдельные предложения организуются в связные тексты с определённой коммуникативной функцией.

лирический герой /lyrisches Ich, n/

личное местоимение /Personalpronomen, n/ – местоимение, указывающее на лицо или предмет: *er, es, sie, ich, du, Sie, wir, ihr, sie*.

локальное обстоятельство /lokale Angabe, f/ – см. ↑обстоятельство места.

локативный /lokativ/

М

макростилистический /makrostilistisch/ – связанный с формой и содержанием текста как единого целого, в отличие от единичных микростилистических эффектов.

медиум, средний залог /Medium, n/ – залог, занимающий промежуточное положение между активным и пассивным, собственная форма глагола, которая сохранилась в некоторых языках, например, в древнегреческом, когда сам глагол называет действие, не указывая при этом на исполнителя действия, а объект действия выполняет функцию подлежащего. В немецком языке подобные глаголы называются процессуально-рефлексивными, например, *Die Tür öffnet sich* наряду с предложениями *Er öffnet die Tür* и *Die Tür wird von ihm geöffnet*.

междометие /Interjektion, f/ – неизменяемое слово, которое подобно словам-предложениям может являться цельным высказыванием (например, восклицанием) и служит для передачи чувств, настроений, ощущений (например, страха, счастья, душевного волнения и т. п.).

мелиоративный /meliorativ/ – с положительной оценкой.

место образования звука = место артикуляции /Artikulationsort, m/

местоимение /Pronomen, n; Fürwort, n/ – (изменяемая) часть речи, которая сопровождает либо замещает существительное.

местоименное наречие /Pronominaladverb, n/ – наречие, состоящее из двух компонентов: первый – *hier-, wo-, da-,* второй – какой-либо предлог (*wodurch*).

местоименное прилагательное = прономинальное прилагательное /Pronominaladjektiv, n/

метафора /Metapher, f/ – образное выражение, содержащее скрытое сравнение.

метонимия /Metonymie, f/ – перенос значения, основанный на наличии логической связи между предметами, например, перенос названия части на целое и т. п.

минимальная пара /Minimalpaar, n/ – пара слов, имеющих разные значения и различающихся при этом только одним звуком (↑фонемой).

многозначность /Polysemie, f/ – явление, когда одно слово (например, *abtreten* или *ausgehen*) имеет несколько различных значений в речевом употреблении.

множественное величия /Plural Majestatis/ – явление, когда вместо *ich* для выражения значения первого лица ед. числа употребляется *wir*.

множественное число существительного /Plural, m/ – типичное для существительного грамматическое значение в категории числа, обозначающее несколько предметов.

модальная частица /Abtönungspartikel, f; Modalpartikel, f/ – чаще безударное слово, которое не является членом предложения и которое в принципе грамматически и семантически можно опустить. Имеет прагматическую функцию, цель которой – просигнализировать собеседнику свое отношение к предмету высказывания либо ситуации, например, состояние ожидания, удивления и т. п.

модальное придаточное предложение /Modalsatz, m/

модальное слово /Modalwort, n; Satzadverb, n/ – самостоятельный член предложения, который стоит в адвербиальной позиции, выражает комментирующее либо оценочное значение и относится ко всему предложению. Ср. тж.: ↑сентенциальное наречие.

модальность /Modalität, f/ – понятийная категория, выражающая отношение говорящего к предмету высказывания и к действительности; выражается через выбор наклонения (индикатив, императив, конъюнктив), модальных глаголов (*können, sollen* и др.), модальных слов (*sicherlich, vielleicht* и т. д.), союзов (*indem*) и соответствующих синтаксических конструкций (например, *haben, sein + zu + Inf.* в значении необходимости/ возможности).

модальный глагол /Modalverb, n/ – глаголы *dürfen, können, mögen/ möchten, müssen, sollen, wollen, lassen*; в сочетании с инфинитивом основного глагола образуют сказуемое, модифицируя при этом значение основного глагола.

модальный инфинитив /modaler Infinitiv, m/ – модальные конструкции *sein + zu + Infinitiv, haben + zu + Infinitiv* .

монофтонг /Monophthong, m/ – простой гласный звук со стабильной артикуляцией (например, долгий или краткий /i/), в отличие от дифтонгов (например, /ai/), характеризующихся скользящей артикуляцией от одного тона к другому.

монофтонгизация /Monophthongierung, f/

морф /Morph, n/ – конкретный представитель ↑морфемы в речи.

морфема /Morphem, n/ – минимальная единица языка, обладающая значением и выполняющая определённую функцию; различают ↑связанные (например, ↑суффикс) и ↑свободные морфемы.

морфологический принцип орфографии /morphologisches Prinzip der Schreibung, n; Stammprinzip, n/ – правило, согласно которому написание корня слова во всех его формах должно оставаться неизменным либо аналогичным, независимо от произношения, например: *der Tag – des Tages, das Rad – die Räder, das Fass – die Fässer* и т. д.

морфология /Morphologie, f/

морфонология /Morphonologie, f/

морфосинтаксис /Morphosyntax, f/

морфо(фо)нема /Morphophonem, n/

Н

назальный звук /Nasallaut, m/ – звуки /m/, /n/, /ng/, в артикуляции которых участвует носовая полость.

наклонение /Modus, m/ – грамматическая категория, служащая для выражения реальности/ ирреальности либо потенциальности действия; в немецком языке различают три наклонения: ↑индикатив (изъявительное), ↑конъюнктив (сослагательное) и ↑императив (повелительное).

наречие /Adverb, n; Umstandswort, n/ – неизменяемая знаменательная часть речи, относящаяся к глаголу и указывающая на локальные, временные, модальные либо каузальные связи.

нарицательное существительное = имя нарицательное /Appelativum, n; Gattungswort, n/ – ант.: ↑имя собственное.

нарративный /narrativ/ – повествовательный

нейтрализация /Neutralisierung, f/ – снятие значимости противопоставления, например, между фонемами /d/ и /t/ в конце слов: *das Rad /ra:t/, des Rades /ra:dəs/ – der Rat /ra:t/, des Rates /ra:təs/.*

неопределённое местоимение /Indefinitpronomen, n; unbestimmtes Fürwort, n/ – местоимение, указывающее на неопределённое лицо (*man*), предмет (*etwas*) либо количество (*viele*) и т. д.

непереходный глагол, интранзитивный глагол /intransitives Verb, n/ – глагол, не требующий прямого дополнения в аккузативе и, как правило, не имеющий формы пассивного залога.

неполный = функциональный глагол /Funktionsverb, n/

непредельный /imperfektiv/ – см. ↑имперфективный.

несобственно-прямая речь /erlebte Rede, f/ – см. ↑внутренняя речь.

неспрягаемая форма глагола /infinite Verbform, f/ – см. ↑инфинитная глагольная форма.

нецессивная модальность /nezessive Modalität, f/ – модальное значение необходимости, требования.

номинализация /Nominalisierung, f/ – трансформация глагольного словосочетания в именную группу либо в именную часть речи.

номинатив /Nominativ, m/ – первый грамматический падеж, именительный падеж.

номинативная/ именная функция (прилагательного, местоимения) /nominale Funktion von Adjektiven/

номинация /Nomination, f/ – называние, именование предметов восприятия и мышления в тексте.

норма языковая /Norm (einer Sprache); Sprachnorm, f/ – языковой стандарт; набор общепризнанных кодифицированных языковых форм, зафиксированных в словаре и грамматических пособиях, в отличие от ↑узуальных явлений, у которых допускаются отклонения от нормы в речевом употреблении. Напр., нормативная форма множественного числа от *der Stock – die Stöcke* (норма), однако в некоторых регионах употребительна форма *die Stöcker* (↑узус).

нулевая морфема /Nullmorphem, n/ – значимое, грамматически обусловленное отсутствие формообразующей морфемы, например, в форме множественного числа *Rahmen*.

нулевой артикль /Nullartikel, m/ – отсутствие артикля перед существительным в тех позициях, где он ожидаем, например, во множественном числе тех существительных, которые в единственном числе употреблены с артиклем *ein* (ед. ч. *ein Buch* – мн. ч. *Bücher*).

О

облигатная модальность /obligate Modalität, f/ – модальное значение обязательности, неизбежной необходимости.

облигаторный актант /obligatorischer Aktant, m/ – см. ↑обязательный актант.

обособление /Herausstellung, f/ – перестановка части предложения на начало либо на конец, вынос за рамку предикации.

обратный дериват /Rückbildung, f/ – существительное, производное от прилагательного при утрате (словообразовательного) суффикса, например, *Demut* от *demütig* либо *Habgier* от *habgierig*.

обстоятельственное придаточное предложение /Adverbialsatz, m/ – придаточное предложение, замещающее наречие или адвербиальную группу и выполняющее функцию обстоятельства. Выделяют обстоятельственные придаточные времени, места, причины, образа действия.

обстоятельство /Umstandsbestimmung, f; Angabe, f/ – свободный член предложения, указывает на причину, место, время либо модальность (образ протекания) действия.

обстоятельство места /lokale Angabe, f/ – член предложения, указывающий на направление либо место действия.

общее отрицание = **сентенциональное отрицание** /Satznegation, f/

общий вопрос /Entscheidungsfrage, f/ – вопросительное предложение без вопросительного слова, требующее ответа „да" либо „нет"; спрягаемый глагол стоит на первом месте.

объективная модальность /objektive Modalität, f/

объектный предикатив /Objektsprädikativ, n/ – имя (существительное либо прилагательное) в функции актанта, зависимое в предложении от дополнения в аккузативе, например, *Er machte das Wasser heiß*.

обязательный актант = **облигаторный актант** /obligatorische Ergänzung, f/ – глагольный актант, член предложения, который нельзя опустить, иначе предложение становится аграмматичным либо искажается смысл предложения. Например, глагол *schenken* требует наличия двух актантов-дополнений: в аккузативе и в дативе: *Er schenkte ihr Blumen*.

оглушение конечного согласного /Auslautverhärtung, f/ – процесс, при котором звонкие взрывные и щелевые согласные на конце слов оглушаются.

ограничительная частица /Gradpartikel, f/ – ср.: ↑градуальная частица; ↑усилительная частица.

однократный = мгновенный /punktuell/ – обозначение действия, сконцентрированного на определённом временном моменте/ временной точке.

омонимичные морфемы /homonyme Morpheme, Pl./ – морфемы, которые звучат одинаково, однако выполняют различные функции, например, приставка *er- (erkennen)*, суффикс *-er (Kenner, Kinder)* и соединительный элемент *-er-* в *unbekannterweise*.

омонимы /Homonyme, Pl./ – слова либо конструкции, совпадающие по звучанию и написанию, однако имеющие разные (грамматические и/ или лексические) значения и принадлежащие к разным классам слов/ частям речи.

ономасиологический /onomasiologisch/ – обозначающий, называющий определённое содержание при помощи различных выражений, прежде всего – слов. Ср.: ↑семасиология.

опосредованная связь значений /affine Bedeutungsbeziehung, f/ – подобные слова связаны косвенно друг с другом через общий признак, например, *brüllen* /рычать/ и *wild* /дикий/ связаны между собой через признак „относящийся к животному".

определение /Attribut, n/ – вторичный член предложения; см. ↑атрибут.

определённый артикль /bestimmter Artikel, m/ – падежные формы от *der, die, das*.

определительное придаточное предложение /Attributsatz, m/ – придаточное предложение, выполняющее функцию определения, обычно присоединяется к главному с помощью относительного местоимения.

определяемое слово /Bezugswort, n/

определяющее слово /Bestimmungswort, n/ – (первый) компонент детерминативного композита, определяющий, уточняющий основное слово.

оптатив /Optativ, m/ – глагольная форма, выражающая значение желательности. В немецком языке это чаще всего формы конъюнктива II либо I: *Besserte er sich doch! Dass er noch käme! Er lebe hoch! Der Herr sei mit euch!* Часто используется модальный вспомогательный глагол *mögen: Möget ihr glücklich sein!*, а также формы императива: *Werde glücklich!* Термин пришёл в немецкий язык из других языков (таких, как древнегреческий, финский, турецкий), в которых для выражения этого значения имеются особые формы глагольной флексии.

основа слова /Stamm, m; Wortstamm, m/ – лексическое ядро слова, которое может быть изменено путём формо- либо словообразующих ↑суффиксов/ ↑флексий.

основная временная форма /Haupttempus, n – Haupttempora, Pl./ – презенс как основная временная форма повествования о настоящем либо в текстах-описаниях, претерит – основная временная форма повествования о прошлом; в отличие от вспомогательных временных форм, выражающих предшествование, таких как перфект и плюсквамперфект /Nebentempora, Pl./.

отглагольное абстрактное существительное /Nomen Actionis, n/ – существительное, которое является результатом конверсии (например, субстантивированный инфинитив *das Schreien*) или результатом имплицитной деривации (безаффиксное *der Schrei*) либо суффиксации (производное с суффиксом *die Schreierei*) и выражает процесс в абстрактной форме.

отглагольное прилагательное /Verbaladjektiv, n/

отделяемая часть глагола /Verbzusatz, m/ – первая часть составного глагола (отделяемая приставка, наречие, прилагательное либо существительное), которая ставится в конце предложения и вместе с изменяемой частью глагола образует глагольную рамку предложения.

относительное местоимение /Relativpronomen, n/ – местоимения *welche, die, wer, was* и т. д., соединяющие главное и придаточное предложения.

относительное придаточное предложение /Relativsatz, m/ – тип придаточного предложения, присоединяемый к главному с помощью относительных местоимений либо наречий типа *der, die, das; welcher, welche, welches; wer, was, wohin, woher, wodurch*.

отрицание /Negation, f/ – превращение положительного высказывания в его противоположность при помощи слов *kein* либо *nicht*.

оттеночная частица /Abtönungspartikel, f/ – см. ↑модальная частица.

П

падеж /Fall, m; Kasus, m/ – падеж существительного, местоимения и т. п.; форма номинатива, генитива, датива либо аккузатива, которая указывает на связь данного слова с другими словами в предложении.

палатальный согласный /palataler Konsonant, m/ – согласные звуки /sch/, /ch/, /j/, которые образуются с участием твёрдого нёба.

парадигма /Paradigma, n/ – совокупность словоизменительных форм определённой языковой единицы.

парадигматический /paradigmatisch/ – относящийся к морфологическим отношениям одного порядка между элементами языка, например, формы множественного числа. Ант.: ↑синтагматический.

параллелизм /Parallelismus, m/ – ярко выраженное чередование в тексте аналогичных синтаксических структур.

паратаксис /Parataxe, f/ – 1) вид синтаксической связи, при котором происходит соединение синтаксически равноправных именных групп или предложений; сочинение/ сочинительная связь; 2) сложносочинённое предложение. Ант.: ↑гипотаксис.

парентеза /Parenthese, f; Einschub, m/ – вводное предложение либо словосочетание, включаемое в основное предложение как самостоятельная единица, не связанная с ним синтаксически.

партитивный /partitiv/

партицип – см. ↑причастие.

пассивный залог, пассив /Passiv, n/ – грамматическая форма глагола, которая изображает состояние либо процесс таким образом, что агенс (деятель, производитель действия) представляется не существенным. Синтаксически: объект действия (в предложении в активе) становится субъектом/ подлежащим в пассивном предложении.

пассив состояния /Zustandspassiv, n/ – форма пассива, образуемая при помощи вспомогательного глагола *sein* и обозначающая состояние предмета (как результат процесса).

пациенс /Patiens, n/ – предмет или явление в предложении, на которые направлено действие. Ант.: ↑агенс.

пейоративный /pejorativ/ – с отрицательной оценкой.

переспрос /Echofrage, f/

переходный глагол – см. ↑транзитивный глагол.

период /Periode, f/ – многосоставное многоступенчатое сложноподчинённое предложение.

перифраза /Periphrase, f/ – описательное выражение.

перлокутивный акт /perlokutiver Akt, m/ – компонент ↑речевого акта, связанный с воздействием высказывания на реципиента. Так, перлокуция предложения *Neckermann machts möglich* состоит в том, что фамилия *Neckrermann* (название фирмы) воздействует как привычное понятие, а само утвердительное предложение – как обещающий нечто рекламный слоган. Кроме того, это предложение служит своеобразным устойчивым выражением при перенесении его на другие действия рекламного характера.

пермиссивная модальность /permissive Modalität, f/ – модальное значение разрешения какого-либо действия.

пермутация /Permutation, f/ – замена, перестановка, перемещение; см. тж. ↑тест на перестановку.

персонификация /Pesonifikation, f/

персуазивный /persuasiv/ – имеющий целью убеждение, воздействие; аргументативный.

перфект /Perfekt, n/ – временная форма глагола, выражающая завершённость действия.

перфективный /perfektiv/ – предельный, совершенный (о разряде/ типе глаголов); ср.: ↑непредельный, ↑имперфективный.

перформативный речевой акт /performativer Sprechakt, m/ – речевой акт, при котором одновременно совершается называемое действие, например, *ich taufe dich hiermit auf...* во время обряда крещения, либо в завещании: *ich vermache meinen ganzen Besitz meiner Tochter...* Типичные языковые характеристики этого типа речевого акта: личное местоимение первого лица в качестве подлежащего; наличие второго актанта – дополнения (со значением лица либо инструмента); сказуемое в настоящем времени, ситуативно обусловленные ссылки.

плавный звук /Liquid, f/ – сонорные согласные /l/ и /r/ (звуки с вокальным, гласным резонансом).

план выражения языкового знака /Ausdrucksseite, f/ – означающее, видимая и слышимая форма высказывания, внешняя структура, называемая также поверхностной структурой – в отличие от содержания, смысла высказывания. Ср.: ↑план содержания.

план содержания языкового знака /Inhaltsseite der Zeichen der Sprache/ – означаемое, содержательная сторона языкового знака, его значение, номинативная функция. Ср.: ↑план выражения.

плюралиа тантум /Pluraliatantum, n/ – существительное, употребляемое только во множественном числе.

плюсквамперфект /Plusquamperfekt, n/ – временная форма глагола: предпрошедшее время, выражает предшествование в прошлом, т. е. процесс, завершённый до момента повествования в претерите.

побудительное предложение /Aufforderungssatz, m; Befehlssatz, m/ – предложение с особой структурой, выражающее приказ, распоряжение.

повелительное предложение = императивное предложение /Imperativsatz, m/ – см. ↑побудительное предложение.

повествовательное предложение /Aussagesatz, m; Deklarativsatz, m/ – предложение со стандартной структурой „в состоянии покоя" (сказуемое на втором месте), посредством которого что-либо описывается, утверждается, сообщается либо предполагается.

подлежащее, грамматический субъект /Subjekt, n/ – главный член предложения, который стоит в именительном падеже и согласуется со ↑сказуемым/ ↑предикатом.

подчинительный /hypotaktisch/

подчинительный союз /Subjunktion, f; subordinierende = unterordnende Konjunktion, f/ – соединяет главное и придаточное предложения либо придаточные разного уровня между собой.

позитив /Positiv, m/ – ↑положительная степень сравнения прилагательного/ наречия.

позиционное поле /Stellungsfeld, n/ – место/ область в предложении, где, в зависимости от позиции изменяемой части сказуемого, могут стоять различные члены предложения. В повествовательном предложении соответственно один член предложения стоит на первом месте, в ↑предполье/ ↑препозиции. Остальные находятся в ↑постпозиции, т. е. после изменяемой части сказуемого, либо вынесены за глагольную рамку.

поле модальности /Modalfeld, n/ – поле языковых форм, состоящее из грамматических и лексических средств ↑модальности.

полисемия /Polysemie, f/ – ↑многозначность.

полисиндетический /polysyndethisch/

положительная степень сравнения /Positiv, m/ – исходная форма прилагательного, от которой образуются ↑сравнительная и ↑превосходная степени сравнения.

полугласный /Halbvokal, m/ – согласный, обладающий свойствами гласного, например, /j/.

полупрефикс /Halbpräfix, n/ – словообразовательный элемент, имеющий одновременно свойства приставки и компонента сложного слова.

полусуффикс /Halbsuffix, n/ – словообразовательный элемент, имеющий свойства суффикса, а также основного/ определяемого слова в составе композита.

порядковое числительное /Ordinalzahlwort, n/ – склоняемое числительное, образованное от ↑количественного числительного и соотносимое с ним, например, *der zweite* от *zwei* и т. п.

порядок слов /Wortstellung, f/ – правила последовательности слов в предложении в зависимости от определённой модели предложения.

последовательность времён /Consecutio Temporum/ – древнее правило (например, в латинском языке), согласно которому выбор временной формы сказуемого в придаточном предложении зависит от временной формы в главном.

постпозитивное придаточное /Nachsatz, m/ – придаточное, следующее за главным.

постпозиция /Postposition, f/ – 1) часть предложения после спрягаемой части сказуемого; 2) часть именной группы после ядерного/ определяемого слова. Ант.: ↑препозиция.

потенциальная модальность /potenzielle Modalität, f/

правило трансформации /Transformationsregel, f/ – абстрактное правило, по которому производится трансформация.

правило фразового структурирования /Phrasenstrukturregel, f/ – правило синтаксического построения высказывания.

прагматический /pragmatisch/ – относящийся к употреблению языкового выражения в связи с каким-либо действием.

превосходная степень (прилагательного либо наречия) = **суперлатив** /Superlativ, m/ – грамматическая форма, выражающая наивысшую степень качества при сравнении.

предикат – см. ↑сказуемое.

предикатив /Prädikatsnomen, n; Prädikatsnomenergänzung, f/ – стоящее обычно в номинативе (реже в аккузативе) имя существительное (местоимение), которое согласно теории валентности представляет собой актант того же порядка, что и ↑подлежащее/ субъект, к глаголам *sein, werden, bleiben* и другим копулятивным глаголам, например, существительное *Säugetier* в предложении *Der Wal ist ein Säugetier*. Термин „предикатив" (Prädikatsnomen) восходит к традиционной немецкой школьной грамматике, в которой глагол-связка и предикатив (именная часть составного именного сказуемого) понимались как <u>один</u> член предложения – сказуемое, противопоставляемое как единый член предложения подлежащему.

предикативный /prädikativ/ – название функции прилагательного или существительного, образующего вместе с глаголом-связкой сказуемое.

предикативный атрибут /prädikatives Attribut, n/

предикация /Prädikation, f/ – конструкция из сказуемого и других синтаксических единиц, которая семантически относится к подлежащему; лексико-структурное ядро предложения (Б.А. Абрамов).

предлог /Präposition, f; Verhältniswort, n/ – неизменяемое служебное слово, определяющее падеж существительного, к которому оно относится.

предложение /Satz, m/ – самостоятельное по содержанию высказывание, обычно состоящее из двух и более слов, начинается с заглавной буквы и в конце маркируется точкой либо другим завершающим знаком пунктуации.

предложное дополнение /Präpositionalobjekt, n/ – член предложения, тесно связанный с глаголом посредством определённого предлога, нередко утратившего своё прямое значение, в отличие от предложного обстоятельства, перед которым предлог может быть изменён.

предложное определение /Präpositionalattribut, n/

предполье = **начальная позиция (в предложении)** /Vorfeld, n/ – „начальное" место в предложении, область до спрягаемой части сказуемого; часть словосочетания до ядерного слова. Ср.: ↑срединная позиция, ↑заполье.

презенс /Präsens, n/ – временная форма глагола: настоящее время.

презенс актуальный, настоящее актуальное /aktuelles Präsens, n/ – одно из значений презенса, которое выражает действие, происходящее „здесь и сейчас".

презенс исторический, настоящее историческое /historisches Präsens, n/ – презенс в качестве основной временной формы повествования об исторических событиях: *1789 bricht die französische Revolution aus.*

презенс футуральный /futurisches Präsens, n/

препозиция /Vorfeld, n/ – 1) часть предложения до изменяемой части сказуемого; см. тж. ↑предполье; 2) часть словосочетания до ядерного/ определяемого слова.

прескриптивная грамматика /präskriptive Grammatik, f/ – „предписывающая" грамматика; описывает нормативные правила употребления языковых единиц и исключения из них.

пресуппозиция /Präsupposition, f/ – компонент смысла предложения, предпосылка, фоновые знания, имплицируемые в выбранном выражении.

претерит /Präteritum, n; Imperfekt, n/ – форма простого/ повествовательного прошедшего времени глаголов (вторая основная форма глагола).

претерито-презентные глаголы /Präteritopräsentien, Pl./ – небольшая группа глаголов, которые имеют особый тип спряжения (в современном немецком языке – модальные глаголы).

префикс = **приставка** /Präfix, n/ – морфема, присоединяемая к слову перед корнем.

префиксация /Präfigierung, f/ – способ словообразования при помощи ↑префикса/ приставки.

придаточное обстоятельственное предложение /Angabesatz = Adverbialsatz, m/ – придаточное предложение, замещающее наречие либо адвербиальную группу; выделяют темпоральные (времени), модальные (образа действия), каузальные (причины в широком смысле) и локальные (места) придаточные обстоятельственные предложения.

придаточное предложение /Gliedsatz, m; Nebensatz, m/ – предложение, зависимое от ↑главного и заменяющее в нём какой-либо член предложения.

придаточное предложение времени /Temporalsatz, m/ – тип придаточного предложения, которое уточняет, раскрывает время действия, выраженного в главном предложении.

придаточное предложение места /Lokalsatz, m/

придаточное предложение причины /Kausalsatz, m/

придаточное предложение следствия /Konsekutivsatz, m/

придаточное смысловое /Inhaltssatz, m/ – придаточное дополнительное предложение, несущее основную смысловую нагрузку, как правило, после союзов *dass, ob* либо после относительных местоимений.

прилагательное /Adjektiv, n; Beiwort, n/ – слово, обозначающее качество или признак предмета/ явления, относящееся к существительному и согласующееся с ним при помощи флексий. Имеет ↑степени сравнения. В адвербиальном употреблении также может обозначать признак/ качество процесса, выраженного глаголом.

приложение /Apposition, f; Beisatz, m/ – определение, выраженное существительным и стоящее в постпозиции в одном падеже с определяемым словом.

принципы орфографии = принципы правописания /Prinzipien der Rechtschreibung; Orthographieprinzipien, Pl./ – фонологические, морфологические, лексические правила правописания слов.

присоединительная конструкция = присоединение = зарамочное вынесение /Nachtrag, m/ – дополнение к сказанному: часть предложения/ словосочетание, вынесенное за предикативную рамку, чаще всего в конец предложения.

притяжательное местоимение /Possessivpronomen, n/ – местоимение, выражающее принадлежность предмета к кому-либо, чему-либо.

причастие I /Partizip I, n/ – причастие презенс.

причастие II /Partizip II, n/ – причастие претерит.

причастный оборот /Partizipialgruppe, f/ – общее обозначение для различных синтаксических конструкций с причастием I и причастием II, употребляемых в качестве определения, приложения, а также обстоятельства, эквивалентного предложению (например, *am ganzen Körper zitternd, stieg sie aus dem Bad*) либо герундивных конструкций (типа *die abzulegende Prüfung*). Данные конструкции принципиально отличаются от ↑аналитических форм ‚вспомогательный глагол + партицип II', служащих для образования временных форм, форм конъюнктива и пассива.

пробел /Spatium, n/ – пространство, графически отделяющее в тексте слова друг от друга.

продуктивно-результативное дополнение /effiziertes Objekt, n/ – дополнение (как правило, в аккузативе), которое называет продукт действия, например, дополнение *Bild* в словосочетании *ein*

Bild malen. В отличие от дополнения, выражающего связь действия с каким-либо предметом без указания его результата, например, в словосочетании *die Wand anmalen* (affiziertes Objekt).

производное слово /Ableitung, f/ – см. ↑дериват.

проклиза /Proklise, f/ – слияние с последующим словом. Ант.: ↑энклиза.

проклитики и энклитики (местоимения и артикли) /proklitische, enklitische Elemente, Pl./ – остаточные элементы редуцированных слов, которые, примыкая к ударному слову, образуют с ним фонетически единое целое: *'s Dach = das Dach; 'n Buch = ein Buch, aufs = auf das; er wird's machen = er wird es machen*; ср.: ↑энклиза.

пролепсис, тж.: **пролепса** /Prolepse, f/ – предвосхищение, вынесение какого-либо члена предложения в начальную позицию, за рамку синтаксической структуры, и замещение его позиции местоимением, например, в русском языке: *Студенты, они народ такой.*

прономинализация /Pronominalisierung, f/ – замещение существительного, именной группы, предложения местоимением.

пропозиция /Proposition, f/ – в теории речевого акта обозначение содержания предложения.

просодические особенности высказывания /prosodische Merkmale einer Äußerung/ – звуковые особенности, касающиеся не отдельных звуков, а их сочетаний в слогах и словах; ударение в слове и предложении, интонация предложений.

протазис /Vordersatz, m/ – придаточное предложение, стоящее перед главным.

противительный /adversativ/ – см. ↑адверсативный.

прототипическое описание /prototypische Beschreibung, f/ – способ описания грамматических форм, при котором они могут быть сведены к простым базовым/ основным образцам и моделям.

про-форма = pro-форма /Pro-Form, f/ – языковая форма (часто местоимение), замещающая названное выше выражение либо нечто известное из контекста.

процессуальный пассив /Vorgangspassiv, n/ – форма пассивного залога, выражающая, в отличие от ↑пассива состояния, процесс и образуемая при помощи глагола *werden.*

прямая речь /direkte Rede, f/ – буквальное воспроизведение слов другого лица, речь людей в тексте.

прямое дополнение, тж.: **актант в аккузативе** /Akkusativobjekt, n/ – дополнение в аккузативе без предлога.

псевдовопрос /Scheinfrage, f/

псевдопридаточное предложение /weiterführender Nebensatz, m/ – семантически автономное придаточное, содержащее самостоятельное сообщение.

псевдотранзитивный глагол /Mittelverb, n/ – глагол, управляющий дополнением в аккузативе, однако не имеющий форм пассивного залога, например, *kosten, wiegen, bekommen* и т. д.

психологическое подлежащее /psycholigisches Subjekt, n/ – в традиционной грамматике член предложения, который называет активный (воздействующий на других) предмет высказывания.

пунктуация /Interpunktion, f/

Р

равнозначный номинатив /Gleichsetzungsnominativ, m/ – самостоятельный член предложения, стоящий в номинативе и семантически относящийся к подлежащему.

равнозначный аккузатив /Gleichsetzungsakkusativ, m/ – см. ↑объектный предикатив.

разделение = расщепление лексем /Lexemspaltung, f/ – явление, когда из одного слова развиваются две разные лексемы, например, из древнего *seit (sît)* развились предлог *seit* и союз *seit*.

рамка, рамочная конструкция предложения /Klammer, f; Satzklammer, f/ – порядок слов, при котором изменяемая и неизменяемая части сказуемого (или основа глагола и отделяемый (полу)префикс) дистанцированы друг от друга и образуют синтаксическую рамку. Также имеются в виду существительное и артикль, когда между ними стоит определение.

распределительные числительные /Distributivzahlen, Pl./ – см. ↑числительное.

регулятивные нормы /regulative Normen, Pl./ – социальные нормы языкового поведения, автоматически управляющие процессом коммуникации.

редуцированный звук /Reduktionslaut, m; Schwa-Laut, m/ – звук, который ослабляется по своим качественным и количественным характеристикам в речевом потоке; например, редукция *e* в безударном слоге */le:b(ə)n/* либо вокализация согласных, например, в юж.-нем. *I hab' da g'wartet* вместо *ich habe da gewartet*.

результативный /resultativ/ – подчёркивающий результат либо окончание действия = терминативный.

реляционная функция /Beziehungsfunktion, f/

рема /Rhema, n/ – часть предложения, выражающая новую, ранее не упоминавшуюся информацию в отношении ↑темы/ данного.

рематизация /Rhematisierung, f/ – маркировка части предложения в качестве ремы, т. е. (информативного) ядра высказывания.

Осуществляется только в (кон)тексте. К средствам рематизации относят: а) порядок слов (как правило, новое располагается ближе к концу предложения); б) (экспрессивная) интонация в устной речи (если новое стоит не в конце высказывания) и знаки препинания в письменном тексте; в) морфологические средства (употребление неопределённого артикля); г) специальные лексические средства выделения информации; д) синтаксические формы, указывающие на ↑тему в контексте (напр., эллиптичные ответы на вопросы).

рестриктивный /restriktiv/ – ограничительный (например, когда значение именной группы ограничивается рестриктивным определительным придаточным).

референт /Referent, n/

референция /Referenz, f/

референтный /refereziell/ – так обозначается связь слова либо словосочетания с объектом реальной действительности, к которому они относятся.

рефлексив состояния /Zustandsreflexiv, n/ – форма причастия II от ↑возвратного глагола, выражает промежуточное значение между активным и пассивным залогом, например, *x ist interessiert.*

рефлексивный /reflexiv/– возвратный.

реформа правописания /Orthographiereform, f/ – изменения действовавших с 1901 года правил правописания, которые вступили в силу в 1998 году и были модифицированы в 2004 году. Новые правила касаются, например, написания „*s*": после краткого гласного пишется „*ss*": *dass, Fass.* Раздельно пишутся теперь выражения *fertig bringen, kennen lernen, Grauen erregend* и т. д.

реципиент /Rezipient, m/ – лицо, которому адресовано речевое действие (устное или письменное), адресат.

реципрокный глагол, взаимный глагол /reziprokes Verb, n/ – глагол, обозначающий совместное действие нескольких лиц и подчёркивающий их равноправность и взаимообусловленность, например, *sich einigen.*

речевая констелляция /Redekonstellation, f/ – комбинация речевых признаков.

речепроизводство = речевая актуализация /Performanz, f/ – реальное, актуальное оформление задуманного в словах.

речевой акт /Sprechakt, m/ – (прямые и косвенные речевые акты). К прямым речевым актам относятся приказы, оглашения чего-либо и т. д

речевой слог /Sprechsilbe, f/ – см. ↑слог.

речь /Parole, f/ – в дихотомии „язык – речь" речевое высказывание в устной либо письменной форме. Противопоставлена ↑языку (Langue) как набору (инвентарю) лексических, грамматических и фонетических средств, из которых формируется высказывание.

речь автора /Autorensprache, f/

риторический вопрос /rhetorische Frage, f/

род, грамматический род /Genus, n; grammatisches Geschlecht, n/ – грамматическая категория существительного (а также прилагательного, местоимения и артикля), которая регулирует склонение существительных мужского, среднего и женского рода.

ряд аблаута /Ablautreihe, f/ – группа ↑сильных глаголов, корневые гласные которых чередуются по одной модели. Историческая грамматика выделяет 7 рядов аблаута по типичным формам презенса, претерита и причастия II, например, *reiten – ritt – geritten; beißen* и т. п. относятся к 1-му ряду аблаута, *bieten – bot – geboten; frieren* и т. п. – ко 2-му, *binden – band – gebunden; finden* и т. п. – к 3-му, *nehmen – nahm – genommen; stehlen* и т. п. – к 4-му, *geben – gab – gegeben; lesen* и т. п. – к 5-му, *fahren – fuhr – gefahren; graben* и т. п. – к 6-му, *schlafen – schlief – geschlafen; raten* и т. п. – к 7-му ряду аблаута.

С

свободная грамматическая морфема /freies grammatisches Morphem, n/ – форма слова, например, артикль либо вспомогательный глагол *(haben, sein, werden),* которая имеет такие же функции, как и ↑связанная морфема (суффикс), например, указывает падеж либо участвует в образовании сложных временных форм; см. ↑аналитические формы.

свободное приложение /lockere Apposition, f/ – в отличие от связанного приложения, свободное приложение обособлено запятой от ядра именной группы, всегда следует за ним и в большинстве случаев согласуется с определяемым словом (существительным) в падеже.

свободный аккузатив /freier Akkusativ, m/

свободный генитив /freier Genitiv, m/

свободный дательный = свободный датив /freier Dativ, m/ – член предложения в дативе, не зависимый от глагола, в отличие от других форм датива, например, притяжательного датива, дательного выгоды, этического дательного и датива оценки.

свободные распространители, тж.: свободные обстоятельства /freie Angaben, Pl./ – именные группы в предложении, не зависимые от валентности глагола.

связанная грамматическая морфема /gebundenes grammatisches Morphem, n/ – грамматический суффикс, окончание, аблаут либо умлаут, с помощью которого выражаются синтаксические отношения между словами, как например, -*s* в генитиве у существительных мужского либо среднего рода или изменение корневой гласной *e, a, ä* в формах глагола (*sie*) *geben, gaben, gäben.*

сегмент /Segment, n/ – наименьший отрезок высказывания, возникающий при структурном разложении последнего.

сема /Sem, n/ – наименьший семантический признак значения, минимальный элемент значения слова.

семантическая роль /semantische Rolle, f/ – семантическая функция („тематическая роль"), которую один языковой элемент (↑агенс, ↑пациенс) выполняет по отношению к другим.

семантические признаки предложения /Satzsemantik, f; satzsemantische Merkmale, Pl./

семасиология /Semasiologie, f/ – учение о лексическом значении слов с учётом их ↑многозначности. Так, традиционный толковый словарь, в котором слова расположены по алфавиту и зафиксированы различные значения слов, является семасиологическим словарем.

семиотика /Semiotik, f/ – учение о коммуникативном значении языковых и других знаков.

сентенциальное наречие /Satzadverb, n/ – наречие либо частица в обстоятельственной функции. Ср. тж.: ↑модальное слово.

сильный глагол /starkes Verb, n/ – глагол, изменяющий корневую гласную в основных формах (в претерите и причастии II), как результат аблаута, в отличие от слабых глаголов.

синдетический /syndetisch/ – союзный (тип синтаксической связи).

синкопа /Synkope, f/ – выпадение гласного *e* в середине слова.

синкретизм /Synkretismus, m/ – совпадение падежных форм при склонении (падежный синкретизм).

синонимия /Synonymie, f/ – эквивалентность значений слов либо словосочетаний.

синсемантичные слова /Synsemantika, Pl./ – неполнозначные служебные слова, в отличие от полнозначных ↑знаменательных/ автосемантичных слов.

синтагма /Syntagma, n/ – слова в предложении, тесно связанные по смыслу и интонационно.

синтагматика /Syntagmatik, f/ – синтаксическая связь слов в высказывании как цепочке/ последовательности слов (*die Wölfe heulen; laut heulende Wölfe*), в отличие от ↑парадигматических отношений между словами и словоформами (при которых слова могут замещать друг друга): *der Wolf/ die Wölfin heult; der Kojote/ der Fuchs* и т. д. *heult.*

синтагматический /syntagmatisch/ – связанный отношениями комбинаторики между различными частями предложения. Ант.: ↑парадигматический.

синтаксис /Syntax, f/ – учение об образовании и структуре предложений.

синтаксис текста /Textsyntax, f/ – см. ↑грамматика текста.

синтаксическая схема предложения = синтаксическая структура предложения /Satzbauplan, m/ – формальная структура, или модель предложения, состоящая из глагола в спрягаемой форме и его актантов.

синтаксическая функция (роль) /syntaktische Funktion (Rolle), f/

синтаксический минимум (предложения) /syntaktisches Minimum (des Satzes), n/ – основа предложения, оставшаяся после использования ↑теста на элиминацию, когда опускаются все факультативные элементы предложения (обстоятельства, определения, частицы и т. д.), остаётся глагольное ядро (предикат) и его (обязательные) актанты.

синтаксический принцип орфографии /syntaktisches Prinzip der Orthographie, n/ – правила написания в соответствии с законами построения предложения; прежде всего это касается написания первого слова предложения с заглавной буквы.

синтетические формы слов /synthetische Wortformen, Pl./ – грамматические формы слова, которые образуются при помощи грамматических суффиксов, приставок, внутренних флексий (аблаут, умлаут), окончаний. Например, глагол *nennen* имеет такие синтетические формы: *nenn-st, nann-te, ge-nann-t*, в отличие от ↑аналитических форм *hat/ wurde genannt* и т. д.

синхрония /Synchronie, f/ – статическое исследование и описание языка (не в динамике его развития), рассматривающее состояние языка в настоящий либо в определённый исторический момент. Ср.: ↑диахроническое описание.

сказуемое /Prädikat, n; Satzaussage, f/ – главный член предложения, выраженный, как правило, глаголом и согласующийся с подлежащим – актантом данного глагола.

склонение /Deklination, f/ – морфологическое изменение имени (существительного, местоимения, прилагательного, а также артикля).

словесное отрицание = частное отрицание /Wortnegation, f/

словесные конструкции /Wortverbindungen, Pl./

слово /Wort, n/ – наименьшая самостоятельная единица языка, имеющая собственное значение и способная к замещению.

словоизменение /Beugung, f; Flexion, f/ – изменение форм слова через склонение, спряжение, образование степеней сравнения = ↑флексия.

словообразование /Wortbildung, f/ – образование новых слов способом ↑деривации, ↑словосложения либо ↑конверсии.

словообразовательное гнездо /Wortfamilie, f/ – группа слов, имеющих общую лексическую основу, однокоренные слова.

слово-предложение /Satzwort, n/ – отдельное слово, функционирующее в речи как самостоятельное предложение, нередко в качестве ответа на вопрос (*Nein! Doch!*), восклицания (*Hilfe!*), приказа (*Hinaus! Gib!*), сигнала (*Links.*), вопроса-эллипсиса (*Samstag?*) или фрагмента предложения.

словосложение /Zusammensetzung, f; Komposition, f/ – образование нового слова путём соединения самостоятельных слов в единое целое.

слог = речевой слог /Sprechsilbe, f/ – наименьшая ритмическая единица устной речи, которая обычно возникает при артикуляции гласного в сочетании с согласным(и) и на письме показывается делением слова на составляющие чёрточкой: *a-ber, er-ken-nen, al-le, Kampf, Kamp-fes* и т. д.

слоговая диффузия /Silbengelenk, n/ – явление, когда согласный относится одновременно к предыдущему и последующему слогу.

сложное предложение /komplexer Satz, m/

сложное слово /Zusammensetzung, f/ – слово, образованное путем словосложения самостоятельных слов (как правило, одно из них выступает как основное слово, другое – как определяющее).

сложное слово, образованное от словосочетания /Zusammenbildung, f/

сложное слово, образованное путём чистого сложения компонентов /Zusammenrückung, f/ – (с сохранением флексий, предлогов и т.д.).

сложноподчинённое предложение /Satzgefüge, n/ – сложное предложение, состоящее из главного и как минимум одного придаточного. См. тж. ↑гипотаксис.

сложносочинённое предложение /Satzreihe, f; Satzverbindung, f/ – сложное предложение, состоящее из двух либо нескольких простых предложений, соединённых линейно (при помощи сочинительного союза либо без него). См. тж. ↑паратаксис.

сложный союз /mehrteilige Konjunktion, f/ – составной союз, например, *entweder ... oder; nicht nur ... sondern auch* и т. д.

служебные слова = малые части речи /kleine Wortarten/ – неизменяемые части речи – предлоги, союзы, частицы, характеризующиеся небольшим, сравнительно закрытым набором словоформ.

смысловой аккузатив /Akkusativ des Inhalts, m/ – „внутренний" аккузатив, который имплицитно заложен в значении глагола, например, *seinen Weg gehen, sein Leben leben.*

смысловой слог /Sinnsilbe, f/ – слог, сигнализирующий значение слова в связном тексте.

смычно-взрывной звук /plosiv, Plosiv, m; Verschlusslaut, m/ – характеристика звука по способу образования: при артикуляции звуков *b, p, d, t, g, k* и др. образуется смычка определённых речевых органов (губ, зубов, нёба), а затем её резкое размыкание.

согласный звук /Konsonant, m/ – неслогообразующий звук.

согласование /Kongruenz, f/ – вид синтаксической связи: грамматическое совпадение в лице и числе, например, у имени/ местоимения в функции подлежащего и глагола в функции сказуемого: *das Kind (es) singt, die Kleine (sie) singt, die Kinder (sie) singen* и т. д.

соединительный элемент /Fugenelement, n/ – словообразовательный элемент, стоящий между двух компонентов сложного слова, который маркирует внутренние границы между этими компонентами, но не выполняет каких-либо грамматических функций.

сокращение /Kürzung, f; Abkürzung, f/ – либо полная буквенная аббревиатура (например, *SPD*), либо слоговая (например, *Debeka = Deutsche Beamtenkasse*), либо опущение части слова (например, *Info = Information).*

сокращённое слово /Kurzwort, n/ – слово, образованное путём сокращения.

сонанты /Sonanten, Pl.; Sonorlaute, Pl./ – **сонорные звуки**, общее обозначение для всех „мелодических" звуков, при артикуляции которых – в отличие от смычных и щелевых – поток воздуха не встречает преград. Сонантами являются все гласные (и полугласные), плавные (*l, r*) и назальные (*m, n, ng*).

сопроводитель/ заместитель имени – см.: ↑аналог артикля.

составное сказуемое /zusammengesetztes Prädikat, n/

со-текст/Ko-Text, m/ – не путать с „контекстом"!

сочетание с неполнозначным/ неполным/ функциональным глаголом = структура с неполнозначным/ неполным/ функциональным глаголом /Funktionsverbgefüge, n/ – конструкция из неполного глагола (со стёршимся значением) и существительного, которое передает основной смысл всего сочетания. Такие конструкции, как правило, взаимозаменимы с глаголом, от которого образовано смыслосодержащее существительное данного сочетания, например, *zum Ausdruck bringen – ausdrücken.*

сочинительный /kopulativ/ – соединяющий единицы одного уровня.

сочинительный союз /koordinierende = gleichordnende Konjuntion, f/

союз /Konjunktion, f; Bindewort, n/ – неизменяемое служебное слово для соединения слов либо предложений; различают сочинительные и подчинительные союзы.

союзное придаточное предложение /Konjunktionalsatz, m/

специальный вопрос /Ergänzungsfrage, f; Wortfrage, f; W-Frage, f/ – вопросительное предложение с вопросительным словом на первом месте и спрягаемой формой глагола на втором месте. Ответ на вопрос требует содержательной информации, в отличие от краткого ответа („да", „нет") на ↑общий вопрос.

способ артикуляции /Artikulationsart, f/ – способ образования согласного звука (при образовании смычки, щели либо свободного прохождения потока воздуха при артикуляции звуков).

способ глагольного действия /Aktionsart, f/ – выражение способа протекания действия: а) длительности либо завершённости действия, либо б) обусловленности действия ↑агенсом/ деятелем.

способ перестановки /Permutationstest, m/ – пробная перестановка слов в предложении с целью определения его составляющих, т. е. членов предложения. См. тж. ↑тест на перестановку.

способ подстановки /Einfügungsprobe, f/ – способ проверки устойчивости словосочетания путём варьирования, включения других слов, например, в словосочетании *in Betrieb nehmen.*

способ субституции /Ersatzprobe, f; Substitutionsprobe, f/ – пробная замена одних языковых элементов другими в целях определения их грамматических свойств. См. тж. ↑тест на субституцию.

способ языкового выражения /Darstellungsart, f/ – коммуникативный приём изложения: дескриптивный/ описательный, повествующий, аргументативный, инструктивный и т. д.

спрягаемая = изменяемая = финитная = личная форма глагола /finite Verbform, f/ – форма глагола, указывающая на лицо, число, наклонение и время.

спряжение /Konjugation, f/ – изменение глагола по лицам, числам и временным формам.

„спутники слова" = свободные распространители /Trabanten des Wortes/ – свободные определения в предложении, обстоятельства, например, *stolz, gemessen, langsam* при глаголе *schreiten*, которые не обусловлены его валентными свойствами.

сравнительная степень (прилагательного или наречия) – см. ↑компаратив.

срединная позиция = срединное положение = середина /Mittelfeld, n/ – область между спрягаемой и неизменяемой частями глагола. Ср.:↑предполье, ↑заполье.

степени сравнения прилагательных /Steigerung, f/ – образование форм сравнительной и превосходной степени (↑компаратива и ↑суперлатива соответственно), а также ↑элатива.

стилистическая фигура = **фигура речи** /Stilfigur, f/

стиль /Stil, m; Stilbereich, m/ – „Специфический функциональный способ применения имеющихся в распоряжении языковых средств" (Э. Ризель), прежде всего отбор, частотность и распределение языковых средств в соответствии с определённой целью (функциональный стиль), разновидностью текста (жанровый стиль), манерой языкового поведения и выражения мыслей отдельного человека, пишущего либо говорящего (индивидуальный стиль), манерами определённой группы (социальный стиль) либо эпохой (временной стиль).

структура предложения /Satzbau, m/ – см. ↑синтаксическая схема предложения.

структурная модель предложения /Satzbauplan, m/ – см. ↑синтаксическая схема предложения.

субстантивация /Substantivierung, f/ – образование существительных от других частей речи (глаголов, прилагательных, местоимений) способом ↑конверсии, т. е. без дополнительного суффикса. Прил.: субстантивированный.

субститут = **слово-заместитель** /Pro-Form, f; Stellvertreter des Substantivs, m/ – обычно местоимение, заменяющее существительное, которое уже упоминалось в предыдущем контексте.

субституция = **подстановка** = **замещение** /Substitution, f/

субъект грамматический – см. ↑подлежащее.

субъективная модальность /subjektive Modalität, f/ – см. ↑эпистемическая модальность. Ант.: объективная модальность.

субъектное придаточное предложение /Subjektsatz, m/ – придаточное предложение, выполняющее функцию подлежащего и согласующееся со сказуемым; отвечает на вопросы *wer?* либо *was?*

субъектный инфинитив /Subjektsinfinitiv, m/ – инфинитив в роли подлежащего.

субъектный предикатив /Subjektsprädikativ, n/ – см. ↑равнозначный номинатив.

суггестивный вопрос /Suggestivfrage, f/

суперлатив /Superlativ, m/ – см. ↑превосходная степень (прилагательного либо наречия).

супплетивная форма /Suppletivform, f/ – грамматическая форма, образованная при помощи (этимологически не родственного) элемента иного лексического происхождения, например, сравнительная степень *besser* от прилагательного *gut*.

суффикс /Suffix, n/ – словообразующая либо формообразующая морфема, стоящая после корня слова.

существительное /Substantiv, n/ – самостоятельная изменяемая часть речи, является основой именного словосочетания, в препозиции может иметь предлог, артикль либо числительные и прилагательные в изменяемой форме.

существительное со значением качества = отадъективное абстрактное существительное со значением качества /Nomen Qualitatis, n/ – производное от прилагательного (отадъективное) существительное, в котором качество абстрагируется в предметное понятие, например, *die Klugheit* от *klug*.

существительное со значением объекта действия /Nomen Patientis, n/ – суффиксальное производное от ↑переходного глагола, называющее цель либо объект действия, например, *der Prüfling (der geprüft wird)*.

существительное со значением производителя действия /Nomen Agentis, n/ – существительное, производное от глагола, называющее производителя действия, например, *der Aussteller* от *ausstellen* либо *der Student* от *studieren*.

существительное со значением результата действия /Nomen Acti, n/ – производное существительное, которое называет результат действия, обозначаемого ↑отглагольным абстрактным существительным (Nomen Actionis). Например, *die Ausstellung* в значении „die ausgestellten Bilder"/ „выставленные картины" (Nomen Acti) отличается от Nomen Actionis *Ausstellung* в значении „das Ausstellen"/ „выставка, выставление (картин) для публичного обозрения". В последнем случае возможна замена на субстантивированный инфинитив (↑тест на субституцию). Аналогично: *der Beschluss* в значении „das Beschlossene"/ „принятое решение" (тест на замещение субстантивированным партиципом II; в отличие от *Beschluss* → „das Beschließen"/ „принятие решения".

сфера действия (предиката) /Skopus, m/ – в то время как в ↑фокусе высказывания находится информативное ядро, т. е. то „новое", которое хочет выделить говорящий, сфера действия предиката содержит данные об условиях, при которых высказывание является истинным. Часто выражается числительными, специальными частицами (например, *auch, gerade*) либо отрицаниями.

сценический презенс /szenisches Präsens, n/ – выбор формы настоящего времени вместо претерита в ↑нарративном тексте: *da bricht* (вместо: *brach*) *die Oktoberrevolution aus*.

Т

таксономическая грамматика /taxonomische Grammatik, f/ – структуралистский анализ и описание грамматики, основывающиеся на методе замещения и попытке распределения всех языковых форм по классам (от морфем до фраз/ словосочетаний).

текст /Text, m/

текстообразование /Textbildung, f/ – построение текста, соединение предложений в единый цельный текст при помощи грамматических, лексических и ↑текстопрагматических средств, т. е. при помощи pro-форм, союзов, местоимений, выбора определённых речевых актов и т. д.

текстопрагматические средства /textpragmatische Mittel, Pl./ – элементы макроструктуры текста, которые способствуют организации речевого действия как целого и обуславливают его воздействие на адресата (структура, речевой акт и его предпосылки, коннотации значений слов и т. д.); в отличие от средств грамматической и лексической связи.

тема /Thema, n/ – известное, данное; т. е. то, к чему относится новое в предложении – ↑рема (теория коммуникативного членения предложения).

темпоральность /Temporalität, f/ – временная характеристика событий; выражается глагольными временными формами, союзами (*bevor*), предлогами (*nach*), наречиями (*gestern*), прилагательными (*lange*), а также существительными с темпоральным значением(*Vortrag*).

темпоральный /temporal/ – временной.

теория речевых актов /Sprechakttheorie, f/ – теория, рассматривающая говорение и письмо как виды деятельности, т. е. действие, которое состоит из высказывания (локуция), ↑пропозиции, ↑иллокутивного акта (определяется по ↑глаголам речевого действия) и перлокуции (опосредованное действие).

терминальная интонация, терминальный интонационный рисунок /terminales Intonationsmuster, n/ – интонация завершённости с нисходящим движением тона.

терминативный /terminativ/ – перфективный.

тест = проба = способ /Probe, f/ – способы подстановки, перестановки, опущения, дополнения, трансформации применительно к предложению и тексту.

тест на вычленение в самостоятельное „бытийное" предложение /Geschehenstest, m/

тест на перемещение в инициальную/ начальную позицию в предложении /Spitzenstellungstest, m/

тест на элиминацию = тест на опущение /Eliminierungstest, m; Eliminierungstransformation, f; Weglassprobe, f/

тест на перестановку /Verschiebeprobe, f; Umstellprobe, f; Umstellungstest, m; Permutationsprobe, f; Permutationstest, m/ –

вид трансформации, заключающийся в перестановке, перемещении слов для определения конституентов/ составных компонентов высказывания (членов предложения); см. тж. ↑пермутация, ↑способ перестановки.

тест на субституцию = **тест на замещение** = **тест на замену** = **тест на подстановку** /Substitutionsprobe, f; Substitutionstest, m; Austauschprobe, f; Ersatzprobe, f/ – вид трансформации, при котором определённые языковые элементы заменяются другими с целью установления их грамматической функции (как конституентов конструкции). См. тж. ↑способ субституции.

тип предложения /Satzart, f; Satzmodus, m/ – коммуникативный тип предложения: повествовательное, повелительное, вопросительное, восклицательное и т. д.

тип текста /Textsorte, f/ – структурно-жанровый тип, разновидность текста.

тип вопроса /Fragetyp, m/ – разновидность вопроса: специальный вопрос, общий, альтернативный, подтверждающий и т. д.

тмезис /Tmesis, f/ – разъединение частей производного слова каким-либо другим элементом.

толкование /Interpretament, n/ – разъяснение в словаре значения слова, например, *Tümmel = ein kleiner Teich.*

топик /Topik, f/ – предмет высказывания.

топикализация /Topikalisierung, f/ – перемещение члена предложения в предполье.

топикальное *es* /Topik-*es*/ – безличное местоимение *es*, употребляемое только в начале предложения и подчёркивающее последующую информацию: *Es ritten drei Ritter zum Tor hinaus* → *Drei Titter ritten zum Tor hinaus.*

топология /Topologie, f/ – порядок слов в предложении.

транзитивный глагол /transitives Verb, n/ – переходный глагол; глагол, управляющий существительным в аккузативе без предлога; от него можно также образовать формы пассивного залога. Ант.: ↑непереходный глагол.

транскрипция МФА /API-Schrift, f; Transkription, f/ – фонетическое написание звуков по правилам Международной Фонетической Ассоциации (МФА). Оно даёт, например, возможность в немецком языке различать все гласные звуки по качественным и количественным признакам: *ihre* = [ˈiːrə].

трансформация /Transformation, f/ – способ изменения структуры предложения, например, замена глагола в активном залоге на пассивный.

трансформация ввода/ вставления/ включения /Einbettungstransformation, f/ – включение какого-либо компонента в структуру предложения или его составляющей.

трапеция гласных /Vokaltrapez, n/

треугольник гласных /Vokaldreieck, n/ – схема артикуляции и, соответственно, классификации гласных звуков, где указывается уровень подъёма языка и ряд, т. е. часть спинки языка, непосредственно участвующая в артикуляции конкретного гласного:

высокий подъём	передний ряд (i),	средний ряд (ü),	задний ряд (u),
средний подъём	передний ряд (e, ä),	средний ряд (ö),	задний ряд (o)
низкий подъём		средний ряд (a)	

У

увулярный звук /uvularer Laut, m/ – звук *r*, образуемый в задней части полости рта при вибрации язычка (увулы).

ударение = акцент /Betonung, f; Akzent, m/

удвоенные согласные = геминаты /Geminate, Pl./ – в кодифицированном литературном немецком языке нет удвоенных согласных звуков, есть удвоенные буквы, которые сигнализируют краткость предыдущего гласного звука: *Masse ≠ Maße, Ratte ≠ Rate.*

удвоенный фрикативный звук /Doppelfrikativ, m/ – соединение двух щелевых согласных, например, *ff* либо *ss.* Корни этого явления уходят в период второго передвижения согласных, когда германские смычно-взрывные преобразовались в щелевые: ср. англ. *open* и др.-верх.-нем. *offan (offen)*, англ. *eat* и др.-верх.-нем. *essan (essen).*

узуальная валентность /usuelle Valenz, f/

узуальный /habituell, usuell/ – общепринятый, привычный, употребительный (например, узуальное значение).

узус /Usus, m/ – реальное употребление языка.

указательное местоимение /Demonstrativpronomen, n/ – разряд местоимений *dieser, jener, das* и др.

умлаут /Umlaut, m/ – перегласовка гласных *ä, ö, ü, äu.*

универсальные глаголы /Proverben, Pl./ – такие глаголы как *machen* либо *tun*, которые могут замещать в предложении другие глаголы, подобно местоимениям *sie, es* и т. д., получая при этом другие значения.

управление (предлога) /Kasusforderung, f; Rektion, f/ – свойство предлога, а также глагола или имени требовать употребления зависимого от него имени в определённом падеже.

усилительная частица /Gradpartikel, f/ – частица, стоящая перед прилагательным и указывающая на степень либо интенсивность именуемого свойства. Ср. тж.: ↑градуальная частица; ↑ограничительная частица.

условный = **кондициональный** /konditional/ – касающийся условий или предпосылок, при которых совершается действие или протекает процесс.

условное придаточное предложение = **придаточное (предложение) условия** /Konditionalsatz, m/

уступительное придаточное предложение = **придаточное (предложение) уступки** /Konzessivsatz, m/ – тип придаточного предложения. См. ↑концессивный.

утвердительное предложение /Assertionssatz, m/ – см. ↑утверждение.

утверждение /Assertion, f/ – (позитивное) высказывание в изъявительном наклонении. В теории речевых актов особенно подчеркивается его утвердительный характер.

Ф

факультативный вариант /fakultative Variante, f/ – свободный вариант звука, например, звонко либо глухо произносимый на юге Германии *s* в начале слова перед гласным в таких словах, как *sagen, singen* и т. д.; вариант формы слова, например, *des Buches* наряду с *des Buchs*. Факультативными могут быть дополнения в предложении, которые можно опустить, не нарушая смысла высказывания, например, *jemandem etwas (über etwas) sagen.*

фиксатор порядка слов в предложении = **фиктивный член синтаксической структуры предложения** /Platzhalter, m/ – например, безличное местоимение *es*, которое при изменении порядка слов может опускаться.

финальный /final/ – указывающий на намерение, цель, мотив действия.

флексия /Flexion, f/ – 1) см. ↑словоизменение; 2) см. ↑флективная морфема.

флективная морфема /Flexionsmorphem, n/ – элемент (чаще окончание), с помощью которого образуется соответствующая грамматическая форма.

флективный язык /flektierende Sprache, f/ – язык, в котором (как почти во всех европейских языках) многие синтаксические связи между словами осуществляются с помощью флексий, грамматических суффиксов, аблаута, в отличие от ↑изолирующих и ↑агглютинирующих языков.

фокус /Fokus, m/ – часть предложения, наиболее значимая информативно и образующая, таким образом, информативный центр высказывания.

фокусирующая частица /Fokuspartikel, f/ – частица, с помощью которой выделяется наиболее важная часть предложения.

фон /Phon, n; Sprechlaut, m/ – звук, наименьшая слышимая частица речи.

фонема /Phonem, n; Sprachlaut, m/ – наименьшая единица системы языка, выполняющая смыслоразличительную функцию в слове.

фонемно-графемное соответствие /Graphem-Phonem-Entsprechung, f/ – соответствие между звуками и буквами; в идеальном варианте это 1:1; ср.: ↑звуко-буквенные отношения.

фонетика /Phonetik, f / – научное описание звуков по способам и формам их образования.

фонетический принцип орфографии /phonetisches Prinzip der Schreibung/ – правило, согласно которому слова пишутся так, как они произносятся („Пиши, как произносишь!").

фонологический принцип орфографии /phonologisches Prinzip der Schreibung/ – требование соответствия 1:1 между произношением и написанием как в словах *lesbar* и *rüpelhaft*, в которых соответственно по 6 и 8 букв на 6 и 8 фонем.

фонология /Phonologie, f/ – научное описание фонем согласно их функции в языке.

форманта /Formant, m/ – компонент/ элемент, характерный для определённого типа текста.

формы сравнения /Vergleichsformen, Pl./ – степени сравнения прилагательных и наречий (сравнительная и превосходная), которые показывают различную степень качества либо свойства предмета/ явления.

фраза /Phrase, f/ – синтаксически связанное словосочетание (ср. ↑тест на субституцию).

фразеологизм /Phraseologismus, m/ – устойчивое словосочетание со специфическим, нередко образным значением; является цельной языковой единицей.

функции текста /Textfunktionen, Pl./ – они предполагают ответ на вопрос „Какова цель текста? Какое воздействие он должен иметь?" К. Бюлер различает следующие функции: 1) выражения (экспрессивную), 2) обращения, призыва (апеллятивную), 3) репрезентативную. Р. Якобсон определяет три функции 1) эмотивную, 2) конативную и 3) референтную и называет ещё три: 4) фатическую (контактоустанавливающую), 5) метаязыковую (кодовую), 6) поэтическую (т. е. как, при помощи каких языковых средств строится высказывание). Е. Косериу принимает три функции К. Бюлера и дополняет их обозначающей функцией, исходя при этом из обозначающей функции знака.

функциональная грамматика /funktionale Grammatik, f/ – грамматическая концепция, согласно которой всё многообразие грамматических форм рассматривается и классифицируется в аспекте их функций в предложении либо тексте, например, в аспекте темпоральности либо модальности.

функциональная перспектива предложения /funktionale Satzperspektive, f; Mitteilungsperspektive, f/ – актуальное членение предложения, термин Пражской лингвистической школы. Порядок слов в предложении определяется его коммуникативным членением, информация в предложении подразделяется на данное/ тему, и новое/ рему. В нейтральных предложениях данное (тема) стоит перед ремой и эксплицируется в подлежащем (часто местоимение). В эмоционально окрашенных предложениях часть ремы выдвигается на начало предложения. Такое функциональное членение предложения, разработанное в Пражской школе (В. Матезиусом), исходит из того, что коммуникативная функция предложения состоит в сообщении нового.

функционально-смысловой тип речи (ФСТР) – см. ↑способ языкового выражения.

функциональный стиль /Bereichsstil, m; Kommunikationsverfahren, n/

футурум I /Futur I, n/ – форма будущего времени, образуется с помощью вспомогательного глагола *werden*, часто с модальным значением ожидания либо желания, и инфинитива I.

футурум II /Futur II, n; Futur präteriti, n/ – будущее законченное, будущее относительное; показывает, что какой-либо процесс будет завершён в определённый момент времени в будущем; образуется с помощью глагола *werden* и инфинитива II.

Х

хиазм /Chiasmus, m/ – фигура речи, предусматривающая наличие в следующих друг за другом синтаксических конструкциях перекрёстно расположенных, зеркально отражающихся элементов.

циркумпозиция /Zirkumposition, f/ – особая форма предлога, состоящая из двух частей, одна из которых стоит до, а другая – после основного слова, например, *auf diese Frage hin*.

циркумфикс /Zirkumfix, n/ – аффикс в комбинированной деривации при помощи приставки и суффикса одновременно, например, *be-* и *–igen* в слове *beerdigen*.

Ч

частица /Partikel, f/ – неизменяемое слово, которое, как правило, стоит в предложении в безударной позиции и может быть опущено без нарушения его грамматической, а часто и семантической целостности. Выполняет прагматическую задачу выделения каких-либо аспектов высказывания и тем самым „управляет" ходом беседы.

часть речи /Wortart, f/

числительное /Numerale, n/ – часть речи. Различают ↑количественные /Kardinalzahlen/, ↑порядковые /Ordinalzahlen/ числительные, а также ↑распределительные /Distributivzahlen/, например, *je zwei*.

число /Numerus, m/ – грамматическая категория, включающая формы единственного и множественного числа у существительных, местоимений, прилагательных, а также глаголов.

„чистый" падеж /reiner Kasus, m/ – беспредложный падеж.

член предложения /Satzglied, n/ – слово либо синтаксически не делимое словосочетание: ↑подлежащее, ↑сказуемое, ↑дополнение, ↑обстоятельство, ↑предложное дополнение. От этих первичных членов предложения отличаются вторичные – ↑определения/ атрибуты.

Ш

шумный согласный /Obstruent, m/ – согласный, при артикуляции которого образуется смычка либо щель, поэтому «шумный» является обобщающей характеристикой для глухих и звонких взрывных согласных /p/, /t/, /k/, а также /b/, /d/, /g/, для щелевых /f/, /s/, /ch/, а также /v/, /z/, /j/.

Щ

щелевой, фрикативный звук /Engelaut, m; Frikativ, m; Reibelaut, m/ – звонкий (например, /v/) либо глухой (например, /f/), при артикуляции которого поток воздуха проходит через щель, образуемую губами и зубами, либо языком и нёбом.

щелевой согласный /h/ /Hauchlaut, m/ – как в слове *Hirn*, образуется в голосовой щели.

Э

эвокация /Evokation, f/ – „пробуждение чувств, эмоций".

эвфемистический /euphemistisch/ – более мягкое слово или выражение, употребляемое вместо грубого с целью приукрасить либо скрыть что-либо.

эквивалент предложения /Satzäquivalent, n/ – языковое выражение, употребляемое вместо предложения.

экспериментальный материал /Korpus, n/ – запас исследуемых языковых данных: словоупотреблений, словоформ, текстов, т. е. материал для исследования.

эксплицитная деривация /explizite Ableitung, f/ – маркированная ↑деривация, например, суффиксация: добавление суффиксов -*er* либо -*erei* в словах *Rufer* и *Ruferei* в отличие от ↑имплицитной (немаркированной) деривации в слове *Ruf* от *rufen*.

эксцептивное придаточное предложение /Exzeptivsatz, m/ – разновидность ↑условного придаточного, в котором называется условие, которое, возможно, не было реализовано. Вводится союзными конструкциями *außer dass* (*за исключением того, что...*, *только, разве только*), *es sei denn, dass* (*разве только*) и т. п.

элатив /Elativ, m/ – форма прилагательного, указывающая на очень высокую степень качества, нередко с компонентом *sehr*. Семантически сходен с ↑превосходной степенью прилагательного, однако в отличие от последнего образуется не синтетическим путём.

элизия /Elision, f/ – выпадение гласного звука по речеритмическим причинам (особенно на конце слова в стихе).

эллипсис, тж.: эллипс /Ellipse, f; Auslassung, f/ – опущение элементов в предложении, ожидаемых содержательно и структурно.

эллиптический, эллиптичный /elliptisch/

эмпатия /Empathie, f/ – готовность и способность „войти в положение" собеседника, идентифицировать себя с ним.

эмфатический /emphatisch/

энклиза /Enklise, f/ – слияние безударного, нередко редуцированного слова с предыдущим ударным словом с образованием единой интонационной единицы, например, *haste* из *hast du*. Ант.: ↑проклиза.

эпилог /Epilog, m; Schlusswort, n/ – заключительная часть.

эпистемическая модальность /epistemische Modalität, f/ – модальность, выражающая субъективные знания и познания говорящего. Ант.: объективная модальность.

эрзац-инфинитив /Ersatzinfinitiv, m/ – применение инфинитива вместо причастия II после некоторых полнозначных глаголов (*sehen, hören, fühlen, helfen*), например, *kommen sehen* (вместо *gesehen*).

эрзац-конъюнктив /Ersatzkonjunktiv, m/ – применение маркированных форм конъюнктива II вместо конъюнктива I при совпадении последнего с формами изъявительного наклонения.

Ю

юнктор /Junktor, m/ – соединительный элемент, средство внутритекстовой связи. В этой роли выступают союзы, предлоги, наречия.

Я

ядерное предложение /Kernsatz, m/ – предложение, в котором спрягаемый глагол стоит на втором месте.

язык /Langue, f/ – в дихотомии „язык – речь" отдельный язык (русский, немецкий и т. д.) как инвентарь лексических средств, зафиксированных в словаре, и свод грамматических правил – в отличие от ↑речи /Parole, f/ – конкретных высказываний (в разговоре либо в письменном тексте).

язык /Sprache, f/ – здесь как инвентарь и свод правил конкретного языка со всеми формами употребления, зафиксированными в словаре и грамматике (Langue). В этом смысле он отличается от языка как общей языковой способности человека (Langage), а также от конкретного речевого высказывания в устной или письменной форме (Parole).

языковой знак /sprachliches Zeichen, n/ – самостоятельное слово, которое анализируется с точки зрения соотношения его формы, номинативной функции и употребления в речи.

Литература

Грамматики

Что такое грамматика? В немецком языке на этот вопрос нам отвечают – каждый по-своему – справочники В. Адмони (1982), П. Эйзенберга (1998), Г. Хельбига и Й. Буша (1999) и др.:

Admoni, Wladimir (1982): Der deutsche Sprachbau. 4. A. München. (3.A. 1970).

Behaghel, Otto (1923/32): Deutsche Syntax. Eine geschichtliche Darstellung. 4 Bde. Heidelberg.

Blatz, Friedrich (1895/96): Neuhochdeutsche Grammatik mit Berücksichtigung der historischen Entwickelung der deutschen Sprache. 2 Bde. 3. A. Karlsruhe.

Boettcher, Wolfgang; Sitta, Horst (1972): см. Glinz

Brinkmann, Hennig (1971): Die deutsche Sprache. Gestalt und Leistung. 2. A. Düsseldorf.

Dam, Jan van (1950/1972): Handbuch der deutschen Sprache. 3 Bde. Groningen.

Duden. Grammatik der deutschen Gegenwartssprache (1998). 6. A. Hg. v. der Dudenredaktion. Bearb. v. Peter Eisenberg, Hermann Gelhaus, Helmut Henne, Horst Sitta und Hans Wellmann. Mannheim [u. a.]. (Der Duden 4). 7. A. (2005): Die Grammatik für richtiges Deutsch. Bearb. v. Peter Eisenberg, Jörg Peters, Peter Gallmann, Cathrine Fabricius, Damaris Nübling, Irmhold Barz, Thomas A. Fritz, Reinhard Fiehler. Mannheim [u.a.].

Eichler, Wolfgang; Bünting, Karl-Dieter (1994): Deutsche Grammatik. Form, Leistung und Gebrauch der Gegenwartsspache. 5. A. Weinheim.

Eisenberg, Peter (1994): Grundriss der deutschen Grammatik. 3. A. Stuttgart [u.a.].

Eisenberg, Peter (1998/99): Grundriss der deutschen Grammatik. 2 Bde. Stuttgart [u.a.]. 2. A. 2004.

Engel, Ulrich (2004): Deutsche Grammatik. Neubearbeitung München. (3. A. Heidelberg 1996).

Erben, Johannes (1970): Deutsche Grammatik. Ein Leitfaden. Frankfurt a. M.

Erben, Johannes (1980): Deutsche Grammatik. Ein Abriss. 12. A. München. (1. A. 1959).

Erdmann, Oskar (1886): Grundzüge der deutschen Syntax nach ihrer geschichtlichen Entwicklung dargestellt. Stuttgart.

Eroms, Hans-Werner (2000): Syntax der deutschen Sprache. Berlin [u.a.].

Flämig, Walter (1991): Grammatik des Deutschen. Einführung in Struktur- und Wirkungszusammenhänge. Berlin.

Gallmann, Peter; Sitta, Horst (1990): Deutsche Grammatik. Orientierung für Lehrer. 2. A. Zürich.

Gallmann, Peter; Sitta, Horst (1990): Schüler – Duden. Grammatik. 3. A. Mannheim [u.a.].

Genzmer, Herbert (1995): Deutsche Grammatik. Frankfurt a. M. [u.a.].

Glinz, Hans (1973): Die innere Form des Deutschen. Eine neue deutsche Grammatik. 6. A. Bern; München. (1. A. 1952).

Glinz, Hans; Boettcher, Wolfgang; Sitta, Horst (1971/5): Deutsche Grammatik. 3 Bde. 3. A. Frankfurt a. M.

Glinz, Hans (1994): Grammatiken im Vergleich. Deutsch – Französisch – Englisch – Latein. Formen – Bedeutungen – Verstehen. Tübingen.

Götze, Lutz; Hess-Lüttich, Ernest W. B. (1989): Knaurs Grammatik der deutschen Sprache. Sprachsystem und Sprachgebrauch. München.

Griesbach, Heinz (1986): Neue deutsche Grammatik. Berlin [u.a.].

Grundzüge (1981): Grundzüge einer deutschen Grammatik. Von einem Autorenkollektiv unter der Leitung von Karl E. Heidolph, Walter Flämig, Wolfgang Motsch. Berlin.

Heidolph, Karl Erich; Flämig, Walter; Motsch, Wolfgang (Hg.) (1981): Grundzüge einer deutschen Grammatik. Berlin.

Helbig, Gerhard (1999): Deutsche Grammatik. Grundfragen und Abriss. 4. A. München.

Helbig, Gerhard; Joachim Buscha (1999): Deutsche Grammatik. Ein Handbuch für den Ausländerunterricht. 19. A. Leipzig [u.a.]. 1. A. 1974. Neubearbeitung 2001.

Hentschel, Elke; Harald Weydt (2003): Handbuch der deutschen Grammatik. 3. A. Berlin [u.a.].

Heringer, Hans Jürgen (1989): Lesen lehren lernen. Eine rezeptive Grammatik des Deutschen. Tübingen.

IdS – Grammatik (1997): Zifonun, Gisela; Hofmann, Ludger; Strecker, Bruno u. a.: Grammatik der deutschen Sprache, 3 Bde. Berlin [u.a.].

Jung, Walter (1990): Grammatik der deutschen Sprache. 10. A. Mannheim.

Latour, Bernd (1997): Deutsche Grammatik in Stichwörtern. Stuttgart [u.a.].

Moskalskaja, Olga (1975): Grammatik der deutschen Gegenwartssprache. 2. A. Moskau.

Nieder, Lorenz (1987): Lernergrammatik für Deutsch als Fremdsprache. München.

Paul, Hermann (1916/1920): Deutsche Grammatik. 5 Bde. Halle a. S.

Schulz, Dora; Griesbach, Heinz (1981): Grammatik der deutschen Sprache. 11. A. München.

Sommerfeldt, Karl-Ernst; Starke, Günter (1998): Einführung in die Grammatik der deutschen Gegenwartssprache. Unter Mitwirkung von Werner Hackel. 3. A. Tübingen. (2. A. 1992).

Weinrich, Harald [u.a.] (1993): Textgrammatik der deutschen Sprache, unter Mitarbeit von Maria Thurmair, Eva Breindl, Eva-Maria Willkop. Mannheim [u.a.]. 3. A. 2005. Wiesbaden.

Zifonun, Gisela [u. a.] (1997): s. IdS – Grammatik.

***

Ни одна грамматика не является идентичной другой. Чем они отличаются друг от друга? Прежде всего своим **объёмом и содержанием, языковой и предметной компетенцией** автора, его **стилем**, в частности, его склонностью к абстрагированию (вплоть до формально логической символизации) с одной стороны, а также к образности и конкретности (с применением заданий и ключей для пользователя) – с другой.

Другие различия выявляются в зависимости от **перспективы рассмотрения** грамматики. Насколько она изменяется? Что ставит автор во главу угла при рассмотрении грамматических проблем?

В исторических грамматиках, начиная с работы Я. Гримма (J. Grimm, Deutsche Grammatik; 4 Bände) и до настоящего времени (напр., „Mittelhochdeutsche Grammatik" и „Grammatik des Frühneuhochdeutschen") основным моментом является „ключевая сфера звуков и форм" (Th. Frings). Они классифицируются в зависимости от формообразования изменяющихся частей речи. Данная тенденция определяет также элементарные школьные грамматики и многие контрастивные пособия (напр., немецко-французскую грамматику Я.-М. Земба и его соавторов).

В более новых грамматиках современного немецкого языка, синтаксис которых, начиная с В. Адмони, Й. Эрбена, Х. Бринкмана, Х.-Ю. Херингера, У. Энгеля и др., исходит из валентности глагола, на первый теоретический план выходит слово, его „потенциальная сочетаемость с другими словами" (W. Admoni) и примеры этой сочетаемости (структуры). Тест на опущение слова в данном случае является важнейшим способом проверки его зависимости от финитного глагола. Вследствие этого данные грамматики можно назвать „грамматики слова".

Противоположностью данной грамматики является грамматика непосредственно составляющих со структурой предложения, его формами и типами в фокусе (Harris, Glinz). Важнейшим для неё является тест на замещение. Например: Какой член предложения может быть заменён и каким придаточным предложением? Какие члены предложения могут быть замещены отдельными словами? Задаётся и другой вопрос: Какие при этом можно наблюдать общие правила, свойственные и другим языкам? Способ трансформации (какие структуры можно превратить в какие?) явился поводом к размышлениям, приведшим грамматику непосредственно состав-

533

ляющих к генеративной грамматике (N. Chomsky). Первая попытка исключения всех семантических аспектов, предпринятая в „Syntactic structures" (1957), правда, не совсем удалась. Поэтому позже была внедрена „семантическая интерпретация" производства предложений по строгим правилам, и возникли новые формы „семантического описания предложения" (Fillmore; P. von Polenz).

Начиная с 60-ых годов, под влиянием X. Вейнриха, на первый план в грамматике выступил текст как единство предложений. В данной „грамматике текста" речь идёт об одном: как связаны между собой предложения и как из их суммы возникает (когерентное и когезивное) целое? Все исследования в грамматике текста подводят к вопросу, как это „сплетение" организуется на уровне языка. Основным тестовым приёмом в данном случае является выяснение, может ли отдельное предложение служить началом либо концовкой текста.

Другим вопросом является то, как это целое воздействует на читателя или слушателя. Этим занимается прагматика. Прежде всего она задаёт вопрос, на основе каких (когнитивных) предпосылок и (коммуникативных) условий (различных речевых актов) языковое действие является успешным либо неудавшимся. Чего добивается говорящий от слушателя своими формулировками? Язык как действие – данный аспект является важным, например, для перформативных высказываний типа *„Ich taufe dich auf den Namen Inge"*, для апеллятивных и оценочных предложений и т. д. Об этом имеется множество публикаций (напр., D. Wunderlich). Однако собственно прагматическая грамматика немецкого языка так и не появилась.

Следующий вопрос связан с эстетическим воздействием грамматических форм. В данном случае всё внимание фокусируется на их отборе и комбинациях. При этом задаётся вопрос об интенциях говорящего, о его стилистических целях, предпосылках того или иного употребления языковых единиц, моделях и определённых эстетических формах. На первый план выходит при этом интерес к языковому искусству литературы и её стилистическим интерпретациям. В стилистических грамматиках немецкого языка речь идёт прежде всего о них (W. Schneider 1960).

Какую Грамматику должен предпочесть пользователь? Естественно, всё зависит от того, для каких целей она ему необходима, насколько она объёмна и какова её стоимость и что она даёт. Не всегда самая новая книга является самой современной по содержанию, а большой объём ещё не является гарантией полноты изложения материала. Да, сомнения при выборе Грамматики очевидны. Различия же в имеющихся в настоящее время Грамматиках современного немецкого языка велики. Облегчить выбор помогут следующие моменты:

а) Каков подход к рассмотрению понятия „язык“: узкий либо широкий? Такие Грамматики, как Г. Хельбига/Й. Буша ([19]1999) и П. Эйзенберга (1994), например, исключают уровень малых форматов (в звучании/ правописании), а также макроуровень текстообразования. В справочниках грамматики Дуден ([6]1998) либо в более ранних изданиях „Gründzüge einer deutschen Grammatik” Берлинской Академии (1980) данные аспекты находят своё отражение.

б) На чём базируется изложение материала? Насколько широко используются результаты научных исследований в языке? Отражает ли автор свою критическую позицию по отношению к ним? Имеются ли комментарии и ссылки, свидетельствующие об этом? Существуют Грамматики, которые совершенно отказываются от подобной информации.

в) Каков подход к рассмотрению предмета изложения, „немецкому языку“? На какие языковые источники при этом опираются авторы? Корпусной Грамматики в чистом виде, которая бы давала полный анализ и описание всех явлений репрезентативного языкового корпуса не существует. Однако некоторые авторы опираются на аутентичные источники, например, Й. Эрбен ([12]1996; 1968) и Х. Вейнрих (1993). Другие пособия используют только отдельные придуманные примеры, подобные следующему: *„Er habe ihn gesehen gehabt, bevor er ihn besucht hatte.“* или *„Der Student liest gerne Fachbücher.“* (Helbig/Buscha 1999, S. 343). Это пример дидактического подхода к изложению грамматики. В научной грамматике, отказывающейся от аутентичных примеров и текстов, в таком случае возникает опасность искажения результатов анализа, и автор попадает в заколдованный круг.

г) Рассматривается ли отдельный язык как автономное явление либо в его связях с другими языками или с различными ступенями своего собственного исторического развития? При изучении некоторых грамматических феноменов сравнения могут пролить свет на их необычные стороны. Например, является ли дифтонг, так характерный для немецкого языка, отдельной фонемой или нет? Сравнение с языками соседей, а также рассмотрение этого явления в историческом аспекте приводят к интересным выводам.

д) Следующий вопрос связан с тем, как даётся описание соотношения языковой реальности и абстрагированной нормы: является ли Грамматика нормативно или дескриптивно ориентированной?

е) Каков подход к так называемым „спорным случаям“? Остаются ли они без внимания либо рассматриваются тоже? Как? Когда? Может ли читатель проследить при этом все „за“ и „против“?

ж) Является ли изложение материала ясным и доступным, легко ли данный материал применим на практике? Ориентировано ли изложение материала на пользователя? В данном случае следует поинтересоваться дидактическими языковыми свойствами.

з) Как относится автор к рассмотрению теоретических вопросов? Просматривается ли в пособии чёткая концепция либо различные теоретические подходы привлекаются для пояснения и оценки трудных феноменов? Является ли точка зрения автора убедительной?

и) Исходя из всего сказанного, возникает вопрос об организации Грамматики в целом. Что выдвинуто на первый план, каков языковой „формат" данного пособия: звук и слово (как в грамматике Х. Пауля), предложение (как у П. Эйзенберга) или текст (как в Грамматике текста у Х. Вейнриха)?

к) Насколько конкретно либо абстрактно излагается/ понимается грамматика языка? Имеет ли она отношение только к явлениям письменной речи либо также и к речи устной?

Избранные современные контрастивные Грамматики

– Alborzi Verki, Parviz (1997): *Kontrastive Analyse der Wortstellung im gegenwärtigen Deutschen und Persischen*. Marburg.
– Andrzej, Katny (Hg.) (1990): *Studien zum Deutschen aus kon-trastiver Sicht*. Frankfurt am Main. [u.a.].
– Bammesberger, Alfred (1986/90): *Untersuchungen zur verglei-chenden Grammatik der germanischen Sprachen*. 2 Bde. Heidelberg.
– Bassola, Peter / Engel, Ulrich / Gaca, Alicja / van de Velde, Marc (2001): *Wortstellung im Sprachvergleich (deutsch – niederländisch – polnisch – ungarisch)*. Tübingen.
– Campo, José Louís de Azevedo do (2000): *Kontrastive Studien im verbalen Bereich: Portugiesisch versus Deutsch*. Rostock.
– Cartagena, Nelson /Gauger, Hans-Martin (1989): *Vergleichende Grammatik Spanisch-Deutsch*, Band 1/2. Mannheim.[u.a.].
– Dhyr, Mogens (1978): *Die Satzspaltung im Dänischen und Deutschen. Eine kontrastive Analyse*. Tübingen.
– Engel, Ulrich; Rytel-Kuc, Danuta et. al. (1999): *Deutsch-polnische kontrastive Grammatik*. 2 Bde. Heidelberg.
– Engel, Ulrich (Hg.) (1977): *Deutsche Sprache im Kontrast*. Tübingen.
– Engel, Ulrich / Šukanovíc, Jovan (Hg.) (1986): *Kontrastive Grammatik Deutsch – Serbokroatisch*, 2 Bde., München.
– Engel, Ulrich / Isb ṛescu, Mihai / St nescu, Speranža / Nicolae, Octavian (1993): *Kontrastive Grammatik Deutsch – Rumänisch*. 2 Bde. Heidelberg.
– Ettinger, Stefan (1997): *Die Übersetzung deutscher Präfixverben ins Portugiesische*, in: Helmut Lüdtke, Jürgen Schmidt-Radefeldt (Hg.), *Linguistica contrastiva. Deutsch versus Portugiesisch – Spanisch – Französisch*. Tübingen.
– Figge, Udo / Matteis, Mario de (1979): *Sprachvergleich Italienisch – Deutsch*. 2. A. Düsseldorf.
– Güstrower Hochschultage (1979): *Lexik und Grammatik des Deutschen und Russischen*. Berlin.
– Hartung, Liselotte (1983): *Deutsche und finnische Infinitive im Vergleich*. Berlin.
– Hellinger, Marlis (1977): *Kontrastive Grammatik Deutsch/Englisch*. Tübingen.
– Ineichen, Gustav (1989): *Sprachvergleich zwischen Französisch und Deutsch*. Paderborn.
– Jelitte, Herbert (Hg.) (1982): *Vergleichende Studien zur polnischen Sprache und Literatur*. Frankfurt a. M. [u.a.].
– Kufner, Herbert L. (1963): *The grammatical structures of English and German. A contrastive sketch*. 6. A. Chicago.

– Lohnes, Walter F. (Hg.) (1982): *The contrastive grammar of English and German*. Ann Arbor, Mich.
– Petkov, Pavel I. (Hg.) (2000): *Deutsch und Bulgarisch im Kontrast*. Hildesheim. [u.a.].
– Stickel, Gerhard (Hg.) (1976): *Deutsch-japanische Kontraste. Vorstudien zu einer kontrastiven Grammatik*. Tübingen.
– Tió Casacuberta, Jaume (1983): *Das Tempussystem im Katalanischen und im Deutschen. Beschreibung und Vergleich*. Frankfurt a. M. [u.a.].
– Trillhaase, Günther (1992): *Studien zu einer kontrastiven Grammatik russisch-deutsch*. Halle.
– Wegener, Heide (Hg.) (1999): *Deutsch kontrastiv. Typologisch-vergleichende Untersuchungen zur deutschen Grammatik*. Tübingen.
– Zemb, Jean-Marie (Hg.) (1978/84): *Vergleichende Grammatik. Französisch-Deutsch – Comparaison de deux systèmes*. 2 Bde., Mannheim [u.a.].

Тематическая литература

Abelin, Asa (1999): Studies in Sound Symbolism. Göteborg.

Abraham, Werner (Hg.) (1982): Satzglieder im Deutschen. Vorschläge zur syntaktischen, semantischen und pragmatischen Fundierung. Tübingen.

Abraham, Werner (1991): Rektion im Deutschen. Tübingen.

Abraham, Werner (Hg.) (1992): Erklärende Syntax des Deutschen. 2. A. Tübingen.

Adamzik, Kirsten (2004): Textlinguistik. Eine einführende Darstellung. Tübingen.

Admoni, Wladimir (1982): см. Грамматики.

Admoni, Wladimir (1990): Historische Syntax des Deutschen. Tübingen.

Agricola, Erhard (1992): Wörter und Wendungen. Wörterbuch zum deutschen Sprachgebrauch. 14. A. Mannheim [u.a.].

Aitchison, Jean (1997): Wörter im Kopf. Eine Einführung in das mentale Lexikon. Tübingen.

Alborzi Verki, Parviz (1997): см. Контрастивные Грамматики.

Altmann, Hans: (1981): Formen der „Herausstellung" im Deutschen. Rechtsversetzung, Linksversetzung, freies Thema und verwandte Konstruktionen. Tübingen.

Altmann, Hans; Hahnemann, Suzan (2005): Syntax fürs Examen. Studien- und Arbeitsbuch. 2. A. Wiesbaden.

Ammon, Ulrich (1991): Die internationale Stellung der deutschen Sprache. Berlin [u.a.].

Ammon, Ulrich (1995): Die deutsche Sprache in Deutschland, Österreich und der Schweiz. Das Problem der nationalen Varietäten. Berlin [u.a.].

Anderegg, Johannes (1970): Leseübungen. Kritischer Umgang mit Texten des 18. bis 20. Jahrhunderts. Göttingen.

Anderegg, Johannes (1985): Sprache und Verwandlung. Zur literarischen Ästhetik. Göttingen.

Androutsopoulos, Jannis K. (2000): Zur Beschreibung verbal konstituierter und visuell strukturierter Textsorten: das Beispiel Flyer. In: Fix/Wellmann (2000). S. 343–366.

Andrzej, Katny (1990): см. Контрастивные Грамматики.

Apresjan, Jurij. D. (1972): Ideen und Methoden der modernen strukturellen Linguistik. Kurzer Abriss. 2. A. Berlin.

Arens, Hans (1969): Sprachwissenschaft. Der Gang ihrer Entwicklung von der Antike bis zur Gegenwart. 2 Bde. 2. A. Freiburg [u.a.].

Aristoteles (1982): Poetik. Griechisch/Deutsch. Übersetzt u. hg. v. Manfred Fuhrmann. Stuttgart.

Augst, Gerhard (1975): Lexikon zu Wortbildung. Morpheminventar. 3 Bde. Tübingen.

Augst, Gerhard (Hg.) (1994): Fehler: Defizite oder Lernschritte? (= Deutschunterricht 46 H. 2).

Augst, Gerhard; Blüml, Karl; Nerius, Dieter; Sitta, Horst (Hg.) (1997): Zur Neuregelung der deutschen Orthographie. Begründung und Kritik. Tübingen.

Augst, Gerhard (1998): Wortfamilienwörterbuch der deutschen Gegenwartssprache. In Zusammenarbeit mit Karin Müller, Heidemarie Langner und Anja Reichmann. 2 Bde. Tübingen.

Austin, John Langshaw (1962): How to Do Things with Words. Oxford. Übersetzt (1972): Zur Theorie der Sprechakte. 2. A. Stuttgart.

Baldauf, Kunibert (2001): Prädikate und Prädikationen in Gegenstandsbeschreibungen. Satzsemantische Analyse und stildidaktische Anwendung. Frankfurt a. M.

Ballmer, Thomas; Brennenstuhl, Waltraud (1986): Deutsche Verben. Eine sprachanalytische Untersuchung des deutschen Verbwortschatzes. Tübingen.

Bammesberger, Alfred (1986/90): см. Контрастивные Грамматики.

Bartsch, Renate; Vennemann, Theo (1982): Grundzüge der Sprachtheorie. Eine linguistische Einführung. Tübingen.

Bartsch, Werner (1980): Tempus, Modus, Aspekt. Die systembildenden Ausdruckskategorien beim deutschen Verbalkomplex. Frankfurt a. M.

Bassola, Peter / Engel, Ulrich / Gaca, Alicja / van de Velde, Marc (2001): см. Контрастивные Грамматики.

Bauer, Gerhard (1998): Deutsche Namenkunde. 2. A. Berlin.

Bauer, Laurie (1988): Introducing Linguistic Morphology. Edinburgh.

Baudouin de Courtenay (1871): Nekotorye obščie zamečanija o jazykovedenii i jazyke. (Einige Bemerkungen über Sprachwissenschaft und Sprache). Moskau.

Bausinger, Hermann (1984): Deutsch für Deutsche. Dialekte, Sprachbarrieren, Sondersprachen. 5. A. Frankfurt a. M.

Bayerischer Sprachatlas. Hinderling, Robert [u.a.] (Hg.) (1996/2005): Regionalteil 1: Sprachatlas von Bayrisch-Schwaben. König, Werner; Wellmann, Hans (Hg.). Heidelberg.

Beaugrande, Robert-Alain de; Dressler, Wolfgang U. (1981): Einführung in die Textlinguistik. Tübingen.

Bech, Gunnar (1951): Grundzüge der semantischen Entwicklungsgeschichte der hochdeutschen Modalverba. Kopenhagen.

Bech, Gunnar (1955/57): Studien über das deutsche Verbum infinitum. 2 Bde. 2. A. Tübingen.

Becker, Karl Ferdinand (1969): Ausführliche deutsche Grammatik als Kommentar der Schulgrammatik. 2. A., reprografischer Neudruck der Ausgabe Prag 1870. Hildesheim.

Behaghel, Otto (1923/32): см. Грамматики.

Bellmann, Günter (1990): Pronomen und Korrektur. Zur Pragmalinguistik der persönlichen Referenzformen. Berlin; New York.

Beneš, Eduard (1967): Die funktionale Satzperspektive (Thema-Rhema-Gliederung) im Deutschen. In: Deutsch als Fremdsprache 4. H.1. S. 23–28.

Bergenholtz, Henning; Mugdan, Joachim (1979): Einführung in die Morphologie. Stuttgart.

Bergenholtz, Henning; Schaeder, Burkhard (1977): Die Wortarten des Deutschen. Versuch einer syntaktisch orientierten Klassifikation. Stuttgart.

Bergmann, Rolf; Pauly, Peter; Moulin-Fankhänel, Claudine (1992): Neuhochdeutsch. 4. A. Göttingen.

Bergmann, Rolf; Pauly, Peter; Stricker, Stefanie (2005): Einführung in die deutsche Sprachwissenschaft. 5. A. Heidelberg. – Bergmann, Rolf; Pauly, Peter; Schlaefer, Michael (1991): 2. A.

Besch, Werner; Betten, Anne; Reichmann, Oskar; Sonderegger, Stefan (Hg.) (1984/2004): Sprachgeschichte. Ein Handbuch zur Geschichte der deutschen Sprache und ihrer Erforschung. 4 Bde. Berlin [u.a.].

Bethke, Inge (1990): „Der, die, das" als Pronomen. München.

Bierwisch, Manfred; Lang, Ewald (1987): Grammatische und konzeptuelle Aspekte von Dimensionsadjektiven. Berlin.

Biere, Bernd Ulrich (1989): Verständlich – Machen. Hermeneutische Tradition, historische Praxis, sprachtheoretische Begründung. Tübingen.

Birnbaum, Salomo A. (1988): Grammatik der jiddischen Sprache. Mit einem Wörterbuch und Lesestücken. 5. A. Hamburg.

Bisle-Müller, Hansjörg (1991): Artikelwörter im Deutschen. Semantische und pragmatische Aspekte ihrer Verwendung. Tübingen.

Bittner, Andreas (1996): Starke ,schwache' Verben – schwache ,starke' Verben. Deutsche Verbflexion und Natürlichkeit. Tübingen.

Bloomfield, Leonard (1933): Language. New York [u.a.].

Boettcher, Wolfgang; Sitta, Horst (1972): см. Glinz (1971/72).

Brandt, Margareta (1990): Weiterführende Nebensätze. Zu ihrer Syntax, Semantik und Pragmatik. Stockholm.

Braun, Peter (1987): Tendenzen in der deutschen Gegenwartssprache. Sprachvarietäten. 2. A. Stuttgart [u.a.].

Braunmüller, Kurt (1977): Referenz und Pronominalisierung. Zu den Deiktika und Proformen des Deutschen. Tübingen.

Braunmüller, Kurt (1999): Die skandinavischen Sprachen im Überblick. 2. A. Tübingen; Basel.

Breindl, Eva (1989): Präpositionalobjekte und Präpositionalobjektsätze im Deutschen. Tübingen.

Brekle, Herbert Ernst (1970): Generative Satzsemantik und transformationelle Syntax im System der englischen Nominalkomposition. München.

Brinker, Klaus (1971): Das Passiv im heutigen Deutsch. Form und Funktion. München.

Brinker, Klaus; Sager, Sven F. (1996): Linguistische Gesprächsanalyse. Eine Einführung. 2. A. Berlin.

Brinker, Klaus (2001): Linguistische Textanalyse. Eine Einführung in Grundbegriffe und Methoden. 5. A. Berlin. (4. A. 1997).

Brinker, Klaus; Antos, Gerd; Heinemann, Wolfgang; Sager, Sven F. (Hg.) (2000/01): Text- und Gesprächslinguistik. Ein internationales Handbuch zeitgenössischer Forschung. 2 Bde. Berlin. [u.a.].

Brinkmann, Hennig (1971): см. Грамматики.

Bublitz, Wolfram (1978): Ausdrucksweisen der Sprechereinstellung im Deutschen und Englischen. Untersuchungen zur Syntax, Semantik und Pragmatik der deutschen Modalpartikeln und Vergewisserungsfragen und ihrer englischen Entsprechungen. Tübingen.

Bublitz, Wolfram (2001): Englische Pragmatik. Eine Einführung. Berlin.

Bühler, Karl (1982): Sprachtheorie. Die Darstellungsfunktion der Sprache. 3. A. Stuttgart [u.a.]. (1. A. 1934).

Bünting, Karl-Dieter; Bergenholtz, Henning (1995): Einführung in die Syntax. Grundbegriffe zum Lesen einer Grammatik. 3. A. Weinheim.

Burger, Harald; Häcki Buhofer, Annelies; Sialm, Ambros (Hg.) (1982): Handbuch der Phraseologie. Berlin [u.a.].

Burger, Harald (1990): Sprache der Massenmedien. 2. A. Berlin; New York.

Burger, Harald (1998): Phraseologie. Eine Einführung am Beispiel des Deutschen. Berlin.

Buscha, Joachim (1989): Lexikon deutscher Konjunktionen. Leipzig.

Bußmann, Hadumod (1990): Lexikon der Sprachwissenschaft. 2. A. Stuttgart.

Butt, Matthias; Fuhrhop, Nanna (Hg.) (1998): Variation und Stabilität in der Wortstruktur. Untersuchungen zu Entwicklung, Erwerb und Varietäten des Deutschen und anderer Sprachen. Hildesheim.

Calbert, Joseph P.; Vater, Heinz (1975): Aspekte der Modalität. Tübingen.

Campo, José Louís de Azevedo do (2000): см. Контрастивные Грамматики.

Carstairs-Mc Carthy, Andrew (1992): Current Morphology. London [u.a.].

Cartagena, Nelson / Gauger, Hans-Martin (1989): см. Контрастивные Грамматики.

Chen, A. (1996): Numerative und Numerativ-Konstruktionen im Deutschen und im Chinesischen. Tübingen.

Chomsky, Noam (1957): Syntactic Structures. The Hague.

Chomsky, Noam (1965): Aspekte der Syntaxtheorie. Frankfurt a. M.

Chomsky, Noam (1981): Lectures on Government and Binding. Dordrecht.

Clément, Danièle; Thümmel, Wolf (1975): Grundzüge einer Syntax der deutschen Standardsprache. Wiesbaden.

Conrad, Rudi (1978): Studien zur Syntax und Semantik in Frage und Antwort. Berlin.

Coseriu, Eugenio (1967): Lexikalische Solidaritäten. In: Poetica 1. S. 293–303.

Coseriu, Eugenio (1971): Thesen zum Thema ‚Sprache und Dichtung'. In: W. D. Stempel (Hg.): Beiträge zur Textlinguistik. München. S.183–188.

Coseriu, Eugenio; Narr, Gunther (1973): Einführung in die strukturelle Betrachtung des Wortschatzes. 2. A. Tübingen.

Coseriu, Eugenio (1994): Textlinguistik. Eine Einführung. Hg. u. bearb.. v. Jörn Albrecht. 3. A. Tübingen [u.a.]. (1. A. 1980).

Croce, Bendetto (1966): Problemi di Estetica e Contributi alla Storia dell' Estetica Italiana. Bari.

Crystal, David (1995): Die Cambridge Enzyklopädie der Sprache. Übers. u. Bearb. der deutschen Ausgabe von Stefan Röhrich, Ariane Böckler u. Manfred Jensen. Frankfurt a. M. [u.a.].

Dam, Jan van (1950/72): см. Грамматики.

Daneš, František (1970): Zur linguistischen Analyse der Textstruktur. In: Folia Linguistica 4. S. 72–78.

Daneš, František; Viehweger, Dieter (Hg.) (1976/77): Probleme der Textgrammatik. 2 Bde. Berlin.

Danto, Arthur C. (1984): Die Verklärung des Gewöhnlichen. Eine Philosophie der Kunst. Frankfurt a. M.

Darski, Józef (1999): Bildung der Verbformen im Standarddeutschen. Tübingen.

Derrida, Jacques (1974): Grammatologie. Frankfurt a. M.

Deutsch als Fremdsprache. Ein internationales Handbuch (2000): Hg. v. Gerhard Helbig, Lutz Götze, Gert Henrici, Hans-Jürgen Krumm. 2 Bde. Berlin.

Deutsche Rechtschreibung (1996): Regeln und Wörterverzeichnis. Text der amtlichen Regelung. Tübingen.

Deutsche Rechtschreibung (2002): Regeln für die deutsche Rechtschreibung nebst Wörterverzeichnis. Berlin.

Deutsche Wortbildung (1973/92) = Deutsche Wortbildung. Typen und Tendenzen in der Gegenwartssprache. Eine Bestandsaufnahme.

1. Kühnhold, Ingeburg; Wellmann, Hans (1973): Das Verb. Düsseldorf.

2. Wellmann, Hans (1975): Das Substantiv. Düsseldorf.

3. Kühnhold, Ingeburg; Putzer, Oskar; Wellmann, Hans (1978): Das Adjektiv. Düsseldorf.

Morphem- und Sachregister zu Bd 1–3. (1984). Düsseldorf.

4. Ortner, Lorelies; Müller-Bollhagen, Elgin; Ortner, Hanspeter; Wellmann, Hans; Pümpel-Mader, Maria; Gärtner, Hildegard [u.a.].

(1991): Substantivkomposita (Komposita und kompositaähnliche Strukturen 1). Berlin.

5. Pümpel-Mader, Maria; Gassner-Koch, Elsbeth; Wellmann, Hans; Ortner, Lorelies (1992): Adjektivkomposita und Partizipialbildungen (Komposita und kompositaähnliche Strukturen 2). Berlin [u.a.].

Dhyr, Mogens (1978): Die Satzspaltung im Dänischen und Deutschen. Eine kontrastive Analyse. Tübingen.

Dhyr, Mogens (1978): см. Контрастивные Грамматики.

Dialektologie (1982/83): = Dialektologie. Besch, Werner; Knoop, Ulrich; Putschke, Wolfgang; Wiegand, Herbert E. (Hg.): Ein Handbuch zur deutschen und allgemeinen Dialektforschung. 2 Bde. Berlin [u.a.].

Dickie, George (1969): Defining Art. In: American Philosophical Quarterly 6, S. 253–256.

Diderichsen, Paul (1962): Elementær Dansk Grammatik. 3. A. Kopenhagen.

Diewald, Gabriele Maria (1991): Deixis und Textsorten im Deutschen. Tübingen.

Diewald, Gabriele Maria (1997): Grammatikalisierung. Eine Einführung in Sein und Werden grammatischer Formen. Tübingen.

Dobrovolskij, Dimitrij O. (1995): Kognitive Aspekte der Idiom-Semantik. Studien zum Thesaurus deutscher Idiome. Tübingen.

Donhauser, Karin (1986): Der Imperativ im Deutschen. Studien zur Syntax und Semantik des deutschen Modussystems. Hamburg.

Dowty, David (1990): Thematic proto-roles, subject selection, and lexical semantics. In: Language 67. S. 547–619.

Drach, Erich (1963): Grundgedanken der deutschen Satzlehre. 4. A. Frankfurt a. M.

Dressler, Wolfgang (1981): см. Beaugrande.

Dreyer, Hilke; Schmitt, Richard (2000): Lehr- und Übungsbuch der deutschen Grammatik. 4. A. Ismaning.

Duden (1990): Aussprachewörterbuch. см. Mangold.

Duden (1996): Die Neuregelung der deutschen Rechtschreibung. Regeln, Kommentar und Verzeichnis wichtiger Neuschreibungen von Peter Gallmann und Horst Sitta. Mannheim [u.a.].

Duden (1999): Das große Wörterbuch der deutschen Sprache in zehn Bänden. 3. A. Hg. v. Wissenschaftlichen Rat der Dudenredaktion. Mannheim [u.a.].

Duden (2001): Das Stilwörterbuch. 8. A. Hg. v. der Dudenredaktion. Mannheim [u.a.].

Duden (2001): Deutsches Universalwörterbuch. 4. A. Hg. v. der Dudenredaktion. Mannheim. [u.a.].

Duden (2002): Redewendungen. Wörterbuch der deutschen Idiomatik. Hg. v. der Dudenredaktion. 2. A. Mannheim [u.a.].

Duden (2005): Rechtschreibung der deutschen Sprache und der Fremdwörter. Mannheim [u.a.].

Dürr, Michael; Schlobinski, Peter (1994): Einführung in die deskriptive Linguistik. 2. A. Opladen.

Dürscheid, Christa (2000): Syntax. Grundlagen und Theorien. Wiesbaden.

DWB (1984) = Grimm, Jacob; Grimm, Wilhelm u. a. (Hg.): Deutsches Wörterbuch. 33 Bde. München. (Nachdruck der Ausgabe von 1854–1984).

Ebert, Robert Peter; Reichmann, Oskar; Solms, Hans-Joachim; Wegera, Klaus-Peter (1993): Frühneuhochdeutsche Grammatik. Tübingen.

Eco, Umberto (1991): Semiotik. Entwurf einer Theorie der Zeichen. 2. A. München.

Ehlich, Konrad (1986): Interjektionen. Tübingen.

Ehlich, Konrad (1994): Funktion und Struktur schriftlicher Kommunikation. In: Hartmut Günther, Otto Ludwig (Hg.): Schrift und Schriftlichkeit. Ein interdisziplinäres Handbuch internationaler Forschung. Bd. 10.1. Berlin [u.a.]. S. 18–40.

Ehrich, Veronika (1992): Hier und Jetzt. Studien zur lokalen und temporalen Deixis im Deutschen. Tübingen.

Eichhoff, Jürgen (1977/2000): Wortatlas der deutschen Umgangssprachen. 4 Bde. Bern [u.a.].

Eichinger, Ludwig M. (1989): Raum und Zeit im Verbwortschatz des Deutschen. Eine valenzgrammatische Studie. Tübingen.

Eichinger, Ludwig M. (2000): Deutsche Wortbildung. Eine Einführung. Tübingen.

Eichler, Wolfgang; Bünting, Karl-Dieter (1994): см. Грамматики.

Eisenberg, Peter (1994): см. Грамматики.

Eisenberg, Peter (2004): см. Грамматики.

Elst, Gaston van der; Habermann, Mechthild (1997): Syntaktische Analyse. 6. A. Erlangen [u.a.].

Engel, Ulrich (1977): см. Контрастивные Грамматики.

Engel, Ulrich; Schumacher, Helmut (1978): Kleines Valenzlexikon deutscher Verben. 2. A. Tübingen.

Engel, Ulrich / Šukanovi`c, Jovan (Hg.) (1986): см. Контрастивные Грамматики.

Engel, Ulrich / Isbasescu, Mihai / Stanescu, Speranta / Nicolae, Octavian (1993): см. Контрастивные Грамматики.

Engel, Ulrich (1994): Syntax der deutschen Gegenwartssprache. 3. A. Berlin

Engel, Ulrich (1996): см. Грамматики.

Engel, Ulrich (1999): см. Контрастивные Грамматики.

Engelen, Bernhard (1984/86): Einführung in die Syntax der deutschen Sprache. 2 Bde. Baltmannsweiler.

Enzyklopädie (2001) = Fleischer, Wolfgang; Helbig, Gerhard; Lerchner, Gotthard (Hg.): Kleine Enzyklopädie Deutsche Sprache. Frankfurt a. M. [u.a.].

Erben, Johannes (1970): см. Грамматики.

Erben, Johannes (1980): см. Грамматики.

Erben, Johannes (1983): Sprechakte der Aufforderung im Neuhochdeutschen. In: Sprachwissenschaft 8. S.399–412.

Erben, Johannes (1984): Deutsche Syntax. Eine Einführung. 2. A.. Berlin [u.a.].

Erben, Johannes (1994): Sprachliche Signale zur Markierung der Unsicherheit oder Unschärfe in Aussagen im Neuhochdeutschen. In: BerL 134. H. 3. S. 6–26.

Erben, Johannes (2006): Einführung in die deutsche Wortbildungslehre. 5. A. Berlin.

Erdmann, Oskar (1886): см. Грамматики.

Eroms, Hans-Werner (1981): Valenz, Kasus und Präpositionen. Untersuchungen zur Syntax und Semantik präpositionaler Konstruktionen in der deutschen Gegenwartssprache. Heidelberg.

Eroms, Hans-Werner (1986): Funktionale Satzperspektive. Tübingen.

Eroms, Hans-Werner; Munske, Horst H. (Hg.) (1997): Die Rechtschreibreform. Pro und Kontra. Berlin.

Eroms, Hans-Werner (2000): см. Грамматики.

Essen, Otto von (1981): Grundbegriffe der Phonetik. Ein Repetitorium der Phonetik für Sprachheilpädagogen. 5. A. Berlin.

Ettinger, Stefan (1997): см. Контрастивные Грамматики.

Fabricius-Hansen, Cathrine (1977): Die starken Verben. Kopenhagen.

Fachsprachen (1998/99): Hoffmann, Lothar; Kalverkämper, Hartwig; Wiegand, Herbert E. (Hg.): Fachsprachen. Ein internationales Handbuch zur Fachsprachenforschung und Terminologiewissenschaft. 2 Bde. Berlin [u.a.].

Figge, Udo / Matteis, Mario de (1979): см. Контрастивные Грамматики.

Fillmore, Charles J. (1968): The Case for Case. In: Bach, Emmon; Harms, R. T. (Hg.): Universals in Linguistic Theory. New York. S. 1–90.

Firth, John Rupert (1957): Papers in Linguistics, 1934–1951. London [u.a.].

Fix, Ulla (Hg.) (1990): Beiträge zur Stiltheorie. Leipzig.

Fix, Ulla; Wellmann, Hans (Hg.) (1997): Stile, Stilprägungen, Stilgeschichte. Über Epochen- , Gattungs- und Autorenstile. Sprachliche Analysen und didaktische Aspekte. Heidelberg.

Fix, Ulla; Wellmann, Hans (Hg.) (2000): Bild im Text – Text und Bild. Heidelberg.

Fix, Ulla (2001): Grundzüge der Textlinguistik. In: Enzyklopädie (2001). S. 470–511.

Flämig, Walter (1970): Grundzüge der neuhochdeutschen Grammatik. In: Die deutsche Sprache (= Kleine Enzyklopädie). Leipzig. S. 834ff.

Flämig, Walter (1991): см. Грамматики.

Fleischer, Wolfgang (1978): Über Möglichkeiten und Grenzen linguistischer Untersuchung literarischer Werke. In: Linguistische Studien. Reihe A. Bd. 50. Berlin. S. 1–39.

Fleischer, Wolfgang; Michael, Georg (Hg.) (1979): Stilistik der deutschen Gegenwartssprache. 3. A. Leipzig.

Fleischer, Wolfgang; Michael, Georg; Starke, Günter (1993): Stilistik der deutschen Gegenwartssprache. Frankfurt a. M. [u.a.].

Fleischer, Wolfgang; Barz, Irmhild; Schröder, Marianne (1995): Wortbildung der deutschen Gegenwartssprache. 2. A. Tübingen.

Fleischer, Wolfgang (1997): Phraseologie der deutschen Gegenwartssprache. 2. A. Tübingen. (1. A. 1982).

Fluck, Hans-Rüdiger (1996): Fachsprachen. Einführung und Bibliographie. 5. A. Tübingen.

Fodor, Jerry A.: см. Katz.

Földes, Csaba (Hg.) (1991/92): Deutsche Phraseologie in Sprachsystem und Sprachverwendung. 2 Bde. Wien.

Forsgren, K.-A. (1992): Satz, Satzarten, Satzglieder. Zur Gestaltung der deutschen traditionellen Grammatik von Karl Ferdinand Becker bis Konrad Duden 1830 – 1880. Münster.

Fricke, Harald (1981): Norm und Abweichung. Eine Philosophie der Literatur. München.

Fries, Norbert (1983): Syntaktische und semantische Studien zum frei verwendeten Infinitiv und zu verwandten Erscheinungen im Deutschen. Tübingen.

Fries, Norbert (1992): Interjektionen, Interjektionsphrasen und Satzmodus. In: Inger Rosengren (Hg.). Satz und Illokution. Bd. 1. S. 307–341.

Fries, Norbert (1997): Die hierarchische Organisation grammatischer Kategorien. Debrecen.

Fritz, Gerd; Hundsnurscher, Franz (Hg.) (1994): Handbuch der Dialoganalyse. Tübingen.

Fritz, Gerd; Gloning, Thomas (1997): Untersuchungen zur semantischen Entwicklungsgeschichte der Modalverben im Deutschen. Tübingen.

Fritz, Thomas A. (2000): Wahr-Sagen. Futur, Modalität und Sprecherbezug im Deutschen. Hamburg.

Gabellentz, Hans Georg C. von der (2001): Die Sprachwissenschaft. Ihre Aufgaben, Methoden und bisherigen Ergebnisse. Leipzig. (1. A. 1891).

Gadamer, Hans-Georg (1989): Wer bin ich und wer bist Du? Ein Kommentar zu Paul Celans Gedichtfolge ,Atemkristall'. 4. A. Frankfurt a. M.

Gallmann, Peter (1990): Kategoriell komplexe Wortformen. Das Zusammenwirken von Morphologie und Syntax bei der Flexion von Nomen und Adjektiv. Tübingen.

Gardt, Andreas (1999): Geschichte der Sprachwissenschaft in Deutschland. Vom Mittelalter bis ins 20. Jahrhundert. Berlin [u.a.].

Gauger, Hans-Martin (1995): Über Sprache und Stil. München.

Genzmer, Herbert (1995): см. Грамматики.

Givón, Talmy (1984/90): Syntax: A Functional-Typological Introduction. 2 Bde. Amsterdam [u.a.].

Gladrow, Wolfgang (Hg.) (1989): Russisch im Spiegel des Deutschen. Eine Einführung in den russisch-deutschen und deutsch-russischen Sprachvergleich. Leipzig.

Gläser, Rosemarie (1998): Fachsprachen und Funktionalstile. In: Fachsprachen (1998/99). S. 199–208.

Glinz, Hans; Boettcher, Wolfgang; Sitta, Horst (1971/75): см. Грамматики.

Glinz, Hans (1973): см. Грамматики.

Glinz, Hans (1994): см. Грамматики.

Glück, Helmut (1987): Schrift und Schriftlichkeit. Eine sprach- und kulturwissenschaftliche Studie. Stuttgart.

Glück, Helmut (Hg.) (2000): Metzler Lexikon Sprache. 2. A. Stuttgart [u.a.].

Gobyn, Luc (1984): Textsorten. Ein Methodenvergleich, illustriert an einem Märchen. Brüssel.

Goedbloed, Judith (1986): Kompakt-Grammatik Niederländisch. Stuttgart.

Golovanova, Elena (2005): Strukturelle und sprachliche Besonderheiten der Textsorte „Annotationen zu Fernsehfilmen". In: Kan/ Wellmann (2002). S. 306–312.

Götz, Dieter; Wellmann, Hans (2003): см. TWB.

Grawe, Christian (1987): Sprache im Prosawerk. Beispiele von Goethe, Fontane, Thomas Mann, Bergengruen, Kleist und Johnson. 2. A. Bonn.

Grewendorf, Günther (1988): Aspekte der deutschen Syntax. Eine Rektions- Bindungs-Analyse. Tübingen.

Grice, Paul (1991): Studies in the Way of Words. Cambridge, Mass. [u.a.].

Griesbach, Heinz (1986): см. Грамматики

Gross, Harro; Fischer, Klaus (Hg.) (1990): Grammatikarbeit im DaF-Unterricht. München.

Große, Ernst U. (1974): Texttypen. Linguistik gegenwärtiger Kommunikationsakte. Theorie und Deskription. Stuttgart.

Gülich, Elisabeth; Raible, Wolfgang (1980): Linguistische Textmodelle. Grundlagen und Möglichkeiten. 2. A. München. (1. A. 1977).

Günther, Hartmut; Ludwig, Otto [u. a.] (Hg.) (1994/96): Schrift und Schriftlichkeit. Ein interdisziplinäres Handbuch internationaler Forschung. 2 Bde. Berlin [u.a.].

GWS = Duden (1999)

Halliday, Michael A. K. / Hasan, Ruqaiya (1977): Cohesion in English. 2. A. London. (1. A. 1976).

Halliday, Michael A. K. (1985): An Introduction to a Functional Grammar. London [u.a.].

Hamburger, Käte (1977): Die Logik der Dichtung. 3. A. Stuttgart.

Hanenberg, Peter; Koller, Erwin; Scheidl, Ludwig; Flühe, T. (2000): Heinrich von Kleist: „Charité-Vorfall". Vier Interpretationsversuche. In: Runa. Revista Portuguesa de Estudos Germanísticos 28. S. 221–225.

Harris, Zellig S. (1942): Morpheme Alternants in Linguistic Analysis. In: Language 18. S.169 – 180.

Harris, Zellig S. (1951): Methods in Structural Linguistics. Chicago.

Harris, Zellig S. (1952): Discourse Analysis. In: Language 28. S. 1–30.

Harris, Zellig S. (1970): Papers in Structural and Transformatial Linguistics. Dordrecht.

Hartung, Lieselotte (1983): см. Контрастивные Грамматики.

Hartung, Wolfdietrich (1986): Die zusammengesetzten Sätze. 7. A. Berlin.

Harweg, Roland (1979): Pronomina und Textkonstitution. 2. A. München. (1. A. 1968).

Harweg, Roland (2001): Studien zur Textlinguistik. Aufsätze. Aachen.

Haspelmath, Martin (2002): Understanding Morphology. London.

Hegel, Friedrich (1830): Encyclopädie der philosophischen Wissenschaften im Grundrisse. In: Werke in 20 Bänden. Berlin [u.a.]. (Neudruck 1921).

Heidolph, Karl E.; Flämig, Walter; Motsch, Wolfgang (Hg.) (1981): см. Грамматики.

Heike, Georg (1982): Phonologie. 2. A. Stuttgart.

Heinemann, Margot; Heinemann, Wolfgang (2002): Grundlagen der Textlinguistik. Interaktion – Text – Diskurs. Tübingen.

Heinemann, Wolfgang; Viehweger, Dieter (1991): Textlinguistik. Eine Einführung. Tübingen.

Helbig, Gerhard (1982): Valenz – Satzglieder – semantische Kasus – Satzmodelle. Leipzig.

Helbig, Gerhard (1989): Geschichte der neueren Sprachwissenschaft. Unter dem besonderen Aspekt der Grammatiktheorie. 8. A. Opladen.

Helbig, Gerhard (1990): Entwicklung der Sprachwissenschaft seit 1970. 2. A. Wiesbaden.

Helbig, Gerhard; Schenkel, Wolfgang (1991): Wörterbuch zur Valenz und Distribution deutscher Verben. 8. A. Tübingen.

Helbig, Gerhard (1992): Probleme der Valenz- und Kasustheorie. Tübingen.

Helbig, Gerhard (1994): Lexikon deutscher Partikeln. 3. A. Leipzig.

Helbig, Gerhard (1999): см. Грамматики.

Helbig, Gerhard; Buscha, Joachim (2001): см. Грамматики.

Hellinger, Marlis (1977): см. Контрастивные Грамматики.

Hengartner, Thomas; Niederhauser, Jürg (1993): Phonetik, Phonologie und phonetische Transkription. Grundzüge, Begriffe, Methoden und Materialien. Aarau [u.a.].

Henne, Helmut (1975): Sprachpragmatik. Nachschrift einer Vorlesung. Tübingen.

Henne, Helmut; Rehbock, Helmut (1995): Einführung in die Gesprächsanalyse. 3. A. Berlin [u.a.].

Hentschel, Elke (1986): Funktion und Geschichte deutscher Partikeln: 'Ja', 'doch', 'halt' und 'eben'. Tübingen.

Hentschel, Elke (1998): Negation und Interrogation. Studien zur Universalität und ihrer Funktion. Tübingen.

Hentschel, Elke; Harald Weydt (2003): см. Грамматики.

Heringer, Hans Jürgen (1968): Präpositionale Ergänzungsbestimmungen im Deutschen. In: Zeitschrift für deutsche Philologie 87. S. 426–457.

Heringer, Hans Jürgen (1973): Theorie der deutschen Syntax. 2. A. München.

Heringer, Hans Jürgen (1984): Neues von der Verbszene. In: Gerhard Stickel (1984): Pragmatik in der Grammatik. S. 34–64.

Heringer, Hans Jürgen (1989): см. Грамматики

Heringer, Hans Jürgen (1989): Grammatik und Stil. Praktische Grammatik des Deutschen. Frankfurt a. M.

Heringer, Hans-Jürgen (1996): Deutsche Syntax dependentiell. Tübingen.

Herrmann, Theo; Grabowski, Joachim (Hg.) (2002): Sprachproduktion. Göttingen.

Hetland, Jorunn (1992): Satzadverbien im Fokus. Tübingen.

Hoberg, Ursula (1981): Die Wortstellung in der geschriebenen deutschen Gegenwartssprache. München.

Hörmann, Hans (1970): Psychologie der Sprache. Berlin [u.a.].

Hörmann, Hans (1991): Einführung in die Psycholinguistik. 3. A. Darmstadt.

Hoffmann, Lothar (1985): Kommunikationsmittel Fachsprache. Eine Einführung. 2. A. Tübingen.

Hoffmann, Ludger (Hg.) (1992): Deutsche Syntax. Ansichten und Aussichten. Berlin [u.a.].

Howe, Stephen (1996): The Personal Pronouns in the Germanic Languages. A study of personal pronoun morphology and change in ther Germanic languages from the first record to the present day. Berlin.

Huddleston, Rodney (1984): Introduction to the Grammar of English. Cambridge [u.a.].

Hundt, Markus (2001): Grammatikalisierungsphänomene bei Präpositionalobjekten in der deutschen Sprache. In: Zeitschrift für germanistische Linguistik 29/2. S. 167–191.

Hutterer, Claus Jürgen (1990): Die germanischen Sprachen. Ihre Geschichte in Grundzügen. 3. A. Wiesbaden.

Ickler, Theodor (1998): Kritischer Kommentar zur „Neuregelung der deutschen Rechtschreibung". Erlangen [u.a.].

Ineichen, Gustav (1989): см. Контрастивные Грамматики.

Isacenko, Aleksandr (1968): Die russische Sprache der Gegenwart. Halle.

Iser, Wolfgang (1974): Die Appellstruktur der Texte. Unbestimmtheit als Wirkungsbedingung literarischer Prosa. 4. A. Konstanz.

Jacobs, Joachim (1982): Syntax und Semantik der Negation im Deutschen. München.

Jacobs, Joachim (1994): Kontra Valenz. Trier.

Jacobs, Joachim; Stechow, Arnim von; Sternefeld, Wolfgang; Vennemann, Theo (Hg.) (1993/95): Syntax. Ein internationales Handbuch zeitgenössischer Forschung. 2 Bde. Berlin [u.a.].

Jakobson, Roman (1960): Linguistics and Poetics. In: Thomas A. Sebeok (Hg.): Style in Language. Cambridge Mass. [u.a.] S. 350–377.

Jakobson, Roman (1971): Studies on Child Language and Aphasia. The Hague [u.a.].

Jakobson, Roman; Waugh, Linda (1986): Die Lautgestalt der Sprache. Berlin [u.a.].

Jauß, Hans Robert (1974): Literaturgeschichte als Provokation. Frankfurt a. M.

Jelitte, Herbert (Hg.) (1982): см. Контрастивные Грамматики.

Jensen, Hans (1984): Die Schrift in Vergangenheit und Gegenwart. Berlin.

Jolles, Andrè (1982): Einfache Formen. Legende. Sage. Mythe. Rätsel. Spruch. Kasus. Memorabile. Märchen. Witz. Tübingen. (1. A. 1930)

Jung, Walter (1990): см. Грамматики.

Kan, Elena; Wellmann, Hans (Hg.) (2002): Germanistik und Romanistik. Wissenschaft zwischen Ost und West. Chabarowsk.

Kan, Elena (2005): Pragmatik fachbezogener Vermittlungstexte für jedermann: Beipackzettel, Gebrauchsanleitungen für elektrische Haushaltsgeräte und Kochrezepte. In: Kan/Wellmann (2005). S. 77–93.

Kan, Elena; Wellmann, Hans (Hg.) (2005): Wort – Text – Kultur. Beiträge zur Germanistik. Chabarowsk.

Kasics, Kaspar (1990): Literatur und Fiktion. Zur Theorie und Geschichte der literarischen Kommunikation. Heidelberg.

Katny, Andrzej (Hg.) (2000): Aspektualität in germanischen und slawischen Sprachen. Poznań.

Katz, J; Fodor, Jerry A. (1963): The Structure of a Semantic Theory. In: Language 39. S. 170–210.

Kayser, Wolfgang (1992): Das sprachliche Kunstwerk. Eine Einführung in die Literaturwissenschaft. 20. A. Tübingen [u.a.].

Kaznelson, S. D. (1974): Sprachtypologie und Sprachdenken. München.

Kempcke, Günter (2000): Wörterbuch Deutsch als Fremdsprache. Berlin [u.a.].

Klappenbach, Ruth; Steinitz, Wolfgang (Hg.) (1961/77): Wörterbuch der deutschen Gegenwartssprache. 6 Bde. Berlin.

Klaus, Cäcilia (1999): Grammatik der Präpositionen. Studien zur Grammatikographie. Mit einer thematischen Bibliographie. Frankfurt a. M.

Kleiber, Georges (1998): Prototypensemantik. Eine Einführung. Übersetzt von Michael Schreiber. 2. A. Tübingen.

Kneip, Ruth (1978): Der Konsekutivsatz. Folge oder Folgerung? Lund.

Kohler, Klaus J. (1977): Einführung in die Phonetik des Deutschen. Berlin. (2. A. 1995. Berlin).

Konerding, Klaus-Peter (1993): Frames und lexikalisches Bedeutungswissen. Untersuchungen zur linguistischen Grundlegung einer Frametheorie und zu ihrer Anwendung in der Lexikographie. Tübingen.

König, Werner (1989): Atlas zur Aussprache des Schriftdeutschen in der Bundesrepublik Deutschland. 2 Bde. Ismaning.

König, Werner (2001): dtv-Atlas zur deutschen Sprache. Tafeln und Texte. Mit Mundartkarten. 13. A. München.

Köpcke, Klaus-Michael (1982): Untersuchungen zum Genussystem der deutschen Gegenwartssprache. Tübingen.

Köpcke, Klaus-Michael (1993): Schemata bei der Pluralbildung im Deutschen. Versuch einer kognitiven Morphologie. Tübingen.

Korhonen, Jarmo (1977/78): Studien zu Dependenz, Valenz und Satzmodell. 2 Bde. Bern. [u.a.].

Korhonen, Jarmo (1995/96): Studien zur Phraseologie des Deutschen und Finnischen. 2 Bde. Bochum.

Koß, Gerhard (2002): Namenforschung. Eine Einführung in die Onomastik. 3. A. Tübingen.

Krech, Eva-Maria u. a. (Hg.) (1982): Großes Wörterbuch der deutschen Aussprache. Leipzig.

Kress, Bruno (1982): Isländische Grammatik. Leipzig.

Kufner, Herbert L. (1963): см. Контрастивные Грамматики.

Kufner, Herbert L. (1971): Kontrastive Phonologie Deutsch-Englisch. Stuttgart.

Kürschner, Wilfried (1983): Studien zur Negation im Deutschen. Tübingen.

Kurylowicz, Jerzy. (1964): The Inflectional Categories of Indo-European. Heidelberg.

Laak, Lothar van (2003): Hermeneutik literarischer Sinnlichkeit. Historisch-systematische Studien zur Literatur des 17. und 18. Jahrhunderts. Tübingen.

Labov, William (1989): Sprache im sozialen Kontext. Hg. v. Norbert Dittmar und Bert-Olaf Rieck. Königstein/Ts.

Lakoff, G. (1987): Women, Fire and Dangerous Things. What categories reveal about mind. Chicago [u.a.].

Langacker, Ronald W. (1900): Concept, Image and Symbol. The Cognitive Basis of Grammar. Berlin [u.a.].

Langen, August (1957): Deutsche Sprachgeschichte vom Barock bis zur Gegenwart. In: Deutsche Philologie im Aufriss. 2. A. Berlin. Sp. 931–1396.

Latour, Bernd (1997): см. Грамматики.

Latzel, Sigbert (1982): Das deutsche Passiv als Lernproblem. München.

Lausberg, Heinrich (1990): Handbuch der literarischen Rhetorik. Eine Grundlegung der Literaturwissenschaft. 2 Bde. 3. A. Stuttgart.

Lehmann, Christian (1984): Der Relativsatz. Typologie seiner Strukturen, Theorie seiner Funktionen, Kompendium seiner Grammatik. Tübingen.

Leirbukt, Oddleif (1997): Untersuchungen zum bekommen-Passiv im heutigen Deutsch. Tübingen.

Leisi, Ernst (1975): Der Wortinhalt. Seine Struktur im Deutschen und Englischen. 5. A. Heidelberg.

Leiss, Elisabeth (1992): Die Verbalkategorien des Deutschen. Ein Beitrag zur Theorie der sprachlichen Kategorisierung. Berlin [u.a.].

Lerot, Jacques (1982): Die verbregierten Präpositionen in Präpositionalobjekten. In: Abraham (1982): Satzglieder im Deutschen. Vorschläge zur syntaktischen, semantischen und pragmatischen Fundierung. Tübingen. S. 261 – 291.

Levinson, Stephen C. (1994): Pragmatik. 2. A. Tübingen (Dt. Übersetzung von: Pragmatics. Cambridge. 1983).

Levinson, Stephen C. (2000): Presumptive meanings. The Theory of Generalized Conversational Implicature. Cambridge, Mass. [u.a.].

Lindqvist, Christer (1994): Zur Entstehung von Präpositionen im Deutschen und im Schwedischen. Tübingen.

Linke, Angelika; Nussbaumer, Markus; Portmann, Paul R. (2001): Studienbuch Linguistik. 4. A. Tübingen.

Litvinov, Viktor P.; Nedjalkov, Vladimir P. (1988): Resultativkonstruktionen im Deutschen. Tübingen.

Löbel, Elisabeth (1986): Apposition und Komposition in der Quantifizierung. Syntaktische, semantische und morphologische Aspekte quantifizierender Nomina im Deutschen. Tübingen.

Löffler, Heinrich (1990): Probleme der Dialektologie. 3. A. Darmstadt.

Löffler, Heinrich (1994): Germanistische Soziolinguistik. 2. A. Berlin.

Lohnes, Walter F. (1982): см. Контрастивные Грамматики.

Lötscher, Andreas (1987): Text und Thema. Studien zur thematischen Konstituenz von Texten. Tübingen.

Lüger, Heinz-Helmut (1995): Pressesprache. 2. A. Tübingen.

Lüger, Helmut (1997): Phraseologie.

Lühr, Rosemarie (2000): Neuhochdeutsch. Eine Einführung in die Sprachwissenschaft. 6. A. München. (1. A. 1986).

Lutzeier, Peter Rolf (1997): Lexikologie. Eine Einführung. Heidelberg.

LWB (2004) = Götz, Dieter; Haensch, Günther; Wellmann, Hans (Hg.): Langenscheidts Großwörterbuch Deutsch als Fremdsprache. 3. A. München [u.a.].

Lyons, John (1977): Semantics. 2 Bde. Cambridge [u.a.]. (Dt. Übersetzung: Semantik. 2 Bde. München. 1980/83).

Maas, Utz (1992): Grundzüge der deutschen Orthographie. Tübingen.

Maas, Utz (1999): Phonologie. Einführung in die funktionale Phonetik des Deutschen. Opladen [u.a.].

Mac Cormick, Peter J. (1988): Fictions, Philosophies and the Problems of Poetics. Ithaca, N.Y.

Mangold, Max (Bearb.) (1990): Duden. Aussprachewörterbuch. Wörterbuch der deutschen Standard-Aussprache. 3. A. Mannheim. (1. A. 1962).

Martinet, André (1971): Grundzüge der allgemeinen Sprachwissenschaft. (Übertragen v. A. Fuchs.) 5. A. Stuttgart [u.a.].

Mattheier, Klaus J.; Wiesinger, Peter (Hg.) (1994): Dialektologie des Deutschen. Forschungsstand und Entwicklungstendenzen. Tübingen.

Matussek, Magdalena (1994): Wortneubildung im Text. Hamburg.

Mbassi, Joseph (1996): Polysémie et univocité. Le cas de l'imperatif allemand. In: Nouveaux cahiers d'allemand (NCA). Revue de linguistique et de didactique 14. S. 191–194.

Meibauer, Jörg (Hg.) (1987): Satzmodus zwischen Grammatik und Pragmatik. Referate anlässlich der 8. Jahrestagung der Deutschen Gesellschaft für Sprachwissenschaft. Tübingen.

Meibauer, Jörg (1999): Pragmatik: Eine Einführung. Tübingen.

Meier, Helmut (1964): Deutsche Sprachstatistik. 2 Bde. Hildesheim.

Meinert, Roland (1989): Die deutsche Deklination und ihre didaktischen Probleme. München.

Meinhold, Gottfried; Stock, Eberhard (1982): Phonologie der deutschen Gegenwartssprache. 2. A. Leipzig.

Mentrup, Wolfgang (1979): Die Groß- und Kleinschreibung im Deutschen und ihre Regeln. Historische Entwicklung und Vorschlag zur Neuregelung. Tübingen.

Mettke, Heinz (1989): Mittelhochdeutsche Grammatik. 6. A. Leipzig.

Meyer-Hermann, Rainhard; Rieser, Hannes (Hg.) (1985): Ellipsen und fragmentarische Ausdrücke. 2 Bde. Tübingen.

Michel, Georg (1968): Einführung in die Methodik der Stiluntersuchung. Ein Lehr- und Übungsbuch für Studierende. Berlin.

Möller, Georg (1980): Praktische Stillehre. 3. A. Bearb. von Ulla Fix. Leipzig.

Morphologie (2000/2004) = Booij, Geert; Lehmann, Christian; Mugdan, Joachim; Skopeteas, Stavros (Hg.) = Morphologie. Ein internationales Handbuch zur Flexion und Wortbildung. 2 Bde. Berlin [u.a.].

Morris, Charles W. (1977): Pragmatische Semiotik und Handlungstheorie. Hg. u. übers. v. Achim Eschbach. Frankfurt a. M.

Moser, Hugo (1974): Gesprochene Sprache. Düsseldorf.

Moskalskaja, Olga (1975): см. Грамматики.

Moskalskaja, Olga (1984): Textgrammatik. Übers. und hg. von Hans Zikmund. Leipzig.

Motsch, Wolfgang (1999): Deutsche Wortbildung in Grundzügen. Berlin [u.a.].

Müller, Beat Louis (1985): Der Satz. Definition und sprachtheoretischer Status. Tübingen.

Munske, Horst Haider (1997): Orthographie als Sprachkultur. Frankfurt a. M. [u.a.].

Muthmann, Gustav (1994): Doppelformen in der deutschen Sprache der Gegenwart. Studie zu den Varianten in Aussprache, Schreibung, Wortbildung und Flexion. Tübingen.

Næs, Olav (1979): Norsk grammatikk. Elementære strukturer og syntaks. 4. A. Oslo.

Naumann, Bernd (2000): Einführung in die Wortbildungslehre des Deutschen. 3. A. Tübingen.

Nerius, Dieter (Hg.) (2000): Deutsche Orthographie. 3. A. Mannheim [u.a.].

Neurohr, Elisabeth; Plank, Ingrid (2001): Verben mit Präpositionen für fortgeschrittene Anfänger. In: Zielsprache Deutsch 3–4. S. 103–114.

Nieder, Lorenz (1987): см. Грамматики.

Odgen, Charles K.; Richards, Ivor A. (1966): The Meaning of Meaning. 10. A. London. (1. A. 1923).

Öhlschläger, Günther (1989): Zur Syntax und Semantik der Modalverben des Deutschen. Tübingen.

Olsen, Susan (1986): Wortbildung im Deutschen. Eine Einführung in die Theorie der Wortstruktur. Stuttgart.

Oppenrieder, W. (1991): Von Subjekten, Sätzen und Subjektsätzen. Untersuchungen zur Syntax des Deutschen. Tübingen.

Ortner, Hanspeter; Ortner, Lorelies (1984): Zur Theorie und Praxis der Kompositaforschung. Mit einer ausführlichen Bibliographie. Tübingen.

Ortner, Hanspeter (1987): Die Ellipse. Ein Problem der Sprachtheorie und der Grammatikbeschreibung. Tübingen.

Paul, Hermann (1916/20): см. Грамматики

Paul, Hermann (1995): Prinzipien der Sprachgeschichte. 10. A. Tübingen. (1. A. 1880).

Paul, Hermann; Wiehl, Peter; Grosse, Siegfried (1998): Mittelhochdeutsche Grammatik. 24. A. Tübingen.

Pechmann, Thomas (1994): Sprachproduktion. Zur Generierung komplexer Nominalphrasen. Opladen.

Pelz, Heidrun (2000): Linguistik. Eine Einführung. 5. A. Hamburg.

Peirce, Charles S. (1993): Phänomen und Logik der Zeichen. Hg. u. übers. v. Helmut Pape. 2. A. Frankfurt.

Petkov, Pavel I. (2000): см. Контрастивные Грамматики.

Petrovič, Velimir (1995): Einführung in die Syntax des Deutschen. Pécs.

Philipp, Marthe (1974): Phonologie des Deutschen. Stuttgart.

Philipp, Marthe (1998): Semantik des Deutschen. Berlin.

Piaget, Jean (1982): Sprechen und Denken des Kindes. 5. A. Düsseldorf.

Plank, Frans (1981): Morphologische (Ir-)Regularitäten. Aspekte der Wortstrukturtheorie. Tübingen.

Polenz, Peter von (1988): Deutsche Satzsemantik. Grundbegriffe des Zwischen-den-Zeilen-Lesens. 2. A. Berlin [u.a.].

Pompino-Marschall, Bernd (1995): Einführung in die Phonetik. Berlin [u.a.].

Pongó, Stefan u. a. (1998): Grundriss der deutschen Grammatik. Dargestellt auf kontrastiver Basis mit dem Slowakischen. Nitra.

Pörings, Ralf; Schmitz, Ulrich (Hg.) (2003): Sprache und Sprachwissenschaft. Eine kognitiv orientierte Einführung. 2. A. Tübingen.

Porzig, Walter (1993): Das Wunder der Sprache. Probleme, Methoden und Ergebnisse der Sprachwissenschaft. 9. A. Tübingen [u.a.].

Posner, Roland u. a. (Hg.) (1997/2004): Semiotik. Ein Handbuch zu den zeichentheoretischen Grundlagen von Natur und Kultur. 4 Bde. Berlin [u.a.].

Pümpel-Mader, Maria (2000): Kurzgrammatik. Jnnsbruck.

Pustet, Regina (1989): Die Morphosyntax des „Adjektivs" im Sprachvergleich. Frankfurt a. M. [u.a.].

Pütz, Herbert (1986): Über die Syntax der Pronominalform 'es' im modernen Deutsch. 2. A. Tübingen.

Raabe, Horst (1979): Apposition. Untersuchungen zum Begriff und zur Struktur der Apposition im Französischen unter weiterer Berücksichtigung des Deutschen und des Englischen. Tübingen.

Ramers, Karl-Heinz; Vater, Heinz (1995): Einführung in die Phonologie. 4. A. Hürth.

Rath, Reiner (1971): Die Partizipialgruppe in der deutschen Gegenwartssprache. Düsseldorf.

Rapp, Irene (1997): Partizipien und semantische Struktur: zu passivischen Konstruktionen mit dem 3. Status. Tübingen.

Rausch, Rudolf; Rausch, Ilka (1988): Deutsche Phonetik für Ausländer. Ein Lehr- und Übungsbuch. Leipzig.

Redder, Angelika (1990): Grammatiktheorie und sprachliches Handeln: 'denn' und 'da'. Tübingen.

Rehbein, Jochen (1977): Komplexes Handeln. Elemente zur Handlungstheorie der Sprache. Stuttgart.

Reichert, Elke (2003): Die bildlichen Darstellungen der Grammatica bis um 1600. Diss. Augsburg.

Reimann, Ariane (1998): Die Verlaufsform im Deutschen: entwickelt das Deutsche eine Aspektkorrelation? Diss. Univ. Bamberg.

Reis, Marga (1985): Satzeinleitende Strukturen im Deutschen. Über COMP, Haupt- und Nebensätze, W-Bewegung und die Doppelkopfanalyse. In: Abraham (1992): Erklärende Syntax des Deutschen. S. 271–311.

Reis, Marga; Rosengren, Inger (Hg.) (1991): Fragesätze und Fragen. Referate anlässlich der 12. Jahrestagung der Deutschen Gesellschaft für Sprachwissenschaft. Tübingen.

Rickheit, Gert; Strohner, Hans (Hg.) (1993): Grundlagen der kognitiven Sprachverarbeitung. Modelle, Methoden, Ergebnisse. Tübingen [u.a.].

Riesel, Elise (1963): Stilistik der deutschen Sprache. 2. A. Moskau.

Ritte, Hans (1998): Schwedische Grammatik. Neue Ausgabe. München.

Roelcke, Thorsten (1997): Sprachtypologie des Deutschen. Historische, regionale und funktionale Variation. Berlin [u.a.].

Röhrich, Lutz (1991/92): Das große Lexikon der sprichwörtlichen Redensarten. 3 Bde. 2. A. Freiburg [u.a.].

Rolf, Eckard (Hg.) (1997): Pragmatik. Implikaturen und Sprechakte. Opladen.

Ronneberger-Sibold, Elke (1988): Entstehung von Suppletion und Natürliche Morphologie. In: Zeitschrift für Phonetik, Sprachwissenschaft und Kommunikationsforschung 41,4. S. 453–462.

Rösler, Dietmar (1994): Deutsch als Fremdsprache. Stuttgart [u.a.].

Rosengren, Inger (1972/77): Ein Frequenzwörterbuch der deutschen Zeitungssprache. Die Welt. Süddeutsche Zeitung. 2 Bde. Lund.

Rosengren, Inger (Hg.) (1992/3): Satz und Illokution. 2 Bde. Tübingen.

Rothkegel, Annely; Sandig, Barbara (Hg.) (1984): Text – Textsorten – Semantik. Linguistische Modelle und maschinelle Verfahren. Hamburg.

Rühling, Lutz (1996): Fiktionalität und Poetizität. In: Heinz Ludwig Arnold, Heinrich Detering (Hg.): Grundzüge der Literaturwissenschaft. München. S. 25–51.

Ruoff, Arno (1981): Häufigkeitswörterbuch gesprochener Sprache gesondert nach Wortarten, alphabetisch, rückläufig alphabetisch und nach Häufigkeit geordnet. Tübingen.

Samel, Ingrid (2000): Einführung in die feministische Sprachwissenschaft. 2. A. Berlin.

Sanders, Willy (1977): Linguistische Stilistik. Grundzüge der Stilanalyse sprachlicher Kommunikation. Göttingen.

Sandig, Barbara (1971): Syntaktische Typologie der Schlagzeile. Möglichkeiten und Grenzen der Sprachökonomie im Zeitungsdeutsch. München.

Sandig, Barbara (Hg.) (1983/93): Stilistik. 3 Bde. Hildesheim [u.a.].

Sandig, Barbara (1986): Stilistik der deutschen Sprache. Berlin [u.a.].

Šaumjan, Sebastian K. (1971): Strukturelle Linguistik. München. (Original: Strukturnaja linguistica. Moskau)

Saussure, Ferdinand de (1967): Grundfragen der allgemeinen Sprachwissenschaft. (= Cours de linguistique générale; 1916) Hg. v. Charles Bally und Albert Sechehaye. 2. A. Berlin.

Schaeder, Burkhard; Knobloch, Clemens (Hg.) (1992): Wortarten. Beiträge zur Geschichte eines grammatischen Problems. Tübingen.

Scheichl, Sigurd P. (1986): Österreichische Literatur des 20. Jahrhunderts. Innsbruck.

Schemann, Hans (1993): Deutsche Idiomatik. Die deutschen Redewendungen im Kontext. Stuttgart [u.a.].

Schippan, Thea (1992): Lexikologie der deutschen Gegenwartssprache. Tübingen.

Schlieben-Lange, Brigitte (1991): Soziolinguistik. Eine Einführung. 3. A. Stuttgart [u.a.].

Schmidt, Jürgen Erich (1993): Die deutsche Substantivgruppe und die Attribuierungskomplikation. Tübingen.

Schmidt, Siegfried J. (1972): Ist „Fiktionalität" eine linguistische und eine texttheoretische Kategorie? In: E. Gülich, W. Raible (Hg.) (1972) Textsorten. Differenzierungskriterien aus linguistischer Sicht. Frankfurt a. M. S. 59–80.

Schmitz, Ulrich (1998): Medien als Autoritätsersatz. Worte zu Bildern beim Deutschen Germanistentag 1997 in Bonn. In: Mitteilungen des Deutschen Germanistenverbandes. 45 1/2. S. 160–169.

Schneider, Wilhelm (1959): Stilistische deutsche Grammatik. Die Stilwerte der Wortarten, der Wortstellung und des Satzes. 1. A. Basel [u.a.].

Schneider, Wolf (1988): Deutsch für Kenner. Die neue Stilkunde. 3. A. Hamburg.

Schoenthal, Gisela (Hg.) (1998): Feministische Linguistik – Linguistische Geschlechterforschung. Ergebnisse, Konsequenzen, Perspektiven. Hildesheim [u. a.]

Scholz, Ulrike (1991): Wunschsätze im Deutschen. Formale und funktionale Beschreibung, Satztypen mit Verberst- und Verbletztstellung. Tübingen.

Schöne, Albrecht (1961): Zum Gebrauch des Konjunktivs bei Robert Musil. In: Euphorion 55. S. 196–220.

Schrader, Kerstin (2001): Die Interjektion – ein vorsprachlicher Laut? Eine Untersuchung anhand von Schmerzausdrücken in verschiedenen Sprachen. Magisterarbeit Universität Augsburg.

Schröder, Jochen (1986): Deutsche Präpositionen im Sprachvergleich. Leipzig.

Schröder, Jochen (1990): Lexikon deutscher Präpositionen. 2. A. Leipzig.

Schulz, Dora; Griesbach, Heinz (1981): см. Грамматики

Schumacher, Helmut (Hg.) (1986): Verben in Feldern. Valenzwörterbuch zur Syntax und Semantik deutscher Verben. Berlin [u.a.].

Schtscherbina, Sergej (2002): Aphorismus als Textsorte. In: Kan/ Wellmann (2002), S. 367–375.

Schwall, U. (1991): Aspektualität. Eine semantisch-funktionelle Kategorie. Tübingen.

Schwarz, Monika (1996): Einführung in die Kognitive Linguistik. 2. A. Tübingen [u.a.].

Schwarze, Christoph; Wunderlich, Dieter (Hg.) (1985): Handbuch der Lexikologie. Königstein/Ts.

Schwentner, Ernst (1924): Die primären Interjektionen in den indogermanischen Sprachen. Mit besonderer Berücksichtigung des Griechischen, Lateinischen und Germanischen. Heidelberg.

Schwitalla, Johannes (1997): Gesprochenes Deutsch. Eine Einführung. Berlin.

Searle, John R. (1969): Speech Acts. An Essay in the Philosophy of Language. Cambridge. Übersetzt (1971): Sprechakte. Ein sprachphilosophischer Essay. Frankfurt a. M.

Shannon, C. E.; Weaver, W. (1949): The Mathematical Theory of Communication. Urbana. Ill.

Siebs, Theodor (1969): Deutsche Aussprache. Reine und gemäßigte Hochlautung. Mit Aussprachewörterbuch. 19. A. Berlin.

Šimečková, Alena; Vachková, Marie (1997) (Hg.): Wortbildung. Theorie und Anwendung. Praha.

Simmler, Franz (1998): Morphologie des Deutschen. Flexions- und Wortbildungsmorphologie. Berlin.

Sitta, Horst (1984): Wortarten und Satzglieder in deutschen Grammatiken. Ein Überblick. Beiheft zu: Praxis Deutsch 68.

Sommer, Ferdinand (1931): Vergleichende Syntax der Schulsprachen (Deutsch, Englisch, Französisch, Griechisch, Lateinisch) mit besonderer Berücksichtigung des Deutschen. 3. A. Leipzig [u.a.].

Sommerfeldt, Karl-Ernst; Schreiber, Herbert (1983): Wörterbuch zur Valenz und Distribution der Substantive. 3. A. Leipzig.

Sommerfeldt, Karl-Ernst; Schreiber, Herbert (1983): Wörterbuch zur Valenz und Distribution deutscher Adjektive. 3. A. Tübingen.

Sommerfeldt, Karl-Ernst; Schreiber, Herbert; Starke, Günter (1984): Grammatisch-semantische Felder der deutschen Sprache der Gegenwart. Leipzig.

Sommerfeldt, Karl-Ernst; Schreiber, Herbert (1996): Wörterbuch der Valenz etymologisch verwandter Wörter. Verben, Adjektive, Substantive. Tübingen.

Sommerfeldt, Karl-Ernst; Starke, Günter (1998): см. Грамматики.

Sowinski, Bernhard (1983): Textlinguistik: Eine Einführung. Stuttgart [u.a.].

Spillner, Bernd (1974): Linguistik und Literaturwissenschaft. Stilforschung, Rhetorik, Textlinguistik. Stuttgart [u.a.].

Spillner, Bernd (1984): Methoden der Stilanalyse. Tübingen.

Staiger, Emil (1983): Grundbegriffe der Poetik. 5. A. München.

Stechow, Arnim von; Sternefeld, Wolfgang (1988): Bausteine syntaktischen Wissens. Ein Lehrbuch der generativen Grammatik. Opladen.

Steger, Hugo u. a. (1974): Redekonstellation, Redekonstellationstyp, Textexemplar, Textsorte im Rahmen eines Sprachverhaltens-Modells. In: Hugo Moser (Hg.): Gesprochene Sprache. Jahrbuch 1972. Düsseldorf. S. 39–97.

Steger, Hugo (1983): Über Textsorten und andere Textklassen – Textsorten und literarische Gattungen. Dokumente des Germanistentages. v. 1–4. April 1979. Berlin. S. 91–102.

Steinitz, Renate (1977): Zur Semantik und Syntax durativer, inchoativer und kausativer Verben. In: Untersuchungen zur deutschen Grammatik I (Linguistische Studien 35). S. 85–129.

Stellmacher, Dieter (2000): Niederdeutsche Sprache. Eine Einführung. 2. A. Berlin [u.a.].

Stelzig, Helmut [u.a.].(1982) (Hg.): Einführung in die Sprecherwissenschaft. Von Heinz Finkowski, Gerhart Lindner, Otto Preu, Eva Qualmann, Helmut Stelzig, Eberhard Stock unter Mitarbeit von Günther Richter und Christa Hellmann. 3. A. Leipzig.

Stetter, C. (1997): Schrift und Sprache. Frankfurt a. M.

Stickel, Gerhard (1976): см. Контрастивные Грамматики.

Stickel, Gerhard (Hg.) (1984):: Pragmatik in der Grammatik. Düsseldorf.

Stock, E. (1998): Deutsche Intonation. 2. A. Leipzig [u.a.].

Stolt, Birgit (1976): „Hier bin ich – wo bist du?" Heiratsanzeigen und ihr Echo, analysiert aus sprachlicher und stilistischer Sicht. Kronberg/Ts.

Stötzel, Georg (1970): Ausdrucksseite und Inhaltsseite der Sprache. Methodenkritische Studien am Beispiel der deutschen Reflexivverben. München.

Sütterlin, Ludwig (1923): Die deutsche Sprache der Gegenwart. Ihre Laute, Wörter, Wortformen und Sätze. Ein Handbuch für Lehrer und Studierende. Auf sprachwissenschaftlicher Grundlage. 5. A. Leipzig.

Syntax (1993/95) = Jacobs, Joachim; Stechow, Arnim von; Sternefeld, Wolfgang; Vennemann, Theo (Hg.): Syntax. Ein internationales Handbuch zeitgenössischer Forschung. 2. Bde. Berlin [u.a.].

Szagun, Gisela (1996): Sprachentwicklung beim Kind. Eine Einführung. 6. A. Weinheim.

Takahashi, Hideaki (1996): Die richtige Aussprache des Deutschen in Deutschland, Österreich und der Schweiz nach Maßgabe der kodifizierten Normen. Frankfurt a. M. [u.a.].

Ternes, Elmar (1999): Einführung in die Phonologie. 2. A. Darmstadt.

Tesnière, Lucien (1980): Grundzüge der strukturalen Syntax. Hg. u. übers. v. Ulrich Engel. Stuttgart (Original: Eléments de syntaxe structurale. 1959).

Teubert, Wolfgang (1979): Valenz des Substantivs. Attributive Ergänzungen und Angaben. Düsseldorf.

Text- und Gesprächslinguistik (2000/01): см. Brinker.

Textsorten (1972) = Gülich, Elisabeth; Raible, Wolfgang (Hg.): Textsorten. Differenzierungskriterien aus linguistischer Sicht. Frankfurt a. M.

Thieroff, Rolf (1992): Das finite Verb im Deutschen. Tempus – Modus – Distanz. Tübingen.

Thurmair, Maria (1989): Modalpartikeln und ihre Kombinationen. Tübingen.

Tió Casacuberta, Jaume (1983): см. Контрастивные Грамматики.

Toorn, Maarten Cornelis van den (1982): Nederlandse grammatica. 8. A. Groningen.

Toulmin, Stephen (1958): The Uses of Argument. Cambridge. (Dt. Übersetzung: Der Gebrauch von Argumenten. Kronberg. 1975.).

Trier, Jost (1966): Alltagssprache. In: P. Hartmann [u.a.]: Die Deutsche Sprache im 20. Jahrhundert. Göttingen.

Trillhaase, Günther (1993): см. Контрастивные Грамматики.

Trubetckoi, Nikolaj S. (1989): Grundzüge der Phonologie. 7. A. Göttingen. (1. A. 1939).

TWB (2004) = Götz, Dieter; Wellmann, Hans (Hg.): Langenscheidts Taschenwörterbuch. Deutsch als Fremdsprache. München [u.a.].

Ueding, Gert; Steinbrink, Bernd (1994): Grundriss der Rhetorik. Geschichte, Technik, Methode. 3. A. Stuttgart [u.a.].

Ullmann, Stephen (1972): Grundzüge der Semantik. Die Bedeutung in sprachwissenschaftlicher Sicht. 2. A. Berlin [u.a.].

Ulrich, Winfried (1977): Linguistik für den Deutschunterricht. Beispieltexte und Arbeitsaufgaben zur Einführung in die Sprachwissenschaft und für den Lernbereich Reflexion der Sprache. Braunschweig.

Van der Elst, Gaston; Habermann, Mechthild (1997): Syntaktische Analyse. 6. A. Erlangen [u.a.].

Varnhorn, A. (1993): Adjektiv und Komparation. Studien zur Syntax, Semantik und Pragmatik adjektivischer Vergleichskonstrukte. Tübingen.

Vater, Heinz (1979): Das System der Artikelformen im gegenwärtigen Deutsch. 2. A. Tübingen.

Vater, Heinz (2001): Einführung in die Textlinguistik. Struktur und Verstehen von Texten. 3. A. München.

Vennemann, Theo (1982) (Hg.)ngen.ur Syntax, Semantik und Pragmatik adjektivischer Vergleichskonstrukte. Rahmen eines Sprachverhaltensmodells. : Silben, Segmente, Akzente. Referate zur Wort-, Satz-, und Versphonologie anlässlich der 4. Jahrestagung der Dt. Gesellschaft für Sprachwissenschaft. Tübingen.

Vennemann, Theo (1991): Skizze der deutschen Wortprosodie. In: Zeitschrift für Sprachwissenschaft 10. S. 86–111.

Vogel, Petra Maria (1996): Wortarten und Wortartenwechsel. Zu Konversion und verwandten Erscheinungen im Deutschen und in anderen Sprachen. Berlin [u.a.].

Wagner, Klaus R. (2000): Pragmatik der deutschen Sprache. Frankfurt a. M. [u.a.].

Wahrig, Gerhard (2001): Deutsches Wörterbuch. Neu hg. v. Renate Wahrig-Burfeind. Mit einem „Lexikon der deutschen Sprachlehre". 7. A. Gütersloh.

Wandruszka, Mario (1969): Sprachen vergleichbar und unvergleichlich. München.

Watzlawick, Paul; Beavin, Janet H.; Jackson, Don D. (1990): Menschliche Kommunikation. Formen, Störungen, Paradoxien. 8. A. Bern. (1. A. 1969).

Weber, Heinz Josef (1992): Dependenzgrammatik. Ein Arbeitsbuch. Tübingen.

Wegener, Heide (1985): Der Dativ im heutigen Deutsch. Tübingen.

Wegener, Heide (1990): Komplemente in der Dependenzgrammatik und in der Rektions- und Bindungstheorie. Die Verwendung der Kasus im Deutschen. In: Zeitschrift für Germanistische Linguistik 18. S. 150–184.

Wegener, Heide (1999): см. Контрастивные Грамматики.

Wehrle, Hugo; Eggers, Hans (1993): Deutscher Wortschatz. Ein Wegweiser zum treffenden Ausdruck. 15. A. Nachdruck Stuttgart.

Weinreich, Uriel (1977): Sprachen in Kontakt. Ergebnisse und Probleme der Zweisprachigkeitsforschung. München.

Weinreich, Uriel (1999): College Yiddish. An Introduction to the Yiddish Language and to Jewish Life and Culture. With a Preface by Roman Jakobson. 6. A. New York.

Weinrich, Harald (1964): Tempus. Besprochene und erzählte Welt. Stuttgart. (6. A. 2001).

Weinrich, Harald (1975): Fiktionalitätssignale. In: Harald Weinrich (Hg.): Positionen der Negativität, Poetik und Hermeneutik. München. Bd. 6. S. 525f.

Weinrich, Harald (1976): Sprache in Texten. Stuttgart.
Weinrich, Harald [u.a.]. (2005): Textgrammatik der deutschen Sprache. Unter Mitarbeit von Maria Thurmair, Eva Breindl, Eva-Maria Willkop. 3. A. Hildesheim [u.a.]. (1. A. 1993).
Weisgerber, Leo (1962): Grundzüge der inhaltsbezogenen Grammatik. 3. A. Düsseldorf.
Weisgerber, Leo (1963): Die vier Stufen in der Erforschung der Sprache. Düsseldorf.
Welke, Klaus M. (1988): Einführung in die Valenz- und Kasustheorie. Leipzig.
Welke, Klaus (2002): Deutsche Syntax funktional. Perspektiviertheit syntaktischer Strukturen. Tübingen.
Wellmann [u.a.]. (1973/92): см. Deutsche Wortbildung.
Wellmann, Hans (1974): Sprachwissenschaft. In: Krywalski, Dieter v. (Hg.): Handbuch zur Literaturwissenschaft. München. S. 447–452.
Wellmann, Hans (1981): „Dichtungssprache". Zur Beziehung zwischen Text, Grammatik, Wortschatz und Sprachbegriff in Trakls Lyrik. In: Walter Methlagl, Eberhard Sauermann, Sigurd Scheichl (Hg.): Untersuchungen zum „Brenner". Salzburg. S. 315–345.
Wellmann, Hans (1985): Aus Anlaß einer Feier. Grammatische Halbelemente im Umfeld der Präpositionen. In: Koller, Erwin; Moser, Hans (Hg.): Studien zur deutschen Grammatik. Innsbruck. S. 375–393.
Wellmann, Hans (1992): Die ‚syntagmatische Achse' des Wortgebrauchs: semantische und lexikographische Aspekte. In: Große, Rudolf; Lerchner; Gotthard, Schröder, Marianne (Hg.): Beiträge zur Phraseologie, Wortbildung, Lexikologie. Frankfurt a. M. [u.a.]. S. 205–217.
Wellmann, Hans (Hg.) (1998): Grammatik, Wortschatz und Bauformen der Poesie in der stilistischen Analyse ausgewählter Texte. 2. A. Heidelberg.
Wellmann, Hans (1999): Die Wortarten im Aufbau der Grammatik – damals und heute. In: Skibinski, Bernd; Wotjak, Barbara (Hg.): Linguistik und Deutsch als Fremdsprache. Tübingen, S. 241–257.
Wellmann, Hans (2001): Das Wörterbuch als Grammatik? In: Barz, Irmhild; Schröder, Marianne: Das Lernerwörterbuch Deutsch als Fremdsprache in der Diskussion. Heidelberg. S. 219–241.
Wellmann, Hans (2003): Die literarischen Darstellungsarten. In: Barz, Irmhild; Lerchner, Gotthard; Schröder, Marianne (Hg.): Sprachstil – Zugänge und Anwendung. Heidelberg. S. 345–360.
Wellmann, Hans (2005): Liebe (zu wem?). Der Text und die Bedeutung sprachlicher Kollokationen für seine Konstitution. In: Kan/Wellmann (2005). S. 171–183.
Werlich, Egon (1979): Typologie der Texte. Entwurf eines textlinguistischen Modells zur Grundlegung einer Textgrammatik. 2. A. Heidelberg. (1. A. 1975).

Weydt, Harald (1969): Abtönungspartikel. Die deutschen Modalwörter und ihre französischen Entsprechungen. Bad Homburg v. d. H. [u.a.].

Weydt, Harald (Hg.) (1983): Partikeln und Interaktion. Tübingen.

Wierzbicka, Anna (1996): Semantics. Primes and Universals. Oxford [u.a.].

Williams, Raymond (1999): Innovationen. Über den Prozeßcharakter von Literatur und Kultur. Frankfurt a. M.

Willkop, Eva-Maria (1988): Gliederungspartikeln im Dialog. München.

Winkler, Eberhard (1998): Der Satzmodus „Imperativsatz" im Deutschen und im Finnischen. Tübingen.

Wittgenstein, Ludwig (1971): Philosophische Untersuchungen. 2. A. Frankfurt a. M. (1. A. 1953).

Wolf, Norbert Richard (1988): Mit der Dialoggrammatik auf Kriegsfuß. Zu Karl Valentins Dialog „In der Apotheke". In: H. Wellmann (1998). S. 143–155.

Wotjak, Barbara (1992): Verbale Phrasolexeme in System und Text. Tübingen.

Wunderlich, Dieter (1973): Tempus und Zeitreferenz im Deutschen. 2. A. München.

Wunderlich, Dieter (1978): Wie analysiert man Gespräche? Beispiel Wegauskünfte. In: Linguistische Berichte 58. S. 41–76.

Wunderlich, Dieter; Fabri, R. (1995): Minimalist Morphology: An Approach to Inflection. In: Zeitschrift für Sprachwissenschaft 14. S. 236–294.

Wurzel, Wolfgang U. (1984): Flexionsmorphologie und Natürlichkeit. Ein Beitrag zur morphologischen Theoriebildung. Berlin.

Zaefferer, Dietmar (1984): Frageausdrücke und Fragen im Deutschen. Zu ihrer Syntax, Semantik und Pragmatik. München.

Zahn, Günther (1991): Beobachtungen zur Ausklammerung und Nachfeldbesetzung iin gesprochenem Deutschen. Erlangen.

Zemb (1978/84): см. Контрастивные Грамматики.

Žepič, Stanco (1970): Morphologie und Semantik der deutschen Nominalkomposita. Zagreb.

Zifonun, Gisela; Hoffmann, Ludger; Strecker, Bruno [u.a.]: см. Грамматики.

Zimmer, Dieter E. (1986): So kommt der Mensch zur Sprache. Über Spracherwerb, Sprachentstehung, Sprache und Denken. Zürich.

Zimmer, Dieter E. (1997): Deutsch und anders. Die Sprache im Modernisierungsfieber. Reinbek.

Zimmermann, Ilse (Hg.) (1991): Syntax und Semantik der Substantivgruppe. Berlin.

Zimmermann, Ilse; Strigin, Anatolé (Hg.) (1992): Fügungspotenzen (= Studia grammatica). Zum 60. Geburtstag von Manfred Bierwisch. Berlin.

Указатель цитируемых источников

Aichinger, Ilse (1976): Schlechte Wörter. Frankfurt a. M.

Baedekers Autoreiseführer (1972): Mittel- und Unteritalien. Mit Sizilien und Sardinien. 6. A. Stuttgart.

Belber, H. (1971): Beispiele zur deutschen Grammatik.

BGB (1999) = Bürgerliches Gesetzbuch mit wichtigen Nebengesetzen. Textausgabe. Stand 1. Juni 1999. Frankfurt a. M.

Bernhard, Thomas (1984): Der Theatermacher. Frankfurt a. M.

Die Bibel. Köln 2005.

Bichsel, Peter (1964): Eigentlich möchte Frau Blum den Milchmann kennen lernen. 21 Geschichten. Freiburg. i. B.

Bismarck, Otto von (1924/35): Die gesammelten Werke. Berlin.

Borchert, Wolfgang (1970): Das Gesamtwerk. Hamburg.

Bottroper Protokolle (1970). Aufgezeichnet von Erika Runge. 4. A. Frankfurt a. M.

Brecht, Bertolt (1967): Gesammelte Werke in 20 Bänden. Frankfurt a. M.

Brecht, Bertolt (1971): Geschichten vom Herrn Keuner. Frankfurt a. M.

Deutsche Erzähler (1983). Hg. von Hugo v. Hofmannsthal, Marie-Luise Kaschnitz. Bd. 2. Frankfurt a. M.

Dick, Helga; Wolff, Lutz-W. (1987): Das Spaßbuch. Geschichten, Glossen Gedichte und natürlich Cartoons. München.

Eibl-Eibesfeldt, Irenäus (1997): Die Biologie des menschlichen Verhaltens. München.

Dürrenmatt, Friedrich (1980): Werkausgabe in dreißig Bänden. Zürich.

Hauffen, Adolf (Hg.) (1893/1895): Johann Fischarts Werke. Eine Auswahl. 3 Bde. Stuttgart.

Fichte, Johann Gottlieb (1962): Ausgewählte Werke in sechs Bänden. Hg. v. Fritz Medicus. Darmstadt.

Franklin (1780) = Barbey Dubourg, Jacques; Wenzel, Gottfried Traugott (Hg.): Des Herrn D. Benjamin Franklin's, Mitglieds der Königlichen Londoner und Göttinger Gesellschaften sämtliche Werke. 3 Bde. Dresden.

Flach, Werner (1994):Grundzüge der Erkenntnislehre. Erkenntniskritik, Logik, Methodologie. Würzburg.

Frankfurter Allgemeine Zeitung (2001). Tageszeitung.

Fried, Erich (1993): 100 Gedichte ohne Vaterland. Frankfurt a. M.

Frisch, Max (1946/72): Tagebücher.

Grass, Günther (2001): Im Krebsgang. München.

Grillparzer, Franz (1903): Sämtliche Werke. Bd. 3.

Hauptmann, Gerhard (1962): Ausgewählte Werke. Hg. v. Hans Mayer. Berlin.

Hermann, Judith (2000): Sommerhaus später. Erzählungen.

Hesse, Hermann (1975): Lektüre für Minuten. Gedanken aus seinen Büchern und Briefen.

Hoffmannstal, Hugo von (1966): Werke. Wien.
Horizont (1986): Zeitschrift.
Hör zu, Wochenzeitschrift (1975) Hamburg.
Horvásh, Ödönvon (1988): Gesammelte Werke. Bd. 11. Frankfurt a. M.
Höss, Dieter: Die Verteidigung der Ratten. In: Zeit 23, 1982.
Kafka, Franz (1967): Tagebücher. 1910–1923. Hg. von Max Brod. Frankfurt a. M.
Kafka, Franz (1980): Beschreibung eines Kampfes. Novellen, Skizzen, Aphorismen aus dem Nachlaß. Hg. von Max Brod. Frankfurt a. M.
Kästner, Erich (1936): Doktor Erich Kästners Lyrische Hausapotheke. Zürich.
Kästner, Erich (1999): Das große Erich Kästner Lesebuch. 4.A. München.
Kästner, Erich (1961): Notabene 45. Ein Tagebuch. Berlin.
Kiermayer, Debre (1992): Vögel.
Kleist, Heinrich von (1990): Sämtliche Werke und Briefe in vier Bänden. Bd. 3. Erzählungen, Anekdoten, Gedichte, Schriften. Hg. von Klaus Müller-Salget. Frankfurt a. M.
Kraus, Karl: Ausgewählte Werke(1971/78): Hg. v. Dietrich Simon. Berlin.
Kuhnert, Günter (1986): Dahinfahren. In: Deutsche Erzähler des 20. Jahrhunderts. München.
Krüss, James (1960): Mein Urgroßvater und ich. Nützliche und ergötzliche Begebenheiten und Einfälle. Hamburg.
Lec, Stanislav Jerzy (1970): Unfrisierte Gedanken. München.
Lessing, Gotthold Ephraim (1976): Laokoon oder über die Grenzen der Malerei und der Poesie. Stuttgart.
Loriots kleine Prosa (1971). Zürich.
Mann, Thomas (1962): Briefe 1889–1936. Hg. von Erika Mann. Frankfurt a. M.
Mann, Thomas (1974): Der Zauberberg. In: Gesammelte Werke in dreizehn Bänden. Frankfurt a. M.
Nürnberger Nachrichten. Tageszeitung. (1999).
Österreichisches Strafgesetzbuch. Hg. von Egmont Foregger und Eugen Serini.Wien.
Poetisches Abracadabra (1992): Neuestes ABC- und Lesebüchlein. 4. A. München.
Reich-Ranicki, Marcel (1999): Mein Leben. Stuttgart 1999.
Roth, Eugen (1994): Sämtliche Werke. München.
Schlesinger, Klaus (1977): Berliner Traum. 5 Geschichten. Frankfurt a. M.
Schlink, Bernhard (1995): Der Vorleser. Roman. Zürich.
Schlink, Bernhard (2000): Liebesfluchten. Geschichten. Zürich.
Schwabing (1985): Hg. von Oda Schaefer. München.

Schwanitz, Dietrich (2002): Bildung. Alles, was man wissen muß. München.
Schweigert, Rutz (1998): Augen zu. Zürich.
Simplizissimus (1978) Zeitschrift. Daraus: Die beste Simplizissimuswitze. München.
Der Spiegel (2001). Zeitschrift. Hamburg.
Der Stern (2000). Illustrierte Wochenzeitung. Hamburg.
Süddeutsche Zeitung (1990, 2000, 2001) Tageszeitung. München.
Süskind, Patrick (1985): Das Parfum. Die Geschichte eines Mörders. Zürich.
TAZ (1988). Tageszeitung. Berlin.
Trakl, Georg: (1995/2000): Sämtliche Werke und Briefwechsel. Hg. v. Eberhard Sauermann u. Hermann Zwerschina. Basel [u.a.].
Texte gesprochener Standardsprache III (1975): Alltagsgespräche. Hg. v. H. P. Fuchs, Gerhard Schank. München.
Tucholsky Kurt (1972): Gesammelte Werke. Reinbek bei Hamburg.
Urbanek, W. (1984): Deutsche Literatur. Das 19. Und 20. Jahrhundert. Epochen, Gestalten, Gestaltungen. Bamberg.
Vanderbeke, Birgit (1997): Alberta empfängt einen Liebhaber. 8. A. Berlin.
Weiss, Peter (1965): Fluchtpunkt. Roman. Frankfurt a. M.
Wiemer, Rudolf Otto (1971): Beispiele zur deutschen Grammatik. Berlin.
Wilde, Oscar (2003): The Picture of Dorian Gray. London.
Die Zeit (1966, 1969, 1982). Wochenzeitung. Beilage: Zeitmagazin. (1989).
Zeit (1980) = Erzählte Zeit. 50 deutsche Kurzgeschichten der Gegenwart. Hg. v. Manfred Durzek. Stuttgart.

Подписано в печать 20.04.2009. Формат 60×90 ¹/₁₆.
Печать офсетная. Бумага офсетная. Усл. печ. л. 35,5.
Тираж 1000 экз. Заказ № 2520.

Частное образовательное учреждение «Московский Лицей».
Тел. (499) 188-33-10, (495) 726-92-10, факс 188-96-49
E-mail: mosliceum@pochta.ru
Сайт в интернете: www.mli.ru

Отпечатано в полном соответствии с качеством
предоставленных издательством диапозитивов
в ГУП «Брянское областное полиграфическое объединение»
241019, г. Брянск, пр-т Ст. Димитрова, 40